닥터 홀의
인도회상

이 책에는 진정 하나님 나라와 그분의 의를 구하며
자신의 모든 달란트를
가난한 이웃과 섬김이 필요한 곳에 쏟아부은
현대의 누가가 우뚝 서 있다.
닥터 셔우드 홀 부부는 의사로서의 모범적인 인생만이 아니라
진정한 그리스도인들은 어떻게 살아가는지에 관해
자신의 일생을 통해 생생한 본을 남겼다.

닥터 홀의
인도회상

With Stethoscope in Asia :
INDIA

닥터 셔우드 홀 지음
김원경 옮김

좋은씨앗

닥터 홀의 인도회상

WITH STETHOSCOPE IN ASIA: INDIA
by *Sherwood Hall, M. D.*
Copyright ⓒ 2007 by MCL Associates.
P. O. Box 26, McLean, VA, 22101-0026, U. S. A.

Korean Copyright ⓒ 2008.
Korean language rights licensed to GoodSeed Publishing Com.
4-F Duck-Sung Building, 2-30, YangJae-Dong,
Seocho-Gu, Seoul, South Korea.
All other rights reserved.

본 저작물의 한국어판 저작권은 MCL Associates와 독점계약한 〈도서출판 좋은씨앗〉에 있습니다. 신저작권법에 의하여 한국 내에서 보호받는 저작물이므로 무단전제와 무단복제를 금합니다.

초판 1쇄 인쇄 / 2009년 9월 7일
초판 1쇄 발행 / 2009년 9월 21일

지은이 / 셔우드 홀
옮긴이 / 김원경
책임편집 / 채대광
펴낸이 / 신은철
펴낸곳 / 좋은씨앗
출판등록 / 제4-385호(1999. 12. 21)
주소 / 서울시 서초구 양재동 2-30, 덕성빌딩4층(137-130)
영업부 / 전화 (02)2057-3041/팩스 (02)2057-3042
편집부 / 전화 (02)2057-3043
홈페이지 / www.gsbooks.org
이메일 / sec0117@empal.com

ISBN 978-89-5874-140-4 03230

Printed in KOREA

□ 책값은 표지에 있습니다.

인도의 문화와 종교를 그리스도의 사랑으로 이겨내고
23년간 인도와 인도인을 섬긴
닥터 셔우드 홀의 인도행전 이야기

추천의 글 ❶ **오정현** 목사 | 사랑의교회 담임목사

한줄기 소나기와 같이 마음을 시원케 하는 책

2003년 1월, 한 겨울의 매서운 추위 속에 방문했던 양화진. 홀 일가(윌리엄, 로제타, 셔우드, 매리언, 에디스 홀)의 묘비 앞에서 그들의 조선 사랑으로 혹한을 잊을 만큼 가슴 뜨거웠던 그 해, 『닥터 홀의 조선회상』은 그 여름에 다시 한번 잊을 수 없는 뜨거운 불을 던져 주었습니다.

그리고 2009년 여름, 뜨거운 폭염 속에 한줄기 소나기처럼 마음을 시원케 하는 귀한 선교기록을 만나게 되었습니다. 어쩔 수 없는 절망 가운데 주저앉아 '동결된 자산'으로 머물기보다 한치 앞을 알 수 없는 어둠일지라도 주님 손을 붙잡고 '동행하는 자'가 되기 원했던 닥터 홀 부부.

그토록 사랑한 조선을 뒤로 하고 인도를 향해 떠나며 닥터 홀이 『조선회상』 마지막에 기록한 "어둠 속으로 들어가시오. 그리고 하나님의 손을 잡으시오. 등불보다 그것이 안전하오"라는 시구로 시작되는 『닥터 홀의 인도회상』은 새로운 대륙 인도에서 그의 삶으로 기록한 '현대의 누가' 행전입니다.

인도의 독립과 분단에 따른 종교적 유혈사태, 개인적 욕망과 정치적 야망에서 비롯된 음모, 경영과 재정의 난관 등 어려운 선교 현장 속에서 "사람으로는 할 수 없으나 하나님으로서는 다 하실 수 있다"는 약속의 말씀을 붙잡은 한 사람을 통해 일하시는 살아계신 하나님의 능력과 기적과 구원 역사의 기록이 바로 『닥터 홀의 인도회상』입니다.

완전히 새로운 미지의 세계에서 새로운 사람들과 사역을 감당해야 했던 닥터 홀의 소명과 비전, 도전과 믿음, 사랑과 헌신, 고난과 인내, 갈등과 난관, 영적 전쟁과 승리, 은혜와 섭리의 세밀한 기록은 이 책을 읽는 모든 이들에게 마치 그의 사역 현장에 함께 있는 것처럼 생생하게 가슴을 파고들어 두려움을 내쫓고, 하나님의 손길처럼 강하게 다시 일어서도록 힘을 북돋아 줄 것입니다.

셔우드 홀은 이 책에서, 어머니 로제타 홀의 삶을 통해 예수 그리스도를 구세주로 의지하는 믿음이 인생의 위기와 도전, 특히 사랑하는 사람과 사별하는 극심한 슬픔 속에서도 용기를 잃지 않게 한다는 확신을 가졌다고 고백합니다. 우리 역시 셔우드 홀의 삶을 통하여 약속의 말씀을 붙잡고 하나님을 의지하는 믿음이 그 어떤 고난과 절망도 이겨내는 능력이 되는 것을 확신하게 될 것입니다. 이 책을 통해 더 이상 희망이 없다고 말하는 이 시대의 '의심많은 도마'들이 죽은 자 가운데서 다시 사셔서 늘 동행하시는 주님을 의지하여 순교까지라도 감당하는 '의연한 도마'로 거듭나게 하는, 생동하는 믿음의 능력을 경험하기를 바라며 기쁘게 추천합니다.

추천의 글 **2** 김승호 선교사 | 한국OMF선교회 대표

(인도)선교를 준비하는 분들의 필독서

선교지에서 새벽기도회가 끝나면 강단에서 기도하고 성경을 읽은 다음에 연이어 『닥터 홀의 조선회상』을 수십 페이지씩 읽곤 했다. 너무 은혜가

되고 재미가 있었다. 금번에 또 『닥터 홀의 인도회상』이 나오게 되니 무척 기쁘다. 홀 선교사가 한국과 인도를 이어주는 공통분모가 된 느낌이다.

『인도회상』은 인도선교를 하고 있는 사람과 앞으로 할 사람들에게 큰 힘과 격려가 될 것이다. 인도의 지리와 기후에 대해서는 물론 사람들과 문화 그리고 언어(습득)에 대해 잘 표현하고 있다. 마침 한국과 인도가 무역협정을 맺었고 앞으로 교역이 크게 늘어나 사람들의 왕래가 더 많아질 것이기 때문에 사업을 하시는 분들도 이 책을 읽고 가면 좋겠다.

이 책은 또 전문인 선교사들 특히 의료사역자들에게 큰 도움이 될 것이다. 오늘날은 직업적인 전문성이 있어야만 접근할 수 있는 선교사역지가 많다. 닥터 홀 선교사의 사역 경험이 전문인 선교사와 의료사역자들에게 넘치는 파도와 같은 지혜와 간접 경험을 줄 것이다.

이 책은 어떤 이유로 인해 지금까지의 익숙했던 사역지에서 옮겨야만 하는 사람들에게 힘과 지혜가 될 것이다. 앞이 보이지 않는 새 사역지에서 하나부터 다시 시작하고 새롭게 적응해가는 선험 사역자들의 삶을 보게 된다. 책 속에 나오는 어떤 선교사들은 몇 번씩이나 나라를 옮기는 경험을 했다. 또 이런 상황 속에서도 하나님이 예비하신 은혜와 작은 기쁨들을 체험하는 선교사들의 이야기를 본다.

이 책은 또한 선교 지도자와 선교행정을 하는 사람들에게도 도움이 되는 책이다. 부정적 견해를 가진 사람들의 반대에 부딪혔을 때 어떻게 믿음과 긍정적인 시각으로 돌파해 나가 공동체의 많은 사람들에게 열매와 혜택을 누리게 할 수 있는지를 보여준다. 예를 들어, 닥터 홀은 재정적 어려움을 메우기 위해 한국에서도 시작했던 크리스마스 씰을 인도에서도 발행하여 필요를 채워나갔다.

무엇보다도 이 책은 닥터 홀 선교사의 『조선회상』을 읽고 은혜와 감동을 받았던 독자들, 닥터 홀이 일본군부에 의해 한국에서 추방된 후 인도에 가서 더 오랜 기간 선교 사역을 했다는데, 어떻게 했을까 궁금해 하면서 출간을 기다려온 사람들에게 큰 선물이다.

　한국과 인도 선교로 한 평생을 바친 닥터 홀 선교사의 가족 중 여섯 분이 지금 양화진 선교사 묘지의 C-19 구역에 잠들어 있다. 이 책 속에 있었던 자녀들이 인도에서 다녔던 우드스탁 선교사자녀학교의 교훈이 감동으로 다가온다. "*Palma Non Sine Pulvere.*" (싸움의 흙먼지 없이 승리의 영예는 없다)

추천의 글 ❸ **박재형** 교수 | 서울의대교수, 한국기독교의료선교협회 회장

'조선' 태생 서양선교사의 인도사랑 이야기

　그리스도인으로 오늘을 살아가면서 내가 믿는 복음이 이 땅에 어떻게 들어왔는지 알고 싶은 마음은 누구에게나 있을 것이다. 일찍이 바울사도가 말한 대로 믿음은 들음에서 나는데 전하지 않으면 누가 믿을 것인가. 복음 증거의 사명으로 이 땅에 온 선교사들의 헌신된 삶이 아니었다면 오늘의 우리가 없었을 것이다. 한국 땅에 온 많은 선교사들 중에서도 셔우드 일가가 우리의 눈을 사로잡는 이유는 무엇인가. 우리는 이미 셔우드 홀의 『조선회상』을 통하여 우리나라에 온 그 가족의 이야기를 알고 있다. 아버지 윌리엄 홀이 선교지인 한국에서 로제타를 만나 결혼하면서 홀 가족의

한국 사랑이 뿌리내리기 시작한다.

『인도회상』은 셔우드 홀이 한국에서 이룬 귀한 일들을 뒤로 하고 인도로 추방되는 것으로부터 시작하고 있다. 한국과 인도, 서로 멀리 떨어져 있지만 모두 복음이 없는 땅끝의 나라였고 역사적으로 문화적으로 많은 공통점을 가지고 있다. 갑작스러운 추방 길로 시작한 인도였지만 그는 한국에서의 경험과 주님과 사람들을 향한 사랑으로 인도를 향하는 선상에서 새로운 사역을 다짐한다. 그는 일을 하면서도 시설과 시스템 개선에 열의를 가지고 효율성을 중요시한다. 그는 결핵전문의로서 크리스마스 씰 뿐 아니라 학술적으로나 결핵전문병원의 운영에 있어서도 최선을 다한다. 부인 매리언도 의료선교사로서 정년에 이르기까지 끊임없이 시골마을 주민들을 위해 몸을 아끼지 않는다.

하지만 이들의 사역에도 열의만으로는 해결될 수 없는 어려움들이 산적해 있었다. 함께 일하던 동료를 통한 어려움, 그리고 선교지에서 일구어 낸 업적을 한꺼번에 무너뜨리려는 악의적인 세력들이 도전해올 때 그가 어떻게 해결하였는지 독자들은 알게 될 것이다. 또한 바울 사도가 동역자를 소개한 것처럼, 셔우드 홀도 도움 받은 사람들을 세밀하게 기억하며 헌신적인 선교 동역자들을 소개하고 있다.

이 책은 그의 인도사역뿐 아니라 예수님의 제자 도마의 선교에 대하여, 인도, 파키스탄의 건국 배경에 대하여, 네팔선교의 시작과 티벳 같은 주변국가들의 이야기를 포함하고 있어 더욱 현장감이 있다. 그의 시각은 서구인 선교사라기보다는, 오히려 한국에서 태어나 한국에서 어린 시절을 보낸 '한국인'의 눈에 가깝다. 얼굴이 비슷한 네팔사람을 보고 한국말로 반갑게 인사할 때 어리둥절한 표정을 짓는 것을 보고서야 자신의 실수를 알았다고 할 정도였다. 『인도회상』을 읽으면서 셔우드 홀 내외의 인도인에 대한 끊임없는 사랑을 느끼는 동시에, 어려움을 함께 나누었던 한국인에 대한 회상을 곳곳에서 숨어 있는 보석처럼 발견하게 된다면 이 책을 읽는 독자의 기쁨은 더욱 커지리라 생각한다.

추천의 글 **4** **김성규** 원장 | 김성규결핵과의원장, 대한결핵협회 회장

결핵으로 인한 영혼의 상처까지 감싸안은 명의

이 책의 주인공 닥터 셔우드 홀은 이 땅에서 태어나 문화 사회적인 배경이나 언어사용에 있어서도 당시의 조선 아이와 다를 바가 없었습니다. 부모가 모두 의사로 고국에서 얼마든지 안정된 삶을 살아갈 수 있었지만 젊은 시절 이 땅에 선교사로 왔습니다. 아버지 제임스 홀은 환자를 돌보다 발진 티푸스에 전염되어 34세에 아까운 생을 마감합니다. 셔우드 홀은 미국에서 의학을 공부한 후 다시 조선에 와서 아버지의 삶을 이어받아 결핵 환자들을 돌보기 시작합니다.

그는 수많은 조선 사람들이 결핵으로 죽어나가는 상황에서 이웃들을 마치 자기 가족처럼 여기고 깊은 애정으로 최선을 다해 이들을 돌보기로 굳게 결심합니다. 그리하여 결핵환자들을 진료하는 틈틈이 해주에 우리나라 최초의 결핵요양소를 건립하여 백여 명의 환자를 치료하기 시작합니다. 또한 1932년 우리나라에서 최초로 크리스마스 씰을 발행하여 결핵 치료를 위한 재원 마련함과 동시에 이 질병의 심각성을 널리 알리고 의식

을 개혁하는 일에 힘씁니다.

그의 이러한 노력은 결핵에 대한 나라와 일반인의 이해가 거의 없었던 시절, 엄청난 결핵의 공포 속에서 아무 도움도 줄 수 없던 시절, 참으로 선구자적인 어려움과 오해 속에서 감당해야 하는 벅찬 과업이었습니다. 특히 후진국형 질병이라 불리는 결핵치료는 경제적인 어려움도 있었지만 정치적·문화적인 이해관계를 잘 조율해가면서 처리해야 하는 일이기 때문에 더 어려웠습니다. 닥터 홀은 이 모든 것을 주도적으로 이끌면서 결핵치료에 앞장섰습니다. 이러한 피땀어린 노력 덕분에 사람들은 점차 결핵이 '치료 가능한' 병이라는 사실을 인식하게 되고, 이제 우리나라에서 결핵은 '어렵지 않은' 질병으로 분류되어 결핵의 공포에서 해방되기에 이릅니다.

그는 동일한 수고를 인도에서 감당합니다. 무엇보다 결핵으로 인한 사람들의 소외와 상처를 보듬어 안은 사람이 바로 셔우드 홀 박사입니다. 그는 지역사회 상류층과 어울릴 수 있었지만 이 모든 사회적인 특권을 결핵환자 치료와 결핵확산 차단을 위해 자신의 전부를 겁니다. 또한 자신이 맡게 된 요양소도 결핵전문병원으로 유지하기 위해 많은 노력을 기울입니다. 그 과정에서 그가 보여준 경영자적인 시각과 통찰력은 많은 깨달음을 줍니다.

결핵을 진료하는 의사로서, 한국을 사랑하는 한 사람으로서 셔우드 홀 박사에 대한 존경과 감사의 마음을 담아 이 책 『인도회상』을 추천합니다. 진정한 삶의 가치를 추구하며 살았던 한 인간의 궤적을 따라가는 동안 어느새 기쁨을 넘어선 잔잔한 감동을 느끼게 될 것입니다.

추천의 글 **5 박상은** 원장 | 샘병원 의료원장, 전 한국누가회 이사장

홀 박사의 청진기를 통해 듣는 인도인들의 심장소리

저자 닥터 셔우드 홀은 『조선회상』으로 우리에게 익숙합니다. 그는 1893년 한국에서 선교사의 아들로 태어나 한 살 때 아버지 윌리엄 제임스 홀을 여의고, 다섯 살 때 동생 에디스를 잃게 되며, 결혼 후인 1932년, 자신의 아이인 프랭크마저 양화진에 묻게 됩니다. 그는 1940년 일본에 의해 강제로 인도로 추방되기까지 도합 28년을 해주와 평양에서 결핵환자를 돌보며 일제식민통치 하에 병들고 지친 우리 민족을 어루만졌습니다.

『인도회상』은 한국에서 추방당한 이후 새로운 선교지인 인도에서 은퇴하기까지 여전히 그와 동행하신 하나님의 사역을 그림 그리듯 펼쳐 보이고 있습니다. 그의 청진기를 통해 듣게 되는 인도사람들의 심장소리는 그 어느 곳에서도 들을 수 없는 살아 숨쉬는 박동소리로 울려퍼집니다. 그는 한국에서처럼 크리스마스 씰을 만들어 인도의 결핵을 근본적으로 해결하려고 애썼으며, 히말라야 부족과 티벳, 네팔에까지 사랑의 손길을 이어갔습니다.

이 책은 단순한 의료선교에 대한 사역보고뿐 아니라, 선교사의 일상적인 삶의 애환을 있는 모습 그대로 묘사하고 있으며, 가족과 동역자들, 나아가 후원자들과의 애틋한 우정도 그려내고 있습니다. 닥터 홀의 어머니 로제타 홀이 설립한 대학에서 의학을 공부한 의사로 십여 년간 매년 구정 때마다 단기의료봉사차 인도를 방문하면서, 저는 셔우드 홀 부부와 같은 분

들 통해 하나님께서 인도를 세계선교를 위해 준비시키셨음을 더욱 확신하게 되었습니다.

의사부부인 셔우드와 매리언이 안내하는 이 멋진 인도항해를 함께 떠나지 않으시렵니까? 분명 주님이 함께하시는 아름다운 동행이 되리라 생각합니다.

추천의 글 **6** 김민철 원장 | 전주예수병원 병원장, 현 한국누가회 이사장

한 선교사의 치열한 삶에 대한 살아 있는 현장기록

홀은 우리에게 크리스마스 씰로 기억되는 분입니다. 이 책은 결핵 퇴치를 위해 한국과 인도를 위해 생애를 드린 홀 선교사 가정의 이야기입니다. 그러나 이 책은 그 이상입니다. 생애를 통해 인도에서 경험한 이야기들을 기록 영화를 보듯 생생하게 그려냈기 때문입니다. 이 기록은 참으로 많은 것을 시사해 줍니다. 마치 스토리텔링하는 것처럼 쓴 홀의 이야기를 읽으면서 아프리카에서 잠시 선교사로 일하던 중에 겪었던 일들이 대비되어 겹쳐지는 경험을 하기도 했습니다. 그리고 선교사로 나가기 전에 이 책을 미리 읽었더라면 아주 훌륭한 준비가 되었을 거라는 생각이 들었습니다. 요즘 초단기 선교여행이 너무 많아지면서 선교지를 지나치게 피상적으로 인식하는 경향이 있음을 부인할 수 없습니다. 홀의 기록은 다양한 상황들을 있는 그대로 간접 경험하게 하는 이야기들의 보고로 매우 귀중한 자료입니다. 이렇게 말하는 데는 몇 가지 이유가 있습니다.

첫째, 선교는 다른 문화와의 만남에서 시작되어 끝까지 그 문화 속에서 전개되기 때문입니다. 기독교는 그 기원과 진리에서는 문화를 초월하지만 그 적용에 있어서는 문화적입니다. 이 책에는 사티(남편이 죽은 경우 아내를 산 채로 화장시키는 풍습)를 포함한 다른 문화와 만나는 이야기가 풍부하게 들어 있습니다. 겉으로 나타난 현상뿐 아니라 그 밑바닥에 흐르는 세계관이 잘 기록되어 있어서 선교지의 문화를 무시하며 문화제국주의자라는 비판을 받는 우를 범하지 않도록 하는 데 꼭 필요한 책입니다.

둘째, 선교는 인간관계를 풀어가는 현실이기도 하기 때문입니다. 아이러니컬하지만 선교사를 그만 두는 중요한 이유 중 하나가 선교사들 사이의 인간관계라는 것은 잘 알려진 사실입니다. 닥터 홀 역시 결핵요양원을 운영하면서 겪는 현지인 직원과의 갈등을 정의의 원칙을 지켜가며 상처를 주지 않고 사랑으로 감싸기란 그리 만만한 일은 아니었을 것입니다. 이 책에는 홀이 스스로 실수했고 실패했다고 진솔하게 고백하는 기록을 포함하여 음미할 만한 이야기들로 넘쳐납니다.

셋째, 선교는 역사 속에서 일어나기 때문입니다. 첫 활동지였던 조선 땅에서 일제의 압제라는 정치 역사적 흐름으로 홀 선교사 가정은 2000년 전 도마가 활동했던 인도로 사역지를 옮기게 되었습니다. 정치적·역사적 혼돈이 선교사의 삶을 뒤흔들어 낙담시키기도 하지만, 그것을 하나님의 인도하심으로 순종하는 자들을 통해 하나님은 그 삶을 더 활기차고 역동적으로 사용하시기도 합니다. 우리는 이러한 홀의 생애를 통해 인도하시는 하나님의 다이내믹을 읽을 수 있습니다.

추천의 글 **7** **임영국** 원장 | 미래한국병원 병원장, CM 이사장

500명의 동역자들과 함께 세운 하나님나라

닥터 셔우드 홀은 조선에서 태어나 조선을 고향으로 여기는 선교사였다. 그는 부인 닥터 매리언과 함께 조선에서 16년간 봉사하다 일제에 의해 강제 추방을 당해 인도로 파송된다. 이 책은 인도 마다르 요양원에서 조선에서와 같이 결핵퇴치를 위해 23년간 의료선교사로 최선을 다한 후 과거를 회상하며 기록한 책이다. 이러한 셔우드 홀 부부의 모습은 어머니 닥터 로제타 홀이 43년간 의료 선교사로 조선에서 헌신한 모습을 쏙 빼닮았다.

먼저, 닥터 셔우드 홀 부부는 항상 하나님의 도우심을 의지하며 기도하는 사람이었다. 인도에 도착하자마자 미지의 상황을 헤쳐 나가려면 주님의 권능이 필요하다며 도우심과 지혜를 구하면서 그는 인도 사역을 시작한다. 그러면서 일이 하나씩 마무리 될 때마다 기도의 응답이었음을 고백하고 있다. 그가 운영을 맡게 된 요양원은 오래도록 적자에 허덕이고 문화적으로도 많은 차이가 있었지만, 이러한 것들을 하나님의 도우심으로 지혜롭게 해결해 나간다. 빈곤계층이 많은 인도에서는 크리스마스 씰의 성공이 힘들다는 동료들의 우려 속에서도 그는 이를 성공적으로 감당했다.

또한 그는 동료들을 배려하고 섬기는 리더십을 가지고 동역했다. 망원경적인 시야로 사역을 하는 것 같지만 실제 사역 내용은 매일매일을 현미경과 같은 섬세함으로 섬겼다. 이 책을 몇 장만 넘겨보면 마치 어제 일어

난 사건을 적어놓은 것처럼 꼼꼼하고 진실함을 알 수 있다. 그리고 자기 사역을 성공적으로 포장하거나 미화하지 않고, 그 된 일을 누가처럼 아주 사실적으로 기록해 놓았다. 이 책에는 약 500명의 인물이 소개된다. 동료에서 친척은 물론이요 심지어는 마차를 몰았던 사람까지 다 기억하고 있다. 그가 하는 사역은 혼자서 하는 것이 아니었다. 하나님의 부르심을 받은 한 사람 한 사람이 다 어우러져 하나님의 일을 이루어 갔다.

그는 조선에서도 약 5번의 생명이 걸린 위험을 겪게 되지만, 인도에서도 여러 번 그런 상황이 있었다. 자녀인 조가 원인모를 병에 감염되어 백혈구가 30,000이 넘고 체온이 40도나 되었을 때 아들 조가 죽을지도 모른다는 마음에 사로잡혔다고 기록했다. 하지만 이처럼 자녀들이 말라리아, 홍역, 늑골 골절 등의 어려움을 당하는 와중에서도 그는 한 번도 선교사역을 불평하거나 포기하려 하지 않았다. 아버지인 닥터 제임스 홀이 조선에서 선교하다 발진티푸스에 걸려 34세의 젊은 나이로 먼저 주님께 안겼지만 조선 사랑을 포기하거나 불평하지 않고 하나님을 의지했던 어머니 로제타 홀을 본받았던 것이다.

하나님께서는 이러한 그의 사역을 때를 따라 도와주셨다. 이는 닥터 홀이 개인의 욕심이 아닌 하나님이 기뻐하시는 일을 즐거이 했기 때문이다. 암담하던 마다르 요양원의 고질적인 부채는 뜻밖에도 힌두교 신사, 무슬림교도, 인도 크리스마스 씰, 전 인도 기독교협회, 여러 기금모금 등의 다양한 통로를 통해 해결되어 갔으며, 그토록 기도하던 400병상의 요양원으로 성장했다. 옆에서 이 부부의 사역을 지켜본 마다르 요양원 직원들은 이 부부의 사역을 이렇게 평가했다. "당신은 진정한 그리스도인의 표본이며 완벽한 신사라고 말씀 드릴 수 있습니다. 박사님의 빛나는 미소, 정겨운 매너, 그리고 단순하지만 강력한 개성은 우리들에게 시련과 고난을 이겨낼 힘과 용기를 주었습니다."

나는 하나님과 동행하는 아름다운 사역을 인생 다할 때까지 하는 것이 얼마나 부러운 것인가를 이분들의 삶을 통해 확실히 알 수 있었다. 이 책을 통해 한길 가는 선교사가 일생동안 경험한 하나님과의 동행을 마치 어제 일처럼 느낄 수 있었다. 다른 분들도 아마 나와 같은 심정으로 이 책을 통해 마음이 뜨거워지리라 확신한다.

추천의 글 8 박성민 목사 | 한국대학생선교회 한국대표

인도에 우뚝선 '하나님의 대리자'

이 책을 읽으면서 한 사람의 인생은 그가 사랑한 것에 의해 평가되어야 한다는 말이 떠오릅니다. 이런 기준에 따르면 이 책의 저자 닥터 셔우드 홀은 진정 위대한 사람이요 흠모할 만한 사람입니다. 그는 가장 사랑해야 하는 대상을 잘 알았고 또한 진정으로 그렇게 사랑했습니다.

글의 특성상 자신과 하나님과의 관계에 있어 세밀한 부분은 기록하고 있지 않지만, 마다르 교회당을 건축하는 과정을 보면 그가 뛰어난 의료기술을 발휘하여 사람들에게 유익을 끼치기 이전에 하나님을 경배하고 인도 사람들이 그분을 알게 하는 일에 얼마나 순수하게 열정을 다했는지 볼 수 있습니다. 또한 마다르 요양원의 감독의사로 임명되어 수십 명의 직원들과 400여명의 환자들을 책임지는 자리에 있었지만 그가 환자 한사람

한사람을 대하는 모습 속에서 인간에 대한 순수한 사랑과 애정을 진하게 엿볼 수 있습니다. 닥터 홀의 인생을 읽고 있노라면 그가 진정 주님과 사람들을 위해 자신을 '온전히 드린' 사람임을 알게 됩니다. 그는 조선에서 강제출국을 당해 인도에 간 뒤에도 그것을 하나님의 섭리로 받아들이고 여러 정치적·경제적 난국 속에서 한 명의 '하나님의 대리자'가 되어 인도에 그리스도를 소개합니다. 그는 직접적으로 교리를 전할 수는 없었습니다. 하지만 그의 삶 자체가 그리스도의 생명을 전하는 통로였음이 분명합니다. 닥터 홀은 마다르 요양원을 운영하는 과정에서 현지 힌두교 신자들을 통해서 요양원의 재원을 조달받기도 하였고, 요양원 사람들의 변화된 삶을 본 이들은 스스로 그리스도께로 돌아오기도 합니다.

물론 어려움도 많았습니다. 부임하기 이전부터 있었던 많은 부채와 이곳을 통째로 삼키려는 정치적인 음모, 운영상에 있어 현지의 풍습과 문화로 인한 불협화음, 40도를 가까이 치솟는 살인적인 더위와 현지 의사들 간의 보이지 않는 자존심 싸움 등. 하지만 이런 부분들을 헤쳐나가는 과정 속에서 우리는 또한 닥터 홀의 진면목을 확인할 수 있습니다. 그는 철저히 자신을 부인하고 그리스도의 생명으로 살아간 사람이었습니다.

저는 이 책을 읽으면서 그가 조선 땅에 태어나고 자라 인도로 파송된 우리의 선교사처럼 느껴졌습니다. 그가 우리 조선 사람이라는 착각이 들어 자랑스럽게 여겨질 정도였습니다. 그리고 이러한 그의 삶에 함께하신 주님께 더욱 영광을 돌리게 되었습니다. 이 책을 읽으시는 분들도 하나님께서 각자의 인생을 통해 이루시려는 선한 목적들을 볼 수 있기를 소망합니다.

추천의 글 **9** 이현수 선교사 | 한국프론티어스 국제선교회 대표

문화와 종교의 벽을 뛰어넘는 하나님의 사랑

셔우드 홀 선교사의 『조선회상』을 통하여 많은 한국 그리스도인들이 하나님께서 그의 가족을 사용하셔서 이루신 일에 큰 감동과 도전을 받았으리라 믿는다. 일본 군부의 탄압과 협박 때문에 어쩔 수 없이 조선을 뒤로 하고 떠나야만 했던 셔우드 홀 선교사의 모습 속에서 우리는 인간적인 연민과 좌절을 느끼지만, 이 믿음의 사람은 늘 그랬던 것처럼 믿음의 헌신과 사랑이 절실히 필요한 땅 인도에 다시 쏟아 붓게 된다. 이 전기를 통해 우리는 하나님께서 부으시고 넘치게 하신 사랑은 한 민족에게서 끝나는 것이 아니라 여러 어려움을 통해서라도 다시 열방가운데 드러나는 것을 본다. 하나님이 허락하신 사랑은 모든 문화적·종교적 차이를 극복할 수 있게 하는 지고한 사랑임을 이 책 『인도회상』으로 확인하게 될 것이다.

첫 사랑이었던 한국을 뒤로하고 인도로 가야했던 셔우드 홀 선교사는 인도에서 어떻게 하나님의 손에 쓰임 받았으며, 또한 의술을 통해 하나님의 사랑을 보여주는 사역을 어떻게 감당했는지를 상세히 서술하고 있다. 언어, 문화 그리고 지리적 환경이 한국과 크게 다른 인도에서 자신이 겪었던 어려움, 가족 간의 친밀한 사랑, 더 큰 가치를 위한 희생, 그리고 좌절과 어려움 속에서 하나님을 의지하고 이겨나가게 된 여러 사건들을 믿음의 필치로 아름답고 잔잔하게 서술하고 있다. 하나님의 높은 부르심에 추호의 의심 없이 끝까지 하나님을 섬기는 그의 모습은 오늘 하나님의 나라를 위해 수고하는

많은 성도들에게 그 자체로 깊은 메시지를 전달하고 있다. "견실하며 흔들리지 말고 항상 주의 일에 힘쓰는 자들이 되라"는 바울의 권면을 흔들림 없이 끝까지 순종했던 그의 아름다운 모습이 이 책에 기록되어 있다.

셔우드 홀 선교사와 그 가족들의 환경과 지역을 초월한 사역과 사랑을 통해 하나님 나라의 일꾼으로 이 땅을 살아가는 모든 그리스도인들에게 큰 격려와 도전이 되었으면 한다. 또한 낯선 지역에서 좌절을 경험하는 선교사들에게 하나님을 신뢰하는 것이 무엇인지를 배울 수 있는 교본이 되길 바란다. 마음을 다해 이 책을 강력하게 권하고 싶다.

추천의 글 **10 임성근** 목사 | 한국기독대학인회(ESF) 대표

진정으로 예수를 믿는다는 것

우리의 앞선 세기에 있었던 1,2차 세계대전은 전 세계가 전쟁의 광기 속에서 인류 전체가 절망했던 비극적인 시대였다. 칠흑처럼 어두웠던 이 시대에 고통의 중심에서 자기를 태우면서 세상을 비추었던 작은 사랑의 촛불이 있었다. 바로 닥터 홀 부부이다. 그의 부모님은 1890년대에 한국에 온 의료 선교사였다. 홀은 1893년에 태어났으며, 그의 아버지는 홀이 태어난 지 1년이 지난 1894년에 당시 유행했던 발진티푸스에 의해서 돌아가셨다. 그리고 얼마 후에 여동생 에디스마저 이질로 죽었다. 홀은 조선에서 태어나고 유년시절을 보냈지만 반드시 좋은 기억만이 있지는 않았으리라. 이 땅은 아버지와 동생을 유행병으로 죽게 만든 거칠고 모진 곳이었

다. 그러나 그는 이러한 고통과 죽음을 하나님 앞에서 의미 있게 받아들이면서 그도 기꺼이 부모님이 택한 선교사의 길을 선택한다. 그의 부부는 일본군에 의해서 추방당하기 직전까지 해주에서 의료선교를 했다.

홀 부부가 이 땅을 떠날 때에 하나님 앞에서 선택한 곳은 또 다른 고통의 땅인 인도였다. 이들은 인도의 마다르 병원에서 선교사로서 정년퇴임할 때까지 인도의 결핵과 싸웠다. 인도는 현대의 관점에서 도무지 이해할 수 없는 카스트라는 엄격한 신분제도가 있고, 또 종교적으로 힌두교와 이슬람교가 혼재되어 있는 곳이다. 이들은 이곳에서 신분과 종교에 상관없이 이들의 고통을 치유하기 위해서 자신을 기꺼이 내어 주었다. 이들은 분명한 신앙이 있었지만 그것을 내세우거나 강요하지 않았다. 오히려 이들의 고통에 뛰어드는 희생적인 삶을 통해서 인도인에게 잊을 수 없는 예수 그리스도의 영원한 사랑을 남겼다.

이들의 아름다운 삶은 오늘날 세상의 목표를 얻기 위해서 전전긍긍하는 많은 기독 청년들에게 진정으로 예수를 믿는 삶이 무엇이며, 또 하나님이 기뻐하는 인생이 무엇인지를 다시 한 번 생각하게 한다.

추천의 글 **11** 한철호 선교사 | 선교한국 상임위원장

나그네 삶, 선교사의 삶

선교사로 산다는 것은 나그네의 길의 가는 것과 마찬가지이다. 그가 가는 길은 하나님만 아신다. 『닥터 홀의 인도회상』은 선교사 자녀로 한국에

서 태어나고 한국의 선교사로 파송되어 1925년부터 1940년까지 한국에서 선교사로 사역하다가, 당시 한국을 지배하고 있던 일본군부로부터 간첩 누명을 쓰고 추방당한 후 다시 인도로 가 의료선교사로 사역한 셔우드 홀의 기록이다. 그의 한국에서의 사역은 이미 『조선회상』이라는 책으로 한국에서 번역 출간되어 많은 사람들에게 큰 도전을 준 바 있다.

『인도회상』은 셔우드 홀이 40대 후반에 다시 인도로 가서 그곳의 생소한 문화와 상황에 적응하면서 의료사역을 한 과정을 기록하고 있다. 한국에서 태어났기에 한국문화에 적응하는 것은 비교적 쉬웠겠지만, 생소한 인도 문화에 다시 적응하며 사역한다는 것은, 나그네의 삶을 사는 선교사로의 소명과 하나님께 대한 깊은 사랑과 헌신 없이는 불가능한 일이다. 그럼에도 불구하고 홀박사는 그 나그네의 삶을 기쁘고 영광스럽게 살아갔다. 인도에서의 홀 박사의 사역은 결핵퇴치사업에 집중되었는데, 한국에서 했던 것과 마찬가지로 크리스마스 씰을 발행하는 등 23년 동안 마다르 통합 결핵요양원을 중심으로 북부인도의 여러 종족들에게 의술과 그리스도의 사랑을 전하고 있다. 이 과정에서 그가 겪게 되는 선교사로의 삶과 사역, 그리고 격변하는 인도 사회에서 일어나는 다양한 사건들과 하나님의 인도하심에 대해 그는 세밀하고 박진감 넘치게 기록하고 있다.

우리는 자신의 인생 앞에 어떤 길이 펼쳐질지 잘 모른다. 그러나 하나님께 대한 신뢰와 그분의 부르심을 따라 살 때 우리의 전 일생은 풍성하고 아름답게 될 것임이 분명하다. 그 삶이 얼마나 아름답고 흥분되는 일인지 확인하고픈 분들에게 일독을 권한다. 이미 출간된 『조선회상』과 더불어 읽게 되면 더욱 풍성함을 경험할 수 있을 것이다.

목차

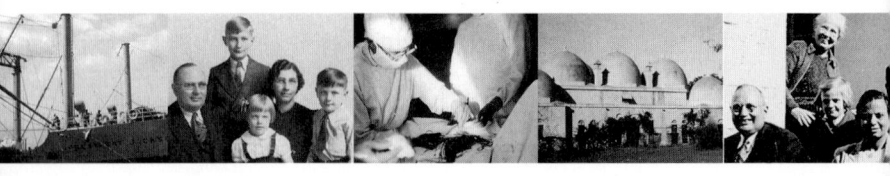

추천의 글 6
영문판 편집자 서문 27
소개의 글 29

제1장 인도로 가는 길 31
제2장 인도의 관문 51
제3장 돔지붕집 75
제4장 더 높은 깨달음 95
제5장 발목고리 길 127
제6장 새로 시작하는 자가 겪는 시련 149
제7장 통합함으로써 우리는 더 강해진다 177
제8장 크리스마스 씰 193
제9장 우드스탁 학교생활 213

제10장 코브라가 병을 낫게 하는가 231
제11장 캐나다 뿌리들 255
제12장 새 인도의 선한 사마리아인들 285
제13장 지상의 왕국에서 버림받은 자들 307
제14장 성聖누가 예배당 건립 319
제15장 인디언 러브콜 339
제16장 사도 도마의 발자취를 따라 353
제17장 결핵퇴치를 위한 인도의 신무기 379
제18장 히말라야 트라이앵글 399
제19장 새 차원의 사역 427
제20장 마다르가 기록한 이정표 453
제21장 네팔 연합선교단 471

제22장 동서양의 축제 491
제23장 눈물의 티벳 트레일 515
제24장 생명의 동역자들 541
제25장 미지의 모험들 567
제26장 실패한 음모 591
제27장 음모와 대항책 619
제28장 한국 재방문 645
제29장 눈을 뜨게 하라 667
제30장 인도여, 안녕 697

에필로그 714
감사의 글 719
옮긴이의 글 721
저자 주 726

영문판 편집자 서문

셔우드 홀 박사의 자서전 제1권 『조선회상』*With Stethoscope in Asia: Korea*이 1978년에 출간된 후, 홀 박사는 계속해서 후속편 『인도회상』*With Stethoscope in Asia: India*을 쓰기 시작했다. 1991년 4월 5일 캐나다 브리티시 콜롬비아 주 리치몬드 시에서 심장마비로 별세할 때까지 이 97세의 은퇴한 캐나다 의료선교사는 자신의 두 번째 책의 출간을 고대하고 있었다. 그의 아내인 매리언 버텀리 홀 박사 역시 제2권의 출간을 간절히 기다려 왔다. 매리언은 남편 사망 5개월 후인 9월 19일 리치몬드 시에서 역시 심장마비로 별세하였다. 향년 95세였다.

은퇴 후 두 사람은 노화성 황반 퇴화로 중심부 시력을 점차로 잃어갔지만 셔우드 홀 박사는 제2권을 위한 초고를 계속 집필하여 완성된 초안을 자신의 딸에게 보내 타이핑하게 하였다. 그 초고는 육필로 쓰였다. 남아 있는 주변부 시력을 이용하기 위해 홀 박사는 머리를 비스듬히 기울여 눈을 종이 위에 가까이 대고 집필했을 것이다. 매일 규칙적으로 시간을 할애하여 홀 박사는 자기 이야기를 써나갔다. 그의 딸이 타이핑된 원고를 녹음한 테이프를 보내주거나, 곁에서 타이핑된 원고를 소리 내 읽으면, 홀 박사는 그것을 듣고 수정할 부분이나 부연해서 삽입할 내용을 제시했다. 이런 방식은 그의 눈병이 결정적으로 악화되기 전까지는 잘 통했다. 이후 홀 박사는 문장 위에 문장이 겹쳐 쓰인 초고를 보내오기 시작했다. 남이 자기의 글을 알아보지 못한다는 것을 의식하지 못했다.

자료를 기록하기 불편해지자 홀 박사는 결국 자기 이야기의 나머지 부분을 종이 위에 옮기려면 외부의 도움이 필요하다는 것을 인정할 수밖에 없었다. 홀 박사는 현재의 연합감리교회 산하에서 행한 39년간의 기독교 선교사역에서 나온 방대한 양의 서신과 기록물을 자기의 딸에게 넘겨주었다. 홀 박사의 첫 번째 책은 선교사였던 그의 부모가 1890년부터 한국에서 개척 선교를 한 시기, 그리고 홀 박사 내외가 역시 한국으로 부임해 1925년 8월부터 1940년 12월까지 사역한 시기를 다뤘다.

저자 사후에 출간된 이 후속편은 홀 박사 내외가 그들의 두 번째 선교 활동지인 인도에서 사역한 시기를 다룬다. 홀 박사 내외는 인도에서 1941년 1월부터 1963년 11월까지 사역했다. 홀 박사는 감리교 선교단이 정한 해외사역 은퇴 연령인 1963년(70세)까지 일한 것이다.

홀 박사는 자기와 아내가 선택한 선교사라는 직임을 '풍성한 삶'으로 즐겨 묘사하곤 했다. 주 예수께서 자기를 따르는 모든 사람들에게 약속하신 그런 삶 말이다. 홀 박사는 그들 부부가 주 예수님을 경배하며 발견한 기쁨과 만족감을 다른 이들도 체험하기를 원했다. 홀 박사는 독자들이 스스로 이러한 모험을 시작하기를 바랐다.

우리는 이 후속편의 출간을 인내하며 기다려 온 독자들이 이제 그에 합당한 보상을 받을 수 있으리라 확신한다. 이 책을 통해서 홀 박사를 처음으로 알게 되는 독자들에게도 은혜로우신 주님의 축복과 감화가 함께 하시기를 기원한다.

셔우드 홀 저 『인도회상』
사후 출간판 공동편집자
필리스 홀 킹, 에드워드 G. 킹 Jr.

소개의 글

홀 박사는 지난 번 책에서 한국에서 보낸 어린 시절, 외국으로 나가 전문 직업교육을 받은 일, 역시 의사인 새 신부 매리언 박사와 함께 고향으로 돌아온 과정 등을 다루었다. 영국 런던의 열대약학 학교에서 6개월 과정을 마친 후, 홀 부부는 감리교 선교회에 의해 1925년 8월 한국으로 파송되어 그곳에서 1940년 12월까지 사역한다.

홀 박사는 해주에서 의사로 활동하면서 한국 최초의 결핵요양소를 설립하고 '결핵퇴치 크리스마스 씰'을 한국에 소개했다. 2차 세계 대전이 막을 올리던 시기, 일본 군부는 외국인과 선교사를 탄압하기 시작한다. 홀 박사도 이때 한국을 떠나라는 명령을 받는다.

1940년 11월, 감리교 선교부는 홀 부부를 인도 아지메르 시 근처

마다르 통합결핵요양소로 재파송한다. 사역은 하나님이 인도하신다는 확신으로, 전과 다름없는 에너지와 열정과 믿음을 가지고 홀 부부는 병상이 45개밖에 없는 작은 요양원에서 또 다른 의료선교를 시작한다. 이 책에서 셔우드 홀 박사는 전편에 이어서, 미지의 세계로 여행한 일, 남부 아시아의 관습과 기후에 적응하고 의사로서 그 지역에서 행한 활동 등을 계속 이야기한다. 셔우드 박사는 20년의 기간 동안 그 요양원을 400명의 환자를 수용할 수 있는 국내 유수의 기관으로 키워낸다. 그 과정에서 한국에서 했던 것처럼 '결핵퇴치 크리스마스 씰'을 인도에 처음으로 소개한다.

이 독특한 이야기는 이러한 중심 사역을 토대로 흥미롭게 진행된다. 이 책에는 모험담이 담겨 있다. 한 남자와 가족이 생소한 인도의 문화와 환경에 적응하는 과정, 주님의 이름으로 행하는 사심없는 봉사, 이 기반 위에 기독교 선교가 성공하는 놀라운 과정을 그려내고 있다. 저자는 신중하면서도 명료한 관점을 가지고, 때로는 재미있게 이야기를 풀어간다. 이 분야에 관심 있는 모든 독자들은 이 책을 통해 영감을 얻으리라 확신한다.

1979년 9월 16일
루이스 웜슬리
토론토, 온타리오 주, 캐나다

제1장. 인도로 가는 길

"일본 군부, 마지막 감리교 선교사 가족을 한국에서 추방"

내 기억이 맞는다면 1940년 12월 9일자 어떤 신문에도 이런 제목의 기사가 실린 적은 없었다. 그러나 우리 가족이 송환선 '프레지던트 잭슨' 호에 승선하는 순간 내 머릿속에는 이런 신문기사 제목이 선명하게 그려졌다. 이 호화 여객선은 처녀항해 중이었고 우리의 목적지인 인도 봄베이가 중간 기항지였다.

어떤 의미로 이번 항해는 우리에게도 '처녀항해'였다. 수개월간 계속되어 온 일본 군부의 탄압은 급기야 우리를 영국의 첩자로 날조하여 거짓 기소하는 사태에 이르렀다(의료선교사였던 나의 부모님과 마찬가지로 나와 내 아내 매리언 역시 미국 감리회 해외선교부 소속 캐나다 의료선교사로서 한국에 파송되어 일하고 있었다). 뒤이어 열린 '엉터리 법정'에서 우리는 고액의 벌금과 함께 해주와 한국으로부터의 추방형을 선고 받았다. 해주는 나와 내 아내가 1926년부터 일해온 곳이다. 또한 우리 부부의 네 자녀가 태어난 곳이기도 했다. 윌리엄 제임스가 1927년 2월 18일에, 조셉 케이틀리가 1932년 10월 8일에, 그리고 쌍둥이인 필리스 매리언과 프랭크 셔우드가 1934년 11월 12일에 태어났다. 프랭크는 사산됐으며 우리는 그 아이의 시신을 '서울 외국인 묘지'('양화진'을 말함—편집자, 이하 모든 편집자 주는 한국어판 편집자의 것임)에, 먼저 그곳에 묻힌 내 아버지 윌리엄 제임스 홀 목사와 내 여동생 에디스 마가렛 홀 곁에 나란히 묻었다.

　나의 부모님은 두 분 다 개척 의료선교사였는데 1890년대에 한국으로 부임했다. 어머니 로제타 셔우드는 1890년 10월에, 아버지는 이듬해 12월에 각각 한국에 오셨다. 두 분은 1892년 6월 27일에 서울에서 결혼하셨고 1893년 11월 10일에 내가 태어났다. 평양에서 의료와 전도 사역을 하던 두 분은 한국 북부 내륙지역의 선교 사업을 개척하는 데 있어 중심적인 역할을 수행하셨다. 아버지는 평양에서 청일 전쟁에서 부상당한 사람들을 치료하던 중 그만 발진티푸스에 걸려 1894년 11월 24일 34세의 나이로 서울에서 돌아가셨다. 내가 태어난 지 1년째 되던 해였다. 1895년 1월 18일에 내 여동생 에디스가 태어났다. 아버지가 돌아가신 지 두 달 후이고, 살아계셨더라면 아버지의 서른다섯 번째 생일이 되었을 1월 16일에서 이틀이 지난 날이었다. 에디스는 세 살 때 평양에서 이질에 걸려 1898년 5월 23일에 사망했다. 내 어머니 로제타 셔우드 홀은 1933년 10월까지 한국에서 계속 일하셨다. 어머니는 43년의 세월을 한국에서 봉사하면서 병원 건립, 여성 의료학교, 맹인과 농아를 위한 학교 설립에 힘썼고 의사로서의 사역도 병행하셨다.[1]

나의 고향이자 유년과 성인시절 도합 28년의 시간을 보낸 이곳 한국에서 일본 군부에 의해 강제 추방을 당하는 신세가 되고 보니 그 감회가 마치 차가운 12월의 이별과도 같아 견딜 수 없는 마음이 들었다. 앞으로 우리에게 무슨 일이 닥치려는 것일까?

'프레지턴트 잭슨' 호

한국을 떠나기 전 홀 가족

1. 인도로 가는 길

우리는 기차 편으로 해주에서 서울을 거쳐 부산항으로 이동했다. 부산항에서 일본으로 가는 배편이 출발하기까지 아직 시간 여유가 있었으므로 우리 부부는 감상에 젖어 아이들에게 벚나무 정원에 구경이나 가자고 제안했다. 그곳은 우리 부부가 1926년 한국에 입국할 때 맨 먼저 우리를 반겨주었던 추억이 있는 장소였다. 겨울옷을 입은 벚나무 정원은 우중충하고 쓸쓸했다. 우리 기억 속의 따뜻하고 화사했던 그 정원이 아니었다. 여덟 살 난 조와 여섯 살 필리스는 둘이서 술래잡기를 하며 재미있게 뛰어놀고 있었지만, 열세 살 윌리엄은 우리 가족이 처한 잠재적 위험상황을 어느 정도 이해하고 있어서인지 우리 부부 곁에 꼭 붙어 있었다. 나는 가족들을 내 주위에 불러모으고 루이스 해스킨의 영감 넘치는 시구를 들려주었다. 그 시의 제목은 "새해로 들어가는 문"이었다.

> 나는 새해의 문을 지키고 선 사내에게 말했다.
> "내게 등불을 주시오. 그러면 모르는 길도 내가 안전하게 갈 수 있으리다."
> 사내가 대답했다.
> "어둠 속으로 들어가시오. 그리고 하나님의 손을 잡으시오. 등불보다 그 편이 나을 것이오. 아는 길을 걷는 것보다 그 편이 안전하오."

우리는 이 시가 우리에게 주는 확신에 힘입어 추억의 정원을 떠나 다시금 새로운 여행을 시작할 수 있었다.

1940년 12월의 인도로 가는 길은 우리의 행로에 관하여 입장이 서로 다른 두 기관의 얄궂은 의견 일치가 낳은 결과였다. 일본 군부와 미국 감리교 선교위원회는 선교사 추방으로 이어진 일련의 사태에 대해 매우 다른 의견을 갖고 있었지만, 우리 가족의 목적지가 인도가 되어야 한다는 점에서는 의견이 일치했다. 다만 두 기관의 속셈은 달랐다. 선교위원회는 우리의 인도행이 인도 지역의 의료지원과 영적필요를 충족하는 데 도움이 되리라고 판단했다. 일본 군부는 그들의 야망인 아시아 정복의 일환으로 인도를 손아귀에 넣게 되면 그곳에서 우리를 다시 보게 될 것을 확신하고 있었다. 양측으로부터의 승인을 받은 이상 우리는 비교적 안전한 기분으로 1940년 일본 고베항에서 인도로 가는 송환선에 승선할 수 있었다.

우리가 그대로 한국에 남는 경우 우리를 돕는 성실한 한국인 동료들이 일본 군부에 의해 겪을 고초를 생각하니 고향인 한국을 떠나는 나의 마음이 조금은 가벼워질 수 있었다. 일본 군부는 외국인을 조직적으로 괴롭혀 결국 그들이 한국을 떠나도록 만든다는 정책을 펴고 있었다. 일본 군부의 초기 경고를 무시한 외국인은 가차없이 투옥되었고, 그들 중 몇은 고문까지 당했다. 당시는 2차 세계대전의 전야였지만, 그때만 해도 실제로 전쟁이 발발하거나 적대 행위가 그토록 신속하게 확대되리라고 믿는 사람은 매우 적었다. 이와 같은 낙관은 인도로의 항해 도중 항구에서 만난 여러 지인들을 통해서도 확인할 수 있었다.

배가 상해에 정박했을 때 감히 안전한 항구를 빠져나와 전쟁으로 피폐해진 그 도시를 둘러보러 바깥을 돌아다닌 승객은 우리 일행 말고는 거의 없었다.[2] 그저 중국 땅을 한 번 밟아보려고 그리한 것이 아니라 내 오랜 친구이며 해주 시절에도 우리 집에 종종 들르곤 했던 하비 스토컬리를 만나고 싶어서였다. 하비는 상해 국제 거류지에 본부를 두고 있는 '파크 데이브스 제약'의 지역 대표직을 맡고 있었다. 주위의 중국정부 직할 지역과는 다르게, 이곳 외국인 거주 지역은 전쟁의 피해를 거의 입지 않았다. 한국이나 일본의 상업 지구와는 대조적으로 상해의 외국인 거주 지역은 여전히 번영을 구가하는 듯했다.

우리가 다른 선교사들과 함께 일찌감치 한국을 떠났으리라 생각하고 있던 하비는 우리가 그의 사무실로 걸어 들어가자 깜짝 놀라는 듯했다. 놀람이 가시면서 하비는 우리를 일일이 껴안고 따뜻하게 환영해주었다. 하비는 우리 가족이 겪은 지난 얘기를 들려달라고 했다. 우리가 서로 만나곤 했던 행복한 시절은 지나갔고 이제는 많은 것이 변해버린 상황이었다.

집 밖으로 소리가 새어나가 지나가던 사람이 듣고 당국에 신고할까봐 라디오에 청진기를 연결해 증폭시켜 일본 당국이 금지한 상해 방송을 청취한 얘기를 들려주니 하비가 껄껄대며 웃었다. 하비는 그 방송을 진행한 아나운서인 캐럴 알콧과 개인적인 친분이 있다고 했다. 그 아나운서는 중일 전쟁에서 일본군이 거둔 소위 "위대한 승전"을 "소규모 부대 간의 단순한 승강이"로 폄하하는 방송을 했다가 일본 당국에 의해 거액의 현상금이 걸려 수배되기도 했다는 것이다.

점심시간이 되자 하비는 차로 자기가 사는 아파트로 가보자고 우겼다. 그의 아파트는 건너편 중국인 지역에 있었는데 그 지역과 이곳 외국인 지역 사이는 철조망이 가로지르고 있어 모든 차량의 출입을 통제하고 있었다. 보행 출입자는 바리케이드 사이에 난 좁은 통로를 이용해야 했는데 착검한 상태의 소총을 멘 일본 군인들이 경비를 서고 있었다. 아내 매리언이 내게 슬쩍 눈치를 주었다. 배에서 하선할 때 우리가 예상한 활동 범위를 넘어서는 것이기 때문이었다. 그러나 하비는 자기가 유럽인 방문자의 동반이 가능한 군부대 출입증을 갖고 있다며 우리 가족을 안심시켰다. (당시 극동 지역에서 백인은 모두 '유럽인'으로 통했다.)

하비의 아파트에 도착해자 우리 아이들은 모처럼 자유롭고 즐거운 시간을 가질 수 있었다. 아이들은 저온 살균된 우유를 양껏 마셔댔다. 한국에서 신선도가 낮은 분유만 마셨고, 탈출선 안에서는 통조림 우유만 마실 수 있었는데, 신선한 우유라니… 참으로 기억에 남을 만한 대접을 받은 셈이었다.

하비가 안전하다고 자신 있게 안심시켰음에도 불구하고 배로 돌아와 갑판에 오르고 나서야 우린 비로소 안도할 수 있었다. 우리 주위에 많은 승객들이 모여들었고 우리는 그들에게 짐짓 태연자약한 표정을 하고 상해의 일본 점령 지역을 들쑤시고 다닌 모험담을 들려주었다. 나는 한술 더 떠서 일본군이 경비하는 가시철조망까지 그들을 안내해서 보여주겠노라고 제안했다. 물론 동료 승객들은 손사래를 치며 나의 제안을 거절했다. 우리가 승선하고 얼마 지나지 않아 일본군 경비함들이 나타나 우리 배를 항구 밖으로 인도했다. 그들의 안내로 배는 무사히 수뢰 지역을 통과했다. 배를 인도해준 일본군에게 작별 인사로 '사요나라'를 외치고 나서야 승객들은 이제 안심이 된다는 표정이 되었다. 이제 배는 다음 목적지인 홍콩으로 향했다.

홍콩은 "자유항"으로도 불린다. 이곳은 일체의 관세가 면제되기 때문이다. 홍콩은 전쟁의 상흔으로부터도 자유로웠다. 이곳엔 위협적인 긴 총검으로 무장한 일본군이 없었다. 따라서 일본군을 보면 피하라고 아이들에게 주의를 줄 필요도 없었다. 겁이 많은 축에 속하는 승객도 이곳에선 하선해서 뭍에 오르기를 주저하지 않았다. 방위 병력을 증강하는 등 캐나다의 노력에도 불구하고, 불과 1년 후 이곳 홍콩도 일본군의 수중에 떨어지고 만다. 그러나 당시만 해도 그 사태를 예측한 사람은 거의 없었다. 놀랍게도 홍콩 주민에게 전쟁 공포는 먼 나라 이야기였고, 우리는 이곳의 자유로운 공기를 만끽했다.

홍콩에 도착하자마자 우리는 T. Y. 리 박사에게 연락하여 만났다. 그는 나와 1925년에 영국의 '런던 열대약학 학교'에서 함께 수학한 적이 있으며, 우리 부부는 그를 간단히 '티 와이'라고 불렀다. 티 와이는 우리에게 배가 홍콩에 정박할 동안 자기 집에 머물 것을 권유했다. 자기 집은 항구가 한눈에 내려다보이는 언덕 위에 있고, 거기서 자기 아내와 딸을 소개하겠다고 했다. 우리는 물론 그의 제안을 기꺼이 받아들였다.

우리는 그의 집에서 몇 시간 동안 편안히 쉬면서 의과대학원 시절을 회상하며 얘기를 나누었다. 아내 매리언이 자기가 '아메바 적리'(이질아메바의 감염으로 생기는 소화기 전염병—편집자)에 걸린 것을 안 것은 런던 열대약학 학교에서였다. 아마도 이탈리아 어느 지방을 여행하다가 걸린 듯했는데, 그곳의 비위생적인 물과 음식이 원인이었을 것이다. 병은 일단 치료되었지만, 이후 아내는 평생 식단에 특별히 주의하며 생활해야 하는 부담을 안게 되었다.

화제는 과거에서 현재로 옮겨졌다. 당시 홍콩은 동아시아의 일대 요충지였다. 이곳에 사는 티 와이는 국제 정세에 대해 나보다 더 정통해 있었다. 그가 말했다. "홍콩의 방어 시설은 튼튼하기로 소문이 나 있지. 홍콩 주둔군은 일본군의 어떠한 공격도 능히 격퇴할 능력이 있어. 그러나 홍콩이 장기 포위전을 감당키는 어려울 게야. 홍콩으로의 물과 음식의 보급은 외부로부터 쉽게 차단당할 수 있어."

티 와이의 이러한 평가는 훗날 사실로 증명됐다. 비록 아주 짧은 체류였지만 우리의 재회는 분명 뜻깊은 것이었다. 우리는 앞으로 닥쳐올 고난의 시기에도 부디 사랑의 하나님께서 티 와이의 가족을 지켜주시기를 기도했다.

우리 배의 다음 기항지는 필리핀 마닐라였다. 배는 코레히도르 섬을 빠르게 지나 마닐라만으로 진입했다. 항구에서 내린 우리는 친구인 프레이저 부부를 만나기 위해 도시로 들어갔다. 프레이저 부부는 한국의 맥컬리 자매와 매우 가까운 사이다. 맥컬리 자매는 캐나다 선교사로서 한국의 원산에서 근무했다. 그들은 종종 내 어머니와 함께 원산 해수욕장에 놀러가기도 했고, 우리 부부가 처음 한국에 왔을 때 우리와도 친구가 되었다. 프레이저는 전신기 케이블 회사를 운영하고 있었는데, 프레이저 부부는 우리를 보자 매우 놀라워했다. 그들 역시 우리 가족이 이미 오래전에 한국을 떠난 줄 알고 있었던 것이다.

화제는 자연스럽게 맥컬리 자매로 옮겨갔다. 아내 매리언이 웃으며 자기와 맥컬리 자매에 얽힌 이야기가 있다고 말했다. 우리 부부가 첫 부임지로 한국에 온 지 얼마 되지 않아, 맥컬리 자매로부터 자기들 집에 우리를 초대한다는 초청장을 받았다. 선교사 사회에서 그런 종류의 초청은 통상 방문자가 사례비를 내야하는 유료 초청이라는 게 불문율이지만, 아내는 그런 것을 아직 몰랐고 우리 부부는 어쨌든 초청에 응했다. 식사를 하면서 아내는 맥컬리 자매에게 즐거운 파티였다, 후대에 감사한다, 마치 내집처럼 편안한 느낌이다 라는 둥의 얘기를 건넸다. 물론 돈 얘기는 쏙 빼고 말이다.

매리언의 이야기는 계속됐다. "내 말이 끝나자 맥컬리 자매의 얼굴에 난감한 기색이 떠오르며 서로 얼굴을 마주 보더군요. 난 그제야 비로소 내가 엄청난 실수를 했구나란 생각이 들었어요. 난 그저 당황해서 얼굴만 빨개졌고 … 어쨌든 파티가 끝나고 떠날 때 자매에게 후대에 감사하는 의미로 얼마간의 사례비를 지불하겠다고 말했어요. 그런데 자매는 그걸 완강하게 사양하더라구요."

우리는 아내의 에피소드에 모두 웃었다. 이어 프레이저 부부가 내 아내의 은근한 암시를 알아차렸다며 자기들도 우리에게 요금을 받지 않겠다고 선언하는 바람에 우리는 또 한 번 웃었다. 프레이저 부부는 정말로 우리 부부를 후히 대접해주었고, 덕분에 우리는 마닐라에서 근사한 시간을 보낼 수 있었다. 1942년 1월 2일 마닐라가 일본군의 수중에 떨어졌고, 그 전에 프레이저 부부는 무사히 그 도시를 떠났음도 아울러 밝힌다.

필리핀에서 출항한 지 얼마 되지 않아 배는 싱가폴 해협에 도착했다. 싱가폴 섬에는 영국의 거대한 해군 기지가 있고 요새와 대포가 마치 고슴도치의 가시처럼 포진해 있었다. 우리 배는 싱가폴에서 이제까지의 다른 항구보다 더 오래 머물 예정이었으므로 우리 부부는 친구인 호밧 암스터츠 목사의 집에서 하룻밤을 지낼 수 있었다. 암스터츠 부부는 우리 부부가 속한 감리교 선교단의 선교사들이다. 싱가폴에서 암스터츠와 그의 가족의 사역이 이룬 훌륭한 결실을 볼 수 있어 좋았다.

우리는 이어 구세군 사령관 헐버트 로드와 그의 아내 마가렛 로드의 집을 방문했다. 로드 부부는 전에 한국에서 근무한 적이 있으며, 한국에서 일한 우리도 그들에 대해 잘 알고 있었다. 한국에 있을 적에 로드 부부는 우리에게 결핵환자를 맡기곤 했다. 로드 부부가 개인적으로 잘 아는 환자 몇 사람도 내가 진료한 적이 있기 때문에 그들 부부는 분명 내 청진기가 에어링*airing*이 필요하다는 것도 알고 있을 터였다.

이 날은 로드 부부가 자택에서 성탄절 전야 파티를 연 날이었고 우리 부부의 아이들도 그 파티에 초대되었다. 나는 로드 사령관에게 내 딸 필리스가 내일 성탄절에 산타클로즈 할아버지가 바다를 건너 배에 오르지 못하면 어떡하느냐며 걱정이 대단하다는 얘기를 했다. 성탄절인 내일은 우리 배가 항구를 떠나 바다 위에 떠있을 것이기 때문이었다. 내 얘기를 들은 로드 사령관은 나를 끌어당겨 내 귀에 대고 조용히 말했다. 사정이 그러하면 자기가 산타역을 감당해 보겠다고. 시끌벅적한 파티의 소란 속에 나는 그의 말을 곧 잊어버렸다.

우리 가족은 암스터츠의 집으로 돌아와 저녁을 들면서 일본의 확장 정책의 목표에 관해 의견을 나누었다. 싱가폴은 고무와 철의 집산지였다. 따라서 이 도시는 분명 일본의 침략대상 목록의 상위에 위치할 것이라는 게 우리 부부의 생각이었다. 암스터츠 부부는 우리의 의견에 무척 흥미로워했다. 그들이 보는 바에 따르면 싱가폴에 주둔한 영국군의 해상 방어망은 거의 난공불락이었다. 암스터츠 부부의 생각이 어떠하든 간에, 나는 만약 암스터츠 부부가 싱가폴을 탈출해야 하는 일이 벌어진다면 인도에 있는 우리 부부의 집으로 오는 것이 좋겠다는 의견을 제시했다. 암스터츠 부인은 우리의 제안을 감사히 받아들인다고 말했지만, 그녀의 미소 속에서 나는 그녀가 그러한 일이 벌어질 가능성에 대해 그리 심각하게 생각하고 있지 않다는 느낌을 받았다.

훗날 암스터츠 목사는 육만 명의 다른 사람들과 함께 일본군의 포로가 되고 만다. 그는 이 시련에서 기적적으로 살아남아 1956년에 싱가폴 감리교단의 주교로 임명된다. 그의 아내 셀레스트와 두 자녀 비벌리와 브루스는 인도로 피난을 왔고 1942년의 겨울을 우리 부부의 집에서 보내게 된다.

내일이면 다시 항해가 시작될 성탄절 전야인 그날 밤, 로드 부부가 보낸 커다란 선물 상자가 배의 객실로 돌아온 우리 부부를 기다리고 있었다. 상자 위에 쪽지가 놓여 있었는데, 아이들이 잠드는 늦은 밤까지는 절대 상자를 열어보지 말라고 적혀 있었다. 상자를 열어 보니 우리 부부가 여태껏 보지 못한 커다란 산타클로즈 양말이 두 켤레 담겨 있었다. 하나는 필리스, 다른 하나는 조의 것이었다.

바다 위에서 성탄절 아침이 밝자 우리 객실에서 한바탕 소란이 일어났다. 제일 먼저 일어난 필리스의 비명에 나머지 우리 가족도 모두 잠에서 깼다. "산타 할아버지가 왔다! 산타 할아버지가 왔다! 야! 산타 할아버지가 왔다!" 필리스의 기쁨에 찬 외침이었다. 윌리엄이 산타클로즈 신화를 곧이곧대로 믿는 어리석은 동생들을 깨우친다고 나서려다가 검지를 입술에 대고 자기를 가만히 응시하는 어머니를 보고는 어른스럽게 그것을 단념했다. 모두 갑판 위로 올라가 성탄절 양말을 뜯지 말고 가족사진을 먼저 찍자고 아내 매리언이 아이들에게 말했다. 성탄절 양말은 망사로 만들어져 있어서 내용물을 밖에서도 알아 볼 수 있었기 때문에 아이들은 매리언의 제안에 선뜻 동의했다.

성탄절을 맞아 프레지던트 잭슨 호는 아름답고 풍성하게 장식되었다. 훌륭한 행사도 예정되어 있었다. 오직 이 배를 탄 제한된 수의 승객만이 이를 즐길 수 있다는 게 아쉬울 뿐이었다. 다음 날 아침 산책을 하러 갑판 위로 나간 우리는 산더미 같이 쌓인 성탄절 장식물이 바다 위로 던져지는 것을 목격했다. 선교단 병원에 입원해 있는 환자들을 위해 우리가 이걸 좀 가져가도 되겠느냐고 급히 물었다. "마음에 드는 것 있으면 가져가세요! 물고기들이 이런 거 받아도 어디 쓸 데가 있겠어요?" 배의 사무장에게 부탁해서 마분지 상자를 구한 우리는 반짝반짝 빛나는 성탄절 장식물을 신나게 주워 담았다. 인도에서 매년 성탄절이 돌아오면 우리는 이 장식물을 이용해서 명절을 맞은 그곳의 환자와 친구들의 사기를 높일 수 있었다. 그리고 우리 집 성탄절 나무로 사용되는 키 작은 상록수 표면을 이 장식물로 빼곡히 덮을 수 있었다.

배의 승객 중에는 잘생긴 인도 신사가 한 명 있었다. 그 신사는 유럽식 복장을 했지만, 두 가지는 인도식이었다. 하나는 터번이고 다른 하나는 콧등이 위로 치켜 올라간 구두였다. 인도 신사는 다른 승객들과 떨어져 행동했고, 심지어 식사도 별도의 테이블에서 혼자 했다. 그래서 나는 더욱 그와 얘기하고 싶은 생각이 들었다.

어느 날 나는 갑판 위에서 그가 오길 기다려 대화를 시도해 보았다. 나는 인도 신사가 인도에 대해서, 특히 우리 부부의 새 부임지인 마다르 결핵요양원이 소재한 아지메르 시에 대해 말해주기를 기대했고, 그밖에 인도에 관해 알아두면 유용할 법한 지식도 물을 참이었다. 그는 처음에 의심하는 눈초리로 말을 아꼈다. 자꾸 등 뒤를 돌아보았다. 나는 내가 정부관리가 아니라 의료선교사이며, 이번에 아지메르 시에 부임하는 길이라는 사실을 확실히 밝히고 안심시켰다. 아지메르 지역에 관해 무엇이든 말해준다면 내가 그곳에 적응하는 데 큰 도움이 될 것이라고 그에게 말했다. 인도 신사는 약간 의외라는 표정을 지었다. 그리고는 나의 질문에 서서히 반응을 보이기 시작했다. 그 답변이 나를 놀라게 했다.

"아지메르 시는 라지푸타나 주에 속한 한 작은 지역에 있는 도시입니다. 그 지역은 '아지메르-메르와나'라고 하며, 압제자 영국이 통제하고 있는 지역입니다. 아지메르-메르와나는 영국이 지배하는 작은 섬과 같아서 주변은 수많은 군주국들[3]에 둘러싸여 있습니다. 반면 그 군주국들에는 영국의 통제력이 거의 미치지 못하지요."

내가 불쑥 끼어들었다. "그렇다면 이거 별로 좋지 않군요. 나는 그 군주국 지역으로 가는 게 아니거든요." 나를 놀라게 하는 강한 반박이 이어졌다. "아닙니다! 군주국의 생활 조건은 무한히 열악합니다. 지역 주민은 모두 낙후된 상태이고 강도의 위협도 있어요. 아지메르 시로 가는 당신은 매우 운이 좋은 것입니다. 좋은 교육 시설에, 대학이 네 곳이나 있고, 거의 모든 사람이 글을 읽을 줄 알죠. 이것은 인도 평균을 훨씬 상회하는 수준입니다."

인도 신사의 애국심이 폭발했고 이어 우리는 통성명을 했다. 그의 이름은 랄Lall이고, 인도에서 독립 민족 운동을 하는 무장 단체의 회원이었다. 자기의 목표에 대한 외국의 지원을 얻기 위해 노력해 왔지만 서방 세계는 그에게 무관심했다. 의외로 영국(!)의 몇몇 정파가 그의 생각을 지지할 뿐이었다. 그를 아프리카 흑인으로 여기는 사람도 있어서 랄 씨는 자기가 인도인임을 표시하기 위해 언제나 터번을 쓰고 다녔다.

나는 그가 마하트마 간디를 별로 좋아하지 않는다는 사실에 놀랐다. 그들은 모두 인도 독립을 위해 일하는 사람들이 아니던가. 샬리는 간디의 비폭력 노선이 미래가 없다는 의견을 고수했다. 그는 '아리아 사마지'(극단주의 민족단체)의 노선에 더 공감한다고 했다. 나는 이 단체에 대해 들어본 바가 없었다. 그래서 샬리에게 더 자세한 설명을 부탁했다. 아리아 사마지는 힌두교 분파로 군사적 성향이 강한 종파였다. 만약 영국에 의해 탄압받지 않았다면 아리아 사마지는 '펀자비' *Punjabis*와 '라지뿌뜨' *Rajputs* 같은 전사 계급의 힘으로 북부 인도에 제국을 건설했을 것이라고 했다.

"내가 이런 얘기를 하는 이유는, 그 시기가 이르든 늦든지 간에 당신은 어차피 아리아 사마지 파 사람들과 대면하게 될 것이기 때문입니다. 아지메르 시는 그들의 세력이 가장 활발하고 강한 지역입니다. 아리아 사마지 파는 기독교에 매우 적대적입니다. 모든 힌두인은 힌두교의 울타리 안에 있어야 한다는 것이 그들의 신념입니다. 아리아 사마지 파는 절대 개종을 용인하지 않습니다. 영국이 아지메르 시를 통치하는 한, 그리고 온건 힌두교파가 지도부에 포진하고 있는 한, 아리아 사마지 파가 공공연하게 당신의 일을 방해하지는 못할 겁니다. 그러나 온건파의 권력이 허용되는 선을 넘어서거나, 또는 지금보다 약해지기라도 한다면, 당신의 사업은 즉시 난관에 봉착하게 될 것입니다. 그래서 나는 당신에게 사심없는 경고를 하려 합니다. 우리 단체는 영국이 인도를 떠나주기만 한다면 그것으로 만족할 것입니다만, 아리아 사마지 파는 거기서 멈추지 않을 것입니다."

나는 정치에 관여하거나 연루되고 싶은 마음이 전혀 없으며, 단지 인도 사회의 다양한 관점을 이해하고 싶을 뿐이라고 말해주었다. 나는 그에게 감사를 표하고 나서, 다음에 또 기회가 된다면 그때는 지금과 다른 주제로 대화를 나누고 싶다고 말했다. 그가 매우 박식한 사람이란 것을 알아차렸기 때문이다.

랄과 한 번 더 대화할 기회를 가졌다. 그는 처음의 과묵함을 어느 정도 극복한 듯 보였다. 자기 생각을 상대방에게 차근차근 설명할 기회가 생겨서 기쁜 듯했다.

"서방 세계의 사람들이 가장 이해하기 어려워하는 것 중 하나가 우리 인도의 엄격한 카스트 제도인 듯 싶습니다. 그러나 카스트 제도는 우리 힌두인을 이해하는 가장 중요한 열쇠입니다. 카스트 제도는 고대로부터 전승된 제도이며 힌두인의 정체성을 보존하는 역할을 했습니다. 그 제도가 민주주의, 평등한 기회라는 이념에 반하는 것으로 보이기도 합니다만, 서양 역시 민주주의가 현재의 모습으로 진화되기까지 긴 세월이 요구되었음을 기억해주십시오. 서양의 민주주의 초기에는 심지어 노예도 있었습니다. 노예를 사고팔면서 가족이 서로 헤어질 때 배려는 전혀 없었습니다. 대조적으로, 인도의 카스트 제도는 그와 같은 잔혹성은 없습니다. 기본적으로, 그리고 단순히 말해서, 우리 인도인에 있어 카스트 제도는 자기 보존과 보호를 위한 수단이었던 거죠.

인도의 역사를 검토해보면 즉시 아실 테지만, 인도는 끊임없이 침략을 당해왔습니다. 외부인과의 혼인을 금지하는 카스트 제도가 없었다면 우리 인도는 초기 침략자들에 의해 이미 오래 전에 소멸해버렸을 것입니다. 이런 식으로 인도는 종족적 순수성과 구별된 정체성을 유지해올 수 있었습니다. 원래는 전문화된 직업적 구별을 기초로 성립된 것입니다만, 카스트 제도는 네 가지 종류의 주요 카스트[4] 간의 혼인도 금하고 있습니다. 다른 지방에 사는 사람이라도 그가 나와 동일한 카스트에 속한 사람이라면 나와 그는 형제애로 결속됩니다. 지금껏 그 어떤 정복자도 인도인의 이러한 결속을 끊지 못했습니다. 단점과 결점이 있지만 그래도 우리 인도는 '아름다운 나라, 인도'인 것입니다. 인도에 사는 서구인은 고국의 친구에게 편지를 쓸 때 늘 이 사실을 잊는 듯합니다. 인도의 높은 문맹률에 대해 쓰고 싶으면 캐나다 전체 인구에 맞먹는 수의 인도인이 영어를 말할 수 있다는 사실도 꼭 언급해주십시오. 유럽인은 인도의 기아와 수척한 사람들에 관해 즐겨 이야기합니다만 인도의 상인이 유럽의 상인보다 훨씬 살찌고 풍채가 좋다는 것은 간과합니다."

그의 말은 계속되었다. "내가 유럽에 있을 때 많은 사람들이 내게 왜 힌두교에서는 성이 그토록 중요한 주제인지 묻더라고요. 나는 그것은 사실이 아니라고 확실히 대답해주었습니다. 그러면 그들은 내게 다시 이렇게 물을 것입니다. '그렇다면 남근상 숭배는 어떻게 설명할 것인가?' 나는 이렇게 말합니다. '그것은 번식의 신인 시바신 예배 때만 쓰이는 일종의 성 심벌이다. 아이를 갖기 원하는 사람들이 그 앞에서 기도하는 것이다.' 따라서 거기엔 외설적인 내포가 없습니다. 그러나 서구 영화에서 힌두교가 나올 때를 보면 온통 충격적인 섹스 장면뿐입니다."

나는 그의 평가가 서구의 일부 영화에 대해선 타당하지만 서구에서 키스 장면은 대체로 외설로 받아들여지지 않는다는 점을 지적했다. 랄이 재빨리 경고했다. "공공장소에서 아내에게 키스하지 않도록 주의하십시오. 기차역에서 하는 작별의 키스 같은 것 말입니다. 그런 행위는 인도법에 저촉됩니다. 경찰이 달려올지도 몰라요. 공중도덕 위반, 풍기문란 행위이기 때문입니다." 그의 말에 조금 충격을 받았다. 훗날 그의 시의적절한 경고에 감사를 표할 일이 내게 일어났다.

"이제 또 다른 예민한 문제를 언급해야겠군요. 음식 문제 말입니다." 내 힌두교 친구의 말이 이어졌다. "당신은 의사이고 환자들에게 여러 가지 식단을 처방할 것입니다. 그러나 정통 힌두교인 환자를 위해 식단을 처방할 때는 몇 가지 유의해야 할 점이 있습니다. 식단에 고기를 포함시켜서는 안 된다는 것쯤은 물론 아시겠지요. 하지만 계란도 안 된다는 것을 아십니까. 계란을 먹는다는 것은 잠재적 생명을 파괴하는 행위로 간주됩니다. 음식의 조리는 높은 카스트의 인도인에게 맡기십시오. 되도록이면 브라만 카스트가 좋습니다.

힌두교인 환자에게 파리채를 주려고 하지 마십시오. 벌레를 죽이는 것은 그들의 교리에 어긋납니다. '불가촉천민'(카스트가 없는) 환자와 정통 힌두교인 환자를 같은 병실에 배치하지 마십시오. 힌두교인 환자가 무척 기분나빠할 것입니다. 환자가 병원 내에서 예배 의식을 행하는 것을 허락할 수 없으시다면, 그들이 병원 밖에서라도 예배드릴 수 있도록 해주십시오. 그 환자가 걸을 수 있는 환자라면요. 힌두교인의 관행에 편의를 베풀어 주십시오. 안 그러면 그들이 종교 폭동을 일으킬지도 모릅니다!

선교단 병원에서 흔히 볼 수 있는 광경이지만, 환자들은 자기에게 배급된 음식을 병원 마당으로 흘러들어온 신성한 소나 길잃은 개에게 나누어 주기 좋아합니다. 그들은 그것이 복 받는 행위라고 생각하기 때문입니다. 동물이 병원 안에 들어오지 못하도록 입구에 경비를 세우는 것은 좋지만, 그것 외의 다른 방법은 힌두교인 환자들의 오해를 살 수 있습니다. 예를 들어 독약을 놓아 개를 죽이는 것은 힌두교인 환자들에게 극도의 혐오감을 유발합니다. 그 일로 그들이 당신과 가족에게 보복할 수도 있습니다.

내가 당신에게 좋은 방법을 알려 드리죠. 당신 병원은 철길 근처에 있지요. 아이를 시켜 먹이를 땅 위에 솔솔 뿌려서 개를 빈 화물차 안으로 유인하게 하십시오. 개가 화물차 안으로 들어가면 아이가 문을 밀어 닫습니다. 철도 관리인에게 팁을 좀 찔러주면 이상한 화물

하나쯤은 눈감아줄 것입니다."

    길잃은 개에게 너무 지나친 처사 아닌가 하며 내가 항의하자 그는 어깨를 으쓱하고 대답했다. "진정하세요. 다음 역 철도 관리인이 시끄럽게 짖는 개를 다시 풀어줄 겁니다. 그도 복을 받길 원할 테니까. 하지만 그때 개는 이미 당신 병원에서 충분히 멀리 떨어져 있는 겁니다!"

    랄의 이야기 중 믿기 힘든 부분도 없지는 않았지만 나는 인도가 한국과 엄청나게 다른 나라라는 사실만은 확실히 알 수 있었다. 인도라는 새 환경 속에서 나는 다시 초보 학습자가 되는 것이고 한국에서처럼 어릴 적 배운 지식에 의존하는 것은 더 이상 가능하지 않을 것이다. 아내 매리언과 나는 이제 같은 출발선상에 서서 인도의 관습의 미묘한 점들을 세심하게 관찰하고 이해해야 한다. 매리언은 날카로운 직관이 있으므로 어쩌면 나보다 유리할 것이다. 우리 부부의 역할이 한국에서와 정반대로 바뀔 수 있다. 한국에서 매리언은 나를 바라보며 내 안내에 따라 행동했지만, 인도에서 나는 매리언을 바라보며 그녀의 안내를 따라야 한다.

제2장. 인도의 관문

1941년 1월 3일 금요일이다. 드디어 배 위에서 멀리 인도 해안이 보이기 시작했다. 나는 가족들을 급히 불러 그 감동을 나누었다. 나는 우리 앞에 펼쳐지는 장관에 순간적으로 압도되어 주님께 도우심과 지혜를 구하는 기도를 드렸다. 우리 가족의 새 보금자리인 이곳 인도에서 새로 배워야 할 것들이 많을 것이라는 생각이 들었다. 우리가 당면하는 미지의 상황을 헤쳐 나가려면 주님의 권능이 절실히 필요했다.

여기는 과거 어느 시대보다 더욱 폭력적인 시절에 비폭력주의를 주창한 사도 간디가 사는 곳이다. 인도는 또한 세계적인 저술가이자 시인인 타고르의 고향이기도 하다. 타고르는 성인다운 열정으로 "세상은 지금 하나님을 사랑하는 나라의 도래를 기다리고 있다. 자기 자신이 아닌…. 오직 그런 나라만이 모든 민족으로부터 사랑받을 자격이 있다"고 외쳤다.

봄베이(현재는 '뭄바이' *Mumbai*. 봄베이는 뭄바이의 옛이름—편집자)

시의 윤곽이 뚜렷이 보이기 시작하자 내 상념은 곧 멈추었다. 우아한 아치형 석조 건물이 어슴푸레 보였는데, 그것이 바로 '인도의 관문'이었다. 우리가 전에 한국으로 가는 도중에 봄베이 시에 들렀을 때 너무나 인상 깊게 보았던 건물이다. 인도의 관문은 영국 왕 조지 5세와 퀸 마리가 1911년 대관식과 인도제국 시찰을 목적으로 인도를 방문했을 때 배 위에서 내려 첫 발을 디딘 자리 위에 세워진 건물이다. 다시 본 관문은 내 사적인 경험과 연관되어 전보다 그 느낌이 각별했다. 그 건물이 마치 우리 가족 각자가 이제부터 헤쳐나갈 파란만장하고 가슴 벅차고 도전에 찬 시기로 진입하는 거대한 입구처럼 느껴졌다.

매리언이 물었다. "뭘 그렇게 골똘하게 생각하고 계셔요?"

"아이들 학기 중에는 우리 부부가 1년의 대부분을 각자 떨어져 살아야 하는데, 더구나 이 낯선 땅에서 가족이 서로 떨어져 산다는 것이 과연 어떤 것일까에 대해 생각하고 있었소. 우리 중 어느 한쪽이 병에 걸려 아프기라도 한다면 상황이 참 난감할 것이오. 새처럼 곁에 날아갈 수도 없는 노릇이고. 그렇지만 하나님에 대한 믿음으로

봄베이. '인도의 관문'

우리는 선교사역 중에 만나는 어려운 부분들을 능히 이겨낼 수 있으리라 생각하오. 먼저 이곳에 와 일하고 있는 다른 선교사 가족들도 모두 믿음으로 이런 상황을 잘 극복하고 있지요."

"저로서도 그것이 제일 견디기 힘든 부분이에요." 매리언도 인정했다.

우리 부부의 무거워진 분위기를 아이들의 들뜬 외침이 뚫고 들어왔다. "엄마 아빠, 여기로 빨리 오세요! 트랩이 지금 내려오고 있어요. 어서 가요!"

출입국 수속 등 복잡한 상륙 절차를 도와주기 위해 선교단 대표 두 명이 우리를 마중 나왔다. 한 사람은 비즈니스선교 협의체의 로스 토마스이고 다른 한 사람은 기독 감리교 여선교부(WDCS, 옛 명칭은 여성해외선교회[WFMS][5])의 엘리엇이었다. 덕분에 우리는 곧바로 검사대로 안내받아 들어갈 수 있었고, 우리 짐도 별 문제 없이 통과되었다. 그런데 우리 짐 하나가 사라져버린 사실도 알게 되었다.

세관 검사를 받으면서 나는 지난 번 1926년 한국행 도중에 우리가 관광객 신분으로 이곳에 서 있던 일이 생각났다. 지금은 그때와 다르다. 관광객으로서의 호기심 따위는 이제 저 뒤로 제쳐두어야 하리라.

우리는 선교사 숙소로 직행했다. 선교사 숙소는 오래된 도시인 봄베이의 중심부에 있었다. 선교사 숙소는 상냥하고 유능한 여성 관리인인 밀드렛 드레서가 아주 효율적으로 운영하고 있었다. 드레서는 환하게 웃으며 우리 가족을 반겨주었다. 우리는 즉시 편안한 기분이 되었다. 그리고 우리에게 저녁 식사가 오후 8시에 있으니 그때까지 편히 쉬라고 했지만 나는 이건 아니다 싶어 우린 그렇게 오래 쉴 필요가 없고 식사는 6시에 했으면 좋겠다고 말하고 싶었다. 그러나 드레서는 내 심중을 이미 헤아리고 있다는 듯 바로 이어서 말했다. "인도에서 보통 저녁 식사는 8시에 합니다. 일부 상류층 사람들은 더 늦게 9시에 하기도 하죠. 이곳 사람들은 되도록이면 하루 중 선선할 때 저녁식사 시간을 갖고 싶어하기 때문입니다."

결국 우리의 식사 습관마저도 새 환경에 적응해서 바꾸지 않으면 안 되었다! 그러나 이제부터 우리가 맞닥뜨릴 다른 문제들에 비하면 이건 가장 쉬운 축에 드는 것이었다.

와스컴 피켓 감독이 전화를 걸어와 우리의 인도 도착을 환영했다. 통화를 하면서 그분의 진심이 느껴져 가슴이 따뜻해졌다. 감독은 1월 18일에 있을 마다르 통합요양원 운영위원회의에 참석하기 위해 아지메르로 간다고 했다. 아지메르로 가는 우리 여행에 동행할 예정이었다. 요양원의 동료 선교사들도 소개시켜 줄 요량이었다. 감독에 의하면 그 선교사들 중 한 명을 오는 주일에 이곳 봄베이에서 만날 예정이었다. 닥터 리타 타워가 마다르에서 봄베이로 와 우리가 있는 이곳 선교사 숙소에서 묵을 것이었다.

"그런데 목적지로 떠나기에 앞서 당신이 가볼 곳이 있습니다." 피켓 감독이 말했다. "완레스 와디 결핵요양원을 한번 방문해보는 게 어떻습니까? 미라지 소재 장로교 소속 기관입니다. 가장 크다고는 할 수 없겠지만, 아마도 인도에서 가장 앞서가는 요양원일 것입니다."

물론 나는 감독의 제안에 큰 흥미를 느꼈다. 같은 분야의 일이라면 남들이 이루어놓은 그 분야 최고의 업적을 먼저 숙지하고 나서야 내 자신의 일을 착수해야 한다는 것이 내 평소 지론이었기 때문이다.

"기차 편으로 13일 월요일에 출발하는 게 그곳 미라지 요양원 직원들 입장에선 편할 겁니다. 출발하기 전에 인도에서 기차 여행을 할 때 필요한 물품도 미리 사두시고요. 이왕이면 통합선교단 결핵요양원도 들러보십시오. 그 요양원은 미국 개혁파 교회 아콧 선교회 소속인데, 남부 인도에서 가장 큽니다. 다만, 일정상 그곳까지 둘러볼 충분한 시간적 여유가 있을는지, 그러다가 운영위원회의가 열리는 아지메르에 제시간에 도착하지 못하는 건 아닌지 걱정이 조금 되는군요."

J. 와스컴 피켓 감독

일정을 이렇게 잡는 경우 우리가 선교지로 출발하는 날짜를 며칠 연기할 수밖에 없다. 드레서는 이번 우리의 여행에 피켓 감독이 동행하기로 한 것은 큰 행운이라고 말했다. 피켓 감독은 '하리잔'의 기독교로의 집단 개종에 관한 연구로 선교계에서 명성이 높다고 했다. ('하리잔'은 힌두어로 '신의 자녀'라는 말인데, 간디가 '카스트가 없는 사람들'을 시적으로 미화해서 지칭한 용어이다.)

우리는 기차 여행에 필요한 물품을 구입해두라는 피켓 감독의 말이 무슨 뜻인지 드레서에게 물었다. 그녀는 인도에서의 기차 여행에 대해 간단한 설명을 해주었다.

"이곳 인도 객차에는 침대가 없습니다. 승객은 '비스테르' *bisters* 라고 부르는, 굵은 천으로 된 두루마리 잠자리를 각자 휴대하고 기차에 오릅니다. 그 외에도 기차 여행에 필요한 물품들이 있습니다. 시장에서 구입하면 되는데, 월요일에 크로포드 시장에 가보시면 어떨까요? 제가 모시고 가서 어느 곳에 가면 좋은 물건을 살 수 있는지 안내해 드리겠습니다."

우리는 두 말 할 나위 없이 대환영이었다. 아이들은 바깥 구경한다고 좋아서 난리였고, 아내 매리언은 가족이 지금 입고 있는 옷보다 더 적당한 의류를 구입할 좋은 기회라며 반겼다. 우리는 봄베이의 겨울이 해주의 겨울보다 훨씬 덥다는 것을 슬슬 느끼고 있던 참이었다.

이날 아침, 닥터 리타 타워가 선교사 숙소에 도착했다. 닥터 타워는 요양원 운영에 필요한 물품을 구입해야 했다. 그래서 월요일에 우리는 닥터 타워와 같이 수술용품상사 두 곳을 들르고 타타 기념 병원도 방문했다. 지은 지 얼마 안 되는 이 커다란 병원은 아직 개업 전이었다. 배화교 신자이자 부유한 철강 사업가인 타타가 기증한 병원으로, 암 연구와 치료를 위해 설립됐다. 사방의 벽이 연두색이고 다양한 종류의 진찰, 치료 장비가 비치된 수술실이 특별히 인상적이었다.

월요일 오후, 드레셔와 우리는 약속한대로 크로포드 시장에 갔다. 기차로 여행할 때 필요하다며 그녀가 골라주는 물건들과 시장 풍경은 우리를 완전히 매혹시켰다. 나중에 정말로 유용한 것으로 밝혀진 물건 중 하나는, 표면에 미세한 구멍들이 나있는 질그릇 물항아리였다. 항아리는 휴대하기에 편하도록 그물천에 싸여 있었다. 이 항아리는 휴대용 냉장고와 같은 구실을 했다. 미세한 구멍들로 인해 항아리 표면에는 작은 물방울이 맺히는데, 이 물방울들은 항아리 속의 물을 차갑게 유지시켰다. 드레셔는 이 항아리 몇 개를 깨끗이 소독한 다음 마실 물을 끓여서 담아두면 좋다고 일러주었다. 덥고 먼지 많은 인도 기차여행에는 충분한 양의 물이 필요했다. 우리는 커다란 양철 가방도 몇 개 구입했다. 드레셔는 이 가방이 여행할 때도 유용하지만, 물건을 보관하는 용도로 사용할 때는 해충으로부터 내용물을 보호한다고 했다.

숙소 주변에는 관광지로 가 볼 만한 곳이 두 곳 있었다. 두 곳 다 예전에 우리 부부가 한국으로 가는 도중 이곳 인도에 들렀을 때 방문했던 장소였다. 하루 날을 잡아 아이들을 데리고 '침묵의 탑'과 말라바르 언덕 위에 있는 '공중정원'을 구경하기로 했다.

1월 13일 월요일, 이 날은 완레스 와디 요양원을 방문하기 위해 미라지로 가기로 한 날이었다. 우리 부부는 아이들을 엘리엇에게 맡기고 오전 8:05발 기차에 올랐다. 오후 12:05분에 푸아나(뿌네 *Poona*)에서 기차를 갈아탔다. 우리가 탄 기차는 오후 07:41분에 미라지에 도착 예정이었다. 우리는 2등 칸에 탑승했는데, 이 객차에는 침상이 4개 있었다. 객차에서 승객은 우리뿐이었으므로 편하게 몸을 뻗을 수 있었다. 객차의 창은 넓게 뚫려 있어 그것을 통해 때때로 기관차에서 나온 재가 들어오곤 했다.

기차는 해발 2,000미터 고원으로 올라갔다. 이 정도 고도의 지역에서는 봄베이와 달리 그리 덥거나 건조하지 않았다. 차창 밖으로 집은 별로 보이지 않았으나 많은 염소 떼가 비수수와 여러 알곡을 뜯어먹고 있었다. 탁 트인 평원과 나무가 있는 숲이 번갈아 스쳐 지나갔다.

기차의 한쪽 옆에서 석양이 잦아들고 동시에 다른 한쪽에서는 달이 뜰 즈음, 기차가 미라지 역사로 진입했다. 미라지 역에 로버트 고힌이 마중 나왔다. 우리는 닥터 커루더스 부부의 집에 기거했다. 알고 보니 닥터 커루더스는 우리처럼 캐나다 사람이었다. 미처 몰랐던 것인데, 우리 부부가 이 집에서 사용할 이불, 베개, 비누 등은 스스로 마련해야 한다고 들었다. 인도식 생활에 대한 공부가 계속되었다. 비누는 미처 준비하지 못했으나 이불과 베개는 이번에 우리가 처음으로 가져온 비스테르 두루마리 속에 있었다. 다음 날 아침, 방에서 '초타 하즈리'(간단한 아침 식사)를 들고, 오전 8:15분에 가정 예배당에서 예배를 드렸다.

완레스 와디 요양원은 200개의 병상, 그리고 주로 환자가 기부한 70여개의 사설 병실을 갖추고 있었다. 우리는 흉부외과 의료선교사인 닥터 윌프레드 존스와 첫 인사를 나눴다. 닥터 존스는 요양원의 의료 총책임자인 인도인 의사 밑에서 일하고 있었다. 닥터 존스는 인도에서 결핵을 치료할 때 우리가 직면하게 될 문제들에 대해 이것저것 말해주었다. 그리고 그날과 다음날 자기가 집도하기로 예정된 흉곽성형수술에 우리가 참관할 것을 권했다. 우리는 최대 3단계로 나누어 시술하는 흉곽성형수술 광경을 꼭 보고 싶었다. 최근 나온 논문에 의하면, 동아시아에서 많이 발견되는 진행성 케이스의 경우에 이 수술(늑골을 제거하여 한쪽 흉강을 영구히 허탈虛脫시킴)[6]이 기흉술(흉강에 공기를 주입하여 감염된 폐를 허탈시킴)을 빠르게 대체하고 있다고 했기 때문이다.

닥터 존스는 나 같이 결핵 분야에서 풍부하고 오랜 경험을 가진 사람을 만나게 되어 얼마나 기쁜지 모르겠다는 말을 몇 번이나 했다. 결핵환자에 대한 경험 없이 흉곽성형을 시술하는 것은 매우 위험하고 치명적일 수 있는데, 그것은 이 수술이 기흉술과 다르게 비가역적인 시술이기 때문이라고 닥터 존스는 강조했다. 수술 후에 건강한 한쪽 폐는 두 쪽 폐의 역할을 한다. 따라서 그 폐가 추가적인 부하를 견딜 수 있는가 없는가를 결정하기 위해 의사는 환자의 상태를 신중하게 평가해야 한다. 자칫 일이 잘못되어 이 시술이 인도에서 나쁜 평판을 얻으면 안 되기 때문에, 닥터 존스는 필히 엄선된 환자에 한해서만 수술을 시행해야 한다는 압박감을 느끼고 있었다. 닥터 존스는 엄선된 환자를 대상으로 몸소 행한 시술에서 이미 좋은 결과를 얻어왔고, 그래서 그는 능력 있는 다른 의사들에게 이 수술을 강력하게 추천하고 싶은 생각이 있었다.

우리는 1단계 흉곽성형수술과 막유착절제수술 시술을 참관했다. (막절제수술은 횡격막신경의 일부를 절제하여 횡격막의 일방마비를 유발하기 위해 시술된다. 횡격막은 창자에 의해 밀려올라가서 감염된 폐에 압박을 가한다.) 실제로 본 흉곽성형수술 과정은 매우 간단했다. 감염된 폐 위의 늑골을 잘라내 제거한다. 그러면 경흉벽이 그쪽으로 쓰러진다. 이렇게 되면 감염된 폐는 자동적으로 작동을 멈춘다. 그 후 치유 과정은 자연적으로 진행된다. 수술 광경은 확실히 피가 낭자하고 무시

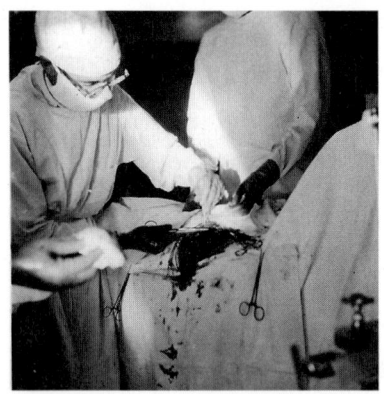

흉곽성형수술

무시했다. 대수술 경험이 많은 아내 매리언마저도 그렇게 느꼈다. 늑골을 자를 때 나는 우두둑하는 소리가 무시무시함을 더했다.

오후에 잠깐 휴식을 취한 후, 우리는 450개의 병상을 갖춘 종합병원을 보러갔다. 이곳에서 우리는 '열대성 질환'형 환자들을 소개받았다. 열대성 질환은 이제 우리가 선교사역을 시작하면 반드시 맞닥뜨려야 할 질환이었다. 이 병원에서 우리는 온갖 종류의 질병을 보았고 다양한 악취를 경험했다. 병원을 나온 우리는 미라지 소재 여타 의료기관들에서 근무하는 선교사들을 만났다.

고힌의 안내로 우리는 몇몇 의료인을 더 만났다. 닥터 프랭크 부부의 집을 방문했다. 그들은 배어드 부부, 스왈렌 부부 등 한국에서 사역한 선교사들을 알고 있었고, 내 마운트 유니온대학 동기인 포레스트 콘서와도 친분이 있었다. 낯선 곳, 낯선 사람들 한복판에서 거듭해서 친숙한 얼굴을 만나고보니, 우리는 이제 인도가 첫인상처럼 그렇게 광대하고 낯설게 느껴지지 않았다.

다음 날, 웬트먼은 자기가 사는 멋진 단층집을 보여주었다. 우리는 완레스 와디 요양원으로 가서 2단계 흉곽성형수술을 참관했다. 흉곽성형수술이 끝나고 막압쇄수술(막을 절제하는 대신에 압쇄壓碎[압력을 주어 분쇄함]하는 수술)이 뒤를 이었다. 스트레인 부부 집에서 점심을 먹고, 임상 회의에 참석하기 위해 요양원으로 돌아왔다. 이 회의에서 인도인 의사 7명이 엑스레이 필름을 검토했고, 향후 치료방법에 대한 토론과 결정이 이루어졌다.

닥터 존스가 말하길, 인도 여성환자에게 흉곽성형수술을 받으라고 권하기가 꺼림칙한 것은, 그 수술이 변형적 특성을 갖고 있어, 만약 환자가 적절한 운동을 하지 않으면, 척추측곡(척추가 왼쪽 또는 오른쪽으로 굽는 병)을 일으키는 경향이 있기 때문이라고 했다.

그에게 내 생각을 피력했다. "한국에 있을 때 나는 간단한 기흉수술만으로 대개 좋은 결과를 얻었습니다. 인도 환자들에게 그런 까다롭고 심각한 수술을 행하는 무슨 특별한 이유가 있는 건가요?" 나의 물음에 닥터 존스는, 우리가 살면서 저절로 깨닫게 될 것이지만 인도의 상황은 한국과는 많이 다르다고 답변했다. 그가 말했다. "한국은 비교적 작은 나라이고, 언어도 단일합니다. 리필센터refill centers[7]간 이동 거리도 짧을 것입니다. 그러나 인도처럼 땅이 광대한 나라에선 환자들이 리필치료를 받기 위해 때론 굉장히 먼 거리를 이동해야 하는 경우가 있을 것입니다. 환자가 그처럼 먼 거리를 여행해서 통원치료를 받는 것이나, 리필치료가 완전히 종료될 때까지 환자가 줄곧 요양원에 머문다는 것이나, 모두 기대하기 어려운 비현실적인 것입니다. 반면 흉곽성형수술의 경우, 환자는 두세 단계의 수술을 받아야 하지만, 일단 모든 수술이 끝나면 그 환자는 요양원8)에 다시 올 필요가 없습니다."

이런 그의 말은 내게 깊은 인상을 남겼고, 후일 내가 의사로 의료적인 결정을 내릴 때 영향을 끼쳤다. 우리가 인도에서 사역하는 동안 닥터 존스는 우리를 여러 번 도와주었고, 우리 요양원과 줄곧 좋은 협력 관계를 지속했다.

10시 밤차로 우리는 미라지를 떠났다. 올 때와 마찬가지로, 푸아나(뿌네) 환승역까지 가는 동안 2등 객실엔 우리뿐이었다. 오전 6:30분에 기차를 갈아탄 후에도 이 상태는 바뀌지 않았다.

우리가 돌아오니 아이들이 기뻐했다. 그날 저녁 선교사 숙소 저녁식사 시간에 우리는 드레셔의 특별 손님인 빔 라오 암베드카(암베드카르Ambedkar)를 만나는 영광을 누렸다. 암베드카는 인도의 6천만 불가촉천민 계급의 탁월한 지도자다. 그는 본디 불가촉천민 출신이었고 후에 강경한 민족주의자가 되었다. 그는 기독교 학교를 나온 뒤, 해외로 유학(장학금과 부유한 후원자[출생주 주지사]의 도움 덕택이었다)을 떠나 세 나라에서 학위를 받았다. 미국 콜롬비아 대학에서 철학박사 학위를 받고, 독일에서 석사 학위를 받았으며, 영국에서 법률 학위를 받았다. 그는 영국에 그냥 머물며 돈 잘 버는 변호사 일을 계속하고 싶은 마음(영국에서 그는 불가촉천민이라고 모욕당할 일이 없었다)도 없지 않았지만, 동료 불가촉천민 계급의 편에 서서 일하기 위해 조국 인도로 돌아왔다. 암베드카는 1920년대에 귀국해서 봄베이에서 변호사로 일했다. 그는 당원이 대개 불가촉천민 계급으로 구성된 독립노동당을 봄베이에서 창당했다.

처음에는 당원조차 이런 일에 시큰둥한 눈치였고 암베드카에게 이렇게 말했다. "그래봐야 소용없어요. 지금까지 이래 왔고 앞으로도 똑같을 겁니다. 힌두 사원에 이렇게 쓰여 있잖아요? '불가촉천민과 외국인은 출입금지.'

그러나 반대에 부딪칠수록 인도의 독립과 억압 받는 불가촉천민 민중의 해방에 대한 암베드카의 의지는 더욱 견결해졌다. 불가촉천민 민중이 더 이상 이등 시민만도 못한 대우를 받지 않고, 다른 사람들과 동등한 권리를 갖게 되는 날을 꼭 보고 싶었다. 마실 물을 딴 우물에서 길어야 하거나, 식사를 따로 떨어져서 해야 하는 등, 많은 모욕적인 규정들이 불가촉천민들을 옭아매고 있었다.

1935년에 영국은 지방자치권의 상당 부분을 영국령 인도의 각 지방에 공식적으로 이양했다. 이 시기에 이르러 암베드카 정당(현재 당명은 '등록 카스트 연맹')의 영향력은 크게 확대되었고, 1935년 헌법 하에서 불가촉천민 계급에도 의석이 할당되었다. 훗날, 암베드카는 독립 인도의 첫 내각에서 법무장관에 취임한다. 그는 신생 인도의 건국 헌법 초안을 썼으며, 이 헌법은 종교에 관계없이 모든 국민이 동등한 권리를 갖고 한 나라의 어엿한 일원이 됨을 보장했다.

우리가 암베드카를 만났을 때는 파키스탄에 관해 책 한 권을 막 써낸 시점이었다. 회교도들은, 만약 인도가 영국으로부터 독립하고 그 인도에서 떨어져 나와 새로운 회교 국가를 건국한다면, 이름은 마땅히 '파키스탄'이 되어야 한다고 주장했다. 암베드카의 설명에 의하면, '힌두스탄'은 '힌두인의 땅'이라는 뜻이고, '파키스탄Pakistan'은 문자적으로 풀이해서 '평화의 땅'이라는 의미라고 했다. 또한 'Pakistan'의 첫 세 글자는, 장차 건국될 신생 회교국의 영토가 되어야 한다고 회교도들이 주장하는 지역들의 두문자이기도 하다고 했다. 'P'는 풍요한 북부 지방인 펀잡Punjab을, 'A'는 아프가니스탄 Afghanistan(독립국인 회교 나라)을, 'K'는 카시미르(Kashmir, 힌두교 군주가 다스리는 군주국, 그러나 회교도가 인구의 대부분을 차지)를 나타낸다고 했다. 만약 힌두교인이 불가촉천민을 포용하지 않는다면, 불가촉천민은 이슬람교나 기독교와 같이 카스트가 없는 종교로 집단적으로 개종할 수도 있다고 그는 말했다. 불가촉천민이 일등 시민으로서 살아갈 수 있는 사회를 만든다는 궁극적 목표를 성취하기 위해 암베드카는 위에 언급한 상황을 협상 카드로 활용하는 방법을 알고 있었다. 암베드카와 함께 한 그날 저녁은 뜻깊은 시간이었다. 윌리엄 같은 어린 꼬마마저 암베드카의 명석함에 크게 매료당했다.

이튿날 저녁, 1월 16일, 우리는 드디어 봄베이를 떠나 우리의 선교사역지이며 봄베이로부터 북쪽으로 1,000킬로미터 거리에 있는, 라지푸타나9) 지방 아지메르로 향했다. 인도의 열차는 영국처럼 객차가 칸막이로 구획되어 있고, 각 칸막이마다 출입구가 따로 있었다. 미국과 다르게 인도 열차의 객차는 중앙 통로가 없었다. 이 칸막이 시스템은 승객을 빠르게 태우고 내리고 하는 데 효율적이었다. 그러나 만약 일행이 네 명보다 많다면, 중간역에서 꽤 길게 정차하는 때를 제외하고, 기차 운행 중에는 서로의 칸막이를 방문할 수 없었다. 피켓 감독의 부인인 마가렛 피켓, 아내 매리언, 조, 필리스가 한 칸에 타고, 피켓 감독과 나, 윌리엄이 다른 한 칸에 탔다. 예약을 했다 하더라도 막상 타려고 할 때 그 좌석이 항상 보장되는 게 아니기 때문에, 열차가 출발하는 시간보다 훨씬 일찍 역에 나와야 한다고 피켓 감독은 당부했다.

북쪽으로의 긴 여행 동안에 피켓 감독은 우리가 앞으로 일하게 될 마다르 요양원의 설립 배경과 역사적 변천 과정에 대해 얘기해주었다. 피켓 감독이 설명한 것과 뉴저지 매디슨 소재 연합감리교단 역사편찬 위원회로부터 얻은 정보를 종합하면, 다음과 같다.

마다르 지역 요양원의 역사

인도 최초의 결핵요양원(여성 및 여아 전용)은 감리감독교회 소속 여성해외선교사회WFMS의 지원을 받아, 1906년에 감리교 선교사인 닥터 에드나 벡에 의해 설립됐다. 애초에 이 기관은, 콜로라도 태생의 독실하고 유명한 선교사역자인 매리 윌슨Mary Wilson 여사를 기념하여 '매리 윌슨 요양원'으로 명명되었다. 요양원은 틸라우니아의 소읍에 위치했다. 이 지역은 철로선상에 있고, 아지메르로부터 북쪽으로 40킬로미터 떨어졌으며, 도시의 매연과 먼지가 없는 곳이었다.

최초에 매리 윌슨 요양원은 커다란 석조 건물 한 채로 시작했고, 건물 안에 큰 병실 두 개와 작은 병실 몇 개가 있어 18명의 환자를 수용할 수 있었다. 건물 주변에는 주방, 간호장 및 간호사실, 창고 등이 세워졌고, 돌담이 요양원 전체를 둘러쌌다. 요양원 부지는 약 1,600평이었다.

요양원의 존재가 주변에 알려지면서, 벵갈, 봄베이, 중앙연합지방, 펀잡 등지로부터 환자들이 몰려들었다. 증대하는 수요를 감당하기 위해, 1910년부터 1912년까지 의사 숙소는 물론, 석조 바닥과 기둥, 짚으로 이은 지붕을 갖춘 가건물들이 세워졌다. 1912년에 이르러 요양원은 50명의 환자를 수용할 수 있게 되었다. 그해, 라지푸타나의 스코틀랜드 장로교 선교단과 매리 윌슨 요양원은 협력 관계를 맺었고, 이어 인접한 부지에 추가로 건물을 세우기 시작했다. 이리하여 요양원은 추가로 15명의 환자를 더 수용할 수 있었다.

1912년, 이 요양원의 첫 의사이자 모트 카이슬러 목사와 혼인한 닥터 에드나 벡의 후임으로, 닥터 코라 킵이 매리 윌슨 요양원의 감독 의사로 부임했다.

짚으로 지붕을 인 건물들은 1918년 전염병이 창궐했을 때 모두 소각했다. 이어서 타교단 소속 선교단체들의 성금 등의 도움을 받아 영구 대체 건물들이 건축되었다. 1922년까지 매리 윌슨 요양원은 20개의 병상이 있는 신축 환자 병동 2개소, 간호사실, 14개의 병상이 있는 유아 병동, 8개의 병상이 있는 입원 병동, 또 20입방미터 용량의 저수통을 갖추어, 부지 면적 4만3천 평 규모로 확장되었다.

매리 윌슨 결핵요양원은 오직 여성과 여아만을 치료 대상으로 했다. 그러므로 남성과 남아를 위한 요양원 건립이 매우 시급했다. 마침내 1917년에 북인도·북서인도 연맹의 재정위원회는 매리 윌슨 요양원이 소재한 틸라우니아에 그런 시설을 건립할 것을 만장일치로 가결하였다. 닥터 윌리엄 애쉬가 이 특별한 과업을 수행하도록 임명되었다. 닥터 윌리엄 애쉬는 감리감독교회 교단의 해외선교위원회에 소속된 인도 장기사역 선교사였다. 하지만 선교사도, 자금도 부족하여 토지 구입과 건물 건축에 착수할 수 없었다. 1918년, 닥터 애쉬는 휴가를 얻어 미국으로 돌아왔다. 이듬해 해외선교이사회 결성 100주년 기념행사에서 토지 구입과 건물 착공을 위한 자금 지출이 승인되었다. 1920년 초, 닥터 애쉬는 아직 건립 예정인 시설에서 사용될 엑스레이 장치, 조명 장치, 그 밖의 연구실 장비 등을 가지고 인도에 돌아왔다. 그러나 틸라우니아에는 이제 구입할 수 있는 땅이 없었다.

여기저기 땅을 물색한 끝에 닥터 애쉬는 아지메르 시에서 불과 6킬로미터 떨어진 마다르 계곡의 '봄베이, 바로다 & 중앙인도 철도' *B. B. & C. I* 노선 위 마다르 역 양 켠에 걸쳐 있는 5만5천 평의 넓은 땅을 발견했다. 그 부지는 해발 2,000미터에 위치했고, 기후는 틸라우니아와 비슷했다. 은행에서 4,000루피를 대출받아 그 땅을 구입했지만, 건물 건축은 지연되었다. 그러나 치료에 대한 요구가 너무나 거셌기에, 5월에 임시로 건물 몇 개를 빌려 가장 급한 환자를 우선 수용했다. 6월 중순에 병원은 포화상태가 되었다. 그러나 우기가 되니 임시 건물들은 환경이 매우 열악해져 환자 거의 모두를 병원 밖으로 내보낼 수밖에 없었다.

닥터 애쉬는 마다르에 새 요양원이 지어질 때까지 진료할 수 있는 장소를 구하기 위해, 타라가르 언덕 위에 위치한 정부 소유의 빈 요양원 건물 열두 채 중 다섯 채를 빌렸다. 건물들의 상태는 완벽했고 탁자, 의자, 기타 가구 등이 잘 갖추어져 있으며, 임대료도 월 8달러[*1]로 아주 저렴했다. 방 세 개가 딸려 있는 작은 단층집도 있어 닥터 애쉬 부부가 거기에 거주하면서 감리교 선교단 결핵요양원의 감독 의사로 일할 수 있었다. 첫 6개월 동

[*1]. 현재가치 약 300달러. 앞으로 별다른 언급이 없는 한 현재가치로 환산한 추정치는 모두 한국어판 편집자의 것임. 이 계산방식은 달러의 여러 상대가치를 측정하는 방법 중 '평균노동자 임금'을 기준으로 한 것으로 각 나라의 경제상황에 따라 체감 가치는 크게 달라질 수 있다. 예를 들어 동일한 년도에도 인도에서의 1달러와 미국 본토에서의 1달러의 가치는 무척 상이하다.—편집자

안에 88명의 결핵환자가 치료 받았고, 그 중 32명이 입원환자였다. 그리고 기타 가벼운 질환을 앓는 환자 약 오백 명이 시료원에서 진료를 받고 약을 타갔다. 이듬해는 입원환자가 55명, 외래 환자가 665명이었다.

미국에서 열린 1919년 감리교선교단 100주년 기념행사에서 모집된 자금이 마침내 시급한 과제였던 마다르 결핵요양원 건립에 전용되었다. 북서인도 연맹의 재정위원회는 1920년에 건물 제1군에 대한 건축을 시작하기로 결의했다. 1921년 11월, 감리교 해외선교 이사회의 집행위원회는 타라가르 계획을 위해 계상된 2,500달러(현재가치 약 11만 달러)를 마다르 현장 건축으로 전용하기로 결의했다. 거기에 더하여, 마다르 현장 건축의 완공을 위해서는 추가로 2만 달러(현재가치 약 88만 달러)가 필요하다는 것을 연례 회의에서 의제로 상정할 예정이었다.

1922년 2월, 이사회는 집행 위원회가 마다르의 부지와 건물에 대해 3,000달러 추가 지불을 승인하였고, 다른 자금이 이용가능해질 때까지 부지와 건물에 대한 잔여 부채의 상환이 연장될 수 있도록 조치했다고 닥터 애쉬에게 알렸다. 1922년 11월 4일에는 피켓 감독의 장인인 신학박사 존 로빈슨 감독이 요양원 정초식 행사에서 본청의 초석을 놓았다. 요양원 본청은, 중앙에 간호사실이 있는 넓은 병동, 후방에 욕실과 주방, 수술실, 엑스레이실, 연구실, 조제실, 외래환자 대기실 등을 갖출 예정이었다. 이 본청과 의사숙소는 이듬해 봄에 완공되었다.

1925년, 닥터 애쉬는 병세가 위중해져 고국으로 돌아갈 수밖에 없었다. 후임으로 닥터 O. G. 테일러가 부임하고, 그는 이곳에서 1931년까지 사역했다. 그 무렵 대공황이 발생하여 해외파송 선교사를 지원하기 위해 자금을 모집하던 선교 이사회에 큰 압박이 되었다. 결국 직원과 자금의 부족으로 마다르 요양원은 폐쇄되었다. 그 후 수년간 마다르 요양원이 폐쇄되어 있는 동안 선교단은 심지어 요양원을 매각하려고도 했다. 그러나 매각 시도는 불발되었다.

당시 매리 윌슨 요양원 역시 인력 충원의 어려움을 겪고 있었다. 1931년까지 이 요양원이 치료한 누적 환자수는 1,608명이었다. 매리 윌슨 요양원은 병상 100개를 갖춘 기관으로 성장했고, 이는 인디아 기독의료협회 기준으로 볼 때 의사 두 명과 간호사 두 명이 필요한 규모였다. 1932년 현재 닥터 코라 킵이 여전히 의료 감독을 맡고 있었고 닥터 마타 닐칸스가 그를 보조하고 있었다. 그러나 1932년 가을, 닥터 마타 닐칸스가 결혼을 하고 사임했다. 요양원은 기타 의료 인력은 물론, 완전한 자격을 갖춘 보조 의사 한 명을 구해야 한다는 어려움에 봉착했다.

1938년, 감리교단 해외선교 이사회의 집행위원회는 지난 번 연례회의에서 이사회가 결정하고 여성해외선교사회가 승인한 조치를 검토했다. 그 조치는 "마다르 부지와 건물을 매각한다. 그리고 틸라우니아 사업에 집중한다. 될 수 있으면 교단 간 이사회의 통제 아래서 흉부외과수술에 중점을 둔다"는 것이었다. 그러나 집행위원회는 의료 및 기타 전문가들이 "마다르가 틸라우니아보다 더 적합한 지역"이기 때문에 요양원은 "아지메르 외곽 마다르에 위치해야" 한다고 강력하게 권고한다는 소식을 듣게 되었다.

선교단에서는 요양원 두 곳 중 어느 곳을 지속시켜 나가야 하는가에 대한 논쟁이 벌어졌다. 어떤 이들은 틸라우니아가 지형적으로 너무 고립되어 있다고 생각했다. 실제로 매리 윌슨 요양원은 우기가 되면 유일하게 통하는 길이 막혀버려 요양원 접근 자체가 불가능했다. 그러나 매리 윌슨 요양원은 여전히 매우 훌륭한 석조 건물들을 소유하고 있었다. 이 요양원은 긴 시간 동안 매우 성공적으로 운영된 기관이었다. 입원환자의 수용 능력과 선교 범위를 꾸준히 확장해왔으며, 결핵에 걸린 어린 여아를 위한 학교를 건립해 그들을 격리함으로써 결핵이 역병 수준으로 확산되는 것을 예방했다. 또 공공의료 간호사 교육 프로그램은 치료 선교에 실질적인 기여를 했다.

한편, 아지메르 시에서 불과 6킬로미터 떨어진 마다르는 송전이 수월했다. 엑스레이 작업이나 병원 운영을 위해 전기는 치명적으로 중요했다. 또 마다르는 인도인 의료 직원을 채용하기에도 좋았다. 가까운 아지메르에 학교가 있어 인도인 직원의 자녀가 수월하게 등교할 수 있기 때문이었다. 따라서 환자나 직원의 입장에서는 마다르가 더 선호되었다. 1938년에 표결을 통해 마다르 요양원을 남녀 통합 시설로 재개원하는 쪽으로 결정이 났다.

위 논의의 결과는 1938년 여성해외선교사회의 연례 보고서에 수록되어 제출되었다. 보고서에 따르면, 매리 윌슨 요양원은 틸라우니아에서 마다르로 이전했다. 이는 "환자의 요양원 방문을 더 용이하게 했고, 보급품도 더 원활하게 확보할 수 있게 했다. 마다르는 아지메르에서 불과 6킬로미터 거리이기 때문"이다.

우리에게 마다르 통합요양원과 매리 윌슨 요양원의 개략적인 역사를 들려주고 나서, 피켓 감독은 지금도 여전히 매리 윌슨 요양원을 선호하는 사람들이 있으며, 그 사람들은 매리 윌슨 요양원의 재개원을 바라고 있다고 말했다. 피켓 감독은 여전히 결론을 내리지 못한 상태에서 우리를 초청한 것에 대해 깊은 유감을 표시했다. 더구나 마다르 요양원은 선교기관으로서 과중한 부채를 짊어지고 있었다. 이것은 우리가 언젠가는 맞닥뜨릴 문제였다.

우리는 감독이 실상을 솔직히 알려줘서 무척 고마웠다. 언젠가

[위] 1922년 마다르 통합요양원 정초식
[중간] 닥터 애쉬 부부
[아래] 1924년 요양원 본청. 엑스레이 플랜트와 연구실, 조제실, 수술실, 외래환자실, 대기실, 중앙에 간호사실이 있는 큰 병동, 본청 뒤편에 주방과 욕실

언쟁과 격한 감정으로 얼굴이 어두워질 때가 있겠지만, 그래도 장밋빛 나날만이 우리를 기다리는 것이 아님을 미리 알 수 있어 좋았다. 이것은 오히려 우리에게 자극이 되었다. 마다르는 우리를 필요로 하고 있고, 우리는 이제 진정한 봉사를 할 기회를 얻은 것이다.

한편에는 신화 속의 괴물 카리브디스와 스킬라와 같은(카리브디스는 소용돌이를, 스킬라는 사나운 개를 거느린 괴물. 어느 한쪽을 피하기가 힘들다는 의미에서 '진퇴양란'을 뜻하는 서양식 표현—편집자) 마다르의 과중한 부채의 위험이 있는가 하면, 다른 한편에는 부채가 없고 예쁜 석조건물도 갖춘 틸라우니아의 유혹이 도사린 이런 상황을 우리가 안전하게 지나갈 수 있게 앞에서 인도하려는 피켓 감독의 심중을 나는 직감적으로 알아차릴 수 있었다. 또, 마다르 운영위원회에서 언젠가 재연될지 모를 해묵은 논쟁에 대비하여 우리를 미리 준비시키려는 것 같기도 했다. 운영위원회는 우리가 아지메르에 도착하면 그 다음날 소집될 것이다. 감독은 우리에게 요양원의 역사적 배경을 알게 함으로써, 혹시 강경파가 회의에서 틸라우니아 문제를 재론해서 논란의 불씨를 되살릴 경우, 우리가 거기에 대처할 수 있게 하려는 것이다.

우리가 탄 기차는 광대한 라지푸타나 사막으로 진입하고 있었다. 먼지는 많았지만 아름다운 풍경이었다. 그곳은 아라비아 사막의 삭막한 모래바다보다는 애리조나의 사막을 더 닮았다. 우리 아이들은 객실 유리창에 머리를 갖다 대고 창밖으로 휙휙 지나가는 환상적인 풍경에 넋을 잃었다. 윤나고 선명한 붉은 빛의 꽃이 핀 "불숲" 나무들이 중간톤 색조의 사막 배경과 대비되어 극적인 색감을 연출하고 있었다. 선인장에서 피어난 섬세한 꽃들이 보였다. 야생 공작새가 으스대듯 목을 곧추 세우고들 영롱한 무지갯빛 꽁지깃을 펼친 채 활보하는 모습이 잠깐 스쳐 지나갔다. 지평선을 배경으로 검게 윤곽을 나타낸 "사막의 배" 낙타들은 여행 내내 볼 수 있었다. 낙타는 마치 사막 풍경을 이루는 한 부분인 듯했다. 야생 원숭이들이 꽃이 만발한 나무 사이를 익살스러운 몸짓으로 뛰어다니는 모습이 잠깐잠깐 보이곤 했다.

피켓 감독이 바깥 구경은 이제 그만하자며 우리더러 얼른 비스테르를 둘둘 말아 챙기라고 했다. 이제 아지메르에 거의 다 왔기 때문이라고 했다. 이즈음 우리는 긴 여행에 지쳐 있었다. 옷은 먼지투성이고 더러웠다. 매리언은 이런 차림으론 사람을 만날 수 없다며 당황스러워 했다.

얼마 안 가 우리의 이런 걱정은 대번에 날아갔다. 아지메르 역에 도착해서 플랫폼에 서자 우리의 목엔 장미와 재스민으로 만든 향기로운 화환이 걸리고 환영하는 폭죽이 요란하게 터졌다. 그것은 가슴 훈훈한 경험이었고 마치 친구들 가운데 선 기분이었다. 이런 식의 영접이 새로 오는 사람이면 누구에게나 해주는 통상적인 환영식이란 걸 나중에 알게 되었지만, 그 사실이 이 관습의 가치를 깎아내리진 않았다. 우리가 받은 환영이 특별한 것이 아니라 해도, 적어도 우리에겐 특별한 것이었다. 아이들은 두 손을 모으고 '나마스테!' (번역하면, '당신 안의 신을 맞이합니다')라고 말하는 인도식 인사법(서양에서 하는 악수보다 더 위생적임)에 큰 관심을 보였다.

사반세기에 걸친 우리의 인도 사역은 이렇게 시작되었다. 우리는 그 기간 동안 사업의 부침, 환희와 애통함, 성취와 좌절 등 여러 일을 겪었다. 물론 재미있는 일도 많았다. 그 중 몇몇은 당시엔 전혀 웃을 일이 아니었지만, 지금에 와서 회고할 때면 난 매번 웃게 된다.

제3장. 돔지붕집

아지메르 역 승강장에서 너무 많은 새 얼굴을 만나고 소개받느라 우린 일종의 행복한 혼란 상태에 있었다. 주위의 들뜬 분위기 속에 피켓 감독이 정색을 하며 모트 카이슬라 부부를 우리에게 소개시켜 주었다. 카이슬라 부부는 베테랑 선교사 부부인데, 이번에 은퇴하면서 고향으로 돌아간다고 했다. 마다르 요양원에 지금 당장은 빈 집이 없기 때문에, 우리는 당분간 카이슬라 부부와 함께 살아야 한다고 했다.

"카이슬라 여사는 이곳에선 '닥터 에드나' 라고들 부릅니다. 인도 최초 요양원을 설립한 분이죠." 감독이 미소를 짓고는 말을 이었다. "매리 윌슨 요양원. 제가 이미 말씀드렸던, 틸라우니아에 있는 거 말입니다. 우리가 닥터 에드나를 설득한 결과 이제 여사는 마다르 요양원에 대해 그리 부정적이진 않습니다. 카이슬라 부부가 미국으로 떠나기 전까지 그 일의 마무리는 닥터 홀이 맡아주세요."

감독의 말에 함축된 의미를 곱씹어보던 중, 난 정작 우리가 이제부터 거처하게 될 곳에 대해선 별로 생각해본 적이 없음을 깨닫게 되었다. 루드야드 키플링의 책 내용이 어렴풋이 떠올랐다. 인도에선 방 안으로 뱀이 들어오곤 한다고 했다. 맨발로 여기저기 돌아다니면 안 된다는 충고를 키플링은 귀가 따갑게 들었다고 했다. 그러다가 자칫 뱀이나 전갈을 밟을 수 있다고. 굳이 모기가 출몰하는 계절이 아니라도 잠잘 때는 꼭 모기장을 쳐야 한다는 얘기도 어디선가 들었다. 왜냐하면 위에서 '칩킬리'(도마뱀)가 얼굴 위로 떨어져 단잠을 깨우는 일이 있기 때문이라고 했다.

운전사인 월터 싱은 굉장히 혼잡한 거리에서 조심스럽게 차를 몰았고, 차는 어느덧 오래된 성곽도시 아지메르를 벗어났다. 그 순간부터 월터는 어떻게 하면 차를 '공중부양' 시키는지를 우리에게 시연해 보였다. 차 안에서 우리 몸이 덜컹덜컹 튀어오르는데도, 이 낡은 차가 조각조각 분해되지 않고 버티는 게 신기했다.

한동안 아이들은 쥐죽은 듯 조용했다. 우리는 차의 덜컹거림이 마치 요람처럼 작용해 아이들이 잠이 든 것이라고 생각했다. 차 안 대화의 대부분을 주도하고 있는 부인 곁에서 침묵을 지키던 닥터 카이슬라가 별안간 "왕!"하고 큰 소리를 내었다. 졸고 있는 아이들을 놀래줘 깨우려는 것이었다.

닥터 카이슬라가 거두절미하고 아이들에게 말했다. "우린 지금 너희를 유령 저택으로 데려가는 중이다. 그러니까 거기 가서 혹시 유령을 보더라도 너무 놀라지 마라." 아이들은 대번에 잠에서 깨어 이구동성으로 닥터 카이슬라에게 외치듯 물었다(카이슬라는 귀가 좀 좋지 않았다).

"유령 보셨어요?"

"아직은."

닥터 카이슬라가 진지한 표정으로 대답했다. "집에 가면 북쪽 방이 너희 방이다. 그 방 침대가 놓인 자리 바로 밑엔 무덤이 있단다. 옛 회교도 공동묘지 위에 그 집이 세워졌기 때문에, 자기 무덤이 내리눌려 화가 난 유령이 밤만 되면 나와서들 항의하는 것이지. 또 우리 선교단이 수백 년 된 대저택을 헐값에 사들일 수 있었던 것도 그 덕택이고."

아이들은 유령 얘기를 더 해달라며 집요하게 보챘다. 그러나 유령 부분에 대해선 카이슬라도 더 보탤 얘기가 궁했다. 현재 더 심층적인 조사가 진행 중이니 기다려보자는 식으로 대충 얼버무렸다. 얘기가 더 진행되려는 낌새가 있자, 부인 닥터 에드나가 대화 중에 끼어들었다. 아이들이 잠들기 전 들려주는 베갯머리 이야기로는 유령이 그리 적합한 소재가 아니라고 생각했기 때문이었다.

"터무니없는 유령 얘기는 이제 그만 다 잊어버려." 닥터 에드나가 강한 어조로 말했다. "대신 이런 건 어떠니. 집 지붕 위에 있는 열여섯 개 돔 사이에서 술래잡기를 하며 신나게 노는 거야. 건물 뒤쪽에 지붕 위로 올라가는 계단이 있거든. 그리로 가면 돔에 다다를 수 있어. 열여섯 개 모두."

새로운 대화 주제에 아이들의 관심이 쏠리고 있다는 것을 확인한 닥터 에드나는 우리에게 말했다. "그 건물은 원래 철도회사가 자기들 아지메르 본부로 쓰려고 설계하고 지은 겁니다. 그러나 얼마 안 가 다른 곳으로 이전해야 했어요. 인도 사람들이 그곳에서 일하기 싫어했거든요. 그 건물은 큰 돈을 들여 주거용으로 개축되었어요. 한동안 그곳은 영국 고위관리가 자기 사저로 이용했죠. 그런데 그 관리는 아지메르 지역 주류 회교도로 구성된 자기 집 하인들이 유독 회교도 공동묘지 위에 세워진 건물 한 채에는 머물기 싫어하는 걸 알게 되었어요. 결국 그는 저택에서 나갔고, 그곳은 수년간 버려진 채로 있었어요.

이 저택은 굉장히 넓습니다. 대략 7천 평에 달합니다. 커다란 단층집이 한 채 있고, 그 외에 돔형 지붕이 있는 보다 작은 건물 몇 채가 이 복합 건물군의 후방에 위치하고 있습니다. 현재 이 저택은 그리스도인들이 임대하여 사용하고 있습니다. 이제부터 닥터 홀 부부가 이곳을 관리해야 합니다.

이 건물을 설계한 영국 건축가는 평평한 지붕보다 돔형 지붕이 그 안에 사는 거주인을 위해 열 문제를 더 잘 해결할 수 있겠다는 생각을 했습니다. 평평한 지붕은 햇볕이 한 번에 표면 전체에 내리쬐이는 반면, 돔형 지붕은 한 번에 돔의 작은 일부에만 비치기 때문에, 결과적으로 건물 내부가 더 시원하게 되는 것이죠. 실제로, 그 저택의 돔형 지붕과 보통보다 두꺼운 벽은 평평한 지붕을 한 그 지역 다른 집들과 비교할 때 대략 한 달 가량 더 시원함을 지속시켜 줍니다."

건축학 강의를 듣는 동안 좀 잠잠해졌나 싶던 아이들이 또 다시 유령에 대한 호기심을 발동시켰다. 조가 눈을 반짝이며 불쑥 대화에 끼어들었다. "집 안에서 유령들이 이상한 소음을 낸 적도 있어요?" 진작부터 닥터 카이슬라는 이 호기심 많은 어린 청중과의 대화를 즐기는 듯한 눈치였다. "그렇지 않아도 아저씨도 그 생각을 하고 있었다. 밤마다 정체를 알 수 없는 이상한 소음, 소리 같은 것을 듣곤 하지. 너희들이 한 번 그 소음의 원인을 조사해보렴."

이제 매리언도 아무리 장난이지만 이건 너무 지나치다는 생각이 들었다. 어느 바람 부는 밤, 그저 낡은 문이 흔들리며 내는 소리에 잠이 깬 아이들이 원인을 조사한답시고 밖을 나서는 모습이 매리언의 눈에 선하게 보였다.

마침 그때 차가 갑자기 방향을 틀더니 한 진입로에 들어섰다. 멀리 나무 사이로 굉장히 독특하다고 밖에는 달리 표현할 길이 없는 건물이 시야에 들어왔다. 카이슬라 부부가 말한 바로 그 건물이었다. 유명한 기독청년지도자인 닥터 존 모트가 이 건물(인도 사람들은 '굼바즈 코티', 즉 돔지붕집이라고 부름)을 두고 세계에서 가장 환상적인 선교사 숙소라고 평한 것도 무리가 아니었다. 이 건물과 인근 부속건물들은 "인더스 강 연맹"이 1938년에 매각을 승인한 상태였다. 아직 적당한 인수자가 나타나지 않았는데, 나중에 추측한 것이지만, 그것은 아마도 이 건물 자리가 원래 옛 회교도 공동묘지이기 때문인 듯했다.

둥근 지붕집은 전체가 독특한 오렌지색이고 가장자리는 흰색이었다. 지붕은 커다란 돔 두 개와 그 주위를 둘러싼 작은 돔 16개로 이루어졌다. 그것은 가장자리가 하얀 거대한 연꽃 봉우리가 무리지어 핀 것 같았다. 진입로 위에 깔린 오렌지색 자갈들은 이 동화 속 대사원의 빛깔과 잘 어울렸다. 아름다운 저녁 햇빛과 어우러져 이 건물이 갖춘 동양적 장려함에 우리는 잠시 숨을 멈추었다.

안내를 받아 현관으로 들어서니 큰 홀이 나오고, 그 옆으로 각각 사무실, 주방, 거실로 통하는 문이 있었다. 거실과 주방이 굉장히 넓었다. 아까 오면서 닥터 카이슬라가 바닥부터 돔 모양의 천장까지 높이가 11미터라고 했는데, 그 말이 분명 사실임을 실감했다.

카이슬라 부부는 개인 소유 가재도구를 이미 다 포장해놓은 상태였다. 방 안에는 선교단에서 제공한 가구, 집기 몇 점만이 휑하니 놓여 있었다. 닥터 카이슬라가 둥근지붕집에선 큰 회의가 자주 열린다고 얼른 설명해주었다. 인도 사람들이 선교사 가정의 사적인 분위기, 이따금 회의 때 대접하는 향기로운 차를 무척 좋아하기 때문이라 했다.

돔지붕집:
전면(아래)과 측면 모습

매리언은 이 집에 휑하니 비어 있는 널찍널찍한 공간들에 무척 당황한 듯했다. "이렇게 큰 방들을 도대체 뭘로 채워 넣어야 하죠? 그래도 가정집처럼 보이게 해야 하는데." 아내의 집안 꾸미는 실력을 잘 알고 있는 나는, 그 문제에 대해서라면 전혀 걱정하지 않으며 시간이 꽤 걸리더라도 기다려줄 수 있다고 얼른 대답해주었다.

우리는 커다란 침실로 안내되었는데, 거기엔 작은 옷 방이 딸려 있고, 다시 그 옷 방을 지나니 인도식 욕실이 나왔다. 침실에는 차르파이(짤빠이, 나무 침대틀 위에 굵은 줄을 엮어 만든 간이침대) 다섯 개가 보기 좋게 나란히 놓여 있었다. 닥터 에드나가 이들 침대는 우리에게 익숙한 스프링 침대와 많이 다르지만 쓰다보면 곧 편해질 것이라고 말해주었다.

그러나 무엇보다 우리가 당장 느끼는 큰 문제는 침실 내부가 마치 얼음장처럼 춥다는 것이었다. 우리는 벌써 이를 덜덜거리며 떨고 있었다. 마침 매리언이 침실 구석에 근사한 화로가 하나 있음을 발견하고 벽난로에 넣을 땔감을 어디서 구할 수 있냐고 물었다.

"땔감을 구하는 건 어려운 일이 아닙니다만, 전에 이 집에 살던 가족 중에 좀 짓궂은 아이들이 있었는데, 글쎄 그 아이들이 서로 누가 굴뚝에 더 많은 돌을 던져넣느냐 경쟁을 했던 모양입니다. 이후 아무도 막힌 굴뚝을 뚫을 수 없었고, 결국 저 벽난로는 영영 쓸 수 없게 되어버렸습니다."

닥터 에드나가 얼른 이불 몇 개를 더 가져다주어 급한 불은 끌 수 있었다. 우리는 처음 인도 부임을 통보 받고는 인도는 아주 더운 나라라고 지레 짐작하여 침구와 겨울 의류 거의 전부를 한국의 필요한 사람들에게 나눠주고 왔노라고 경위를 설명했다. 결국 우리는 북부 인도의 차가운 밤 기온에 전혀 대비가 되어 있지 않았다.

"이런 맙소사…" 닥터 에드나가 안타깝다는 표정을 지었다. "이곳은 겨울철 밤 기온이 때때로 영하까지 떨어진답니다. 언젠가는 아침에 일어나니 물탱크 속 물 표면에 얇은 얼음막이 생겼더군요." 닥터 에드나는 화제를 바꾸어, '자마다르'(관리인 또는 청소원)인 데비랄이 지금 목욕물을 데워놓았다며, 우리더러 탕의 물이 식기 전에 어서 목욕을 하는 것이 좋겠다고 말했다.

사실 우리는 너무 피곤한 나머지 목욕마저 귀찮을 지경이었지만, 그래도 긴 여행으로 먼지투성이가 된 몸을 목욕통의 뜨거운 물속에 푹 담그고 쉴 수 있다는 유혹이 더 컸다. 또 그렇게 하면 지금 이 추위도 좀 가실 것 같았다. 그러나 욕실에 들어서는 순간 우리는 또 한번 놀랐다. 그건 우리가 상상했던 김이 모락모락 나는 호사스런 전신욕이 아니었다. 대신, 거기엔 등유통을 개조해 만든 물통이 놓여 있고, 우리는 욕실 하수구 옆에 선 채 그 물통에 담긴 더운 물을 한 컵씩 떠서 몸에 끼얹어 몸을 닦는 식이었다. 하수구 부분은 10센티미터 정도 높이의 시멘트벽으로 욕실의 나머지 부분과 분리되어 있었다. 마치 샤워 대용인 듯한 이런 목욕 방식은 예전에 수도꼭지에서 콸콸 쏟아지던 뜨거운 물이 얼마나 귀한 것이었는지를 새삼 돌아보게 했다.

우리가 목욕하느라 딛고 서있는 하수구 부분은 욕실 저쪽 끝에 있는 불길해 보이는 구멍까지 내리 경사져 있는데, 그 구멍은 건물 바깥 배수구까지 곧장 이어졌다. 동그란 구슬눈을 한 코브라 한 놈이 그 배수구를 통해 욕실로 기어들어오는 건 그리 어려운 일이 아닌 듯했다.

나중에 우린 이런 욕실이 이 지역 인도 상류층 가정에서 흔히 볼 수 있는 전형적인 형태의 욕실이라는 것을 알게 되었다. 욕실에는 목욕 공간 말고도, 타일이 덮인 높이 1.2미터의 시멘트 스탠드가 설치된 마른 공간이 있었다. 스탠드 위에는 움푹 파인 에나멜 세면대와 물주전자가 놓였다. 물은 하수구 공간에 놓인 금속통에서 얻고, 낮은 위치에 설치된 냉수용 수도꼭지에서 물이 나와 그 금속통을 채웠다. 손을 씻고난 다음, 사용한 물은 하수구가 있는 젖은 지역에 쏟아버리면 되었다. 근처엔 보통 수건걸이가 있었다. 좀 더 호사스런 욕실의 경우, 벽에 커다란 거울이 걸리기도 한다. 이런 거울은 도난을 방지하기 위해 못으로 깊이 고정되었다.

욕실의 마른 공간 한쪽에는 변기가 하나 있었다. 그건 여닫을 수 있는 뚜껑이 달린 나무 상자 속에 양동이가 들어가 있는 형태인데, '자마다르'가 일정한 시간마다 와서 비웠다. 자마다르는 욕실로 통하는 좁은 외부문 밖에 서서 점잖게 기침을 하여 자기의 존재를 알린다. 그러면 욕실에서 변기를 사용하던 사람은 그리 점잖지는 않은 목소리로 "테로!"(기다려!)라고 대답한다. 이런 일에 익숙한 자마다르지만, 아무리 그래도 욕실 안의 유쾌하지 않은 냄새에 매번 무감각해지기란 어려울 것이다.

그날 우리가 돔지붕집에서 첫 날 밤을 지내며 겪은 으스스함이란 거의 악몽이었다. 그 악몽은 유령이 아니라 추위 때문이었다. 둘째 아이 조가 특히 고생이 심했다. 조의 피부는 온통 소름이 돋았고 퍼렇게 얼룩덜룩했다.

이튿날 아침, 닥터 에드나가 와서 잠을 잘 잤느냐고 묻자, 매리언이 그냥 솔직하게 대답했다. "전혀요! 추워서 한 숨도 못 잤어요. 벽난로가 되는 방으로 옮기고 싶어요. 그리고 시장에 가서 더 두꺼운 옷을 사야겠어요. 안 그러면 우리 가족 모두 얼어죽을지도 모르겠네요."

도중에 들어온 닥터 카이슬라는 이 부분의 대화를 듣지 못했다. 언뜻 보니까 또 유령에 대한 짓궂은 얘기를 하고 싶은 눈치다. 닥터 에드나가 남편의 의중을 간파하고 검지를 자기 입술에 대었다. "좀 조용히 계세요. 이제 좀 진지해지자구요. 북쪽 방에서 닥터 홀 부부가 어젯밤 한숨도 못 주무셨다네요. 중간방(당시엔 짐을 쌓아놓는 장소로 활용되고 있었음)을 지금 당장 깨끗이 치우고, 그 방에서 사시도록 해야 돼요. 그 방은 적어도 벽난로 하나는 정상적으로 돌아가니까."

닥터 카이슬라가 방을 준비하느라 바빠졌다. 카이슬라는 성품이 인자한 사람이었고, 아이들은 그런 그를 이미 무척이나 따르고 있었다. 그는 데비 랄에게 땔감을 가져오라고 바로 지시했다. 오래지 않아 우리 앞엔 벽난로가 탁탁 소리를 내며 불을 피워 올리고 있었다.

벽난로 앞에서 우리가 온기를 만끽하는 모습을 지켜보던 닥터 에드나가 그럼 아침식사를 다 같이 벽난로 앞에서 하자고 제안했다. 아이들이 굉장한 생각이라고 반겼다. 인도말로 '수지에'라고 부르는, 알이 굵고 뜨거운 곡물 스프가 식탁 위에 놓이기 시작하고, 우리는 식사 중에 몸을 덥히는 또 다른 방법(인도에서 흔히 사용됨)을 알게 되었다. 그것은 두 손을 음식 접시 밑에 넣는 것이었다. 접시는 식탁 위에 놓이기 전 오븐 안에서 데워지기 때문에 대개 따뜻하기 마련이었다. 우리는 불가에 반원 모양으로 둘러앉아 몸을 녹이며 음식을 들었고, 카이슬라는 풍부한 유머 감각을 발휘해 우리는 몇 차례나 웃음을 터뜨렸다.

아침 식사를 배불리 하고, 우리는 가져온 짐을 "북극"에서 "온대"로 옮기는 일을 시작했다. 우리가 차르파이(짤빠이, 간이침대)와 무거운 짐가방을 옮기는 것을 데비 랄이 도와주었다. 매리언은 짐싸는 일에도 도가 텄지만, 짐을 풀고 제자리에 배치하는 일 역시 전문 분야였다. 오래지 않아 우리는 다시금 이 집을 구석구석 둘러볼 여유를 갖게 되었다.

마다르 운영위원회 임원진 전체를 수용하기에 충분할 만큼 넓은 거실, 그리고 그것과 동일한 넓이의 식당을 보고 우리는 벌린 입을 다물 수 없었다. 바닥에 인도식 돗자리를 깔고 그 위에 앉아 향이 센 카레를 얹은 라이스 플라우 요리를 먹거나 할 경우, 그 식당은 요양원 직원 50명 이상을 동시 수용할 수 있었다.

식사 공간 바로 옆에는 아주 커다란 식료품 저장실이 있었다. 그곳에는 데우는 오븐과 냉장하는 동안 벌레가 침입하지 못하도록 음식을 얹어놓는, 인도말로 '달리야'라고 부르는 그물망 시렁이 구비되어 있었다. 근처 탁자 위엔 식수를 담아두는 커다란 솥이 두 개 있었다. 물은 모두 끓여 마셔야 하기 때문이다. 한 솥엔 다 식은 끓인 물을 넣어두어 마시고, 다른 한 솥엔 끓인 지 얼마 안 된 물을 담아두고 계속 식힌다. 우리는 식료품 저장실을 나와, 이 건물에서 가장 작지만 다른 방보다 결코 중요성이 떨어지지 않는 주방으로 들어갔다.

주방 공간의 3할은 숯을 굽는 쇠격자가 달린 고정식 벽돌렌지가 차지하고 있었다. 렌지 위에는 덮개와, 치명적인 숯 연기를 굴뚝으로 빼는 배기구가 있었다. 맞은 편 벽에 종려잎 부채가 하나 걸려 있었다. 화로 안 불을 지피는 데 주로 사용하는 기구였다. 부채 바로 옆에는 공작새 깃털로 만든 먼지떨이가 있는데 부채가 일으킨 먼지를 처리하는 데 필요한 도구였다. 주방 측벽엔 접시를 놓아두는 고정식 찬장이 있고, 그 아래에 냄비와 팬 등을 올려놓는 시렁이 있었다. 렌지 근처에 조그만 재 한 무더기가 있었는데, 냄비 등에 윤을 내는 데 사용했다. 렌지 맞은편에는 주방 카운터 대용으로 사용하는, 길고 폭이 좁은 나무 널판이 있었다.

매리언이 놀라고 당황한 표정으로 그 작은 주방을 바라보다가 탄식했다. "이런 데서 어떻게 일해요? 몸을 돌릴 공간조차 없어 보이는데…." 닥터 에드나가 얼른 대답했다. "닥터 매리언은 여기서 일하지 않아도 돼요. '요리사가 많으면 스프가 맛이 없다'는 이론이 있죠. 주방은 오직 '칸사마'(주방장)와 '마살치'(보조인)만 출입하도록 엄격히 제한됩니다."

카이슬라는 우리를 서재로 안내했고, 들어서자마자 한쪽 벽에 설치해놓은 육중한 금속 금고가 확 눈에 들어왔다. 금고는 벽 속에 너무나 깊이 박혀 있어 누구도 감히 그것을 뽑아낼 엄두가 나지 않을 것 같았다. 그러나 카이슬라는 돈이나 귀중품을 그 금고에 보관하지 말라고 경고했다. 혹시 도둑이 들었을 때, 자칫하면 그 금고가 제1순위 목표물이 될 수 있기 때문이었다(후일, 우리는 카이슬라가 이런 주의를 준 것을 고마워해야 할 일을 겪었다). 또 카이슬라는 이 금고에 보관

중인 오래된 법적 증서 등을 보여주었다. 그 문서들은 흰개미에 의해 일부 훼손되어 있었다.

매리언이 사려 깊게도, 저택 나머지를 둘러보는 건 일단 여기서 보류하자고 제안했다. 그 쪽은 카이슬라 부부의 생활공간이고, 지금 한창 짐을 꾸리고 있을 터이기 때문이었다. 이제 햇볕이 점차 지면을 따뜻이 데우기 시작했고, 닥터 에드나는 다 같이 마당을 둘러보자고 말했다. 건물 주변엔 "님"나무(잎은 약용으로 많이 쓰임)가 많이 보였다. 커다란 분재 종려나무 두 그루가 정문으로 통하는 섬돌 양 옆에 서 있고, 그 길을 따라 분재한 꽃밭이 이어졌는데, 기분을 상쾌하게 만드는 재스민 향 비슷한 꽃향기가 대기 구석구석 번지고 있었다. 대량으로 심은 선홍빛 포인세티아 잎사귀가 건물 빛깔과 테두리 선을 잘 보완했다. 여러 빛깔 꽃이 핀 부겐베리아 덩굴이 저택의 양 측벽에 매달려 올라가다가 넓은 앞 베란다의 아치형 지지대 둘레를 예술적으로 감싸고 있었다. 베란다의 지붕 역시 돔형이었다.

저택 바로 앞에는 벨벳 천 같이 부드럽고 푸른 잔디밭이 넓게 자리하고 있었다. 이곳 같이 기후가 건조한 지역에서 좀처럼 보기 힘든 광경이었다. 우리는 총천연색 꽃이 만발한 정원 복층 묘상을 지나고, 선홍색 부건빌리아 덩굴로 장식된 아치형 문을 통과하여, 마침내 그 잔디밭 위에 올라섰다. 잔디밭은 바로 위 테니스장으로 연결되었다. 테니스장 먼 쪽 세 면을 높다란 목제 격자무늬 담이 둘러싸고 있었다.

닥터 에드나가 말했다. "시즌 중엔 우린 자주 여기서 테니스를 칩니다. 그리고서 잔디밭에서 차를 마시죠." 에드나가 매리언을 쳐다보며 덧붙였다. "닥터 홀 부부가 이런 모임을 계속 유지시켜 주셨으면 합니다. 아세요? 미국 테니스 챔피언도 지냈던 빌 틸덴이 바로 이 테니스 코트에서 공개 시합도 했었다는 걸!"

잔디밭 다른 쪽 옆에는 덩굴이 우거진 격자무늬 펜스가 둘러싼, 시원하고 근사한 은신처가 하나 있었다. 위원회 등 여러 회의가 이 장소에서 자주 열린다고 했다. 한 쪽 구석에 나무 한 그루가 서 있었는데, 그 나무의 넓게 뻗친 가지들이 아이들에게 마치 동화 속 나무 집처럼 쓸 수 있을 것 같은 환상을 일으켰다. 그보다 조금 위 쪽, 반얀 나무 밑에 새하얀 무덤이 한 기 있는 것이 보였다. 그 무덤 위엔 분명 최근에 태운 듯한 초의 흔적도 남아 있었다. 우리가 놀라는 것을 본 닥터 카이슬라가 말했다. "이걸 보면, 이 일대가 옛날에는 공동묘지였음을 확실히 알 수 있지요. 그리고 현재도 일부 신앙심 깊은 이슬람교도가 이 무덤을 찾아오고 있는 겁니다."

카이슬라는 이 돔지붕집이 시에 세금을 납부하지 않아도 된다고 말했다. 이 땅이 '다르가'라고 불리는 시의 유명한 회교 성지 일부를 영구 임대한 것이기 때문이었다.

아이들은 어서 지붕 위 돔들 사이에서 술래잡기 놀이를 했으면 하고 안달이었다. 그러자 카이슬라 부부가 모두 저택 지붕 위에 올라가 한낮 아지메르 전경을 감상하자고 제안했다. 카이슬라가 두 손을 모으는 인도식 제스처를 취하고 우리를 돔 지붕으로 올라가는 높은 계단으로 안내했다. 올라가는 건 힘들었지만, 그만한 가치가 있었다. 지붕 위에서 내려다 본 아지메르 시는 정말 아름다웠다. 그러나 도시를 둘러싼 산 숲이 참혹하게 훼손되어 있었고, 아마 숲속 생물도 많이 줄었으리라 생각되었다. 그래도 여전히 볼 만한 것이 많이 남아 있었다.

닥터 카이슬라가 손을 들어 더 중요한 곳을 가리켰다. 우리가 보는 방향에서 왼편에, 높이가 210미터이고 표면이 유난히 울퉁불퉁한 마다르 언덕이 보였다(마다르 요양원은 그 언덕 이름에서 따온 것이다). 마다르 요양원은 그 언덕 건너편에 위치했다. 요양원은 여기 저택에서 직선거리로 불과 1.5킬로미터이지만 차로 가려면 언덕 밑을 돌아가야 하므로 이동 거리가 8킬로미터는 되었다.

우리의 '지붕 위 아지메르 투어'는 계속되고, 카이슬라가 우리 시선을 도시 중심부로 이끌었다. 가장 두드러지게 보이는 건물은 아크

마다르 언덕:
1. 돔지붕집 시점에서 (위)
2. 요양원 시점에서 (아래)

바르 궁전이었다. 세포이의 난[10] 때 궁전이 요새화된 이후, 그곳은 "탄약고"라는 별칭으로 불리고 있었다.

카이슬라가 아지메르에 와서 우선적으로 들러볼 만한 역사적 명승지를 몇 군데 더 추천했다. 맨 먼저 가볼 곳은 아나사가르 호숫가에 위치한, 건축학적으로 매우 훌륭한 대리석 건물들이다. 이것은 기원 후 1637년 샤 자한 황제가 축조했다. 황제는 이 건물을 짓기 위해 라지푸타나 채석장에서 대리석을 채취했다. 라지푸타나 채석장은 샤 자한 황제가 죽은 황후를 추모하여 아그라에 타지마할 묘를 축조할 때도 사용되었다. 자이나교 사원 역시 우리 흥미를 끄는 장소였다. 우린 자이나 교파와 교리에 대해서 충분히 알아둘 필요가 있었다. 왜냐하면 우리가 요양원 일을 하다보면 그들과 대면할 일도 분명 있을 것이기 때문이다. 벌레는 물론이고, 모든 생명은 신성하다고 믿는 자이나교도의 입장은 장차 우리의 의학적 치료 행위와 충돌할 소지가 많았다.

돔지붕집 옥상에서 깔끔한 흰색 집들의 행렬과 그 사이사이로 푸르른 님나무가 있는 풍경이 보였다. 반짝이는 흰 점들이 언덕을 따라 올라와 타라가르 요새 밑둥 바로 근처까지 이르렀다. 구불구불한 도시성벽은 예쁜 고풍의 그림처럼 길이 좁고 구부러진 조밀한 구도시와 새로 조성된 지구를 분리하고 있었다. 신시가지는 구도시보다 덜 촘촘했고 님나무로 그늘진 도로는 넓고 곧았다.

지금껏 카이슬라가 가리킨 우아한 건물들과는 아주 딴판으로, 형편없이 낡은 초가가 잡다한 군락을 이룬 곳이 보였다. 그곳은 우리 숙소에서 돌을 던지면 닿을 듯한 거리에 있었고, 물이 없고 모래투성이며 그저 평범해 보이는 강바닥 바로 건너편에 위치했다. 비참한 그 초가들은 이 지방의 다른 지역에서 기아를 피해 여기로 온 가난한 피난민이 급조한 것이라고 카이슬라는 설명했다.

염소 떼가 보였다. 그 중 새끼 염소들은 어린 아이들과 이리저리 뛰놀고 있었다. 새끼 염소와 아이들이 초가를 마음대로 들락날락하며 놀았다. 새끼 염소와 아이들은 암염소로부터 필요한 젖을 얻었다. 까마귀 떼가 목쉰 소리를 내며 머리 위를 날았는데, 마치 그 빈촌에 임박한 재앙을 경고하는 듯했다.

모든 게 평온해 보였다. 그러나 당시는 잘 몰랐지만, 이제 곧 우기가 닥칠 것이고, 그때에 저 평범하게만 보이는 강바닥엔 물이 차오르고 거센 급류가 흐를 것이었다. 거센 홍수가 일어 저기 울고 있는 염소와 부실한 집들을 완전히 삼킬 것이고, 사람들은 여기 둥근지붕집이 세워진 높은 지대로 오르려고 악전고투할 것이었다. 의료요원인 나는 이재민들을 돌보아야 할 것이고, 둥근지붕집은 금세 구호센터 겸 비상 대피소로 변해버릴지도 몰랐다.

그런 상념에 젖어 있는데, 전령(힌두어로 '차프라시'라고 함) 한 명이 숨을 가쁘게 쉬며 우리에게 다가왔다. 그는 차투르 베디 목사(아지메르 감리교회의 주요인사) 댁에서 보낸 사람이었는데 베디 목사에게 심장마비가 왔고, 먼저 수차례 있었던 마비 때보다 이번 상태가 더 심각한 것 같다는 소식을 전했다. "의사 나리가 어서 와주셔야겠습니다." 닥터 에드나가 우리에게 양해를 구하고 떠날 채비를 하려는데, '차프라시'가 에드나를 올려다보며 얼른 말했다. "안됩니다,

마님! 차투르 베디 목사님이 이번엔 새로 오신 의사 나리를 모셔오라 분부했습니다." 전령이 고개를 돌려 나를 바라보았다. 에드나가 미소를 지은 채 나를 향해 고개를 끄덕인 후 말했다.

"이제 나 대신 닥터 홀이 이 일을 맡는 겁니다!" 나는 다시 일을 할 수 있게 된 게 기쁘고 오랫동안 방치했던 청진기를 좋은 곳에 쓰게 되어 다행이라고 대답했다. "아주 좋아요. 준비가 다 되신 것 같으니, 제가 기사를 불러 그곳까지 빨리 모셔다드리겠습니다." 덜컹거리는 낡은 차가 혼잡한 거리를 최단 경로로 운행했고, 어느새 난 환자의 병상 옆에 이르렀다. 많은 친척과 친구들이 환자 주위에 모여 울고 있었다. 내가 맨 먼저 한 일은 좁고 후텁지근한 방에서 사람들을 내보내고, 환자가 있는 데서 더 이상 곡성을 내지 말라고 정색을 하고 주의를 준 것이었다. 사람들은 처음에 이해가 안 간다는 표정들이었지만, 곧 서둘러 자리를 떴다.

나는 차투르 베디를 곁에서 간병할 수 있는 사람이 누군지 물었다. 즉시 대답이 돌아왔다.

"베디 씨의 손녀딸 둘이 있습니다. 그분이 무척 아끼는 아이들이죠." 난 손녀들을 보고 말했다.

"어서 이불 두 개만 가져와주세요."

그들은 방이 이렇게 더운데 그게 무슨 소린지 갈피를 못 잡겠다는 표정이었다. 그래도 얼른 이불을 가져왔다. 나는 손녀들과 함께 이불을 돌돌 말아서 할아버지가 좀 더 몸을 세운 자세로 있도록 했다. 이런 자세는 환자의 심장과 폐가 더 편안히 기능할 수 있게 해준다고 설명했다. 곧 환자가 더 편하게 숨을 쉬기 시작했고, 그는 희미한 미소로 내게 감사를 표시했다. 환자 가슴에 청진기를 대고 귀를 기울였다. 그러고서 나는 사람들에게 희망적인 예후를 전했다. 하지만 고백컨대, 그때 나는 주님께 이 환자를 지켜달라고 속으로 짧게 기도했었다. 인도에서 내 첫 환자가 만에 하나 죽는 일이 있어선 결코 안 되기 때문이었다.

주사를 놓고 복용할 약을 준 다음, 환자가 섭취하는 물의 양을 제한해서 심장에 무리가 덜 가도록 해야 한다고 간병인들에게 당부했다. 그리고 나는 손녀들에게 아래 문구를 크고 잘 보이게 적어서 할아버지 방문에 붙여놓으라고 지시했다.

"방문객 사절, 울음 금지, 의사 지시임!"

또한, 나는 간병인이 항상 웃는 얼굴로 환자를 대하는 일이 얼마나 중요한가를 납득시키려 노력했다. 환자는 간병인의 기색을 '책을 읽듯이' 살피고, 그것으로부터 이만 고생스런 삶의 끈을 놓을 것인지 아니면 내일을 누리기 위해 계속 살 것인지 판단에 필요한 단서를 얻기 때문이다. 간병하는 손녀들이 내 말을 전부 알아들었으리라 생각되지는 않았지만, 적어도 요지만은 잘 전달된 것 같았다. 그들은 발랄한 미션스쿨 학생들이었고, 영어를 할 줄 알았고, 부드러운 미소로 동의를 표하는 법도 알았다.

내 안에서 서서히 이 도시의 일원이 되어가는 느낌―이런 느낌은 돔지붕집 옥상에 섰을 때부터 시작되었다―이 들었다. 나는 아지메르의 유구한 역사, 도시의 미관과 매력 등에서 깊은 인상을 받았다. 그리고 이제 이 사람들, 나의 이웃이 될 사람들에 마음이 끌리기 시작했다. 내가 얼마만큼 그들을 도울 수 있을지, 얼마만큼 그들과 고락을 함께 할 수 있을지 어렴풋하게나마 감이 왔다. 이제 그 집들은 더 이상 옥상 위에서 본 빈 집들이 아니었다. 그 집들 속에는 고통, 슬픔, 병고, 죽음을 겪는 진짜 사람들이 살았다.

나는 다른 아시아인들과 살아본 경험을 통해, 이들 인도인이 아기가 태어난 기쁨, 아이가 쑥쑥 크고 공부 잘 한다는 자랑, 자식이 혼인하는 경사 등이 생겼을 때 나와 함께 나누고 싶어할 것을 알고 있었다. 첫 인도인 환자를 진찰하면서 난 이미 이들 인도인과 어떤 교감이 형성된 셈이었다.

"내 집은 나의 성채"라는 속담도 있지만, 난 이 말을 들을 때마다 한국 시절 우리들 '성채'의 추억을 떠올리곤 했다. 그 '성채'란 한국에서 우리가 여름 별장으로 쓰던 화진포 해수욕장 소재 석조 건물이다. 그리고 이젠 돔지붕집이 인도에서 우리의 새로운 성채가 되었다. 우리는 이 이국적인 요새를 근거지로 삼아 주님의 도우심을 힘입어, 우리 앞에 놓인 난관을 향해 진군할 것이다. 더욱이 의술은 우리가 가장 자신 있는 분야가 아니던가.

제4장. 더 높은 깨달음

 어부라면 누구나 아는 사실이지만, 일이 잘못되어 그물에 낚싯바늘이 걸려 얽혀버리면 그것을 풀어내고 조업을 다시 하기까지 많은 시간과 무한한 인내가 필요하다. 이와 비슷하게, 우리는 한국에서 일본 군부와의 마찰로 인해 중단된 우리 필생의 사업을 이곳에서 다시 시작하려 했다. 전과 다른 새 환경에서 이제 우리 천직을 재개할 수 있기까지 우리에겐 참으로 많은 인내가 필요했다. 이제 얽힌 그물은 다 풀렸다. 우리는 열의와 젊은 열정에 부풀었고, 곧 닥칠 새로운 도전이 너무나 기다려졌다.

 요전에 피켓 감독이 1월 18일 오후에 예정된 마다르 요양원 운영위원회의가 인도 커리(카레)만큼이나 맵디매운 분위기가 될 수 있음을 우리에게 넌지시 암시한 바 있었다. 그러나 우리가 인도에서 계속 살아가려면 매운 커리, 매운 회의, 매운 기후 이 세 가지에는 어차피 익숙해져야만 했다.

 우리가 지붕 위에서 아지메르 시 조망을 즐기고 있을 때, 피켓 감독은 그냥 쉬지 않았다. 감독은 유력한 위원 몇 사람을 찾아다니며 원만한 회의를 위해 설득 작업을 했다. 훤한 인상을 가진 감독이 미간을 찌푸린 것을 보니 사람들과 이야기가 잘 풀리지 않은 모양이었다.

우리는 카이슬라 부부에게 공식 운영위원회 소집과 환영회가 있기 전에 미리 요양원에 들러 동역자들과 인사도 나누고 얼굴도 익힐 기회를 갖고 싶다는 뜻을 말했다. 카이슬라 부부는 즉시 우리의 사전 방문을 마다르 요양원에 알렸다.

"마다르 숙소"에 사는 여성 직원 몇 사람이 나와 우리를 따뜻하게 맞아주었다. 맨 먼저 인사를 나눈 사람은 감독의사인 닥터 타워 리타였다. 그녀와는 이미 봄베이에서 만난 적이 있었다. 그녀는 이곳에 오기 전까지 브린다반(마투라 근방에 있음)에 있는 감리교선교회 소속 사라 크라이튼 병원에서 일반외과 의사로 근무했고, 최근에 흉부외과 충돌분석 과정을 이수했다. 그녀는 작고 탄탄한 체격에다 외모는 거의 남자 같았다. 눈동자가 빠르게 움직이는 것을 보아 천성적으로 매우 급한 성격임을 짐작할 수 있었다. 닥터 타워의 이런 성정이 어쩌면 내 영혼을 시험에 빠뜨릴 수 있겠다는 생각이 들었다. 그러나 닥터 타워가 실은 굉장히 친절한 사람이란 걸 나중에 알게 됐다. 병세가 한창 고비인 환자를 곁에서 밤새워 돌보는 모습을 후에 여러 번 목격하기도 했다.

사무실장은 봉주르였다. 봉주르는 닥터 타워에게 의지하고 있는 듯했다. 얼굴색은 보통보다 검은 편인데, 나중에 그녀가 "앵글로 인도인"(부모 중 한쪽이 인도인이고 다른 한쪽이 [대개] 유럽인)이란 얘기를 들었다. 당시 아지메르에는 커다란 앵글로 인도인 사회가 존재했다.

이어서 간호실장 베울라 비숍과 인사를 나누었다. 비숍은 인도에서 산 지 10년쯤 되었다고 했다. 주변 사람들에게 존경을 받고 하급자의 실수를 용납하지 않는 성격이지만, 인간적인 따뜻함도 있었다. 우리는 비숍에게 왠지 모르게 마음이 끌렸고, 아이들은 다른 누구보다 그녀를 특히 좋아했다. 대화를 시작한 지 얼마 되지도 않아 매리언과 비숍은 서로가 똑같이 사진에 취미가 있음을 알았고, 둘은 벌써부터 '죽이 맞아' 돌아갔다.

네 번째로 인사를 나눈 사람은 캐럴라인 넬슨이었다. 넬슨은 예전에 아지메르에 있는 감리교선교회 여자 고등학교에서 근무했고, 지금은 이곳 요양원 작업치료과 책임자로 일하고 있었다. 여자 고등

요양원에서.
셔우드, 조, 캐럴라인 넬슨, 필리스, 봉주르, 모트 카이슬라 목사, 닥터 에드나 벡 카이슬라, 윌리엄.
(좌에서 우로)

4. 더 높은 깨달음

학교가 대공황 시기에 스코틀랜드 선교회 장로교회 소관으로 이전된 뒤 이곳 마다르로 발령받은 것이었다. 비록 짧은 대화였지만, 그녀의 다정다감한 인품과 타인에 대한 배려심이 확 느껴졌다. 요양원 숙소에서 가장 작은 방을 배정받아 사는 것으로 보아, 넬슨은 자기 권리를 강변하는 타입이 아닌 게 확실했다. 요양원의 정신적 지주가 되는 사람이 아닌가 생각됐다.

우리는 그곳 요양원 동역자들에 대해 좋은 인상을 받았다. 비록 그것이 기업 인력관리 전문가의 관점에서 완벽한 팀워크를 갖췄다고 보기엔 미흡할지 몰라도 말이다. 만약 인사 전문가가 예수님의 열두 제자에 대해 평점을 매겼다면 모르긴 해도 그리 높은 점수는 아니었을 것이다.

요양원 건물들을 둘러보는 데는 그리 오랜 시간이 걸리지 않았다. 평지붕을 한 길쭉한 건물 세 동이 전부였으니까. 1922년에 지어진 건물들인데, 수리가 필요했다. 돌로 된 그 건물들엔 석회가 칠해져 있었고, 최근에는 안팎으로 깨끗이 닦아놓은 터라 외관상 정돈된 느낌을 주었다. 무엇보다 나를 기쁘게 한 것은 확장에 필요한 공간이 충분하다는 점이었다.

열차 협궤 하나가 요양원 부지를 가로지르고 있고, 근처엔 작은 역사가 한 채 있었다. 마다르 요양원은 기차 여행에 아주 편리했다. 그 기차역에서 자이푸르, 델리 방면 표를 끊고 북쪽으로 가거나, 아니면 아지메르, 봄베이 방면 표를 끊고 남쪽으로 가거나 할 수 있었다. 나지막한 두 산 사이로 난 좁은 계곡 안에 포근하게 안긴 형세로, 요양원의 입지는 썩 괜찮아 보였다.

우리가 여기 올 당시 요양원의 선교사 인원은 모두 여성해외선교사회 소속 사람들이었다. 비록 그 땅과 건물은 감리교 해외선교 이사회 소유였지만, 감리교 이사회는 아지메르 지역에서의 선교 업무와 교육 업무를 스코틀랜드 선교회 장로교회에 다 넘긴 상태였다. 스코틀랜드 선교회는 마다르 요양원에 소액을 투자했고 요양원 운영 위원회에도 참여하고 있었다. 정식 명칭 '마다르 통합요양원'에서 '통합'이란 단어는 감리교 해외선교 이사회, 여성해외선교사회, 스코틀랜드 선교회 교회, 이 세 기관이 요양원을 공동으로 관리한다는 사실을 나타낸 말이었다.

요양원에 입원해 있는 환자 39명은 대개가 결핵을 앓는 고아 소녀들이었다. 그 소녀들은 틸라우니아에 있는 매리 윌슨 요양원으로부터 1938년에 이곳으로 이송되어 왔다. 요양원에서 남자 환자는 단 한 사람이었는데, 그 사내는 자기 소유의 커다란 천막 한 개를 들고 와 입원해 있었다. 그 천막엔 긴 칸막이가 설치되어 있어 환자의 세 아내가 따로 거주할 수 있게 되어 있었다.

비숍은 남자환자 병동이 지금 신축 중에 있다고 얼른 말해주었다. 당시 요양원 환자 수용능력은 병상 45개가 고작이었으니 병동 신축은 매우 긴요했다. 우리가 여기로 발령받기 전까지 요양원에서 남자 의사는 닥터 물크 라즈 루트레가 유일했다. 그는 힌두인이고 사람들은 보통 "닥터 라즈"라고 불렀다.

닥터 타워가 내게 비결핵 외과병동을 자랑스럽게 보여주었다. 결핵기관이 마치 종합병원처럼 온갖 병을 다 치료한다는 걸 마뜩찮아

하는 내 심중을 닥터 타워가 알아차렸다. 닥터 타워는 편도선 수술을 예로 들며 이런 환자의 수용은 병상 회전율을 높여주기 때문에 병원 재정 개선에 큰 도움이 된다면서 요양원의 이런 '부업'을 변호했다.

나는 이제 병원 사정을 대충 짐작할 수 있었고, 마다르 요양원이 명색이 결핵기관으로 기능하려면 어떤 조치가 필요할지에 대해서도 대강 계획이 섰다. 그러나 나는 일단 마음속으로만 생각했다. 이런 주제에 관해 강한 주관을 섞어 자기 견해를 피력하기에 지금은 적절한 시기가 아니라는 생각이 들어서였다.

이제 위원회 멤버들이 도착할 시간이 되어서 우리는 회의가 열리는 요양원 숙소로 돌아가야 했다. 그래도 짧은 시간이나마 이곳 직원들 면면과 업무를 미리 눈에 익혀둘 수 있어서 좋았다. 이곳이 앞으로 썩 좋은 요양원이 될 잠재력을 갖고 있다는 것을 확인했고, 우리에겐 그렇게 되는 데 힘을 보태고 싶은 열망이 있었다.

피켓 감독이 회의를 주재했고, 그 회의의 참석자는 유럽인이 열 명, 인도인이 두 명이었다. 피켓 감독의 영감 넘치는 신앙고백과 함께 회의가 시작되었고 거기서 그는 대단히 모호하게 "몇 가지 문제"를 언급했다. 그리고 의례적 순서가 이어졌다. 순서가 진행되는 동안 사람들은 군말은 빼고 어서 본론으로 들어가고 싶은 눈치가 역력했고, 모두들 곧 있을 격렬한 논쟁에 대비해 스스로를 추스르는 모습이었다. 닥터 타워는 눈에 띄게 표정이 어두웠고 스코틀랜드 운영위원들의 얼굴은 좀 경직돼 있었다. 나는 당혹감을 느꼈다. 이런 분위기는 설마 틸라우니아 파가 마다르 파보다 더 유리한 입장에 있다는 것을 의미하는 걸까?

의사록 발표와 승인이 이루어졌고 이제 모든 의례적 절차가 끝났다. 이제 바야흐로 양보 없는 치열한 전쟁이 시작될 것이었다. 맨 처음으로 거론된 의제의 제목은 "임명"이었는데, 그건 논쟁의 소지가 전혀 없는 아주 평이한 의제로 보였다. 그런데 돌연 내 등 뒤에서 나온 한 인도인의 부드러운 목소리가 나를 놀라게 했다. "나는 닥터 셔우드 홀을 감독의사 자리에 임명할 것을 제안하는 바입니다."

내가 미처 반론할 새도 없이 누군가가 임명을 완료하자고 동의했고 이어 박수갈채와 함께 만장일치로 의결되어 버렸다. 이건 내게 마른하늘의 날벼락이었다. 나는 자리에서 일어나 뒤늦게 거부의사를 밝혔다. 언제고 적절한 때가 되면 내게도 그런 중책이 주어질 기회가 있으리라 생각했지만, 인도에 온 지도 얼마 되지 않았고 더구나 마다르 요양원은 더욱 낯선 형편인데, 인도에서 의사 일을 이제 막 시작한 내가 그런 요직을 맡아서 임무를 제대로 수행할 수 있겠는가라는 요지로 발언했다. 그러나 내 반론은 효력이 없었다.

나중에 알게 되었지만, 닥터 타워와 스코틀랜드 선교회는 둘 다 나의 취임을 달가워하지 않았다. 직위가 강등 당하는 입장인 닥터 타워가 기분이 좋을 리 없음은 인지상정이고, 매사에 신중한 스코틀랜드 선교회 사람들은 내가 인도에서 더 경험을 쌓아야 한다고 생각했다. 신참자가 자기 능력을 입증해 보이기 전까지 그 사람을 온전히 신뢰할 수는 없다는 게 그들 생각이었다.

피켓 감독이 그런 그들을 설득하는 건 분명 만만한 작업이 아니었을 것이다. 닥터 타워는 자기가 경영자로서 예산을 장악하고 있으므로 그 힘을 내게 행사할 수 있다는 것을 위안거리로 삼았을 것이다. 또 스포츠맨 정신이 투철한 스코틀랜드 사람들은 내게 딱 1년간 기회를 주어 능력을 검증해보는 게 공정하다고 생각했을 것이다. 모든 임명직은 매년 재신임하게 되어 있었기 때문이다. 그밖에 운영위원회 다른 멤버들은 나의 임명에 대해 각자 이유는 다르겠지만, 대체로 반기는 분위기였다.

나머지 회의는 별 어려움 없이 순조롭게 진행되었다. 예상했던 틸라우니아 논쟁은 벌어지지 않았다. 아마도 틸라우니아 지지파는 신임 감독의사인 내가 마다르 요양원이 처한 좌절어린 상황, 즉 식수 부족과 과중한 부채 문제를 실제로 체험하고 느낄 시간을 주겠다는 생각인 것 같았다. 이렇게 내가 참석한 첫 마다르 운영위원회의는 신속하고 만족스럽게 끝이 났다. 피켓 감독의 환한 표정을 보니 그가 이번 회의 결과에 얼마나 흡족해 하는지 알 수 있었다.

회의가 끝나고 우리 가족을 위한 환영식이 열렸다. 사람들이 줄이어 내게 축하 악수를 청했는데, 사람이 내 손을 쥐는 느낌에서 이 사람이 과연 내가 의지할 만한 사람인가 아닌가 대략 판단이 가능했다. 비숍은 말이 별로 없었지만, 악수할 때 느낀 따뜻한 감촉에서 난 그녀가 내 편임을 알 수 있었다. 넬슨과 악수할 때도 같은 느낌이었다. 당시 인도인은 대개들 악수란 것을 하지 않고, 대신 두 손을 모아 인사를 했기 때문에, 그들의 속마음을 알기 위해선 다른 단서를 찾아야 했다. 그들 얼굴 위 따뜻한 미소, 그게 모든 걸 말해주었다. 닥터 타워와 앵글로 인도인들은 비교적 냉정하고 침착한 모습이었다. 스코틀랜드 사람들은 나를 약간 경계하는 듯했지만, 그래도 '일단 당신에게 일을 맡겨보고 지켜보겠다'는 태도를 취했다.

어찌 됐든 환영회는 무척 즐거웠다. 우리가 마다르 요양원을 위해 필요한 존재라는 느낌을 받았다. 운영위원회의와 환영회를 마친 지금, 이제 우리 일의 '기본적이고 핵심적인' 부분, 즉 현재를 위해 행동하고 미래를 위해 계획하는 일에 착수할 차례였다. 마다르 요양원의 발전을 바라는 모든 사람들의 명단을 작성하고 그들의 자문을 구해야 한다. 이 명단엔 물론 닥터 타워도 포함된다. 내가 알기로 그녀는 다른 누구보다 이 분야를 잘 알았다.

그때까지 난 무슨 어학 전문가가 되겠다는 생각은 해본 적이 없었다. 그러나 이 일을 하면서 알게 된 것은 인도 사람들과 의사소통을 하자면 그쪽 지방어를 최소 기본적인 수준으로나마 알고 있어야 한다는 것이었다. 이 점에 대해선 아내 매리언이 나보다 더 절실히 느끼고 있었다. 일부 교육받은 인도인은 영어를 꽤 하는 편이었지만, 나머지 대다수 인도 사람들은 그렇지 않았다.

앞으로 요양원 일이 그럭저럭 잘 풀릴 것 같은 느낌이 들었고, 유능한 직원들이 있다는 사실도 확인하고 나니 이제 나는 선교회가 요구하는 대로 란도우르 어학교에 등록해서 4월부터 8월까지 마음 편히 공부해도 되겠다는 생각이 들었다. 란도우르 어학교는 우리 아이들이 다니게 될 우드스탁 학교가 있는 히말라야 고원 마을에 위치했다. 우드스탁 학교는 선교회 후원 협력기관인데, 아이들도 이미 등록했다. 1941년 현재, 7개 선교기관이 지원하고 있었고, 영미 교육 시스템에 따라 유치원부터 고등학교 4년 과정까지 개설되어 있었다.

우리 부부가 다닐 어학원은 4월에 개강하지만, 우드스탁 학교는 그 전달인 3월 중순에 개학하기 때문에, 아내가 아이들을 데리고 란도우르에 먼저 가서 아이들의 학업을 돕고, 몇 주 후 개강일에 맞춰 내가 뒤따라가 합류한다는 게 원래 우리 계획이었다. 그런데 그해 아지메르 3월 기온은 이례적으로 더워 응달에서조차 섭씨 26~32도를 오르내렸다. 떠나기로 한 날이 3월 12일이었는데, 그 며칠 전부터 둘째 아이 조가 몸이 아프더니 신열이 섭씨 40도까지 올라갔다. 우리는 조의 병세를 호전시키기 위해 이곳보다 기후가 더 한랭한 그 고원마을로 보내야겠다고 생각했다. 아이를 병상에서 내리거나 하는 일은 매리언 혼자서 하기엔 너무 위험하고 버거울 것이기 때문에 내가 동행하지 않으면 안 되었다. 총 서른두 시간 여행이 될 것이고, 기차에서 2박, 델리에서 하루 낮을 체류해야 한다.

델리에서 우리는 광궤 노선으로 갈아탔다. 이 기차 안에서 이번 여행 두 번째 밤을 지낼 것이었다. "데라 둔 급행"이라 불리는 그 기차는 승객들로 매우 붐볐다. 조금 일찍 탑승하길 참 잘했다는 생각이 들었다. 이제 폭이 더 넓은 궤도에서, 더 푹신한 침상에서 여행할 수 있게 되었다.

객차엔 발 디딜 틈조차 거의 없었다. 열차가 막 출발하려는 무렵, 사람들 몇 명이 붐비는 승객 사이를 억지로 비집고 탑승했다. 여기저기서 불만의 목소리가 터져나왔다. 나중에 알고 보니 그들은 무임승차를 한 것이었다. 만약 적발되면 징역형인데도 많은 이들이 무임승차를 감행하고 있었다. 기차가 정차하면 승강장에 내려 숨어 있다가, 기차가 움직이면 다시 잽싸게 승차했다. 그것은 대단한 민첩성을 요하는 일이었다. 역을 몇 군데 지나자 객차에 서 있던 승객이 많이 줄었다. 더불어 객차 안 땀 냄새도 많이 가셨다. 우리는 바닥에 '비스테르'를 펴고 그 위에 누워 밤을 보냈다.

이튿날 아침, 잠에서 깨어나 보니 우리 몸 위에 먼지가 얇은 층을 이루며 내려앉아 있었다. 그것을 씻어 내려 하자 먼지가 진흙처럼 변했다. 이 먼지는 이틀 전 밤 몸을 덮었던 라지푸타나 사막 모래와는 무척 달랐다.

창 밖 풍경은 처음엔 건조한 갈색 땅이었는데, 기차가 더 높은 지대로 올라가자 눈을 시원케 하는 푸른 녹색으로 바뀌었다. 데라 둔 종착역 가파른 오르막길을 오르려면 추진력이 더 필요했기에 맨 끝 차량에 기관차를 한 량 더 달았다.

나는 차갑고 신선한 바깥 공기를 들이기 위해 창문을 열었다. 평원의 숨 막히는 열기와 흙먼지를 완전히 떠나, 이제 비로소 대기가 깨끗하고 신선하고 원기를 북돋우어 주는 한랭한 땅으로 진입했구나 하는 느낌이 들었다. 데라 둔은 해발 700미터 고도에 위치한 마을이었다. 기차가 데라 둔 오르막길을 오르기 시작하자, 예상했던 대로 외부의 차가운 공기를 접한 조의 신열은 내려가기 시작했다. 인도에서 사람들은 "평원"의 혹독한 열기를 피하기 위해 여기저기 산재한 "고원 마을"로 여행하는 일이 더러 있었다. '고원 마을hill station'이란, 히말라야 산맥 한랭한 고지대에 위치한 휴양지를 가리키는 말이다.

혹자는 높이가 해발 1,500~2,500미터나 되는 산을 '언덕'(hill)이

4. 더 높은 깨달음

라 부르는 건 잘못된 명칭이 아닌가 반문할 수 있다. 그러나 이런 '언덕'은 더 높은 히말라야 산맥 맨 아래 기슭에 불과하다. 그러니 말 그대로 '언덕'이 맞는 명칭이다. 고도가 8,848미터인 세계 최고봉 에베레스트 산이 이 히말라야 산맥에 있다.

자욱한 아침 안개 저편에 거대한 산세가 희미하게 비치더니, 돌연 히말라야 산맥, 그 장대한 벽이 시야에 들어왔다. 봉우리마다 눈이 덮여 있는데, 인도인들은 그래서 이 산맥을 "눈의 거처"라고 이름 붙였다. 산스크리트어로 '히마'는 눈이고 '알라야'는 거처를 뜻한다. 차창 밖으로 내다보이는 그 인상적인 산맥은 어딘가 무시무시한 구석이 있었다. 인도 정복을 노리던 고대 북방 이민족의 입장에서는 동서 3,218킬로미터에 걸쳐 병풍처럼 늘어선 이 산맥이 도저히 건널 수 없는 장벽처럼 여겨졌다는 사실이 쉽게 이해되었다. 히말라야 산맥이 "침략자를 막는 인도의 성벽"이라 불려온 것은 너무나 당연했다.

열차가 데라 둔에 접근하면서 속도를 늦추자 우리는 비스테르를 돌돌 말아 챙겼다. 철도를 이용한 여행은 여기서 끝이 났고, 이제 버스를 타고 산의 가파른 오르막길을 따라 19킬로미터를 가야 했다. 오르막길은 가장 높은 데가 두운 계곡으로부터 1킬로미터 높이이고, 끝도 없이 이어진 길엔 U자형 커브가 25곳, 직각 커브가 275곳 있었다. 오르막길 초입은 경사가 완만했고, 주변에는 우림이 울창했다. 구름이 산과 부딪쳐 비를 뿌리고 있었고, 이런 강우 덕택에 풍성하게 자란 대나무, 낙엽목, 사철 전나무 숲 등이 차창 밖에 차례로 지나갔다. 내리는 비로 시냇물이 보글보글 끓어오르는데, 인도의 건조한 지역에서 살다 온 우리 귀엔 그 소리가 마치 음악처럼 들렸다.

시원한 느낌이 들며 기분이 좀 이완되려는 때, 길이 이리저리 꺾이기 시작했다. 차가 변속할 때마다 엔진이 날카로운 소음을 냈다. 엔진에서 나는 긁히는 소리도 귀에 거슬렸지만, 고도 상승이 고막에 영향을 주어 우리는 몸 안팎 압력 균형을 맞추기 위해 자꾸만 침을 목구멍 뒤로 삼켜야 했다. 차가 갈지자 형태로 운행하다보니 우리 위도 거기에 반응해 속이 자꾸만 메스꺼워져서 바깥 경치를 제대로 감상할 수 없었다. 운전사가 엔진을 식히기 위해 차를 길옆에 세웠다. 수도 없이 많은 굴곡을 지나느라 속이 거북해진 우리는 이때다 싶어 급히 차에서 내렸다. 길가 나무 벤치에 앉아 신선한 산 공기를 들이마셨다.

킨크라이그로 오르는 도중 버스에서 나와 쉬는 모습

버스가 코너를 돌 때마다 거의 매번 "새 하늘과 새 땅"이 우리 눈앞에 펼쳐졌다. 신성한 갠지스 강 상류가 보였다. 밝은 햇빛 속에 잔잔하게 빛나는 작고 푸른 리본처럼 보이는 그 강은 아래 평원 위를

4. 더 높은 깨달음

유유하게 흘러가고 있었다. 멀리 아래 '데라 둔'이 까만 점들 사이로 푸른 천 조각이 군데군데 박힌 형상으로 보였다.

갑자기 모든 게 시야에서 사라지고 버스가 짙은 안개에 휩싸였다. 실제로 우리 차는 구름 속을 지나고 있었다! 마침 그 시간대에 오로지 일방통행만 있었다는 건 참으로 다행스런 일이었다. 당시는 길 양쪽 경계조차 보이지 않는 상황이었으니 말이다. 운전사는 거의 기는 수준으로 천천히 운행했다. 긴장어린 몇 분이 지나고 차는 다시 대명천지로 나왔다.

우리는 구름을 뚫고 그 위로 올라왔다. 평원은 이제 구름에 가려 보이지 않았지만, 대신 멀리 눈 덮인 산봉우리, 그리고 무수리에 Mussoorie, 란도우르 산마을 일부의 어슴푸레한 윤곽이 나타났다. 두 마을은 산비탈과 산마루를 따라 산재해 있었다. 버스는 지금 그 산으로 접근하고 있었다.

버스 종점은 무수리에 마을 바로 밑, 킨크라이그란 곳에 있었다. 길이 가파르고 무수한 굴곡과 꺾임이 있어 아무리 가도 그 종점에 영원히 닿을 수 없을 것 같았다. 버스가 거칠게 흔들리며 정차했다. 짐꾼들이 시끄럽게 외치는 소음에 이제야 종점에 도착했다는 것을 알 수 있었다.

짐꾼들이 버스 지붕 위로 올라가더니, 거기 묶어놓은 승객들 짐에 벌떼처럼 달라붙었다. 순식간에 모든 짐이 엉망으로 뒤섞인 채 땅 위로 부려졌다. 우리 짐을 골라내려는데, 저쪽에서 짐꾼 두 사람이 내 '비스테르'의 연약한 끈을 양쪽에서 붙들고, 그게 무슨 굵은 로프라도 되는 양, 힘껏 '줄다리기 시합'을 하고 있는 게 눈에 들어

킨크라이그 종점. 데라 둔에서 오는 길. 배경 중앙 우측에 데라 둔이 보인다. 전경에 짐꾼이 란도우르로 가고 있다.

왔다. 제지하려고 가려는데, 다른 짐꾼이 우리 짐 하나를 들고 저쪽으로 가고 있었다.

이런 난전의 와중에, 전령 한 명이 수신인이 나로 되어 있는 쪽지 한 장을 마구 흔들며 다가왔다. 그 쪽지는 선교회 대표가 보낸 것이었다. 그가 인력거를 구했으니 짐꾼들이 와서 우리 짐과 가족을 별장이 있는 멀고 가파른 오르막길로 안내해 줄 것이라는 내용이 적혀 있었다. 그 별장은 우리가 임대한 집인데, 이름이 "장미 언덕"이었다. 별장으로 가는 길은 전령이 인력거꾼에게 알려 줄 거라고 했다. 운반꾼의 도움 없이 혼자서 언덕을 오르지 말라는 건 참으로 소중한 충고였다. 여긴 이미 해발 1,600미터가 넘는 곳이고, 여기서 더 오르려면 적어도 일주일 이상 몸이 이 고도에 적응되어야 하기 때문이다. 우리가 별장에 이르려면 여기서 800미터 더 올라가야 했다. 희박한 대기에 적응이 안 돼 있으면 그러다가 자칫 부상을 입거나 심장에 무리가 갈 수 있다.

짐꾼들이 자꾸 재촉하는 통에 뭔가를 차분히 생각할 경황이 없었다. 우리 다섯에 배정된 인력거는 두 대였다. 이륜차였고, 앞에서 두 사람이 끌고 뒤에서 세 사람이 미는 방식이었다. 하지만 이건 나중에 안 것이고, 처음에 인력거꾼들은 평평한 길에서 우리가 탄 인력거를 빠르게 몰았다. 평평한 길은 오래지 않아 끝나고 경사가 급한 언덕을 오르느라 수레는 속도를 늦추어야 했다. 나도 내려서 이런 급경사에서 짐꾼들을 도와 수레를 밀어 올리고 싶은 충동을 억제하기 힘들었다. 여기에 이르기 한참 전에, 우리 인력거는 높은 시계탑이 있는 란도우르 시장을 지나왔다. 그 시장에는 서양인을 상대로 장사를 하는 큰 가게가 한 곳 있었다. 나는 가게를 좀 들러야 되니까 그 동안 휴식을 취하고 있으라고 인력거꾼에게 손짓으로 말했다. 그들은 씩 웃는 것으로 동의를 표시하고 담배를 꺼내 피우기 시작했다.

가게를 나와 인력거에 올라 혼잡한 거리를 다시 달렸다. 맨 앞 인력거꾼이 보행자에게 소리치거나, 자기 앞 핸들바에 달린 자전거 벨을 끊임없이 울려서 앞길을 텄다. 어디까지가 무수리에 마을이고 어디부터가 란도우르 마을인지 경계가 확실치 않았다. 두 마을은 어느 정도 겹쳐 있는 듯했다. 그러나 어느 지점부터 길이 급격하게 가팔라졌고 굴곡도 더 많아졌다. 인력거꾼의 호흡이 한결 더 거칠어졌다. 그래서 이만 됐으니 난 여기서 내려서 내 발로 걸어가겠다고 했다. 그러나 그들은 내 말을 못 들은 척했다. 나는 뒤로 튕겨 떨어지지 않기 위해 필사적으로 난간을 붙들고 있어야 했다.

수레의 요동이 더 심해졌다. 비가 오면 빗물이 길 중앙에 고이지 않고 옆으로 잘 빠지도록 횡으로 파놓은 작은 배수용 홈들 때문이었다. 역전 식당에서 아침을 가볍게 먹었던 게 다행이었다. 이건 거의 롤러코스터를 타는 것 같았으니 말이다.

고생 끝에 마침내 산등성 가장 높은 곳에 도착했다. 그곳에 서니 마치 세상 꼭대기에 선 것 같았다. 남쪽으로 멀리 아래 자욱한 안개 속 은은한 빛이 감도는 평원이 보였고, 북쪽으로 높디높은 히말라야 산맥의 웅자가 숨을 멎게 했다. 그것은 끝없는 산해山海였다. 산의 파도가 무한히 뒤를 이었다. 봉우리마다 눈 시린 순백의 눈이 쌓여 있었다. 멀리 시야 끝까지 무한히 이어진 눈의 바다, 이건 진짜 만년설이었다!

언덕허리 모습

시장

란도우르 언덕 꼭대기에 있는 켈로그 기념교회

켈로그 교회에서 바라본 반데르푼치 산 모습

하지만 이런 엄청난 장관이 준 감동도 잠시뿐, 목적지로 어서 가는 일이 우리에게 더 중요했다. 도중에 켈로그 교회를 지나쳤는데, 나중에 알게 됐지만, 거기가 어학원 수업을 하게 될 장소였다. 산등성이 맨 꼭대기에 가까워지자 길이 좀 평탄해졌다. 그 길은 산 둘레를 빙 돌아 났는데, 그래서 길 이름이 '차크르'라고 한다고 했다. 이 말은 '바퀴', '원'을 뜻하는 산스크리트어 '차크라'에서 유래했다고 한다. 짐꾼들이 속도를 내어 거의 뛰다시피 걸었다. 여기까지 힘들게 오르느라 힘이 다 빠졌을 법도 한데, 어디서 다시 그런 힘이 솟아나는지 신기할 따름이었다. 얼마 지나지 않아 수레가 평탄한 길을 벗어나 바로 아래 별장으로 들어섰다. 짐꾼들이 요금을 달라고 외쳤다. 나는 요금을 지불하고 팁도 얹어 주었다.

'장미 언덕' 별장은 고원 별장 중 한 곳으로 해발 2,270미터에 있다. 봉우리가 눈에 덮인 산들이 장관을 이루고 계곡들 너머로 세계 최고봉 중 몇 개가 보였다. 평원과 아주 대조적으로 이곳 날씨는 선선했다. 마당엔 아직 눈이 쌓여 있었다. 첫 날 너무 오래 눈 놀이를 한 아이들이 이튿날 아침 자리에서 일어나 팔다리가 저리다고 호소하기도 했다. 우리는 집안 공기를 덥히려고 난로에 불을 피웠다. 그러나 나중에 살아보니 난로를 써야 할 만큼 이곳 기온이 낮은 것은 아니었다.

조는 이번 여행을 잘 견뎌낸 것 같았다. 놀랍게도 도착한 이튿날, 즉 학교가 개학하는 3월 13일에 형제들과 함께 등교할 수 있었다. 조는 초등 1학년에, 필리스는 유치원반에 등록했다. 필리스는 빨강머리 친구 에디스 베이컨과 함께 다닐 수 있어 기뻐했다. 둘은 한국 시절 화진포 해수욕장에서 같이 놀았던 적이 있다. 에디스의 부모는 캐나다 연합교회 선교사인데, 우리처럼 최근에 한국을 떠나 이곳에 왔다.

조와 필리스는 하굣길에 짐꾼이 등에 멘 지게(이 지게는 '쿤디'라고 하며, 덮개가 없는 바구니형 좌석이다. 짐꾼이 배낭처럼 등에 지고 다닌다)에 업혀 언덕을 오르는 것을 싫어했다. "그건 애들이나 타는 거란 말예요!" 그러나 매리언이 그렇게 하도록 했다. 학교가 별장보다 300미터 아래에 위치했기 때문에 거기서 집으로 오려면 길고 가파른 언덕을 올라야 하는데, 자칫 어린 아이의 심장에 무리가 갈 수 있다는 판단에서였다.

쿤디로 이동하는 모습

그러나 아이들은 엄마의 명령을 우회하는 방법을 찾아냈다. 언덕을 오르는 도중 아무 때나 '쿤디'에서 뛰어 내리고는, "불쌍한 짐꾼 아저씨가 좀 쉴 수 있도록" 그랬다고 주장했다. 그 "불쌍한 짐꾼"은 아이들이 요구하면 거부하는 법이 없었다. 아닌게아니라, 짐이 가벼워지는데 그걸 마다할 리 있겠는가.

큰 아들 윌리엄은 아직은 어렸지만, 한국에서 추방당하기 전 마지막 몇 달 동안 우리 부부가 일본 군부와 갈등 관계에 있을 때, 그런 상황이 내포하는 의미를 어느 정도 아는 듯 보였다. 우드스탁 고등반 1학년에 편입하긴 했지만 적응이 쉽지 않은 모양이었다. 윌리엄은 천성적으로 예민한 아이였다. 처음에 같은 반 아이들은 윌리엄을 이방인이나 침입자로 간주했다. 그러나 오래지 않아 윌리엄은 학급에서 비교적 학구적이고 진지한 축에 드는 아이들과 교류하기 시작했다. 곧 그 아이는 학교생활에 적응하고 그것을 즐기게 되었다. 윌리엄은 인도인 감리교 목사의 아들 말콤 수반과 특히 가깝게 지냈다.

우드스탁 학교에 독감이 유행해서 이번 학기에는 3주밖에 수업을 못했다. 조가 유행 초기에 병에 걸렸다. 체온이 정상으로 돌아온 후 일주일간 집에서 지내게 했고, 그 후 다시 등교하게 했다. 그런데 다시 몸이 안 좋아져서 등교 3일 만에 또 집에서 쉬게 되었다. 필리스도 독감에 걸렸다. 다행히 경증이었던 모양인지 금방 회복했다.

요전에 몸이 아픈 적이 있어 몸의 저항력이 떨어져 있었기 때문인지, 이번에는 조의 병세가 매우 심각했다. 백혈구 수가 30,000을 넘어가고 체온이 일시 섭씨 40도까지 상승했을 때 우리 부부는 잔뜩 긴장했다. 혹시 이러다 조가 죽는 게 아닌가 두려웠다. 우리는 이 아이가 회복되기를 주님께 간절히 기도했다. 아픈 원인에 대해서는 우리 부부도 몰랐고 진찰을 부탁한 의사 두 명도 몰랐다. 그래도 일단 설퍼닐러마이드를 써 보기로 했다. 병세가 너무나 위중하여 긴장과 애태움으로 보낸 일주간이 지나고 마침내 조의 신열이 내리자 우리의 기도는 청원기도에서 감사기도로 바뀌었다. 부활절 주일 이후 이틀간 조의 체온이 정상 체온을 유지했다. 비록 3차 고열기 동안 심장이 좀 상했고 몸이 매우 수척한 상태이긴 했으나, 조는 건강과 체력을 서서히 회복하기 시작했다. 조 옆에 붙어서 간호하자면 당분간 우리 부부의 어학 공부는 중단이 불가피할 테지만, 우리 작은 별장에서 바라보이는 눈덮인 산맥 봉우리들을 환히 밝히는 아름다운 부활절 해돋이를 보며, 이 어둠의 시기에 주님이 우리에게 얼마나 많은 선물을 주셨는지, 우리가 왜 그분께 감사해야 하는지 뼈저리게 느꼈다.

캐나다 선교회 소속 목사이며 선임 선교사인 닥터 프레이저 캠프벨은 당시 우리가 자주 도움을 청했던 사람이다. 그는 우리 집 근처에 살았다. 연세가 아흔 다섯인데 정정하기 그지없는 노신사였다. 닥터 캠프벨은 1876년에 인도에 와서 당시도 여전히 목회를 하고 있었다! 그는 키가 크고 위엄이 있었다. 주름진 인자한 얼굴에 머리칼은 하얗게 세었다. 우리는 항상 그의 방문을 반겼다. 닥터 캠프벨은 아이가 투병하는 가운데 우리 가족에게 위안과 용기, 그리고 혼자가 아니라는 느낌을 갖게 해주었다. 조가 엄청난 고열에 시달릴 때도 그의 용기를 북돋는 미소 하나면 안심이 되었다. 그가 조에게 히말라야 산등성이에서 자라는 갖가지 진기한 야생화를 따다 준 적도 있다. 조의 병세가 점차 호전되자 닥터 캠프벨은 흥미로운 인도 전래민담을 들려주곤 해서 조를 기쁘게 했다. 이건 조의 원기 회복에 확실히 도움이 되었다. 밖으로 조의 쾌활한 웃음소리가 들릴 때면 우리 부부도 함께 동참해 캠프벨의 이야기에 귀를 기울이곤 했다. 털빛이 까만 혼혈 샴고양이 한 마리도 우리 새 식구가 되었다. 불 꺼진 벽난로 앞에, 아직 온기가 남아 있는 재에 몸을 최대한 가까이 해서 잠자는 버릇이 있어서 우린 그 녀석을 '재'라고 이름 붙였다. 벽난로가 완전히 식으면 조가 누운 침상에 슬쩍 기어들어가 잠을 청했다.

이제 우리 부부도 4월 18일 개강한 란도우르 어학원에 다녀야 했다. 사실은 이미 개강일 전부터 가정교사(인도어로 '판디트')를 배정받아 공부하고 있었다. 가정교사가 새벽 6시에 와서 해질녘까지 우리와 함께 있었다. 수업은 켈로그 교회에서 했고, 오전 10시 30분에 시작해서 오후 2시에 끝이 났다. 그러니까 점심 식사는 오후 2시 이후에야 할 수 있었다.

어학원에는 한국에서 추방당한 선교사가 우리 부부를 포함해서 여섯 명이 있었다. 하루는 방과 후에 우리 한국 출신들끼리 밖에서 따로 모임을 갖고 한바탕 한국어로 수다를 떨었다. 잘 안 되는 우르두 및 힌디와 씨름하면서 알게 모르게 손상당한 자존감을 회복하자는 의미도 있었다. 어학공부란 면에서 매리언과 나는 입장이 서로 정반대로 바뀌었다. 나는 한국어를 비교적 수월하게 익혔다. 어릴 적 한국어를 구어체로 조금 했었기 때문에 나중에 다시 배울 때 금방 기억이 되살아났다. 그러나 인도에선 매리언이 나보다 확실히 나았다. 특히 우르두를 읽고 적는 데 뛰어났다. 아지메르 지역에선 회교인이 대다수이기 때문에 힌디나, 북부 힌두인이 쓰는 힌디보다 우르두가 훨씬 더 보편적으로 사용되는 언어였다. 따라서 우리가 배우려는 언어도 우르두였다.

아침은 항상 교실 수업으로 채워졌다. 강의는 어학원 원장인 로버트 커밍스 목사가 했다. 신참 선교사를 위한 인도 언어 교수법은 그의 아버지인 닥터 T. F. 커밍스가 개발한 것이다. 연합장로교선교회가 닥터 커밍스를 새 부임지로 파송할 당시, 그는 급속히 시력을 잃어가고 있었다. 새로 부임한 마을에서 닥터 커밍스는 자기에게 익숙한 힌디 대신, 펀잡어를 새로 익혀야 했다. 시력을 잃어가던 그는 문자, 문법, 사전, 교본 등 통상적인 수단 대신, 오로지 자신의 귀에 의지해서 펀잡어를 배울 수밖에 없었다. 건강 악화로 인해 더 이상 평원에서 사역할 수 없는 처지가 되자, 이곳 고원 학교에서 신참 선교사들을 가르치면서 그들을 대상으로 자기의 새로운 학습 방법을 시험해 보았다. 결과는 대성공이었다. 닥터 커밍스는 "하나님이 언어를 배우라고 주신 것은 귀이지, 눈이 아니다"란 명제를 이해하게 되었다. 이 명제는 어린 아이가 주변 사람의 말을 듣고 모방함으로써 모국어를 배우는 방식에 대한 그의 새로운 접근 방법을 잘 표현하고 있다. 그는 이 학습법을 "귀-혀 리듬 언어숙달법"이라 명명했다. 이 학습법은 날 때부터 장님인 사람은 노래 부르고 말하는 법을 배울 수 있지만, 날 때부터 귀가 먹은 사람은 (비록 눈이 멀쩡하더라도) 정상적으로 말을 하지 못한다는 사실에 착안한 것이다. 닥터 커밍스의 방법을 사용하면, 열 달 정도의 학습을 통해 종전에 3년이 요구되던 수준에 도달할 수 있다는 게 이미 증명되었다.

내가 얼마나 우르두를 잘 알아들을 수 있기를 열망했던가. 처음 배울 때 우르두 억양은 내게 정말 낯설게 들렸다. 오후엔 인도인 교사로부터 일대일 교습을 받았다. 우린 그 교사로부터 인도인의 생활과 사고방식에 대한 통찰도 얻을 수 있었다.

예를 들어, 우리 인도인 교사는 밤이 되면 시장통에 위치한 덥고 비좁은 공동 숙소로 돌아가야 했기에 우린 그를 매우 딱하게 여겼다. 같은 시각, 우리는 선선한 산등성이 위, "속세에서 멀리 떨어진" 별장에서 이렇게 사적이고 조용한 생활을 누리는데 말이다. 그러나 실은 그 친구 역시, 주변에 사람도 없고 소리도 없는, 이런 정적 속에 사는 우리를 동정하고 있었다. 인간은 누구나 타인과 섞여 살기를 원하게 되어 있고, 시끌시끌한 시장은 바로 그런 환경이라는 게 그의 생각이었다. 고지대의 서늘한 공기는 그의 피를 식게 했고, 정적은 그를 불편하게 했다. 결국 우리는 쓸데없이 서로를 동정한 셈이었고, 자기 형편에 만족하면 그것으로 된 것이었다.

우리가 학교에서 배운 건 언어 말고도 많았다. 많은 학생들이 우리가 잘 알지 못하던 교단 소속이었고, 따라서 그들에 대해 좀 더 알 수 있는 좋은 기회가 되었다. 그들은 다 마음이 따뜻하고 유쾌한 사람들이었으며 우리는 서로 유익한 교제를 나누었다. 실제로, 훗날 초교파 운동이 맨 처음 일어난 곳은 선교 현장이었다. 교파적 차이를 넘어 다 같은 그리스도인으로 합심하는 것은 선교 현장에서 특히 중요했다. 선교사들이 비그리스도인들로부터 왜 기독교엔 그토록 많은 분파가 있는가라는 질문을 받는 것은 드문 일이 아니었다. 이런 어학원 같은 데서 생소한 외국어를 배우느라 저마다 겪는 어려움을 공유하고 그리스도인끼리 서로 용기를 북돋워 주는 가운데, 우리는 서로 가까워지고 공동 목표를 향한 협력이 강화될 수 있었다.

산 정상 켈로그 기념 교회와 그 아래 우드스탁 학교 중간쯤에 란도우르 마을회관 건물이 있었다. 그곳은 지역사회의 각종 행사와 회의 등이 열리는 곳이었다. 우리 부부는 특히 그해 여름 그곳에서 열리는 의료선교회의에 관심을 갖고 있었다. 북부인도 의료선교의 문제점과 해결방안을 모색하고, 또 지역 의료계 인사들과 개인적 친분을 쌓을 수 있는 기회이기도 했다. 여기 온 지 얼마 되지도 않았으므로 난 그저 듣는 입장으로만 참여할 생각이었는데, 주최 측은 내게 결핵 논문과 인도 의료사역에 대한 나의 첫인상을 발표해달라고 부탁했다. 나는 이곳 경험이 아직 일천하다는 것을 핑계로 어떻게든 고사하려 했지만 주최 측은 요지부동이었다.

당연히 의사들은 내가 적실하고 군더더기 없으며 정확한 예시와 수치를 차트와 사진과 함께 제시할 것을 기대할 것이다. 그러나 지금 나는 히말라야에 있고, 이곳엔 의학 서적, 차트, 엑스레이 플레이트가 없다. 바야흐로 내가 결핵퇴치 운동을 벌여 나가자면 그 의사들의 협조와 지원이 무엇보다 중요할 터인데, 그러자면 그들에게 좋은 첫인상을 주어야 할 것 아닌가.

길은 단 하나, 마다르 요양원에 있는 닥터 타워에게 전보를 쳐서, 지금 내게 꼭 필요한 물품들을 취합해서 인편으로 속히 이곳에 보내달라고 요청하는 것이었다. 닥터 타워는 내가 부탁한 그 이상을 해주었다. 자기가 갖고 있는 흉곽성형에 관한 좋은 자료도 함께 넣어 보내준 것이었다. 나는 매우 감사하게 생각했다.

인편이 내가 원하는 것들을 가지고 신속히 도착했다. 이제 나는 분초를 다투어 그 자료를 정리하고 제시간에 결과물을 내놓아야 했다. 말로 하면 청중은 한쪽 귀로 듣고 다른 쪽 귀로 흘려보내기 마련이다. 전달력으로만 본다면 그림 한 장은 천 마디 말보다 낫다. 그래서 난 차트와 스키오그램을 이용하기로 했다. 나는 스위스 로잔에 있는 롤리에르 결핵 클리닉에서 이런 방법이 훌륭하게 시연되는 모습을 본 적이 있었다. 그들은 '시술 전'과 '시술 후' 대비를 도해로 설득력 있게 제시했다. 나의 문제는 청중을 설득시킬 제시자료가 턱

없이 부족하다는 것이었다. 더 세부적이고 장기간에 걸친 추적 기록이 필요했다. 추적 기록은 치료법의 효과를 입증하는 데 정말 중요한 자료이기 때문이다. 그러나 인도 현장에 온 지 얼마 안 된 상황에서 자료 부족은 어쩔 수 없는 일이라고 생각했다. 차트들을 취합하고 논문들을 순서대로 정리했다. 지금 란도우르 마을회관에 가서 이 차트들을 미리 강당 벽에 붙여 두는 게 좋을 것 같았다.

산길을 가로지르는데, 노새들이 등에 짐을 잔뜩 실은 채 긴 행렬을 이루어 지나가고 있었다. 몰이꾼들이 노새들한테 더 빨리 걸으라고 끊임없이 재촉하고 있었다. 노새 한 놈이 그런 재촉에 불만이 많았나 보다. 별안간 한 몰이꾼의 엉덩이를 걷어차서 그를 높은 길 둔덕 위로 날려버렸다. 몰이꾼 중 몇몇이 그 사고를 보고 인정머리 없이 웃어젖혔다. 그러고 나서 그 자들은 해 저물기 전 고원마을에 당도하기 위해 가던 길을 서둘러 가버렸다.

고백컨대, 나 또한 강연 시간에 늦지 않기 위해 '다른 쪽 길가로 돌아서' 가던 길을 가야하는 유혹을 느꼈다. 그러나 양심이 이겼다. 나는 그 딱한 피해자에게 응급처치를 해주었다. 그리고 짐꾼들을 시켜 부상자를 '단디'(배 모양으로 생긴 나무 의자. 네 모서리에 장대를 끼어 네 사람이 어깨에 메고 운반한다)에 싣고 란도우르 마을병원으로 옮기게 했다. 그러나 '단디' 짐꾼들은 짐이 무겁다고 투덜대고 있었다. 과연 저 자들이 부상자를 무사히 응급실까지 데려다 줄 것인지 의구심이 들었다. 혹시 내가 뒤돌아서자마자 부상자를 땅바닥에 내팽개치는 게 아닐까 걱정스러웠다. 일을 확실히 해두고 싶어, 병원까지 짐꾼들과 동행하기로 마음먹었다. 나는 응급실에서 부상자의 상처를 붕대로 감싸는 것을 기어이 두 눈으로 확인했다.

이런 돌발상황이 생기는 바람에 회의에 늦어버렸다. 의장이 청중에게 나를 소개할 때도 난 여전히 숨을 고르는 중이었다. 엎친 데 덮친 격으로, 안경에 김이 자꾸 서려서 기껏 준비해온 논문마저 처음에 잘 보이지 않았다. 내 논문 제목은 "인도에서의 결핵통제"였다. 내 논문은 결핵 질병의 특성과 최신 치료법에 관해서만 다루었다. 따라서 이런 급조한 논문이 청중에게 그리 특별한 인상을 줄 것이라 생각하지 않았다.

그런데 논문 발표를 진행하면서, 나는 의사들과 간호사들이 내 발표 내용에 대해 굉장히 집중하고 있다는 느낌을 받았다. 내 말의 요점은 확실히 전달된 모양이었던지, 발표가 끝나고 나서 내게 흉부 병태에 관련해서 많은 질문들이 쏟아졌다. 특히 닥터 베넬 플레밍이 깊은 관심을 보였다. 그녀는 필라델피아 여자의과대학(아내 매리언도 이 학교를 다녔다)을 나온 사람이다. 우드스탁 교직원 전담 의사직을 맡고 있던 그녀는 이곳 고원마을의 인도인과 유럽인을 대상으로 한 의료 경험도 풍부한 사람이었다. 닥터 플레밍은 내게 좀 더 복잡한 흉부 병태들에 관해 자문을 구했다. 나중에 우드스탁 전교생을 대상으로 실시된 연례정기신체검사에서 우리 부부는 닥터 플레밍을 도와 일했다. 우드스탁 학교의 등록 학생수는, 우리 가족처럼 타국에서 추방된 선교사 가족이 대거 유입된 탓에 어느덧 450여명으로 늘어나 있었다. 이곳은 고지대이므로 학생들의 심장과 폐 상태에 특히 신경을 써서 진찰했다.

여기서 학교를 다니면서 한국에서 추방되어 온 다른 선교사들과 접촉하는 일이 많아졌다. 7월 21일 아내 생일(우리 부부의 결혼기념일이기도 하다)을 맞아, 한국 출신 동료들과 닥터 마벨 하예스를 집으로 초대해 우리가 손수 만든 스끼야끼를 대접했다. 닥터 하예스는 일본에서 온 선교사인데, 당시 알라아바드에 정착해 있었다. 우리 부부는 나무젓가락을 만들고 어렵사리 중국집에서 간장도 구해왔다. 만찬은 매우 즐거웠고, 우리 화제는 자연스럽게 한국 얘기로 옮겨갔다.

한국 선교사 조지 원 목사에 관한 얘기가 무척 재미있었다. 그가 미국에 돌아온 지 얼마 안 되어 하루는 슈퍼에 들렀다. 한국에서 짐꾼을 대동하고 장을 보던 그는 쇼핑 카트 이용법을 몰랐다. 물건들을 집다보니 어느새 두 손이 꽉 찼다. 그래서 물건을 호주머니 속에 담기 시작했다. 계산대에서 값을 치를 때 호주머니에도 물건이 있다는 것을 잊고 그 물건은 계산 안하고 그냥 가게를 나섰다. 그것을 본 슈퍼 관리인이 경찰을 불렀다. 원 목사는 쇼핑 카트를 사용하지 않는 나라에서 살다가 최근에 귀국한지라 몰라서 그랬다고 설명했으나 그들은 믿지 않았다. 원 목사가 한국어로 적힌 명함을 제시하고 나서야 비로소 그들은 이 사람이 선교사이고, 물건 값을 치루지 않고 가게를 나온 게 고의가 아니었다는 것을 납득했다. 결국 경찰은 원 목사를 풀어주었다. 기껏 일본 경찰을 피해서 왔더니, 이제 미국 경찰한테 체포당할 뻔했다!

우리는 각자 들은 최근 한국 소식을 나누었다. 물론 그 정보는 그저 소문일 뿐, 정확한 것들은 아니었다. 이미 오토 드캠프와 닥터 드윗 로웨가 일본 헌병대에 의해 체포(하인들 집에서 '신위'神位를 치워버린 혐의)되었고, 다른 장로교인 몇 사람이 추가로 수감되었다고 했다. 앨리스 버트는 기도일에 한 모종의 발언으로, 그리고 닥터 에드윈 쿤스는 자기가 가고 싶지 않은 장소가 세 곳 있는데, 바로 "지옥, 베를린, 그리고 서울"이라고 했다가 체포된 것이라 했다. 그런 일이 있기 전, 그 장로교인들은 한국 내 상황이 곧 정상화될 것이라는 낙관적 전망을 가지고 있던 사람들이었다. 하지만 흘러나오는 이런 정보들로 미루어, 현재 한국 정세는 정상과는 한참 동떨어져 있다는 것이 분명해 보였다.

위 사람들 말고도 투옥된 선교사가 10명이 넘고 장로교단 회계장부도 압수되었다는 소문을 나중에 들었다. 닥터 로웨와 드캠프가 추가로 10개월 징역형을 선고받았고, 이제 푸른 수의를 입고 머리에 칼을 쓴 채로 감옥에서 지내야 한다는 소식도 들었다. 많은 한국인 그리스도인도 투옥되어 있다고 했다. 상해를 다녀온 어떤 사람의 전언에 의하면, 지금 상해는 분위기가 어찌나 흉흉한지, 일단 전쟁이 터지면 일본군이 "군인, 민간인 할 것 없이" 모두 척살할 것이며, 따라서 집단노동수용소도 없을 것이라는 소문마저 돌고 있다고 했다.

감리교단에선 한국, 중국, 일본 등지에 나가 있던 선교사들을 모두 철수시켰다. 지금은 일단 그렇게 해야 나중에 상황이 개선되면 다시 복귀시킬 여지가 있을 것이기 때문이었다. 반면 장로교단, 로마 가톨릭, 영국성공회, 동방교회, 몇몇 독립 선교조직들은 철수시기를 늦추었고, 결국 이것은 불행한 결과를 낳았다. 일단 외국 선교단들이 한국에서 나가자, 한국인 기독교도에 대한 탄압이 어느 정도 완화되었다. 이 소식을 듣고 우리는 감리교단이 한국에서 선교사들을 빼내어 인도로 돌린 것은 참으로 잘한 결정이었음을 재삼 확인했다. 비록 낯선 생활방식에 새로 적응해야 하는 어려움은 있었지만. 아내 매리언은 친구들에게 보내는 편지에서 이렇게 썼다. "한국에 남아서 '동결된 자산' 신세로 있느니, 이렇게 인도에서 활동적인 선교사로 살 수 있다는 게 얼마나 다행스러운지 모르겠다."

그러나 내가 1940년 12월 12일, SS 프레지던트 잭슨 선상에서 미국에 있는 친지들에게 쓴 편지 내용을 보면 마냥 기쁜 것만은 아니었다.

> 내가 어린 시절을 포함하여 31년을 살았던 나라, 한국을 떠나야 한다는 이 현실을 받아들이기 너무 힘들었습니다. 거기서 우리가 해 놓은 일들을 두고 떠나려니 마치 내 자식을 거기 두고 떠나는 심정이었습니다. 우리는 한국에 남은 감리교선교회 마지막 선교사 가족이었고, 떠나는 최후의 순간까지 이럴 필요가 없기를 바라는 마음이었습니다. 그러나 일본 군부가 한국인(그리스도인) 사역자들을 감옥에 보내기 시작하면서, 여기서 일하는 게 위험하며, 우리가 계속 남아 있는 건 쓸데없는 희생을 초래할 뿐이라는 걸 깨닫게 되었습니다. 우리는 자신과 모든 일을 주님의 손에 맡겼으며, 결국에는 모든 것이 잘 될 것이라 믿고 있습니다. 과연 주님의 뜻이, 우리가 인도에서 그분을 위해 더 큰 일을 수행하는 것인지, 현재의 위기가 끝나면 한국으로 돌아가 전에 하던 일을 계속 하는 것인지 모르겠지만 말입니다.

4월 18일에 개강한 어학원은 8월 말에 종강했고, 우드스탁 학교는 여름을 지나 11월 말에 방학이 시작됐다. 우리 부부는 짧은 기간 동안 많은 것을 배웠지만, 무릇 어학이란 오랜 기간 공부를 해야 비로소 성과를 낼 수 있다. 사실, 매일이 배움의 과정이다. 배움은 우리가 인도에 머무는 기간 내내 계속될 것이다.

어학원, 1941년
첫번째 열: 포레스트 힌디 교사(좌로부터 11, 12번째), 두번째 열: 도로시아, 비밀리 호브만(좌로부터 10, 11번째)
세번째 열: F. E. C. 윌리엄 부부(좌로부터 5, 6번째), 네번째 열: 미세스 R. F. 베이컨, 매리언과 서우드(좌로부터 4, 5, 6번째)

제5장. 발목고리 길

8월에 어학원 첫 학기가 끝났다. 장남 윌리엄은 우드스탁 학교에서 학년을 마쳐야 하므로 11월까지 학교 기숙사에 머무르게 하고, 우리 부부는 두 아이를 데리고 아지메르로 돌아가기로 했다. 떠나기에 임박해서 돌연 조가 홍역으로 앓아눕고 말았다. 홍역은 이곳에서 1년 내내 유행이었지만 우리 가족은 여태껏 무사했었다. 조가 병에서 한결 회복되어 이제 다시 떠나려는 차에, 이번엔 윌리엄과 필리스가 동시에 홍역에 걸렸다. 이런 사유로 인해 출발이 애초 계획한 날짜에서 한 달이나 지연되었다. 이제 더 이상은 늦출 수가 없었다. 카이슬라 부부가 이제 곧 미국으로 갈 예정이었고, 우리가 어서 아지메르에 가서 그들의 공백을 메워야 하기 때문이었다.

원래 계획한 날짜에서 한 달이 지난 8월, 마침내 나와 아내, 조, 필리스는 란도우르를 떠나 아래 뜨거운 평지, 그 해 유난히 무더웠던 그곳으로 출발했다. 우리는 델리에 도착하여 같은 선교회 소속 브렌튼 배들리 감독 댁에서 며칠간 묵었다. 감독의 1928년식 중고 내쉬 자동차를 우리가 인수하기로 약속이 되어 있었기 때문이다. 집에서 8킬로미터 거리인 요양원에 출퇴근하자면, 변변한 대중교통수단이 없는 상황에서, 반드시 차가 필요했다. 우리는 이 차를 운전해서 아지메르까지 갈 생각이었다. 아지메르는 여기서 460킬로미터 거리였고 도착까지 이틀이 걸릴 예정이었다. 배들리 감독이 자기 운전사인 존을 시켜 우리를 목적지까지 데려다주게 했다.

원래 이른 아침에 출발할 생각이었는데, 차의 가솔린 탱크에 문제가 생겼고, 고치는 데 몇 시간이 필요했다. 그래서 우리는 배들리 감독 집에서 아침을 들게 되었다. 이미 우린 새벽 6시 반에 침실에서 '초타 하즈리'(차와 토스트)를 대접받았다. 인도에서 흔히들 아침 식사는 10시 반에서 11시 사이에 했다. 하지만 우리는 인도 생활 내내 이것에 익숙해지기 힘들었고 우리 집에서는 그렇게 하지 않았다.

배들리 감독은 청중을 매료시키는 이야기꾼이었다. 정말로 무궁무진하다 싶은 인도 실화와 전설을 듣다보니 기다리는 몇 시간이 금세 흘러가 버렸다.

"아지메르로 가다보면 중간에 자이푸르란 도시가 나오는데, 그 도시를 벗어나면 한 유서 깊은 도로를 달리게 될 겁니다. 그 도로는 예전에 '발목고리 길' *The Road of the Ankle Bells*이라 불렸었지요. 개인적으로 전 지금도 그렇게 부르길 좋아합니다만. 현재 그 길 명칭은 좀 무미건조하게 그냥 '자이푸르 로路'입니다. 그 길은 닥터 홀 댁, 그러니까 '돔지붕집' 바로 앞을 지나갑니다." 아이들이 즉시 관심을 보이며 그 도로명의 유래에 관해 듣고 싶어 했다. 그래서 배들리 감독이 이야기를 계속했다.

먼 옛날 고대 인도, 라지푸트에 잘생긴 군주가 살고 있었다. 아지메르 시를 내려다보는 아라발리 구릉지의 동북쪽 끝에 위치한 타라가르 고대요새, 그곳이 그의 궁전이었다. 요새 유적은 둥근지붕집에서도 바라보인다. 그 라지푸트 군주는 요새에서 130킬로미터 떨어진 자이푸르 시의 공주와 사랑에 빠졌다. 자이푸르 왕가와 타라가르를 지배하는 라지푸트 왕가 간에는 대대로 전쟁이 있어왔고, 자이푸르 공주는 다른 이와 이미 약혼이 되어 있었으니, 군주에겐 참으로 절망적인 상황이었다.

라지푸트 전사들은 용맹함으로 소문난 사람들이고, 그 점에서 이 군주도 예외가 아니었다. 공주의 결혼식이 열리는 날, 라지푸트 군주는 식장에 말을 몰고 난입해서 공주를 훔쳐버렸다. 식장 하객들이 대체 무슨 일이 일어난 건지 미처 알아차리기도 전에 군주는 공주를 말에 태운 채 타라가르 요새로 향하고 있었다.

어여쁜 혼인 예복 차림인 공주는 온몸을 갖가지 보석 장신구로 한껏 치장하고 있었다. 발가락 하나하나에 은제 발가락지를 달았고, 두 발목엔 종들이 달린 은제 발목고리를 차고 있었다. 말을 몰고 먼 길을 달려가는 동안 그 발목고리 종들이 부딪치며 내는 요란한 소리가 줄곧 음악처럼 울려 퍼졌다.

타라가르 요새가 있는 언덕 기슭 가까이 이르렀을 때 공주는 자기 발목에서 발목고리 하나가 떨어져 없어진 것을 알았다. 공주는 젊은 군주에게 잃어버린 발목고리를 찾아달라고 요청했다. 군주는 허비할 시간이 없었지만 사랑하는 이의 부탁을 거절할 수 없었다. 군마가 너무 지쳐 있어서 과연 녀석이 이 가파른 길을 오를 수 있을 것인지조차 장담하기 힘든 때였다. 그러나 군주는 호기롭게 말머리를 돌려 발목고리를 찾아 나섰다. 마침내 지는 햇살을 받아 반짝이고 있는 발목고리를 발견했다. 군주는 그것을 주워 공주에게 가져다주었다.

그러나 그렇게 지체하면서 재앙이 발생했다. 추격자들에게 두 사람을 따라잡을 충분한 시간을 벌어준 것이다. 군주는 요새 입구 바로 앞에서 붙잡혔다. 무자비한 보복이 뒤따랐다. 그들은 뜨겁게 달군 쇠막대기로 군주의 두 눈을 파냈고, 끝내는 그를 땔나무 위에 올려 불을 질러 죽여버렸다. 공주는 군주가 이렇게 된 것이 자기가 그런 부탁을 했기 때문이라는 것을 알았다. 그러자 그녀는 군주가 불타 죽은 땔나무 위에 몸을 던져 '수타'를 결행했다. 두 사람의 몸은 치솟는 불길 속에서 재가 되었다. 이후, 그들이 도피했던 길은 발목고리 길이라 불리게 되었다.

장신구로 치장한 여인, 발가락지와 발목고리

이야기의 진중한 결말 때문에 여행 내내 우리는 자못 숙연한 감상에 젖었다. 나는 '수티'(*suttee*, 또는 '사티')라는 관습에 대해 더 알고 싶은 마음이 생겼다. 순간 나는 줄레스 베르네의 소설 『80일간의 세계일주』에서 그 관습을 묘사한 부분을 떠올렸지만, 이후 인도에서 쭉 살면서 알게 된 사실이 몇 가지 더 있다.

개명한 벵갈 브라만 개혁가 '람 모한 로이'는 수티 관행을 폐지하는 데 주요한 역할을 한 사람이다. 람 모한 로이는 수티란 관습이 후대의 가첨이고, 힌두 경전 '베다'[11]에 근거를 둔 것이 아니라고 보았다. "그는 자기 누이가 남편 시신이 화장되는 장작더미 위에 몸을 던지는 광경을 목격했다. 윌리엄 벤팅크 인도 총독이 수티 관행을 법으로 엄금하게 된 것은 람 모한 로이가 일으킨 그 운동에 말미암은 것이었다."

수티 폐지법은 1829년 12월 4일, 인도 총독부 명령으로 발포되었다. 그 법령에 의거, 형법재판소는 수티 관행을 불법으로 규정했다. (아내의) 고의적 수티가 금지되고 처벌될 뿐 아니라, 산채로 태우거나 땅에 묻거나 해서 과부의 희생을 방조한 사람들도 모두 살인죄가 인정되어 벌금형이나 징역형, 또는 둘 모두에 처해지게 되었다. 수티에 관한 자료들을 검토해보니, 수티는 인도에서 보편적인 관습이 아니라, 특정 상류계층이나 카스트에 국한된 관습이며, 지역적으로는 캘커타나 벵갈, 라지푸타나(라자스탄), 구자라트, 말와(마드야 프라데쉬), 오리사 주 등지에서만 존재해온 관습이었다.

우리가 인도에 온 지 2년째가 되는 해인 1943년, 아지메르에서 멀지 않은 곳에 있는 키샨가르 마을에서 실제로 수티가 일어났는데,

그것이 내가 이 문제를 인식하는 계기가 됐다. 돋지붕집 진입로 앞길이 바로 그 "발목고리 길"이었는데, 하루는 인도어 선생과 함께 공부를 하고 있던 중, 평상시보다 많은 사람과 차량이 그 길을 지나가고 있음을 느꼈다. 나는 밖에 무슨 행사라도 있는 것이냐고 선생에게 물었다.

"아, 모르셨습니까?" 그가 대답했다. "여기서 서북쪽으로 29킬로미터 떨어진 곳에 있는 키샨가르 자치주[12] 키샨가르 마을에서 수티가 일어났습니다. 이미 많은 사람들이 그것을 보러 버스나 수레를 타고, 혹은 걸어서 그리로 갔어요. 거기 모인 인파가 굉장했지요. 지금 이 집 앞을 지나는 저 사람들은 수티가 일어난 장소를 구경하고 나서, 화장 장작더미 위 타오르는 불길 속으로 야자나무 열매를 던질 겁니다. 만약 그 야자나무 열매가 타지 않으면 자기에게 행운이 온다고들 믿고 있지요."

"네? 수티는 영국 정부가 법으로 금지하는 것 아니었습니까?" 나는 순간 소리쳤다.

"닥터 홀도 아시다시피, 라지푸트 역사에는 과부로 살아가는 굴욕 대신, 수티라는 고귀한 길을 택한 아내들의 이야기가 넘쳐납니다. 수티라는 말을 영어로 번역하면 아마 '깨끗한 방법' 쯤이 될 것입니다."

"역시 당신에겐 모든 게 인도어를 가르치는 교재가 되는군요." 내가 말했다. "하지만 내가 새 단어를 이런 맥락을 통해 익히게 되는 일이 앞으로 더는 일어나지 않았으면 좋겠습니다. 아니, 그럼 대체 아무도 그 딱한 과부를 제지하지 않았다는 말입니까?"

"키샨가르 주는 자치주입니다. 그래서 영국 관리들이 그걸 미리 알고 제때에 제지할 수 없었던 거지요. 하지만 영국 관리도 소문을 전해 듣고, 여자를 가택에 연금하라는 명령을 내렸습니다. 여자는 22세의 젊은 부인이었는데, 남편이 죽자 자기도 그를 따라 타죽겠다는 결심이 확고했습니다. 그리고 여자가 작정하고 성스러운 의식을 행하려 하는데, 무슨 수로 그녀의 의지를 꺾을 수 있겠습니까? 여자가 불을 지피라고 주위 사람들에게 명령했을 때, 사실 아무도 그녀의 말을 듣지 않았습니다. 그게 불법이란 걸 모든 사람이 알고 있었기 때문이죠. 그런데 거기 모인 모든 이들을 책임에서 면제시켜주기 위해 천상에서 불덩이가 하강했고, 곧 그 장작더미에 불이 활활 타올랐습니다. 그때 그 젊은 부인이 주위 사람들을 향해 외쳤습니다. 자기 팔에서 보석 장신구들을 떼어가라고. 이 장신구가 당신들에게 행운을 가져다줄 터이니 기념품으로 잘 보관하라고. 많은 이들이 그녀의 장신구를 떼어내려다 심한 화상을 입었습니다."

우리는 발목고리 길을 내려가는 사람들의 행렬에 시선을 돌렸다. 그들이 입은 의상으로 판단컨대 그들 중 많은 이들이 인도에서 높은 카스트에 속한 사람들이란 것을 알고 나는 조금 놀랐다.

"네, 그렇습니다." 인도어 선생이 대답했다. 참례객 중 많은 수가 교육수준이 높은 사람들입니다. 개중에는 대학 학위가 있는 사람도 있지요. 그런 종교의식을 찬양한다고 꼭 무지한 사람들이라 욕할 순 없습니다. 왜냐하면 수티는 아내로서의 정결함을 증명하는 최종 시험과 같은 것이거든요. 독실한 힌두인이라면 누구나 그런 신실한 행위에 대해 존경을 표하지 않을 수 없지요."

나는 단지 교육만으로는 인성과 삶을(더욱이 그게 긴 세월 동안 몸에 밴 인습과 연관되었다면) 변화시킬 수 없다는 것과, 진실로 삶과 인성을 변화시키는 힘은 오직 주님으로부터 나온다는 것을 재삼 확인했다. 나는 두려움과 절망과 인습의 굴레에 빠져 있는 저 사람들에게, 생명을 주시는 주님의 희망의 메시지가 옳다는 것을 꼭 증명해 보일 것이라는 도전의식을 느꼈다.

예나 지금이나 우리는 우선순위에서 이기적 욕심을 하나님보다 위에 두고, 이기적 욕심에 종교적 껍데기를 씌워 진짜 의도를 감추려는 인간의 나약함과 싸워야 한다. 힌두여성 보호를 자임한 람 모한 로이는 이 문제를 놓고 극보수 힌두인들과 대적하느라 실로 많은 위험을 무릅써야 했다. 심지어 처음에 영국도 그 관행을 금지하는 입법에 그것이 종교 행위라는 이유를 들어 소극적이었다.

수티 때문에 얘기가 딴 길로 샜는데, 내가 이런 연상을 시작하게 했던 배들리 감독 댁 아침식탁으로 돌아가자. 우리는 모두 감독의 '발목고리 길' 이야기에 매료되었고, 어서 그 길을 직접 달려보고 싶은 마음이 가득했다. 오후 한 시가 되어 운전사 존이 출발 준비가 되었다고 알렸다.

처음엔 별 문제 없이 가던 차가 한 시간이 지나자 엔진이 과열되고 냉각수가 끓어 넘치기 시작했다. 냉각수가 분출할 때마다 차를 세우고 라디에이터에 물을 부어 엔진을 식혔다. 타이어 펑크 때문에 한 번 정차한 것을 포함해서, 80킬로미터를 갈 동안 도합 15번 차를 세웠다. 우리는 성직자로부터 농부까지 다양한 인도인들에게서 물을

28년식 내쉬가 벤얀나무 밑에서 열을 식히고 있다. 사진 속 사람은 서우드, 필리스, 조.

얻었다. 오후 5시에 알와르 마을에 당도했다. 그 마을에는 깨끗한 '닥' 집(여관)이 한 채 있었고 우리는 거기서 그날 밤 묵기로 했다.

나는 원래 이 마을에서 식료품을 사서 서늘한 저녁 시간을 이용해 계속 차를 모는 게 좋겠다고 생각했었다. 그러나 아내는 그러기엔 우리 일행이 모두 지쳐 있다고 내 제안에 반대했다. 알고 보니, 알와르와 자이푸르 사이 80킬로미터 구간에는 중간에 쉴 만한 곳이 전혀 없었다. 나중에 우리는 이것이 잘 한 결정이란 걸 깨달았다.

원래 아침 일찍 출발할 계획이었는데, 아침을 들고 짐가방과 휴대용 침구를 챙기고 짐들을 차 안에 도로 집어넣다 보니 예상보다 시간이 더 걸렸다. 엔진도 우리처럼 쉬고 나니까 상태가 좋아져 있었다. 약 한 시간 동안 우리는 별 탈 없이 여행했다. 우리는 라지푸타나를 지나고 있었다.

그런데 역시나 차 상태는 얼마 안 있어 다시 나빠졌다. 낮이 되자 엔진 열이 올라가기 시작했다. 멀리 커다란 벤얀나무가 한 그루 서 있었다. 그 나무는 동인도 무화과나무 또는 보리수나무라고도 한다. 운전사 존이 그 벤얀나무 그늘 밑에 말썽 부리던 차를 세웠다. 거기서 나는 왜 부처가 수행과 득도를 위한 장소로 보리수나무 밑을 택했는가를 이해하게 되었다. 그 나무는 인도의 뜨거운 햇살을 피할 풍성한 그늘을 제공했다. 벤얀나무는 가지에서 잔가지들이 나오고, 그것들이 뿌리를 내려 두 번째 나무줄기를 형성하는 식으로 번식한다. 이 거대한 나무 밑에선 자동차마저 왜소하게 보였다. 아마 이 뻗은 가지들 밑에서 수백 사람도 충분히 쉴 수 있을 것 같았다.

근처에 수초로 뒤덮인 연못이 하나 있었다. 누군가 말했던 그 "보라색 소"[13]는 나도 여태껏 본 적이 없지만, 물소 한 마리가 그 연못에 들어가더니 수면 밑까지 잠수하고 이윽고 다시 나왔는데, 몸통에 수초가 잔뜩 묻어 초록색 물소로 변해 있는 것이었다. 참으로 놀라운 광경이 아닐 수 없었다!

"보라색 소"

잘 되겠지 하며 출발했는데, 얼마 가지도 않아 차에서 엄청나게 큰 소음이 났다. 존이 상태를 보기 위해 차를 세웠다. 덮개를 열어보니 팬 절반이 떨어져나가고 없었다. 존이 가능한 최선의 조치를 취했으나 문제는 거기서 그치지 않았다. 존은 거의 멈춰 선 것이나 다름없는 차를 몇 킬로미터 더 몰아 근방에 유일한 나무그늘 밑에 간신히 정차시켰다. 덮개를 다시 열어본 존이 엄숙하게 말했다. "매우 유감입니다만, 이 차로 더 가려다간 위험해질 수도 있겠는데요."

우리는 당황하여 주변을 돌아보았다. 인가가 한 채도 보이지 않았다! 반경 수 킬로미터 안으로는 폭염 속에 지글지글 타는 라지푸타나 사막의 갈색 흙이 펼쳐져 있을 뿐이었다. 아마 기온이 섭씨 40도는 족히 되었을 것이다. 우리는 너무 당황스러워 말문이 막혔다. 얼마 후 한 사람이 지나가길래 존이 다가가 힌디로 말을 붙였다. 그 사람이 한 시간쯤 뒤 이리로 버스가 지나갈 것이라 했다. 그냥 기다리는 수밖에 별 도리가 없었다. 그가 말한 버스는 두 시간 뒤에야 나타났다. 길고 지루한 설득 끝에 버스 운전사는 74킬로미터 떨어진 자이푸르까지 차를 버스로 견인해서 가는 데 동의했다. 아쉬운 쪽은 우리였고, 따라서 그가 내건 과도한 조건도 수용해야 했다. 지금 우리가 기댈 곳은 이 사람 말고는 없었기 때문이다.

운전사가 보유한 체인은 모두 강도가 약한 것들뿐이었고, 공교롭게도 버스를 거칠게 출발시키는 그의 버릇까지 한몫 거든 탓에 체인이 자꾸만 끊어졌다. 버스가 워낙 느리게 가는데다, 체인은 어찌나 자주 끊어지던지, 혹시 운전기사가 열불이 나 포기하고 우리를 오도 가도 못하는 데 버려두고 떠나지 않을까 두려웠다. 우리는 짐을 묶은 끈으로 체인을 보강하는 데 썼다. 다음 마을까지 가는 동안 점차 해어지는 로프와 함께 내 마음도 타들어갔다.

마을 입구에 이르자 버스 운전사가 당시 관례대로, 보고를 위해 경찰 초소 앞에 차를 세웠다. 경찰관 두 명이 나와 우리 쪽으로 빠르게 걸어왔다. 한국 주둔 일본 경찰이나 헌병대의 행태에 익숙해 있던 우리 부부였다. 그래서 이 순간, 한국에서 마지막 몇 달간 겪었던 기억이 되살아나고 극도의 불안감이 엄습했다. 우리가 무슨 잘못이라도 저지른 듯한 기분이 들었다.

하지만 정말 의외로, 경찰들은 우리에게 정중하게 경례하고 나서 우리에게 무슨 문제가 생겼는지, 자기들이 어떻게 도우면 되겠는지 물었다. 시민들에게 무언가 도움을 주려는 경찰을 이제야 만났구나 하는 생각에 우리는 감격해 마지않았다.

우리 가족 넷은 버스에 타고(물론 요금도 따로 지불하고), 존은 뒤차에서 흙먼지를 마셔가며 운전대를 잡고 있었다. 마실 물이 다 떨어진 상태라 무척 괴로웠다. 우리 부부는 남아 있는 귤 몇 알을 우리 두 아이, 그리고 부주의한 어떤 승객에게 발을 밟힌 후에 비명을 질렀다고 자기 어미한테 뺨을 맞은 어느 딱한 인도 아이와 나누어 먹었다. 그러나 가장 고생하는 건 존이었다. 버스 꽁무니에서 이는 엄청난 양의 먼지를 고스란히 맞아야 했기 때문이다. 날씨는 정말 끔찍하게 더웠다.

긴 시간 여행 끝에 자이푸르에 도착했다. 자이푸르는 "분홍빛 도시"라 불렸다. 도시 건물 중 많은 수가 지역 특산인 분홍빛 사암으로 건축되었기 때문이다. 우리는 자이푸르 주립호텔로 갔다. 이 호텔은 관광 업계에서 유명한 곳이지만, 지금은 1년 중 비수기여서 방이 있었다. 매리언은 급해서 입도 못 열고 손짓으로 호텔 직원에게 마실 물을 달라는 시늉을 했다. 가족 요금을 적용받았고, 전기 천장팬과 현대식 급수시설이 구비된 큰 객실 두 개를 빌렸다. 마음에 꼭 드는 방이었다.

조와 필리스는 욕조에 물을 채우고 물소 흉내를 내며 잠수하며 노는 데 여념이 없었다. 차가 아직 수리되지 않았고, 내일 아침까지 이곳에 묵어야 하기 때문에 아이들은 이 날 하루만 이런 기나긴 목욕을 네 번씩이나 했다. 모르긴 해도, 녀석들 최장 목욕시간 기록이 이 날 갱신되었을 것이다. 그 욕조들은 우리가 인도에 온 이래 처음으로 본 풀사이즈 욕조였다! 오늘 이 호텔에서 우리가 유일한 손님이기 때문에 호텔 직원들의 배려를 독차지할 수 있었다.

나는 조와 함께 차 상태를 보기 위해 대형 차고에 갔다. 오후까지 수리를 마치기로 약속을 받았고, 우리는 거기에 따라 일정을 조정했다. 이튿날 아침, 우리가 맨 처음 한 일은 스코틀랜드 선교회에 찾아가 수표 한 장을 현금으로 바꾸는 것이었다. 그 일을 마치자, 다른 일을 하기엔 날씨가 너무 더워서 그냥 객실에 머물렀다. 자이푸르는 인도에서 유명한 도시 중 하나지만, 우리는 관광을 할 엄두도 내지 못했다.

이튿날 아침, 마침내 우리는 수리를 마친 차를 타고 아지메르로 출발했다. '발목고리 길'을 달릴 때 타이어가 한 번 펑크난 일 말고, 더 이상 불운은 겪지 않았다.

10월 17일 정오, 한낮의 폭염 속에 돔지붕집에 도착했다. 아지메르에서 가장 시원한 곳이라는 이 집 어느 구석에도 시원한 데란 없는데, 이 도시 다른 지역은 말해 무엇할까 싶었다. 한참을 뒤진 끝에 선풍기 몇 대를 찾아냈다. 비록 당시에는 아이들이 홍역에 걸린 게 불운이라 생각했지만, 이제 보니 사실 그건 위장된 축복이 아니었을까 싶었다. 홍역 때문에 우리가 고원에 몇 주 더 머물면서 이런 더위를 몇 주 더 피할 수 있게 되었고, 그 기간 이 지역을 휩쓴 혹심한 콜레라 유행병도 더불어 지나칠 수 있었기 때문이었다.

카이슬라 부부는 출장 중이었고, 부부의 짐들은 미국행을 위해 이미 다 포장된 상태였다. 집에는 식료품이 거의 없었고, '티핀'(점심 식사)을 같이 할 손님 두 명이 왔다. 한 명은 무수리에 고원마을에서 온 인도어 선생인데, 우리는 우르두를 계속 배우고, 필요할 때 통역 업무도 맡기기 위해 그를 고용했다. 다른 한 명은 그의 동생인데 용무 차 아지메르에 나와 있었다. 집은 그냥 방치된 듯한 상태였고, 여기저기 손볼 게 산적해 있었다.

곧 선교계에서 은퇴할 예정인 카이슬라 부부는 펀잡 주 라호르에서 열리는 1941년 감리교단 연례회의에 참석하기 위해 떠나 있었다. 원래 우리도 그 회의에 참석하기로 되어 있었지만, 이런 더운 날씨에 연달아 긴 여행을 하기에는 아내와 아이들이 너무 지쳐 있었다. 그래서 나만 회의에 가기로 했다.

아지메르 역에서 야간열차에 올랐는데, 내가 탄 2등 객차 칸엔 동승객이 없는 것 같았다. 그런데 열차가 출발하기 직전, 인도인 장교 한 사람이 당번병을 대동하고 내 객차 칸으로 들어왔다. 당번병은 내 침상 맞은 편 침상에 자기 상관의 '비스테르'를 가지런히 펴고 나서 3등 객차로 물러갔다. 기차가 막 출발하려는 때에 살찐 '바니야'(상인) 한 명이 객차 칸에 거칠게 들어왔다. 모두 침묵한 가운데,

그의 하인이 주인 짐을 급하게 안으로 밀어넣었다. 상인이 매우 지쳐 보이길래 그의 짐정리를 도와주면서, 짐 일부를 내 침상 밑에 두어도 좋다고 말했다. 그러자 상인이 거친 숨을 쉬며 말했다. "메헤르 바니!(감사합니다!)"

모두들 덥고 피곤했던지 대화도 없이 그냥 각자 잠을 청했다. 선풍기 소음과 뚱뚱한 '바니야'의 코고는 소리만 밤새 시끄럽게 이어졌다. 오래지 않아 기차가 아지메르에서 128킬로미터 거리인 자이푸르에 당도했다. 이곳은 바로 며칠 전에 우리가 들러서 차를 수리했던 곳이다. 이 역에서 승객이 또 한 명 비좁은 객차 칸에 올랐다. 다행히 그는 체형이 마른 편이었고 짐도 적었다. 이제 우리 객차 칸은 꽉 찼으므로 그는 등 뒤 출입문에 빗장을 걸어 잠갔다. 그는 담배를 한 대 피우고는 몸을 뒤로 젖혀 잠을 청했다.

하지만 비록 빗장을 걸었어도, 밖에서 들어오려는 승객들이 출입문을 연방 시끄럽게 두드려대는 것까지 막을 수는 없었다. 내가 문을 열려고 하자 그 인도인 장교가 정중한 태도로 말리면서 저 사람들은 여기 말고 다른 객차를 알아볼 수 있으니 우리는 신경 쓰지 않아도 된다고 멋진 영국식 억양으로 말했다.

이튿날 새벽, 기차가 델리 외곽 한 역에 정차했고, 당번병이 인도인 장교에게 아침 커피를 가져왔다. 나머지 우리는 각자 '비스테르'를 개고, 객차 구석 작은 욕실에서 세면을 했다. 기차가 환승역인 델리 역에 가까워지면서 승객들이 말문을 열기 시작했다.

나는 새벽에 철로변 주민들이 물(휴지 대용임)이 담긴 양철통이나 작은 놋쇠통을 들고 나와 자기들 텃밭에다 생리 현상을 해결하는 광경을 차창 밖으로 구경하고 있었는데, 그런 내 모습을 인도인 장교가 보고 있었던 모양이다. 그가 큰소리로 말했다. "당신 같은 서구인들이 우리 인도산 생야채나 생샐러드를 먹고 싶은 의욕을 죽이는 게 바로 저런 것이겠지요?"

나는 고개를 끄덕이고 대답했다. "채소를 꼭 삶아 먹는다면야 인도에서 장관 감염은 많이 줄어들 것입니다. 그러나…" 나는 덧붙였다. "내가 전에 일했던 한국과 비교해서 이곳 사람들은 장내 기생충을 덜 갖고 있는 것 같습니다. 아마 인도의 뜨거운 태양이 기생충들을 사멸시키기 때문인 듯합니다."

인도인 장교가 내 얘기에 관심을 보이며 더 대화하고 싶은 기색이었을 때, 기차가 흔들리며 델리 역에 정차했다. 갑자기 차내에 엄청난 소란이 일고 붉은 터번을 쓴 짐꾼들이 일감을 얻으려 고함을 치고 서로 떼밀며 우리 짐들을 차지하려 했다. 나는 장교를 보고 손을 흔들어 작별인사를 하고나서, 내 짐가방을 움켜쥔 짐꾼을 시켜 그것을 커다란 역 대합실에 가져다 놓도록 했다. 짐꾼에게 요금을 지불하고 그가 기대하는 팁도 조금 얹어 준 다음, 대합실 직원에게 내 짐가방을 잠시 맡아 줄 것을 부탁하고, 나는 유럽식 조반을 제공하는 역 식당에 들어갔다.

아침 식사를 마치고 나자, 환승할 기차가 도착할 때까지 얼마간 시간이 비었다. 인도 수도 델리 시가지를 구경삼아 돌아다닐 수도 있었지만, 그런 관광은 나중에 가족과 함께 하는 게 더 좋겠다고 생각했다. 대신, 나는 이참에 급한 편지를 몇 통 써서 부치기로 했다.

시간은 금방 지나갔다. 인도 역 대합실에 있으니 생각보다 흥미로운 구경거리가 많았기 때문이다. 대합실에서 남자들은 깨끗한 도티로 옷을 갈아입는데, 그것은 기다란 흰 천 한 조각으로 된 옷으로 허리에 둘러서 바지처럼 입었다. 여자들 역시 청결한 사리로 갈아입는데, 길이가 5미터인 옷감을 솜씨 좋게 말거나 안으로 접거나 해서 우아하게 차려 입었다. 비록 공공장소에서 옷을 입었지만, 그 손놀림이 어찌나 능숙하고 빠르던지 알몸이 겉으로 거의 드러나지 않았다.

어느덧 대합실 벽걸이 시계 바늘이 내 예정 출발 시각 근처를 가리키고 있었다. 붉은 터번 짐꾼이 내 짐가방을 머리에 이었다. 기차가 델리 역을 떠나 몇 정거장을 더 가자, 객차 칸 승객이 많이 줄었다. 그런데 어떤 역에서 밝은 색 사리를 입고 목에 이색적인 진주 목걸이를 한 귀티 나는 여인 한 명이 객차 칸에 들어왔다. 그녀의 코 한쪽에는 금강석이 한 알 달려 있었는데, 당시 그런 게 유행이었다. 그 보석은 작은 리벳으로 콧구멍을 뚫어 고정시킨다. 그러나 무엇보다 내 주의를 끈 것은 그녀로부터 강하게 풍겨오는 동양풍 향수 냄새였다. 분명 이성에게 어필하기 위해 듬뿍 뿌린 것이었을 테지만, 너무 강해서 내 코가 다 얼얼할 정도였다.

젊은 숙녀가 내 속마음을 알아차렸는지, 갑자기 내 쪽으로 몸을 돌리더니 유창한 영어로 말했다. "미안합니다. 원래 여성 전용칸에 타려고 했는데, 거기에 사람이 너무 많아서. 더구나 거기에 아기들이 어찌나 많던지, 그 소음과 아기들 악취는 제 강한 향수 냄새로도 덮을 수 없을 정도였어요."

나는 그녀의 말에 적당히 응대할 말이 떠오르지 않아 간신히 이렇게만 말했다. "아뇨. 괜찮습니다. 앉으시죠." 그런데 젊은 여자는 내게 자꾸 말을 붙여 나를 난처하게 했다. "전 당신이 생각하는 그런 여자가 아니랍니다. 음… 전 외국에 나가 공부도 했구요, 지금 당신이 무슨 생각을 하는지도 알고 있어요. 전 지금 결혼식에 참석하러 가는 중입니다. 아, 물론 제 결혼식은 아니구요." 그녀가 수줍은 미소를 지었다. "그래서 제 할머니가 제 옷에다 이런 지독한 걸 뿌리셨지요. 제가 막 외출하려는 때에 당한 거라 미처 고칠 시간이 없었어요. 제 부모님도 물론 제가 어서 결혼하기를 바라고 계십니다. 당신 나라에서 유학하던 시절에 저는 그곳 여성들의 자유로운 삶을 처음으로 맛보게 되었지요. 이후, 전 제가 결혼하기 전에 인도 여성들의 해방을 위해 뭔가 기여하고 싶다는 소망을 갖게 되었어요. 이곳 여자들 실정이란 건 당신도 아실 테지만, 사실상 노예에 가깝지요."

내가 젊은 여자의 훌륭한 포부에 대해 내 의견을 피력하려는데, 갑자기 그녀의 '노카르'(하인)가 머리를 내밀며 말했다. "이 역에서 내리셔야 합니다. 서둘러 주십시오." 젊은 여자가 미국식으로 손을 흔들어 작별을 고하며 말했다. "당신에게 이런 얘기를 할 수 있어서 기뻤어요."

동료 승객 한 사람이 말했다. "방금 당신과 대화한 저 여자가 인도 자치주 군주의 딸이란 걸 알고 계셨나요?" 나는 대답했다.

"얘기는 저쪽에서 한 거고, 난 그냥 듣기만 했는데요."

"네! 그랬죠. 하여튼 외국물 먹은 여자들이란 다 저렇게 처녀다운 몸가짐에 대한 감각을 상실해 버린다니까요. 나는 절대로 내 딸 만큼은 서양에 보내지 않을 겁니다."

나는 그녀가 이제부터 뭔가 가치 있는 일을 하겠다는 건 칭찬할 만한 일이라고 짤막하게 대답했다.

회의에 참석해서는 어찌나 바쁘던지, 얼마 전 근사한 새 부지로 이전을 끝낸 포먼 신학교 말고는 어느 곳 하나 구경해 볼 틈을 낼 수 없었다. 회의를 마치고 아지메르로 돌아온 나는, 이번엔 중앙 인도 미호우에서 열리는 캐나다 선교회의에 참석하기 위해 먼저와 반대 방향으로 여행을 했다.

통합 캐나다교회 소속 선교사인 R. F. 베이컨 부부가 새로 산 자동차로 나를 마중했다. 예전에 한국 파송 선교사였던 베이컨 부부는 고원마을 어학원에서 나와 함께 강의를 들었었다. 부부는 내게 한국에서 사역했던 캐나다 선교사인 엘리자베스 맥컬리가 사망했다는 소식을 전해주었다. 한국 원산에서 맥컬리와 다년간 함께 일했던 그녀의 누이 루이스가 지금 얼마나 슬퍼하고 있을까 하는 생각이 들었다.

미호우에서 돌아온 후, 우리 부부는 요양원 일에 푹 빠져 지냈다. 아내 매리언은 나를 도와 벌써 여러 차례 수술에 참여했다. 우리는 이곳 생활에 얼른 적응하고 서신 왕래도 꾸준히 하려고 애쓰는 한편, 적어도 하루 다섯 시간 정도는 어학 공부에 할애하려 노력했다.

기온이 섭씨 38도를 웃도는 이상 고온이 몇 주간 계속되었다. 모기장을 치고 잤는데도 조와 필리스가 학질에 걸렸고, 특히 우리 힌디 선생은 증세가 아주 심각했다. 신열이 어찌나 높던지 정신착란 증세까지 있었고, 그냥 내버려두면 24시간 내에 사망할 것이 분명했다. 선생은 우리에게 마지막 작별인사까지 했다.

우리는 에드나와 모트 카이슬라에게 못내 아쉬운 작별인사를 했다. 카이슬라 부부는 미국행 배편을 잡기 위해 11월 첫째 주에 봄베이에 도착해 있어야 했다. 우리 가족이 자기 집에 기거하게 해준 일, 낯선 땅에 온 우리가 잘 적응하도록 다방면으로 배려해준 일 등 카이슬라 부부에게 감사해야 할 것들이 그동안 너무 많았다. 우리는 카이슬라 부부가 인도 사역을 마치고 고국에 돌아가서도 부디 행복하기를 기원했다.

날마다 집안 정리가 차차 돼가더니, 마침내 우리 가족의 필요에 맞게 가구들을 재배치하는 일이 다 끝났다. 사실, 이 일은 퍽 부담스런 작업이었다. 그도 그럴 것이 거실과 주방은 면적이 각각 6.4평방미터인데, 이마저도 거실과 주방 앞을 공히 지나는 베란다로 통하는 여닫이문 3개가 있는 커다란 베이를 뺀 것이었다. 침실들은 면적이 각각 5.5평방미터이고, 건물 네 귀퉁이에 위치한 작은 방들은 각각 4평방미터였다. 정면 베란다 위에 있는 돔 세 개 말고, 건물 내부 큰 방 13개 천장마다에도 돔이 있었다. 그 돔들은 꼭대기까지 높이가 적어도 11미터는 되었다.

이 집 외양은 마치 인도 군주의 궁전을 연상케 하지만, 아마도 한국에서 우리가 살던 집이 주거공간으로선 더 실용적이었을 것이다. 물건들을 쌓아놓을 지하실 하나와 다락방 하나, 그리고 가족들 옷을 걸어놓을 벽장 하나가 새삼스러이 그리워졌다! 우리는 흰개미('터마이트')의 식량이 될 수 있는 귀중한 논문들을 보관할 양철 가방이 필요하다는 것을 깨달았다. 우리가 고원마을에 있었을 적에도 녀석들이 무방비 상태로 있던 물품 몇 개를 갉아먹은 일이 있었다. 우리는 인도에서 벽장 대신 쓰는 '알미라'(여닫이문과 옷을 걸어두는 막대가 있는 이동가능한 옷장)에 차차 익숙해졌다. 침실마다 이것을 구입해 놓아두었다.

우리는 곧 일정한 일과에 따라 생활하게 되었다. 나는 일찍 기상해서 요양원 출근 전 한 시간 동안 어학 공부를 했다. 매리언은 원래 아침에 두 시간 반 공부할 계획을 세워 놓았는데, 그 시간대엔 늘 사람들이 이런저런 요구들을 가지고 '멤사힙'(집안 여주인)을 찾아왔고, 인도어 선생은 수업 대신, 그들 말을 통역하는 데 시간을 다 보내야 했다. 11시가 되면 날이 너무 더워서 매리언이 우르두 학습에 집중하기 힘들었다. 그래서 오후로 학습을 미루는 일도 더러 생겼다.

그렇다. 이제 우리 부부는 다시 일에 복귀한 것이다. 우리가 해야 할 일이 이곳에 있었다. 기온이 내려가기 시작하자 모든 사람들이 커다란 안도감을 느꼈고 우리 부부 역시 빠르게 원기를 되찾아가고 있었다.

제6장. 새로 시작하는 자가 겪는 시련

 기본 실무를 어느 정도 경험하고 나니, 마다르 요양원이 당면하고 있는 문제와 그것들을 해결하기 위해 해야 할 일들에 대해 대강 윤곽이 잡히는 것 같았다. 나는 내 계획을 설명하기 위해 마다르 요양원 운영위원회를 소집했다. 운영위원회는 지역 임원들로 구성되어 있고, 인도인 감리교구장인 아마르 다스 목사가 의장을 맡고 있었다.

 지금에 와서 회고해 보면 지난 운영 회의 중 기억에 남는 회의는 별로 없지만, 이 첫 회의만은 마치 어제 일처럼 또렷하게 떠오른다. 이 날 회의에서 몇몇 참석자가 한 발언은 지금도 기억에 생생하다. 회의는 돔지붕집에서 했다. 실내 온도도 높고 토의 열기도 뜨거울 것이기에 임원들이 너무 덥지 않도록 매리언은 그들이 마실 차를 준비해 두었다.

 나는 차분한 어조로 발표를 시작했다. 나는 직설적이고 사업적인 자세로 마다르 요양원이 갖는 입지적인 이점 몇 가지를 열거하여,

이 요양원이 북부 인도 전 지역을 대상으로 일하는 최적의 장소에 위치하고 있다는 점을 강조했다. 첫째, 해발 513미터라는 적정한 고도. 둘째, 결핵치료에 필수적인 애리조나형 건조한 기후. 마다르 요양원은 대大인도사막 가장자리에 위치하면서도, 주변 산들에 의해 열풍이 차단되고 있었다. 셋째, 조명과 엑스레이 작업에 필요한 도시 전기의 원활한 공급. 넷째, 기차 출퇴근이 용이한 점. 요양원은 아지메르 시까지 6.5킬로미터 남짓 거리였고, 따라서 그 도시에 있는 각급 학교, 시장, 문화 중심지 등에 접근이 용이했다. 마다르를 지지하는 사람들은 이러한 내 지적에 고개를 끄덕이거나 만족스런 미소를 지으며 화답했다. 그러나 내가 균형을 맞추려고 이번엔 마다르 요양원의 불리한 점들을 열거하기 시작하자, 미소를 지었던 사람 중 일부는 이내 표정을 찌푸렸고, 여전히 틸라우니아 요양원 쪽을 선호하는 일부 참석자들은 서로 눈짓을 교환했다.

그리고서 회의 참석자들이 각기 의견을 말하는 순서가 이어졌는데, 몇몇 임원들이 어떻게 하면 우리 앞에 놓인 장애물들을 잘 극복할 수 있을까에 대해 건설적인 제안을 하기도 했다. 이제까지 회의가 비교적 부드럽게 진행되었기 때문에 나는 이쯤에서 '폭탄선언'을 해도 되겠다는 용기가 생겼다. 그 폭발력이 참석자들에게 너무 세게 느껴지게 하지 않으면서 좋은 결과를 얻고 싶었다.

나는 우선, 닥터 타워가 요양원 일반외과에서 너무나 일을 잘해주고 있어 정말 고맙다는 말로 운을 뗐다. 그러나 나는 이러한 정책이 자칫 작은 것을 얻으려 하다가 큰 것을 잃는 '소탐대실'이 될까봐 염려가 되었다. 더구나, 비록 그 일이 의사로서 선한 동기에서 시작한 것이었다 해도 이런 노선 추구는 나중에 마다르 요양원이 인도에서 선도적인 결핵 기관으로 성장하는 것을 막게 될지 모를 일이었다. 그래서 나는 마다르 요양원에서 일반 외과를 폐지하고 이제부터 이곳을 결핵 전문기관으로 삼자고 제안했다. 이유는 딴 게 아니라, 현재 요양원 역량으로는 두 가지 일을 병행하기에 부족하기 때문이었다. 나중에 요양원이 본궤도에 오르면, 그때 가서 경쟁이 덜한 분야에서 확장을 도모하면 되었다.

그러나 이런 내 발언은 내 뜻과는 다르게, 일부러 더 도발적이 되려고 해도 그럴 수 없을 만큼 일부 청중을 격분시켰다. 내가 미처 발언을 다 마치기도 전에, 닥터 타워가 눈에 불을 켜고 얼굴은 붉게 상기된 채 자리에서 벌떡 일어섰다. 그녀는 나를 똑바로 쳐다보고 노기 섞인 목소리로 반박했다. "왜 우리 요양원에서 일반 외과를 없애려는 겁니까? 지금 일반 외과는 요양원의 재정 건전성을 확보하는 유일한 수단 아닙니까? 당신은 우리가 잊힌 존재가 되고, 마다르 요양원이 부채의 수렁에 더 깊게 빠지게 되기를 원하는 겁니까? 어떻게든 우리 요양원이 파산하는 것만은 면하려고 내가 지금껏 무슨 일들을 해왔는지 당신은 정말 까맣게 모르는군요. 나는 일반 외과를 하는 것 말고는 요양원을 유지할 다른 방법을 찾을 수 없었단 말입니다."

닥터 타워의 격정적인 발언이 끝나자 나는 그녀에게 제발 내 말을 끝까지 들어달라고 요청했다. 가까스로 나는 말을 이을 수 있었다. "물론 나도 우리 요양원이 파산하길 원하지 않습니다. 그러나 나는 우리가 모두 합심하여 일한다면 지금보다 훨씬 더 많은 일을 해낼 수 있으리라 생각하며, 또 확신하고 있습니다. 그렇다면, 이제 우리가 결핵과 직접적으로 싸우면서 어떻게 이런 문제들 또한 극복할 수 있을지에 대해 대강 제 생각을 설명드리려고 합니다." 이렇게 말해도 닥터 타워를 진정시킬 수 없었다. 말을 해 봐야 불에 기름을 더 끼얹는 격밖에 안 되는 것 같았다. 그녀 말고 다른 참석자들은 내 제안을 더 듣고자 했으므로, 사람들은 그녀를 설득해 착석하도록 했다.

"얼마 전 나는 아지메르에 가서 그곳 의사 몇 사람을 만나고 왔습니다. 그 사람들은 마다르 요양원이 그 지역 일반 외과 환자들을 빼앗아 가는 바람에 자기들의 영업에 애로가 많다고 불평하더군요. 그래서 나는 만약 마다르 요양원이 일반 외과 진료를 그만두고, 대신 그 의사들로부터 결핵환자를 소개 받으면 어떨까 생각하며 그들 속마음을 넌지시 떠보았습니다. 그들은 내 제안에 대단히 호의적이었어요. 그렇게만 된다면 자기들이 부자든 빈자든 할 것 없이 결핵환자나 흉부외과 환자라면 다 우리 요양소로 기꺼이 보내겠노라고 내게 확언했습니다."

일순간, 회의장 분위기가 싹 달라졌다. 심지어 닥터 타워도 두 볼에서 붉은 기운이 가시기 시작했다. 회의를 마치고 닥터 타워가 다가와 내 손을 잡고 흔들며 이제부터 나를 백 퍼센트 지지한다고 선언했을 때 나는 정말이지 소스라치게 놀랐다. 내가 그녀로부터 최근에 자기가 흉부외과 특별과정을 이수했으며 이제야 그 기술을 써먹을 기회를 잡은 것 같아 매우 기쁘다는 말을 듣고 나서야, 비로소 난 그녀의 그런 극적인 반전의 내막을 알게 되었다.

닥터 타워가 태도를 바꾼 건 분명 다행한 일이지만, 나는 그녀와의 싸움은 이제 겨우 시작일 뿐이며, 앞으로 모든 싸움에서 내가 늘 이길 수는 없다는 것을 잘 알고 있었다. 어쨌든 첫 대결에서 결과가 매우 좋았기 때문에 나는 큰 용기를 얻었다. 운영위원회 임원들과 한명한명 악수를 나누었지만, 누구보다 넬슨과 나눈 악수가 가장 따뜻했다.

이튿날이 되자 만나는 사람마다 내게, 이제 곧 쇄도하게 될 그 많은 환자들을 대체 어디에 수용할 것인가 하는 매우 긴급한 질문들을 했다. 그건 당연한 질문이었고, 마땅히 현실적인 대답이 필요했다.

"여자 병실은 아직 여유가 있고, 다만 남자 병동이 1942년 1월 말이 되어야 완공이 되니까, 일단 남자 환자들은 짚 매트 벽과 이엉으로 엮은 지붕으로 된 오두막 형식 가건물을 지어서 수용하도록 합시다." 이것이 나의 대답이었다. "썩 우아한 모습은 아니겠지요. 난민촌 같아 보일 수도 있어요. 하지만 조촐하고 통풍이 잘 되죠. 바닥은 진흙인데, 표면에 특수 처리된 소똥을 바릅니다. 일반 주민들 집도 다 그렇게 되어 있어요."

"소똥이라…." 한 사람이 살짝 비꼬듯 말했다. "오두막이 통풍은 잘 된다고 하니 그거 다행입니다."

"암모니아 냄새가 조금 날 테지만, 불쾌할 정도는 아닙니다." 나는 정중하게 반박했다. "암모니아 성분은 건물 바닥에서 나쁜 세균이 번식하는 걸 막아줍니다. 아지메르 시립병원에서 정원 초과된 환자들을 그런 식으로 오두막에 수용한 걸 본 적이 있습니다. 위생적이고 보기 좋더군요."

닥터 타워가 화를 내며 나를 비판했다. "그 무슨 낮도깨비 헛소립니까. 내가 뼈 빠지게 일해서 번 요양원 돈을 그런 터무니없는 계획에 쓰는 것에 내가 동의할 거라고 생각하셨나요. 그건 그냥 돈을 시궁창에 버리는 거라고요. 돈 있는 환자라면 아무도 그런 거지 움막에 들어가려 하지 않을 겁니다. 게다가 그런 거지 움막은 얼마 안 가 흰개미가 다 먹어치우거나 먼지폭풍에 날아가 버릴 게 불 보듯 뻔해요."

나는 순간 성마르게 맞대응하고 싶은 유혹을 느꼈지만, 다행히 이성이 나를 지배했다. 여러 사람 앞에서 한 사람에게 모욕을 주는 건 절대 해서는 안 될 일이란 것을 나는 잘 알고 있었다. 대신, 나는 루피 지폐 한 다발을 꺼내 그녀 앞에 내밀었다.

"이 돈은 내가 부유한 잠재적 입원환자 몇 사람한테서 받은 돈입니다. 이름과 액수는 거기 적혀 있어요. 그 환자들은 자기가 쓸 오두막을 짓는 데 드는 비용을 지불하고, 퇴원할 때 그 오두막을 요양원에 남기고 가기로 합의했습니다. 또, 오두막이 다 지어질 때까지 각자 개인 소유 천막을 가져와 살기로 했습니다. 지체 없이 입원하는 게 우선 급하니까요."

닥터 타워가 탁자 위에 놓인 돈을 집는 것을 보면서 나는 '찻잔 속 태풍' 하나가 막 지나갔음을 느꼈다. 그러나 간호책임자 베울라 비숍은 정말 골치 아픈 문제로 고민하고 있었다. 이제 곧 많은 결핵 환자가 한꺼번에 몰려들 텐데, 어떻게 해야 그 사람들에게 적절한 간호 서비스를 제공할 수 있을까 하는 것이 그녀의 고민이었다. 그러나 비숍은 이런 돌발 상황에 잘 대처했다. 그녀는 간호사 구직 신청자 명단에 있는 모든 이들에게 연락을 취했다. 그래서 기간 내에 간호조무사 몇 명을 충원할 수 있었다.

그러는 동안, 요양원 남자병동 신축공사가 비숍의 감독 하에 빠르게 진척되고 있었다. 이 지역에선 건물을 지을 때 대개 돌과 석회를 사용했다. 목재는 될 수 있는 대로 최소한으로 사용했는데, 그건 두 가지 이유에서였다. 하나는 이런 사막 지역에선 목재가 희귀하다는 것이고, 다른 하나는 흰개미 피해를 줄이기 위해서였다. 석공은 전부 남자이지만, 나머지 건설인부는 대개 여자나 나이가 찬 소녀들이었다. 이 여자들은 돌과 회반죽을 납작한 냄비에 담아 머리에 이고 날랐는데, 형형색색 옷을 입은 인간 컨베이어벨트 역할을 했다.

밝은 적색, 오렌지색, 노란색, 초록색 등 색깔들도 다양한 라지푸타나 의상을 입고, 긴 치마와 머리엔 숄을 두른 채, 여자들은 짐을 이고 우아하고 씩씩하게 발을 옮겼다. 그들은 이따금 즉석에서 노래를 만들어 흥얼거리기도 했는데, 한 사람이 가사를 한 줄 읊으면, 나머지 사람들이 합창하여 화답했다.

신축 남성 병동

우리 가족이 인도에서 새 삶과 일에 적응하느라 분망한 나날을 보내는 중에, 바깥세상에선 2차 세계대전의 일부가 되는 중대한 사건들이 일어나고 있었다. 일찍이 일본 군부가 오만하게 공언했듯이, 일본은 기어이 자기 일정표대로 일을 강행할 모양이었다. 상해와 중국 북부 주둔 영국군은 1940년 8월 9일에 철수를 완료했고, 1940년 12월 현재, 일본은 중국에 100만 명 규모의 병력을 배치한 상태였다. 1941년 12월 7일에 일본군이 진주만을 기습공격했고, 이튿날 8일에 미국과 영국은 일본에 선전포고를 했다. 1941년 12월 25일에 홍콩이 일본군 수중에 떨어졌고, 이후 얼마 안 있어 마닐라와 싱가폴이 연이어 함락되었다(각각 1942년 1월 2일과 2월 15일). 곧이어 버마 랑군에 일본군 욱일승천기가 꽂혔다(1941년 3월 7일).

이제 2차 세계대전의 소란을 비껴갈 수 있는 곳은 지구상에 얼마 없어 보였다. 이런 전쟁 때문에 받는 정신적 외상을 우리 부부는 지난 한국 시절에도 경험한 바 있었다. 우리 삶의 이런 측면은 당시 한 회람편지[14]에서 아내 매리언이 적은 글에 잘 표현되어 있다.

제가 혼자만의 시간을 가질 수 있는 건 드문 일이지만, 남편과 장남 윌리엄이 스코틀랜드선교회 스털링 부부를 만나러 떠났습니다. 남편은 스털링 목사와 요양원 남자병동 개관식 행사(1942년 1월 27일 예정)에 대해 논의하기 위해, 아들은 같은 나이 또래인 더글라스 스털링과 14살 남자 아이들이 할 만한 얘기를 하기 위해서 입니다. 남편과 아이가 찻길을 걸어 내려가는 모습을 지켜보면서(우린 꼭 필요한 경우에만 차를 이용합니다), 남편보다 머리 하나만큼 더 큰 저 젊은이가 바로 우리 아들이란 걸 깨닫고 새삼스레 놀랐습니다. 윌리엄은 지난 해 동안 키가 몇 인치나 더 자라는 바람에 길었던 바지들이 다 짧아져 버렸습니다. 지난 주 새로 지은 바지 한 벌만 빼고 말입니다.

조와 필리스는 마당에 낡은 담요 한 장과 막대기 몇 개로 얽어 만든 천막 안에서 울드리지 소령 부부의 아들 월터와 함께 놀고 있습니다. 소령 부부는 정말 좋은 이웃이며, 그분들 덕분에 타향인 아지메르가 마치 고향처럼 느껴집니다. 이것은 한국에서 일본 군부가 우리에게 보인 태도와 정반대인데, 인도에 와서 제일 마음에 드는 변화 중 하나입니다.

지금 우리에게 가장 신경 쓰이는 일은 물론 태평양 전쟁입니다. 일본군 세력 안에 들어간 항구 도시들에 사는 지인들 걱정에 우리 부부는 지난 몇 주간 내내 마음이 천근만근 무거웠습니다. 우리는 불과 1년 전에 그들을 보았고, 그 후 많은 한국 파송 선교사들이 필리핀으로 부임해 갔습니다. 아직 그들에 대해 들은 소식은 없습니다. 우리는 그저 기다리고 궁금해 하고 희망하고 기도하는 것 말고 달리 할 수 있는 게 없군요. 다만, 일본이 1910년 한국을 병탄할 때 벌어졌던 일들에 대해 우리가 선배 선교사들로부터 들은 이야기가 있기 때문에, 그게 마음에 걸립니다. 일본군이 죄 없는 사람들을 교회당으로 불러 모으고 나서 교회당에 불을 질렀다는 것입니다. 어떤 의사가 찍은 고문 피해자들 사진도 본 적이 있습니다.

1년 전, 홍콩에서 우리 가족을 집으로 초대해 극진히 대접해주었던 리Lee 부부와 그들의 어린 딸이 생각납니다. 한국을 떠나지 않고 남은 선교사들과 그들에게 협조한 데 대한 죗값을 치러야 할 가엾은 한국인들에게 대체 지금 무슨 일이 벌어지고 있을까요. 우리 가족이 한국을 떠날 때, 자기도 함께 데려가 달라고 간절히 부탁하던 몇몇 한국인들이 떠오릅니다.

물론, 우리의 좋은 일본인 친구들도 생각납니다. 마지막까지 우리에게 신의를 지킨 사사끼 부부, 우리가 인도에 온 후 편지를 적어 보내준 나가타 부부 등. 우리는 여기에 답장을 보내지 않았는데, 왜냐하면 미국인이나 영국인을 친구로 둔 사실이 알려지면, 그게 장차 나가타 부부에게 불리하게 작용할지 모른다고 생각했기 때문입니다. 우리 부부는 지금도 그들을 사랑합니다. 만약 일본인이 다 그들과 같았다면, 일본이 세계인의 존경을 받는 명예로운 나라로 자리매김할 수 있었을 겁니다. 우리 일본인 친구들도 이 일로 고민하고 있을 것입니다.

그러나 자기네 사악한 목적을 이루는 데 방해가 되기 때문에 사이토 남작[5]을 살해하고, 일본을 파멸로 이끌고 있는 군부의 흉포한 자들, 그들의 사악한 행위에 대해선 정말이지 증오하지 않을 수 없군요. 그리스도인이라면 누구나 현 정권 하에 일본이 자행하고 있는 일에 대해 묵과하거나 용서할 수 없을 것입니다. 2년 전 1939년 9월 우리가 한국으로 돌아올 때 탑승한 'SS 프레지던트 피어스 호'가 일본 항구 몇 곳에 정박해 고철을 하역하는 걸 구경했었는데, 엊그제 진주만 폭격 기사에서 엄청난 양의 고철더미를 또 한번 보게 되었습니다.[16]

아지메르에 돌아와서 몇 달간 퍽 바빴습니다. 여기서 일을 갖게 되고(어학 공부가 선교사역에서 본질적 부분은 아니겠지만, 준비 작업으로는 필요합니다), 우리 집이라 할 만한 곳에 살게 되니까, 이제 인도 생활이 전보다 훨씬 익숙해지고 편해졌습니다. 우리 가족이 처음 아지메르에 온 지 이제 꼭 1년이 되었으므로, 그 기간이면 이제 이곳에 적응할 만한 때도 되었지요.

한국에서 선교활동을 하다가 최근 인도에 온 벡커 부부가 우리 집을 방문해서 매우 기뻤습니다. 벡커 박사는 인도 루크노 기독교대학에서 물리학

벡커 부부와의 관광. 타라가르 언덕 위 방갈로에서 본 아지메르 시.
타라가르 언덕은 닥타 애쉬가 결핵 일을 시작한 곳이다.
(왼편에 아나사가르 호수이며, 오른편 작은 동그라미는 돔지붕집 위치를 표시)

을 가르치고 있습니다. 벡커 여사는 한국에서 당시 열 살 소년이던 제 남편에게 음악을 가르쳐 준 분입니다. 두 분은 낯선 인도 땅에서 생활환경에 적응하는 데 퍽 애를 먹고 있었는데, 이번에 우리 부부와 그 문제에 대해 진지하게 얘기를 나누었고, 서로에게 큰 도움이 되었습니다. 벡커 부부는 우리가 공통으로 아는 지인들의 근황에 대해 좀 알고 있었습니다. 그 얘기를 하며 얼마나 우리가 수다를 떨었을지 굳이 말 안 해도 짐작하실 수 있을 겁니다. 이렇게 두 분이 우리 집을 방문한 기회에 다 함께 아지메르 관광에 나섰습니다. 아지메르 시는 여태껏 우리가 알고 있던 것보다 훨씬 더 유서 깊고 아름다운 도시더군요. …

일이 너무 바빠 글을 길게 쓸 수 없어 퍽 유감입니다. 원래 더 빨리 편지를 부칠 생각이었는데, 연례이사회의가 코앞에 다가와 그 준비를 해야 했고, 집에 손님이 다섯 분 왔는데, 그 중 두 분은 며칠간 머물렀습니다. 더구나 그 무렵, 둘째 아이 조가 간에 문제가 생겨 또 앓아누웠습니다. 지금도 조는 완쾌되지 않아 안색이 파리하고 몸이 막대기처럼 수척한 채 종일 누워 지내고 있습니다.

손님 중 한 분은 피켓 감독이었습니다. 감독은 마다르 요양원 운영위원장이며 요양원에 관련된 모든 사안에 대해 적극적이고 예리한 관심을 갖고 계십니다. 피켓 감독의 아드님도 수 주째 몸이 아픈 상태입니다. 많은 봄베이 의사들에게 진단을 구했지만 병명은 아직 확실히 밝혀지지 않았는데, 아마 간 관련 질환인 것 같습니다. 피켓 감독은 제 남편의 조언에 따라 아들을 미라지 병원에 입원시켰고, 현재 병세가 호전되고 있습니다.

… 요양원이 커지는 중이기 때문에 환자를 수용할 더 많은 건물이 절실히 필요합니다. 치료를 받아야겠는데 병실을 구하지 못한 환자들이 세운 수많은 천막들을 보고 누군가 그러더군요. 이걸 공중에서 보면 군사 목표물로 오인받기 딱 맞겠다고요. 지금 이곳 사람들이 가장 신경 쓰는 일은 이 전쟁의 추이와 그것이 인도에 미칠 영향입니다. 오순절 선교회에서 온 한 미국인 여자는 지레 겁을 먹고 두 아이를 데리고 두 주 전에 이곳을 떠났습니다. 여자의 남편은 여기 남았는데, 가족이 이곳에 온 지 1년밖에 되지 않았기 때문입니다. 이 모습을 본 요양원 환자들이 남은 우리도 조만간 떠나겠지 하고 생각하고들 있지만, 우리는 전혀 그럴 생각이 없습니다. 어쨌든 아직까지 인도는 대양처럼 평온합니다. 우리는 일본이 이곳까지 전쟁을 끌고 올 수 없으리라 생각합니다.

… 지난 주 남편과 저는 요양원 대표 자격으로 감리교회에서 주최한 '회

의체 공중보건위원회' 회의에 참석했습니다. 그 회의에서 '탈출' 얘기는 전혀 없었고, 우리 주변 인도인들에게 학교와 교회를 통해 의료지원을 더 넓히는 방안에 대해서만 논의했습니다.

… 우드스탁 학교가 3월 12일에 개학하므로 저는 아이들을 데리고 고원마을로 떠날 예정입니다. 가족이 이런 식으로 별거하는 것은 우리 부부가 원하는 바가 아니지만, 아직 어린 아이들은 나의 보살핌이 필요하기 때문에 어쩔 수 없습니다. 고원마을의 청정한 기후 아래 우리 가족이 다 건강을 회복했으면 좋겠습니다. 지난 몇 주간 다들 체중이 줄었거든요. 아, 제 남편만 빼고 말이죠. 겨울엔 찌고 여름엔 마르니, 우리 가족에겐 물리 법칙도 적용되지 않는 모양입니다. 여기서 이렇게 큰 집에서 살다가 고원마을 아담한 별장에서 살게 되면 퍽 비좁게 느껴질 것 같습니다. 그러나 고원마을 별장은 위생설비가 여기보다 더 잘 돼있고, 지난 해 우리가 살던 별장보다 더 좋은 곳입니다. '사우스힐 별장'은 전에 살던 곳보다 아이들 학교에 더 가깝고, 학교와 동일 고도에 위치하고 있습니다. 그 별장은 우리 선교회가 우드스탁 학교에 다니는 자녀를 둔 소속 선교사들에게 제공하는 것입니다. 그런 곳을 이용할 수 있게 되어 우리 부부는 매우 감사한 마음입니다.

풀로 엮은 요양소 오두막 군락이 놀랄 만큼 빠른 속도로 지어져 어느새 입주 준비까지 다 마쳤다. 심지어 닥터 타워도 그 일에 열의를 보였다. 그녀는 앞으로 있게 될 흉곽성형시술에서 자기의 외과수술 실력을 제대로 선보이기 위해 수술 바늘과 메스를 예리하게 다듬고 있었다.

아내가 아이들을 고원마을 우드스탁 학교에 복귀시키기 위해 아지메르를 떠난 후, 닥터 타워가 내게 수술 일을 도와달라고 요청했다. 나는 내가 외과 일을 할 수 있다고 한 적도 없거니와, 흉곽성형시술 같이 피가 낭자하고 뼈를 절단하는 식의 수술에 참여하는 것을 별로 좋아하지도 않았지만, 어쨌든 부탁받은 것이니 기꺼이 협조하겠다고 했다. 그런데 퍽 다행스럽게도, 인도인 의사 닥터 코쉬가 요양원 직원으로 새로 들어왔고, 그 사람 덕택에 내가 외과수술을 집도하는 것을 겨우 면할 수 있었다.

이제 나는 내 믿음직스런 청진기로 돌아오게 되었는데, 이 청진기는 이전 어느 때보다 더 중요한 역할을 담당했다. 흉곽성형수술은 비가역적 시술이란 점에서 기흉수술과 차이가 났다. 그렇기 때문에 의사에게 실수라는 것이 용납되지 않았다. 나는 환자의 감염된 폐가 수술로 영구적으로 허탈되었을 때, 맞은편 폐가 거기에 가해질 추가 부하를 감당할 수 있을 것인지 아닌지를 정확하게 판단해야 했다.

불행히도, 당시 닥터 타워는 가슴질환 쪽 경험이 일천한 상태였다. 따라서 외과수술에 대한 그녀의 열정이 자칫 '메스를 든 선무당이 사람 잡는' 격이 되고 말 가능성도 있었다. 한번은, 위험도가 매우 높은 환자에게 타워가 수술을 강행하려 드는 것을 보고 내가 강하게 반대 의사를 표명한 적이 있다. 수술을 해도 환자의 다른 쪽 폐에 무리가 가지 않겠다고 내가 안전 신호를 보내면, 그제야 비로소 환자에게 수술을 시행할 수 있다는 게 규정이므로, 그것을 준수해야 한다고 말했다. 그러나 닥터 타워는 내 명령에 순순히 따를 의사가 없어 보였다. 그녀가 내게 농담 반 진담 반으로 소견을 피력했다.

"당신은 그 낡은 청진기를 너무 믿고 있어요. 마치 그걸 사용하면 저도 못 듣는 제 허파 속 수포 소리가 들리기라도 하는 듯 말예요. 흔히 풋내기 인턴이 그러듯, 당신이 병동을 회진할 때 보면 청진기를 남에게 과시하고 싶은 마음이 역력히 보여요. 만약 제가 회진할 때 메스를 줄에 달아 목걸이처럼 걸고 다니거나, 흰 가운 주머니에 메스 일부가 밖으로 보이게 넣고 다닌다면, 당신 눈에 그게 어떻게 보일까요?"

"지금 문제는, 메스가 보이는 것에 대해 내가 어떻게 반응할까가 아닙니다." 나는 부드럽게 대답했다. "문제는, 내가 아니라 병실에 있는 환자들이 날카로운 메스를 보고 어떤 기분을 느낄 것인가 입니다. 청진기를 보았을 때 그들이 보일 반응과 비교해서 말이죠. 저는 당신의 수술 실력을 매우 높이 평가하고 있고, 외과 의사들에 대해 불만 같은 건 전혀 없어요. 보세요. 전 외과 의사와 결혼까지 한 사람입니다!"

돌연 닥터 타워가 말없이 자리를 떴다. 하지만 조금 후에 명랑한 표정을 하고 다시 오더니, 내 환자 한 명이, 아마 그 환자는 내 청진기의 마법적 효능을 믿는 사람이었던지, 내게 검진을 신청했다고 알려주었다.

닥터 타워가 아직 보고를 끝맺지도 않았는데, 간호사 한 명이 굉장히 흥분해서 뛰어 들어왔다. '비시티'(물 운반원. 우물에서 물을 길어 커다란 가죽 주머니에 담아 한쪽 어깨에 메어 운반했다)가 파업을 하는 바람에 지금 환자에게 줄 식수가 없다는 것이었다. 이건 심각한 상황을 초래할 수 있는 문제였고, 어떻게든 내가 즉시 조치해야 했다. 바로 나는 닥터 타워에게 소리치듯 말했다. "마다르 요양원에 자체적으로 물수레와 소를 갖추어야 해요. 그런 중대한 일을 파업이나 일삼는 자들의 변덕에 맡겨둘 순 없습니다. 이건 도저히 용납될 수 없는 상황입니다!" 문득 한국에서 어린 시절 보았던 일이 떠올랐다. 그때도 물 나르는 일꾼들이 일하기를 거부했었고, 그 때문에 비극적인 결과가 나타났다.

"그래요. 저도 전적으로 동감합니다." 닥터 타워가 긍정적으로 반응했다. 좋은 의미에서, 나는 놀랐다. "그 문제는 지금 금고에 있는 돈으로 당장 해결할 수 있습니다. 그러나 젊은 양반, 이건 확실히 아셔야 합니다. 이 요양원을 더 확장할 생각이라면, 어떻게 충분한 양의 식수를 확보하며, 어떻게 그 비용을 마련할 것인가 하는 문제부터 우선 해결해야 한다는 것을요." 그녀 말에 일리가 있다고 느끼며 답변했다.

"그렇게 된다면 참 좋겠지요." 그러나 고백컨대, 당시 나는 그 방법에 대해 알지 못했다.

내가 요양원 일을 시작한 초기에 직면했던 문제들이 다 이렇게 심각한 것만 있었던 건 아니다. 개중에는 인도 문화에 대해 내가 알아야 할 것이 많구나 하고 느끼게 만든 일도 있었다. 이 무렵 있었던 한 사건이 특히 기억에 남는다.

어느 날 아침, 내가 병동을 돌고 있는데, 간호사 한 명이 내 앞을 막아섰다. 그녀는 숨을 가쁘게 쉬며 내게 다가왔는데, 잔뜩 화가 난 얼굴이었다. "소장님, 이리로 빨리 와주세요. 여자 병동에 큰일이 생겼어요. 거기 환자들도 다 화가 나 있어요."

서둘러 간호사 뒤를 따랐다. 내 머릿속에 온갖 종류의 난감한 상황들이 떠올랐다. 가보니, 내가 보기엔 별 것도 아닌 것을 가지고 병실 사람들이 소란을 피우고 있었다. 실제로 내가 놀랐던 부분은, 평소에 내가 다가가면 사리로 얼굴을 가리기 바빴던 이 수줍음 많은 여인네들이, 어떻게 지금은 가리개를 내던지고 더욱이 잔뜩 화난 표정까지 한 채 맨얼굴을 드러낼 수 있느냐 하는 점이었다. 여자들은 손과 발을 마구 흔들며 소리지르고 있었다. 이 소란의 원인은 다른 게 아니라, 병상 요강을 비우지 않았다는 것이었다! 청소하는 아줌마가 갑자기 퇴근했는데, 대신 이런 궂은일을 하겠다는 사람이 없던 모양이다.

내 생각에 해결책은 아주 간단했다. 나는 당연하다는 투로 간호사에게 요강을 비우라고 지시했다. 의학적 관점에서 배설물이란 건 더러운 게 아니기 때문이다. 그러나 내 말을 들은 간호사의 얼굴이 심하게 일그러진 것을 보고 나는 충격에 빠졌다. 표정을 일그러뜨린 그녀는 곧 내가 못 알아듣는 힌디로 욕설을 쏟아냈다. 난 말은 모르지만 그녀가 전하려는 뜻만은 분명히 알아들었다! 그리고 나서 간호사는 눈물을 펑펑 쏟으며 뛰어갔다. 이렇게 화난 몸짓을 하며 울며불며 소리지르는 여인들 틈에서 이 불쌍한 남자가 무얼 어찌해야 한단 말인가.

다행히 비숍이 이런 광란의 현장에 등장하여 나를 구원해주었다. 비숍은 얼른 상황을 파악하고는 문제의 요강을 들고나가 적절한 장소에 비우고 왔다. 믿기 어려울 만큼 짧은 시간 안에 병동은 평온을 되찾았고, 여자 환자 얼굴들 위에도 전과 같이 사리가 드리워졌다. 그러고 나서 비숍은 내게 방금 전 상황에 대해 설명해주었다. 간호사에게 요강을 비우라고 지시한 것은 도저히 용서받지 못할 죄악에 속하는 행위라는 것이었다. 비숍은 그런 일이 청소부 카스트에 속한 사람들의 고유 업무라는 점을 인내심을 가지고 설명해주었다. 더욱이, 간호사 직업 자체가 미혼 여자가 하기에는 적합하지 않은 일이라는 말도 덧붙였다. 아직도 많은 인도 부모들은 간호사 일이 자기 딸의 격을 떨어뜨린다고 여기고 있으며, 딸이 그런 일을 하다가 나중에 시집도 못 가면 어떡하나 걱정한다는 것이었다. "결론을 말하면, 미혼 여자들에게 혹시 큐피드가 그들 방문을 노크하기 두렵게 할 만한 일은 되도록이면 시키지 말아야 한다는 것입니다."

내가 거기에 대해 불평하려는데, 비숍이 계속 말을 이었다. "이제 인도 기독교계가 불가촉천민 계층 사람들의 사회 활동을 받아들이기 시작했지만, 전통적인 직업 장벽은 여전히 존재합니다. 사람들은 아직 그것을 허물고 싶어 하지 않습니다. 사람들이 요강 비우는 일에 대해 그토록 예민하게 반응하는 이유가 그것입니다. 이런 태도는 시간이 지나면 바뀔 것이고, 어쨌든 우리가 여성 간호사를 고용하고 있다는 사실 자체가 장족의 발전을 했다는 증거입니다. 실제로, 국립 병원에서 간호사로 일하고 싶어하는 사람들은 그리스도인 말고는 없습니다."

나는 비숍의 친절한 설명으로 인도의 간호사 문제에 대해 더 잘 이해하게 되었다. 한국에서는 이런 곤란이 전혀 없었다. 두 나라가 같은 아시아 국가들이지만, 문화적으로는 큰 차이가 있음을 알게 되었다. 나중에 청소원 여자가 돌아와 내게 크게 사과했다. 여자의 아들이 갑자기 아팠던 모양이었다.

우리가 낯선 문화에 적응하려고 애쓰는 동안, 정치적 위기는 국가적 수준에서 전개되고 있었다. 광포한 일본군의 다음 목표는 누구나 탐내는 대영제국의 보석, 인도라는 게 확실해졌다. 이미 인도 동부해안에 산발적인 공습이 있었고, 이것은 본격적으로 침공한다는 전조였다. 국제정세가 극도로 불길한 가운데, 인도 국민의회당 지도부는 영국 인도총독부에 영국 통치로부터 즉시 독립할 것을 요구하는 성명을 발표했다. 우리는 이 놀라운 사건을 계기로 새 선교지 인도의 통치 정책과 여러 입장들에 대해 새롭고 중요한 사실 몇 가지를 알게 되었다.

인도 민중과 지도자들 사이에서 독립 의지가 높아가면서 영국 통치기 동안 국내에서 소요사태가 주기적으로 발생해오고 있었다. 이들 분쟁의 결과로 1919, 1935, 1937년에 헌법 및 통치체제가 개혁되었고, 인도인은 행정부와 의회에 더 많이 참여하고 지방자치는 더욱 폭넓게 확대됐다. 원래는 영국인 관료, 임명직 인도인 관료, 선출직 인도인 의원, 이 셋이 권력을 분점했는데, 영국은 단계적으로 전원 인도인 선출 정부로 이동하면서 단계적으로 인도에 독립성을 부여하려는 계획을 갖고 있었다.

그러나 1939년 9월, 인도총독 린리스고 경이 인도 지도자들과 사전협의 없이 독단으로 독일에 선전포고를 하자 인도 지도자들은 화가 잔뜩 났다. 비록 법률적으로 인도가 아직 영연방 주권국 지위를 가지진 못했으나(가령 인도가 그러한 지위에 있었다면 협의가 필요했을 것이다), 인도총독이 최소한의 예의를 차리지 않은 것은 외교적 실수였다. 당해 10월, 분노한 인도 의회지도자들은 국민의회당원들에게 그들이 차지한 지방부처의 많은 선출 공직에서 일제히 사퇴할 것을 촉구했다. 이 사건은 즉각 인도 독립에 대한 요구를 촉발시켰고, 그들은 만약 이 요구가 받아들여지지 않으면 시민 불복종 사태에 직면할 것이라고 위협했다. 영국 정부의 협상 시도가 실패로 끝나자, 국민회의당은 새로운 저항 운동을 시작했다. 모한다스 간디, 자와하랄 네루, 그리고 기타 이 운동 지도자들이 체포되었으나, 그해 말에 석방되었다.

몇 달 후, 인도 민족주의 지도자들은 다시 인도 독립을 주창하기 시작했다. 1942년 4월, 국민의회당 지도부가 영국정부특사 스태포드 크립스 경이 전달한, 전후 인도의 분리독립과 자치를 약속한 영국의 제안을 거부함으로써 전시 교착상태를 타개하려는 영국의 마지막 노력은 수포로 돌아갔다. 인도 전국에서 소요가 일어났고, 간디, 네루, 그리고 그들의 수많은 추종자들이 체포되었다. 간디는 1944년 5월에 건강상의 이유로 석방되었는데, 그는 단식으로 인해 거의 사경에 이른 상태였다. 같은 시기에 다른 사람들도 많이 석방되었는데, 네루를 비롯해 수백 명의 사람들은 1945년 유럽에서 전쟁이 종식되고 나서야 비로소 풀려났다.

인도의 즉각적 독립을 외치며 점점 커지던 시위와 치안교란 행위가 정부에 의해 진압되는 것을 보고 우리는 모두 크게 안도했다. 일본의 침공 위협이 최고조에 다다른 이때에 이런 내부 반란으로 초래될지 모를 결과는 생각만 해도 소름끼치는 일이었다.

다시 내 신변 얘기로 돌아와서, 고원마을 학교에 가 있는 아내, 아이들과 별거한 채 살아가는 이런 생활 방식은 우리가 한국에서 살때와 달라진 점 중 하나였다. 우리는 격리를 극복하기 위해 서로에게 자주 편지를 썼다. 매리언은 1943년 성탄절을 맞아 지원자들에게 쓴 편지에서 우리가 새 선교지에서 이렇게 사는 모습에 대해 다음과 같이 적었다.

1943년 성탄절, 사우스힐 별장에서,

지난번 편지를 드린 이후 벌써 1년 반이 지났군요. 그 기간 동안 아마 세계사에 유례가 없을 정도로 많은 일들이 있었습니다. 과연 이곳 인도에서 우리에게 무슨 일이 일어날지, 혹시 일어난다면 그게 외부의 적으로부터일지, 내부의 적으로부터일지 저희는 확실히 알지 못합니다. 그러나 지난해 여름, 우리는 내부의 적 때문에 많은 걱정을 해야 했습니다.

1942년 4월 말에 감독단의 지시로 이곳 고원마을에 거주하는 선교사들이 한 자리에 모여 현 시국에 대해 토론했습니다. 인도를 떠날 경우 예상되는 위험과 인도에 남을 경우 예상되는 위험이 둘 다 적시되었으며, 선택은 개인의 판단에 맡기기로 했습니다. 어쨌든 이것 때문에 우리 부부는 한국에서 보낸 마지막 몇 달간의 기억을 되살리지 않을 수 없었고, 그건 우리 마음을 또 다시 아프게 했습니다. 다만, 한국 시절과 다르게 이곳 정부는 우리에게 우호적입니다.

저희 부부는 남기로 했고, 다른 선교사들도 휴가기간이 맞지 않아서 혹은 건강이 좋지 않아 떠날 수 없어서 거의 다들 인도에 남았습니다. 8월 이후 이따금 사는 게 참 위험한 거구나 느꼈습니다. 간디의 비폭력 저항 때문에 백인, 인도인 할 것 없이 많은 사람들이 목숨을 잃고, 많이들 다쳤습니다. 그들은 미국인, 영국인 가리지 않고 모두에게 침을 뱉고 돌을 던졌습니다. 그리고 선교회 건물에도요. 그건 매우 지성적이지 못한 행위였고, 국민의회당이 거사에 실패한 것은 인도 국민을 위해 퍽 다행한 일입니다. 만일 거사가 성공했다면, 그날은 이 나라를 위해 유사 이래 가장 애통한 날이 될 뻔 했어요. 청소부 카스트 출신 그리스도인이며 제 인도어 선생인 분이 이렇게 말하더군요. "우린 모두 전에 있던 자리로 돌아가야 했을 겁니다. 고위 카스트 사람들과 같은 우물을 쓸 수 없고, 일반 식당에 출입할 수 없으며, 카스트 제도가 우리 마을 사람들에게 부과하는 기타 모든 금기들을 다시 감수해야만 했을 테지요."

1942년 8월에 … 남편이 이곳 고원마을에 올라와 며칠간 머물렀습니다. 행복한 가족 상봉이었습니다. 아이들이 무려 4개월 동안 아버지를 보지 못했었거든요. 저는 그 전에, 닥터 타워가 흉곽성형수술을 하는 걸 돕기 위해 7월에 아지메르에 내려가 두 주간 머물렀었습니다. 비에 말끔히 씻긴 아지메르는 제 눈에 마치 다른 도시처럼 보였습니다. 흙먼지는 어디에도 없고, 갈색 사막이었던 곳은 다 푸르고 촉촉했으며, 심지어 선인장에도 보들보들한 녹색 새순이 나와 있었습니다. 모든 게 기적처럼 변해 있었습니다.

지난 성탄절에 저희는 '탈출자' 모임을 가졌습니다. 저희와 암스터츠 부인 가족 말고, 참석자에는 버마에서 온 옴스테드 부부도 있었습니다. 이 외에 독신 영국인 교사 한 분, 마다르 요양원에서 근무하는 여성 세 분까지 합류하여, 저희 모임은 꽤 큰 성탄절 저녁 파티가 되었습니다. 심지어 식탁에 칠면조까지 올랐는데, 그건 옴스테드 부부가 라호르에서 키우던

걸 가져온 것이었습니다. 올 성탄절엔 미국 군인 몇 분을 초대할 생각입니다. 이번에 칠면조가 없으면 어떡하나 걱정이 좀 됩니다만, 그것과는 상관없이 즐거운 날이 되리라 믿습니다.

인도에 사는 많은 외국인들 사이에는 델리나 기타 전략적 중심지들이 일본군에 의해 점령될 가능성에 대해 소문이 무성했다. 어떤 이들은 벌써부터 안전한 곳으로 피난 갈 준비를 시작하는가 하면, 다른 어떤 이들, 특히 앵글로 인도인 사회는 신경이 극도로 예민해졌다. 후자의 사람들 중 많은 수가 인도의 교통 요충지, 예를 들어 철도 작업소나 기차역 같은 데서 일하고 있었다. 아지메르에는 인도에서 가장 큰 철도 공장 중 하나가 있고, 그곳에서 기관차와 화물차가 제조되거나 조립되고 있었다. 그렇기 때문에, 사람들은 아지메르 지역이 조만간 적의 우선적인 폭격 목표가 되지 않을까 두려워하고 있었다. 닥터 타워는 사무실장 봉주르를 통해서 앵글로 인도인들과 밀접한 거리에 있었다. 그래서 앵글로 인도인들 사이에 타워에 대한 안 좋은 소문과 구설이 늘 나돌았는데, 평소 타워는 그런 구설들에 신경이 퍽 예민해져 있었던 듯하다.

닥터 타워가 가끔씩 내게 다가와, 철도 작업소가 우리 요양원에서 불과 10킬로미터 떨어진 데 있으므로 환자들을 딴 곳으로 대피시키는 게 좋겠다고 말했다. 나는 아지메르가 일본군 기지에서 꽤 멀리 떨어져 있고, 그런 갑작스런 변란이 일어날 징후가 아직 없으므로 일단 닥터 타워를 안심시키려고 했다. 나는 이 환자들을 맡길 적당한 장소도 없거니와, 그녀가 수술을 하지 않아서 환자에게 생길 위험이 환자가 폭격에 죽을 위험보다 더 클 것 같다는 말도 덧붙였다. 타워는 내 말에 수긍이 간 듯 보였다.

그런데 어느 날 새벽, 전령이 돔지붕집에 오더니 평상시보다 훨씬 더 요란하게 기침을 하며 나를 깨웠다. 전령은 방문 아래 틈새로 겉면에 "비상사태"라고 큰 글씨로 쓴 쪽지 한 장을 밀어 넣었다. 그걸 본 순간 잠이 확 달아나 쪽지로 손을 뻗어 급히 겉봉을 뜯었다. 나는 눈이 휘둥그런 상태에서 전보문처럼 압축된 문체에 암호처럼 이해하기 힘든 내용이 담긴 그 글을 읽어 내려갔다.

"닥터 타워는 당신이 행동할 거라고 믿지 않습니다. 그래서 자기가 직접 나서서 환자를 대피시키겠다고 합니다. 지금 즉시 와주세요. 자칫 요양원에 회진할 환자가 한 명도 없게 될지 몰라요. 서두르세요. 캐럴라인 넬슨."

이건 굉장히 놀랍고 우려되는 소식이었다. 공습이 임박하면 철도작업소에서 울리게 되어 있는 요란한 경보 사이렌도 전혀 들리지 않은 상황이었다. 비록 요양원 원장으로서 적절한 차림은 아니었지만, 나는 즉시 카키색 반바지와 흰색 티를 걸친 채로 마다르 요양원으로 달려갔다.

와 보니, 넬슨이 쪽지에서 경고한 상황이 눈앞에서 여실하게 실연되고 있었다. 환자들이 무엇에 홀린 듯 허겁지겁 자기들의 빈약한 소지품을 챙기고 있었다. 개중에는 눈에 눈물이 그렁그렁한 사람마저 있었다. 환자들은 요양원을 떠나기 싫은 게 분명했다. 나는 서둘러 닥터 타워를 찾았다. 그녀 역시 작은 가방에 자기 물건들을 쑤셔 넣는 데 열을 내고 있었다. 타워도 나를 보고 퍽 놀란 것 같았다. 게

다가 내 등장을 못마땅하게 여기는 기색이 역력했다. 나는 인사치레는 생략한 채 타워에게 즉각적인 해명을 요구했다.

내가 나타난 것에 크게 놀란 그녀가 엉겁결에 입을 열었다. "원장님이 어떻게 알고 … 누가 알려준 겁니까?" 나는 그녀의 질문은 못 들은 체 하고 계속 해명을 요구했다. 낯빛이 벌게지고 눈에 불을 켠 채 타워가 소리쳤다. "젊은 양반, 당신이 옹고집으로 행동을 안 하려고 하니, 내가 대신 나서 임박한 폭격에서 환자들 목숨을 구하려는 것 아녜요!"

나는 격노하여 말했다. "이 요양원의 최고책임자로서 난 즉시 당신의 권한 밖 지시사항에 대해 취소명령을 내립니다. 환자들이 아무도 모를 곳으로 피난 가서 위험에 노출되어 죽게 될 수 있어요. 더욱이 그게 결핵환자라면 죽게 될 확률이 백 프로예요. 피난을 가건 말건 그건 당신 자유지만, 갈 테면 혼자 가야지 환자를 데리고 가는 건 허락할 수 없어요. 이건 명령입니다!"

말을 마친 나는 분한 얼굴로 서 있는 닥터 타워를 뒤로 한 채, 그녀가 내린 지시를 번복하기 위해 환자들이 있는 곳으로 갔다. 또, 환자들에게 지금 느끼는 공포심이 전연 근거 없는 것임을 알게 해서 안심시킬 필요도 있었다. 그렇게 한 다음, 나는 환자들을 병상으로 돌려보냈다. 즉시 질서가 회복되었다. 직원과 환자들 표정에도 큰 안도감이 비쳐 보였다.

우리가 분주한 그 시간, 닥터 타워는 어디론가 떠나 보이지 않았다. 자기가 예상했던 아지메르 폭격이 현실화되지 않고 위기가 다 지나간 것처럼 보이게 되고 나서야, 비로소 그녀는 요양원으로 돌아왔다. 이후 사람들이 타워에게 이 일에 대해 물으면, "난 그 얘긴 하고 싶지 않아요. 그러니 그 얘긴 두 번 다시 꺼내지 말아요"라는 말만 들을 뿐이었다.

'폭격 대피' 소동 이후 모든 게 평상으로 돌아왔지만, 요양원의 평범한 일상마저도 단조롭거나 지루하지 않았다. 그동안 수가 많이 느는 정통 힌두 환자들이 브라만 '칸사마'를 요구하기 시작했다. 결핵치료에서 식단이 굉장히 중요하다는 걸 잘 알기 때문에, 나는 그동안 유능한 조리사를 백방으로 수소문해 왔지만, 그런 사람을 구하는 게 쉽지 않았다. 그러다가 마침내 그런 조리사를 발견했고, 그제야 한시름 덜 수 있었다. 정통 힌두교인이어야 한다는 것, 엄격한 채식주의자인 이들 환자가 거부하는 육류를 사용하지 않으면서 가능한 한 많은 양의 단백질을 함유한 식단을 제공할 수 있어야 한다는 것, 조리사는 이 두 가지 조건을 다 만족시켰다. 힌두교에서 살생은 죄이기 때문에, 심지어 그들이 먹는 계란도 반드시 무정란이어야 했다.

타르사막(또는 대인도사막) 가장자리에 위치한 라지푸타나는 특히 건기 때에 먼지폭풍 피해를 입는 수가 많았다. 어느 날 밤, 유달리 강력한 먼지폭풍이 마다르 지역을 덮쳤다. 이튿날 새벽이 되어 나는

풀로 엮은 오두막. 짤빠이(간이침대)와 거적이 밖에 나와 있다.

부실한 요양원 오두막들이 어찌 되었을까 걱정하며 피해 점검을 하러 나갔다. 오두막들은 꽤 잘 버텨주었다. 다만, 그 중 몇 동의 초가 지붕이 심하게 흐트러져 있어서 이엉으로 지붕을 새로 이을 필요가 있었다. 의외로 환자들은 별 불평을 하지 않았다. 그런 먼지폭풍에 익숙해 있기도 하거니와, 그걸 자기 '카르마'(업보)로 받아들이려 하기 때문이었다. 환자들은 폭풍이 지나가니 날씨가 선선해져 좋다고만 말할 뿐이었다.

비록 폭풍이 많이 약화되긴 했지만, 아직 서늘한 연풍이 남아 불고 있었다. 내가 오두막들을 하나하나 점검하고 있는데, 누군가가 겁에 질려 "악! 악!(불이야! 불이야!)" 하며 외치는 게 들렸다. 먼지 낀 내 안경알을 통해 먼 데 있는 오두막 한 채가 활활 타는 게 뿌옇게 보였다. 근처에 있던 간호사, 사환, 그밖의 직원들이 재빠르게 몸을 움직여 순식간에 환자들을 불지옥에서 끌어냈다.

그러는 동안, 나는 다른 오두막에 있는 환자들에게 즉시 밖으로 나오라고 지시했다. 사람들이 큰 불이 일어난 곳에다 물을 퍼 담아 채 끼얹기도 전에 그 아름답던 풀로 지은 오두막들이 다 연기를 뿜기 시작했기 때문이다.

변명할 여지없이, 더 싼 비용으로 결핵환자 수용시설을 마련하려던 내 생각은 실책이었다. 이 사건으로 나는 새로 지을 건물은 필히 화재로부터 방호가 되는 더 비싼 자재로 지어야 함을 깨달았다. 여기에는 돌이 안성맞춤이었다.

물론 내 실수는 이게 마지막이 아니었다. 나는 일을 겪은 뒤에야 비로소 배우는 아둔한 사람이기 때문이다. 다만, 부디 이런 비극에 가까운 사건을 통해서 배우지 않기를 바랄 뿐이었다. 내가 재임하는 동안 요양소에서 화재 사건은 더 이상 없었지만, 나중에 우리 부부는 마다르 요양원을 파괴하려는 동양인들의 음모에 걸려 하마터면 화형당해 죽을 뻔한 일을 겪게 된다. 하지만 이 얘기는 다른 장에서 하는 게 좋겠다(이 일은 실제로 화형에 처할 뻔 했다는 것이 아니라 마다르 요양원이 음모자들의 손에 넘어갈 뻔한 사건을 가리키는 것 같다. 이 책의 27-28장을 보라―편집자).

제7장. 통합함으로써 우리는 더 강해진다

마다르 요양원에서 난 화재로 인한 재의 열기가 채 식지 않은 무렵, 틸라우니아 지지자들은 닥터 코라 킵(예전에 틸라우니아 소재 매리 윌슨 요양원 원장)이 나를 틸라우니아로 초청해서 화재방호가 잘 된 그곳 건물들을 보여주고 싶어한다는 소식을 전했다. 이미 오두막에 있던 환자 중 많은 수가 신축 병동으로 이송된 상태였지만, 틸라우니아 지지파는 이 사건으로 자기들의 주장을 재차 강변할 좋은 기회가 왔다고 생각하는 게 분명했다. 물론 나는 킵의 방문 요청을 수락했다. 남의 불행이 자기의 행복이라서 그러는 건지는 알 순 없지만, 전갈을 갖고 온 사람의 야릇한 미소 앞에서 나도 불편한 속내를 애써 감춘 채 같은 미소로 응대하는 것 말고 다른 수가 없었다.

카이슬라 부부가 인도를 떠나기 전에 우리 부부가 인도에 온 것은 참으로 절묘한 주님의 안배였다고 나는 늘 생각해왔다. 부부에게 배운 것 중 많은 부분이 내가 일의 방향을 잡는 데 기초가 되었고, 굳건한 기반 위에서 더 위로 쌓아 올리게 했다. 닥터 에드나 벡(결혼

후 성이 카이슬라로 바뀜)은 1906년 틸라우니아에서 인도 최초의 결핵 요양원을 설립했는데, 이것은 라지푸타나에서 혹심한 기아가 발생한 직후였다. 기아에 동반되는 것 중에 우리를 두렵게 하는 일은 결핵의 만연이었다. 인도에 온 직후에 나는 닥터 에드나에게 두 곳 모두 감리교선교회가 운영하는 기관인데, 어째서 마다르 요양원이 마다르 통합요양원으로 불리게 되었는지 물은 적이 있다. 닥터 에드나는 그건 마치 결혼처럼 단순한 이유 때문이라고 했다. 1938년에 두 요양원이 단일한 명칭 아래 합치기로 결정되었을 때, 이제 두 요양원이 하나로 결합되었다는 것을 나타내기 위해 명칭에 '통합'이란 말을 넣었다는 것이다. 내가 보기에, 지금 진행 중인 암투 때문에 두 기관은 통합은커녕 양극화의 길을 걷고 있는 듯했다.

닥터 킵을 만나자 편안한 느낌이 들었다. 은퇴할 때가 가까운 나이에다가 용모에서도 자상함과 위엄이 풍겼다. 킵의 자세하고 재미있는 길 안내 덕분에 틸라우니아까지 가는 길이 꽤 즐거웠다. 우리가 탄 차는 곧 대로를 벗어나 길 양편에 키 큰 풀이 자라는 초원이 있는 라지푸타나 밀림 속 거친 오솔길을 달렸다. 경고도 없이 차가 크게 흔들리며 정지하는 바람에 우리 몸이 와락 앞으로 쏠렸다. 차 앞을 보니 원인을 알 수 있었다. 사슴 한 떼가 우아한 몸놀림으로 길을 뛰어 가로지르고 있었다. 사슴들도 우리만큼 놀란 듯했다. 녀석들은 마치 사진기 앞에서 자세를 취하듯 잠시 멈추어 서서 우리를 똑바로 쳐다보았다. 아내가 차 뒤 트렁크에서 카메라를 꺼내 왔지만, 그새 사슴 떼는 사라지고 말았다. 흔히 사슴 떼 근처엔 그것을 노리며 따라다니는 호랑이가 있다 하니 오히려 잘된 일인지도 몰랐다. 운전사도 그걸 의식하고 차 속도를 더 냈다. 곧 우리는 앞에 가던 낙타대상을 따라잡아 지나갔다. 낙타들은 등에 무거운 짐을 지고서도 시속 25킬로미터쯤 되는 속도로 꽤 빠르게 이동하고 있었다.

틸라우니아의 거대한 잿빛 석조건물이 멀리 보이기 시작했다. 퍽 인상적인 건물이었다. 닥터 킵이 이 건물에 자부심을 느끼는 건 당연했다. 그녀가 이 건물 건축을 감독했기 때문이었다. "사실 이 요양원은 '매리 윌슨 요양원'이라 부르는 게 맞습니다. '틸라우니아'가 아니구요." 닥터 킵이 말했다. 그녀는 대리석으로 된 요양원 명판을 손가락으로 가리켰다.

요양원에 이르자 킵은 우리 부부에게 여러 건물과 각 건물의 특징에 대해 설명하기 시작했다. 내겐 수술실이 특히 인상 깊었는데, 다른 곳보다 더 좋은 시설을 갖춰서가 아니라, 인도 최초 요양원인 이곳에 결핵을 외과적으로 치료하는 일이 보편화되기 한참 전인 당시에 이미 수술실을 구비하고 있었다는 사실 때문이었다. 다음은 시체실이었다. 이곳을 본 아내는 예전엔 결핵 수술이 아주 큰 위험을 무릅써야 했나 보다며, 좀 분위기에 맞지 않는 농담을 했다.

우리는 예전에 결핵을 앓는 아이들(1905-1906년 라지푸타나 대기근 때의 고아들)을 앉히고 공터 수업을 했던 장소로 안내 받았다. 의사, 간호사 숙소는 꽤 근사했다. 가는 곳마다 파충류의 흔적이 있었다. 방치된 병실 구석구석에 뱀이 탈피기에 벗어놓은 허물이 뒹굴고 있었다. 병동 바닥에 염소똥이 있는 것을 보아, 이 짐승들이 건물을 마음대로 드나드는 모양이었다. 그러나 가장 놀라운 것은 요양원을 둘로 나누고 있는 높은 장벽이었다. 닥터 킵이 설명을 자청했다.

7. 통합함으로써 우리는 더 강해진다

"저 벽에 대해 무척 의아해 하시는 것 같군요. 혹시 저 벽이 소녀와 성인 여성을 격리하려는 게 아닌가 생각하실지 모르지만, 그게 아니라, 병이 진행된 환자와 초기 환자를 격리하기 위한 것입니다. 의사가 병의 진행이 멈췄다고 여겼던 환자가 진행성 환자와 너무 자유롭게 섞인 탓에 재감염되어 우리가 들인 노력이 헛수고가 되는 일이 잦았습니다. 벽을 설치하자 곧 그런 문제가 사라졌습니다. 요양원 내 질서를 유지하는 데도 도움이 됐고요."

나는 닥터 킵과 직원들이 인도 최초의 결핵요양원을 설립하고 발전시키는 과정에서 정말 훌륭하게 일을 해냈다는 것을 느꼈다. 그래서 난 사심 없이 킵에게 축하의 말을 건넸다. 그런데 그녀의 재빠른 반응이 나를 당혹케 했다. "두 눈으로 직접 확인하고 나니 이제 원장님도 우리 편이 되어 주시는군요. 자, 그러면 언제쯤 마다르 요양원 환자들을 이곳 틸라우니아로 옮길 생각이신가요?"

응수할 적당한 말이 생각나지 않았지만 그냥 느낀 바를 솔직히 말했다. "그렇습니다. 제가 이곳 매리 윌슨 요양원 건물들을 둘러볼 영광스런 기회를 갖고, 닥터 킵과 동료분들이 해낸 일에 대해 듣고 나니 무척 감명 깊고 이곳에 대해 좋은 감정이 생깁니다. 여러분은 과거 그 힘든 여건 속에서 정말 눈부신 성과를 거두었습니다. 그러나 부디 이런 제 말을 심경에 변화가 생긴 것으로 해석하진 말아 주십시오. 여전히 전 과연 틸라우니아가 요양원이 들어설 이상적인 입지일까를 확신하지 못하고 있습니다. 마다르 요양원을 재개소하기로 한 이사회의 결정은 제 생각에 합당한 결정이었던 것 같습니다."

이제 닥터 킵이 놀랄 차례였다. 나는 마다르가 갖는 이점들, 예를 들어 엑스레이나 조명장치 등을 위해 도시 전기를 끌어 쓸 수 있다는 점 등을 조목조목 열거해 말했다. 그 중 내가 제일 강조한 대목은 명색이 현대적인 결핵요양원이라면 최고의 유능한 인재들이 거기서 일하고 싶은 마음이 들어야 한다는 사실이었다. 인근에 아이들을 위한 교육시설이나 가족이 향유할 문화시설이 없다면 능력 있는 직원이 그런 데서 오래 일하고 싶을 리가 없을 것이다. 이런 현상은 예전에 틸라우니아에서 실제로 겪었던 바다. 마다르가 갖는 이점은 그런 시설이 있는 아지메르에서 그리 먼 곳에 있지 아니한 점과, 하나 더 보태면, 환자의 가족이나 친지들이 비교적 수월하게 방문할 수 있다는 사실 등이었다.

고개를 들어 킵의 얼굴을 보니 내 말을 받아들이기 힘들어 하는 기색이 역력했다. 인간적으로 무척 미안한 마음이 들었다. 그래서 나는 더 이상 마다르의 장점 같은 것을 언급하지 않고 대화 주제를 바꿨다. 나는 우리가 마다르 요양원 여성병동 외부 적당한 장소에 '매리 윌슨'이란 명판을 예쁘게 만들어 붙이는 것을 허락해 줄는지 닥터 킵에게 물었다. 어찌 됐든 마다르 요양원은 명색이 "통합요양소"인데. 킵은 내 청원을 선뜻 승낙해주었다. 물론 이런 내 제안이 그녀가 느꼈을 깊은 실망감을 보상할 수는 없었다. 그럼에도 불구하고, 닥터 킵은 자기 친구의 이름이 세간에 영원히 기억되리란 사실에 매우 기쁜 기색이었다.

틸라우니아 방문 후, 나는 마다르 요양원 쪽을 발전시켜 나가기로 한 이사회의 결정이 현명한 결정이었음을 공식석상에서 확인했다. 이후 이 문제는 더 이상 거론되지 않았다. 매리윌슨 요양원의 풍부한 유산은 마다르 요양소에 아낌없이 상속되었으며, 이런 통합을 기반으로 해서 마다르 요양원은 안정적으로 전진하게 되었다.

이렇게 틸라우니아 문제가 잘 해결되어 한시름 놓게 되었지만, 마다르 요양원은 부채 문제라는 심각한 장애물이 여전히 오랫동안 남아 있었다. 얼마 전 우리는 오두막이 소실되는 좌절을 경험했다. 그건 분명히 큰 재난이었는데, 참으로 이상하게도, 그 화재가 부채 문제 해결에 도움이 됐다. 불난 오두막에서 환자를 구출한 이야기가 퍼지면서, 뜻밖에도 지역 여론이 마다르 요양원에 대해 우호적인 관심을 보인 것이다. 금전적 도움을 주는 분들이 생기고, 찾아오는 환자도 늘었다. 심지어 몇몇 지역 군주까지 나서서 초가 오두막 대신, 화재에 강한 석조건물을 세우도록 돈을 기부했다.

'봄베이 연맹'은 제럴다인 레이시 스콧을 기념하는 건물을 한 채 세우자고 제안했다. 이 건물은 그녀의 남편 닥터 롤런드 스콧이 기증했으며, 덕택에 1942년에 병상수가 55개로 늘게 되어 환자수용 공간이 부족했던 요양원에 큰 도움이 되었다. 남성 병동근무자가 숙식할 방이 있는 건물이 한 채 지어져 직원 주거조건이 향상되었다. 새롭게 우물을 조성했기 때문에, 일단 우물용 전기펌프를 작동시키기 위해 철길을 가로질러 요양원 전원을 연장해도 된다는 허가를 정부로부터 받기만 하면, 장차 물 걱정은 없게 되었다. 미국 기독봉사 여성회가 병실용 스크린 구입에 쓰라고 성금 500달러(현재가치로 약 13,000달러, 한화 약 1,700만 원)를 보냈다. 이 모든 일들은 마다르 요양원이 더 건전한 재정상태에서 운영되고, 장차 더 밝은 미래를 바라보게 했다.

요양원 수입이 급증하자(비록 환자 치료와 간호에 쓸 필수품 구입비용도 동반 상승하고 있었지만), 운영위원회는 이제 요양원의 오랜 빚을 청산할 시기가 온 것 같으니 내가 피켓 감독과 만나서 그 문제에 대해 논의해 보는 게 어떠냐며 제안했다. 현 임원진 중 마다르 요양원의 묵은 빚(50,151루피, 그 당시 미화로 약 15,200달러)[17)]에 대해 책임이 있는 사람은 아무도 없기 때문에, 그 빚이 언제까지 요양원의 목을 죄도록 마냥 내버려둘 순 없었다. 나는 요양원을 그런 짐에서 해방시킬 방법을 상의하려고 피켓 감독 부부와 만났다. 피켓 부부는 남에 대해 동정적이고 일에 수완이 좋은 분들이란 걸 나는 알고 있었기 때문이다. 우리는 마다르 요양원이 견실하고 꾸준히 수익을 내는 기관이란 것을 남들에게 입증해 보일 때까지, 일부러 이런 호소를 하지 않았다. 묵은 부채가 있으면 자금모집이 어렵다는 걸 잘 알았기 때문이다.

피켓 부부

그래서 나는, 만약 빚만 잘 해결된다면, 마다르 요양원의 미래와 잠재력이 얼마나 대단한지를 보여주는 각종 사실과 수치를 들어가며 피켓 감독 부부에게 사업설명을 했고, 부부는 내 설명을 진지하게 경청했다. 피켓 여사는 여사의 부친 존 로빈슨 감독이 1922년 11월 4일 마다르 요양소 초석을 몸소 놓은 이래 줄곧 우리 요양소에 개인적인 관심을 갖고 있었다. 피켓 감독 부부는 요양원이 나날이 좋아지고 있다는 내 보고를 듣고 무척 기뻐했다.

사실, 피켓 감독 부부는 요양원 부채문제를 오랫동안 진실로 걱정해 온 분들이었다. 그래서 마침 내게서 좋은 소식을 듣게 되자, 곧 두 사람은 가까운 친구이자 동료 선교사인 닥터 스탠리 존스를 만나 부채청산 방법을 논의했다. 존스는 책을 써서 번 수익금으로 훌륭한 목적을 가진 기금을 설립한 분이었다. 그는 의료선교 사업에도 관심이 있었고, 빚 상환에 관심을 보일 기부자는 별로 없을 것을 잘 알았다. 그래서 존스는 자기가 쓴 책 『인도의 길을 걷고 있는 예수』*The Christ of the Indian Road*의 인세 일부를 마다르 요양원에 기부하기로 했다. 이 책은 1925년 9월에 초간되어 이후 여러 번 재판이 나왔다. 이 계약에 서명한 존스로 인해 우리 요양원은 그에게 영원히 감사할 이유가 생겼다.

피켓 감독은 또 다른 선교사업 기부가 안나 피퍼 여사와 접촉했다. 이 두 분의 기여에 대해 우리는 기쁜 마음으로 〈마다르 통합요양원 1942년 연간보고서〉에 이렇게 적었다.

그동안 마다르 요양원이 지고 있던 중한 부채가 올해에 다 상환되었다는 소식을 여러분께 전하게 되어 매우 기쁩니다. 안나 피퍼 여사, 닥터 스탠리 존스 덕분에 부채 총액 50,151루피가 마침내 완불되었습니다. 이제 우리 요양원 역사에 획기적 이정표가 하나 세워졌다고 확실히 말씀드릴 수 있습니다.

이 두 선물로 우리 요양원의 빚이 다 청산되었다는 게 전부가 아니다. 이 두 선물은 마다르 요양원이 장차 인도 내 결핵과의 전쟁에서 효과적인 성채가 되는 데 우리에게 꼭 필요한 보증이 되었다.

마다르 요양원의 기본이념은 '통합'이란 말로 요약할 수 있는데, 이 말은 이제 마다르 통합요양원이란 명칭 하에 한 기관으로 합쳐진 두 요양원 사이에 있는 '다름'을 융화시킨다는 의미를 담고 있었다. 당시 나는 이 명칭이 외부 사람들에게 오해(나 자신도 처음에 그랬듯)를 부를 수 있겠다고 생각했다. 둘 이상의 교단이 요양원 운영에 참여하기 때문에 이름이 그렇게 지어졌다는 인상을 줄 수 있었다. 나중에 여러 교단이 북부 인도에서 결핵과 싸우면서 크게 고생하는 것을 보면서, 나는 '통합'이란 말에 '범교단'이란 의미를 추가하기로 결심했다. 감리교단 말고도 다른 교단도 마다르 요양원에 참여하면 좋겠다는 생각이 강하게 들었다.

이런 확신이 생긴 건 내가 한국에서 결핵퇴치를 위해 크리스마스 씰 사업을 하면서 겪었던 체험 때문이었다. 그 시절, 여러 교단은 그저 협조만 한 게 아니라 긴밀하게 함께 일했다. 이런 사업이 인도를 위해 좋은 건 더 말할 것도 없고, 한 걸음 더 나아가 기독 교단들이 공동의 적 결핵과의 싸움에서 마다르 요양원과 연합하는 게 가능하리란 확신이 들었다.

이런 연합에 이르기까지 그 과정은 참 흥미로웠다. 1941년경부터 나는 여러 그룹들과 만나, 우리가 크리스마스 씰 사업과 합동 사역을 통해, 인도 내 결핵과의 전쟁에서 무엇을 성취해낼 수 있는지에 대해 얘기를 진행해 오고 있었다. 이 주제에 대해 확신하고 있었기에, 나는 인도 군데군데 미션스쿨과 병원을 다니며 '크리스마스 씰'에 대해 토론 모임을 열었다. 나는 이런 모임들에서 결핵의 빠른 확산 때문에 사람들이 큰 고통을 겪고 있음을 직접 확인했다. 한국에서와 마찬가지로, 여기서도 결핵은 우등생들이 잘 걸렸다. 그런 학생들은 힘써 공부하느라 잠을 덜 자거나 더러는 아예 잠이 없어서 몸이 약하기 때문에 그만큼 결핵에 취약하다.

선교병원들도 결핵의 확산으로 심각한 문제에 봉착해 있었다. 사람들 대부분은 결핵을 마치 흑사병이나 나병처럼 끔찍한 병으로 여겨 매우 겁을 냈다. 결핵을 앓게 되면 주변인들이 피하기 때문에 그런 사람이 피난처와 안식을 찾아 병원에 오는 일은 이해 못할 바가 아니었다. 그러나 평균 규모의 선교병원들은 결핵환자의 대량 유입을 감당할 형편이 못 되었다. 게다가 병원에서 측은히 여겨 결핵환자의 입원을 허락하니, 다른 환자들이 겁을 먹고 도망하는 일까지 빈번했다. 환자들은 결핵을 너무 두려워한 나머지 결핵환자와 한 병원에 있기조차 싫어했다. 보통, 결핵환자는 별도 병실에 있거나, 경우에 따라선 아예 딴 건물에 수용되는데도 그랬다.

이런 문제는 선교병원에 국한되지 않았다. 아지메르 지역에서 하나밖에 없는 대형 종합병원이자 정부 보조를 받는 '뉴빅토리아 병원'만 해도 결핵환자를 격리병동에 입원시키면 다른 환자들은 겁을 먹고 병원에서 나가버렸다. 이 병원은 직원도 많고 시설도 괜찮은 곳인데도 차이가 없었다.

사정이 이러하니, 급기야 시의(市醫, 아지메르의 최고위 의료관리)가 나를 찾아와, 혹시 마다르 요양원이 주정부의 지원을 받는 결핵환자 32명을 받아줄 수 있는지 문의했다. 시의는 32명 환자에 대해 아지메르 시가 지급해온 것과 동일한 액수의 치료비가 마다르 요양원에 지급될 것이라 내게 약속했다.

장관의 배서가 있는 시의의 이런 제안이 계기가 되어, 나는 여러 선교병원들이 자기 병원에 오는 결핵환자를 다 마다르 요양원으로 보낼 수 있게 한다는 당초 내 구상을 더 구체화했다. 우리 요양원은 병상을 장만할 재정적 여유가 없었기 때문에, 그 병원들이 '제휴 사례금' 형식으로 결핵환자가 쓸 병상을 지원해줄 수 있는지의 여부에 성공 여부가 달려 있었다. 우선 나는 요양원 운영위원회에 이것을 제안했고, 위원회는 내 구상을 전폭적으로 지지했다. 구상대로 된다면, 요양원의 역할이 대폭 커질 것이 자명했다.

이것은 요양원이 당면한 소중한 기회였으므로 나는 인도 북부·중부 지역 여러 선교병원을 돌며 사람들을 만났다. 이런 방문을 통해 내가 한국에서 처음 들었던 금언이 사실임을 확인했다. "좋은 [선교]병원 있는 곳에 성공하는 [선교]기지 있다." 그런 "성공적인 기지"들을 방문하면서 나는 큰 격려를 받았다. 그리고 '통합'이란 말에 교단 통합의 의미를 부여한 건 방향을 옳게 잡은 것이라는 확신이 들었다.

1942년에 캐나다 연합교회와 미국 장로교, 두 교단 선교회는 결핵퇴치를 위한 이런 일치된 노력에 참여했다. 두 교단은 마다르 요양원 연례이사회의에 대표를 파견해서 우리와 지혜를 나누고 시간과 열정을 같이 했고, 이는 우리에게 큰 격려가 되었다. 또 두 교단의 선교회는 자신들이 보낸 환자를 우리가 수용할 수 있도록 요양소에 작은 병동 두 곳을 새로 지었다.

우리는 마다르 통합요양원 운영위원회에 깊이 감사했다. 이렇게 교단통합적인 사역이 대량 수혈되면서 요양원이 강건하게 성장하는 데 큰 도움이 되었다. 또 이런 타교단의 참여로, 우리가 홀로 일해서는 도저히 이르지 못할 수준의 기술적 전문성을 획득해나갔다.

닥터 웨인 워드웰은 새로 제휴한 장로교단(미국) 선교회를 대표해서 운영위원회에서 일했다. 캐나다 연합교회에서는 닥터 W. G. 앤더슨, 닥터 휘티어, 중국에서 내·외과의사로 일하며 명성을 얻은 닥터 밥 맥클루어 등을 파견했다. 스코틀랜드 장로교회 선교회는 요양원에서 가까운 곳에 있었기 때문에, 우리는 거기서 파견되어 온 요양원 운영위원회 위원들에게 자주 자문을 구했다. 더 큰 시야가 요구되는 일을 진행하기에 앞서 존 스털링 목사, 닥터 낸시 로건, 이사벨 앤더슨 등에게 일차적으로 자문을 구했다. 앤더슨은 인도정부에서 간호 자문을 구할 정도로 유능한 인사인데, 특히 간호행정·감독 분야의 전문가였다.

이런 협력은 우리 부부가 처음 인도에 왔을 때부터 시작되었다. 그때 우린 미국 장로교선교회 완레스 와디 요양원을 방문해서 닥터 윌프레드 존스와 동료 의사들이 흉부 수술에서 거둔 훌륭한 성과를 목격한 바가 있다. 그들이 흉곽성형수술에서 거둔 성공을 통해 결핵환자의 요양원 평균 입원기간이 대폭 단축되었고 환자는 요양원에 다시 오지 않아도 될 정도로 좋아졌다. 이런 결과를 보면서, 마다르 요양소도 그것을 따라해야겠다는 생각이 들었다. 그렇게 하면 결핵 환자의 병상 회전을 더 빠르게 하면서, 훨씬 더 많은 환자를 돌볼 수 있게 될 것이기 때문이다.

나는 그렇게 하려면 돈이 무척 많이 들 것을 잘 알고 있었다. 다른 선교회와 제휴한 후 재정사정이 전보다 나아졌지만, 그래도 그 비용을 감당하기에는 한참 역부족이었다. '에큐메니컬'이란 말의 의미를 '교파 차이를 넘어 모든 그리스도인이 하나가 됨'이란 사전적 정의에서, 이제는 그 말의 희랍어 본뜻인 '전 세계'로 확장해야 할 때가 온 것 같았다. 그래서 난 요양원의 재정능력을 확충할 방법에 대해 기도하며 생각했다.

기도에 대한 첫 응답은 요양원에서 그리 멀지 않은 곳에서 왔다. B. B. & C. I. 철도회사의 철로는 요양원 사유지를 가로질러 나 있었고, 회사 병원은 아지메르 시에 위치하여 요양원에서 멀지 않았다. 이미 우리 요양원은 이 회사에서 결핵환자를 의뢰받고 있었으며(회사 병원이 우리에게 환자를 회송했다), 아지메르 시 뉴빅토리아 병원도 우리 요양원에 환자를 보내는 상황이었다. 철도회사 병원은 사람들이 결핵환자를 받는 병원에 입원하길 꺼려하는 것을 알고 있었다. 두 기관은 동일한 비용으로 환자를 마다르 요양원에 회송할 수 있어 매우 만족스러워했다. 요율이 높아서 이것을 지불할 수 없는 선교기관이 꽤 있었다. 이것은 장차 상황에 따라 우리 요양원이 명실상부한 외과 결핵요양원이 되는 데 필요한 충분한 자금이 마련될 수 있다는 의미였다.

마침내 B. B. & C. I. 철도회사(후에 '서부철도회사'로 이름이 바뀜)가 요양원 운영위원회에 정식 계약을 하자고 요청했다. 회사는 마다르 요양원에 병동 한 채를 지을 자금을 제공하겠다고 했다. 그 병동에서 일정 수의 회사직원이 무료로 병상을 이용하겠지만 병동 사용은 회사직원만으로 제한되지는 않았다. 만약 회사직원 환자를 다 채우고도 병상이 남는다면, 요양원이 임의로 비직원 환자에게도 병실을 할당할 수 있었다. 병동은 요양원 소유로 했다. 요양원 운영위원회는 철도회사의 이 제안을 승인했다.

나중에, 다른 몇몇 철도회사와도 서로에게 이익이 되는 이런 계약을 체결하게 되었다. 더욱이 계약에 참여한 철도회사들이 우리 요양원에 다니는 환자들에게 교통비를 대폭 감면해주어 원거리 통원 환자들에게 큰 도움이 되었다. 회계감사는 철도회사가 고용인을 위해 실제로 사용한 내역에 한정되었고, 우리 요양원의 기타 장부는 일반감사 대상이 아니었다.

나중에 환자의 치료 및 관리에 드는 비용이 점차 상승하여 우리 요양원은 요율을 올리지 않을 수 없게 되었다. 일례로 후원하는 군대나 철도회사가 부담하는 요율이 환자 1명당 매달 105루피(당시 32달러에 해당, 현재가치로 약 800달러)에서 125루피(당시 38달러, 현재가치 약 950달러)로 인상되어야 했다. 제휴 선교회가 내는 비용과 제휴비에서는 환자 식대가 환자 당 매달 40루피(12달러, 현재가치 약 300달러), 그리고 일반 병동 월 사용료가 48루피(15달러, 현재가치 약 370달러)에서 58루피(18달러, 현재가치 약 450달러)로 인상될 필요가 있었다. 우리 요양원은 스트렙토마이신 주사를 제외하고, 종전처럼 무료로 내외과, 간호서비스를 제공할 생각이었다.

선교회와 정부와 철도회사는 마다르 요양원에 적절한 수의 결핵환자를 회송하기로 약속하였고, 우리는 하나님의 크신 은총에 또 한번 감사드렸다. 이 세 기구가 우리의 통합 노력에 새로 참여한 것은 '통합'이란 말의 의미가 더 확장되었음을 의미할 뿐 아니라, 장차 우리 요양원이 외과 요양소로 발전하여 인도 전체를 위해 봉사한다는 이상이 현실화 될 수 있도록 재정기반이 안정되어 간다는 의미였다.

비록 감리교단이 마다르 통합요양원 재정지원과 행정, 직원관리에서 중심적 역할을 담당하고 있긴 했지만 다른 기독교단 선교회에서도 최종적으로 14곳이 참여하여 일정수준의 재정지원과 자문을 해주었다. 다른 교단 선교회에서 나와 요양원 운영위원으로 일하는 분들도 우리 요양소의 갈 길을 인도해주었다. 이 모든 일은 하나님이 우리 가운데 임하셔서 통합의 기적을 일으키신 덕분이며, 우리 모두는 그 분께 영광을 돌리지 않을 수 없었다.

제8장. 크리스마스 씰

　나는 마다르 요양원을 북부인도에서 결핵치료의 범교단 차원의 중심지가 되게 하면서 굳건한 재정기반을 갖춘 기관으로 세우고 싶었다. 그리고 시작 단계에서부터, 예전에 내가 한국에서 했던 것처럼 인도에도 크리스마스 씰 제도를 도입해야겠다는 꿈을 가지고 있었다. 우리 부부가 강제로 한국에서 쫓겨난 때는 크리스마스 씰 캠페인이 한창 벌어지던 와중이었기 때문에(우리 부부가 시도했던 최고의 사업이 아니었나 싶다), 이곳 인도에 와서도 크리스마스 씰은 우리 부부의 심중에 깊이 자리하고 있었다. 인도라는 아亞대륙에서 그런 운동을 벌이는 건 분명 더 큰 도전이었다. 나는 이 분야에서 영향력이 있는 사람들을 되도록 많이 만나려고 노력했다. 직접 시간을 내여 여러 병원과 기독학원 등지를 방문한 이유 중 하나가, 결핵의 폐해를 알 만한 사람들에게 이런 크리스마스 씰 캠페인이 가져다 줄 유익을 설명하기 위해서였다.

　그러나 인도에서 이런 제도를 시행하면서 고려해야 할 측면이 더 있었다. 바로 이 문제에 대한 정부의 입장이었다. 우리 가족이 인도 봄베이에 처음 왔을 때 닥터 프리못 몰러와 얘기할 수 있었던 것은 이런 면에서 정말 큰 행운이 아닐 수 없었다. 닥터 프리못 몰러는 1938년부터 인도정부에서 의료행정 결핵기술고문으로 일하고 있던 사람이었다. 이 첫 만남에서 닥터 프리못 몰러는 내가 한국에 있을 때 결핵분야에서 행한 선구적 과업에 대해 이미 지면을 통해 알고 있으며, 이번에 인도에 오게 된 것을 매우 기쁘게 생각한다고 하여 나를 크게 놀라게 했다.

닥터 프리못 몰러가 크리스마스 씰의 본고장인 덴마크 출신임을 알았을 때, 나는 인도에 씰을 도입하는 문제에 대해 그가 당연히 찬성할 거라고 생각했다. 그러나 뜻밖에도, 그는 씰 발행이 다른 나라에서는 결핵과의 싸움에 큰 보탬이 되었지만, 인도에서는 잘 통하지 않을 것이라고 믿고 있었다. 인도의 많은 인구와 극단적인 빈부격차, 카스트 제도와 종교의 복잡다단함 등이 그가 생각한 이유였다.

닥터 프리못 몰러는 인도 인구 대다수(약 85%)가 농촌에 있다는 점을 우선 지적했다. 이런 소농 중 다수가 극빈층에 속했고 문맹이었다. 이들 중엔 기아선상에서 겨우 연명해나가는 사람도 적지 않았다. 이런 이들에게 크리스마스 씰은 아무 쓸 데 없는 것이었다. 그들이 무슨 문안엽서나 편지나 소포 주고받기를 기대하는 것은 어려웠다. 더구나 나머지 15퍼센트의 사람들도, 소수의 그리스도인을 제외하면 크리스마스 씰이란 개념이 그다지 호소력 있지 않아 보였다. 또, 비그리스도인들이 지내는 명절들은 달력상에서 여기저기 산포해 있었다. 그렇다면 씰의 명칭을 '크리스마스 씰' 대신, '명절 씰'

이라 해도 무방하지 않겠는가 물었다. 그렇게 하면 부자, 빈자, 기독인, 비기독인 할 것 없이 모두 힘을 합해 공동의 적인 결핵과 싸우는 모습이 갖춰지게 된다. 씰 캠페인의 목적 중에는 보건 교육도 있다고 덧붙였다.

그러나 닥터 프리못 몰러는 손을 내저으며, 그런 목적이라면 더 직접적이고 나은 방법들이 있다고 했다. 나는 좋은 분을 이런 문제로 더 압박해봐야 소득이 없겠다고 느꼈다. 하지만 적어도, 과연 크리스마스 씰이 인도에서 통할지, 안 통할지 알기 위해 한번쯤 실험해보는 것 정도는 괜찮지 않을까 생각했다.

닥터 프리못 몰러가 유쾌하게 웃고는 말했다. "일단 원장님 생각대로 일을 추진하도록 허가를 내드리지요. 하지만 잊지 마세요. 이 사업이 인도에서 결코 성공하지 못할 것이라고 제가 분명히 말씀드렸다는 것을요. 아마 오래 안 가 포기하게 되실 겁니다."

이것만 해도 꽤 큰 소득이라 생각하며 나는 감사의 미소를 지었고, 닥터 프리못 몰러는 내게 따뜻한 악수를 건넸다. 적어도 그와 대립하며 일을 진행하는 모양새가 되지 않아서 좋았다. 그가 내게 원하는 것은 성공의 확실한 증거이리라. 나는 요양원 운영위원회 의장인 피켓 감독에게 이 낭보를 전했다. 피켓 감독의 반응은 매우 우호적이었다. 그는 다음 성탄절 시즌에 크리스마스 씰 캠페인을 진행할 수 있게 일을 준비해나가면 좋겠다고 했다.

내가 예전 한국 시절에 결핵요양원을 설립하겠다는 꿈을 밝힌 후 회의론자들의 반대에 직면했을 때, 당시 한국 감독이던 허버트 웰치가 피켓 감독처럼 내게 용기를 북돋워 주었던 일이 생각났다. 당시 한국은 불황이었는데도 웰치 감독은 나의 크리스마스 씰 사업 계획을 지지했다. 그랬기 때문에, 여러 사람이 실패할 것을 예견하는 상황에서도 피켓 주교가 계획을 지지해 준 것은 내게 큰 의미로 다가왔다.

사실, 세계 여러 곳에서 크리스마스 씰 운동을 펼칠 때마다 의심의 여론이 오히려 성공의 자극제가 되어 발전을 거듭해왔다. 미국이나 한국에서 크리스마스 씰이 처음 소개될 때는 물론이고, 덴마크에서 우체국 하급직원인 아이나 홀보엘이 세계 최초로 크리스마스 씰을 고안했을 때도 그랬다. 내 책 『조선회상』에는 내가 처음에 어떻게 크리스마스 씰 운동에 관여하게 되었는지 간략하게 정리되어 있다.

나는 1930년 휴가기간 중에 미국국립결핵협회 간부인 필립 제이 콥스의 주선으로 미국에 처음으로 크리스마스 씰을 소개한 두 인물을 만날 수 있었다. 먼저 만난 분은 《노스 아메리칸》이라는 필라델피아 신문의 편집자인 레이 미첼 핫지스였다. 어느 날 그에게 델라웨어 주 윌밍턴 시에 산다는 에밀리 비셀이라는 여성이 찾아왔다고 한다. 비셀은 윌밍턴에 있는 한 작은 요양원을 운영할 자금을 마련하기 위해 보건우표(또는 씰) 판매를 후원해달라고 했다. 핫지스가 다니는 신문사에는 매년 가치 있는 사업을 선정해서 지원하는 제도가 있었는데, 덴마크에서 크리스마스 씰을 도입한 후 얼마나 효율적으로 결핵과 싸울 수 있었는지 비셀이 들려준 얘기가 매우 설득력 있다고 느꼈다. '브랜디와인 요양원'이 문 닫지 않게 도와달라는 비셀의 호소는 핫지스의 마음을 움직였고 핫지스는 신문사를 통해 돕기로 했다. 핫지스는 내게 비셀을 만나 그 얘기를 직접 들어보라고 강권했다.

그로부터 얼마 후, 강연 차 윌밍턴에 갈 일이 생겨 비셀을 만날 기회를 얻었다. 전에 『조선회상』에도 자세히 썼지만, 아담한 체구에 겸손한 성품을 지닌 비셀은 당시 일을 회상하며 여전히 흥분되는 듯 눈을 반짝이며 자신의 놀라운 얘기를 내게 들려주었다.

우리 집 근처에는 작은 결핵요양원이 하나 있었어요. 운영자금이 없어서 항상 허덕였죠. 날마다 찾아오는 환자들을 돌려보내곤 했습니다. 요양원은 사람들의 관심도 끌지 못했고 후원하는 단체도 없었어요. 요양원을 걱정하는 주위 사람들은 사기가 크게 저하되어 있었습니다.

그 무렵 나는 잡지에서 제이콥 리스라는 분이 기고한 글을 읽게 되었습니다. 그 글은 덴마크의 어느 소박하고 평범한 우체국 직원에 대한 이야기였습니다. 아이나 홀보엘이라는 우체국 직원은 부자나 가난한 자를 막론하고 우표는 다 사게 마련이고, 값은 싸더라도 많은 수를 모으면 상당히 큰 금액이 된다는 사실을 염두에 두었답니다. 그때 그의 집 가까이에 작은 결핵요양원이 하나 있었는데 경제적인 어려움 때문에 운영을 계속할 수 없어 문을 닫아야 할 지경이었습니다. 이를 본 홀보엘은 만일 우표와 같은 특별한 씰을 만들어 판다면 누구나 한 장쯤 사는 데는 큰 부담을 느끼지 않을 것이고 동시에 총 매상은 큰 금액이 될 것이니 요양소 같은 기관을 돕기는 쉬울 거라고 생각했습니다. 씰은 값이 싸기 때문에 남녀노소 누구나 결핵을 퇴치하는 이 운동에 참여할 수 있다고 착안한 거죠.

많은 노력 끝에 드디어 크리스마스에 한해 씰을 발행해도 좋다는 허가를

8. 크리스마스 씰

받았답니다. 모든 사람들의 마음속에 있는 크리스마스 정신으로 씰은 넓은 지역에 걸쳐 팔렸고 그 결과 요양원은 문을 닫지 않았던 거예요. 이 착상은 좋은 호응을 얻어 덴마크 내에 점점 널리 퍼지게 되었고 덴마크 내에 있는 결핵환자들은 모두 그 덕을 보게 되었습니다. 이 일로 덴마크는 결핵으로 인한 사망률이 전 세계에서 가장 낮아졌다는 것입니다.

제이콥 리스는 형제 여섯 명이 모두 결핵으로 사망했다면서, 크리스마스 씰 운동을 미국에서 일으켜주기를 글을 통해 호소했습니다. 저는 그 글을 읽고 밤잠을 이룰 수 없었습니다. 친구들에게 이 운동에 대해 누누이 이야기했으나 모두들 부정적이었습니다. 이 운동은 미국에서는 효과가 없을 것이라고 생각했지요. 그들은 이렇게 말했어요. '여하튼 이런 운동은 큰 기관에서 해야 돼.'

저는 전국결핵협회에도 찾아갔습니다. 거기서도 이 아이디어는 모금 방법으로 적당하지 않다면서 후원할 수 없다는 거였어요. 그 다음에는 적십자사를 갔더니 결핵협회보다는 고무적이었어요. 자기네 이름으로 이 운동을 벌여도 좋다고 했습니다. 그러나 막상 일을 하려니 이 운동을 시작할 클럽들을 찾을 수 없었습니다. 그러는 동안에 내가 사랑하는 브랜드와인 요양원은 계속 고통을 겪고 있었지요. 문제가 해결될 가망이라고는 아무 것도 없었습니다.

이때 누가 제게 《노스 아메리칸》이 사회에 유익한 아이디어가 있으면 주관하여 후원하는 일을 하고 있다고 했어요. 지푸라기라도 잡을 심정으로 그 신문사의 편집자 핫지스 씨를 찾아갔습니다. 약간은 두려운 마음으로요. 그 후의 이야기는 이미 다 아시겠지요.[18]

비셀의 이야기에서 나는 깊은 인상을 받았고 내가 휴가를 마치고 한국에 돌아가면 거기서 그와 비슷한 일을 할 수 있지 않을까 생각했다. 국립결핵협회의 제이콥스가 내가 그 일을 준비할 수 있게 도와주었다. 그의 권유로 나는 그가 진행하는 한 강좌를 수강했는데, 거기서 공중보건교육, 그리고 결핵환자나 전에 결핵을 앓았던 적이 있는 사람들에 대해 사람들은 어떤 편견과 무지함이 있는지 배웠다. 미국 씰 운동의 개척자 두 사람과의 대화도 나를 무척 흥분시켰지만, 미국 크리스마스 씰 캠페인과 관련해서 제이콥스가 제시한 의미심장한 사실과 수치들은 나의 상상력을 자극했다.

크리스마스 씰은 지금 우리 결핵협회의 주 수입원입니다. 연 5백만 달러나 모금되고 있습니다. 경제 공황에도 영향을 받지 않으므로 선생의 선교 활동에는 중요한 도움을 줄 겁니다. 저소득 국가에 특히 알맞은 것이기 때문입니다. 이 씰이 미국에 소개되었던 1907년부터 1930년 사이에 6,100만 달러 이상이 모금됐습니다. 보다 중요한 사실은 이 씰 모금을 통해 미국의 결핵을 기록적으로 감소시킬 수 있었다는 것입니다.[19]

1931년에 한국에서 첫 크리스마스 씰 프로그램이 시작된 것이나, 그 후 2차 세계대전 발발로 1941년 중단되기까지 그 프로그램이 매년 성장해간 것이나, 이제 모두 엄연한 역사적인 기록으로 남았다. 과거 한국에서나 지금 인도에서나 이런 제안을 처음으로 했을 때 맞닥뜨린 건 사람들의 회의적인 시각이었다. 혼자 힘으로 그런 의심들과 싸워나간다는 건 불가능하다는 사실을 나는 경험으로 잘 알고 있었다. 또한 "사람으로는 할 수 없으나 하나님으로서는 다 하실 수 있〔다〕"(마 19:26)는 사실에도 익숙했다.

훗날, 삘 메타가 자기 부친 닥터 아말락 람 메타에 관해 쓴 『다디지』라는 책을 보게 되었는데, 거기에 인도 반反결핵 운동의 선구자들 얘기가 나와 있어 퍽 흥미롭게 읽었다. 닥터 메타(나보다 두 살 아래이다)는 '조지 왕 추수감사 반결핵 펀드'를 관리하는 적십자 소위원회에서 조직간사로 일했던 분이다. 이 펀드는 영국 왕이자 인도황제인 조지 5세가 늑막염을 앓은 1928년에 창설된 것인데, 당시 의사들은 왕의 병이 혹시 결핵으로 발전하지 않을까 걱정하고 있었다. 왕이 건강을 회복하자 인도총독이 그것을 기념하여 펀드를 창설했고 인도와 기타 지역 자치군주들에게 기부를 권유했다. 닥터 메타가 맡은 일은 인도의 영국 직할주와 자치주를 돌며 그 지역에 반결핵 지역위원회를 설립하는 것이었다. 이들 위원회는 결핵의 확산과 심각성에 관한 정보를 배포했다. 얼마 후 닥터 메타는 펀드 소위원회 대신에 독립적인 국가결핵기관을 설립해야 한다는 생각을 갖게 되었다.

> "우리가 일을 시작했을 때 홍보나 선전은 아주 좋았습니다." 닥터 메타가 소위원회 회의에서 말했다. "하지만 인도에서 이제 필요한 것은 전염성 환자의 격리를 위한 요양원과 비전염성 환자의 치료를 위한 조제소입니다."
>
> 그는 날카로운 반대에 직면했다. … 이때부터 현상유지를 원하는 소위원회 영국인 위원들과 독립적 기구의 설립을 바라는 인도인 위원들 간에 오

랜 기간 반목이 이어졌다. … 닥터 메타는 런던에 갔다. … 마침 그곳에서는 왕립결핵협회가 주최하는 회의가 있었다. 그는 대표 자격으로 참석했다. 거기서 그는 인도 대표부장인 쿠스버트 경과 인도 결핵퇴치 방법을 놓고 토의했다.

"식민지에서 우리의 제한된 사적·공적 자산을 감안할 때 홍보와 선전만이 결핵 같은 질병들과 싸우는 데 있어 유일하게 현실적인 수단입니다." 쿠스버트 경이 말했다.

닥터 메타는 자기 차례가 되어 말했다. "전에 모시던 상사께 이런 말씀을 드려 매우 송구스럽습니다만 저는 의견이 다릅니다. 이 나라에서 공중계몽은 이제 할 만큼 했습니다. 우리가 지금껏 이뤄 놓은 일에 근육을 붙일 때가 되었습니다. 결핵환자를 위한 요양원과 조제소를 열고, 결핵을 천연두나 페스트, 콜레라처럼 '법정전염병'으로 인식해야 합니다. 경께서 말씀하시는 '홍보'라는 것은 여론이 법을 선도하는 민주 영국에서 적용될 여지가 많지만, 법이 여론을 선도하는 영국령 인도에선 적용이 힘듭니다."

왕립결핵협회장 호더 경은 이런 격렬한 논쟁에서 어느 한쪽 편의 손을 들어주는 게 퍽 부담스러웠다. 그래서 닥터 메타의 제안은 런던에서 무시되었다. 그러나 뉴델리에서 닥터 메타의 제안은 총독의 승인을 얻었다.[20]

닥터 메타가 1930년대에 펼친 노력은 분명 성과가 있었다. 우리 부부는 인도에 온 처음 몇 달 동안 의료기관 여러 곳을 방문했는데, 델리에 정부가 운영하는 결핵 진료소가 한 곳 있었고(1940년 개소), 카사울리에서는 '린리스고 여사 요양원'이 완공을 눈앞에 두고 있었다. 이 두 프로젝트는 린리스고 후작부인의 후원 아래 1937년 12월에 시작된 전국 규모의 반결핵 캠페인의 일환이었는데, 닥터 프리못 몰리도 이 프로젝트의 조직에 관여했다.

그러나 아이러니하게도 시계추는 뒤로 돌아갔다. 나는 《인디언 위트니스》(*The Indian Witness*, 남아시아 감리교회의 기관지) 1941년 5월 22일판에 실린 한 기고문에서 다음과 같이 지적했다. 이 기고문의 제목은 '인도 의료사역 현황 일부에 대한 첫 인상'이다.

> 실망스러운 점 또 한 가지는, 적어도 환자만이라도 이용할 수 있는 공중 보건 편람이 턱없이 부족하다는 것이다. 심지어 델리에 소재하고, 여러 면에서 시설이 뛰어난 편인 모범 결핵진료소에서조차 환자와 가족에게 배포할 결핵 포스터나 편람이 한 부도 없다.[21]

결핵이란 적을 두 방향에서 동시에 공격해야 하는 시점이 되었다. 닥터 메타가 권유한 요양원과 조제소는 필수였다. 공공보건정보의 홍보도 역시 필수였다. 그 두 개념은 상호배제적인 것이 아니라, 병행될 때 가장 큰 유익을 주게 된다. 피켓 감독도 이런 내 생각을 지지했으므로 나는 지체 없이 일을 시작해야겠다고 느꼈다.

5-6월은 북부 인도에서 가장 더운 시기였다. 많은 외국인들이 이 시기 동안 히말라야 산맥에 있는 "언덕 마을"에서 휴가를 보내곤 했다. 란도우르에서 우리 부부가 처음으로 어학원에 다닐 때 나는 인도 곳곳으로부터 와서 이곳에 모여 수학하는 사람들에게 크리스마스 씰 운동에 관한 내 생각을 조심스레 털어놓았다.

특히 웨인 워드웰 목사와 그의 부인 닥터 프랜시스 워드웰, 그리고 공중의와 교의를 겸하고 있던 닥터 베델 플레밍 등 몇몇 선교사들이 내 제안에 큰 관심을 보였다. 그들은 인도 각처로부터 모인 이곳 우드스탁 학생들을 대상으로 첫 크리스마스 씰 도안 공모전을 열면 어떻겠는가 하고 제안을 했다. 이렇게 하면 인도에서 크리스마스 씰 캠페인이 시작되었다는 소식을 널리 알리는 부가적인 효과도 있을 것이다. 즉시 나는 이 아이디어를 검토했고 우리는 공모전을 기획했다.

공모전에서 이제 겨우 열두 살인 앤 퍼킨 양이 1위를 했다. 퍼킨은 도안에서 매력적인 인도 여성 두 명이 고아한 어느 마을 우물에서 생명수를 긷는 모습을 담았다. 그림 전경에서 인도 아이 둘이 목제 동물 장난감을 가지고 놀고 있는데, 이건 엄마들이 우물에서 물을 긷는 동안 아이들이 으레 즐겨하는 일이다. 전형적인 인도 마을에서 우물은 가장 중요한 중심이다. 씰에 새겨진 "명절 축하"라는 문구는 여러 다른 종교 그룹들이 공히 이 씰을 사용할 수 있게 하므로, 결핵퇴치에 이바지할 수 있었다.

씰과 더불어, 문안 카드로 쓸 수 있도록 접는 카드도 발행했다. 접는 카드는 씰과 동일한 도안을 사용했고 수제 죽竹종이로 만들었다. 크리스마스 씰 편지를 보낼 때 견본 씰이 나온 인쇄물을 한 장 동봉해서 장차 이 사업의 후원자가 될 이들이 볼 수 있게 했다. 견본 씰 인쇄물 가장자리에는 "당신의 씰 한 장이 많은 이들을 낫게 합니다"라는 구호를 적었다. 우리는 사람들이 이 문구를 보고 추가로 씰을 주문하기를 바랐다.

해마다 새 크리스마스 씰을 소개하는 이런 홍보 방식은 다른 많은 나라에서 이미 익숙한 풍경이 되었다. 심지어 우표수집가처럼 '세계의 크리스마스 씰'을 수집하는 사람들까지 생겨났다. 결핵퇴치에 대한 관심과 자금을 모으기 위한 방법이지만, 인도에선 이런 방식이 처음 도입되는 것이기 때문에 걱정이 좀 되었다. 결핵퇴치를 이런 식으로 돕는 게 아직은 생소한 사람들에게 도움이 되기를 바라며 나는 소갯글을 한 편 썼다. 다음 글은 내가 인도에서 처음으로 쓴 소갯글에서 발췌했다.

서구에서는 크리스마스 씰 운동에 크게 힘입어 결핵이 감소되는 반면에, 극동에서는 증가 추세에 있습니다.

결핵은 2500년 동안 인도를 괴롭혀 왔습니다. … 현재 인도는 결핵환자가 400만 명쯤 있는 것으로 추산되며 그들 중 매년 100만 명이 사망하고 그만큼이 새로 생겨나 빈자리를 메우고 있습니다.

결핵환자 한 명이 평균적으로 매일 2억4천만 마리의 결핵균을 입으로 뱉어낸다는 사실만 보아도 이 문제의 심각성을 금방 깨달을 수 있을 겁니다. 비단 의료 종사자가 아니라 하더라도 인도의 안녕을 진정으로 걱정하고 전 세계 결핵 문제의 해결을 모색한다면 누구나 이 문제에 직면해야 합니다. 결핵균 보유자가 많은 곳엔 항상 문명 파괴의 위협이 도사리고 있습니다. …

마다르 통합요양원은 통합교단 사업체이며 이곳 인도에 특색 있는 크리스마스 씰 아이디어를 도입하고 있습니다. 올해의 기부는 기본적으로 이 통합선교기관의 결핵자선사업을 돕는 쪽으로 사용될 것입니다. 우리는 이 크리스마스 씰 아이디어가 인도에 잘 정착되어 장차 이것이 더 넓은 범위에 적용되고 인도 전체에 이익을 주기를 바라고 있습니다.

첫해 씰 캠페인(1941-1942)은 전적으로 믿음의 사업으로 출범하였다. 애초에 도움과 격려를 보내리라 기대했던 그룹들이 대부분 이 사업에 관심을 보이지 않았고, 처음에는 어느 곳에서도 위험한 사업에 투자하려 들지 않았지만, 당시 많은 사람들의 예상과는 달리 빚을 지는 일은 일어나지 않았다. 첫해 씰 캠페인은 모든 경비를 제하고도 1,241루피(376달러, 현재가치 약 1만 달러)의 순익을 남겼다.

미군이 제2차 세계대전 중에 중국-버마-인도 작전을 위해 인도에 진주한 것은 우리의 크리스마스 씰 반결핵 캠페인에 뜻밖의 도움이 되었다. 우리 감리교단 소속인 제임스 매튜스 목사는 미국 보급병단 보급장교(중위)로 입대하기 전에 감리교회 봄베이 회의체에서 교구 감독으로 일하고 있었다. 매튜스 중위는 인도와 버마에 주둔한 미군 부대들에 우리의 인도 결핵 크리스마스 씰을 소개하는 데 중요한 역할을 했다. 군인들은 미국에서 지낼 때 친숙했던 씰이 이곳 인도에도 있다는 사실에서 깊은 인상을 받는 듯했고 앞다투어 인도 크리스마스 씰과 접는 카드를 구입했다.

1942-43년 씰 도안은 알라아밧 구의 한 선교병원에서 간호사로 일하는 미국인 조니타 오언의 스케치를 원용했다. 그 그림에서 밝은 빛깔의 명절 의상을 입은 인도 소년 한 명이 낙타를 타고 겨울 축제 장소로 이끄는 아치형 대문을 통과하고 있다. 배경에는 예배당이 있는 전형적 인도 마을이 보인다. 이 도안은 1947년에 재사용되었다.

그 해에 후일 인도가 인도와 파키스탄이라는 두 나라로 분리되는 심각한 소요 사태가 벌어지고 있었기 때문에 인쇄판을 새로 마련하기가 불가능했기 때문이다.

기록상 가장 어린 씰 디자이너가 그렸던 최초의 씰이 큰 인기를 얻자 씰 위원회는 1943년에 더 많은 젊은 재주꾼들을 뽑아 보기로 했다. 그 대회에서 앤 퍼킨 양의 반 친구 앨리스 매리 올터 양(당시 우드스탁 학교 9학년)이 우승을 차지했다. 앨리스는 편잡에서 일하는 미국 선교사 부부의 딸이다. 인도 군인의 절반 이상이 배출되고 인도에서 가장 강하고 건강한 시민들이 산다는 곳이 이곳 편잡 지방이다. 앨리스의 도안에는 골반 부위에 아주 튼튼해 보이는 아이를 이고 가는 한 편잡 엄마가 등장한다. 아이를 이렇게 업는 방식은 인도 대부분 지역에서 보편적이다(인도 어떤 지역에선 어머니가 아이를 바구니에 담아 머리에 이고 다니기도 한다. 어머니는 밭에서 일할 때 바구니를 나무에 매달아 놓는다). 크레용 인쇄로 된 똑같은 도안의 접는 카드를 마을 수제 종이로 만들었다.

나는 1944년, 4년차 씰을 발매하면서 보낸 성탄절 편지에 이렇게 적었다.

> 연합군의 중요 유럽 기지인 영국에 심각한 피해를 입힐 것으로 우려됐던 (독일의) 비행 폭탄은 결국 미세한 비행 폭탄, 즉 결핵균이 끼친 피해의 절반에도 미치지 못했음이 드러났습니다. 결핵은 지금 이 순간도 공기를 통해 연합군의 극동 기지인 인도를 맹폭하고 있습니다. 인도에서는 매분 열 명(또는 매일 약 1,500명)이 결핵으로 사망하고 있습니다. 독일의 비행 폭탄

이 그런 것처럼 결핵도 그 대상을 가리지 않지만, 피해자 대다수는 한창 나이에 있는 젊은 남녀입니다.

이곳 인도에 있는 연합국 군인, 간호사 여러분도 결핵의 공격으로부터 절대 안전하다고 할 순 없습니다. 그러니 독일의 비행폭탄 발사지를 탐색해 파괴하는 것만큼 결핵의 근거지를 제거하는 일에도 관심을 가져야 합니다.

결핵은 인류 최대의 적 가운데 하나입니다. 그것은 온 세계에 널리 퍼져 있으며 평균 7명 중에 1명이 이 병으로 죽고 있습니다. 그러나 만일 여러분이 함께 돕는다면 나치 독일이나 일본은 물론, 결핵도 반드시 격퇴할 수 있을 것으로 믿습니다.

인도정부는 결핵으로 매년 50만 명이 사망하는 것을 막아보려고 분투하는 중이고, 250만 명의 결핵환자 관리를 위해 노력하고 있습니다(전전戰前 추계). 그러나 이런 방대한 일을 하기에 정부 홀로는 역부족입니다. 결핵을 통제하려면 사설 기관들이 나서서 도와야 하며, 선교병원과 요양원이 이런 일을 하기에 가장 효율적입니다.

이미 여러분의 아들, 딸, 남편 등 많은 분들이 이런 치료 및 예방 선교기관들을 방문해 여러분의 헌신적 기부가 이룩해 낸 성과를 눈으로 직접 확인했습니다. 많은 분들이 인정과 격려의 말뿐 아니라 크리스마스 카드와 씰을 구입해주셔서 이 사업에 대해 진지하고 열성적인 지지를 보내주었습니다.

2차 세계대전과 종전 후 얼마 동안, 씰·카드 인쇄업자들은 적당한 종이와 컬러 잉크를 확보하는 데 어려움이 있었다. 그럼에도 불구하고 어쨌든 인쇄소에서 성탄절 직전, 인도 배포 최종시한 내에 가까스로 납품해주긴 했다. 그러나 선박의 들쑥날쑥한 출항 일정이라는 문제와 겹쳐 해외 후원자들의 주문을 맞추는 데는 큰 어려움을 겪었다. 주문 받은 물건을 성탄절 전까지 전달하지 못할 수도 있었다. 그러나 대다수 후원자들은 이해심이 매우 깊었다. 그들은 다음 성탄절에 그 씰을 사용하기로 하고 그냥 보관했다. 이런 어처구니없는 지연 사고에도 불구하고 그분들의 반응은 뜨거웠고 그래서 우리는 더욱 노력하지 않을 수 없었다.

압박이 점점 고조될 때 우리 씰 위원회 사람들은 더러 평정심을 잃곤 했다. 과연 씰을 팔 곳이 있을까 하는 걱정 때문이었다. 우리가 이런 낙담에 빠져 있을 때 한 위원이 팔지 못한 씰과 카드 더미에 치이지 않으려면 인쇄 주문량을 대폭 줄여야 한다고 제안했다. 나는 풀이 죽은 그에게 더 큰 믿음을 가지라고 했다. 오히려 우리는 더 담대하게 인쇄 주문을 늘려야 한다고 했다. 그리고 매튜스 중위에게 이런 전보를 받았다. "혹시 크리스마스 씰과 카드 중에 여분이 있다면 지금 즉시 제게 다 보내 주십시오. 제 부대원들이 가족과 친구들에게 편지를 보내고 싶어 합니다." 이건 틀림없이 하나님이 내 기도에 응답해주신 것이라고 생각했다.

매튜스 중위는 전시 기간 내내 미군과 영국군 진중을 누비며 군인들이 이 사업에 흥미를 갖게 하려고 지속적으로 노력했다. 이제 막 걸음을 뗀 씰 사업 초기에 중위가 주었던 도움은 장차 이 사업이 성공하는 데 크나큰 역할을 했다. 종전과 함께 제임스 매튜스는 소령으로 전역하고 감리교선교회 이사회에서 인도 담당관이 되었다.

이 시기에 우리가 아지메르에서 만났던 환상적인 인사들 가운데

W. J. A. 무어라는 좀 별나고 재능 있는 영국 여성이 있었다. 그녀는 탐험가, 작가, 사냥꾼, 화가 등으로 활동하는 다재다능한 사람이었다. 무어의 자택 벽에는 호랑이 가죽들과 자기가 손수 그린 그림들이 걸려 있었다. 우리가 1944년 씰 도안을 그릴 화가를 물색하고 있을 때 무어가 적임자 같았다.

그녀에게 초대를 받아 집에서 차를 들고 있노라면 난 마치 모험에 참여한 것 같은 느낌이 되곤 했다. 집 잔디밭이 이따금 동물원처럼 보였기 때문이다. 티벳 변경 여행을 포함해 그녀가 탐험한 결과물 가운데는 사냥 기념품뿐 아니라 미답 지역을 스케치한 것, 거기서 잡아온 희귀한 동물 등이 있었다. 이국적인 새 두어 마리가 집 잔디밭을 자유자재로 돌아다니는 건 보통이고, 야생성이 더 강한 놈들은 우리 속에서 애완용으로 키우고 있었다. 한 탐험 여행에서 포획한 새끼 사자들이 그랬다.

무어가 자기의 예술적 재능을 발휘해 1944년에 사용할 크리스마스 씰의 도안을 그리기로 약속하자 나는 이제 한시름 덜었다고 생각했다. 그러나 놀랍게도 그녀의 스케치는 엄청난 논란을 불러 일으켰다. 무어는 터번을 쓰고 오직 허리에 천만 두른 한 인도 소년을 그렸다. 소년은 "쌀람"이라고 인사하고 있다. '쌀람'은 인도에서 흔히 하는 인사말이다. 배경엔 인도 지도가 있다. 소년의 건강하고 행복해 보이는 모습은 인도의 모든 젊은이가 부디 이 소년처럼 건강하고 행복하게 될 수 있도록 도와달라고 씰 구입자들에게 호소하려는 의도였다.

그런데 아뿔싸, 이 어린 친구가 많은 이들을 불쾌하게 만들 줄이야. 인도 친구들은 옷을 거의 걸치지 않은 소년의 모습이 나체 상태로 흔히 지내는 인도 어린이들을 희화한 것이라 느꼈고, 유럽과 미국의 비평가 몇몇도 도안을 디자인한 사람이 소년에게 더 많은 옷을 입혀야 했다며 동의했다. 그러나 무어는 도안 수정을 완강히 거부했다. 그녀는 이 그림이 인도 마을에서 실제로 보는 전형적 인도 소년이며, 따라서 이 상태로 그냥 두는 것이 더 호소력 있다고 주장했다. 소년에게 성장盛裝을 입힐 아무 이유가 없다는 것이었다. 또한 비판이 나온 시기가 너무 늦은 나머지 우리가 도안을 수정하고 싶어도 그럴 수 없는 형편이었다. 이런 논란은 다행히도 씰 판매량을 감소시키지 않았다.

이듬해 씰 디자인은 런던의 왕립예술대학에서 수학한 재능 있는 인도 화가 다스 굽타가 해주었다. 5주년 씰을 맡은 그가 선택한 도안은 작은 배를 타고 연꽃(인도의 국화)을 모으고 있는 귀여운 인도 남매였다. 인도의 여러 지역에서는 동절기가 되면 호수나 연못 위에 아름다운 연꽃이 피는데, 아이들은 명절에 나들이를 나와 작은 배 위에서 연꽃을 주워 담으며 즐겁게 시간을 보냈다.

금년도의 씰과 함께 지금까지 인도에서 나온 크리스마스 씰 총 5종이 담긴 패널이 배포되었다. 씰이 인도에 소개된 지 다섯 돌이 되는 해에 사람들에게 씰 수집이라는 개념을 제시하기 위해서였다. 세계의 베테랑 수집가들 사이에 수집 목록에 인도 씰을 추가하려는 열풍이 풀었다. 1루피(25센트, 현재 약 5달러)에 장당 16개 씰 단위, 또는 한 씰당 1아나(1루피는 16아나, 현재 우리 돈으로 약 400원)에 판매되었으니, 씰 1장이 1센트가 안 되는 셈이다. 가난한 사람들도 씰을 사서 이 캠페인에 참여할 만한 가격이었다. 많은 이들이 결핵과의 전쟁에 이런 식으로 참여하는 특권에 감사하며 흔쾌히 씰을 구입하였다.

1941-42
앤 퍼킨스(우드스탁 학생)

1942-43
주아니타 오웬, R. N.

1943-44
앨리스 매리 올터(우드스탁 학생)

1944-45
W. J. A. 무어

1945-46
M. 다스 굽타

인도 결핵 크리스마스 씰, 첫 5년간 (발행년도와 도안자)

제9장. 우드스탁 학교생활

매년 3월이 되면 아내와 아이들은 고원마을로 돌아갈 채비를 한다. 우리 가족이 1941년에 인도에 온 이래 아이들은 고원마을에 있는 우드스탁 학교에 등록하여 다니고 있었기 때문이다. 선교사 부부는 지리적 환경이 다양하고 때로는 벽지에 정착해 살기 마련인데, 자식교육이란 문제와 관해서는 쉽지 않은, 때론 고통스럽기까지 한 결정을 강요당하는 수가 많다.

유치원에서 고등학교까지 망라된 기숙 · 주간학교인 우드스탁 학교는 아시아 지역에 거주하는 선교사 가정들의 교육적 필요를 충족시켰다. 여기서 학생들은 자기가 선택한 예비교과과정에 따라 장차 미국이나 영국의 대학에 진학하는 교육 혜택을 받았다. 우드스탁 학교는 '동부에서 여성 교육을 후원하는 런던 협회'에서 활동하는 영국 여성들에 의해 1854년에 무수리에Mussoorie에서 창립되었다. 2년 뒤 란도우르 마을 옆, 현재의 고원마을로 이전했다.

비록 도착하는 학생들의 짐을 운반할 권리를 요구한 짐꾼 단체가

[위] 우드스탁 교정과 테리 언덕
· 왼쪽 위: 강의, 행정 건물들(초등학교 여자 기숙사 포함)
· 아래, 좌에서 우로: 우드스탁 하우스(1856년 당시 학교 터), 호스텔(고등학교 남자 기숙사), 리지우드(초등학교 남자 기숙사), 칼리지(고등학교 여자 기숙사, 예전에 이 자리에 대학과 교사연수 프로그램이 있었지만 각각 1921년과 1933년에 폐지됨)

[중간] 무수리에

[아래] 정문

이 학교를 "회사 학교"라 부르긴 했지만, 당시의 "동인도 회사"와 "우드스탁 학교"(1862년에 정한 학교의 정식 명칭) 사이엔 아무런 관계가 없었다. 이 학교가 동인도 회사가 세운 것이라는 오해가 널리, 그리고 끈질기게 따라붙었는데, 아마도 킨크라이그 종점에 도착하는 버스 주위에 짐꾼들이 벌떼처럼 모여 "회사 학교! 회사 학교!"라고 시끄럽게 외친 데서 이런 오해가 매년 심해진 것이 아닌가 한다.

학교는 성장하고 변화했다. 한때 대학과정이 개설되었고(1897-1921), 이어 교사 양성과정이 추가되었다(1933년까지). 1874년 창립자의 단일 선교회 후원 체제로 출범하여, 장로교회 해외선교 위원회(미국)와 기타 선교회들이 우드스탁 학교의 경영에 참여하기 시작했다. 제2차 세계대전 기간 동안에는 학생 수가 500명까지 불어났다. 1949년에 하나님의성회와 메노나이트 선교회가 협력회원으로 추가되고, 당해 말까지 서른 두 곳의 선교회 아동들이 399명으로 구성된 학생회에 등록되었다. 학생회에는 비기독인 아동 70명과 기독인 비선교회 가족 아동 56명이 들어있었다. 당해 학생회엔 열여섯 개 국적의 아동들이 망라되어 있었는데, 학교를 방문한 사람들이 이것을 보고는 "작은 국제연합"이라 했다.[22]

그 해 6월에 열린 '우드스탁 판매' 행사는 이 그룹들이 협력하여 일을 잘 진행한 좋은 실례였다. 학생뿐 아니라 인근 지역 공익기관들까지 행사에 참여했다. 판매 부스에는 지역 사회의 수제 공예품과 소공장 생산품, 인도의 여러 교회 회중에서 만든 제품들이 나와 있었다. 연주회와 연극 공연, 노래 자랑 등이 행사의 축제 분위기를 돋우었다. 가정학 학생들이 레모네이드와 점심, 늘 인기 만점인 홈메이드 아이스크림 등을 제공했다.

'우드스탁 판매' 행사에서 가장 흥미로운 측면은 옷을 거의 걸치지 않은 짐꾼에서 보석과 화려한 색의 옷으로 치장한 인도 왕족까지 거의 모든 계급과 유형의 사람들이 선한 의지를 가지고 건전한 즐거움을 누린다는 데 있는 것 같다. 화려한 사리를 입은 인도 왕족과 수수한 색의 옷을 입은 과묵한 영국인, 더 밝은 색상의 옷을 입은 덜 과묵한 미국인이 한 자리에 모여 담소를 나누고 있었다.

나는 뜨거운 하절기에 기껏해야 란도우르까지밖에 오를 수 없는 처지이기 때문에 학기 동안 아이들에게 가정의 안온함을 제공하는 건 늘 아내의 몫일 수밖에 없었다. 인도에서 선교사로 살아가는 데 있어 이것은 우리에게 가장 견디기 어려운 일 중 하나였다. 많은 선교사 가정이 자녀를 거의 1년 내내 학교 기숙사에 맡기고 있었지만, 우리는 아내 매리언이 고원마을에 머물면서 아이들을 직접 돌보는 편을 선택했다.

아이들을 우드스탁 학교에 등교시킨 첫 5년 동안 제2차 세계대전이 전 세계에 암운을 드리우고 있었다. 불확실성, 엄격한 배급 체제, 고향을 떠나 생소한 타국으로 보내진 어린 군인들…. 영국 군인이나 미국 군인이 짧은 휴가를 얻거나 회복시간을 갖기 위해 란도우르에 오는 것을 자주 보았다.

테리Tehri 길 바로 아래 힐사이드 별장의 위치는 내게 샘 월터 프로스의 시 "길가에 있는 집"을 떠올리게 한다. 내 밖의 세상이 나를 스쳐 지나갈 때 나그네는 문득 발을 멈추고 그 집에 들어간다…. 그 무렵 어느 날, 매리언은 산허리를 덮고 있는 홍만병초 나무[23)]에서 따온 분홍색 꽃잎들을 추려내고 있었다. 아내는 바깥 베란다에서 작업하고 있었는데, 거기는 길에서 훤히 들여다보이는 곳이었다. 산책 나온 영국 군인 두 명이 잔뜩 호기심을 가지고 매리언을 지켜보다가 결국 참지 못하고 그 꽃잎을 무엇에 쓰려는 거냐고 물었다.

매리언의 답변은 빠르고 간결했다. "이걸로 젤리를 만드는 거예요. 들어와 맛보시겠어요?" 마침 시간이 차를 마실 때라 군인들은 사양하지 않았다. 군인들은 젤리가 아주 맛있다고 했다. 그들이 먹은 양을 보고 판단하건대 진심에서 나온 말임이 확실했다.

우드스탁 학교는 학생들의 창의력과 리더십 기술을 장려했고, 어느 해 여름에는 내게 깊은 인상을 준 한 사례가 발생했다. 비록 이 학교는 하절기에 열흘 간 짧은 방학밖에 주지 않지만, 이때는 많은 선교사들이 휴가를 얻어 산중에 있는 자기 아이들을 보기 위해 이곳에 왔다. 거의 1년 내내 기숙사에서 생활하던 많은 아이들이 몇 달 동안 부모와 함께 지내며 주간 학생처럼 등교하게 되었다. 휴가를 얻어 이곳에 온 부모들은 취미 동아리 활동을 하거나 미술, 사진, 요리 클럽(인도요리 강습 같은)을 결성하는 경우가 많았다.

"나이 많은 사람들"에게 뒤지지 않기 위해 어느 해 여름 우드스탁 고등학교 과정에 다니는 몇몇 진취적인 학생들이 "명연설자 클럽"을 조직했다. 처음에 부모들은 어린 학생들이 자기네 클럽에 붙인 명칭이 자못 거창해서 참 가소롭다고 여겼다. 명연설자 초빙은 심지어 부모인 자신들이 결성한 클럽에서도 감히 자신할 수 없는 부분이기 때문이다. 부모들은 명연설자 초빙은 언감생심이라며 희망에 부푼 아이들에게 경고했다.

그러나 클럽 회원들은 이 일을 반드시 성사시키겠다는 결의를 더 굳게 다졌다. 학생들이 첫 연설자 패널을 구성했을 때 거부한 사람은 단 한 명이었고, 그마저도 노골적인 거부가 아니라 조건부 수락이었다. 그 사람은 유명한 전도사이자 마다르 요양원 후원자인 닥터 스탠리 존스였다. 그는 만약 자기가 란도우르에 필히 가야 하는 중요한 회의와 일정이 겹친다면 기꺼이 강연을 하겠다고 했다. 클럽의 간부 학생들이 우드스탁 학교 교장을 찾아갔다. 학생들은 자기들이 닥터 존스를 초빙하기로 계획한 날 무렵에 학교 이사회를 소집하자고 제안했다. 그럴듯한 제안이었다. 왜냐하면 닥터 존스는 우드스탁 이사회의 중요한 회원이었기 때문이다. 일은 학생들이 바라던 대로 되었다.

명연설자 클럽은 첫 모임과 첫 강사 명단을 자랑스럽게 고시했다. 강사 명단에는 닥터 존스와 감리교 감독 세 사람, 즉 브렌튼 배들리 감독, 와스컴 피켓 감독, 클레멘트 록키 감독 등이 포함되었다. 부모 중에서 가장 회의적이던 사람들도 명단 속 강사들이 모두 명연설자란 사실을 부정할 수 없었다. 그들은 냉소에서 열렬한 후원으로 입장을 바꾸었다. 사람들은 이구동성으로 한 가지 질문을 했다. "어린 학생들의 무명 클럽이 어떻게 그런 일을 할 수 있었을까? 그건 어른들에게도 힘든 일인데."

"이유는 간단합니다." 클럽의 회장이 설명했다. "저희 클럽에는 이 훌륭한 강사분들의 자제와 손자들이 있기 때문입니다. 과연 어느 누가 이곳 고원마을의 청량한 날씨 속에서 가족과 함께 며칠을 보내며 명연설자 클럽에서 강연해 달라는 자신의 아이와 손자들의 간절한 청을 뿌리칠 수 있겠습니까? 사실, 강사 분들과 관련이 없는 클럽 회원들도 그들이 깊은 관심을 가질 때 이분들을 초빙하는 데 도움을 보탤 수 있었습니다. 자기 관심 분야에 젊은이들도 관심이 있구나 하는 인상을 강사분들이 받았기 때문입니다."

인도 불가촉 계급의 집단개종 연구의 권위자인 피켓 감독이 첫 강사진 중 일인으로 선택되었다. 피켓 감독은 불가촉천민 계층 사람들 사이에 이루어지는 실제 대화를 섞어가며 변화된 삶의 사례를 전달했기 때문에 강의는 실감이 났다. 예수를 영접하는 결심이 개인적으로 이루어지는 서구 부흥회와 달리, 인도에서는 서로 잘 알고 큰 일이 생기면 공동으로 대처하는 수가 많은 작은 무리가 집단적으로 예수를 영접하는 현상이 두드러진다. 하나님의 부르심에 인도인이 응하는 이런 방식은 하나님의 권능이 얼마나 경이롭게 온 마을에 임하는가를 보여준다. 사람들은 서로 격려하며 여러 사람 앞에서 주님을 영접하겠다고 결심한다.

명연설자 클럽은 고원마을의 생활에 많은 기여를 했다. 이후 사람들은 포럼을 열면 그 어떤 저명인사도 초빙할 수 있겠다는 자신감이 생겼다.

12월이 되어 1943년도 학기가 끝나자 우리는 윌리엄의 반 친구 두 명을 돔지붕집에 초대하고 겨울을 보냈다. 두 소년은 중국인인데, 한 사람은 아더 양이고 다른 한 사람은 제임스 왕이다. 중국에서 다니던 캐나다 학교가 문을 닫자 얼마 전에 이곳에 온 아이들인데,

중국에서 전쟁이 나는 바람에 고향에 돌아갈 수 없게 된 것이다. 아더는 중국군 장군 셴 양의 아들이고 제임스의 부친은 은행업을 했다. 윌리엄은 두 친구와 어울려 다니고 테니스도 함께 쳤다. 두 소년이 우리 가정에 들어온 덕분에 겨울 방학이 더 즐거웠다.

1944년 여름, 우드스탁 학교의 열흘간의 휴일 동안 나는 고원마을에 갈 기회가 생겼다. 고등학교 상급반인 윌리엄은 올해 12월에 우드스탁 학교를 졸업하고 미국에 가서 대학에 진학할 예정이었다. 윌리엄과 녀석의 중국인 친구 아더 양은 예전부터 전설의 땅 카시미르를 보고 싶어 했는데, 이때가 졸업 전에 거기에 가볼 최고의, 그리고 유일한 기회인 것 같았다.

휴가는 너무 빨리 끝나버렸다. 젤름 강 위 선상에서 흰 눈에 덮인 산정의 장관을 감상한 다음, 소네마르그 빙하 위를 가로질러 걸어가

[위] 카시미르
[아래] 젤름 강 위의 보트 택시와 하우스 보트

더 가까운 데서 구경했다. 그리고 우리는 카시미르를 떠났다. 카시미르에서 나가는 길이 거기로 들어오는 길보다 더 인상 깊고 아름다웠다. 그 길로 우리는 3,500미터를 갔다. 이 매혹의 땅을 여행하고 나니 우리의 몸과 마음이 새롭게 힘을 얻은 느낌이었다. 두 아이는 인도를 떠나기 전에 카시미르의 멋진 경관을 엿보는 특권을 누릴 수 있었던 것에 대해 감사해 했다.

나는 윌리엄을 아내에게 보냈다. 이제 매리언의 펜을 빌어 고원마을에 있는 그녀의 관점에서 이 긴 이야기를 풀어낼까 한다.

사우스힐 별장, 란도우르.
1944년 10월 31일.
혹시 이 [성탄절] 편지가 성탄절이 지나고 훨씬 뒤에 여러분께 도착하지는 않을까 두렵습니다. 지금 전 옷장 속에서 제일 두꺼운 옷을 꺼내 입고 스토브 옆에 앉아 이 편지를 쓰고 있습니다. 그런데 찬 공기 때문에 두 발이 시리군요. 날씨만 본다면 이곳 고원마을에 벌써 성탄절이 온 듯합니다. 12월이 되면 우린 아지메르로 돌아가지요.
지금 이 시각 남편은 편잡에 있는 히사르에 가는 중입니다. 거기서 인더스강 회의가 있습니다. 그가 2주 후에 이곳에 와서 학교의 마지막 주와 윌리엄 졸업식이 있는 주를 우리와 함께 보낼 수 있으면 좋겠습니다. 큰아이가 고등학교를 떠나 홀로 더 큰 세계로 나간다는 게 실감이 안 나지만, 우리는 아이를 오하이오 주 알리안스에 있는 마운트 유니온 대학에 등록시켰습니다. 1월 중순 이후에 배를 태워 보내려 합니다. 따라서 우리가 그 아이와 함께 지낼 수 있는 건 앞으로 두 달여 남짓입니다.

인도에 온 이래 추수감사절을 가족이 다 모여 지내는 건 이번이 처음인 것 같습니다. 란도우르에서 지내는 것도 처음이구요. 작년까지 추수감사절엔 가족 중 일부가 아지메르에 있었지요. … 아서 양이 성탄절까지 아지메르에서 우리와 함께 지낼 것입니다. 성탄절이 지나면 아서는 남부 인도를 여행할 계획입니다. 제임스 왕은 캐나다에서 대학을 다닐 것입니다. 둘 다 훌륭한 아이들이며 우리는 그들을 가족의 일부로 여깁니다. 두 아이를 옆에 두고 있으면 우리가 한국에 조금 더 가까워진 느낌이 듭니다.

한국 얘기가 나왔으니 말인데요, 7월에 젊은 한국인 중위 세 명을 집에 초대했었습니다. 그들은 전에 한국에서 선교사로 일했던 R. F. 베이컨 대위와 일하고 있었습니다. 윌리엄스 가족의 얘기도 듣고, 전 억지로 한국어를 해보려고 했는데 군데군데 힌디를 섞었습니다. 제가 생각해도 좀 웃겼습니다. 남편이라면 한국어 대화가 어렵지 않았을 겁니다. 베이컨도 한국어를 잘하지요. 두 사람은 한국에서 태어났기 때문에 한국어가 어렵다고 생각하지 않습니다. 남편이 이 자리에 없다는 게 아쉬웠습니다.

올해는 제가 일에 너무 바빠서 개인사를 다 챙길 수 없었습니다. 우리 학교 교의인 닥터 베델 플레밍이 건강상의 이유로 직무를 수행할 수 없게 되어 제가 그녀를 대신해 자선판매행사가 있기 전 다섯 주를 제외하고 줄곧 일했습니다. 제가 감리교 판매대를 맡아 일하느라 다른 일에 신경 쓸 겨를이 없게 되자 한 호주인 의사(닥터 E. W. 골트)가 대신 교의를 맡았습니다. 행사는 대성공이었고 우리 판매대가 거둔 수익은 전체 수익금의 4분의 1이었습니다. 작년 행사에서 거둔 수익보다 500루피(당시 152달러, 현재 가치 약 3,300달러)가 더 많습니다. 그간의 노력이 보상받은 느낌이었습니다. 학교병원 수요품을 구입할 자금을 확보했기 때문입니다.

행사가 끝나고 이튿날부터 제가 다시 교의를 맡았습니다. 그리고 7월에, 사임한 닥터 플레밍을 대신해서 학교의 정식 직원이 되었습니다. 교의의 일은 제게 좀 생소합니다. 학생 수가 사백 명이 넘고 거의가 백인이기 때문입니다. 거기에 더해 인도인 하인이 백 명이고 그들의 아내와 가족이 있습니다.

7월 7일 새로 입학한 중국인 학생 패트릭 리가 벼랑에서 18미터 아래로 떨어졌습니다. 죽은 줄로만 알았는데, 단지 의식이 없고 척추에 금이 갔더군요. 처음에 이 아이가 회복될 수 있을지 확신이 가지 않았지만, 지금은 여전히 우리 곁에 있습니다. 내년에 이 아이가 다시 걸을 수 있게 되기를 기원합니다.

어느 날은 연락을 받고 서둘러 우리 학교의 어떤 학생을 치료하러 갔습니다. 그 학생은 친구의 '애완용' 살무사에 물렸습니다. 물론 그 뱀은 신속히 처리되었지만 주인이 한 것은 아닙니다. 오늘 사무실에서 뱀 주인인 학생과 면담을 하는데 녀석은 여전히 애완용 코브라를 몹시 갖고 싶어 했습니다. 앞으로 애완용 뱀 같은 것을 학교에 가져오면 그 동물이 무슨 꼴을 당하게 될지 따끔히 일러주었습니다. 미래의 파충류학자에게 그것은 받아들이기 힘든 조치겠지만 아마 다른 학생들까지 그렇게 여기는 건 아닐 겁니다. 지금도 저는 항독제를 지참하고 다닙니다.

9월에 콜레라 공포가 엄습했습니다. 모든 학생과 하인들에게 항콜레라 백신을 접종했습니다. 전에 장티푸스 주사를 맞으라고 하인들을 설득하기가 어려웠는데, 이번에 그들은 콜레라에 겁을 먹고 가족까지 데려와 예방접종을 맞았습니다.

제가 다음 회람편지를 쓰기 시작할 즈음에는 전쟁이 종식되고 가족들이 다시 합치고 정상적인 삶으로 돌아와 우리가 모두 환희에 차 있기를 바라고 기도합니다. 전쟁의 비참함이 오로지 전선에만 있는 것은 아닙니다. 제가 자주 실감하는 것이지만, 만약 이 시대의 압박 속에서 우리를 지탱해주고 자신과 남에게 진실하고 성실할 수 있게 해주는 믿음의 닻이 없다면 삶은 엉망진창이 되고 말 것입니다.

펀 오크스, 무수리에, U. P.
1945년 성탄절 즈음

우선 전해드릴 중요한 소식은 윌리엄이 지금 고향에 있고 대학에 다닌다는 것입니다. 1월에는 모든 출항 일정이 베일에 싸인 채 미정인 상태였습니다. 제가 윌리엄과 봄베이에 가서 열흘 간 거기서 머물렀지만 출항 전날 저녁이 되어서야 비로소 승선 시간이 나왔습니다. 게다가 저는 아들이 떠나는 모습도 지켜볼 수 없었습니다. 승선자 외에는 배에 접근할 수 없게 되어 있었습니다. 저는 "빨간 문" 앞까지 가서 택시에서 내려야 했습니다. 미군들이 거기서 승객들을 한명한명 검문하고 있었습니다.

우리는 윌리엄의 무사 도착을 알리는 전보를 간절히 기다렸습니다. 그가 호주를 경유하여 로스앤젤레스에서 하선했다는 소식이 들어왔습니다. 전시에 여행한다는 건 불확실투성이입니다. 그래서 3월 초에 윌리엄이 무사히 도착했다는 소식을 듣고 우리는 매우 감사했습니다. 윌리엄과 학급 친구들은 "군대 클래스"에서 여행했습니다. 매일 두 끼만 먹고 각자 일을 하면서 지냈습니다. 오직 노인과 아동들만이 일등석에서 여행할 수 있었습니다. 길고 피로한 대륙 간 여행 끝에 윌리엄은 볼티모어에서 하선하고 제 누이 집에서 단잠을 청했습니다. 윌리엄은 지금 마운트 유니온 대학에

다니고 있습니다. 이 학교는 저와 남편, 그리고 남편 삼촌[노리스 A. 라인위버 목사]의 모교이기도 합니다.

몇 주 간 이곳에 머물러 있던 남편이 다시 평원으로 내려갔습니다. 이제 몇 달 후에나 또 볼 수 있을 겁니다. 지금 우기입니다만, 큰 비는 오지 않고 있습니다. 간혹 구름 사이로 햇살이 비칠 때면 주변 세상이 흥미로운 모습을 드러냅니다.

개학 이튿날부터 이곳 우드스탁 학교에 이하선염(일명 볼거리. 침샘에 염증이 생기고 붓는 것이 특징이며, 보통 유행성이고 어린이들이 잘 걸린다—편집자)이 유행하고 있습니다. 이 병은 캘커타 파티에서 한 인도 소년이 처음 퍼뜨렸습니다. 소년은 자기가 아프다는 것을 알고 있었지만 가족들이 무시하고 그냥 파티에 보낸 것이었습니다. 많은 학생이 몇 주간 등교하지 못했습니다. 병은 지금도 유행하고 있습니다. 필리스도 앓아누웠다가 얼마 전 격리 상태에서 나왔습니다.

전쟁이 완전히 끝난 지금, 다들 평화를 위해 분투(?)하고 있습니다. 세계가 받은 상처를 치유하고자 하는 각국 지도자와 지식인들 앞에는 해야 할 일이 산적해 있습니다. 그러나 인류의 마음에 변화가 없고 주님의 가르침에 따라 살지 않고는 모든 것이 소용없게 될 것입니다. 인간의 능력으로는 인도 문제 하나도 감당하기 벅찹니다.

어제 인도인 손님이 한 명 왔습니다. 그는 일단 인도가 영국에서 해방되기만 하면 모든 게 잘 될 것이라 했습니다. 그는 장티푸스열에서 회복 중에 있었습니다. 제가 장티푸스 접종을 했었냐고 묻자, 그는 천연두, 콜레라, 장티푸스 등을 포함해 모든 종류의 예방접종은 다 소용없는 것이라며 길게 비판을 늘어놓았습니다. 그가 이렇게 믿는 가장 큰 이유는 영국 정부가 그런 예방사업을 조직하고 강요했기 때문이라는 얘기 같았습니다. 그는 무수리에의 식단을 개선하기 위해 자기가 조직하려 하는 단체에 내가 돈을 기부하기 원했습니다. 그 사람 얘기는 결국 식당을 운영하자는 것이었습니다. 적절한 음식이 합리적인 가격에 제공되는 그런 식당 말입니다. 저는 '청소부'(불가촉천민—옮긴이)도 그 식당에서 먹느냐고 물었습니다. 그는 '그렇다'고 했습니다. 다만, 격리된 장소에서. 저는 속으로 '역시나' 했습니다.

그의 말엔 모호한 계획과 담론이 많았습니다. 할 일이 있어서 저는 면담을 끝내야 했습니다. 저는 그가 구름 조각을 잘라서 옷을 지으려는 사람처럼 보였습니다. 오늘 아침 그 사람을 테리 길에서 마주쳤습니다. 그의 말은 사회주의가 인류가 앓는 병에 대한 만병통치약이라는 것이었습니다. 그가 말했습니다. "사유재산을 다 없애고 사회주의를 하면 완벽한 세상이 될 것입니다."

제가 말했습니다. "이봐요. 그것이 인간들로 구성되는 한, 완벽한 사회 집단이란 있을 수 없어요. 우선 인간들의 마음부터 변화시켜야 해요." 그는 역겹다는 표정을 짓고 자리를 떴습니다.

지난 주에 감리교 선교사 F. E. C. 윌리엄스를 집에 초대했습니다. 윌리엄스 부부는 아들을 데리고 우리보다 2주 먼저 한국을 떠나[1940년] 수일 후 인도에 도착했습니다. 윌리엄스는 맥아더 장군으로부터 지금 당장 한국으로 복귀해 한국의 농업 계획을 도와달라는 전보를 받았습니다. 두 번째 전보에서 윌리엄스의 장남(미국 해군 군의관)이 이미 서울에 있다는 소식이 전해졌습니다. 우드스탁 학교에 다니는 막내 아들 로버트가 11월 말에 졸업하지만, 학업을 앞당겨 끝내고 다음 달 초에 가족이 다 한국으로 갈 예정입니다. 저는 이 얘기를 듣고 마음이 들썽들썽 했습니다. 윌리엄스를 통해 우리 가족 소식을 한국과 일본의 친구들에게 전할 수 있겠다는 생각이 들어서 말입니다. 우리 부부가 일한 곳의 차후 소식과 그 밖의 얘깃거리가 얼마나 궁금한지 모릅니다. 우리 부부가 일하던 곳의 일부가 지금 러시아가 점유한 지역 안에 있다고 알고 있는데, 그건 퍽 유감입니다. 만약 미군이 1위도 정도 더 북쪽으로 올라갔으면 우리 일터가 포함될 수 있었을 텐데 말입니다.

진이 성탄절 전에 그리운 중국으로 돌아갈 것 같습니다. 닥터 퍼킨스 부부가 편지에서 어서 중국으로 돌아가 운남성 곡강에서 병원을 열고 싶다고 했습니다. 얼마나 대단한 일입니까! 아직 터도 닦여 있지 않을 텐데 말이죠. 부부는 더 이상 젊은이가 아니지만 가서 봉사하기를 열망하고 있습니다.

지금으로선 우리 부부가 일할 곳은 이곳 인도인 것 같습니다. 남편은 지금도 요양원 일에 열심입니다. 마다르 요양원은 그간의 많은 어려움들을 딛고 크게 성장했습니다. 제 의과대학 동기 한 명이 다음 학기 세달 반 동안 저를 대신하여 교의를 맡을 것입니다. 그 기간 동안 저는 평소 하고 싶었던 다른 중요한 일들을 할 생각입니다. 그러나 7월부터 다시 돌아와 내년 말까지 교의로 일할 것입니다. 우리는 1947년 초쯤에 그동안 오래 미루어온 휴가를 떠나려 합니다. 이 휴가가 몹시 기대됩니다.

우드스탁 학생인 15세 소녀 앨리스 스튜어트가 6월 휴일에 어머니, 남동생(로버트)과 들놀이를 갔다가 절벽에서 76미터 아래로 추락해 사망했습니다. 이튿날 장례를 치렀습니다. 앨리스는 필리스가 속한 걸스카우트의 리더였고 감성이 예민하고 영적으로 성숙한 아이였습니다. 그 아이의 남동생 로버트는 전에 필리스와 한 반이었습니다. 제가 이 비극을 알게 된 건 다른 한 여자 아이가 6미터 아래로 떨어졌는데 뇌진탕 증세를 보여 지역 병원에 도움을 요청할 때였습니다. 이 지역은 발밑을 조심해야 할 곳이 많습니다. 지난 달에 여기서 멀지 않은 곳에서 한 인도 요리사가 발을 헛디뎌 일주일 전에 결국 사망했습니다.

이제 졸업식과 '하산일'까지 5주 남짓 남았지만, 돔지붕집에 돌아가 평원에서 세 달을 보낼 생각에 벌써부터 심란하군요. 그건 완전히 다른 세상으로 가는 것과 같습니다. 윌리엄이 떠나기 전 자기는 인도에 대한 향수병 같은 건 전혀 없을 거라 했었는데, 그 아이가 지금 그 병에 걸렸습니다. 히말라야 산맥의 경이로운 경관과 탁 트인 시야를 몹시 그리워합니다. 아마 가족에 대한 그리움은 더 할 테죠. 윌리엄은 전쟁이 끝나면 곧 가족이 미국으로 돌아갈 것이라 생각하고 그것을 바라지만, 우리 부부는 아이에게 그것을 약속할 수 없습니다.

매리언의 편지 첫머리에 "펀 오크스"(양치떡갈나무)에서 작성된 것이라 되어 있는데, 이것은 밥 플레밍, 베텔 플레밍 부부의 집을 일컫는 말이다. 학생들은 수업 프로젝트를 위해 산으로 가서 식물 표본을 수집하고 그것을 압착하고 하나하나 적절한 라벨을 달아 스크랩북에 담았다. 나중에 밥 플레밍은 조류학을 연구하였고 우드스탁 아이들은 전보다 더 큰 흥미를 보였다. 이 분야에서 밥 플레밍은 전문가가 되었고, 나중에 그는 네팔로 조류 수집 여행을 떠났다. 이 여행은 네팔 선교사업의 문을 여는 데 일조했다. 플레밍 부부는 그들의 활동을 다룬 동명의 책 제목인 『카트만두의 위대한 플레밍 부부』

로 국외에까지 알려졌다.

프레밍 부부가 1945년에 휴가를 얻어 귀향하고 매리언이 교의가 되었다. 이리하여 우리 가족이 플레밍 부부의 부재 동안 임시로 "펀 오크스"를 물려받게 되었다. 이 집은 학교와 매우 가까운 곳에 있었고, 고원마을에 있는 다른 작은 별장들과 다르게 상당히 넓고 안락했다. 심지어 전화기도 있었는데, 이게 늘 좋은 것만은 아니었다. 특히 야밤에.

이 집을 "펀 오크스"라 한 것은 주변에 떡갈나무가 둘러서 있기 때문이다. 나무 몸통에는 양치식물이 예쁘게 나 있는데, 몬순기 때에 나무줄기에서 자연적으로 자라나오는 것이다. 6월 말부터 9월까지 계속되는 몬순기는 우기를 불러오고, 또 우중충한 갈색 나무줄기가 껍질에서 양치식물이 싹트면서 연두색으로 변하는 기적 같은 변화를 불러일으킨다. 히말라야 산중에서 흔히 보는 이런 광경은 열대 우림지역 어디서나 있는 현상일 거라고 생각한다.

매년 우드스탁 학교 드라마 부에서는 대규모 연극을 무대에 올렸다. 나는 이 특별한 행사에 참석하려고 휴가시기를 일부러 조정하는 경우가 많았다. 윌리엄이 〈제인에어〉에서 로체스터 역을 맡았던 그 해, 배우 오슨웰스가 주인공 로체스터로 분한 영화 〈제인에어〉가 학교에서 8킬로미터 떨어진 무수리에 마을의 한 영화관에서 상영되고 있었다. 제인에어 영화와 연극을 모두 본 사람들은 윌리엄의 연기를 유명 배우의 그것과 비교해 얘기들을 했는데, 그 결론이란 건 당연히 윌리엄의 부모가 '자부심'을 느낄 만한 것이 아니었다. 나머지 우리 아이들도 차례로 연극이나 웅변대회에 참가하는 기회를 가졌다. 어느 해엔 필리스가 '엄마를 기억하며'라는 연극에서 화자인 크리슨 역을 맡고 오빠인 조가 심사위원단에 속한 일도 있었다.

우드스탁 학교는 학생들이 총학생회나 스포츠에서부터 메이데이 같은 축제 행사까지 다양한 분야에서 자신을 계발할 기회를 부여했다. 어느 해인가 필리스가 '5월의 여왕'으로 선출되었을 때 우리 부부는 카메라 필름이 거의 동이 나 버렸다. 필리스가 오월궁 여왕들 맨 앞에 서서 오월제 춤을 주관할 때 주위의 카메라들이 정신없이 터졌다. 당시 조가 우드스탁 학교 연간간행물 《휘스퍼링 파인》지 편집자로 일하고 있었으니, 조와 필리스 둘 다 고학년 시절에 좋은 경험을 한 셈이었다.

1박을 하며 캠핑하기 딱 알맞은 경관 좋은 곳이 근처에 많았으므로 우드스탁 학교에서는 소풍 기회가 잦았다. 아이들을 데리고 나비를 수집하는 취미를 들이기 시작한 매리언이 이런 소풍에 자주 참가했다. 필리스가 고등학교에 다닐 때 한번은 켐프티 폭포로 1박하는 소풍을 가는데 부모 중 한 명이 꼭 동행해야 했다. 매리언이 갈 사정이 못되었으므로 내가 자청해서 보호자로 소풍에 참가했다. 폭포에서의 1박은 성공리에 끝이 났다. 비록 길고 가파른 산을 넘어 학교로 복귀하는 여정이 남아 있긴 했지만 이 시점에서 나는 딸과 학창 시절 경험을 나누었다는 사실이 만족스러웠다.

제10장. 코브라가 병을 낫게 하는가

 인도 이야기라면 뱀에 관한 언급을 빼놓을 수 없다. 우리는 전부터 인도의 '4대 독뱀'에 관해 알고 있었다. 즉 인디언 코브라, 우산뱀, 러셀 북살모사, 그리고 톱비늘북살모사이다. 인도로 가기 전에 파충류 동물은 조금 떨어진 곳에서 몇 번 본 일이 있었다. 싱가포르에 있는 "뱀사원" 기둥들을 휘감고 잠을 자는 뱀도 본 적이 있었다. 독극성 혈청을 뽑아 항독혈청을 생산하는 봄베이 소재 하프키네 연구소에서 유리로 만든 우리 안에 있는 여러 마리의 뱀을 구경한 일도 있었다.

 그러나 인도 평원의 날씨가 더 따듯해지면 뱀들이 나타났고, 뱀을 멀리서만 보던 시절은 지나갔다. 나는 여름마다 산간 지대에 살고 있던 우리 집 아이들에게 "뱀 이야기"를 써서 보내곤 하였다. 하루는 응접실에 앉아 편지를 쓰다가 잠시 쉬고 영국으로부터 오는 단파방송을 듣다가 라디오를 끄려고 하는데 큰 코브라 한 마리가 그 '무선라디오' 바로 옆에서 마치 음악 감상을 즐기고 있는 듯 대가리를 전후로 흔들고 있는 것이 보였다. 내 음악 감상은 급작스럽게 끝났다.

그 코브라를 제어할 막대기 하나조차도 손이 미치는 곳에 없었고 게다가 녀석은 방문까지 막아서고 있었다. 월터를 큰 소리로 불렀다. 내가 싸프! 싸프!(뱀! 뱀!) 소리치는 것을 듣고 월터가 달려왔다. 그가 막대기를 들고 왔으나 그 코브라는 그를 피해 재빠르게 침실을 향해 돌진했다.

한편, 비서 대니얼은 내가 소리치는 것을 듣고 랜드 하키 채를 들고 왔다. 그가 전문가답게 코브라의 진행방향보다 한 발 앞서 하키 채를 내려쳤다. 하키 채가 코브라의 머리를 명중했고 그 파충류는 조용해졌다. 뱀을 라디오 옆에서 죽인 것은 이번이 두 번째였다. 뱀들이 아마 음악에 유인된 것 아닌가 하는 생각도 들었다. 뱀 부리는 사람들도 아마 뱀의 이런 기질을 잘 파악하고 있는 것 같았다.

뱀 부리는 사람

대니얼이 자리를 뜨면서 말했다. "큰일 날 뻔 하셨습니다. 신이 도와 주셨어요."

이 얘기를 매리언에게서 들은 어느 왕비가 신에게 그 공을 돌리기를 거부했다. 이 고등교육을 받은 여성은 매우 진지한 태도로 이렇게 주장했다. "셔우드 박사님이 장남이셨기 때문에 뱀이 박사님에게 끌렸던 거예요. 박사님이 그 뱀에다 대고 말을 하니까 뱀이 완전히 마비된 겁니다!" 그 왕비는 자기 생각을 굳게 믿고 있었다.

똑같은 응접실에서 뱀과 마주친 적이 있었는데, 이 일은 하도 이상해서 사람들의 미신을 강화시키기에 충분했다. 어느 날 저녁 뉴스를 들으러 라디오를 켜고 나서 나는 등받이로 쓰려고 소파 베개를 가지러 다른 소파로 갔다. 뉴스에 정신이 팔려서 소파는 보지도 않고 손으로 더듬어 베개를 집으려고 했다. 손가락 끝에 무엇인가 꿈틀거리는 느낌이 전해왔다. 놀랍게도 소파 방석 위에서 뻔뻔스러워 보이는 작은 뱀이 당황한 기색으로 혀를 날름거리며 나를 쳐다보고 있었다. 내가 방석을 떨어뜨렸는데도 그놈은 몸을 피하지도 않았다.

나는 급히 소리쳐서 월터를 불렀다. 월터가 막대기를 손에 잡고 뛰어왔다. 그리고 응접실을 반쯤 건너뛰어 제일 안전한 코너로 판단되는 곳으로 피했다. 월터가 막대기로 방석 위에 앉은 뱀을 치니까 방석이 튀어 올랐다. 월터나 내가 전혀 예상을 못한 일이었다. 믿거나 말거나 그 뱀이 내 정수리 꼭대기에 올라앉는 게 아닌가! 맨 처음에는 내 머리 꼭대기의 근질거리는 느낌이 무엇인지 몰랐다. 무의식적으로 머리를 한 번 흔드는데 무엇이 미끄러져 내려와 마룻바닥에 떨어졌다. 바로 그 뱀이었다. 월터와 나는 기겁을 했다. 다행히 뱀은 죽어 있었다.

그 분야에 지식이 많은 사람들이 죽은 뱀을 검사해보니 우산뱀이라 부르는 작지만 매우 치명적인 독사였다. 이것들은 마을 도로의 흙속에 숨어 있다가 맨발로 지나가는 마을 사람들에게 밟히기라도 하면 사람들을 물어 죽인다는 것이었다. 인도에서는 한 해에 수백 명씩 뱀에 물려 죽는다. 야간전보 배달소년들이 독사들에게 제일 취약한 그룹이라고도 했다.

기독교를 믿지 않는 친구들이 내 이야기를 듣고 나서 머리 위에 뱀이 올라앉는 사람은 틀림없이 왕이 된다고 엄숙하게 선언하면서 나의 밝은 미래를 점쳤다. 그러나 기독교 신자인 인도 친구들은 상이한 반응을 보였다. 그들은 이렇게 말했다, "하나님을 찬양합니다. 인도에서 하나님의 나라를 앞당기시기 위하여 당신에게 맡기실 일이 아직도 많기 때문에 당신의 생명을 구해주신 겁니다."

이런 일이 있은 후 얼마 지나지 않아, 이번에는 월터가 "싸프!"를 외쳤다. 한밤중이었는데, 암탉이 마당에서 큰 소리로 우는 소리를 듣고 월터 부부가 잠이 깼다. 월터는 필경 닭을 공격하는 족제비일 것으로 생각하고 족제비를 쫓아버릴 셈으로 밖에 나갔다. 그런데 막상 나가보니까 큰 닭 한 마리 앞에서 보기 드물게 덩치가 큰 코브라 하나가 대가리를 앞뒤로 흔들고 있었는데 가끔 닭을 공격하기도 했다. 월터는 뱀을 처치하는데 흥미를 잃고 이웃들을 불러와 처리하도록 했다. 그 암탉은 거의 즉시 죽었다. 물론 이미 독이 온 몸에 퍼졌기 때문에 먹을 수는 없었다.

어느 날 밤 요양원 마당에서 우리 간호사 중 한 명의 남동생이 잠에서 깨어 소리쳤다. "전갈이 물었어. 누구 좀 빨리 와줘!" 그러나 그건 전갈이 아니라 코브라였다. 뱀은 죽임을 당했다. 그러나 이미 사람에게 해를 끼친 뒤였다. 소년은 항독 백신을 처치하기 전에 사망했다. 이 사건을 계기로 나는 코브라가 실내에서만 문제가 되는 게 아니라는 것과 뱀에 물린다는 게 얼마나 치명적인 건지 어느 때보다 확실히 깨달았다.

8월의 어느 날, 이날 나는 각별히 기묘한 경험을 했다. 이날 아침 내가 요양원에 도착했을 때 어느 환자 오두막 근처에 사람들이 모여 있었다. 모두들 흥분해 있었고 나는 도무지 무슨 영문인지 몰랐다. 사람들이 다가서는 나에게 길을 터주고 환자의 침상 다리 쪽을 가리켰다. 크고 검은 코브라 한 마리가 침상 다리에 똬리를 틀고 위협적으로 혀를 날름거리고 있었다. 아무도 감히 나서지 못하고 있는 상태에서 그 딱한 환자는 공포로 몸이 굳어져 있었다.

문제는 어떻게 환자를 위험에 빠뜨리지 않고 뱀을 제거할 수 있느냐였다. 환자는 코브라의 치켜든 머리에서 불과 30센티미터쯤 거리에 있었다. 돌이나 막대기로 녀석을 치려다가 자칫 빗맞기라도 하면 더 위험한 상황이 될 수 있었다.

그런데 청소부 중 한 사람이 기어이 끝이 갈라진 긴 막대를 구해서 눈 깜짝할 사이에 뱀을 찍어 누르고 녀석 목에 로프를 감았다. 청소부가 큰일을 해냈다는 자부심에 겨워 그 포획물을 들고 요양원을 구석구석 돌았다. 뱀은 여전히 살아 있었고 모든 환자가 그것을 보았다. 그러나 뱀이 몸을 움직여 묶은 로프가 거의 풀리게 되자 나는 장차 해를 끼치기 전에 녀석을 어서 죽이라고 지시했다. 뱀은 몸길이가 약 1.5미터였다.

뱀에 관한 이런 경험들이 다시 생각난 것은 요양원의 한 젊은 여성환자(샨티)가 자기가 어떻게 이 현대적인 결핵요양원까지 오게 되었는가를 내게 얘기했을 때였다. 나는 이 샨티의 이야기를 당시 전시에 인도에 있던 미군 간호사인 사라 맥나마라에게 들려준 적이 있다. 나중에 맥나마라가 일리노이 주 버밀리언 결핵협회의 이사가 되고 내게 샨티의 이야기를 일리노이 결핵협회지 *ITAM*에 기고해달라고 부탁했다. 이 이야기는 협회지 1946년 9월 판에 처음 실렸고 남부 인도 콜라에서 열린 협회의학회의에서 발표되었다. 그리고 인도 크리스마스 씰 홍보를 위한 편지에서도 인용되었다.

이 이야기를 소책자로 출판해달라는 요청이 답지했다. 그래서 나는 외과의사지만 미술에도 조예가 깊은 아내에게 책의 표지디자인을 맡겼다. 매리언은 딸에게 인도 의상을 입히고 표지 모델로 사용했다. 책 표지에 한 인도 소녀가 킹 코브라에게 인사를 건네는 모습이 나온다. (표지의 코브라는 매리언이 실제 코브라를 모델로 그린 것은 아니다.)

"코브라가 병을 낫게 하는가?"라는 제목을 단 이 소책자는 결핵퇴치모금을 위한 크리스마스 씰 캠페인의 일환으로 권당 5센트(또는 1루피에 여덟 권, 현재가치 약 1달러)에 판매되었다. 이야기 속 사건들은 모두 실제이지만 등장인물들은 모두 가명을 사용했다. 책의 본문과 서문을 여기에 옮겨 싣는다.

책 표지

최근 인도에서는 결핵에 의한 사망자 수가 전쟁 전에는 한 해에 약 50만 명이었는데, 현재는 그 두 배 이상 증가했다는 추정 보고가 나왔다. 이는 하루에 거의 3천 명이 매일같이 결핵이라는 암살자의 치명적인 칼을 등에 맞고 쓰러지는 격이며, 이것은 "결핵에 의한 대량 학살"이란 말로 표현된다. 이 사실은 반드시 모든 신문과 라디오 프로그램을 통해 알려져야 한다. 단상과 지붕 위에 올라 널리 외쳐야 한다. 이 엄숙한 경고가 온 땅에 울려 퍼져야 한다. 대재앙으로 파멸되기 전에 실질적인 대책을 세우고 적절하게 실행해야만 할 것이다.

꽃 같은 인도 젊은이들이 죽어가고 있는 이 충격적인 비극으로 인해 우리는 각성하여 결핵과의 성스러운 전쟁을 선포해야 한다. 이 때이른 죽음들은 두 가지 중요한 원인에서 기인하며 대부분 예방이 가능하다. 하나는 기근과 식량부족으로 초래된 기아 상태인데, 이것은 결핵균에 대한 저항력을 약화시킨다. 그에 못지않은 또 다른 원인은, 전례 없는 결핵균의 맹렬한 공격에 대처할 만한 수단이 절대적으로 부족하기 때문이라는 사실에 있다. 이건 인도에만 국한되지 않고 국제적으로 관련된 문제이다.

유럽과 미국에서는 크리스마스 씰 캠페인 덕분에 거의 모든 결핵환자들에게 병원의 치료나 요양을 제공할 여유가 있다. 하지만 인도에서는 6만 명의 환자가 침대 없이 지내는 상태이고, 결핵 관리에 대한 충분한 훈련을 받은 의사는 인도 대륙 전체를 보아도 90명이 넘지 않는다.

그러나 이런 통계자료는 그냥 한번 읽고 지나치기 쉽고 그다지 깊은 인상을 남기지 못한다. 그래서 우리는 요양원 치료의 도움을 받아 다시 희망을 갖게 된 운 좋은 환자들 중 한 명에게 초점을 맞추어 인도 결핵환자들의 마음속을 조금이나마 들여다보기로 한다.

내가 생각하는 최선의 접근 방법은 『코브라가 병을 낫게 하는가』*The Cobra Hath Charms*에서 짧게 발췌한 것을 인용하는 것이라고 생각한다. 이 책은 "샨티"라는 이름을 가진 어리고 매력적인 한 인도 소녀의 일기장이다. '샨티'는 힌디로 '평화'를 뜻하는 말이며, 그녀는 인도 아지메르 주의 마다르 요양원에 입원 중이다.

"코브라가 병을 낫게 하는가?"

오늘 내 어린 시절 목표 중의 하나가 이루어졌다. 내가 드디어 기숙학교에 입학한 것이다. 내 룸메이트는 "캄라"라는 굉장히 마른 여자애다. 그 애를 좋아하게 되기를 바란다.

나는 그 애와 같이 어울리기가 참 힘들다는 걸 알게 되었다. 그 아이는 너무 짜증을 잘 내고 아무것도 아닌 일에 화를 낸다. 그리고 밤에 잘 때 옆에서 계속 기침을 해서 잠을 잘 수가 없다. 기침 좀 어떻게 해줬으면 좋겠다.

오늘 어떤 사람들이 캄라에게 왔었는데 그 애를 여기서 내보냈다. 나는 정말 속이 시원했지만, 왠지 그 아이한테 미안한 마음이 들었다. 요즘엔 밤이 되면 정말 춥다. 집에다 담요 좀 더 보내 달라고 편지를 써야겠다. 오늘 편지지를 사러 바자회에 갔었는데, 어떤 학생들이 모여서 구호를 외치고 있었다. 그들은 요즘 매일같이 구호를 외치고 있는 것 같다. 하지만 오늘은 좀 달라 보였다. "결핵을 근절합시다. 결핵을 근절합시다." 그들은 전단지를 나눠주고 어떤 티켓(우표) 같은 것도 보여줬다. 그것을 편지 봉투 뒤에 붙이는 거라고 했다. 집에 보낼 편지가 좀 심심해 보여서 알록달록하게 꾸미려고 몇 개 샀다.

이제 새 학기다. 하지만 지금 난 왜 그런지는 몰라도 어떤 일에도 의욕이 안 난다. 이 성가신 기침 좀 빨리 떨어졌으면 좋겠는데, 캄라가 그랬던 것처럼 오히려 점점 심해진다. 오후엔 온몸에서 열이 엄청 나서 정말 고통스러웠다. 게다가 눈이 아파서 공부도 할 수 없다.

하킴(인도 현지인 의사) 씨가 왔다 가셨다. 할머니는 내 침대를 커튼으로 가리고 손만 밖으로 내밀게 해야 한다면서 야단이셨다. 하킴이 내 맥박을 짚었다. 그러는 동안 나는 거의 발작적으로 심한 기침이 났다. 그는 아주 근엄한 목소리로 내가 결핵에 걸렸다고 선고하고, 하지만 자기가 금방 치료할 수 있다고 말했다. 다만, 아주 효능 있고 확실한 치료제가 있기는 한데 그걸 구하려면 시간이 오래 걸린다고 했다. 그것은 일명 "코브라 치료법"이라는 것이었다. 커다란 킹 코브라를 잡아 죽이고 땅에 묻으면 그 무덤 위에 사탕수수가 자라나는데, 그 사탕수수의 즙을 자기가 만든 특별 조제약과 섞어서 마시면 병이 확실히 낫는다는 것이다. 그러나 이 치료법은 상당히 비싸다고 충고했다. 우리 부모님은 그 약만 구할 수 있다면 무엇도 아깝지 않다고 했다. 나는 이 하킴이라는 사람이 어떻게 생겼는지 궁금해서 견딜 수 없어서 커튼 틈으로 몰래 훔쳐보았다. 뭐, 동화 속 왕자

님은 아니군.

난 정말 코브라 치료법을 굳게 믿었다. 하지만 나는 상태가 점점 안 좋아지고 있다. 내 발은 지금 부풀어 오르고 있다. 정말 최악으로 비참한 기분이다. 이제 어떻게 하지? 그래 맞아, 그 전단지를 내가 어디에 뒀더라. 분명 거기에 결핵에 대해서 뭐라고 쓰여 있었고 치료하는 곳도 있었던 것 같아. 결핵환자를 치료하는 여러 곳이 나와 있었어.

부모님은 내가 그 요양원이라 부르는 곳으로 가는 데 동의하셨다. 할머니는 그런 유행만 좇는 현대식 시설을 믿지 않으셨고 그들로부터 어떤 호의도 기대하지 말라고 하셨다. 심지어 거기에선 냄새나는 생선 기름과 믿음이 경건하지 못한 자들이나 먹는 계란 따위의 끔찍한 것들을 먹인다는 말까지 어디선가 들으셨다는 것이다. 그러나 그곳의 치료를 받고 겉보기에는 병이 나아서 돌아온 어느 젊은 사람의 말에 따르면, 요즘엔 거의 수술을 통해 치료하고, 그곳에서는 비타민 알약을 나눠주지 냄새나는 어유 같은 것은 한 번도 보지 못했고, 아무튼 전쟁 때문에 기름을 구하는 것 자체가 힘들다고 했다. 그리고 계란은 워낙 귀한지라 거의 볼 수 없었다고 했다. 그곳에서 지내는 동안 계란이 그에게 주어진 적이 딱 한번 있었는데, 직원의 실수로 중환자에게 가야 할 음식이 그에게 나온 것이었다.

나와 친했던 애들이 이제는 나를 피하고 있다는 걸 알 수 있다. 나는 거의 불가촉 천민층의 취급을 받고 있다. 빨리 그곳으로 가고 싶다. 하지만 점쟁이가 그러기를 이런 중요한 여행은 반드시 길일을 잡아서 출발해야 하므로 그때까지 기다려야 한다는 것이다. 나는 이런 것들이 정말 말도 안 된다고 생각하지만 할머니가 고집하시기 때문에 어쩔 수 없다.

마침내 난 여기 요양원에 왔다. 아, 이 얼마나 끔찍한 경험인가! 난 의사 선생님에게 손목을 내밀었지만, 그는 내 가슴을 검사해야 한다고 잘라 말했다. 할머니가 항상 하시던 말씀이 신식 의사라는 사람들은 하킴만큼 똑똑하지 못하다는 것이었다. 그들은 미리 환자에게 질문을 해야만 자기가 검사한 것에 대해 진단을 내릴 수 있고, 또 그것을 확인하려면 너무 많은 것들을 해야 한다면서. 의사들은 나를 진찰하려고 엑스레이 룸이라고 부르는 어두컴컴한 방으로 데려갔다.

나는 무서워서 거의 정신을 잃을 정도였는데, 그 남자가 했던 말을 기억해 냈다. "요즘엔 수술로 결핵환자를 치료합니다." 그들이 불을 껐을 때, 마치 금방이라도 날카로운 칼날이 내 가슴 위를 파고들 것 같은 두려움에 온 몸이 덜덜 떨렸다. 그리고는 갑자기 윙윙거리는 소리가 나더니 밝은 빛이 내 가슴을 비추었다. 놀랍게도 그것은 하나도 아프지 않았고 그걸 깨닫기도 전에 그들은 나에게 검사가 끝났다고 말했다. 나는 겁에 질려서 거의 주저앉을 지경이었는데 간호사가 나를 부축하더니 자리에 앉혔다. 선교사 의사는 매우 심각한 표정으로 고개를 가로 저으며 말했다. "안됐지만, 병이 많이 진행된 상태군요. 그런데 지금 저희 병원에 남는 자리가 없습니다. 미리 연락을 주셨으면 좋았을 것." 내 마음은 무너져 내렸고 아빠와 엄마의 얼굴에서 더 할 수 없이 절망스런 표정을 보았다. 이젠 어떻게 해야 하나?

그런데 의사가 말하기를 우리가 아주 멀리서 왔으니 요양원에 자리가 날 때까지 임시 헛간을 쓸 수 있게 해주겠다는 제안을 했다. 하지만 마을에서도 가장 좋은 집에 살던 우리 가족인데, 그런 우리보고 청소부들에게나 어울릴 법한 헛간에 가서 살라고? 그럴 일은 절대로 없을 거다. 그러나 의사의 태도는 단호했고 다른 선택의 여지가 없다고 했다.

그래서 난 여기 헛간에 있다. 바닥은 암소 거름으로 뒤덮였던 것을 방금 치운 듯했지만, 실제로는 그렇게 나쁘지는 않았다. 좋은 살균제를 뿌린 듯 암모니아 냄새보다는 학교 화학 실습실에서 맡았던 냄새가 더 많이 났다. 이 헛간은 진짜로 통풍이 잘 돼서 쾌적했는데 그래서 엄마가 내 곁에 더 오랫동안 있을 수 있었다.

간호사가 흰색 에나멜을 칠한 어떤 물건을 들고 오더니, 의사가 나에게 "빨강 명찰"을 달도록 지시했다고 말했다. 그것은 침대에서만 절대 안정을 취해야 하며, 이 명찰을 착용하지 않고서는 어떤 상황에서도 병석에서 나오면 안 된다는 의미였다. 나는 항의했다. "난 그럴 수 없고, 그렇게 하지도 않을 거예요." 간호사는 가만히 웃고 있을 뿐이어서 그게 나를 더 화나게 만들었는데, 그녀는 도움이 필요하면 언제든지 자기를 부르라고 말했다.

조금 후에는, 다른 간호사가 체온계를 가지고 왔다. 그녀가 말하기를 체온계 읽는 법을 가르쳐 줄 테니 내가 여기 있는 동안에는 스스로 체온을 잴 수 있을 거라고 했다. 나는 환자보고 자기 체온을 직접 재도록 하는 병원은 여태 들어 본적이 없다고 말했다. 그녀가 말했다. "여기는 병원이 아니란다. 여기는 요양소라는 곳이고, 네가 이곳을 나갈 때쯤이면 자신의 건강과 다른 사람의 건강을 지키는 법에 대해서 많은 것을 배우게 될 거야. 하지만 네가 지금 당장 배워야 할 가장 중요한 것을 알려 줄게. 그것은 바닥에 침을 뱉어서는 안 되고 반드시 이 에나멜 컵에 뱉어야 한다는 거야. 그리고 파리가 앉지 못하도록 항상 뚜껑을 닫아 두렴."

나는 말했다. "말씀은 고맙지만, 나는 바닥에 침을 뱉는 그런 애가 아니거든요? 나는 내 손수건을 쓸 거예요." 그러자 이 재수 없는 간호사는 내 물건들을 샅샅이 뒤져서 내 손수건들을 몽땅 뺏어가고는 나에게 작은 책자 하나를 내밀며 말했다. "이걸 꼭 읽어 보렴. 그러면 너도 이해가 될 거야." 하지만 내가 무언가를 읽을 수도 없을 정도로 피로하다는 것을 그녀는 모르는 걸까?

의사가 다가오더니 나를 향해 상냥한 웃음을 지어 보였다. 나는 서둘러 사리로 얼굴을 가리고 고개를 얌전하게 딴 곳으로 돌렸다. 의사는 내 부어 오른 발을 발견하고는 무슨 말을 했는데 "기아 부종"인가, 뭐 그런 비슷한 거였다. 그는 엄마에게 내가 먹는 음식에 대해 물어보았다. 엄마는 우리가 마을에서 가장 잘 사는 사람들인데 아시다시피 요즘엔 제대로 된 식사를 한 적이 없다고 말했다.

의사는 "잘 알고 있습니다"라고 말하고, 몇 가지 처방전을 적어 내려갔다. 그는 나에게 "인공 기흉"을 시술하기 전에, 먼저 발의 부종을 낫게 해주겠다고 말했다. 그리고는 부족한 것 없도록 간호사가 잘 대해주느냐고 물었다. 나는 "넘칠 만큼요"라고 대답하고 싶었지만, 엄마가 좀 더 공손하고 긍정적으로 대답해줬다.

의사 선생님은 용기를 갖고 열심히 치료를 받아서 최선의 결과에 대한 희망을 갖자고 내게 말했다. 엄마는 내가 약을 먹다가 입으로 벌레가 날아들어가서 무심코 신의 피조물인 생명을 죽일 수도 있으니, 해가 진 후에는 어떤 약도 주지 말 것을 요구했다.

저녁에도 한 간호사가 들렀는데, 의사 선생님이 진찰할 때에는 내 얼굴을 가리지 않아도 된다고 했다. 그러자 엄마가 우리 카스트의 정확한 관례에 대해 한두 가지를 그녀에게 설명해줬다. 간호사가 말하길, "너는 마을에서 아랫배를 드러내놓고 다니는 건 아무렇지도 않게 여기면서, 네 얼굴은 왜 그렇게 가리려고 하는 거지?" 그건 다른 것이라고 내가 말했다. 배는 누구나 비슷하게 생겼지만 얼굴은 각자가 특색 있는 다른 생김새를 가졌기 때문이며, 가족 외의 남자에게 얼굴을 보여주는 것은 상류 카스트 여성으로서 정숙한 태도가 아니라고.

그 간호사는 빙긋 웃더니, "너는 여기서 지내는 동안 생각이 많이 바뀌게 될 거야." 그리고 나가면서 마지막 한방을 덧붙였다. "제발 너희 엄마에게 인도의 수많은 사람이 굶주리고 있는 이때에 소중한 곡식을 헛간 밖의 개미에게 던져 주는 것 좀 그만하시라고 말해주겠니?"

나는 그녀의 면전에 대고 말했다. "이런 무례함은 처음이야."

병동에 빈 침대가 생겨서 나는 병동으로 옮겨졌다. 엄마는 오빠와 언니들을 돌봐야 하기 때문에 집으로 돌아가셨다. 나도 함께 가고 싶다고 했지만, 엄마는 들은 체도 안 하셨다.

우리 구역에 있는 여자애들은 모두 친절하고, 정말 행복하고 즐거워 보인다. 그 중 몇 명은 이곳에서 꽤 오랫동안 있었던 애들이다. 어떻게 참고 견뎠는지 이해가 안됐다. 난 벌써 여기 애들이 말하는 "요양원 생활규칙"이란 것에 질려버렸는데. 당장이라도 이 속박을 벗어나서 집으로 내달리고 말아 버릴 것 같은 기분이다. 의사가 내일은 "인공 기흉"인가 뭔가를 내게 시술할 것이라고 말했다. 차라리 그 무시무시한 코브라 치료를 받고 말지. 내 옆 침대의 여자애는 그게 한번 익숙해지기만 하면 그렇게 나쁘지는 않다고 했다. 잠깐 따끔할 뿐이고 곧 끝난단다. 하지만 난 너무 긴장돼서 일기도 쓸 수 없을 정도다. 여기가 집이라면 얼마나 좋을까.

음, 나는 이제 내 첫 번째 인공 기흉을 가졌다. 겁먹었던 것만큼 그렇게 끔찍한 것은 아니었다. 하지만 마치 고문 기구처럼 생긴 인공 기흉 장치를 처음 봤을 때의 공포를 생각하면 아직도 오싹하다.

분명히 난 대단한 일을 해냈다. 하지만 난 지금 너무나 절망적이어서 무슨 수를 써서라도 반드시 집으로 돌아갈 거다. 이 요양소 생활이 너무 싫다. 여기는 자유가 없다. 네가 그러고 싶든 말든 그들은 무조건 너를 침대에 눕히고 거기서 못 나오게 할 거야.

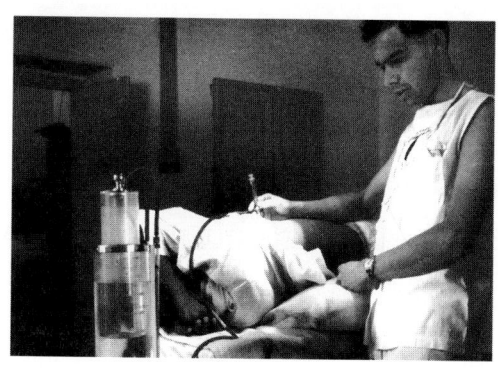

닥터 웰즈가 인공기흉을 시술하는 모습

아빠가 급하게 오셨다. 나는 다른 여자 애들을 보고 말했다. "자 이제 나는 집에 간다. 모두들 잘 봐 두라고." 아빠는 불같이 화를 내며 당장 선교사 의사를 보자고 요구했다. '도대체 무슨 일이지? 닥터 랄 이라는 자가 내 딸을 막 대한 게 분명해, 간호사들까지 내 딸을 무시했겠지. 그리고는 결국 내 딸을 굶겨 죽이려고? 무슨 이 따위 요양원이 다 있어?'

선교사 의사는 놀라고 당황한 듯이 보였다. '이게 다 무슨 일이야? 저 사람한테 연락은 누가 한 거야?' 뭐 이런 표정이었다. 그때 아빠가 내 편지를 꺼내서 의사에게 보여줬다. 아빠가 그걸 내보일 줄은 정말 꿈에도 몰랐다. 의사는 안심한 표정으로, "오, 따님은 단지 향수병일 뿐입니다. 그게 전부입니다. 여기 와주셔서 오히려 기쁩니다. 오셨으니 직접 한번 보시죠. 몸무게 차트부터 볼까요? 최초에는 부종을 치료했기 때문에 몸무게가 줄었죠. 하지만 그 후에는 보시다시피 7킬로그램 가량이 늘었습니다. 굶겨 죽이는 다이어트를 시키는데 몸무게가 늘리는 없겠죠? 그게 부종이 아닌 한 말입니다. 그게 아니란 걸 쉽게 아실 겁니다."

"이제 우리 의사와 간호사들이 받고 있는 혐의를 풀도록 하겠습니다. 따님은 아시다시피 병상에서 장기 요양을 하고 있는 환자입니다. 닥터 랄이 병실에 있는 수많은 목격자들 앞에서 그런 부도덕한 행위를 할 수는 없었을 겁니다. 하루 종일 따님과 같이 있었던 아무 환자에게나 한번 물어보시죠. 의사나 간호사에 대한 따님의 고발을 확인해 줄 사람이 아무도 없을 것 같습니다만." 그 의사는 아빠에게 이제 됐느냐고 물어 보았다.

아빠는 이제 됐다고 하면서 인정하였다. 그리고 사과했고 나도 사과하도록 시켰다. 난 너무나 창피해서 곧장 내 침대로 들어가 숨어버렸다. 그렇게 거짓으로 비난을 했으니 이제 나는 그 의사와 간호사들 얼굴을 어떻게 쳐다보지? 난 거의 대성통곡을 한 후에, 다시 한번 집으로 데려가 달라고 애원했다. 그러나 아빠는 단호하게 거절하면서 말하기를 내 병세가 좋아져서 너무나 기쁘다고 하셨다. 그리고 여기서 치료를 끝까지 마치라고 하셨다. 결국 나는 내 운명을 받아들여야 하는가 보다. 비참한 내 신세여!

글쎄, 난 아무래도 요양원 생활에 천천히 적응해가고 있는 것 같다. 그때 일은 지나고 나서 보니 생각만큼 그리 나빠 보이지 않았다. 나는 닥터 랄 씨에게 죄송하다고 했고, 그는 나를 한 번도 나쁘게 생각한 적이 없다고 말했다. 그와 간호사들 모두 마치 아무 일도 없었던 것처럼 나를 친절하고 따뜻하게 대해줬다. 요양원에는 굉장히 미인이고 똑똑한 싱이라는 간호사가 있는데, 나는 그녀에게 왜 요양원에서 간호일을 하게 됐으며, 이렇게 보잘것없고 배은망덕한 존재를 위해서 목숨을 걸고 일하는 이유가 무어냐고 물었다. 그녀는 대답했다. "그것은 예수님의 사랑이지." 그리고는 나중에 비번일 때 더 많은 것을 들려주겠다고 했다.

그녀가 뜻하는 것이 무엇인지 나는 이해가 안됐다. 이 요양원의 직원들은 이상한 구석이 많다. 언젠가 우리 아빠가 간호사들에게 나에게 좀 더 신경 쓰고 잘 봐달라는 의미로 약간의 선물을 준 적이 있었는데, 그들은 감히 받기를 거절하고, 이 일은 그리스도인으로서 당연히 해야 할 자기 의무라는 말을 했다. 나는 정말로 그런 행동을 이해 못하겠다. 현실적이지 않잖아!

나는 또 다시 우울하다. 내 체온은 오랜 시간에 거쳐 정상까지 내려왔다가 다시 치솟았다. 옆구리 쪽이 엄청 아프다. 의사가 검사를 하더니 이렇게 말했다. "이런, 수액이 농들었군. 인공 기흉 치료를 중단해야만 해."
이것은 나에게 여러 가지 이익을 안겨 줄 것이다. 의사에게 물었다. "그럼 이제 아무런 방법도 없나요?"
그가 말했다, "글쎄, 우린 마술 가방에서 꺼낼 게 아직 많이 남았거든. 먼저 수액부터 빼내고, 다음 순서는 '횡경막 압착 수술'을 해야겠다."
제목부터 너무 끔찍해서 이번에는 견뎌 낼 수 없을 게 확실해.

믿거나 말거나, 그 '횡경막' 수술이 끝났고, 나는 아직 여기 살아 있다. 이 수술이란 건 항상 실제 받을 때보다는 받기 전에 훨씬 무서운 것 같다. 아무튼 그게 끝나서 기쁘고, 나는 다시 편하게 숨을 쉴 수 있게 됐다.

휴식 시간에 어떤 애가 슬그머니 내 침대로 오더니 속삭이는 소리로 이런 얘기를 했다. 환자들 전부하고 일부 직원들이 닥터 랄에 반대하는 청원을 주지사 위원회 의장에게 내려고 한다는 것이다. 그 여자애가 말하길, "그 사람은 우리 자유를 항상 제한하려고만 하고 너무 엄격하게 대한다고. 그래서 우리가 그를 여기서 내쫓으려는 거야. 저번에는 그가 어떻게 했는줄 아니? 환자 몇 명이 밖에서 영화를 보려고 밤에 몰래 빠져나가다가 닥터 랄에게 붙잡혔어. 너도 알지만 그건 그냥 기분전환 하려는 거잖아. 근데 그가 그 일을 선교사 의사에게 보고하는 바람에 모두 징계까지 받았어. 그가 하는 일이라곤 여기저기 고자질하고 다니는 것뿐이야. 그게 다야. 따라서 그를 내보내야 돼. 그러니까 우리가 그의 품성을 구실로 삼아서 뒤집어씌우면, 너도 알겠지만 이 선교사들은 곧이곧대로 잘 믿는 사람들이니까 이 문제를 아주 심각하게 받아들일 거야. 그렇게 비난을 받고 있는 사람한테 조금만 의심스러운 점이 있어도 그들은 그를 해고하고 말걸. 더군다나 그들이 정부의 조사에 방해가 되는 일은 절대 없을 거야. 우리가 요양원 사람들 모두한테서 서명을 받을 수만 있다면."

그러나 나는 그런 청원서에 사인할 수 없다고 잘라 말했다. 난 이미 닥터 랄을 부당하게 비난한 적이 있었지만 그는 나를 용서했으며, 그 후에도 나에게 더할 나위 없이 친절하게 대해주셨다. 따라서 나는 그런 청원에는 동참할 수 없다고 거절했다. 음, 그 애는 분해서 어쩔 줄 몰라 하더니 이렇게 말했다. "우리가 얻어낸 것을 네가 누리려 한다면 가만 있지 않을 거야. 그러면 너는 고생 좀 하게 될걸."

하지만 내 마음은 확고했고 서명을 거부했다.

주지사 위원회의 의장이 몸소 직접 나왔는데, 일반적인 예상과 달리, 그는 사건을 매우 철저하게 조사했으며 많은 사람들을 인터뷰했다. 심지어 내게도 질문을 했는데, 내가 이전에 닥터 랄에 대한 비판을 한 적이 있기 때문이었다. 그래서 나는 그때 일은 어떻게 된 것이었는지 솔직하게 얘기하고, 그리고 이번 일은 닥터 랄을 부당하게 내쫓으려는 음모일 뿐이라고 말했다. 몇몇 환자들과 일부 닥터 롤을 시기하는 직원들이 닥터 랄을 반대하도록 사람들을 부추기려 한 것이다.

뭐, 그 다음 얘기는 말썽꾼들의 앞잡이들이 응분의 벌을 받았고, 청원했던 모든 이들은 엄한 질책을 받았다는 결말이다. 아, 그리고 난 거기에 포함되지 않아서 기쁜거군.

요양원 생활에 점점 적응돼가고 있다는 느낌과 여기가 정말로 좋아지기 시작했다는 생각이 들자마자, 그 모든 걸 일거에 무너뜨리는 일이 일어났다. 의사의 말에 따르면, 횡경막 수술만으로는 완전히 비개방성으로 되가는 나의 폐에 생긴 구멍에 차도가 없고, 내 객담에서는 아직도 결핵 양성 반응이 나오므로, 감염된 쪽 늑골의 일부분을 제거해야만 된다는 것이다. 다만, 이런 수술은 보통 세 단계를 필요로 하는데 내 경우는 한 단계로 충분할 것이란다. 견딜 수 없이 절망적인 상황과 마주치자 나는 다시금 예전의 공황상태에 빠졌다. 하지만 나는 이번에는 여기서 도망치고 싶지 않았다. 그리스도인들의 하나님에게 도움을 청하고 싶다. 그래, 하나님께 간절하게, 악착같이, 필사적으로 매달려 비는 거다. 날 좀 도와달라고. 그러나 내 기도는 끝날 것 같아 보이지 않는다. 내 머릿속에 마치 끝도 없이 돌아가는 애처로운 호소의 회전목마가 들어앉은 것처럼, 거의 공황상태에서 기도를 반복하다 보니 이러다가 내가 미쳐버릴 것 같았다.

바로 그때 내 친구인 차테르지 언니가 나를 위로해주러 왔다. 그녀는 나에게 이렇게 말해줬다. "네 기분 나도 알아, 나도 의사한테 내 수술에 관해 들었을 때 똑같은 기분이었는걸. 하지만 우리 그리스도인은 네가 하는 그런 식으로 기도 하지는 않아. 우리는 하나님께 그렇게 애원할 필요가 없어. 왜냐하면 그분이 우리를 돕길 원하시고 또 도우실 수 있기 때문이야. 우리가 할 일은 단지 그분을 굳게 믿고 우리의 짐을 그분께 맡기기만 하면 돼. 그분이 널 돌보시니까."

그 말은 내게 커다란 위안이 되었고, 난 이미 놀라울 정도로 평온하고 확신에 차 있다. 나는 선교사 의사에게 나를 위해 기도해 달라고 했다. 하나님이 나를 도우실 것을 알고 있으며, 이미 난 그분께 감사하고 있다.

수술은 끝났다. 일기를 다시 쓸 수 있게 되기까지 긴 시간이 흘렀다. 이번에는 정말 힘든 수술이었지만, 내가 얼마나 훌륭하게 견뎌냈는지에 대해 모두들 얘기하였다. 그리고 벌써 나는 빠르게 회복되고 있다.

선교사 의사가 만면에 웃음을 띠며 내게 다가왔다. "너에 대한 굉장한 소식이 하나 있지, 샨티! 네 객담에서 드디어 음성 반응이 나왔다. 너는 더 이상 네 자신에게도 다른 누구에게도 위험하지 않아."

그냥 이 자리에서 일어나 기뻐 날뛰고 싶을 뿐이다. 나는 너무 행복하다. 모든 사람들이 나를 축하해줬고 누군가는 내 목에 화환까지 걸어줬다. 내 오랜 투병기간 동안 나에게 일어난 가장 멋진 일이었다. 정말 그게 가장 멋진 일이라고? 아니다. 최고로 멋진 것은 내가 예수님을 알게 된 것이다. 그 어떤 것도 이보다 놀라울 수는 없다.

오늘 나는 회복실로 옮겨졌는데, 그것은 내가 집에 갈 날이 얼마 안 남았다는 뜻이다. 나는 지금 기쁨에 들떠서 자신을 자제하기 힘들 정도다. 한때는 맛없고 끔찍해 보였던 음식도 이제는 너무 맛있다. 비록 다른 이들은 만날 나오는 똑같은 음식일 뿐이라고 하고, 새로 온 환자들은 여전히 투덜대면서 이러다 굶어 죽겠다고 난리들이지만. 어떻게 그런 식으로 말할 수 있지?

나는 이 회복실이 너무나 좋다. 여기서 우리는 자연과 바로 가까이에서 지내고 있다. 새들과 줄다람쥐가 매일같이 내 침대 바로 옆까지 오고, 나는 손을 내밀어 먹을 것을 준다. 하루는 까마귀 한 마리가 회복실에서 제일 막내의 스푼을 물고 날아가는 바람에, 되찾을 때까지 그 아이는 울음을 그치지 않았다.

나는 애완용으로 몇 가지 동물을 얻었는데, 줄다람쥐 한 마리와 새끼 고슴도치 두 마리, 그리고 살아 있는 전갈 한 마리다. 전갈은 누가 다치지 않도록 안전하게 유리병에 넣어 두었는데 벌레를 먹이로 주면 게걸스럽게 잘도 먹는다.

내 체력 상태를 확인하려고 의사 선생님이 내게 가벼운 임무를 맡기셨는데, 차팅 룸에서 간호사들을 돕는 일이다. 나는 뭔가 쓸모 있는 일을 하게 돼서 기뻤다. 생각해 보니, 나중에 간호사가 돼서 이곳으로 다시 돌아오는 것도 괜찮을 것 같다. 이 말이 믿겨지는가? 난 진심으로 이곳을 사랑하게 되었고, 지금 생각하면 왜 그렇게 이곳에서 도망치고 싶어했는지 상상하기조차 힘들다. 내가 어쩌면 그렇게 바보 같을 수가 있지?

여기 처음 왔을 때, 사람들은 왜 내 이름이 샨티(평화)인지 궁금해 했다. 나는 끝없이 분쟁과 소동만 일으키는 아이였고, 의사와 간호사에게 꾸준한 골칫거리였기 때문이다. 하지만 지금은 의사와 간호사들이 나를 보고 이 병실에서 가장 평화로운 사람이라고 말한다. 나는 내 이름에 부끄럽지 않게 살고 있고, 때로는 환자들 간의 다툼에 중재자 노릇을 하기도 한다.

이런, 이제 그만 쓰고 저기 눈물을 글썽이고 있는 새로 온 환자에게 가서 좀 달래줘야겠다. 처음 왔을 때의 그 심정을 나도 이해하니까. 나는 이제 그들이 말하는 "예수님의 사랑"이란 말의 의미를 알 것 같다.

이제 "초록 명찰"로 승격되자, 나는 마치 하늘 위를 걷는 듯 행복하며, 열대 태양의 열기 속에서도 노래를 흥얼거리고 싶은 기분이다. 나는 요양원의 도서관과 레크리에이션 클럽의 서기로 선출됐는데, 그렇게 뽑힌 이유가 내 친구들 말에 따르면 내가 항상 무언가를 적고 있는 것처럼 보였기 때문이란다. 왜 그런지 모르겠지만 모든 사람이 내 일기장에 대해서 매우 궁금해 하는데, 그들도 언젠가는 그 내용을 조금은 볼 수 있을 것이다.

크리스마스가 가까웠다. 나는 너무나 기다려져서 참을 수가 없다. 나같이 어린 신자의 마음에 그것이 주는 의미가 얼마나 감격적이고 기쁜 것인지는 아무도 모를 거다. 나는 그 행복을 모든 이들과 나누고 싶을 뿐이다. 사람들은 내 얼굴이 행복으로 가득 차 빛난다고 하고, 나는 물론 그것을 더 이상 숨기고 싶지 않았다. 내가 예수님의 더 좋은 증거가 될 수만 있다면, 온 세상이 내 얼굴을 본다 해도 이제는 아무 상관없다.

처음 왔을 때 그 간호사가 했던 말은 좀 더 절제된 표현이었을 뿐이다. 내 생각만이 바뀐 게 아니라, 내 자체가 변화되었다. 예수님 안에서 나는 진정 새로운 피조물이 된 것이다.

우리 환우들이 함께 만든 크리스마스 연극에서 성모 마리아의 배역에 내가 선택되었다. 정말로 소중하고 성스러운 그 무엇인가가 내게 일어났으며, 나는 이제 슬픔이 아닌 기쁨의 눈물을 흘리고 있다. 오, 주여, 나를 쓰임 받게 하소서![24]

마다르 요양원 직원들과 회복기 환자들의 성탄절 연극)

제11장. 캐나다 뿌리들

우리들의 1947-48년 휴가가 다가옴에 따라 우리가 현장을 비우는 동안 사역을 차질 없이 진행할 방법을 놓고 하나님의 인도하심을 바라는 기도를 드렸다. 우리들의 기도가 놀라운 응답을 받았다. 1946년 1월 18일 우리 스태프에 합류한 닥터 N. A. 새트랄커가 마다르 이사회의 의료부장 임명을 수락한 것이다. 라호르 소재 킹 에드워드 의과대학을 최근에 마친 닥터 존 톰슨 웰즈가 계속해서 사역의 외과부문을 잘 돕기로 했다(존 톰슨 웰즈는 닥터 리타 타워가 알모라 요양원으로 전근된 후에 피켓 감독이 1945년 여름 마다르에 소개했다).

홀아비로 있다가 최근 재혼한 감리교 선교사 C. C. 허만 목사와 그의 부인이 마침 연락이 돼서 우리들이 떠나 있는 동안 전도와 행정을 맡아주기로 했다. 허만 목사가 1947년 3월 14일 요양원의 사업담당 매니저로 부임했다. 유능한 사람들에게 맡겨졌고 우리 스태프와 115명의 환자들을 위한 준비가 완료된 것을 확인한 우리들은 행복한 마음으로 인도를 떠날 수 있게 된 것이다. 출발 전에 격렬하게 분주한 시간을 보냈지만 우리들의 '연합된' 노력으로 풍성한 추수를 가능케 한 여러 방법들을 바라보며 기쁨을 감출 수 없었다.

폭동, 기근, 식량부족으로 인해 최근에는 결핵 감염률이 놀랍게 증가했다. 이러한 상황에 대처하기 위해 요양원은 대폭적으로 확장되어야 했고, 이에 따라 우리들은 집중 건축 프로젝트를 시작했다. 12개의 상이한 선교단체들이 철도청과 지방정부의 의료단체 등의 기타 기관들과 함께 마다르와 협력을 하고 있었다.

언제나 집요하게 우리들을 괴롭히는 문제는 바로 필요한 재정을 얻는 일이었다. 우리 요양원의 그리스도인 스태프와 환자들은 이를 위해 기도그룹을 조직했다. 그들의 기도가 결코 헛되지 않았다는 사실이 곧 밝혀졌다. 먼저, 힌두교 신사 한 사람이 우리에게 와서 전하기를, 우리 요양원이 좋은 일을 하고 있으며, 그것도 그리스도인이나 비그리스도인을 불문하고 모두에게 동일한 사랑을 베풀고 있다는 것도 직접 보았다고 했다. 그래서 연립 주택을 한 동 지어주는 일로 감사를 표현하고 싶다고 말했다. 무슬림 교도인 한 신사도 우리에게 숙소 한 채를 지어주고 싶다는 제안을 해왔다. 이 건물들은 모두 아름답게 지어졌다.

철도청 당국도 병동 한 동을 지어주면서 완벽한 시설을 갖추어 줄 것이며, 전기 천장선풍기까지 달아 주겠다는 제안을 해왔다. 전 주인도 기독교연합회도 숙소 건물 일체를 건축할 수 있도록 해주었다. "인도 크리스마스 씰과 보건 기금"도 숙소 하나를 지어주었다. '인도 그리스도인'도 대大라지푸타나 대회에서 봉헌된 희년 헌금으로 숙소 한 동을 건축할 기금을 마련해주었다. 감리교가 적극적으로 참여한 "그리스도 기금모금운동"을 통하여 모금된 기금으로 병동 하나를 짓고 기존 병동 일부에 베란다를 설치했다. 베란다 설치는 요양원 전체의 건축미를 증진했을 뿐만 아니라 환자들에게 그늘과 안락함을 제공하는 데 기여했다.

피켓 감독과 그의 초청으로 인도를 친선 방문 중이던 감리교 감독 앤지 스미스가 1947년 1월 22일 연례 이사회 참석차 마다르를 방문했다. 그날은 참 즐거운 날이었다. 이 두 분은 열두 채가 넘는 신축 건물의 준공식에 참석하여 요양원의 증강된 효율성과 서비스 능력에 대해 축복해주었다. 병상수가 거의 배가되었다. 이는 더 많은 사람의 생명과 영혼을 구원할 수 있게 된 것을 의미했다.

십자군 병동을 봉헌하는 피켓 감독

우리들은 휴가기간 동안 여러 그룹과 사람들을 찾아가 하나님께서 마다르에게 행하시는 일에 대한 열심을 나누고 싶었다. 우리들은 또한 마다르를 500병상을 갖춘 요양원으로 성장시키는 일과 아름다운 요양원교회를 건축하는 데 필요한 건축비가 마련되기를 기대하

휴가환송. 둘쨋줄앉아있는 사람들: 왼쪽끝으로부터 조, 덴타존 웰즈 미쓰, C.C. 하만 목사, N.A. 세트릴카 부인, 서우드, 매리언, 닥터 세트릴카, C.C. 하만 부인, 미쓰, 필리쓰 셋쨋줄: 하만 목사 뒤에 서있는 미쓰 무스인듯 심과 서우드의 매리언 뒤에 서있는 세트릴카 부인, 수렐라 샘

고 있었다.

준공예배를 드린 후 우리들을 위한 수많은 행사가 교회와 개인, 직원과 환자들 주관으로 열렸다. 감사한 일이기는 했지만 짐을 싸는 데 방해도 되었다. 그러나 그렇게 쏟아지는 사랑에 대해 누가 싫다고 하겠는가? 1947년 3월 11일 직원과 환자들의 "송별사"는 이러한 분위기를 잘 설명해주고 있다.

> 많은 일을 끝내고 푹 쉬기 위해 출발하는 박사님께 부디 잘 다녀오시라는 인사를 드리기 위해 우리들은 무거운 마음으로 이 자리에 모였습니다. 우리들의 가슴을 스치고 지나가는 여러 감정과 생각들을 표현할 길이 없습니다.
>
> 박사님은 지난 7년 동안 이곳에 계시면서 이 기관의 발전을 위해 생애의 모든 순간을 희생하며 헌신하셨지요. 당신이 여기 계시는 동안 우리 요양원이 두 배로 성장했다는 것은 자명한 사실입니다.
>
> 당신은 진정한 그리스도인의 표본이며 완벽한 신사라고 말씀 드릴 수 있습니다. 박사님의 빛나는 미소, 정겨운 매너, 그리고 단순하지만 강력한 개성은 우리들에게 시련과 고난을 이겨낼 힘과 용기를 주었습니다.
>
> 당신은 본성적으로 핑계를 대거나 일구이언을 싫어하며 불굴의 용기를 가진 분입니다. 또한 우리들의 불평을 경청하는 데 있어서는 지칠 줄 모르는 인내심을 갖고 계십니다. 당신은 우리의 진정한 친구이자, 진실한 안내인이며 현명한 상담자입니다. 전능하신 하나님의 이름으로 일하고 생각과 말과 삶으로 당신이 선택한 대의를 위해 생명을 바친 분입니다.
>
> 당신의 상냥하고 쾌활한 품성, 모든 직원들과의 진정하고 우호적인 관계

는 하나님께서 건강과 치료의 신성한 의무를 위탁하신 모든 사람들이 본받아야 할 것입니다. 우리들은 박사님의 귀중한 우의와 현명한 행정력을 아쉬워할 것입니다.

그리고 홀 부인, 우리들은 홀 박사께서 이 기관을 섬기는 일에 집중하도록 돕기 위해 당신이 드린 귀중한 희생에 깊은 감사를 드립니다. 그것은 하나님께서 허락하신 축복입니다.

허만 목사님 내외분, 요양원으로 부임하시게 된 것을 환영하고 축하드립니다. 당신의 앞에 놓인 책임이 막중하다는 사실을 우리들은 잘 알고 있습니다. 동시에, 목사님 내외분을 보내신 이가 누구보다 능력이 많으신 분이라는 사실도 알고 있습니다. 이 고귀한 사역에 하나님의 은혜와 힘, 그리고 축복이 함께 하실 것을 믿습니다.

닥터 N. A. 새트랄커의 의료부장 승진을 기뻐하며 축하를 드립니다. 주님이 부르신 그 높은 사명을 잘 감당하시리라 믿습니다.

닥터 홀 내외분, 안전하고 유쾌한 항해가 되시길 바랍니다. 그리고 빨리 돌아와 주세요. 끝으로 기도합니다.

주님 저들을 축복하시고, 저들을 보호하여 주시옵소서.
주님의 얼굴이 저들에게 향하게 하시고 저들 위에 비추어 주시고 은총을 내려주시옵소서.
주님의 얼굴을 저들에게 들어주시고 저들에게 평강을 주시옵소서.

우리 부부는 봄베이에서 화물선을 탔으면 했다. 그렇게 하면 이미 옛날에 고물로 처리됐어야만 한 악명 높은 군대 수송선 '에스에스 머린 애더'를 피할 수 있을 것 같았다. 우리는 신발창이 닳도록 봄베이 시내의 모든 기선회사 사무실을 찾아다녔으며, 심지어는 직접 부두로 가서 선장들 몇 명을 만나보기도 했다. 그러나 소용이 없었다.

필리스가 기차의 칸막이 객실 2단 침대에서 떨어져 갈비뼈가 부러졌다. 게다가 신열까지 났고(우리는 말라리아가 아니기를 바랐다), 실내의 열기와 습기 때문에 고생을 했다. 우리 안내를 맡은 C. W. 벨 부인과 그녀의 친구 닥터 스탠리 존스(마다르 요양원의 빚을 갚는 데 많은 도움을 준 분이다)가 그들에게 익숙한 피서용 주둔지 마하블레쉬와르로 가서 참을성을 가지고 에스에스 머린 애더의 출항을 기다리자고 했다. 우리는 쾌히 그렇게 하기로 하고 수속을 부탁했다. 기다림의 훈련은 우리들의 영혼을 위해서도 좋은 일이었다. 그리고 마하블레쉬와르의 서늘한 환경이 필리스의 회복과 장거리 항해를 준비하는 우리 모두에게도 도움이 됐다. 우리들이 머문 손님 숙소에서 아이들은 처음으로 옥수수 머핀과 옥수수빵 맛을 보았다. 해발 1.3킬로미터의 웨스턴 가츠 산마루에 위치한 이 낯선 주둔지를 우리는 즐겁게 누볐다. 출항일이 다 되어 우리들은 산뜻한 기분으로 산을 내려와 뜨거운 봄베이로 돌아왔다.

봄베이에서의 마지막 저녁이 되었다. 전에 마다르에 입원해서 놀랍게 회복되었던 드 수사De Sousa의 초청으로 그의 자택에서 저녁을 먹었다. 당시 그가 세관관리로 근무했기에 우리들이 귀로에 요양원 업무용으로 가지고 올지 모를 승용차와 앰뷸런스에 대한 통관을 도와주겠다고 약속했다.

4월 16일 에스에스 머린 애더에 승선했다. 매리언과 필리스, 그리고 6명의 다른 부인과 아이들과 함께 현창舷窓이 없는 안쪽 객실을 배정 받았다. 나와 조는 다른 17명의 어른과 남자 아이들과 함께 이 배의 '뱃속'에 자리를 잡았다. 환풍기와 배수시설이 제대로 작동만 됐어도 참을 만했을 것이다. 그러나 둘 다 작동하지 않았다. 화장실이 막혀 그 내용물이 우리의 특실에까지 역류할 때면 우리는 비좁은 갑판 위로 올라가 될 수 있는 대로 많은 시간을 갑판 위에서 보내야만 했다.

우리 목적지는 샌프란시스코였다. 5월 12일 새벽 4시 곧 금문교 밑을 지나간다는 선내 발표가 있자 모두들 반가워했다. 그날 밤은 거의 모든 승객들이 흥분으로 잠을 설쳤다. 예정된 시간이 되기 훨씬 전부터 거의 모든 승객이 갑판으로 나와 있었다. 해변을 따라 빛을 내는 전깃불의 백열광이 처음으로 눈에 들어왔을 때는 정말이지 스릴을 느꼈다. 조금 시간이 지나자, 수많은 불빛과 금문교의 윤곽을 따라 이어진 전등빛이 춤을 추듯 흔들거리며 시야로 들어왔다.

대지에 발을 내려놓으려면 아직도 많은 시간을 기다려야 했다. 그러나 우리는 그 기다림의 시간에 하던 일을 잠시 멈추고, 우리가 8년 전에 떠났던 이 해변으로 안전하게 귀환할 수 있도록 도우신 하나님께 감사드리는 시간으로 삼았다. 우리가 1939년 한국을 향해 항해를 시작했을 때는 우리가 인도 선교사가 되어 미국으로 돌아올 거라곤 꿈에도 생각하지 못했다. 그리고 중간에 일본 군인들에게 잡혀 투옥되고, 선교본부가 우리들을 한국에서 곧바로 인도로 보낸다는 것 역시 마찬가지였다.

배에서 내렸다. 친구와 친지들이 우리를 환영하러 부두에 나와 기다리고 선 것을 보자 마음이 흐뭇해졌다. 샌프란시스코에 사는 매조리 메릴이 당시 감리교 선교 및 교회확장 위원회의 해외선교국 협동 서기였던 제임스 매튜가 정성스레 써서 보낸 편지를 우리에게 건넸다.

동역자 여러분께.

미국으로 돌아오신 것을 환영합니다. 내가 샌프란시스코에 도착한 지 채 1년이 못됩니다만, 그때 나의 기쁨은 정말 컸습니다. 사역에 전념하시다가 귀환하시는 여러분도 그때의 저와 같은 심정일 것입니다. 이제 내외분은 여기서 푹 쉬시기 바랍니다. 내외분께서 마다르에서 이루신 탁월한 사역으로 인해 교회는 존경어린 박수를 보내드립니다. 내외분께서는 요양원의 기반을 구축하고 또 요양원의 더 나은 앞날을 위해 구슬땀을 흘리셨습니다. 오늘 아침에서야 당신의 어머니로부터 다른 카드 한 장이 도착했습니다. 만나 뵈면 아시게 되겠지만, 어머님은 아주 건강하십니다. 그리고 여러분 모두를 보고 싶어 하십니다.
동부 해안 쪽으로 오시면 뵙고 싶습니다. 또 6월 중에는 이미 초청한 바 있는 드포우 대학교에서 개최될 예정인 선교사 회의에서도 뵙기를 고대합니다. 즐겁고 평안한 휴가가 되시기 바랍니다. 안녕히 계십시오.

제임스 K. 매튜스
협동서기
추신. 교회당 건축 계획서는 가지고 오셨는지요?

조와 필리스는 미국적인 것들에 마음을 뺏겼다. 그리고 군중 속의 하얀 얼굴들을 보며 어색해 했다. 어른들은 입고 있던 유행이 지난 옷을 바꾸려고 쇼핑을 나갔다가 높은 가격에 쇼크를 받았다. 친구들의 도움으로 우리들은 서서히 구식 옷을 버리고 현대적인 감각과 미국관습에 맞는 옷을 입고 사람들 앞에 나서게 되었다. 그런데 미국 친구들과 까다로운 가족의 취향 모두를 만족시킬 만한 모자를 찾느라 고생을 하던 매리언은 예외였다. 매리언은 그녀가 보내는 회람편지에 자신의 모자 구하기에 관한 글을 썼는데 많은 사람들이 재미있게 읽어주었다. 여기에 그 글을 싣는다.

친구들에게,

기차 역 플랫폼에 서서 다른 사람이 기차에 오르는 모습을 지켜 본 적이 있으세요? 기차가 출발할 시간이 됩니다. 역무원이 소리칩니다, "모두 승차하세요!" 직후 또닥또닥 뛰는 발소리가 들립니다. 여성 특유의 허둥대는 몸짓, 헐떡이며 짐을 나르는 짐꾼, 역무원이 꾹 참고 수기를 들고 있습니다. 사람과 짐이 다 실리면 기차가 출발합니다.

비슷한 일이 지난 4월 홍콩 항구에서 벌어졌습니다. 우리는 머린 애더 호 선상에서 어서 미국에 상륙할 날만을 기다리고 있었죠. 선원들이 우리 배 일부 승객을 제너럴 고든 호에 환승시키는 작업에 분주했습니다. 제너럴 고든 호가 맞은편 부두에서 백조 같이 우아한 자태(잿빛의 볼품없는 우리 배와 비교해서)로 대기하고 있더군요. 이제 출항 준비가 끝났습니다. 건너는 널판이 올라가고 휘슬이 울립니다. 그 때 멋지게 차려 입은 미모의 중국 여자가 뒤늦게 배에 오르려 왔습니다. 정말(!) 예쁜 모자를 쓰고 있더군요.

선원용 줄사다리가 드리워졌습니다. 승객들의 응원 속에 여자가 우리 배 갑판에 올랐습니다. 뒤이어 여자의 짐이 로프에 묶여 올라왔습니다. 그런데 서두르느라 허술하게 묶은 짐 일부가 물 위로 떨어졌습니다. "어어어!" 승객들 사이에 큰 탄식이 터져 나왔습니다. 배가 이미 움직이고 있었으나 미국 선원들이 게임 하듯이 가방을 건져 갑판 위에 올려놓았습니다. 건진 짐에서 물이 뚝뚝 떨어졌고 승객들이 박수를 쳤습니다.

네, 기차역에서 허둥지둥 뛰는 여자와 줄사다리를 타는 중국 여자란 건 사실 제 얘기입니다. 남편이 먼저 배에 오르고 이제 제 차례가 되었죠. 전 이 선원이 부디 좋은 사람이길 기도했어요. 그는 좋은 사람이니까 내가 무사히 갑판에 오를 때까지 이 줄사다리를 꼭 붙잡아 줄꺼야. 제발 그래야 돼. 줄사다리를 타기 위해 뒤에 놓아 둔 제 짐 속엔 다림질 안 된 세탁물을 담은 바구니, 수선이 필요한 옷, 준비 중인 연설문, 지난번 여행 후 아직 열어보지 않은 트렁크, 주부라면 다 알만한 자잘한 물건들이 들어 있죠. 지금 제 곁엔 기차역에서처럼 도와주는 짐꾼(미국 뉴저지보다 요금이 훨씬 싸죠)도 없고 응원해주는 승객도 없어요. 바로 그 때, 멋진 모자를 쓴 중국 여자가 선원의 눈에 들어온 거였어요! 그가 한눈을 판거죠!

내 모자! 이 모자는 내가 지금껏 가져본(앞으로 가질 것들을 포함해서) 머리 장식들 중에 가장 중요한 녀석이었습니다. 심지어 남편의 편지에까지 등장한다니까요. 아마도 만 8년 간 새 모자를 사지 않았기 때문일 것입니다 (단열된 딱딱한 틀에 천을 입힌 방열 모자인 쏠라 토피를 제외하고). 그래서 나는 샌 프란시스코에 도착하면 제일 먼저 모자를, 그것도 매우 매력적인 모자를 사고 말겠다고 다짐했습니다. 그래서 여러 모자를 둘러보았지요. 굉장히 많아요. 다들 멋진 모자들이었지만 정신이 아찔했습니다. 오죽했으면

11. 캐나다 뿌리들

기가 완전히 꺾이는 기분이었으니까요. 글쎄 말이지요, 나보다 10년이나 20년 연상인 부인들이 서넛의 화사한 꽃송이를 레이스 도일리에 꿰매어, 한쪽 귓가에 멋지고 대담하면서 매혹적으로 장식한 모자들을 보니, 글쎄, 저는 인도 란도르 지역 세일에서 1달러를 주고 산 내 펠트 모자를 고집스럽게 쓰고 다니는 게 낫다는 생각이 들더군요. 내 모자는 전에 원숙한 인격을 지닌 어떤 여성의사가 쓰던 모자였는데 건강함과 보수적 경향, 그리고 근본주의적이며 변화를 거부하는 인생관을 잘 표현하고 있었죠.

나는 2년 반 전에 우리 곁을 떠나 사는 우리 키다리 아들이 있는 오하이오 알리아스까지의 먼 길을 의기양양한 태도로 이 모자를 쓰고 갔습니다. 윌리엄일 거라고 생각하셨죠? 아니에요! 추측이 틀렸습니다. 윌리엄이라면 내가 잘못 아는 것에 대해 금방 알아채겠지만 모자에 관한 한 아무것도 몰라요. 바로 필리스랍니다. 내 딸 필리스를 말하는 게 아니고요, 대학시절 매우 가까운 친구예요[얘 이름을 따서 내 딸 이름을 지었거든요]. 이 필리스가 내 붉은 펠트 모자를 치워버리고 자기 모자를 주었답니다. 그때서야 비로소 나는 현대적인 디자인에 익숙해진 친구들 모두의 눈에 그동안 내가 우

'모자' 매리언과 필리스 '악당들'

스꽝스럽게 보였다는 사실을 알았죠 뭐.

그런데 그 모자는 여름용이고 지금은 가을입니다. 정장을 한 벌 샀는데 이 옷은 가을 모자를 써야 어울립니다. 나는 가족 모두를 데리고 나갔습니다. 그런데 이것이 잘못이었습니다. 필리스(딸)는 내가 써보는 모자마다 머리를 옆으로 힘차게 흔들거나 끔찍하다는 표정을 지었습니다. 필리스가 괜찮게 생각하나 싶으면 이번에는 조가 얼굴을 찌푸리는 것이었습니다. 남편도 이런 말을 했습니다, "당신이 이 모자들을 쓰면 우스꽝스럽게 보이는군."

"다른 사람들도 다 그래요." 내가 대답했어요.

"맞아," 남편이 말합니다. "그런데 당신은 더 우스꽝스럽게 보인다니까!"

내가 절망스러워지려는 그때, '고심하는 여성을 위해' For the woman who cares라는 이름의 모자 코너를 발견했습니다. 나는 '아, 딱 내 얘기군' 하는 생각이 들었습니다. 그래서 거기서 하나하나 써봤습니다. 그럴수록 여기서 모자를 고르는 여자는 어떤 보살핌을 받는지, 왜 그러는지, 그리고 특히 이런 정도의 모자를 쓸 여유가 있는 여자를 누가 보살피는지가 궁금해졌습니다(상점에서는 적합한 물건을 고르지 못한 이들을 위해 고급품이 따로 마련되었다는 의미로 'care'를 사용했는데 매리언은 이를 '돌보다'는 뜻으로 받아들인 듯하다—편집자).

이런 생각을 하고 있을 때 마침 쇼핑을 하던 다른 이가 내게 다가와 말을 걸었습니다. "8년 전 선교사 모임에서 연설을 하셨지요? 그때는 제가 회장으로 섬길 때였는데, 저는 당신의 얼굴을 기억하고 있어요." 우리는 한 10분가량 옛날 얘기를 나누고 있었는데 그때 점원이 수백 개를 써보고 난 후 우리가 골라냈던 모자 하나를 들고 나타났습니다. 이 마음씨 좋은 점원이 그 모자가 나에게 잘 어울린다고 했습니다(예뻐보인다고 표현한 이유를 유의해주세요). 가족들도 모자 하나를 사는 일보다 더 재미나는 일을 할 시간이 다 된 것을 알고 그 모자에 대충 의견을 모아주었다. 그래서 나는 그 모자를 쓰고 집으로 돌아왔지요. 최소한 내 머리를 덮을 수 있고 첫 미풍에 날아가 버리지만 않으면 되는 것이니까요. 대서양 가에 위치한 여기서는 이것도 모자 구입의 중요한 고려사항이지요.

이곳의 휴가용 별장에 머물 수 있다는 것이 얼마나 반가운 일인지요.[25] 이베트노 휴가 별장에 묵는 것도 이번이 세 번째여서 우리 집같이 편안했습니다. 우리 식구 5명에 침실 하나, 식당 하나, 부엌 하나, 그리고 현관. … 옷장도 없었지만 여름이 지난 이곳은 우리들에게 천국과도 같았습니다.

매리언은 우리 부부가 25년 전 신혼여행 차 묵었던 캐나다 온타리오의 찰스턴 호에서 보낸 첫 번째 여름을 언급하고 있다. 호수로 출발하기 전 오하이오 얼라이언스에 있는 마운트 유니온 대학에 다니던 우리 아들과 만났다. 그 대학은 매리언과 내가 몇 년 전에 학사 학위를 받은 대학이었으며, 윌리엄은 그곳에서 3학년에 재학 중이었다. 우리는 동쪽으로 가서 볼티모어에 도착, 매리언의 자매 엠마와 엠마의 남편이며 감리교 목사로 있던 노리스 라인위버를 만났다.

우리들은 뉴저지 오션 그로브도 방문했다. 그곳에서는 나의 어머니 닥터 로제타 홀이 은퇴하여 감리교의 뱅크로프트-테일러 휴양소에 머무르고 계셨는데 어머니는 1946년 12월 뉴욕의 커브 길을 돌다가 차가 구르는 바람에 대퇴골 골절상을 입으신 지 5개월이 지났는데도 아직도 완전히 회복하지 못한 상태였다.

북쪽을 향해 출발하기 전에 우리들은 인디아나 그린캐슬 소재 드포우 대학교에서 열린 감리교 선교사 연차 회의에 참석했다. 대회 자체가 대단히 유익했다는 것 외에도 안식년을 보내고 있던 선교사들 280명이 서로 만날 수 있는 자리가 되었다는 점이 좋았다. 280명 중에는 인도 주재 선교사 68명과 한국 주재 선교사 소수가 있었다. 이 보람 있는 대회를 시작으로 우리는 휴식과 회복을 위해 마련된 여름철 휴가로 들어갔다.

1947년 6월 21일 우리 부부는 25회 결혼기념일을 맞았다. 1922년 신혼여행을 왔던 호수에서 자축했다. 세월이 흘러 1974년 에드나 칸트 출판사에서 발행한 『아름다운 찰스턴』에는 다음과 같은 추억이 남아 있다.

아주 오래 전 내가 어릴 적 살던 아덴에서 존 멜비나 부부가 처음으로 나를 찰스턴 호수로 데려갔다. 그 이후 이곳은 나의 지상낙원이며 가장 머물고 싶은 곳이 되었다. 52년 전 신혼여행지로 이곳을 택했던 것도 당연한 일이었다. 그때 우리들은 … "민주당의 섬"[지금은 "공화당의 섬"으로 불린대의 남쪽 끝자락에 있던 "멜비나의 집"에서 묵었다.

그 당시에는 쾌속 모터보트나 워터 스키로 호수의 평화가 깨어지는 일이 없었다. 내 기억에 의하면 모터보트 세 대가 있었으나 눈에 잘 띄지도 않았다. 우리 부부는 노가 두 개 달린 보트를 가지고 이틀에 한 번 꼴로 찰스턴 도크로 배를 저어가서 우편물을 수거하고 언덕 위에 있던 가게에서 식료품을 사 오곤 했다. 피크닉을 갈 때면 단백질성 음식만 빼고 필요한 것들은 다 가지고 갔다. 우리가 선택한 피크닉 장소로 보트를 타고 가는 도중에 베스를 못 잡은 적이 없었기 때문이다. 베스를 잘 씻어서 즉석요리를 하면 진짜로 신선하고 맛있는 음식이 되었다. 어떤 때는 블루베리를 따서 디저트로 먹기도 했다.26)

1922년 매리언과 셔우드, 찰레스턴 호수에서

25주년 결혼기념일에 매리언이 5킬로그램짜리 연어〔호수에서 사는 송어〕27)를 잡았는데 매리언이 처음 잡은 물고기였기 때문에 더욱 기념할 만한 일이었다. 매리언이 잡은 물고기에 얽힌 이야기는 내가 잡은 9킬로그램짜리와 잡았다가 놓친 더 큰 송어와 함께 여름 내내 우리 부부의 화젯거리가 되었다. 우리들은 잡은 물고기와 블루베리만 먹으며 지냈다. 블루베리는 어디에나 널려 있어서 블루베리 사냥을 위해서만 여러 번 피크닉을 갔다. 그 해 여름 매리언은 17리터 분량의 블루베리를 통조림으로 만들어 놓기도 했다.

'해롤드와 알마 리처드' 회사로부터 호수 메인 해변에 위치한 "로에타 롯지"를 임대했다. 숙소 앞 호수 바닥이 완만한 경사를 이루고 있어서 필리스는 얕은 물에서 수영을 배웠고 필리스의 형제들은 팔젓기를 연마했다.

해롤드 리처드 숙소의 임대업자 중에 27살 된 로스라는 청년이 있었는데, 필리스(12살)와 조(14살)를 데리고 자주 낚시를 갔다. 한 번은 보트 바닥에 구멍이 나 물이 빠르게 차오르게 되었다. 로스는 가장 안전한 방법이 슈가로프 포인트 가까이 있는 빅워터 호숫가에 보트를 끌어 올려 뭍으로 걸어서 돌아오는 것이라고 판단했다. 그렇게 하려면 리더스 크릭이나 베일리즈 크릭 같은 내를 건너야 했다(아이들은 서로 손을 잡고 허리까지 차오르는 물살을 건넜다). 필리스는 고집스럽게도 잡은 베스 세 마리를 줄에 묶어 들고서 내를 건넜다. 거칠고 바위투성이 지역을 지나다가 넘어질 때면 손에 든 물고기가 쿠션 노릇을 해줬다고 나중에 필리스가 주장하기도 했다. 호수를 시야에 놓치지 않은 상태로 계속 걸으면서 로스의 전문가다운 안내를 받아 어둠이 짙어갈 때, 찰스턴 빌리지에 안전하게 돌아와서야 초조하게 기다리던 부모와 마을 사람들은 안도의 한숨을 내쉬었다.

우리를 기다리고 있던 또 하나의 행사는 그 해 늦은 여름 열린 홀가족 피크닉이었다. 아이들을 놀라게 한 이 행사에는 대부분이 농사짓는 사람들인 82명의 홀 가문이 우리를 위해 한 자리에 모였다. 그들은 많은 음식을 가져왔고 많은 추억들도 함께 가져와 서로 나누었다.

피크닉 장소는 찰스턴 호숫가의 샌드 베이였다. 피크닉에 참석한 손님 중에는 연로한 할리데이 씨가 있었다. 그가 회상한 바에 의하면, 1891년 7월 어느 여름 날, 당시에 젊은 의사이었던 나의 아버지 윌리엄 제임스 홀은 뉴욕의 빈민가에서 130명의 소년소녀들을 2주 동안 경치가 아름다운 이곳으로 데려와 야영을 했다. 뉴욕 매디슨

홀 가문의 사람들.
- 첫째 줄, 왼쪽 끝으로부터: 톰 데이비슨, 안나 허드슨, 매리 놀턴 스터지언, 에델 포스, 모드 그레이 데이비슨, 빅토리아 할리데이, 셔우드
- 둘째 줄, 왼쪽 끝으로부터: 매리언, 프랭크 허드슨, 글래디즈 허드슨, 조지 헨리 홀. 캐더린 포스 앵글린, 조지 세실 홀, 윌마 스터지언, 프렛 허드슨, 캐더린 허드슨, 존 포스

거리 선교회의 동료 11명과 함께 아버지의 소년시절 야영을 즐겼던 이곳으로 아이들을 데리고 온 것이었다. 당시만 해도 빈곤층 자녀들이 야외 캠핑을 즐기는 일은 드문 일이었다. 할리데이에 의하면, 그 행사는 정말로 큰 부담이 되는 행사였다.

내 아버지와 감리교 매디슨 거리 진료소의 직원들이 이들 가난한 도시 청소년들을 북쪽으로 800킬로미터나 떨어진 곳으로 데려와 전원생활의 놀라움을 소개한 것이다. 현지 사람들은 그들을 "산소같은" 아이들이라고 불렀는데, 이 청소년들은 심지어 말이나 소를 구경도 못한 정도였다! 그래서 홀 피크닉에 참석했던 많은 친족들이 자기 자녀들에게 이 행사에 대해 자세히 설명해주기도 했다. 그들의 부모나 조부들이 이 모험에 직접 참석했었다는 것이다.

참가 청소년들이 온타리오 브로크빌에 도착했다. 최종 목적지에서 제일 가까운 아덴까지 가려면 거기서 열차를 갈아타야만 했다. 그런데 산사태가 나는 바람에 브로크빌 도착이 늦어졌고, 결국 하루에 한 번 만 운행하는 아덴 행 열차를 놓치고 말았다. 아이들의 딱한 사정을 가엽게 여긴 교회 성도들은 그들을 하룻밤 자기 집에서 재우기로 했고, 나머지 소수는 한 감리교회의 지하 보조침대에서 잘 수 있었다.

그 이튿날 근처공원으로 데려가 하루 종일 소풍과 게임으로 지루함 없이 즐겁게 해주고 오후 4시쯤 아덴 행 기차에 올랐다. 아덴의 브로크빌&웨스트포트 철도역에서 내리자 현지 아덴 교회 성도들이 마중 나와 있었다. 그들은 아이들을 교회로 데리고 가 교회 정원 잔디에서 저녁을 대접하고 건초마차와 수레에 텐트와 짐을 옮겨 싣는 일을 도왔다. 농부들은 친절하게 마차로 무거운 기구들을 날라다주고, 걷기 싫어하는 아이들을 8킬로미터 떨어진 곳에 있는 호숫가 야영지로 데려다 주었다. 그런 친절을 베푼 농부들 중에는 내 아버지, 아버지 친척, 기타 친지들도 있었다. 그분들은 필요한 것들과 음식을 농장에서 가져다가 2주 동안 어린이들을 돌봐주고 먹이기도 했다.

아버지가 시작한 이 새로운 일을 개인적으로 도왔던 친지들은 몇 가지 경험담을 들려주었다. 텐트에서 자게 된 첫 날 밤, 아이들은 생소한 환경에 많은 두려움을 느끼고 있었다. 특별히 텐트를 치자마자 마침 쏟아지는 비 때문에 더욱 그랬던 것 같았다. 아홉 명에서 열두 명의 아이들을 한 "가정"으로 묶었다. 각 가정에는 선생님 한 명과 텐트 하나를 할당했다. 내 아버지는 텐트를 찾아다니면서 선생님들을 격려하고 우는 아이들을 달랬다. 그리고 침구가 천막 옆쪽에 닿아 젖지 않도록 교육을 시키셨다.

다음 날 아침은 날씨가 맑았다. 아이들을 위한 주일 예배를 낮과 오후에 한 번씩 드렸다. 현지인들과 부근 주민들은 찰스턴으로 가서 주일학교와 어린이들을 위해 작은 숲에서 드리는 주일예배에 참석했다. 주중에는 노 젓는 보트를 빌려 20분 정도 노를 저으면 갈 수 있는 경치 좋은 샌드 베이 호숫가로 가서 수영을 하게 했다. 소녀들은 매일 오전, 소년들은 매일 오후로 나눠서. 매우 행복하고 생산적인 두 주일이었다. 아버지가 선생님들을 독려했다, "이 아이들을 예수님께로 인도하는 기회로 활용하도록 모든 노력을 기울여 주세요."

간사와 공동체는 다른 사람을 위해 자신을 허비하려는 아버지의 열정에 모두들 큰 영향을 받았다. 아이들의 영육간의 건강을 위해 아버지가 고심하고 실천한 일들은 풍성한 보답을 받았다고 느꼈다. 이 믿음의 프로젝트는 그 공동체에 매우 강력한 영향력을 미쳤기 때문에 56년이 지난 지금까지도 여전히 사람들의 입에 오르내리는 것이다.

필리스와 조는 새로 알게 된 친척 퍼시와 에디스 홀, 그리고 네 자녀 레로이, 아노, 보이드, 넬다로부터 자기네 농장에서 같이 지내자는 초청을 받고 매우 기뻐했다. 이들 남매에게는 처음으로 경험하는 시골 생활이었기 때문이었다. 퍼시 홀 가정의 초청은 아이들에게 놀랍고 유익한 시간이 되었다.

우리 가문의 뿌리를 보면 이 지역, 특히 이 아름다운 호수에 얽힌 사연이 참으로 많다. 이 호수의 해변은 총연장이 145킬로미터에 달하고, 남북으로 11.4킬로미터, 동서로 제일 넓은 곳이 7.6킬로미터인 수역 내에 100개의 도서가 있는 아름다운 호수이다.

8월 중에 이 도서 중의 하나를 판매한다는 소식을 들었다. 우리가 문의해보니까 1,760평 정도 되는 피크닉 섬이었다. 그 섬은 원 소유주 찰스 반타가 1947년 8월 8일 400달러(현재가치 약 7천 달러)를 받고 존 톰슨과 그의 부인 엔다에게 양도한 섬인데 이 섬을 일주일 후에 850달러에 다시 내놓았다. 톰슨 부인의 병세가 위중해져서 급히 치료비가 필요했던 것이다. 그렇지 않아도 마음에 드는 매물이어서 우리는 그 섬을 사기로 급히 결정을 내렸다. 서류가 8월 16일자로 작성되었고 1947년 8월 25일 그 섬은 우리의 섬이 되었다.

1947년의 피크닉 아일랜드

그 후 곧 매리언과 내가 낚시를 마치고 귀가 중이었는데, 찰스턴 레이크 특유의 급한 바람과 폭우가 쏟아져 우리도 많이 놀라고 있었다. 슬랙스 협곡 부근, 숙소가 자리 잡은 해변으로부터 어떤 남자가 안전 신호를 보내고 있었다. 그의 도움을 감사하게 받아들였다 그는 우리 보트를 묶어 주었고 우리는 그 남자의 오두막에 몸을 피했다.

알고 보니, 우리를 구해 준 사람은 조지 기포드였고 건축업자였는데, 아덴의 고등학교 시절부터 매리언을 기억하고 있었다. 그 남자의 테이블 위에는 인형의 집같이 생긴 종이집이 놓여 있었다. 매리언은 그것에 대해 물었는데, 웹스터 만에 어느 가정을 위해 짓는 집 모형이라고 했다. 우리가 즉흥적으로 조지 기포드에게 혹시 우리의 작은 숙소를 피크닉 섬에 건축해 줄 수 있겠느냐고 물었다. 그가 그 이듬해 여름이면 입주할 수 있는 방 두개짜리 집을 지어주겠다고 했다! 그리고 그는 약속을 지켰다.

다른 사촌들인 에델 포스와 헬렌 스터전이 우리가 그 섬을 사서 기포드에게 부탁해서 집을 짓고 그 이듬해에는 그곳에서 여름을 보낼 수 있겠다는 얘기를 듣고, 우리를 시골 경매장에 데리고 갔다. 이 경매장에 몇 번 드나들면서 우리는 여름 숙소에 들여놓을 집기를 모으기 시작했다. 그곳에는 전기가 들어오지 않기 때문에 냉장고 구실을 할 '아이스박스'는 필수였다. 겨울에 호수에서 잘라 낸 얼음덩어리를 톱밥에 묻어두었다가 필요할 때 하나씩 가져와 부패하기 쉬운 음식을 차게 보관할 수 있는 것이다.

이처럼 기억 은행에 여름동안에 쌓아두었던 많은 예금으로 우리는 부자가 되었다.

가을에는 우리 가족 모두가 학교로 돌아가야 했다. 윌리엄은 마운트 유니언 칼리지의 4학년으로, 필리스는 뉴저지의 벤토에서 8학년으로 돌아가야 했고, 조는 부근 애틀랜틱 시티의 고등학교에 입학했다. 노스포트랜드 로路 20번지에 위치한 펜실베니아 의료선교사 협회 산하 "베트노어 휴가자 숙소"는 우리 부부의 본부가 되었다.

매리언과 의과부문의 대학원 세부 과정을 교대로 공부하기로 했다. 매리언은 12월 8일 개강하는 2주 집중 과정과 다른 두 과목을 1,2월에 시작하기로 하고 뉴욕의과대학원과 뉴욕시 소재 시내산병원에서 집중적으로 열심히 공부했다. 나는 결핵 특별과정을 공부하기 위해 필라델피아 소재 펜실베니아대학교대학원 산하 헨리 필름스 연구소에 등록했다. 동시에 뉴욕 의과대학원에서 1월 강의도 듣기로 했다. 1948년 가을, 뉴욕 사라낙 레이크의 트뤼도 요양원에서 트뤼도 결핵 연구 과정을 하나 마쳤다. 번갈아 가면서 수업을 들었기에 아이들을 돌보는 일도 번갈아 할 수 있었다.

연구 일정 중간중간에는 후원자와 교회 방문계획을 끼어 넣었다. 우리 부부 두 사람이 함께 떠나야 하는 때에는 골절에서 많이 회복되신 어머니가 오셔서 아이들을 돌봐주셨다. 가끔씩 사촌 그레이스 버르도 뉴욕 리버티로부터 와서 아이들과 함께 있어 주었다.

시간은 빨리 지나갔다. 학교 학기도 끝났다. 우리 부부는 졸업식 두 군데에 참석했다. 베트노어 애버뉴 스쿨에서 8학기를 마친 필리스 졸업식과 우리 부부의 모교인 오하이오 얼라이언스 소재 마운트 유니언 칼리지를 마친 윌리엄의 졸업식이었다. 1948년 5월 30일, 그

호반 숙소의 윌리엄

11. 캐나다 뿌리들

의 졸업식에서 내가 축도를 해달라는 부탁을 받았다. 그 대학 총장 닥터 찰스 케첨은 나와 매리언, 그리고 우리들의 인도 사역에 관해 소개하기도 했다. 기대하지도 못했던 예우를 받아 감사했다.

우리들은 휴가기간 동안 캐나다의 찰스턴 레이크에서 두 번의 여름을 보낼 수 있었다. 선교사들은 휴가기간을 통해 자신을 재충전한다. 자기들 전문분야에서 지식을 쌓을 뿐만 아니라 후원자 시스템을 돌아보기도 한다. 이러한 때에 가문의 사람들과 만나는 기회는 많은 도움이 되었다. 매리언도 역시 캐나다에 가계의 뿌리가 있다. 매리언은 8킬로미터 떨어진 곳에서 아덴으로 왔다. 매리언의 어머니는 아버지 조세프 버텀리가 별세한 후(1909년 11월 11일), 그녀와 언니 엠마를 데리고 1911년 엡워스에서 잉글랜드의 아덴으로 온 것이다. 그녀는 1948년 9자 보고편지에 다음과 같이 썼다.

나는 지금 이 아름다운 호수의 일부분을 창문을 통해 바라보며 앉아 있습니다. 까마귀가 까악까악 우는 소리와 두 아들이 일찌감치 땔감을 마련하려고 일하면서 내는 틀톱의 윙윙거리는 소리 외에는 사방이 적막합니다. 아름다운 날씨이지만 호되게 추운 날입니다. 지난밤에는 온도계가 섭씨 4도를 가리켰습니다. 이렇게 추운 날에는 더운 8월보다 틀톱이 잘 들고, 계절의 변화가 분명하게 느껴집니다. 불이 있어야 난방이 되고 이처럼 추운 날 음식도 만들 수 있기 때문이지요. 그러나 우리들은 지금 계절의 변화를 만끽하고 있습니다. 인도에 있을 때는 못 느꼈던 것이니까요. 오, 그렇군요! 거기에도 변화가 있겠군요. 3월이 되면 님나무 잎이 떨어지고 나무들은 벌거숭이가 될 것입니다. 하지만 여기서 시작되는 눈부신 가을 빛깔도, 짜릿한 자극도 없습니다. 이런 날씨에서는 일터로 돌아가 업무를 마무리 짓고 싶은 기분도 듭니다. 월요일이 되면 맏아들 윌리엄 제임스 홀을 토론토로 데리고 가 토론토 대학교 정치과에 입학시키려 합니다. 그 아이는 2년 내에 석사 학위를 받고 싶어합니다. 9월이 되면 이 근처 아덴에 있는 고등학교가 개학하던 일이 생각납니다.

30년 만에 이곳으로 돌아와 지내는 것이 재미있습니다. 하루는 경매장에 갔는데(시골 경매장은 나름대로 매력이 있습니다) 어떤 농부의 아내가 저에게 다가와서 '너 나 기억나니? 하는 것이 아니겠어요? 얼굴은 익숙했지만 이름은 생각이 안 나는 거예요. 고등학교 동창이었습니다. 지난 주에는 동창 두 사람과 브로크빌 여름 숙소에서 저녁 시간을 같이 보냈습니다. 그[닥터 클리보드 브래킨]는 거기서 유명한 의사이고, 그녀[플로렌스]는 자기가 출석하는 교회 사람들에게 선교사 얘기를 해달라고 강권하는 거예요. … 플로렌스와 나는 고등학교 시절 찍은 낡은 사진을 꺼내 놓고 한사람 한사람 짚어가며 그들이 살아온 역정을 나누었습니다. 우리와 같은 세대를 살고 있는 사람이면 누구나 이럴 때 느끼는 묘한 감정을 이해하실 겁니다. 우리 동창생들의 이야기는 인생의 단면과 함께, 성취와 좌절에 영향을 준 세월을 말해줍니다. 어떤 사람들은 과거 모습 그대로 살고 있습니다. 또 다른 이들은 최선을 다하면서 자기들이 전혀 꿈꾸지도 못했던 자리에 도착한 이들도 있습니다. 그리고 이미 세상을 떠난 사람도 있었습니다. 우리가 머무는 곳에서 그리 멀지 않은 피셔 아일랜드에서 내가 여기서 자랄 때 고등학교 교장 선생님이셨던 제임스 섹스턴을 만나 면식을 새롭게 하고 지난 날을 추억하기도 했습니다. 바로 맞은 편에 있는 메이 아일랜드에서 우리는 80세가 넘은 노신사와 만났는데 킨치 유진이라는 이름을 가진 이분은 섹스턴의 친우였습니다. 셔우드 홀이라는 이름을 듣자 기억이 되살아났던지 자기가 셔우드의 아버지 윌리엄 제임스 홀과 아덴 고등학교를 같이 다녔다고 하더군요. 그가 졸업한 이후에도 그분의 명성은 시간이 지날수록 회자되었다고 합니다. 킨치 레이몬드는 제임스 홀의 훌륭한 영적 삶과 학생들에게 미친 영향 그리고 제임스 홀과 오마르 킬보른(후일 중국 선교사로 파송되었다가 중국 파송 선교사들의 아버지라고 불렸다), 조지 하트웰[28])의 전도활동에 대해 들었던 이야기들을 회고했습니다. 그렇습니다. 뿌리를 찾아 과거로 돌아가보는 일은 매우 흐뭇하고 힘이 되며, 무엇인가 기대어 살아야 할 표준과 들어 올릴 횃불이 되지요. 훌륭하고 헌신된 사람의 영향력은 대대로 살아있는 듯합니다.

나의 아버지는 의료선교사로 한국으로 가신 후 3년 만인 1894년 11월 24일 서울에서 별세하셨다. 나의 친조부모께서는 그런 아버지를 기념하려고 대리석으로 추모패를 만들어 글렌 뷰얼 교회에 세우셨다. 이 교회의 초청으로 말씀을 전할 기회를 가진 것은 특별한 은혜였다. 이 지역에서 "지미"라는 애칭으로 불리는 아버지는 1894년 중일전쟁이 끝난 후 평양 전투에서 부상당한 사람들을 돕다가 발진티푸스에 걸렸던 것이다. 해외선교 현장에서 사역한 기간은 3년뿐이었지만 국내외에서 그의 영향력은 매우 컸다. 그래서 그가 주님께 드린 헌신의 깊이 때문에 예수 그리스도가 생각난다고 여기는 사람도 있었다. 이런 사람들 중의 하나가 윌리엄 헤이즈인데 이분은 오마르 킬보른, 조지 하트웰과 함께 나의 아버지와 퀸즈 대학교 동창생들이다. 헤이즈도 선교사가 되고 싶었으나 훈련 중에 타계했다.

교회 전면에 그를 추모하는 추모패가 설치되어 있는데 이 추모패도 아버지가 준비한 것이었다. 나중에, 나의 사촌 안나 허드슨이 설명하기를, 비슷한 대리석 추모패가 교회 전면에 설치되어 있었는데, 이 추모패는 내 조부모가 아들을 추모하며 만든 것이라고 했다. 아버지가 자기 친구를 위해 선택한 성경 말씀을 조부모는 그의 아들의 추모패에도 동일하게 새겨 넣었다.

내가 들으니 하늘로부터 한 음성이 나서 내게 이르시되, 기록하라. 이제부터 주 안에서 죽는 자들은 복이 있도다 하시매 성령께서 이르시되, 그러하다. 이것은 그들로 하여금 수고를 그치고 안식하게 하려 함이니 그들의 행위가 그들을 뒤따르리로다. (계 14:13, 흠정역)

글렌 뷰얼 교회의 윌리엄제임스홀 기념판

아덴과 브로크빌즈 사이에 위치한 글렌 뷰얼 교회는 1895년 7월 31일 남편을 잃고 돌아오는 나의 어머니를 위한 특별 예배를 준비하고 어머니를 환영했다. 어머니는 그 예배에 한국인 부부와 함께 참석하셨다. 한국인 부부는 에스더와 박유산Yousan Pak이었는데, 유산은 그의 아내 에스더를 의사 훈련을 받게 하려고 서양까지 따라온 것이었다. 이 박씨 부부는 한국인으로서는 처음으로 캐나다 땅을 밟은 사람들이 되었다. 에스더의 남편이 그가 쓰고 있던 중절모자를 벗자 그 안에서 잘 감아올린 상투가 나왔다. 이에 글렌 뷰얼 교회의 성도들은 술렁대기도 했다.

이 교회 성도들이 나를 매우 따뜻하게 맞아주는 것을 느끼면서 나는 그들의 기도와 후원이 내 부모가 해외에서 사역을 할 때 얼마나 큰 힘이 되었을까를 새삼 깨닫게 되었다. 교회 사서 데이빗 댁은 내 아버지가 교회에 원래의 도서실을 기증했으며, 성도 중의 한 사람인 W. H. 클라우가 나중에 보태서 1947년 기념도서관이 되었다고 전해주었다. 캐나다에 내려진 우리의 뿌리와 하나님께서 어떻게 우리들을 대가족 내에 심으셨는지를 떠올려 볼 때, 하나님은 이런 뿌리를 통해 우리를 지탱하고 힘을 주셔서 이웃을 살찌우게 하셨음을 알 수 있었다.

우리들의 휴가도 1948년 가을에 접어들면서 거의 끝나고 있었다. 나는 내 가족보다 한 발 먼저 아디론닥 산맥에 자리하고 있는 사라낙 레이크로 갔으며 거기에 있는 트뤼도 요양원에서 결핵 분야의 단기 연구과정을 듣게 되었다. 사라낙에는 마침 어머니가 휴양을 하고 계셨기 때문에 강의를 듣지 않는 날이면 어머니와 함께 지낼 수 있었다. 1890년 10월 25세의 어머니가 한국에 처음 발을 디딘 후 1933년 10월 한국을 마지막으로 떠나시기까지 나의 어머니 닥터 로제타 셔우드 홀은 한국에서 43년간에 걸쳐 여섯 번의 기간 동안 의료선교봉사를 섬기셨다. 그녀는 나의 소년시절과 성인시절 내게 영감을 주시는 분이었다.

어머니는 예수 그리스도를 구세주로 의지하는 믿음은 우리가 살면서 피하지 못할 위기와 여러 도전들, 특히 사랑하는 사람을 떠나보내는 것(어머니의 경우 젊은 남편과 어린 딸을 잃었다)과 같은 극심한 슬픔 속에서도 용기를 잃지 않게 한다는 사실을 친히 모범을 통해 보여주시고 그 지혜를 나누어 주셨다. 개인적인 고통으로 들끓기 쉬운 처지였지만 다른 사람들을 위한 치료의 봉사로 그 자리를 채워넣으시는 어머니의 모습을 보며 나는 깊은 인상을 받았고, 미래에 닥칠 어떠한 불확실성도 주님이 주신 약속만을 의지하며 나아가면 된다는 확신을 가질 수 있었다. 내가 인도의 선교 현장으로 복귀하기 전에 어머니와 함께 지낼 수 있었던 것은 나에게 참 귀중한 시간이었다. 매리언과 애들 두 명이 캐나다를 떠나 내가 있는 사라낙 레이크로 왔다. 식구들과 함께 어머니도 찾아뵐 수 있었다. 이번 휴가기간에는 새삼 우리의 뿌리가 얼마나 중요한 역할을 해왔는지 알게 돼서 가족 간의 유대에 대해 감사하는 마음이 들었다. 주님은 이런 것들을 통해 그 종들을 굳게 붙들어 주셨던 것이다.

이번 휴가기간, 우리들은 후원 교회를 방문했다. 메릴랜드 볼티모어의 아폴드 감리교회, 뉴욕 버밍햄의 태버나클 감리교회, 오하이오 클리블랜드의 구세주교회 등이었다. 성도들의 후한 후원에 감사했다. 이 교회들은 우리가 기도한 것들에 구체적인 응답을 받고 인도로 돌아갈 수 있도록 중요한 역할을 담당했다.

교회와 후원자 그룹을 찾아다니며 선교보고를 하면서 우리는 그들이 인도 선교에 대해 많은 관심을 갖고 있고, 선교지의 필요에 대해 관대한 반응을 보이는 것을 보았다. 우리에게 응답된 기도의 선물 중에는 노후된 1928년식 내쉬 자동차를 대체할 "꼬마" 오스틴 승용차, 요양원 구내 교회당 건축기금 10,000달러(우리들이 한국에서 사역할 때부터 줄곧 우리 사역을 도와주는 충성스러운 후원자 J. F. 슈메이커 부인의 선물), 요양원 앰뷸런스, 소독기, 외과용 의료 기기, 의약품 및 의료장비 등이 있었다. 다 인도로 가져갈 것들이었으며, 새 인도가 특별히, 긴급하게 필요로 하는 것이었다.

우리의 휴가 중에는 인도에서 매우 중요한 두 사건이 있었다. 이에 관해서는 다음 장에서 상세히 설명하고자 일부러 미뤄왔다. 그 두 가지 사건이란 인도의 1947년 8월 15일의 인도 독립, 그리고 1948년 1월 30일의 인도의 위대한 지도자 마하트마 간디의 암살 사건이다.

제12장. 새 인도의 선한 사마리아인들

1947년 8월 15일 자정, 3세기 반에 걸친 대영제국의 인도에 대한 식민지 지배가 종언을 고하는 역사적 순간이 왔다. 영국이 남긴 권력의 공백은 자와하랄 네루가 이끌던 인도와, 모하메드 알리 지나가 인도하던 파키스탄이 채웠다. 대영제국의 대표 루이 문바땅Mounbatten 자작이 인도총독의 공식 직함을 단 채 공식 정부 이양식에 참석했다. 당일 문바땅은 자기가 조지 6세에 의해 백작으로 승격되었으며, 또 인도제헌의회 의장 라젠드라 프라사드의 청빙으로 초대 인도총독이 된 사실을 알게 되었다.

이 역사적 순간을 맞기까지 정진해온 마하트마 간디를 포함한 다수의 지도자들은 인도의 분단이 초래할지도 모를 부작용에 대하여 깊이 우려했다. 인도 힌두교도와 파키스탄 무슬림 간의 서로에 대한 뿌리 깊은 증오심을 고려한다면 유혈사태도 불가피해 보였다. 이러한 우려에는 충분한 근거가 있었다. 종교집단이 정치적인 목적으로 상대방에게 입힌 잔학행위의 범위는 상상 이상으로 비참하고 넓었다.

인도 해방 후 소수파로 전락할 것을 우려한 나머지 모하메드 알리 지나와 무슬림들이 요구한 인도 분단을 영국 정부와 인도의 힌두의 회당 지도자들이 마지못해 수락한 바 있었다. 파키스탄은 무슬림 인구가 다수를 차지하고 있던 인도 서북부와 동북부 지역을 기반으로 세워졌다. 파키스탄의 두 부분은 1,600킬로미터나 되는 인도 공화국의 영토를 가운데 두고 양쪽으로 분리되었다. '군주국'과 부족 영토들은 압도적인 힘을 행사하는 종교의 영향력 밑에서 인도나 파키스탄 어느 한쪽에 합류해야 하는 압력에 시달리게 되었다. 약 650개의 '원주민 소국들'은 결국 인도 혹은 파키스탄에 합병되었다. 지도자의 종교가 다수파 종교가 아닌 경우 분쟁은 최종적으로 무력을 통해 해결되었으며, 무슬림이 75퍼센트인 인구를 힌두인 왕이 다스리는 카슈미르의 경우, 인도로 가느냐 파키스탄으로 가느냐를 놓고 만족스러운 해결을 못본 채 유엔에 상정된 상태였다.

현금, 군수품, 교통 차량, 유동자산 등 영국령 인도의 자산은 82.5퍼센트를 인도에, 17.5퍼센트를 파키스탄에 분배했다. 지리적 분단의 기초를 힌두인과 무슬림의 수에 두었으나, 1,000만의 힌두인이 파키스탄에, 4,000만의 무슬림이 인도에 남아 있다. 분단 이후 1,200만이 이 나라에서 저 나라로 이동하는 와중에 양쪽 모두 도합 50만 명 이상이 광신적인 폭력행위로 목숨을 잃었다.

이러한 공동체 내부의 증오는 그리스도의 복음 전파자가 되기로 노력하던 우리들에게 땅끝까지 복음을 전파해야 할 긴박한 필요성을 어느 때보다 예리하게 지적해주었다. 길이요 진리요 생명이신 예수 그리스도를 알고 따르는 것만이 우리가 어디에 있던지 친구와 이

웃으로 살아가게 하는 유일한 해결책이다.

　예수님은 종교 분쟁으로 말미암아 서로 다른 종파들이 '이웃'이라는 말의 뜻조차 이해하지 못하게 가로막던 시대를 살아가셨다. 우리에게 친숙한 의사 누가가 전한 복음 이야기를 이러한 맥락에서 음미해보자.

　하루는 율법학자가 예수를 떠보려고 이렇게 물었다. "선생님, 사람이 영원한 생명을 얻으려면 어떻게 해야 합니까?"
　예수께서 되물으셨다. "모세의 율법에는 어떻게 하라고 되어 있느냐?"
　"네 마음을 다하고 목숨을 다하고 힘을 다하고 생각을 다하여 주 너의 하나님을 사랑하라. 그리고 네 이웃을 네 몸과 같이 사랑하라고 하였습니다" 하고 그가 대답하자, 예수께서 말씀하셨다.
　"옳다. 그렇게 행하라. 그러면 영원한 생명을 얻을 것이다."
　그러자 율법학자는 짐짓 자기가 옳다는 것을 드러내려고 "누가 내 이웃입니까?" 하고 다시 물었다.
　예수께서는 비유를 들어 대답하셨다.
　"어떤 사람이 예루살렘에서 여리고로 내려가다가 강도를 만났다. 강도들이 그의 옷을 벗기고 돈을 빼앗고는 그를 때려서 거의 죽게 만들어 길에다 버려두고 달아났다. 마침 한 유대 제사장이 그 길로 내려가게 되었다. 그러나 그는 사람이 쓰러져 있는 것을 보자 피해서 다른 길로 지나갔다. 또한 레위 사람 역시 지나가다가 그 사람이 쓰러져 있는 것을 보았지만 그도 피해서 그대로 가버렸다. 그러나 유대 사람에게 멸시를 받는 한 사마리아 사람은 그곳을 지나가다가 그 사람을 보자 측은한 마음이 들어 그 곁에 가서 상처에 기름과 포도주를 붓고 싸맨 후에 자기가 타고 온 나귀에 태워 여관으로 가서 밤을 새워 그를 간호하여 주었다. 다음날이 되자 그는 두 데나리온을 여관 주인에게 주며 '이 사람을 잘 돌보아주시오. 만일 비용이 더 들면 내가 돌아오는 길에 갚겠소' 하고 말하였다. 너는 이 세 사람 중에 누가 강도를 만난 사람에게 이웃이 되었다고 생각하느냐?"

그 율법학자가 대답하였다. "자비를 베푼 사람입니다."

예수께서 말씀하셨다. "옳다. 너도 이제 가서 그와 같이 실천하라."

(누가복음 10:25-37, 현대어성경)

인도로부터 혼란스러운 편지들이 오기 시작했다. 우드스탁 학교 학생들이 등하교시에 위험 부담이 따르기 때문에 겨울 동안 산간에 아이들을 그대로 머물러 있게 해 달라는 통지가 어머니들에게 왔다는 소식이 적힌 편지가 있었다. 이 말은 곧 외로운 남편과 아버지들이 초원지대에 머물면서 1년 중 날씨가 가장 춥고 식량 수급이 어려울 때에 모든 일을 혼자서 꾸려나가게 된다는 것을 의미했다.

또 다른 선교사는 편지로 기차 객실에서 목격한 일을 보고했다. 그가 기차 객실에 앉아 있을 때 시크교도 한 사람이 칼을 꺼내어 무슬림 승객을 찌르고 차창 밖으로 그를 던져버린 다음에 마치 담배꽁초를 버린 것처럼 태연하게 다른 승객과 대화를 나누는 장면을 보며 대책 없이 그 자리에 앉아 있을 수밖에 없었다고 했다! 우리 감독 한 사람은 그가 묵고 있는 숙소 바로 앞에서 어머니를 살해당한 한 아이를 도우려다 죽을 뻔한 경험을 보고했다. 아이의 어머니를 찌른 피묻은 칼을 감독의 목에 들이대더니 아이에게 손이라도 대면 아이

어미처럼 죽이겠다는 협박을 받았다는 것이다.

V. P. 싱 부인이 마다르 요양원에서 소식을 전해왔다. 그녀는 한때 환자로 마다르에서 치료를 받았으며 당시 간호 직원으로 근무하고 있었다.

> 8월 15일부터 "국내 규칙"이 발효 중이라는 사실을 들어보셨겠지요. 이런 소식을 전하려니 마음이 아파요. 매우 아픕니다. '국내 규칙'은 힌두와 무슬림은 서로 죽일 자유를 갖는다는 뜻이죠. 사람들이 지금 동물처럼 죽어 나갑니다.
>
> 델리에서 피난민을 실은 기차가 마다르 통합요양원 앞에 정차하는데 부상을 입은 사람들을 내려놓으면 마다르 직원이 구급조치를 해줍니다. 어떤 때는 밤새 간호를 하는데 기독교 정신에 입각한 우리의 봉사를 매우 감사하게 생각하고 있습니다. 마다르 요양원 직원들이 기독교적 사랑과 연민을 가지고 부상자를 돌보고 치료하게 된 것이 더할 나위 없이 기쁩니다.

우리 부부의 휴가 중 의료부장으로 근무하고 있던 닥터 N. A. 새트랄커도 다음과 같이 기록했다.

> 인도에선 지금 시민폭동이 진행되고 있습니다. 우편이나 여행도 안전하지 않습니다. 정부가 마다르 통합요양원 직원들에게 이번 비상사태에서 구조역할을 담당해달라고 요청해왔습니다. 우리는 그 동안 2,000명이 넘는 부상당한 남녀 피난민을 치료했습니다. 우리들은 응급처치와 필요한 경우 수술도 해주고 하룻밤 재운 후 활동가능한 부상자들은 내보내고 있

습니다.

그런데 당장 힘든 일은 이번 사태 와중에 외과용 소독기가 고장났다는 사실입니다. 당장은 임시로 고쳐쓰고 있습니다만, 오래 견디기는 어려울 것 같습니다. 지인들에게 부탁해서 적당한 크기의 소독기를 될 수 있는 한 빨리 구해주셨으면 좋겠습니다. 수술에 반드시 필요한 기재입니다.

간호사 숙소도 확장해야 할 것 같습니다. 후원자들을 만나서 이 문제에 대해 관심을 환기시켜 주실 수 있습니까? 주님께서 박사님을 마다르를 위해서, 그리고 현재의 상황을 개선하는 데에 더욱 능력 있게 사용하시기를 기도합니다.

내 비서 대니얼은 다음과 같이 보고했다.

요양원 환자들과 직원들은 박사님과 매리언 박사님을 생각하며 빨리 돌아오시기를 기도하고 있습니다.

용수 문제가 점점 심각해지고 있습니다. 최소 50센티미터의 강수가 필요한데 지금은 4.5센티미터밖에 비가 내리지 않습니다. 정부가 아지메르 지역을 '기근 지역'으로 선포했습니다. 현재 마다르는 심각한 용수 부족으로 고생하고 있습니다. 마다르가 적절한 양의 용수 공급을 위한 시설을 설치하도록 기금을 모아야겠습니다.

여기에서 크리스마스 씰 캠페인을 수행할 준비를 하고 있습니다. 저희들이 적당한 때에 보낼 씰과 카드의 판매도 순조롭게 진행되면 좋겠습니다. 저희는 가능한 모든 방면에서 원장님의 방침을 따르고 있으며 이것이 좋은 결과로 이어졌으면 좋겠습니다.

혼란스러운 보고가 직간접으로 우리에게 들어왔다. 내가 벤트노에 있으면서 1948년 1월 23일 어머니에게 쓴 편지를 보면 불길한 양상이 점증하고 있었다는 사실이 나타난다.

어머님께,

코네티컷에서 돌아오자 어머니가 보내신 편지가 저를 반갑게 맞아주었습니다. … 저는 지금 뉴욕에 와 있습니다. 주말에 해리스버그와 가까운 곳에서 강연을 하고 아마 그 근처에 살고 있는 젠센도 만나볼 수 있을 것 같습니다. 그런 다음 다시 뉴욕으로 돌아가서 10일 동안 대학원 집중과정에 들어갈 계획입니다. 비행기로 여기저기 돌아다니다보니 도착하는 편지를 따라잡지 못해 뒤늦게 답장을 쓰게 되는 점이 가장 낙담스럽습니다.

이곳 뉴욕에서는 할 일이 많아서 일과가 끝나면 매우 피곤합니다. 그래서 잠자리에 들자마자 바로 곯아떨어집니다. 슈메이커 부인이 마다르 교회당에 사용하라면서 1만 달러나 되는 큰 기부금을 낸 것을 아시면 어머니가 무척 반가워하시겠지요.

미스 도르샤이머라는 분도 제가 뉴욕에 가 있는 동안 아이들을 무료로 봐주겠다고 약속했습니다. 지난번에는 필라델피아에서 의료에 관한 강연을 했는데 새벽 두 시가 넘어서야 귀가 할 수 있었습니다. 조가 그러는데 인도에서 간디가 약속을 안 지킨다고 힌두교도 한 사람이 간디를 암살하려고 했다는 뉴스를 라디오로 들었답니다. 그런데 저는 그런 뉴스를 신문에서 발견하지 못했습니다.

델리의 상인들은 영국 사람들에게 다시 돌아와 달라고 간청했습니다. 그런데 이런 운동을 벌이는 사람들은 한때 "영국인은 인도를 떠나라"며 극구 주장하던 자들이었습니다. 그들이 지금은 빅토리아 여왕 동상에 화환을 걸어주는 사람들이 되었습니다!

조가 들었다는 뉴스는 필경 다음과 같은 암살기도에 관한 뉴스였을 것이다. 1948년 1월 20일 간디 암살 음모를 꾸미던 극렬 힌두 단체의 일원이 델리의 비를라 하우스 밖에서 정례 저녁기도모임에 참석하러 온 간디를 비롯해 그의 지지자들이 모여 있는 자리에 안전핀을 제거한 수류탄을 던졌으나 간디를 포함해 아무도 다치지 않은 사건이었다.

그러나 그 사건이 있은 후 열흘이 지난 어느 날 그 음모가 성공을 거두었다. 마하트마 간디가 저녁 기도모임을 인도하려고 가는 길이었다. 그때 힌두교도인 살해범 나트람 비나야크 고세가 '나마스테'라고 인사하며 다가왔다. 그는 권총을 양손 손바닥 안에 감추고 있었다.

주체할 수 없는 슬픔이 전 세계를 휩쌌다. 특히 인도와 파키스탄은 끔찍한 시민 유혈폭동에 종지부를 찍었다. 만일 암살자가 무슬림 교도였다면 그 결과는 전혀 다른 방향으로 갔을 것이었다. 이번 독립을 위한 투쟁에서 인도는 파키스탄의 독립으로 자기 몸의 일부를 잘라내는 듯한 고통스런 과정을 통과해야 했다. 진통제 없이 수술하는 것이나 마찬가지였다. 간디의 마지막 단식으로 인도 수도에서 두 종파가 서로 협력할 기미가 보이기도 했고, 두 나라의 국경을 넘어 평화가 깃들게 되리라는 희망이 싹트고 있었음에도 불구하고 비폭력의 수호자가 극단적 폭력 행사에 의해 쓰러지고 만 것이다. 간디의 피살은 국민을 각성시키는 데 한 몫을 담당했다.

뉴욕의 선교본부에서 온 편지를 통해 우리가 1948년 10월 16일 뉴욕에서 퀸매리 호 편으로 출발할 수 있도록 예약을 완료했다는 소식을 들을 수 있었다. 영국에서 잠시 정박했다가 스트라스덴 호 편으로 10월 28일 인도를 향해 출발하기로 일정이 잡혔다.

우리는 이제 돌아가려는 인도가 새롭고 다른 인도일 것이라는 사실을 알고 있었다. 영국인들과 많은 영국계 인도인들이 자의로 이미 인도를 떠났지만, 그들이 떠나줄 것을 주장하던 사람들이 오히려 그들을 아쉬워했다. 듣건대, 무슬림들이 소유한 상점들 대부분이 파괴되었고 점주들은 살해당하거나 파키스탄으로 도주했다. 마다르 계곡과 마다르 통합요양원을 내려다보는 마다르 언덕 위에 있던 무슬림 성자 마다르의 무덤을 포함해서 여러 채의 무슬림 사원이 더럽혀졌다. 아지메르는 인구 구성 상 무슬림이 압도적으로 많은 곳이며 1235년에 타계한 무슬림 성자 콰자 모이누딘 치스티로 유명했다. 그는 아지메르에 묻혔는데 그의 무덤을 가운데 두고 세워진 묘역은 무슬림들의 순례지가 되었다. 무슬림 순례자들이 이 묘역에 축조된 대리석 정원, 회당, 다른 무덤 속을 다니며 기도를 했는데, 무슬림들에게는 다르가*Dargah*라는 이 묘역이 "메카 다음으로 중요한 종교적 의미를 갖는 곳"이라고 하는 사람들도 있다.

우리들이 돌아가는 인도는 변화된 나라 도전하는 나라, 더 이상 기독교 정부의 보호를 필요로 하지 않는 인도일 것임이 분명했다. 그러나 역설적으로 지금처럼 진정한 기독교적 봉사를 필요로 하던 시기가 없었을 뿐 아니라 사랑과 구원이라는 복음에 대하여 문이 넓게 열려 있던 때도 없었다. 증오의 숯덩이와 편협성 때문에 두 나라의 생존을 위협하는 큰 화재를 유발하던 시기에 기독교인들은 사랑과 희생의 정신을 유감없이 보여주었다. 우리 요양원 직원들은 생명의 위험을 무릅쓰고 피난민 구조에 활발한 활동을 벌였다. 부상자를 데려다가 상처를 처매주고 애통하는 환자를 위로해주었다. 우리에게 들어오는 통신문을 통해, 기독교적 사랑의 실천이 말보다 더 큰 힘을 발휘해서 그 결과 사람들이 대거 그리스도에게로 돌아오고 있다는 사실을 알게 되었다.

우리들의 휴가는 이제 끝났다. 이제는 선교현장으로 돌아갈 시간이다. "한국감리교 선교사연합회"의 만장일치의 결의로 우리들은 한국에 초청을 받았다. 초청이 감사하기는 했지만, 우리가 그전에 사역을 했던 곳은 38선 이북으로 지금은 러시아 지역29)에 속해 있기 때문에 들어가기가 불가능한 곳이 되어 있었다. 게다가 마다르의 과업도 미완성 상태였다. 피켓 감독이 마다르에 다시 와서 사역을 하고 싶다는 의사를 밝혔다. 우리들은 그곳에서 맞닥뜨릴 도전이 우리의 모든 힘과 용기와 믿음을 요구할 것이라는 사실을 알면서도 하나님께서 우리들을 인도로 이끄신다는 믿음을 갖게 되었다.

1948년 10월 16일 정다운 친구들의 환송을 받으며 우리는 퀸매리 호에 승선했다. 나의 어머니도 그곳에 나와 계셨다. 어머니가 한국 선교사역을 위해 원양 정기선을 타고 떠나시던 그 때를 회상하셨을 것이 틀림없었다. 나는 그때 이것이 이 땅에서 어머니에게 드리는 마지막 인사가 되리라고는 전혀 생각하지 못했다.

런던에 닿자마자 우리는 버킹검 궁전에서 멀지 않은 귀족적인 모습을 한 "더 코트 오브 세인트 제임스" 호텔에 자리를 잡았다. 이튿날 아침 내가 선물와 배급 카드를 챙기는 동안 가족들은 런던 타워, 웨스트민스터 사원 등 역사적 명소를 둘러보았다. 호텔에선 배급 카드가 필요하지 않았다. 그러나 친구들 집을 방문할 때에는 그들의 빈약한 배급 할당량을 축내고 싶지 않았다. 전쟁이 끝났어도 설탕, 지방, 베이컨의 철저한 배급제가 실시되고 있는 것을 보고 미국에서 얼마간을 가지고 왔더라면 영국 친구들의 단조로운 식탁에 변화를 줄 수 있었겠다는 아쉬운 생각이 들었다.

아이들에게는 이번 기회가 역사와 지리공부를 위한 현장학습이 되었다. 런던에서 3일을 체류하는 동안 우리는 영국 역사를 집중적으로 공부했다. 성바울 성당에서 높은 데를 올라가 내려다보면 공중폭격으로 폐허가 된 넓은 지역이 눈에 들어오는데 참으로 가슴 아픈 장면이었다. 대영박물관 전시물 중 로제타스톤을 포함해 일부를 관람하고 앨버트 기념관과 켄싱턴 가든, 의사당 건물을 안내를 받아 둘러보았다. 왕실 행렬이 화려한 장관을 이루며 우리 옆을 지나 의사당 건물로 향하는 광경을 군중 속에서 바라보며 서 있다가 국왕 조지 6세와 엘리자베스 여왕의 모습도 잠깐 볼 수 있었다.

우리는 도버 해협의 백색 절벽에서 그리 멀지 않은 서섹스 시포드에서 3일을 보냈다. 거기서 제럴드 핍스 부부의 초청을 받아 서로 만나게 되었다. 핍스는 그가 주한 영국 영사 시절부터 알고 지내던 사람이었다. 내가 8년 전 한국을 떠날 때는 핍스의 자택에서 출발했었다. 핍스 부부와 함께 아름다운 구릉지대를 가로질러 걸으면서 일본 당국에 의해 지루하고 긴 시간 동안 주한 영국 영사관 내에 억류되었던 그들의 불쾌한 경험담을 들었다.

제럴드와 얼라인이 우리를 그 유명한 해변 리조트 브라이턴에 데려갔다. 거기서 우리는 한국 해주에서 같이 근무했던 네 사람 중 하나인 제인 발로우를 만났다. 그녀는 해주의 노턴 기념 병원에서 간호사로 근무했다. 그날은 우리가 스트라스덴 호 편으로 인도로 출항하는 날이었다. 우리를 실은 배가 포트 사이드와 수에즈 운하를 통과하고 홍해에 들어섰다. 드디어 수평선 멀리 봄베이 항구에서 희미한 불빛이 보이기 시작했다. 반가웠다. 선교사들은 선상에서 매일 아침을 먹기 전 기도회와 친교의 시간을 가졌다. 각양각색의 선교사들이 자기들의 사역 내용을 소개했다. 현장으로 처음 나가는 신임 선교사들에게는 선교 현장에 대한 지식을 얻는 데 좋은 기회가 되었다. 우리는 그들에게 의료 지식을 나누어주었다.

예전 마다르에서 치료를 받았던 드 수사가 우리가 인도를 떠날 때 한 약속을 잊지 않고 우리가 이튿날 하선할 때 항구에 나와 통관 절차까지 도와주었다. 우리들의 "꼬마" 오스틴 자동차와 앰뷸런스, 무거운 짐들은 나중에 들어오는 화물선이 싣고 오기 때문에 내가 봄베이로 다시 와서 그 물건들을 찾아 아지메르로 가져와야 했다.

봄베이의 뜨겁고 끈끈한 날씨를 피해 잠시 후 우리는 아지메르로 출발했다. 그런데 아지메르의 소속이 라지푸타나에서, 잠시 동안이었지만, 명칭이 바뀌고 재편된 '라자스탄 연방'에 속한 도시가 되어 있었다.[30] 1948년 11월 20일 아지메르에 도착하자 뜨거운 환영식이 우리를 기다리고 있었다. 화환, 폭죽, 돔지붕 집에 이르는 자동차 도로를 따라 설치된 수백 개의 촛불이 우리를 영접했다.

무슨 이유로 '새 인도'가 우리들을 환영했을까를 생각하면 일말의 불안이 있었으나 당시나 그 후 몇 개월 동안 별다른 것을 느끼지는 못했다. 마다르 요양원 환자 H. A. 사르키즈가 우리에게 알려 준 바로는 새 인도가 나를 필요로 했으며 감사한 마음까지 갖고 있다는 것이었다. 내가 자리를 비운 동안 발생했던 대변동의 시기에 우리 요양원 사람들은 진정 "선한 사마리아인"의 역할을 훌륭하게 해냈다. 그들은 큰 문제들에 짓눌려 있었는데 우리 도움을 받게 되자 그 기쁨도 그만큼 컸다.

매리언이 고국으로 보낸 편지에는 그녀가 이 시기를 어떻게 보았는지 나와 있다.

> 짧은 순간이었지만 뱃멀미로 고생을 하면서도 다음 배편으로 집으로 다시 간다고 생각하니 그지없이 행복했어요. 감당해야 할 부담이 과중하겠다는 생각이 들었습니다. 그 소식을 봄베이에서부터 듣고 있었으나 막상 아지메르에 도착하자 원기가 솟는 것 같았어요. 우리가 도착한 것은 1948년 11월 20일 토요일 저녁이었는데 직원들과 친구들이 극진하게 환영해주었습니다. 기차에서 내리자마자 우리 목에 걸어준 화환이 눈썹까지 올라왔어요. 우리는 가지고 온 짐에 대해 걱정할 필요도 없었습니다. 닥터 웰즈에게 가방 몇 개라고만 하면 그 짐이 돔지붕집에 마술같이 다시 나타나더군요. 봄베이에서 짐 때문에 고생한 걸 생각하면 한숨 돌리게 된 거죠. 게다가 집안은 깨끗이 청소되어 있었고 맛있는 음식도 준비되어 있었습니다. 내가 할

일은 아무 것도 없고 그냥 깨끗한 침대 깃과 수건(이제 여기서는 온수가 나오지 않기 때문에 목욕탕 물도 데워놓았더군요)을 꺼내서 침대 위에 깔고 그냥 쓰러져 24시간 기차를 탄 피로를 풀면서 쉬기만 하면 됐거든요. 풀만Pullman 기차냐고요? 전혀!

하지만 돌아오자마자 우리는 낭패에 부딪혔습니다. 이튿날, 날이 밝자 빚쟁이들이 몰려들기 시작했어요. 폭동 기간 중 몰려오는 사람들을 무료로 치료해주느라고 우리가 부재 중에 요양원 빚이 10,000달러로 불어난 것입니다. 셔우드가 돌아온다는 소문만 듣고 요양원에 빚을 더내준 것이지요. 어떤 남자는 환자들의 급식 공급을 끊겠다고 위협했어요. 또 우리가 들여오고 있던 의료기구에 고율의 관세를 붙이기도 했습니다. 해결해야 할 일이 한 동안 폭주하는 듯했지요. 우리는 문제를 홀로 해결하려 발버둥치지 말고 그것을 하나님께 가져가야 한다는 것을 잊고 있었어요.

정원으로 나가 쉴 수도 없었습니다. 내가 심어났던 화초들이 다 사라져 버리고 아무 것도 남아 있지 않았어요. 장미, 제라니움, 국화, 포인세챠 등등, 어느 것 한 그루도 남지 않았더군요. (기억하세요? 작년 겨울, 미국에서 꽃가게에 들러 포인세챠 한 그루를 75센트 주고 사면서 내가 인도에 돌아가면 정원을 돌면서 포인세챠 꽃을 세어보고 75송이가 될 때까지 가꾸면 부자가 된 기분이 들 것이라는 생각을 하며 스스로를 위로했었거든요.) 여기서 꽃이 없는 집은 사막이나 마찬가지예요.

많은 친구들이 다시는 돌아오지 못할 곳으로 모두 가버리고 없었습니다. 시내에는 폭동 중에 파괴된 건물들의 잔해만 뒹굴고 있었고, 그 비극적인 시기에 일어났던 애처로운 얘기들만 무성했습니다. 모든 게 퇴보하고 있는 것처럼 보였어요.

그러나 우리는 그 모든 좌절감을 털어내 버렸습니다. 할 일이 너무 많아 속상해 할 시간이 없었지요. 우리의 긴급한 호소에 미국에서 많은 후원금을 보내주어서 빚을 거의 절반으로 줄일 수 있었으며 남은 빚은 저리로 전환했거든요. 그래서 남편은 현관에 마음대로 나갈 수 있게 되었습니다. 이제 난리를 치는 빚쟁이들과 부딪힐 염려가 없어졌기 때문이었지요. 필리스가 장미와 포인세챠 화분을 크리스마스용으로 가져다주었습니다. 남편도 떠나는 성공회 신부로부터 화분에 심은 식물을 몇 그루 헐값에 사왔습니다. 이제 우리는 정원에서만이라도 문명으로 돌아오게 되었습니다. 여름에는 강수량이 적어서 식물에 물을 주는 것이 금지되어 있었으나 우리에게는 물이 잘 나는 우물이 있어서 물 부족은 면할 수 있는 형편입니다. 셔우드가 12월 초 봄베이로 돌아가서 짐들을 화물선으로부터 회수하고 세관검사대를 통과하여 철도에 실을 때까지 그 화물을 창고에 보관하는 일을 하느라고 거기서 두 주를 보냈습니다(부두 노동자들이 파업 중이었습니다). 그가 여기 오스틴까지 차를 몰고 왔습니다. 그렇지만 이건 그가 해야 할 이야기입니다. 만일 남편이 구전되면서 잔뜩 부풀려진 내용까지 합쳐서 얘기해준다면 골수까지 오싹할 스릴을 느낄 것입니다. 과장이 아닌 것이, 저는 남편이 먼지를 잔뜩 뒤집어써서 얼굴을 알아볼 수 없는 모습으로라도 안전하게 귀가할 수 있었던 것만으로 감사했습니다.

몇몇 친구들이 앰뷸런스와 "꼬마" 오스틴 자동차를 봄베이부터 아지메르까지 1,000킬로미터 가까이 정글과 사막을 거쳐 가져오면서 겪은 경험담을 좀 더 자세하게 기록해 달라고 했다. 어찌된 셈인지, 이 이야기가 해외로까지 흘러나간 후에 여러 가지가 첨가되어 우리에게 돌아왔다. 줄잡아 말한다 하더라도 굉장히 재미있는 이야기가 되었다.

우리 차량과 화물이 드디어 미국으로부터 도착했다는 연락이 왔다. 이 화물을 세관과 부두의 야적장에서 반출하고 통관하는 데만 거의 2주간의 시간과 꽤 많은 경비가 들어갔다. 차량과 자동차 휘발유에 관한 허가서를 어렵사리 발부받고 드디어 북쪽으로 난 길을 나설 준비가 끝났다. 미국에서 구입한 의료 및 외과 기재 등 가장 중요한 것들과 우리 가방을 앰뷸런스에 실었다. 우리 요양원 운전기사 조세프가 앰뷸런스 운전을 맡았다. 닥터 웰즈와 내가 오스틴을 몰았다.

점심을 먹고 즉시 출발했다. 봄베이 근교의 도로 사정이 매우 좋았기 때문에 그날 오후는 시간에 잘 댈 수 있었다. 그날 밤은 친구 집에서 묵고 이튿날 아침 일찌감치 떠났다. 오전 내내 운행이 순조로웠다. 그래서 물이 흐르는 계곡에서 도시락 점심을 먹었다.

그날 오후 앰뷸런스 엔진에 사소한 문제가 발생하곤 했지만 그때마다 손을 보며 운행을 계속했다. 넓은 대지로 빠져 나오고 있는데 갑자기 옷을 반만 걸친 목동들이 우리가 오는 것을 보고 숲속으로 도망치는 것을 보고 놀랐다. 당시 그곳에서 자동차는 신기한 물건에 속했다. 근처에 불에 탄 자동차의 잔해가 나뒹굴고 있었다. 왜 자동차가 그렇게 됐는지 알고 싶었다.

우리가 오르막길을 천천히 오르고 있었고 앰뷸런스도 낑낑대며 우리를 따라오고 있었다. 우리는 가다서다를 반복하며 험준한 풍경에 감탄사를 내뱉곤 했다. 도중에 산속 호수에서 잠시 기다리기로 했는데 호수 위에 물새들이 무수히 떠 있는 매우 아름다운 곳이었다. 유난히 장엄한 석양의 모습이 물 위에 비쳤다. "매리언이 여기 있었더라면 캔버스를 펴고 이 아름다운 경치를 그렸을 텐데." 나는 혼자 중얼거렸다.

해가 졌는데도 조세프가 우리를 따라잡지 못하고 있었다. 그래서 무리들이 되돌아가서 보니까 엔진이 또 고장 나 있었다. 다행히 멀지 않은 곳에 비교적 큰 시가가 있어서 나와 조세프가 차를 지키는 동안 닥터 웰즈가 우리 차를 타고 시내로 내려가서 부품을 구해오기로 했다. 새와 자칼의 우는 소리밖에 들리지 않는 정글에서 우리는 그가 돌아오기를 외롭게 기다렸다. 먼 데서 차량 불빛이 움직였다. 그가 드디어 돌아오고 있는 것이다. 그러나 닥터 웰즈는 부품을 구하지 못했고, 대신 앰뷸런스를 끌만한 줄을 구해왔다.

우리는 또 다른 친구 집에서 그날 밤을 지냈다. 우리는 마룻바닥에서 잤다. 호랑이가 출몰한다고 하는 정글에서 밤을 새는 것보다 훨씬 편하고 안전했다. 불쌍한 조세프는 차를 고치느라 밤을 꼬박 샜다. 드디어 차를 고치는 데 성공한 조세프가 행복한 얼굴로 우리를 아침 일찍 깨웠다. 여행을 일찍 재개할 수 있었다. 이른 아침을 들고 재워준 친구들에게 작별인사를 했다. 친구들은 최근의 소요사태로 사람들의 신경이 곤두서 있으니 길을 조심하라고 조언을 해주었다. 그러나 우리는 위험성을 과소평가하고 있었다.

서늘한 아침 공기를 즐기며 우리는 빠른 속도로 달렸다. 달리다 보니 앰뷸런스가 또 따라오지 못하고 있는 것이다. 그래서 다시 뒤로 돌아가보니 조세프가 완전히 풀이 죽어 있었다. 앞 스프링이 완전히 부러져나가 차가 옴짝달싹 못하는 상태였다. 다른 도리가 없었다. 부러진 스프링을 빼서 우리 차를 타고 30킬로미터를 달려 대장간을 찾아갔다. 스프링을 수리할 수 있는지 알아봤다.

대장간에는 다행히 여분이 있었지만 이것은 절단해서 맞춰 넣어야 했다. 앰뷸런스를 수리하는 데에만 그날의 대부분을 사용해버렸다. 아무런 특수공구 없이 즉석에서 스프링을 만들어 넣는 일은 결코 쉬운 일이 아니었다.

해가 다 져서야 수리가 완료됐다. 우리는 다시 차를 몰아 읍내로 들어갔다. 그곳에서 예수님을 믿는 여관주인을 만났는데 그가 저녁을 지어주었다. 갈 길은 멀고 마침 달도 밝았기에 우리는 다음 마을까지 강행군을 하기로 결정했다.

때마침 우리가 가는 길은 라자(왕)가 통과하기로 되어 있어서 초병이 좁은 간격으로 경비를 서고 있었다. 어두워서 그랬는지 초병들은 우리 차를 왕의 행렬로 착각하고 경례를 했다. 왕이 받을 경례를 대신 받은 우리는 가가대소를 하며 즐거워했다. 초병이 늘어선 안전지역을 지나자 빽빽한 밀림 지대가 나왔다. 갑자기 무장을 한 사람들이 앞을 가로막으며 정지하라는 몸짓을 했다. 그들의 괴롭힘을 피하기 위해 명령대로 자동차의 속도를 내리며 정지하는 척 하다가 그들이 경계를 푸는 틈을 타서 총알같이 내뺐다. 하지만 자축하기엔 너무 일렀다. 뒤따라오는 조세프도 같은 행운을 누리라는 법은 없기 때문이다. 그래서 우리는 조금 떨어진 곳에서 앰뷸런스를 기다리기로 했다. 우리가 보고 있는데 조세프 차의 전조등이 꺼지는 게 아닌가! 닥터 웰즈가 한 마디 했다. "내가 보기에 조세프가 걸린 게 틀림없어."

조세프를 버리고 가선 안 된다는 것을 모두 잘 알고 있었다. 그래서 최선의 전략을 토의하는 중에 다행히 조세프가 우리 옆에 차를 대더니 헤드라이트를 끈 채 계속 차를 굴리라는 것이었다. 두 갈래 길이 나타났는데 당황한 나머지 길을 잘못 들어섰다.

 강도들이 두 갈래 길목에서 매복하고 있다가 급습을 하지나 않을까 걱정을 하면서 후진을 했다. 다행히 두 갈래 길목을 아무 일없이 지났다. 앰뷸런스를 앞세우는 것이 좋겠다는 판단이 들어서 그렇게 했다. 얼마를 더 진행하다가 잠깐 휴식을 취하려고 정차를 했다. 조세프는 우리가 두 무장강도를 피해 달아난 후 자신이 그 강도들과 맞닥뜨린 사이에 일어난 일을 자세히 설명해주었다.

 조세프는 전쟁 중 트럭을 운전한 경험이 있기 때문에 비상시에 취할 행동에 대해서도 잘 알고 있었다. 그 무장강도 두 명이 정지 신호를 보냈을 때 그는 위험을 직감하고 차를 정지시켰다. 그리고 전조등을 껐다. 그러나 기어는 풀지 않은 상태로 놔두었다. 그들에게 말을 걸고 있는데 또 다른 무장강도 두 명이 다른 쪽에서 접근하는 걸 목격했다. 그들은 차가 또 하나 올 줄은 생각도 못하고 있었고 대책도 없었다. 그들이 당황하고 있는 사이 조세프가 페달을 꽉 밟으며 바람을 가르며 속도를 냈다. 결국 강도들은 '먹이'를 놓쳐버리게 된 것이다.

 이 지역은 그리 안전하지 않기 때문에 야간에 통과하는 것이 현명하다고 생각하고 있었는데 나중에 알게 된 바로도 우리의 판단이 옳았다는 결론이 나왔다. 최근에만 해도 바로 이 구간에서 승용차 한대가 약탈을 당하고 차 안에 타고 있던 사람들이 모두 살해된 일이 있었다는 것이다.

도피에 성공한 우리가 자축하며 차를 몰고 있는 중에 우리보다 꽤 멀리 앞서가고 있던 앰뷸런스가 이번에는 헤드라이트도 켜 놓은 채 갑자기 정지를 하는 것이 보였다. 차를 옆에 대고 차 안을 들여다보니 조세프가 마치 운전석에 접착제로 붙여진 듯 앉아서 아무 말도 못하고 있었다. 말 그대로 딱딱하게 굳어 있었다.

무슨 일이 있느냐고 묻자 조세프가 손가락으로 어디를 겨우 가리키는 것이었다. 불과 몇 미터 전방에서 거대한 호랑이가 꼬리를 심하게 흔들면서 두 개의 불덩이 같은 눈을 부릅뜨고 서 있었다. 우리가 그 호랑이에게 헤드라이트를 비추자 불빛을 피해 자리를 떴다. 시내가 그곳에 있는 것으로 보아 아마 호랑이가 물을 마시러 왔다가 우리 자동차를 보고 놀랐던 것 같았다. 우리가 조세프에게 차를 움직이라고 했지만 엔진이 말을 안 들었다. 나는 내려서 앰뷸런스를 손으로 밀기로 했다. 그런데 차를 밀다가 그만 진흙 구덩이에 빠지고 말았다. 내가 꺼내달라고 소리를 치면서 빠져나오려고 발버둥치는 것을 보면서 동료들은 내가 호랑이에게 공격을 당한 것으로 생각했다. 내가 안전하다는 사실을 그들에게 확신시키는 방법은 소리를 지르는 것 밖에는 없었다. 동행한 승객 중 한 사람이 되돌아가자는 제안을 했으나 나는 무장강도를 다시 만나게 될 위험부담을 안고 되돌아가는 것보다 미지의 남은 길을 가보는 편이 현명하다고 느꼈다. 그래서 우리는 조심스럽게 시냇물을 헤치고 나아가 맞은 편 강둑에 안전하게 다다를 수 있었다. 우리는 도상에서 빨리 달리기 경주를 하면서 잠을 자지 않고 깨어 있었다. 조세프가 모는 차가 빨리 달리나 우리가 탄 차가 빨리 가나 시합을 했다. 조세프가 모는 차가 급히 달려서 이겼다.

새벽이 가까이 왔을 때에는 벌써 라지푸타나(당시의 라자스탄)에 들어선 후였다. 낡은 그림같이 성으로 둘러싸인 시가를 보며 마치 중세 거리에 와있는 느낌을 받았다. 대리석으로 만든 단이 그때까지도 성벽 밖에 서 있었다. 그곳은 먼저 죽은 남편을 화장한 뒤, 바로 그 장작더미 위에서 남편을 먼저 보낸 아내가 불태워지는 곳이었다. 우리가 단순히 관광객이었다면 이런 역사적인 유물을 둘러보는 일이 퍽 재미있는 일과였을지 모르지만, 우리에게는 주된 목표가 있었기에 그럴 틈이 없었다. 드디어 오후 늦게 아지메르에 돌아왔다. 우리 여행과 함께하시며 우리를 안전하게 복귀시킨 하나님의 섭리에 감사하는 마음으로 우리는 모험으로 가득 찬 여행을 마쳤다.

자동차 오스틴과 함께

12. 새 인도의 선한 사마리아인들

제13장. 지상의 왕국에서 버림받은 자들

 인도가 두 나라로 분리되고 마하트마 간디가 암살된 지 거의 한 해가 흘렀다. 비록 심각한 집단 폭동과 학살은 멈추었지만 그 여파로 생긴 난민 문제는 인도와 파키스탄 두 나라를 계속 괴롭혔다.

 어느 날 아침 나는 사람들로 북적이는 요양원 대기실에 들어갔다. 한 어머니가 아픈 아이를 데리고 내게 오더니 내가 미처 제지하기 전에 바닥에 넙죽 엎드리고 반복해서 내 발에 입을 맞추었다. 여자는 눈물을 흘리며 자기의 슬픈 사연을 한꺼번에 쏟아냈다. 자기와 여섯 가족이 난리를 피해 아지메르까지 오게 된 일, 자기 가족이 다른 네 피난민 가족들과 함께 작은 방 하나에서 살게 된 일, 아이들이 한명한명 차례로 계속 기침을 하다가 한 아이만 빼고 다 죽은 일…. 지금 마지막 남은 이 아이도 똑같은 기침을 하고 있었다. 여자는 우리 기독 요양원에 소중한 자기 아이의 목숨을 구할 기적의 신약(스트렙토마이신)이 있다는 소식을 들었다. 그래서 자기 아들에게 기회를 한번 달라고 내게 간청한 것이었다.

미국에 있는 친구들의 도움으로 우리는 이 아이를 맡아 고비용의 스트렙토마이신 치료를 할 수 있었다. 이 치료로 아이는 목숨을 구했고, 우리는 아이를 좋은 상태로 회복시켜 감사에 겨워하는 어머니 품에 안겨 드렸다.

이처럼 결핵은 인도로 도망쳐온 난민들에게 엄청난 피해를 주고 있었고 인도 최악의 보건 문제로 비화될 조짐이었다. 우리 요양원은 연민과 믿음을 가지고, 몸속에 결핵균이 가득한 '살아있는 해골들'(결핵환자)에게 문호를 개방했다. 난민들은 사실상 나체 상태로 요양원에 오는 경우가 많았기 때문에 우리는 치료뿐 아니라 음식과 옷도 제공해야 했다.

우리 요양원은 허버트 웰치 감독(우리 부부의 한국 시절 감독이던 분)이 당시 회장으로 있던 감리교 세계구호단에 심심한 경의를 표할 이유가 충분했다. 그들은 전인초印기독위원회를 통해 의류, 가루우유, 시리얼이 담긴 소포를 보내 구호의 손길을 뻗쳤다. 우리는 미국의 선한 사마리아인들에게 이루 표현할 길 없는 감사의 정을 느꼈으며 이들을 허락한 하나님께 매일 감사기도를 드렸다.

우리 능력의 한계를 느낀 적도 있었다. 보유한 배급 식량이 바닥나고 자금이 부족해서 충직한 우리 직원들에게 급여도 못줄 형편이 된 적도 있었다. 달마다 당국에 가서 도움을 요청했지만 그들은 전혀 귀담아 듣지 않았다.

위기의 시기에 미국과 인도에 있는 우리의 친구들이 기도를 통해 우리 짐을 대신 짊어졌다. 하나님께 신실한 기도를 드릴 때 늘 그러하듯 놀라운 일들이 생기기 시작했다. 예상치 못했던 곳들로부터 도움이 오기 시작했다. 일례로, 봄베이 주재 미국 총영사관에서 편지가 왔는데 내용인즉, 봄베이와 캘커타 두 미국남성클럽이 봄베이에서 야구시합을 벌이기로 했는데 입장수입 전액을 우리 요양원에 전달하기로 했다는 것이다. 가슴 뛰는 소식의 절정은 인도 국무차관이 보낸 전보였다. 우리가 재무부로부터 보조금 2만 루피(당시 6,060달러, 현재가치 약 10만 달러)를 받게 되었다는 것이다.

중요한 건, 이 모든 게 "의심 많은 도마들"이 옆에서 팔짱을 낀 채 이제 희망이 없다고 말하던 때에 일어났다는 것이다. 인간적인 관점에서 보면 그들의 말은 틀림없었다. 그러나 하나님이 함께 하시면 '너무 좋아서 사실이 아닌 것 같다' 라든가, '너무 좋아서 실제로 일어나지는 않을 것 같다' 는 건 없다.

이것 말고 놀라운 기도 응답 사례가 하나 더 생각난다. 최근에 병동과 가건물 몇 채가 신축되었건만, 난민 결핵환자가 워낙 많아서 요양원은 그 어느 때보다 북적거렸다. 병동을 한 채 더 지으려고 터파기 공사를 하고 있었는데, 재료비용이 치솟는 바람에 공사를 더 진행하기 어려워졌다. 전에 우리 요양원 결핵환자이던 사람이 건강검진을 받으러 요양원에 들렀다가 병동 신축공사가 중단된 것을 발견했다. 입원생활을 했던 분이니만큼 병동이 얼마나 필요한지, 그리고 병동 신축이 귀중한 목숨을 많이 구할 것을 잘 알았다. 그러나 방문 당일에는 그 문제에 대해 말을 아꼈고, 다만 돔지붕집에서 나와 따로 만나 상의하고 싶다는 얘기만 했다. 그래서 난 차라도 마시자며 그를 집에 초대했다. 당시 난 그가 자기의 건강 문제에 대해 상담받고 싶어하는 줄로만 알았다.

정통 힌두교 신자인 그는 내가 샌드위치를 내오자 불안한 표정이 되어 혹시 고기가 들어 있는 건 아닌지 물었다. 내가 아니라고 하자 맛있게 들었다. 그러고 나서 곧 자기가 방문한 진짜 목적을 밝혔다. 우선 건강을 회복하게 되어 우리 요양원에 얼마나 고마운지 모르겠다며 서두를 뗀 그는 병동을 새로 지으려면 비용이 얼마나 드는지 물었다. 내가 12,000루피(당시 3,930달러, 현재가치로 약 8만 달러) 이상은 든다고 하자 그는 놀라는 기색 없이 아마 그 돈도 건물을 짓기엔 부족할 거라고 했다. 그는 자기가 그만한 돈을 수표로 끊어주면 병동 신축을 속개할 수 있는지 물었다. 나는 그렇게 된다면 우리는 오직 기쁠 따름이라고 말했다. 그는 귀가해서 바로 수표를 보내겠다고 약속했다.

난민환자가 몰려든 당시에 시급한 문제 중 하나는 음식 공급이었다. 요양원에서 환자나 직원을 합해 오백 명쯤 되는 사람들에게 제대로 음식을 배급할 조리사가 필요했다. 스스로가 난민인 한 지원자가 있어서 문제는 해결되었다. 조리사 직에 타란 싱을 선택한 것은 결국 모두를 위해 탁월한 선택이었다.

타란 싱은 시크교인이며 인도 분리 직후 일어난 폭동 와중에 파키스탄에서 탈출해 왔다. 원래 그는 파키스탄에 귀속된 편잡 서부에서 부유한 사업가로 살았다. 금과 귀중품을 지니고 있다가는 모두 빼앗길 게 뻔했기 때문에 그는 그것들을 뒷마당에 묻었다. 파묻은 재산의 소유권을 주장하기 위해 고향에 돌아갈 용기는 물론 없었다. 흠씬 두들겨 맞긴 했어도 살아서 탈출했으니 이만하면 다행이라고 여겼다. 많은 힌두교인과 시크교인이 회교도들에게 살해당했다.

타란 싱

마다르 요양원에 가면 다친 몸을 잘 치료해줄 거라는 얘기를 듣고 이곳에 왔다. 좋은 치료뿐 아니라 요양원 그리스도인 직원들의 친절과 배려까지 경험한 그는 자기가 할 만한 일이 있다면 여기서 일하게 해달라고 부탁했다.

요양원의 식료품 조달을 책임질 좋은 사업적 능력을 갖춘 사람이 긴급하게 필요해지자 나는 타란 싱이 생각났다. 타란 싱은 양질의 환자용 음식을 최저가에 구입하는 일에 적임자였을 뿐 아니라, 얼마 지나지 않아 조리사로서 요양원 환자와 직원들의 다양한 식단 요구사항에 부응하여 음식을 준비하는 능력도 보여주었다.

후에 타란 싱은 펀잡의 파키스탄 관할 지역에서 가족 전원을 안전하게 데려왔다. 그의 딸 역시 결핵환자임이 밝혀져 우리 요양원에서 치료를 받았다. 결국 딸은 완쾌되었다. 싱은 요양원에서 자기가 하는 일을 아들에게 가르쳤고, 나중엔 그 일을 아들에게 완전히 넘겼다.

탁월한 사업가인 타란 싱은 아지메르 시에 현대적인 식당을 개점했다. 아직 아지메르 시에 그런 시설이 없다는 것에 착안한 것이다. 그의 식당은 크게 성공했다. 메뉴에 에스프레소 커피를 추가하자 손님이 더욱 늘었다. 몇 년 후 필리스가 우드스탁 학교의 자기 친구 몇몇을 아지메르로 데려왔을 때 타란 싱이 아이들을 식당으로 초대하여 일곱 가지 코스 디너를 대접했다. 그 식사는 아이들 사이에 며칠 내내 화젯거리가 됐다.

집단 간 분쟁과 난민 이주로 인해 생긴 변화들 말고도, 지인들은 인도가 자치 체제가 된 뒤 신新인도에서 일어난 변화에 대해 알고 싶어 했다. 맨 먼저 일어난 일은 마하라자(인도의 중요한 토후국土候國의 통치자. 인도 지방에 있던 많은 제후국들을 다스리던 사람으로 영국으로부터 독립되면서 토후국의 소멸과 함께 대부분 사라졌다—편집자)들의 자치적인 지배 아래 있던 이전 '토후국'들이 선출 입법부와 거기서 구성된 내각이 운영하는 '정치연합'들로 흡수된 것이다. 얼 루이스 마운트배튼은 영향력을 발휘하여 군주들이 "동결합의"에 서명하게 만들었다. 이 합의는 독립 시에 군주들이 준수해야 할 사항을 담은 것인데, 내용이 꽤 설득력이 있어서 군주들은 비록 불만이 좀 있더라도 서명할 수밖에 없었다.

1946년, 폭동이 진정되자 얼 마운트배튼은 이제 할 일을 다 했다고 생각하고 사직서를 제출하고 인도 총독 자리에서 물러났다. 권력은 인도인의 손에 넘겨졌다. 2월에 새 인도헌법의 초안이 만들어졌다. 그해 말에 최종 승인이 이루어졌고 인도는 영국 자치령 지위에서 민주공화국으로 이행하게 되었다.

1948년 3월 5일, 마드라스 출신 유력 정치 지도자이며 마하트마 간디의 친우인 차크라바르티 라자고팔라차리가 처음이자 마지막[31] 인도인 출신 인도 자치령 총독으로 임명되었다. 1948년 6월 21일, 그는 마운트배튼의 후임으로 취임했다. 새 총독은 자기 얼굴을 알리기 위해 인도 전국을 순회하며 사람들을 만났다.

내가 바레일리에 간 것은 닥터 클라라 스웨인이 1874년에 설립한 인도 최초의 미국 감리교 선교병원인 클라라 스웨인 선교병원의 75주년 기념식에 참석하기 위해서였다. 나는 감사하게도 그 행사에 명예 손님으로 초청되었다. 또 거기서 열리는 의학회의를 주재하고 인도정부 보건장관인 라지쿠마리 암릿 카우르를 소개해달라는 요청도 받았다. 참으로 기쁘게도, 카우르는 내가 중요하게 여기는 주제, 즉 결핵을 앓는 인도인들에게 더 큰 도움이 필요하다는 것에 대해 매우 설득력 있게 이야기 했다. 인도 관료들 사이에서도 인도보건에 엄청난 위협이 되는 이 병에 대해 경각심이 점점 높아지고 있다는 생각이 들어 크게 고무되었다.

1949년에 미국흉부의학회ACCP로부터 내가 특별회원으로 선출되었다는 고지를 받았을 때 나는 또 한번 힘을 얻었다. 참으로 고맙게도, 피켓 감독이 《인디안 위트니스》라는 기독교 신문에 아래와 같은 고지를 실어 주었다.

닥터 셔우드 홀이 평의회에서 누구나 동경하는 '미국흉부의학회 특별회원'으로 선출되었습니다. 그리고 … 결핵 분야에서 그가 이룬 탁월한 업적으로 '특별회원 열쇠'(상의 일종)를 수상했습니다. 닥터 홀이 한국과 인도에서 행한 일과 결핵치료에 관한 독창적인 논문들을 출간한 것이 평의회에서 크게 인정받은 결과라 하겠습니다. 닥터 홀이 마다르의 통합선교 결핵요양원을 책임지고 있다는 것은 북부 인도에게 큰 행운이 아닐 수 없습니다.

1949년 5월까지 마다르 요양원의 부채(통합되기 이전에 지고 있던 빚)는 점차 통제할 수 있는 수준으로 떨어지고 있었지만, 자금이 유입되는 것보다 신규 부채가 더 빠른 속도로 누적되고 있었다. 이것은 내가 요양원 운영의 사업적 측면을 한번 더 냉정하게 돌아보고, 비록 인기를 좀 잃을지언정 위기 극복을 위해 더 엄격한 통제를 실시해야 한다는 것을 의미했다. 아내 매리언은 아이들과 함께 언덕마을에 있었고 우리 부부는 매일 서신을 교환하며 당면한 문제들을 논의했다. 이 문제에 대해 나는 아래와 같이 적었다.

1949년 5월 7일,

사랑하는 아내에게

봄베이 여성 아메리카 클럽에서 약속한 대로 1,000루피(당시 270달러, 현재 가치 약 4천 달러) 수표를 보내주었소. 그들이 매년 이렇게 해준다면 우리에게 큰 도움이 될 것이오.

그러나 더 진전이 없어요. 왜냐하면 자선 환자수를 더 줄여보려고 노력하지만 여전히 그들의 비율이 너무 높기 때문이오. 우리는 점진적으로 다음과 같은 원칙을 세워보려고 하오. 앞으로 모든 신규 자선환자는 오직 치료비만 무료로 하고, 환자의 식대는 요양원 말고 다른 누군가가 책임지게 한다는 것이오. 이 원칙을 남들에게 이해시키려면 세심한 요령이 필요하겠고, 우리는 이미 많은 서신을 보냈소.

현재까지 거의 모든 기관이 원칙적으로 동의했소. 벵갈 기독협회와 (말하기 좀 이상하지만) 우리의 라지푸타나 회의소 후원자들만 빼고 말이오. 이 두 기관은 우리가 원래의 계약을 고수하기를 기대하고 있소. 벵갈 기독협회의 환자들에게서 큰 손실이 나고 있는데, 식대만 놓고 따져도 매월 320루피(당시 87달러, 현재가치 약 1,300달러) 이상 손실을 보고 있소. 이건 1년을 놓고 보면 굉장한 금액이오. 우리는 강경히 대응하고 있소. 그들이 다음 신규환자를 보내오면 그때부터 시범적으로 새 규정을 적용할 생각이오. 기독협회의 기존 환자들에겐 과거와 같이 무료로 식사를 제공하여 그 수를 단계적으로 줄여가기로 했소. '다르가' 환자들에겐 신규 환자에 한해 이미 그렇게 하고 있어요.

힘겨운 싸움이었고 이 싸움은 아직 끝나지 않았소. 외부 사람들은 물론, 요양원 직원들도 설득해야 하기 때문이오. 직원들은 일(직원 무료급식 중단)을 방해하려고 갖은 노력을 기울였소. 파업, 환자들이 음식 거부하게 하기, 조리사가 일을 그만두고 싶어질 만큼 괴롭히기 등 별별 수단이 동원되었소. 우리는 조리사를 가까스로 달래서 일을 계속하도록 했다오. 다행히 의사들은 나를 지지해주었기 때문에 음모와 온갖 음흉한 반대에도 불구하고 우리가 이 일을 계속 추진할 수 있었던 것이오.

우리는 늦어도 7월까지는 직원 대상 무료급식을 완전히 없앨 생각이오. 이것은 직원들의 급료를 올려주어야 한다는 것을 의미하오. 그래도 직원들을 먹이는 것보다는 이편이 돈이 덜 먹힐 것이고, 그들은 우리가 처한 상황을 더 정확히 알게 될 것이오. 우리 요양원이 견고한 재정적 기반 위에 서기 전까지는 나는 결코 만족하거나 행복할 수 없소. 어떻게 하면 요금 청구서와 직원들 월급을 맞출 수 있을까 달마다 고민하는 건 너무나 고통스러운 일이기 때문이오.

이것에 비하면 부채 문제는 아무 것도 아니오. 일단 우리 요양원이 견고

한 재정적 기반 위에 서게 되면 부채 같은 건 쉽게 관리할 수 있기 때문이오. 옛 계약에 따라 우리는 매달 약 2000루피(당시 540달러, 현재가치 약 8,200달러)를 줘야만 했고, 머리를 수면 위에 내놓기 위해 늘 발버둥쳐야만 했소. 여기서 돈을 꾸어 저기서 빚을 갚고… 그러다보면 더 이상 갈 데가 없게 되기 일쑤였지요. 지난달에 이르러 우리는 처음으로 그간의 노력에 대한 결실을 보기 시작하고 가망 없어 보이던 상황이 개선되기 시작하는 조짐을 보았소. 이제 이런 추세가 지속되기만 한다면 머지않아 우리는 최악의 상황에서 벗어날 수 있게 될 것이오.

요양원 환자 중 40퍼센트가 자선환자인 상황에서 이런 재정구조 개혁이 인기를 얻을 수 없으리란 건 명약관화했다. 그러나 결과적으로 이 개혁은 옳은 것으로 판명되었고 우리 요양원이 정식 환자뿐 아니라 난민들에게 더 양질의 서비스를 제공할 수 있게 했다.

난민 중 많은 수가 이제 파키스탄에 속하게 된 신드 주에서 도망쳐온 사람들이었다. 그들의 양철 오두막이 아지메르 큰길가에 빼곡히 들어섰고 그 오두막들은 난민들의 피난처이자 노점 구실을 했다. 거기서 난민들은 자기가 신드를 빠져나올 때 들고 온 예쁜 자수품을 팔았다. 그 자수품은 분홍색 또는 수령초 빛깔의 천에 수놓은 문양에 작은 거울들이 들어가 있다는 게 특색이었다. 매리언은 자주 베란다에 나가 난민이 들고온 자수천들을 구경하고 더러 구입하곤 했다. 그리고 거실로 돌아와 자기가 산 자수품을 친구들에게 보여주면 친구들은 그것을 만든 장인의 뛰어난 솜씨에 감탄했다. 이런 베란다 거래를 하면서 물건을 파는 난민 가족들이 병을 앓는 사실을 발견하는 건 그리 드문 일이 아니었다. 그 병이란 흔히 결핵이었다. 이런 식으로 매리언에게 발견되어 요양원에 온 환자들도 많았다.

요양원에 처음 들어오는 난민들은 대개 해골에 가까운 형상을 하고 있다. 그러나 몇 달 후에 그들을 보면 과연 그때 그 사람인지 알아보기 힘들 정도가 된다. 난민들은 요양원에 머무는 동안 몸만 회복되는 게 아니라 그들 중 다수가 주님을 발견한다. 피켓 감독이 요양원을 보고 싶어하는 한 방문객을 데리고 왔다. 그 방문객은 미국 감리교 선교회에서 나온 찰스 웨슬리 브라셔 감독이었다. 두 분은 대단히 기쁜 마음으로 많은 결핵 난민환자들에게 세례 의식을 행하고 그들을 기독교회의 정식 신자로 받아들였다. 우리가 축복받은 치료 봉사에 참여하고 지상 왕국에서 버림받은 자들을 주님의 왕국으로 인도하는 데 일조하게 된 것에 대해 우리는 크게 감사했다.

제14장. 성聖누가 예배당 건립

　우리가 마다르에 부임했을 당시에는 건물이 몇 개밖에 없었다. 우리가 놀란 것은 공간이 부족해서 사무실과 수술실을 잇는 넓은 유개有蓋통로에서 요양원 예배가 열리고 있다는 사실이었다. 이 통로의 양쪽 끝은 바깥과 직통으로 뚫려 있었다. 그래서 장마철에는 비가 들이쳐 그곳을 적셨고 겨울에는 통로를 통해 찬바람이 마구 불고 지나갔.

　통로는 꽤 넓었지만 종교의식을 갖기에는 적당한 장소라고 생각되지 않았다. 나는 하나님의 도우심만 있다면 기회가 생기는 대로 이 문제를 해결해야 되겠다는 생각이 들었다. 마다르와 같은 선교 요양원에 부속 예배당이 없다는 사실은 상상도 하기 어려운 일이라고 생각했다.

　오래지 않아 나는 몇몇 사람들이 나와 같은 생각을 갖고 있음을 알게 되었는데, 특히 간호부장 미스 불라 비숍과 작업치료사 미스 캐럴라인 넬슨이 그랬다. 두 사람은 똑같은 생각을 가지고 있었는데 그때까지 자기들의 생각을 입 밖에 내기를 두려워하고 있었으나, 당시의 상황에 대해 만족하고 있지 않다는 입장을 나에게 전달했다. 비록 우리들은 내외과적 필요가 충족되어야 한다는 사실에는 깊이 공감했지만 예배당이 우선순위에 와야 한다는 생각을 하고 있었다. 예를 들면, 환자들이 요양원에 머무르는 시간을 단축시키려면 신약이 필요했다. 또한 당시 활용되던 새로운 흉곽수술 기법을 촉진하기 위해 최신 수술 장비 도입을 바라고 있었다. 환자와 의사 모두를 위해 그 장비가 너무도 절실했지만, 물질적 필요를 영적 필요보다 앞세우는 것은 마치 말 앞에 마차를 놓는 것처럼 본말을 전도하는 일이라고 생각했다. 물질보다 영적 필요를 앞세우는 점에서 우리 셋은 한 마음이 되었다.

내가 인도에 부임한 지 얼마 안 되어 요양원에서 지도적인 위치를 갖자마자, 나는 인도인 직원들을 불러 모아 기도그룹을 조직했다. 예배당 문제를 제일 중요한 기도제목으로 정하고 어떻게 해서든지 마다르에 예배당을 건축하게 해달라고 기도했으며 필요한 재정도 채워지도록 기도했다. 내가 한국에 있었을 때의 비슷한 경험을 떠올려 볼 때 예배당이 먼저 생기고 물질적 필요도 곧 채워졌다는 사실에 주목했다. "하나님은 당신의 목적을 이루시기 위해 신비롭게 일하신다"(윌리엄 카우퍼)는 것과 "세상이 바라는 것보다 기도가 더 많은 것을 이룬다"(알프레드. 로드 테니슨)는 사실은 나의 경험을 통해 거듭 확인되었다.

우리가 받은 첫 응답은 사실 응답 같지도 않아 보였다. 그 응답은 우리 기도모임의 회원 중 한 명이 제안을 내놓는 형식으로 왔다. 그는 우리가 적당한 예배당을 건축할 수 있을 때까지 시체 안치실에서 기도모임을 가질 수도 있지 않겠느냐고 했다. 얼른 생각하기에, 시체안치실은 유개통로보다도 적절치 못한 장소인 듯 보였다. 그러나 인도에서는 기후 조건 때문에 즉시 매장해야 하는 형편이라 시체안치실이 거의 사용되지 않는다는 사실을 다른 회원이 지적하면서 그 아이디어도 괜찮은 것 같다고 했다.

우리들은 즉시 안치실이 있는 건물에 가 봤더니 빛이 들어올 창문을 몇 개만 내면 생각했던 것보다 훨씬 좋은 예배실이 될 것 같았다. 비록 작은 공간이기는 했지만, 우리들의 필요를 충족시킬 수 있을 것 같았다. 몇 사람이 예배당으로 시체안치실을 사용하는 데 대해 못마땅하게 생각했다. 나는 이 건물을 사용하면 환자나 직원을 수용할 공간을 빼앗지 않는다는 점과 자선사업 비용을 축내지 않아도 된다는 사실을 충분히 설명했다. 뿐만 아니라 요양원이 성장해서 더 큰 예배실이 필요하게 될 때를 기다리며 그때까지 예배당 마련에 대한 열의를 고취시킬 수 있다고 덧붙였다. 나는 하나님의 도우심과 우리들의 믿음으로 이 문제가 하나님이 원하시는 때에 반드시 이루어 질 것이라고 생각했다. 그래서 안치실에 있던 물건들을 근처에 있는 창고 건물로 옮기고, 매서운 겨울바람이나 장마철 폭우로 방해받지 않는 곳에서 예배를 드리기 시작했다. 맨 처음 비판적이었던 사람들까지도 만족스러워했고 나머지 사람들과 기쁨으로 예배를 드리게 되었다.

내가 한국에 있을 때 우리 형편을 잘 이해하며 나를 도왔던 J. F. 슈메이커 부인에게 편지를 썼다. 마다르에도 적당한 예배당이 필요하다는 점에 관해 조심스럽게, 그리고 기도하는 마음으로 썼다. 그런데 보통은 답장을 빨리하던 그녀에게서 이번에는 편지를 받았다는 답신이 오지 않았다. 나는 희망을 버리지 않았고 언젠가 우리의 기도제목이 응답을 받을 것이라는 확신이 있었다.

슈메이커 부인이 일찍 세상을 떠났다는 기별이 왔다. 그녀의 소천 날짜를 미루어 볼 때 내가 쓴 편지는 간신히 받아보았을 것이라고 추정했다. 얼마의 세월이 흐른 후 우리들이 휴가차 선교단 본부를 방문했을 때, 우리는 그녀가 마다르를 위한 기부금으로 1만 달러를 남겼다는 사실을 알게 됐다. 이 유증이 최종적으로 확정되면 마다르 부속 예배당 건축기금 모금액이 2만5천 달러(현재가치 약 38만 달러)에 이르게 될 것이었다. 병고로 고통을 받고 있던 중에도 그녀는 마다르의 필요를 생각하고 예배당 건축을 가능하게 해 준 것이었다. 슈메이커는 진실로 성인이었으며 많은 선행을 베풀었다. 그녀의 많은 선행 중에서도 이번의 선행만큼 영혼 구원에 있어 중요한 역할을 한 선행은 없다고 생각했다.

우리들의 문제가 다 해결된 것은 아니었기 때문에 기도모임을 해체할 때는 아니었다. 기도가 더욱 필요했다. 뉴욕의 선교본부에서 설계도를 완성하고 승인을 받았으나 이 "하나님의 집"을 건축하는 중요하고 성스러운 과업을 담당할 시공자는 선발하기 쉽지 않았다. 그럴듯한 후보들도 자세히 조사해 보면 이런저런 이유로 적격이 아니었다.

우리 기도모임은 즉시 행동에 들어갔고 그 결과 내 비서의 조카 조세프 대니얼이 입찰했다. 그는 32,000루피(당시 8,700달러, 현재가치 약 13만 달러)에 예배당을 건축하겠다는 제안서를 제출했다. 처음에 그는 가장 부적격으로 보였다. 당시 그는 철도경비원이었는데, 이런 그가 예배당 건축에 대해 무엇을 알고 있었겠는가?

그러나 다른 입찰가는 모두 높은 가격이었는데 84,000루피(당시 22,900달러)짜리도 있었다. 그리고 예배당 건축에 열의를 보이는 응찰자도 거의 없는 것 같았다. 대니얼은 건축엔지니어 훈련을 받은 경력이 있었고 다른 응찰자들을 포함해 더 자세히 분석해 보니 대니얼이 가장 자격을 갖췄다는 사실이 밝혀졌다. 어떤 까닭인지 나는 이 평안하고 조용하지만, 열정적인 그리스도인 철도경비원에게 밤낮으로 끌렸다. 성스러운 과업을 맡기기에 이 사람이야말로 더할 나위 없이 적절하다는 믿음이 점점 커졌다. 그래서 이런 사람과 법적 문서를 만든다는 자체가 죄스러운 일이라는 생각이 들 정도가 되었다. 나는 하나님이 우리에게 "진짜 우리사람"을 보내주셨다고 믿었다. 그에 대한 믿음이 하도 커서 지체하지 않고 귀중한 돈 10,000루피(당시 2,700달러)를 주면서 공사를 시작하라고 했다.

그 동안 일이 놀랍게 진행된 것도 모두 하나님의 인도라고 확신했다. 나의 비서 H. C. 대니얼은 그의 조카와 친밀하게 지내고 있었는데 두 사람은 같은 성품을 가지고 있었다. 두 사람은 모두 사적인 이윤추구를 포기하고 사랑으로 헌신하고 연장근무를 하면서 이 "하나님의 집"을 건축하는 데에 열정적이었다.

요양원 운영위원회는 조드푸르석石으로 알려진 아름답고 견고한 붉은 돌로 교회를 짓기로 결의했다. 이 돌은 240킬로미터 떨어진 원산지 조드푸르에서 채석해온 돌이었다. 우리는 시공자를 선정하기 전에 이 돌을 쓰기로 결정했었다. 그때는 이런 돌을 원거리 철도 운반하는 것이 얼마나 어려운 일인지 아는 사람이 없었다. 하지만 당시에는 소량의 돌도 운반하기가 매우 어려웠고 시간도 많이 걸렸다. 그런데 이번 건은 화물차 50대분이었다! 게다가 전시 사용 목적으로 군대가 대부분의 화물차를 징발해간 직후였고, 정권의 변동까지 맞물려서 화물차를 구하는 일이 지극히 어려운 때였다. 이런 형편에서 '우리 사람'이 철도경비원이었다는 사실은 천우신조가 되었다. 그는 높은 자리에 있는 사람들도 성취하기 어려운 일을 해낼 수 있는 유리한 처지에 있었다.

우연하게도 대니얼의 본가가 그 석재를 채석하는 조드푸르에 있었다. 그래서 그는 석재와 숙련된 석공들을 일반적인 가격의 4분의 1로 구할 수 있었다. 게다가 그가 어찌나 사람들을 잘 다루든지 크리스마스 때까지 완공을 목표로 사람들은 자진하여 24시간을 교대로 공사했다. 석공들 중 많은 사람들이 장인이거나 조각가여서 자신들이 하는 일에 큰 자긍심을 갖고 있었다. 그들이 완성한 석조는 아름답고 섬세해서 보는 사람마다 경탄을 금치 못했다.

석재 지붕 공사에 필요한 무거운 철재 대들보를 구할 길이 막혀 건축 공사가 중단될 위기에 빠졌을 때, 이것도 기도제목이 되었다. 원래는 예배당에 대형 돔을 지붕으로 얹도록 설계되었고 이 계획은 미국 선교본부의 승인을 얻은 상태였다. 나는 매우 합당한 사유로 원래의 설계를 급히 변경했다. 그러나 선교본부에는 그 사유를 제때에 설명할 수 없는 처지에 빠졌다. 우편배달이 혼란을 빚는 바람에 내가 이에 대해 설명한 편지가 뉴욕본부로 발송 지연됐기 때문이었

성누가교회 건설인부들과 함께

다. 돔을 얹으면 무슬림 건축물과 너무 비슷하게 되고, 1947년의 인도 분단 이후 무슬림과 힌두교도 간에 벌어지고 있는 폭동과 유혈사태를 고려할 때 당시 인도 인구의 대부분을 구성하고 있던 힌두교도들의 감정을 악화시킬 우려가 있었다. 흰개미가 금방 먹어치울 수 있는 목재 서까래의 사용은 자동적으로 제외되었다. 개미가 먹어치울 수 없는 철강 대들보를 사용하는 데 있어 문제점은 이런 재질의 대들보가 희소 제품이었다는 사실과 설사 구할 수 있더라도 우리가 엄두도 낼 수 없는 고가라는 점이었다. 철강제품 대다수는 군수용으로 몰수되었으며 생산량도 전전 수준에 미치지 못하고 있는 형편이었다.

우리 하청업자 대니얼이 다시 한 번 우리기도에 대한 응답이 되었다. 대니얼의 힌두인 친구들이 예배당 지붕 설계변경으로 발생한 난처한 상황을 대니얼을 통해 알게 된 것이다. 필시 우리들이 그들의 종교 감정에 대해 세심하게 신경써준 사실에 감동을 받아서였는지 놀랍고도 전례 없는 제안을 해왔다. 전쟁 중에 군용으로 쓰이던 철을 압수한 적이 있었는데, 먼 시골에 숨겨 놓았던 철강 대들보가 이들은 얼마 있었다. 나중에 자기들이 사용하려고 숨겨 놓았던 것들이지만 우리 예배당을 건축하는 데 내놓겠다는 제의를 해온 것이었다.

다시 한 번 하나님께서 신비한 방법으로 우리 기도에 응답하여 주신 것이었다. 충분한 설명도 없이 원래의 돔형 지붕설계를 평면 지붕으로 변경했다고 나를 견책했던 선교본부도 결국 나를 용서했다. 선교본부 사무총장이 후일 선교현장을 방문하여 상황을 직접 살펴보고 나서는 내가 취한 조치를 칭찬하기까지 했다. 우리가 사전에 예상치도 않았던 평면 지붕의 이점이 하나 있었는데 그것은 저녁에 선선할 때 지붕 위에서 특별 예배를 드릴 수도 있었다는 것이다.

슈메이커의 유증으로 예배당 건물의 건축비를 충당할 수 있었으나, 예배당을 완비하려면 아직도 꼭 갖추어야 할 것들이 많았다. 예를 들어 교회의자, 강대상, 강대상 의자, 제단 난간, 세례조槽 등등. 많은 생각과 기도, 그리고 인도 내외의 요양원 후원자들의 참여가 필요한 부분이었다. 이에 대한 기도도 놀라운 방법으로 계속적인 응답을 받았다.

흰개미에 대한 내구력을 가진 의자는 버마에서 수입하는 단단한 티크나무로 만드는데 그 가격이 매우 높았다. 인도인 후원자들이 부족한 구입비를 충당해주었을 뿐만 아니라 캐비닛 기술자들이 주문에 맞추어 의자를 만들어 주었다.

강대상, 세례조 그리고 제단의 난간 제작용 대리석은 타지마할에 사용된 아름다운 대리석을 가져온 바로 그 채석장에서 캐왔다. 그 채석장은 우리가 사는 라자스탄 주 내에 위치하고 있었다. 숙련된 장인들은 볼품없는 돌덩어리를 절묘한 조각품으로 변모시켰는데 보는 사람마다 "바훗 쿱 수랏 해!"(아, 참 아름답구나!)를 연발하며 찬탄을 금치 못했다.

세례조의 대리석 받침대는 백색의 순대리석은 아니었고 회색 줄무늬들이 나있었다. 어떤 이는 이것을 두고 온전하지 못하니 바꿔야 한다고 생각했다. 반면 그 줄무늬들이 오히려 받침대를 돋보이게 하고 재미를 더한다고 생각하는 이들도 있었다. 결국 줄무늬들을 그대로 유지하기로 했는데 이 또한 주님의 섭리에 의한 선택으로 믿었다. 예배당 오른쪽 뒤에 앉은 사람들이 매우 흥미로운 현상을 체험했다. 적당한 광선을 받으면 줄무늬들이 자연적이 윤곽을 그리면서 마리아의 품에 안긴 아기 예수의 이미지가 나타나는 것이었다. 그것을 보고 있노라면 마태복음의 말씀이 생각났다. "예수께서 이르시되 너희가 성경에 건축자들의 버린 돌이 모퉁이의 머릿돌이 되었나니 이것은 주로 말미암아 된 것이요 우리 눈에 기이하도다 함을 읽어 본 일이 없느냐"(마 21:42). 많은 어머니들은 자녀가 이 연못의 물로 세례를 받으면 특별한 축복을 받는다고 믿었다.

예배당의 준공예배는 마다르 연합 요양원 운영위원회의 연차 회기에 맞춰 1950년 2월 2일에 드렸다. 공사를 맡은 사람들은 1949년 성탄절까지 예정되어 있던 공사마감 목표일을 정확하게 지켰다. 이 예배당이 치유센터 구내에 위치한 사실에 걸맞게 그 이름도 '성聖누가 채플' St. Luke's Chapel로 명명되었다. 성누가 채플은 병고와 고난의 한 가운데를 하나님의 사랑으로 비추는 것처럼 보였다.

마다르 회장 피켓 감독이 특별 귀빈을 준공예배에 초청했는데 그 귀빈은 미국 중남부 관할 구역의 아칸소-루이지애나 지역 감독 폴 마틴이었다. 피켓감독은 그에게 준공식 메시지를 부탁했다. 마틴 감독은 선교의 열정이 넘치는 사람이었는데 감리교의 선교사역을 보러 인도에 오는 차에 마다르의 특별행사에도 참석할 수 있게 되었다는 것이 우리들에게 큰 기쁨이 되었다.

1950년 2월 2일 오후 4시. 운영위원회 위원들, 직원, 그리고 내빈들이 피켓감독의 안내로 성전으로 들어와 다같이 "측량할 수 없는 주님의 성전"*Thou Whose Unmeasured Temple Stands*을 개회찬송으로 드렸다. 그 다음 피켓감독의 기원과 헌당 특별기도가 있었다. 이어서 차투르 베디 목사의 성경봉독, 운영위원 존 램 목사의 기도가 있었고, 마틴 감독의 설교 직전에 마다르교회 성가대의 찬양이 드려졌다. 설교가 끝난 후 헌금송으로 마트론 미스 커스완트 싱과 간호사 미스 수실라가 마다르 교회 성가대의 합창에 맞춰 듀엣을 불렀다.

이 날 준공예배에서 지구地區감독과 마다르 직원 대표가 하나님의 영광과 사람에 대한 봉사를 위해 건물을 드리는 순서가 있었다. 성누가 교회를 시작으로, 스팍스 기념 병동, 파이퍼 기념 병동, 더샤이머 기념 숙소, 거트루드 리처드 기념 숙소, 그리고 마지막으로 세 동의 직원 숙소 건물이 봉헌되었다.

이와 같은 감리교 의식에 따라 성도들이 긴 봉헌 서약 항목을 다 함께 읽었다.

우리들은 이 교회를 봉헌합니다
기도와 찬양으로 하나님을 예배하기 위하여
영원한 복음을 가르치기 위하여
거룩한 성례전의 거행을 위하여
애통하는 자들을 위로하기 위하여
길을 찾는 이들에게 빛을 비추기 위하여

우리들은 이 교회를 봉헌합니다
가정생활을 거룩하게 하기 위하여
젊은이들을 가르치고 인도하기 위하여
성도들을 온전케 하기 위하여
죄인들을 구원하기 위하여
의를 증진하기 위하여
하나님나라를 확장하기 위하여

우리들은 이 교회를 봉헌합니다
믿음으로 하나 되어
그리스도인 형제애의 유대 안에서
모든 사람들에 대한 자선과 선의의 뜻 안에서
이 교회를 사랑하고 섬기는 모든 이의 노고를 감사하며
그들의 과업을 완수한 이들을 사랑으로 기억하며
우리 주 예수 그리스도를 통한 영원한 삶의 축복을 소망하며

이제, 감독과 성도들이 다같이

우리들 이 교회의 회원과 성도들이

지금 구름같이 허다한 증인들에 둘러싸여

우리의 믿음의 유산에 감사하며

믿음 안에서 우리들의 선조들이 행한 희생을 기억하며

우리들의 참여가 없이는 그들의 과업이 온전해 질 수 없다는 사실을
 고백하며

전능하신 하나님을 예배하며 섬기기로 새롭게 다짐하며

우리들 자신을 예수 그리스도의 이름으로 헌신합니다. 아멘.

이 예배는 감독의 기도와 찬송 "때 저물어 날 이미 어두우니"*Abide with me*를 드린 후 축도로 끝났다. 예배가 끝난 후 성도들은 모두가 우리들의 기도에 대한 응답인 교회당과 다른 준공 건물들(병동, 숙소, 직원 숙소)을 둘러보았다.

이 날의 마다르 예배당에 대한 안내 가운데 우리의 눈을 가장 끌었던 곳은 또 하나의 기도 응답으로 여겨지는 종이었다. 이 종은 여러 재미있는 여건 속에서 종탑에 걸리게 된 역사가 있었다. 얼마동안 우리들은 그 종탑에 환자들의 기운을 북돋는 좋은 소리를 내는 종이 걸리기를 기도하고 있었다. 마침 아지메르 성공회(감독교회)가 무엇인가 특별한 일을 마다르에게 해주고 싶어 했다. 교인 몇 명이 마다르에 입원 중이었고 마다르 요양원 사역에 대해 매우 감사하는 마음이 있었던 것이다.

빅토리아 여왕이 성공회에 굉장히 아름다운 소리를 내는 종을 하

사했었는데 성공회 교회는 이미 다른 종을 설치한 후였기 때문에 여왕이 하사한 종은 창고에서 먼지만 뒤집어쓰고 있었다. 그런 와중에 마다르 요양원교회에 종이 필요하다는 소식을 듣고 이 종을 우리교회에 기증했다. 빅토리아 종이 예배와 기도모임으로의 초청을 알리는 아름다운 소리를 발할 때면, 걷는 것이 가능한 환자와 직원들은 가득 기대를 안고, 또한 그들의 간구가 최선의 방법으로 응답될 것을 확신하면서 성누가 교회에 발을 들여놓게 되었다.

성누가 교회

이 성스러운 기도의 집에서 응답 받은 기도에 대한 증거들이 뚜렷하게 나타났다. 좌절감을 안고 성전에 들어온 사람들은 교회 오르간 소리에 기가 살아나고 영이 회복되어 즐거움과 열광적인 기쁨으로 경배와 감사의 찬양을 드릴 수 있게 되었다.

새 예배당에 들어선 예배자들은 그 무엇에도 방해받지 않으면서 친구처럼 그들 옆에 서 계셔서 그들을 진정으로 보살피시는 분이 예수 그리스도이시라는 사실을 새롭게 깨닫게 되었다. 더 이상 자신들이 혼자가 아니라는 사실을 깨달은 그들은 난관을 극복하겠다는 결단과 더 큰 힘을 가지고 좌절과 문제들로 가득 찬 세상을 향해 나아갈 수 있게 되었다. 영감이 넘치는 기도하는 집, 성누가 채플을 봉헌하는 과정에서 기도를 통해 무엇을 이룰 수 있는지 생생히 보여준 그들이 아니었던가?

어느 날 아침의 기도회가 나의 뇌리에 특별한 경험으로 남아 있다. 나는 예배당 출입문 옆에 서서 모여 있는 직원과 환자들의 얼굴을 바라보고 있었다. 젊은이들은 경박하고 어리석은 보이는 모습으로 예배당 안으로 들어 왔고, 성인들은 전체적으로 심각한 표정을 하고 있었으며, 몇 사람은 실의와 번민으로 가득 찬 모습이었다. 내 옆을 지나가는 환자들이 특별히 근심스러운 모습이었는데 기침을 할 때마다 입과 콧구멍을 거즈로 가렸지만 얼굴에 나타나는 걱정스러운 표정을 애써 감추려하지도 않았다.

또 다른 사람들이 다른 사람들과 떨어져서 들어왔다. 힌두인들에게 버림받은 자로 취급받는 청소부들이었다. 그리스도인들이 그들을 형제자매로 받아들였다고 누차 설명했지만 이러한 충정에도 불구하고 오랜 인습과 관습으로부터 헤어 나오지 못하는 모습이었다. 기독교인들 중에 아직도 그들을 받아들이기 어려워하는 사람들이 있음을 인지하는 듯했다. 의사들 몇 사람이 위신을 세우려는 듯 사람들과 거리를 두는 듯했지만, 간호사들은 다른 사람들과 친절하고 자유롭게 환담을 나누고 있었다. 그들이 입고 있는 깔끔한 제복을 뽐내는 것처럼도 보였다.

요양원 원목 싱 목사가 당시 우리 감리교회 감독이었던 차투르베디 목사에게 이 특별 기도회의 집례를 맡아달라고 부탁했다. 그가 일어나서 아부*Abu* 산 선교 본부에서 온 아사 찬드 목사를 초대 연사로 모시게 됐다고 발표했다. 많은 사람들은 아사 찬드를 그곳에서 기독교 사역을 개척하고 성장시킨 목사로 알고 있었기 때문에 그가 청중을 사로잡는 유창한 복음전도자일 것이라고 기대했다. 그러나 그는 왜소한 체구를 가진 겸손한 사람이었다. 그가 처음 입을 열었을 때 우리들은 그의 목소리를 거의 들을 수도 없을 정도였다. 그의 연설은 부드럽고 차분했지만 사람들의 기대처럼 불같은 연설을 토해내지는 않았다. 그는 그리스도인의 하나님은 사랑과 자비의 하나님이심을 거듭 강조했다. 예수 그리스도께서 십자가에서 고통 받으실 때 "아버지 저들을 사하여 주옵소서. 자기들이 하는 것을 알지 못함이니이다"(눅 23:34)라고 기도하신 것을 인용하면서 "당신을 향한 예수님의 사랑을 이보다 더 잘 보여주는 것이 있겠습니까?"라고 물었다. 그는 계속해서 예수님의 영광스러운 부활과 그것이 인류에게 주는 중요한 의미를 설명했다.

다음으로는 그리스도인 간호사들에게 앞으로 나와 교회의 새 오르간 옆에 서서 좋아하는 찬송가를 몇 곡 불러달라고 청했다. 그리스도인들이 찬송을 부를 때의 열정을 모르는 사람들을 위한 부탁이었다. 그는 또 어린이들을 불러내어, 세계적으로 많이 부르는 찬송가를 간호사들이 주일학교 아이들에게 가르쳐보라고 했다. "예수사랑하심은, 거룩하신 말일세…."

아이들은 준비하고 있었다는 듯이 앞으로 나왔다. 처음에는 주저하며 더듬거리더니 일단 가사와 곡조가 익숙해지자 매우 신나게 노래를 불렀다. 부모들의 입가에 대견스럽다는 듯 미소가 떠올랐고 성도들 모두에게 기쁨이 되었다.

방학 성경학교

설교를 마치기 전에 찬드 목사는, 그렇게 널리 알려지지 않았지만 그가 좋아하는 소피아 피곳이 지은 19세기 찬송가의 가사 몇 절을 낭송했는데 청중들은 그 노래를 배우고 싶어 했다. 청중들이 암송할 수 있게 될 때까지 그를 따라 가사를 반복해서 읽었다.

주님, 나는 편히 쉽니다. 쉽니다.
주님의 임재의 기쁨 속에서
당신의 위대함을 깨닫습니다.
사랑으로 가득 찬 당신의 마음을.
주님이 주님을 바라보라고 하셨고,
주님의 아름다움은 나의 영을 채웁니다.
당신의 변화시키는 능력으로,
당신은 나를 온전케 하셨습니다.
오, 당신의 자비하심이 얼마나 크신지요.
바다보다 크고 넓습니다!
나에게 풍성하게 부어주시는
주님의 선하심이 얼마나 놀라운지요.
그렇습니다.
나는 사랑하는 당신 안에서 쉼을 얻습니다.
당신의 은혜의 풍성함을 압니다.
약속을 지키실 것도 압니다.
그리고 그것을 내게 주셨습니다.

나는 회중 속에 있는 환자들이 이 찬송에 큰 감동을 받고 있는 모습을 보았다. 여성들이 예배당 한쪽을, 남성들이 다른 한쪽을 차지하고 앉아 있었다. 청소부들은 먼 쪽 모퉁이에 옹기종기 모여서 앉아 있었다. 그 다음, 회중들이 산만할 틈을 주지 않고 찬드 목사는 매우 독특한 일을 해냈다. 찬드가 말했다. "제가 보기에 여러분들은 모두 여기저기 무리지어 앉아계시는군요. 의사분들, 간호사들, 도우미들이 각각 따로 떨어져 있습니다." 찬드 목사가 선언했다. "인도 문화에 따라 남자들은 복도 한쪽에 여자들과 어린이들은 복도 다른 한쪽에 그대로 계셔도 좋지만, 다른 그룹들은 헤쳐서 자유스럽게 어울리시기 바랍니다. 모든 사람은 다른 그룹에 들어가셔야 합니다. 기독교에서 우리는 모두 주님 안에서 형제자매들이기 때문입니다. 힌두문화에서 우리는 서양과 같은 악수를 하지 않습니다. 그렇지만, 우리들도 매우 의미가 깊은 인사법을 가지고 있습니다. 두 손을 앞으로 모으고 힌두사람에게는 '나마스테' 무슬림 사람들에게는 '살람'이라고 인사를 합니다. 그래서 권면합니다만, 이 기독교 예배당인 성누가 채플을 나가실 때 얼굴에 미소를 머금고, 기도드릴 때와 같이 두 손을 앞으로 모으고 적당한 작별 인사를 나누시기 바랍니다. 여러분은 모두 우리를 구원하시기 위해 죽으셨다가 3일 만에 부활하셔서 하늘의 영광으로 들어가신 예수 그리스도의 형제자매인 것입니다."

그것은 우리 모두 중에 사랑과 협력의 새로운 정신을 세운 연합과 격려의 예배였다. 그 후 몇 개월, 몇 년에 걸쳐 예배당에 필요한 아주 세세한 것들을 포함한 집기들이 기도에 대한 응답으로 공급되었다. 심지어 헌금 접시까지도 소홀하게 여겨지는 일이 없었다. 독실한 신도의 손을 빌려 아름다운 상징 무늬를 조각해 넣었다. 대형 교회용 오르간(파이프 오르간이 아님)이 기증되어 마다르를 향해 운송 중이라는 발표가 났을 때 엘리자베스 칼라일의 얼굴이 환하게 빛을 발했다. 기도응답의 열매를 직접 목도해가면서 생긴 열심은 직원과 환자 모두에게 감염되었다. 그리스도인들은 예배당 탑 위에 조명이 달린 대형 십자가를 설치할 비용을 마련하기 위해 기도하기 시작했다.

그들은 이 소망의 상징물이 기차를 타고 마다르를 지나거나, 치유받기 위해 요양원에 오는 모든 사람들에게 영감을 주고 그리스도의 영육간의 구원(치유)의 역사를 선포하게 될 것이라고 믿었다. 남인도 콜라Kolar에서 간호선교사로 사역을 하며 닥터 에스더 슈메이커 의료선교단 간호학교에서 교편을 잡고 있던 미스 손비는 일찍이 크리스마스 씰 운동 태동기에 보인 열성과 지원으로 마다르에서 특별한 사랑을 받고 있었다. 그녀는 이번에도 마다르 사역에 자기 부모를 동참시켰다. 마침내 그녀의 부모가 손비의 이름으로 조명 십자가를 성누가 채플에 기증했다. 1951년 조명 십자가가 예배당 건물 꼭대기에 세워졌다.

병상을 떠날 능력이 없는 환자와 감염성이 높아 공공 예배에 참석하지 못하는 환자들에게 교회예배 실황을 전달할 수 있는 방송 시설을 허락해 달라고 우리들은 하나님께 간구했다. 닥터 브라운이 이 기도제목을 효과적으로 그의 성도들에게 전달했음에 틀림없었다. 오하이오 클리블랜드 소재 구세주 교회가 기도 응답의 통로가 되었기 때문이었다. 그 교회 성도들은 우리들의 필요에 대해 듣게 되었고 우리 부부가 1955-56년도 휴가 중에 이 실내 방송시설을 마련해 준 것이다. 우리 부부는 이 시설을 성누가 채플에 가져왔는데 작동이 아주 잘 되어서 요양원 병동에 있는 환자들에게 기쁨과 위로를 주게 되었다.

원목과 그 가족이 사용할 적적한 크기의 목사관과 작은 응접실과 서재도 마련되었다. 여러 여성선교단체가 그 필요성을 인식하고 재정지원을 해 준 덕분이었다. 감리교 해외선교부 아시아 담당 제임스 매튜 목사가 1957년의 기공식을 주재해 준 데 대해 특별한 기쁨을 느꼈다.

마요 아지메르 대학이 노련한 조경사를 보내주어 예배당 정원을 꾸밀 수 있었다. 나중에 심장마비로 타계한 인도인 흉곽 전문의 닥터 N. A. 새트랄커를 기념하여 아름다운 분수대가 설치된 후로 예배당 정원은 더욱 아름다워졌다. 닥터 새트랄커는 많은 환자들을 치료했을 뿐만 아니라 그리스도의 위로를 전해준 의사였다. 황량한 사막 가운데 위치한 예배당 밖 정원에 설치된 이 작고 아름다운 오아시스는 예배당 안에서 주는 생명수를 상징하는 듯했다. 마다르의 성누가 채플은 목마름을 해갈하는 예수 그리스도의 복음을 전했기 때문이었다.

제15장. 인디언 러브콜

하나님은 우리에게 진실로 감격적인 사명을 주셨다. 선교사의 삶을 직접 경험해보지 못한 사람들은 그 내적인 만족감과 평강을 가늠하기 어려울 것이다. 나는 그리스도의 대사로 살아가는 것보다 더 보람 있는 일은 없다고 확신한다. 암흑과 같은 좌절로부터 희망과 빛의 삶으로 사람들을 변화시키는 사역, 즉 어둡고 침울한 얼굴이 복음의 능력으로 밝고 행복한 얼굴, 사랑과 즐거운 웃음이 충만한 얼굴로 변하도록 도울 때, 세상이 알지 못하고 무엇에도 비교할 수 없는 내적 기쁨을 하나님의 은혜로 누릴 수 있다. 거기다가 의료선교사가 되어 하나님이 일으키시는 치유의 기적에 참여하도록 부르심 받은 것은 이 얼마나 큰 특권인지! 상한 육체를 온전케 하고, 사랑하는 사람들을 회복시켜 유용한 모습으로 다시 가족에게 돌려보내는 이 일이란!

한 가지 예로 소렌이라는 사람이 있었다. 그가 마다르 요양원에 왔을 때 상태는 절망적이었다. 우측 폐에 커다란 천공이 나있었고 출혈이 심각했으며 극도로 쇠약한 상태여서 머리를 들기도 힘들었다. 설상가상으로 내부에서는 희망의 불씨가 꺼졌고 투병의 의지가 사라져 의사와 간호사를 곤혹스럽게 하던 환자였다. 그의 병세를 깊이 이해하고 있던 우리들은 특별한 배려와 함께 그의 반사회적 행태를 많이 참작해주었다.

우리는 선교사역 후원자들의 기부금으로 마련한 스텝토마이신과 피에이에스PAS[32]를 사용함으로써 소렌의 건강을 수술 받을 만한 수준까지 서서히 증진시키는 데 성공할 수 있었다. 흉곽성형 수술(늑골 제거 수술)을 견뎌낼 건강에는 아직 미치지 못했기 때문에 우리는 대신 "루사이트 골막외 파라핀 충전술"Lucite Plombage이라는 새로운 수술 기법을 사용하기로 했다. 플라스틱 공(겉으로 보기에 탁구공 같이 보임)을 삽입함으로써 폐 속 큰 천공을 기계적으로 압축시켜서 폐쇄시키는 데 성공했다. 여기부터 회복까지의 과정이 매우 신속했다. 아마 환자의 기질도 건강과 함께 나아지지 않았을까 기대할지 모르지만, 병들기 전 그를 아는 사람들 말에 의하면 건강했을 때도 비판적이고 불평이 많은 태도를 보였다고 했다.

소렌이 예수 그리스도를 만나고 영접한 것은 그가 회복기에 있을 때였다. 성공적인 수술보다 더 큰 기적이 우리 눈앞에서 일어났다. 그는 전적으로 새로운 사람이 되었으며 인생관도 완전하게 달라졌기 때문에 전부터 그를 알고 지내던 사람들도 같은 사람이라는 사실을 믿으려 하지 않을 정도였다. 그의 유일한 희망은 그리스도를 섬기는 사람이 되는 것이었으며 그와 접촉하는 모든 사람들에게 영감과 기쁨의 근원이 되었다.

그렇다. 이들 치유의 기적들, 그리고 많은 환자들 마음속에서 일어난 변화로 인해 영광스럽게도 우리에게 허락하신 선교사역에 대해 하나님께 감사를 드릴 마음이 생기게 되었고, 또 우리를 당신의 대사로 삼아주신 하나님을 찬양하게 되었다. 어느 직업이 이보다 더 영광스럽고 보람이 있단 말인가? 따라서 하나님의 부르심을 받는 자들, 특히 인도로 부르심을 받는 사람들은 "인디언 러브콜"에 설레는 가슴으로 응답하게 될 것이다.

중부 인도 여행을 마친 후 나는 크리스마스 씰을 발송했다. 나중에는 마다르 병원 입원환자들 중 어느 환자의 이야기를 담은 소책자에 "인디언 러브콜"이라는 제목을 붙여 발송하기도 했다. 앞장에서 얘기한 "코브라가 병을 낫게 하는가"란 책과 마찬가지로 이 소책자도 독자들 마음속을 파고들었다. 이런 맥락에서 이 소책자에 대해 얘기할 필요가 있을 것 같다. 사람 이름을 가명으로 쓴 것 외에는 모두 실제로 일어난 일이다.

소개의 말씀

서양에서 성공을 거둔 '폐절제 수술'은 지금 바로 여기 인도의 선교 기관 몇 곳에서도 똑같은 성공을 거두고 있다. 그것은 정말로 놀라운 생명 연장술이며 모든 종류의 수술 중에서 가장 비용이 많이 들면서도 … 가장 극적이고 흥분을 자아내는 수술 중 하나이다. 이 폐절제 수술을 받은 환자들은 사랑하는 가족 곁으로 돌아갈 수 있었을 뿐 아니라 일상생활도 할 수 있을 만큼 회복이 되었다. 폐의 병든 부분을 떼어내는 수술기법이기 때문에 병이 깊은 환자들까지도 선별적으로 이 수술을 받을 수 있었기 때문이다. 이 수술이 없었더라면 분명 죽었을 사람들이 줄줄이 죽음의 위기에서 구출되는 것을 보면서 훨씬 많은 사람들에게 이 혜택이 돌아가기를 바라게 된다.

대성공을 거둔 영국 왕 조지 6세의 수술이 널리 알려졌던 1951년 경, 인도의 작은 선교단체의 흉과 클리닉에서도 비슷한 수술이 행해졌다. 이 수술은 신문에 나거나 라디오 방송으로 알려지지도 못했다. 그러나 아시아의 광활한 아대륙에서 가난한 피난민 소녀를 상대로 행해진 이 수술은 비록 알려지지는 않았어도 그 중요성은 결코 왕의 수술에 못지않았다. 왜냐하면 그 수술은 희망 없는 곳에 희망을, 비관이 가득한 곳에 낙관을, 슬픔과 좌절만 있는 곳에 즐거움과 기쁨을, 두려운 죽음 대신 생동하는 건강을, 사망 대신 생명을 주었기 때문이었다.

인디언 러브콜

여기 두 사람의 열렬한 헌신으로 가득 찬 아름다운 인도의 사랑 이야기가 있다. 이것은 소설이 아니다. 수세기 전부터 수많은 사람을 삼켜 온 옛 질병에 대한 소설 형식의 접근이라고나 할까. 그것은 개략적인 묘사일 수밖에 없다. 자신의 삶 속에서 경험한 로맨스에 대해 생생한 기억을 자세하게 채워 넣을 수 있는 사람은 본인뿐임을 우리도 잘 알기 때문이다.

그 로맨스는 사범학교에서 시작되었다. 쏘니(Sohni, "아름다운")는 그 학교에 다니는 아름다운 여학생 중 한 명이었다. 그녀는 활달하고 매력이 넘치고 우아한 소녀였다. 그녀의 달콤한 미소만을 본다면 그녀와 가족이 최근에 겪어야 했던 비극과 가난과 고생을 전혀 알아차릴 수 없을 정도였다. 그들은 피난민이었고 그때까지도 부모는 귀한 딸을 공부시키느라 열심히 일을 하고 있었다. 하루에 한 끼만 먹는 경우가 다반사였다. 언젠가는 사랑하는 부모의 희생에 보답할 날이 오기만을 꿈꾸며, 남동생을 학교에 보내야겠다는 일념뿐이었다. 그녀는 공부에 열중하여 학급에서 으뜸이 되기 위해 애썼다.

남학생 중에 타란("구원, 사자의 심장을 가진") 싱이란 학생이 가장 두각을 나타냈다. 큰 키에 강건한 체구를 가진 잘생긴 남학생이었다. 그는 모든 면에서 신사다운 풍모를 갖고 있었고 학급 여학생들에게 세심한 배려를 베풀었다. 예를 들어 선생님이 앞에서 시범을 보이고 있을 때 생각없는 남학생들이 여학생들 앞을 가리고 서면 이를 제지하고 여학생들이 잘 볼 수 있도록 배려를 해주기도 했다. 쏘니는 여학생들에 대한 그의 배려를 매우 고맙게 생각하면서도 다른 여학생처럼 수줍은 미소를 지어보이는 대신, 오직 공부에만 열중했다. 아마도 타란이 그녀에게 끌린 건 쏘니의 이런 모습 때문이었을 것이다.

타란은 자기가 쏘니를 사랑하고 있다는 사실을 즉시 깨달았다. 그러나 그 사랑을 이루려면 먼저 공부에 열중해야 했다. 쏘니는 자기 부모가 완고한 사람들이어서 자녀 결혼은 부모가 결정한다는 생각을 갖고 있기 때문에 타란과의 이런 사랑을 부모가 어떻게 받아들일지 확신을 갖지 못하고 있었다. 타란은 망설임에 끝장을 내겠다고 결심하고 쏘니 아버지에게 면담을 요청했다. 쏘니 아버지는 생각했던 것보다 더 대하기가 어려운 사람이었다. 타란은 지금은 인도의 새 시대가 열리는 때이며, 따라서 이 새로운 시대에 젊은 연인들이 자기들 선택에 의해 결정할 수 있게 해주는 것이 옳고도 적절한 처사라는 점을 설득하려고 애썼다. 하지만 쏘니의 아버지는 타란을 마구잡이로 집 밖으로 몰아내면서 자기 딸에 대한 관심을 끊으라고 했다. 이 일은 쏘니와 타란에게 가슴을 찢는 아픔을 주었다. 그러나 진실한 사랑이란 그렇게 쉽게 끝나는 것이 아니다. 두 사람이 대학을 졸업할 때, 타란은 자기가 대학교에 진학해서 석사 과정을 마친 후 좋은 자리에 취직을 하면 다시 오겠다고 쏘니에게 기약을 했다. 쏘니도 그때까지 타란을 기다리겠다고 약속하면서 자기 부모가 신랑감을 구하지 못하도록 하겠다는 다짐을 타란에게 알려주었다. 한편, 쏘니는 불필요하게 자기 아버지가 반감을 갖게 하지 않도록 타란이 편지를 보내지 않는 편이 낫겠다고 생각했다. 결국 아버지를 설득하여 결혼 승낙을 받아 낼 수 있으리란 자신감이 있었다.

쏘니는 가족이 사는 빈민촌 부근에 위치한 미션스쿨에 교사로 채용되었다. 그녀는 자기 일을 좋아했고 학생들을 사랑했으며 매우 친절한 성품을 가진 교장 선교사와도 좋은 관계를 유지하고 있었다. 돈도 벌고 부모와 남동생을 재정적으로 도우면서 쏘니가 얼마나 행복해 했을까! 아버지가 사업을 추진하고 있었기 때문에 쏘니 가족은 하루에 한 끼만을 먹으며 돈을 절약했다. 쏘니도 돈을 벌어야겠다는 생각으로 일에만 열중했다.

그러던 그녀가 점점 마르기 시작하더니 끝내는 오후만 되면 열이 오르고 두통이 생기게 되었다. 쏘니는 여기에 굴하지 않고 근무를 계속하는 중이었는데 어느 날 교장은 쏘니를 불러서 많이 편찮아 보이니까 빨리 신체검사를 받아보라는 권유를 했다. 그 결과, 의료선교사는 교장에게 쏘니가 많이 진행된 결핵을 앓고 있으니 요양원에 보내서 치료를 받도록 하는 것이 좋겠다고 권면했다.

자기의 모든 꿈이 사라져버리는 순간을 맞게 된 쏘니에게는 무서운 충격이었다. 이 얼마나 기가 막히는 슬픔인가! 그녀는 집으로 가서 모든 것을 털어놨다. 가족들은 현실을 받아들이려 하지 않았다. 그리고 하킴(인도의 전통의사)의 왕진을 받았다. 의사는 말라리아로 진단을 내리면서 병이 곧 나을 것이라 했다. 그러나 그의 처방은 효험을 나타내지 못했다. 그래서 서방 의술 분야에서 훈련을 받은 의사를 불렀다. 그 의사는 의료선교사의 진단을 지지했으나 요양원 치료의 혜택을 받는다 하더라도 원래 병세가 악화된 상태이기 때문에 희망이 거의 없다고 했다.

가족은 절망의 늪으로 빠져들었다. 절대적 무력감과 비참함이라는 냉엄한 현실밖에 남지 않은 자신의 미래를 보며 쏘니는 철저한 황량함 속에 갇혀버렸다. 죽기 전에 한 번만이라도 타란을 만나 볼 수 있기를 바랄 뿐이었다. 쏘니의 아버지는 딸의 죽음을 당면하고도 여전히 고집을 꺾지 않았다. 그러나 어머니는 동정적이고 넓은 이해심이 있었다.

문 밖에서 발자국 소리가 들리더니 누가 문을 두드렸다. 손님이 왔다는 신호인 점잖은 헛기침 소리가 나서 아버지는 누가 왔나 보러 문 밖으로 나갔다. 타란이 서 있는 걸 본 아버지가 머리를 슬프게 흔들며 말했다.

"너무 늦었네 그려." 그의 딸을 다른 남자와 정혼시켰다는 뜻으로 받아들인 타란은 자기를 기다리겠다는 쏘니의 약속을 생각하면 그의 말은 도저히 믿을 수 없는 말이었다.

"그 행운의 사나이가 누굽니까?" 쏘니의 아버지는 처음에는 타란의 말을 알아듣지 못했으나 곧 무슨 말인지 이해했다.

"아니. 다른 남자에게 내 딸을 주었다는 말이 아닐세. 인도의 대적인 결핵이 내 딸을 마수로 움켜쥐고 말았네." 타란이 그를 옆으로 밀어 제치고 쏘니가 짤빠이(끈으로 만든 침대)에 누워 있는 작은 정원으로 달려 들어갔다. 지난날의 쏘니의 모습은 찾아 볼 수 없었다. 너무 허약해지고 수척해져 있었다. 그녀가 들릴 듯 말 듯한 소리를 냈다. 그가 그녀 옆으로 달려갔다.

"쏘니, 어떻게 된 일이오? 왜 전화도 안했소?" 그의 물음에 직접 대답하는 대신 그녀는 이렇게 말했다. "이제 당신을 보게 되었으니 평안히 죽을 수 있어요." 타란이 말했다.

"당신은 죽지 않아요. 내가 그렇게 할 겁니다! 현대식 흉곽 클리닉으로 갑시다. 거기 가면 의사들이 당신 폐에서 병든 부분을 절제해 낼 것이고 당신은 건강을 회복할 거예요. 절대 포기하지 말고 믿음을 가져요!"

쏘니 아버지에게서 타란에 대한 모든 원망과 나쁜 감정이 떠났다. 타란의 제의도 받아들였다. 쏘니 어머니가 그들과 동행하고 아버지는 어린 아이들을 돌보면서 새로 시작한 일을 해나갔다. 타란은 맨 먼저 선교단체가 세운 요양원으로 쏘니를 데리고 가서 수술을 받을 수 있는 상태인지를 흉곽전문의에게 물었다. 타란의 예감이 맞았다. 그러나 기다리는 환자가 많아 그 흉곽외과 클리닉에 당장 입원을 시킬 수 없었다. 그런 큰 수술을 감당할 체력이 부족했던 쏘니는 체력부터 길러야 할 입장이었다.

정말로 근심에 찬 힘든 나날이었다. 그러나 예수님께 그녀의 마음을 의탁하고 나서부터 쏘니의 마음에는 새 희망과 믿음이 생겨났고, 모든 것이 잘 되어갈 것이라는 확신도 생겼다. 드디어 수술의 고통을 견딜 수 있다는 판정을 받았다. 바로 이때다 할 즈음 시간에 맞춰 신의 섭리인양 그녀의 순서가 돌아왔다. 선교사인 흉곽외과 의사가 그녀를 불러들였다. 그리고 꼼꼼하게 검사했다. 며칠을 더 지켜 본 뒤, 의사는 쏘니가 준비된 상태라는 판정을 내리고 폐절제 수술 일정을 이튿날로 잡았다.

이제 쏘니가 수술을 받고 있는 이 선교단체의 흉곽외과 수술실 안을 들여다보자. 먼저 가운과 마스크를 규정에 맞추어 착용해야 한다. 독자들은 서방에서 유행하는 파스텔그린색의 가운을 상상할 것이지만 그런 게 아니다. 서양 병원에서 사용하다가 폐기한 가운인데 "헌옷 통"에 들어갔다가 나온 것들로 한 때 백색이었으나 지금은 칙칙한 황갈색의 천 조각을 대고 수리한 것이다. 여기는 선교단체에서 운영하는 기관일 뿐이다. 무슨 현대적인 것들을 기대할 수 있겠는가.

순회간호사들이 당신을 수술실로 안내한다. 수술실 안은 상쾌할 정도로 시원하다. 아마도 에어컨이 가동 중일 것이라고 생각할 듯하다. 그러나 거기엔 축축하게 물을 먹인 짚으로 짠 돗자리를 통과해서 나오는 평범한 전기 선풍기가 있을 뿐이다. 당신이 요양원 경제의 실상을 더 둘러본다면, 모든 게 임시 대용물인데다가 한술 더 떠 다 "물려받은 헌 것들"이라는 생각이 들 정도다.

그러다 당신은 복잡한 밸브와 부속품이 달린 마취기기의 반짝반짝 빛나는 겉면에서 그 제조일자를 보게 된다. 거기엔 바로 올해 날짜가 찍혀 있다. 수술대는 최신형이고 당신이 여태껏 보지 못한 것이다. 그 수술대는 두 부분으로 구성되어 있다. 앞부분은 흉부 수술 시 환자의 두 어깨를 알맞은 위치에 고정시키기 위한 것이다. 수술대 옆에는 표면에 흰색 에나멜 도료가 칠해진 신형 전기소작기가 있다. 이 기기는 '경미한 출혈 부위'를 그때그때 막아주어 시술자가 출혈 부위(혈관)를 묶는 데 시간을 소비할 필요가 없게 하여 수술시간을 단축시킨다. 건너편에 수술부위를 건조하게 유지시키는 최신형 자동전기흡입기가 있다. 이 기계는 재래식 방법보다 더 효율적이고 낫다.

흡입기 하단, 수술대 위쪽에 병원 자체 혈액은행에서 구한 소생혈이 담긴 튜브용기가 있다(쇼크를 막고 환자의 혈액 손실분을 즉시 보충해준다). 이 모든 장비 위쪽에 수술용 투과·무영 램프가 있다. 이것은 수술 부위에 낮보다 밝은 빛을 비추게 한다. 수술도구대 위에 기묘하게 생긴 도구들이 진열되어 있다. 그 도구들은 보통의 수술실에선 보기 힘든 것들이다.

이처럼 이 선교 기관의 수술실에는 중요한 분야의 최고·최신의 장비만 있다. 낡은 장비란 찾아보기 힘들고 오직 신뢰감을 주고 효율성을 높이는 장비라면 어떤 것이라도 다 있다. 수술실 내에서 가장 중요한 사람인 환자는 아주 잘 덮여 있기 때문에 조그만 수술 부위를 제외하고는 거의 보이지 않는다.

무엇보다 인상적인 것은 훌륭한 수술팀이다. 폐절제 수술을 하는 데에는 두 명의 역할이 매우 중요하다. 즉 흉곽외과의사와 이에 버금가게 중요한 역할을 담당하는 마취의사이다. 마취의사는 환자를 마취하는 일 외에도 인공 폐를 노련하고 지속적으로 조작함으로써 환자의 호흡을 유지시킨다. 마취의사가 일순간이라도 인공 폐의 작동을 중지하면 환자의 호흡이 정지되고 건강한 폐가 중심선을 지나 이동하며 심장이 "종격동의 이전"(mediastinal flutter, 호흡운동 중 종격동에 비정상적인 운동이 일어나는 증상—편집자)이란 현상을 일으키고, 결국 환자가 의식을 잃게 된다. 이러면 아무리 노련한 흉곽외과 의사라도 손을 쓸 수 없게 된다. 이런 참사는 단 몇 초 사이에 발생한다.

수술실의 다른 분야 사정은 어떠한가? 물론 모든 사람이 다 중요한 역할을 담당한다. 두 명의 외과 조수, 수술 담당 간호사, 그리고 순회 간호사,

이 모든 사람들이 수술팀과 긴밀하게 연결되어 있다. 각 사람마다 자기 고유의 업무를 갖고 있는데 다음 과정에서 할 일을 본능적으로 숙지하고 있어서 완벽한 팀워크와 유기적 역할을 감당한다. 생명 구조팀이 중대한 일을 분담해서 긴장에 사로잡히거나 법석을 떠는 일이 없이 순조롭게 진행하는 모습은 아름답기까지 하다. 처음 볼 때는 모든 일들이 단순하고 쉬워 보이지만 조금 더 생각해 보면 이런 기술을 쌓기 위해서 수년간의 훈련과 준비가 선행되었다는 사실을 깨닫게 된다.

담당 흉곽외과의는 작은 단 위에 서서 모든 수술과정을 지휘하고 통제한다. 그가 날렵한 손가락으로 여러 가지 기구를 조작하면서 보내는 고개의 미세한 움직임 혹은 몸짓에 따라 수술팀원들이 반응을 한다. 이 모습은 흡사 유명한 오케스트라의 지휘자가 보이는 표현과 동작에 집중하며 민감하게 반응하는 연주자들을 연상하게 한다. 외과의사 뒤에서 제1조수가 외과의사의 지시에 따라 전기 수술기재를 작동하면서 세細혈관을 밀폐하거나 대구경 혈관의 경우 신속하게 혈관을 묶는다. 제2조수는 외과의가 집도하는 부위가 잘 보이도록 시계를 확보하는 일을 담당한다. 견인기(牽引器, 상처를 벌리는 기구)의 각도를 적절하게 조정하면서 광선을 최대한으로 모아 더 넓은 수술부위를 볼 수 있게 하여 집도의가 최적의 조건에서 집도를 할 수 있도록 해준다(이 일은 쉽게 보이지만 실제로는 가장 피곤한 일 중 하나다).

수술 담당 간호사가 고무장갑을 낀 가냘픈 손으로 날렵하게 수술바늘에 실을 꿰는 모습과 수술도구를 적시에, 그것도 집도의 자신도 느끼지 못할 순간에 집도의에게 건네는 모습은 우리에게 즐거움을 주기도 한다. 집도의사를 왕이라고 한다면 수술 간호사는 여왕이라고 할 수 있겠다. 그녀가 마음대로 부리는 그녀의 신하(간호사)들은 여왕의 눈짓만 보고서도 뛰어든다. 그녀가 기구를 떨어뜨리고 눈살을 찌푸리기라도 할라치면 순회간호사가 어느새 달려와서 그 기구가 바닥에 닿기도 전에 낚아채어 치워버린다. 왕인 집도의는 수술간호사가 장갑이 찢어졌다고 알리면 즉시 유의를 하고, 간호사는 멸균 장갑의 준비상태를 항상 점검해 둔다. 수술담당 간호사는 독수리 같은 눈으로 소독 지역을 감찰하고 경비한다. 누구든지 그 지역을 오염시키는 자에게 화 있을진저!

순회간호사들은 각자 나름대로 독특한 아름다움과 매력을 지니고 있다. 그들은 젊다. 그들은 기쁨 그 자체이다. 그들은 민감하게 반응한다. 그들은 이 세상에 걱정할 일이 하나도 없는 사람들인 양 잡다한 심부름을 미끄러지듯 움직이며 감당한다. 그러나 거즈의 숫자가 확인되기도 전에 집도의가 짼 자리를 꿰매기 시작하려 할 때면 순회간호사는 전혀 딴 사람이 된다. 자기의 권한을 백퍼센트 주장한다. 일체의 봉합 작업이 중지된다. 그녀가 "(스펀지 숫자가) 맞습니다"라고 선언하면 비로소 모든 활동이 재개된다.

쏘니가 수술 후 근심에 찬 회복기를 보내는 동안 그녀의 어머니가 항상 옆을 지켰다. 쏘니는 수술 후 3주가 지난 후에야 방문객을 만날 수 있다는 허락을 받았다. "방문객의 날"은 쏘니의 회복을 향한 새로운 이정표가 되었다. 어머니는 쏘니가 제일 좋아하는 사리를 가져왔다. 쏘니의 품성을 나타내듯이 아름다운 황금색 실이 흐르는 옷이어서 타란이 가장 칭찬을 하던 사리였다. 침대에 누운 채로 손님 맞기를 싫어하는 쏘니를 위해 침대 위 팔걸이를 의지해 앉아 있어도 좋다는 의사의 허락이 났다. 담당 간호사가 그녀의 머리를 단정하게 매만져주고 입술에도 연한 색을 칠해주었다. 드디어 준비가 다 되었다. 쏘니는 방문자들을 빨리 만나고 싶어 안달이 났다.

간호사가 들어와서 어머니에게 말을 했다. "타란 싱이라는 잘생긴 젊은이가 쏘니를 만나고 싶어 합니다. 방으로 들어오게 해도 괜찮겠습니까?" 어머니가 쏘니에게 미소를 지어보인 후 간호사를 향해 고개를 끄덕였다. 타란이 어느새 침대 곁에 와 있었다. 두 사람의 기쁨은 가히 비길 데가 없었다.

어머니가 자리를 비켜주었다. 타란은 이 행복하고 중대한 순간을 위해 가지고 온 금색의 아름다운 화환을 쏘니에게 걸어주었다. "사랑하는 쏘니, 우리는 곧 결혼식을 올리게 될 겁니다." 타란이 부드럽게 속삭였다. "우리는 다시는 떨어져 있지 않을 겁니다. 생명이 지속되는 한…"

"타란, 우리가 함께 주님의 빛 안에서 걷는 한, 서로 다른 길을 걷는 일은 없을 거예요. 우리 사랑은 영원히 아름답고 진실할 거고요." 쏘니가 대답했다.

서로의 사랑을 확인하는 기쁨과 황홀함에 잠긴 그들을 현실로 되돌아오게 한 것은 쏘니 아버지와 남동생의 반가운 목소리였다. 가까이 다가오는 아버지를 보자 그녀가 외쳤다. "아버지! 아버지! 보세요, 아버지! 제가 나았어요! 건강해졌다구요! 사랑해요, 아버지! 저를 보세요! 애야, 사랑하는 동생아, 누나가 곧 너를 다시 도와줄게!"

아버지는 기쁨에 겨웠다. 마음속으로부터 나오는 감사함으로 타란을 바라보았다. "자네는 타란(구원)이라는 이름값을 했네 그려. 자네를 통해 우리 딸이 구원을 받았으니까." 타란이 얼른 그 말을 부정했다. "저를 통해서가 아닙니다. 우리 주 예수 그리스도를 통해서입니다. 외과의사와 동료들이 우리를 돕기 위해 여기까지 오게 하신 예수 그리스도의 사랑과, 이 놀라운 기적의 치유를 위해 필요한 물질을 제공해 준 국내외 친구들의 친절에 대해 우리는 모두 주님께 감사드려야 합니다. 그렇습니다. 오직 하나님께 영광을 드립니다!" 쏘니의 아버지도 새로운 빛을 보았다. 그의 존재 깊은 곳으로부터 그리스도를 만난 것이다. "오, 주님! 믿습니다. 제가 믿습니다. 제가 믿습니다. 제가 믿습니다."

모두들 대화를 나누기 시작했다. 모두 기뻐서 어쩔 줄 몰랐다. 각 사람이 모두 구세주의 얼굴로부터 반사되는 아름다움으로 빛나고 있었다. 쏘니가 나았다! 그렇다. 기적적으로 병이 나았다!

수술을 담당한 의사가 회진 중에 이 기쁨으로 가득 찬 장면을 보게 되었다. 그는 자신을 인도로 인도하셔서 영육 간에 도움이 절실하게 필요한 사람들에게 열광적인 기쁨과 축복을 가져다주는 당신의 도구로 사용하시는 하나님께 감사를 드렸다. 그 의사는 마음속으로 찬양과 감사의 노래를 불렀고 자기의 귀중한 환자들을 보며 흡족한 미소를 머금고 그날의 회진을 마쳤다. 이 환자들은 그 어느 누구도 멸망하지 않고 영생을 누리기를 바라시는 하늘에 계신 아버지 하나님의 사랑하는 자들이었던 것이다.

제16장. 사도 도마의 발자취를 따라

1951년 4월 3일, 나는 85세가 된 어머니에게 편지를 써서 어머니가 계신 뉴저지의 오션 그로우브 밴크로프트-테일러 휴양소로 부쳤다. 그 편지는 다음과 같이 시작했다.

사랑하는 어머니,
독감을 앓고 계시다니 정말 마음이 아픕니다. 금년 독감은 위험한 유형이라고 듣고 있기 때문에 어머니가 완쾌되시고 재발증세도 없다는 소식을 듣기 전까지는 저희들 마음이 편치 않을 것 같습니다. 어머니도 잘 아시겠지만 재발은 매우 위험합니다. 그러니 특별히 조심하시기 바랍니다. 저희들이 어머니를 기억하며… 기도하고 있습니다.

나는 어머니가 독감을 앓고 계시다는 내용으로 부활절 주일에 쓰신 3월 26일자 편지를 읽으면서도 뒷면에 써넣으신 추신을 보지 못했다. 추신에 어머니는 이렇게 쓰셨다. "간밤은 지독한 밤이었단다. 호흡이 급하고 호흡할 때 이상한 소리가 나고, 재채기, 그리고 코피까지 났단다." 내가 이 내용을 진작 보았더라면 어머니의 건강 상태가 심각하다는 사실을 금방 알아차리는 것은 물론, 폐에 이상이 있다는 것도 짐작했을 것이다.

어머니의 타계 소식이 전보로 왔다. 어머니는 4월 5일 목요일 밤 9시 20분에 이 땅에서 우리를 영원히 떠나신 것이다. 좀 더 자세한 경위를 설명하는 편지가 몇 장 더 왔다. 휴양소의 소장 에딧 래닝이 이렇게 썼다. "이미 들으셨겠지만, 닥터 로제타 홀이 우리 곁에서 급히 그러나 조용히 떠나셨습니다. 너무나 급작스러운 일이라 우린 모두 슬픔에 잠겼습니다. 닥터 홀께서는 아픔도 고통도 느끼지 못하시고 평화롭게 잠드셨다가 그분의 하늘에 있는 집에서 깨어나셨습니다."

내가 알고 있는 어머니의 생전 소원은 당신이 돌아가실 때 절대로 울지 말라는 것이었다. 어머니는 잠깐 아프셨다가 주님과 저편에 있는 사랑했던 사람들과 함께 있으시려고 기쁘게 이 땅을 떠나셨다. 그런데 이 전보를 받았을 때는 마침 피켓 감독의 자제 더글라스 피켓이 우리 집에 손님으로 머물고 있었다. 내 슬픔 때문에 그에게까지 마음의 부담을 주는 것은 적절치 못한 처사라는 생각이 들어서 전혀 내색을 하지 않고 아무 일도 없는 것처럼 흔연한 모습을 보여주었다. 약 일주일 후 더글러스의 아버지 피켓 감독으로부터 1951년 4월 12일 델리에서 써 보낸 친절한 조문 편지를 받았다.

닥터 홀 박사님,
오늘 아침 마인푸리에서 집에 돌아와 박사님 모친의 별세 소식이 담긴 박사님의 이달 6일자 편지가 책상 위에 놓여 있는 것을 알았습니다. 모친께서 보내주신 제 생일 축하 카드도 함께 놓여 있었습니다. 루스 말에 의하면 그 카드가 수주일 전에 도착했는데 어떻게 된 일이지 제가 보지를 못했다는군요.

젊어서 타계하는 사람들 외에는 누구나 그런 불가피한 슬픔을 당할 것입니다. 연로하신 분들이 때가 차서 하늘의 부르심을 받는 것은 복된 일입니다만 사랑하는 부모님을 잃은 상실감과 외로움, 사별의 슬픔을 겪지 않는다는 것은 불가능하겠지요.

모든 명철을 능가하는 하나님의 평강이 있으시기를 기도합니다. 윌리엄이 장례에 참석할 수 있었으면 참 좋겠습니다.

행복하시기를 빌며.

잘 지내시기를.

J. 와스컴 피켓

캐나다 온타리오의 온타리오 교육대학에서 공부를 하고 있던 우리 아들 윌리엄이 매리언의 누이 엠마와 그녀 남편 노리스 라인위버 목사와 함께 우리를 대표해서 장례식에 참석할 수 있게 되어 큰 위안을 받았다.

감리교 목사인 노리스가 장례식에서 말씀을 전했다. 그는 또한 어머니가 출석하는 성聖바울 감리교회의 해리슨 데커 목사가 집례하는 4월 9일 영결예배에서 데커 목사를 도왔다. 윌리엄이 다음과 같은 편지를 보내왔다.

영결예배가 뱅크로프트-테일러 휴양소의 휴게실에서 열렸으며, 할머니의 시신은 옆에 있는 수목원에 안장되었습니다. 장례식에는 많은 분들이 참석하셨는데 적게는 75명부터 많으면 100여명의 조문객이 참석했습니다. 조문객 중 다수가 오로지 장례식에 참석할 목적으로 장거리 여행을 마다하지 않고 오셨습니다. … 아버지가 보내신 화환을 포함하여 많은 꽃과 화환이 들어왔습니다. 뱅크로프트-테일러에 있는 부인들 말로는 외지에서 이렇게 많은 사람들이 참석하고, 또 많은 꽃으로 뒤덮인 장례식은 할머니 말고는 없었다고 합니다. 할머니는 당신의 시신을 화장시켜 적당한 시기에 한국으로 가져다가 할아버지와 프랭크, 에디스의 유해가 묻혀있는 묘역에 매장해 달라고 유언하셨습니다. 노리스 아저씨가 매우 감동적인 예배를 집례한 후, 우리들은 87킬로미터 떨어진 뉴저지 린덴에 있는 로즈 힐 화장장까지 장례행진을 했습니다.

노리스 아저씨가 화장터에서 예배를 집례했는데 화장터에서 예배를 집례해보기는 처음이라는군요! 우리들은 운구행렬을 따라 자그마한 구내 예배당으로 들어가서 하관예배를 드렸습니다. 미스 추와 에스더 박이 슬픔을 못 이겨 엉엉 소리를 내어 울었습니다. 저는 할머니가 화장을 택하신 것이 잘하신 일이라고 생각합니다. 할머니가 생전에 말씀하시기를 사람들이 화장을 하면 부활할 수 없다는 이유로 화장에 반대하는 것을 이해할 수 없다고 하셨습니다. 할머니는 적절한 때가 오면 영이 새 몸을 입으며 영은 파괴될 수 없는 성질의 것이라는 요지의 성경말씀을 인용하곤 하셨습니다. 넬리 셔우드와 벤 부르진스키 사촌이 66달러짜리 항아리를 골랐습니다. 할머니의 유골을 담아 뉴욕 리버티에 있는 가족 매장지로 가져갔다가 적절한 시기에 선교사 편에 한국으로 보낼 것입니다. 한국에 가면 한국인들을 위하여, 한국인들에 의해 한 번 더 추도예배를 드리게 될 것입니다.

장례식에 어머니를 추모하며 고인에게 사랑과 존경을 표한 사람들 중에는 참석한 친인척을 제외하고 감리교 선교본부 대표들과 많은 친구들이 있었다. 후자에 속하는 사람들 중에 한국인 친구들이 여럿 있는데, 서울에서 온 신흥우 박사(현재는 뉴욕 거주), 뉴욕 시 소재 한국인 교회의 E. P. 인 목사, 뉴저지 매디슨 소재 드루 신학원에서 온 에스더 황 박 부인, 뉴저지 넵튠의 피트킨 기념 교회에서 간호보조사로 근무했고 당시 병약자들을 돌보는 일을 하고 있던 미스 주 광명 등이다. 미스 주는 분단된 한국에서 평양이 공산진영의 수도가 되기 오래 전 그곳에 있던 광혜원Women's Hospital of Extended Grace에 내 어머니가 사무장 겸 재무담당으로 근무했을 당시 어머니의 조수로 일한 적이 있다. 한국동란 와중에 미스 주는 서울로 도피해서 결국 1950년 뉴저지 오션 그로우브로 오게 되었다.

어머니의 일본인 친구 한 사람이 드린 아름다운 조사는 어머니의 관심사와 우정의 폭이 얼마나 깊고 우주적이었던가를 잘 말해준다. 어머니는 활발한 저술 활동을 했다. 의료관련 기사, 의료사역의 선교적 위상에 관한 글, 1897년에 출간된 나의 돌아가신 아버지의 전기(『윌리엄 제임스 홀, M. D.의 생애』)의 자료를 활용한 글, 전 세계 많은 친구들에게 보낸 편지와 생일축하문 등 광범위한 영역에서 걸쳐 글을 썼다. 로제타 셔우드 홀, M. D.가 나에게 뿐 아니라 특히 한국 사람들에게까지 "어머니"로 기억되는 것은 그녀의 업적 때문만이 아니다. 그녀가 68세 되던 해인 1933년 10월, 어머니는 마지못해 한국을 떠난 후 1934년 45년간의 선교사 삶을 마감하고 은퇴하셨다. 어머니는 1934년부터 1943년까지 뉴욕의 글로버스빌과 리버티에서 개인병원을 열었다. 그 후 병원 문을 닫고 뉴저지 오션 그로우브로 이사를 하고 감리교단의 선교 및 교회 확장 본부의 기독교 봉사회 여성부 산하 밴크로프트-테일러 휴양소로 자리를 옮겼다.

어머니가 캐나다 국적의 아버지와 1892년 결혼했을 당시 캐나다 법률의 규정에 의거 결혼 즉시 자동적으로 남편의 국적을 따랐다. 1949년 에드워드 나이트 판사가 뉴저지 프리홀드에서 시민권 축하식을 열고 당시 84세였던 어머니의 미국 국적을 회복시켰다.

1950년 어머니는 모교인 필라델피아 여자의과대학 100주년 기념식에 참석했다. 그 자리에 참석한 급우 중 가장 연장자였던 어머니는 1889년도 졸업생 대표의 자격으로, 1850년 펜실베니아 여자의과대학을 설립하고 초대 학장을 역임한 윌리엄 뮬런의 까마득한 후손 로버트 벙커와 여자의과대학에서 종생태학 연구교수직과 암연구원, 외과교수 등 화려한 직함을 가지고 있던 캐더린 맥파레인과 함께 기념사진을 찍었다. 100주년 기념식에 참석 중《필라델피아 썬데이 블리튼》지 기자와 가진 인터뷰에서 어머니는 "절대로 외로울 시간이 없었던" 한국으로 돌아가고 싶은 마음이 있다고 말했다.

그리스도의 사도로 30년(AD 36-66경)을 일한 후 이 세상을 떠날 때가 왔다고 판단한 사도 바울은 그의 제자인 젊은 디모데에게 에베소 교회의 목회에 관한 서신을 썼다

로제타 셔우드 홀, 1950

오직 너 하나님의 사람아. 이것들을 피하고 의와 경건과 믿음과 사랑과 인내와 온유를 따르며 믿음의 선한 싸움을 싸우라 영생을 취하라. 이를 위하여 네가 부르심을 받았고 (딤전 6:11-12)

그러나 너는 배우고 확신한 일에 거하라. 너는 네가 누구에게서 배운 것을 알며 또 어려서부터 성경을 알았나니 성경은 능히 너로 하여금 그리스도 예수 안에 있는 믿음으로 말미암아 구원에 이르는 지혜가 있게 하느니라 (딤후 3:14-15)

나는 선한 싸움을 싸우고 나의 달려갈 길을 마치고 믿음을 지켰으니 (딤후 4:7)

어머니는 사도의 발자취를 따라간 45년간의 사역 기간 동안 세월의 대부분을 개척 선교 분야에 헌신했다. 진정 미신과 무지, 질병에 대항하여 "선한 싸움"을 싸웠다. 내 어머니는 또한 깊은 개인적 슬품을 딛고 일어서서 "믿음을 지켰다." 어머니는 "그녀가 부르심을 받은" 1951년 4월 5일까지 "영생을 취할" 준비를 마쳤다.

선교개척자들의 헌신을 깊이 묵상하면서 나는 예수님이 그의 제자들 중에서 위임하신 최초의 "개척선교사들"을 상기했다. 누가복음 6장 12-13절은 예수님의 제자 선택 과정을 기록하고 있다.

> 이때에 예수께서 기도하시러 산으로 가사 밤이 새도록 하나님께 기도하시고 밝으매 그 제자들을 부르사 그 중에서 열둘을 택하여 사도라 칭하셨으니.

나의 특별한 관심을 끈 사실은 누가복음 9장 1-12절에는 예수께서 사도들을 의료선교사로 파송하셨다는 것이다.

> 예수께서 열두 제자를 불러 모으사 모든 귀신을 제어하며 병을 고치는 능력과 권위를 주시고 하나님의 나라를 전파하며 앓는 자를 고치게 하려고 내보내시며.

그 선교사들 모두는 초기 사도들의 발자취를 따라갔다. 그들은 예수께서 의심하던 자들을 포함한 열한 명의 처음 제자들에게 부여하신 "위대한 위임"을 성취하고자 최선을 다했다.

> 열한 제자가 갈릴리에 가서 예수께서 지시하신 산에 이르러 예수를 뵈옵고 경배하나 아직도 의심하는 사람들이 있더라 예수께서 나아와 말씀하

여 이르시되 하늘과 땅의 모든 권세를 내게 주셨으니 그러므로 너희는 가서 모든 민족을 제자로 삼아 아버지와 아들과 성령의 이름으로 세례를 베풀고 내가 너희에게 분부한 모든 것을 가르쳐 지키게 하라 볼지어다 내가 세상 끝날까지 너희와 항상 함께 있으리라 하시니라. (마 28:16-20)

성경을 보면 "의심"이라는 단어가 최초 사도들 중 한 사람인 도마에게 붙어다니는 경우가 많다. 그는 예수께서 십자가에 달려 돌아가시고 무덤에 묻히신 후 부활하셨다는 사실을 믿지 못하던 사람이었다. 8일 후 예수께서 제자들 무리에 나타나셔서 도마에게 못 박힌 자국을 만져보라고 하신 후에야 의심 많은 도마는 부활하신 예수님을 "나의 주님이시요 나의 하나님이시니이다!"(요 20:28)라고 부르면서 믿음을 시인했다.

예수께서 이르시되 너는 나를 본 고로 믿느냐 보지 못하고 믿는 자들은 복되도다 하시니라.

내가 한국에서 자랄 때 평양외국인학교[33] 학생들 앞에서 복음을 전한 호주 출신 방문선교사 조지 데이비스로부터 사도 도마에 관한 이야기를 들은 적이 있다. 데이비스가 자신을 성서공회 선교사라고 소개하면서 그리스도의 제자 중 한 사람인 도마에 관한 짤막한 이야기를 아이들에게 들려주었다. "도마를 누구라고 부르는지 알아요?" 그가 질문을 했다. 한 남자 아이가 번쩍 손을 들더니 "의심많은 도마!"라고 대답했다. 데이비스가 의심 많은 도마 이야기를 자세히 설명하면서 도마의 사도됨을 드러내는 말씀 두 군데를 지적했다. 한 곳은 예수님께서 친구 나사로가 죽었다는 소식을 들으신 후 예루살렘에서 그리 멀지 않은 베다니로 와주십사 청을 받았을 때였다. 베다니는 생명을 위협받을 정도로 적대감이 가득한 곳이었다. 다른 제자들은 당연히 예수님을 따라가지 않겠다는 입장이었다.

"여기가 바로 도마가 지도자로서 진면목을 드러낸 부분입니다." 데이비스가 말했다. "그는 담대하게 반응했습니다. '갑시다. 가서 예수님과 함께 죽읍시다'라고 말했습니다. 도마의 용감한 선언을 들은 모두는 그곳으로 갔고 결과적으로 그리스도의 가장 위대한 이적 즉 나사로를 죽음에서 살리신 기적을 보게 된 것입니다."

"자, 여기 다른 말씀도 매우 중요합니다. 예수님께서 어떤 말씀을 하시는데, 제자 중 누구도 주님의 말씀을 잘 이해하지 못하겠다고 감히 말씀드릴 용기가 없었습니다. 그러나 도마는 손을 들고 용감하게 질문을 던졌지요. 도마의 질문에 예수님은 '나는 길이요, 진리요, 생명이니 누구든지 나로 말미암지 않고는 아버지께 나올 자가 없느니라'라고 대답하셨습니다."

말을 마치면서 데이비스가 말했다. "학생 여러분은 도마를 상기하세요. 평생 동안 다음 세 가지 점을 기억하십시오. "첫째, 잘 이해가 되지 않을 경우 주저하지 말고 선생님에게 질문을 하십시오. 둘째, 위험이 있더라도 예수님과 동행하는 일을 두려워하지 마십시오. 셋째, 예수께서 죽은 자 가운데서 다시 사신 것을 의심하지 마십시오. 예수님은 여러분의 필요를 채우시기 위해 여러분 곁에 계십니다."

데이비스가 우리에게 포켓성경연맹에 참여할 것을 권하면서 나이 많은 친구들에게 요한복음 쪽복음을 나누어 주었다. 아까 그가 언급한 도마에 관한 본문에 표시를 해 두라는 부탁도 했다. 나는 학창시절 동안 이 쪽복음을 계속 지니고 다니면서 도마가 행한 일이 기록된 구절을 자주 들여다 보곤 했다. 내가 약해지려고 할 때면 이해가 잘 안 되는 사안에 도마가 질문을 던졌던 구절을 읽었다. 도마의 용기와 시도는 다른 사람들에게도 용기를 불어넣어준다. 의심에 빠질 때면 나는 도마에게 영감을 얻었다. 어떤 중요한 결정을 내리기 전에 철저하게 사실을 확인해서 확신과 자신감을 가지고 일을 추진해야 하기 때문이었다.

세상을 살면서 곰곰이 생각해보니 내가 도마 사도에게 신세를 많이 지고 있음을 깨달았다. 구전에 의하면, 그는 최초로 인도에 온 기독교 선교사였다. 내 자신이 23년간 인도에서 선교사역을 해온 터여서 나는 그에게 각별한 친밀함을 느꼈다. 이 책에서도 그가 마땅히 일정 부분을 차지하는 것이 적절하다고 생각했다. 인도 남부 지역을 수차례 여행했지만 도마와 연관된 교회나 현장을 가보지는 못했다. 그렇지만 나는 이 책에서 도마를 꼭 다루고 싶다.

'성聖도마 그리스도인' St. Thomas Christians에 관한 몇몇 서적을 읽기 시작하면서 어떤 학자들, 특히 초기 서양 연구가들이 사도 도마가 인도에서 복음을 전한 일이 없다고 생각한다는 사실을 알면서 나는 매우 놀랐다. 그들은 인도 내의 도마에 관한 초기 기록들을 보면 인도의 지리적 명칭이 아니라 예루살렘 동남쪽의 지역명(현재의

이라크, 이란, 사우디아라비아, 에티오피아 등)을 사용했다는 것이다. 그들은 주후 200년경 쓰인 성도마에 관한 초기 기록들 전부가 믿을 수 없거나 신뢰도가 전혀 없는 낭만적인 이야기에 불과하다고 보았다. 또 다른 학자들은 사도 도마가 간 곳은 인도 북부일 뿐이고 인도 남부에서 복음을 전한 적은 없다고 주장했다.

그러나 나는 좀 더 최근의 학자들이 성도마가 인도 남부에서 복음을 전파했다는 것은 사실이며, 그가 개종시킨 자들의 후손이 바로 오늘날 '성도마 그리스도인'이라는 결론을 내렸음을 알게 되었다. 그들은 그 주장의 근거로 다음과 같은 다섯 가지 범주를 들었다.

1. 무역상들과 초기 기독교인의 문서기록에 관한 연구에서, 1세기에 잘 알려졌던 지역들—페르시아, 파르티아, 아라비아, 에티오피아, 중국—에 비해 비교적 덜 알려졌던 인도의 위치를 정확히 보여주고 있다는 점
2. 인도에서 활동한 사도 도마에 관한 2세기의 기록에서 보여주는 사실들
3. 인도 남부의 기독교인들을 통해 내려오는 광범위한 구전
4. 주후 300년과 600년 사이 시리아 교회의 초기 교부들에 관한 기록문서
5. 최초로 인도 남부 기독교인들의 역사를 발견하고 연구한 포르투갈 사람들이 남긴 16-17세기 보고서들

나는 성도마의 선교여행과 활동에 관한 자료를 어느 정도 구해 읽어 본 후 도마가 인도 남부에 복음을 전했으며 최초의 기독교 교회들을 거기에 세웠고 그 교회 성도들의 후손이 바로 오늘날 성도마 교회를 세운 사람들이라는 주장을 신뢰할 수 있었다(이에 관한 자세한 이야

기는 이번 장의 끝부분에 나와 있다―편집자). 유형교회와 수년간 분리되어 있었고 힌두와 기타 신앙에 둘러싸여 있었음에도 불구하고 그들과 선조들은 열아홉 세기 동안 기독교 신앙을 보존하고 있었다.

남부 인도를 여러 번 방문했지만 마드라스에서 벨로어 의과대학 이사회 참석 차 1950년 그곳을 방문한 때가 나로서는 남부 인도에 가장 오래 머물렀던 시절이다. 남인도 교회연합 의장 홀리스 감독의 효율적인 리더십 아래 우리들은 75개 안건을 처리하기로 했다. 그는 집중력을 발휘하여 모든 안건을 신속하고도 명확하게 처리했다. 지역 내 사도 도마와 연관된 명소 몇 군데를 실제로 방문할 시간은 없었으나 '다른 방법'을 통해 도마의 기독교 사역을 둘러보았다고 믿는다. 그것은 우리가 현대판 '사도'가 되는 것인데, 그리스도의 메시지를 설교와 강의, 치유 사역을 통해 전하는 방법이다. 벨로어 의과대학병원이 좋은 예이다.

이사회를 마친 후 마드라스를 떠나 내지에 있는 벨로어 시로 갔다. 그곳 병원에서 의료진을 만나고, 그 대학에서 대학원 코스를 밟고 있는 마다르 직원 두 명을 만나보는 게 목적이었다. 그 두 사람은 흉부외과의 닥터 존 웰즈와 그곳에서 마취학 고급 과정을 밟고 있는 우리 수간호사 수실라 센투였다. 그 병원은 마을에서 11킬로미터가량 떨어져 있는데 벨로어 병원차가 나를 정류장에서 맞아주어 매우 감사한 마음이 들었다. 내가 닥터 리브 베츠 부부를 만나기로 되어 있다는 것을 알고 6.5킬로미터나 더 가야 하는데도 기꺼이 나를 그 대학까지 데려다 주었다.

보스턴 출신의 저명한 흉부외과 의사인 닥터 베츠는 최근에 방문교수 자격으로 벨로어 의과대학에 와 있었다. 베츠 부인이 마침 회의에 참석하고 있었기 때문에 닥터 베츠와 나는 잠시 동안 깊은 대화를 나눌 수 있었다. 베츠 부인이 들어와서 내가 그때까지 저녁을 먹지 못한 것을 알고 극진한 손 대접을 할 양으로 맛있는 유럽식 음식을 만들어 주었다. 마다르 회의가 열리고 있는 동안 줄곧 매운 인도 커리만 먹었던 터라 아주 맛있게 저녁을 들게 되었다. 그녀는 나에게 '비스터 롤'(여행용 침구)을 풀지 말라고 간청하면서 대신 내가 처음 사용해 보는 칼라 시트를 챙겨주었다. 벽장에 넣어 준 비누, 수건, 옷걸이 등은 내가 체류기간 동안 얼마나 섬세하게 미국식 환대를 받았는지 잘 보여주었다.

닥터 베츠는 일찍 일어나 병원으로 출근했고, 내가 여행의 피곤을 늦잠으로 풀어버릴 수 있도록 배려해주었다. 나는 버스를 타고 6킬로미터를 달려 병원으로 갔다. 거기서 그가 수술을 집도하는 모습을 참관했다. 나는 그가 8~10명의 스태프와 훌륭한 팀워크를 구성하고 있는 것을 눈여겨보았다. 팀원 각자가 그의 지시에 따라 신속하고 효율적으로 움직이고 있었다. 나는 또 그가 보유하고 있는 기자재가 돈 주고 살 수 있는 것 중에 최상품임을 알게 됐다. 닥터 베츠의 기술은 이곳에서 이미 명성을 얻고 있었다.

수술을 끝낸 후 닥터 베츠의 요청으로 회진에 동행했다. 그는 몇 건의 흥미로운 수술 사례도 보유하고 있었다. 그가 발휘하는 탁월한 능력에는 누구라도 깊은 인상을 받을 것이 분명했다. 닥터 베츠의 조수들은 그의 일처리가 너무 빨라 따라가느라 애를 많이 먹었노라는 사실을 털어놨다.

센투와 닥터 웰즈를 닥터 베츠의 자택에서 만나기로 했었는데 그 계획을 취소할 수밖에 없는 사정이 생겼다. 내가 마드라스에서 이사회에 참석하고 있는 동안 닥터 웰즈가 의사 직업을 접어야 할 정도로 큰 사고를 당했다는 것이다. 환자가 달고 있는 유리 배농관排膿管을 조절하고 있는데 갑자기 그것이 미끄러지면서 그의 오른손 집게손가락 힘줄 두 개를 모두 잘라버렸다는 것이다. 결국 그 손가락을 구부리거나 펼 수 없게 되었다고 했다. 이런 경우 보통 두 힘줄을 봉합하고 손가락이 굳은 상태로(뒤따라 유착이 발생하므로) 그냥 내버려둘 수밖에 없다. 그러나 닥터 웰즈에게는 천만다행으로 유명한 나병 전문의이며 선교사인 닥터 폴 브랜드Paul Brand가 벨로어의 스태프로 재직하고 있어서 그를 불러 수술을 했다. 그는 손가락을 쓸 수 없게 된 나환자에게 탁월한 효과를 본 기법을 활용했다. 수술은 전신마취 상태에서 두 시간 이상이 걸렸다. 수술에 관한 설명을 들었는데 그 놀라운 수술 절차를 여기에 간단히 소개하겠다.

닥터 브랜드가 힘줄이 있는 곳까지 손목을 절개했다. 거기서 그것을 둘로 나누고 손목에서 봉합했다. 그리고서 절개된 힘줄에 실을 꿰어 힘줄덮개를 통해 집게손가락 끝까지 실을 넣고 실을 은선으로 손가락 끝에서 묶었다. 시간이 지나면 뼈에 붙게 될 것이고 아무 탈도 없을 것이다. 그런 다음 은선을 제거했다. 이 복잡한 수술로 닥터 웰즈는 손가락을 자의로 구부리거나 펼 수 있게 될 것이고 아무런 장애 없이 외과의로서 시술을 계속 할 수 있게 될 것이었다.

이 수술은 정말 기적이었다. "현대의 사도" 한 명을 통해 주님이 치유의 능력을 보여주신다는 사실에 대한 증인이 된 것이다.

인도 남부에서의 사도 성도마의 활동

앞에서 사도 도마가 인도에서 사역한 이야기를 전하겠다고 약속했다. 이에 관한 놀랍고도 영감 넘치는 이야기를 지금부터 기술하려 한다. 내 주장은 각주34)에서 밝힌 자료에 근거를 두고 있다.

오순절이 지난 어느 시점에 사도 도마는 동쪽으로 가서 메데, 페르시아, 파르티아, 히르캐니아, 박트리아(오늘날 이란, 투르크메니스탄, 아프가니스탄, 타지키스탄, 우즈베키스탄) 등지에서 복음을 전파했다. 예루살렘으로 돌아오는 도중, 인도 남부 촐라 국왕의 신하 하반(아판)이란 자는 인도로 와달라는 왕의 요청을 도마에게 전했다. 도마는 가기로 결정하고 그의 두 번째 겸 마지막 선교 여행을 시작했다.

사도 도마는 무역로를 따라 남쪽으로 내려가 알렉산드리아, 누비아(아스완에서 카르토움까지), 그리고 에티오피아, 그 다음 동쪽을 향해 소말리아의 "아프리카 뿔" 근해의 소코트라 섬까지 갔다. 서쪽에서 부는 바람을 따라 똑바로 동쪽을 향해 인도 남부(말라바)의 케랄라 해안을 따라 항해하여 주후 52년 크랑가노어에 상륙했다. 말라바의 지방토후들이 그를 따뜻하게 영접하였고 안전을 보장하고 교회를 건축할 토지의 획득 허가를 내주었다. 도마의 전도로 기독교로 개종한 사람들 중 다수가 브라만이나 기타 높은 카스트에 속한 힌두인이었다. 이들 중에는 그 지역의 주요 왕 3명도 포함되어 있었다. 사도 도마는 말라바 내 일곱 곳에 교회를 세웠다. 코둥가루르(크랑가노어 또는 무지리스), 팔라유르, 코탁카부(파루르), 코카망갈람, 니라남, 챠얄과 콜룸(퀼론)이다.

수세기 동안 성도마 기독교인들은 인도 남부에서 도마의 사도활동 후반기를 노래한 "도마 라빤 파뚜"라는 노래나 시를 전수해 왔다.[35] 이 전승에 의하면, 주후 59년 그 지방의 왕이 사도 도마를 불러 남인도 동해안으로부터 70리그(338킬로미터) 또는 10일간의 여행 거리에 있는 밀라포어(마드라스) 촐라스 땅의 코로만델로 보냈다. 밀라포어에서 2년 반을 머무른 후 도마는 말라바로 돌아와서 자기가 전에 세운 6개의 교회를 방문했다. 한 교회마다 1년씩 머물면서 모든 신도들에게 견진성사堅振聖事를 베풀었다. 그의 마지막 체류지 차얄에서 도마는 다시는 자신을 보지 못할 것이라는 말을 제자들에게 남기고 주후 69년 밀라포어를 향해 출발했다. 라빤 파뚜 노래는 도마의 밀라바르에서 사도가 활동한 열매에 관해 다음과 같이 묘사한다.

> 죽은 자 19명을 살렸다.
> 260명으로부터 마귀를 내쫓았다.
> 나병환자 230명을 고쳤다.
> 250명의 눈을 뜨게 했으며, 20명의 입을 열었다.
> 손 마른 자 220명을 고쳤다.
> 그리고 의사들도 버린 250명을 고쳤다.

그 노래에 의하면 사도 도마가 개종시킨 사람들 수가 17,650명에 달했으며, 그 중 6,850명이 브라만, 2,800명이 크샤트리야(무사), 3,750명이 바이샤(평민), 그리고 4,250명이 수드라(노예)였다. 이런 식으로 도마는 높은 계급의 카스트를 바른 길로 인도했다. 도마는 또 사제를 세우고 감독을 임명함으로써 자기가 그곳을 떠난 후에도 교회가 정상적인 활동을 할 수 있도록 조치를 취해 놓았다.

사제의 임명에 관한 얘기가 나온 김에 덧붙인다면, 저자 A. C. 페루말릴[36]은 도마에게 침례를 받은 사람들의 후손으로서 성도마 기독교 사제 가정의 구성원이다. 종조부들은 그가 이들 지도급 가정들의 직계비속이라고 말했다. 그와 다른 학자들은 어떤 가정들을 통해 가족 내에서 사제 계승권이 중단되지 않고 수세기 동안 이어져가고 있다고 주장했다. 이런 주장을 하는 일부 사제들은 자신을 50대, 60대, 61대 등으로 부르고 있는데 이는 도마 사도로부터 시작된 계승이 있다는 증거라 할 수 있다.

시리아와 포르투갈의 구전에 의하면, 성도마는 밀라포어에서 자택을 건축하고 이 집을 교회당 삼아 계속 복음을 가르쳤다고 했다. 이곳에서 개종시킨 사람들은 말라바와 비슷하게 거의 모두 브라만이나 기타 높은 계급에 속한 사람들이었다. 구전에 따르면, 사도 도마는 부근에 있는 산속 동굴에서 기도를 하던 중 주후 72년 창을 맞고 죽었다. 그리스도 신앙이 침투함에 따라 힌두교가 체면을 상실한 데 분노했을 것이 뻔한 비기독 브라만이 저지른 살인이라는 설이 유력하다. 도마는 그의 교회당 옆 무덤에 묻혔다.

시리아 교회 기록에 의하면, 도마의 유골이 2세기 중엽 비밀리에

도굴되어 현 터키 남부에 있는 에데사(우프라) 소재 교회로 반출되었다. 후일, 이 유골이 그리스 섬 치오(키오스)로 옮겨졌다가 다시 이탈리아의 오토나로 보내졌다.

16세기 초 성도마 기독교인들을 남부 인도에서 만나 본 포르투갈 사람들이 밀라포어에 위치한 교회와 무덤의 존재를 알게 되었는데 말라바 기독교인들은 도마를 추모하기 위해 그곳을 정기적으로 방문하고 있었다. 포르투갈 성직자들도 그곳을 여러 번 방문했다. 1523년 포르투갈 왕의 허가를 얻어 성도마의 무덤이 발굴되었다. 여러 층의 벽돌과 모래 밑에서 해골 부스러기, 척추 뼈, 기타 인체 부위의 유골 등 인골과 나무 자루의 일부가 달린 올리브 잎 모양의 쇳조각 하나도 나왔다. 특히 주목을 받은 것은 무덤의 벽에서 나온 벽돌 형태의 물건으로 크기는 세로 40센티미터, 가로 20센티미터, 두께 7.5센티미터였다. 불교 사리탑에서 나온 벽돌과 유사한 형태인 것으로 보아 크기가 좀 작기는 하지만 매우 오래된 것들로 판명되었다.

1945년에는 밀라포어 남쪽에서 1세기 초에 건축된 것으로 알려진 로마 무역 기지의 유물이 발굴되었다. 건축이 주후 50년에 시작되었다가 그 세기가 끝나기 전에 버려졌던 것으로 알려진 이 건물의 2층이 세로 40센티미터, 가로 20센티미터, 두께 7.5센티미터짜리 벽돌로 만들어져 있었다. 이 무역 기지 건물의 건축이 2세기에 재개되었을 때 추가로 들어간 벽돌은 그 크기가 이전 것들과 달랐다.

독특한 크기의 동일한 벽돌이 무역기지 건물과 무덤에서 발견되었다는 사실은 밀라포어 무덤이 사도 도마가 주후 72년에 죽은 지 얼마 지나지 않아 만들어졌다는 구전을 확인해준 셈이 되었다. 그러면 1523년에 무덤에서 발견된 유골들은 무엇인가? 시리아 교회 기록과 성도마의 2세기 선교여행 기록에 의하면 2세기에 사도 도마의 유골이 비밀리에 에데사에 있는 교회로 옮겨졌다. 그러나 성도마 교인들은 유골 전체가 밀라포어 무덤에 있었다고 한결같이 주장해 왔다. 2세기에 도굴꾼들이 유골 전부를 가지고 나오지 않았거나 가지고 나올 수 없었을 것이며, 남아 있던 일부 유골이 1523년에 발견된 유골이라는 것이 일부 학자들의 가설이다.

사도 도마의 죽음 이후에 남은 성도마 기독교인들에 대한 이야기가 나를 감동시켰음은 물론 하나님의 신실하심을 다시금 생각나게 했다. 사도가 죽은 후 밀라포어의 기독교인 공동체는 비신자들의 박해를 받았다. 게다가 기근과 중국인들과의 전투로 극심한 고통을 당했다. 결국 그들은 코로만델 해안을 떠나 서쪽으로 흩어져 말라바내 기독교 공동체에 합류했다. 2세기 반에 걸쳐 말라바 기독교인들은 중동의 교회들과 단절된 채 성도마가 가르친 대로 그들의 신앙을 실천하며 살았다.

현지 구전에 의하면, 4세기 초엽에 에데사 교회의 감독이 꿈속에서 말라바 기독교인들이 구원을 요청하는 소리를 들었다. 그가 바빌론 족장에게 이 꿈 이야기를 들려주었다. 그러자 족장은 지역 사람들을 한 자리에 불러 감독이 본 환상에 대하여 설명했다. 카나의 토마스라는 상인도 다른 무역상으로부터 말라바의 사정에 관해 들은 바 있다고 했다. 족장은 카나의 토마스에게 다음 번 인도에 갈 일이 있을 때 말라바에 가보고 그들의 상태에 관해 보고해 달라고 부탁했다. 카나의 토마스는 돌아와서, 말라바에 있는 기독교인들이 성경말씀의 많은 부분을 이해하지 못하고 있으며 따라서 그들을 가르칠 사제가 필요하다고 족장에게 보고했다. 보고를 받은 족장이 카나의 토마스가 에데사 감독, 사제들, 집사들, 그리고 바그다드, 니느웨와 기타 지역에서 차출한 다른 남녀 성도들, 어린이들과 함께 말라바로 가게 했다. 당시 페르시아 내 기독교인들은 박해를 당하고 있었으며 많은 사람들이 다른 나라로 도피했다. 말라바로 간 사람들 중 일부가 이러한 피난민들이었을 것이다.

족장이 보낸 사람들의 수효는 약 4백 명 정도로 알려졌는데, 이 사람들은 주후 345년 크랑가노르에 도착했다. 말라바 기독교인들은 이들을 반갑게 맞이했고 그 지역의 왕에게 데리고 갔다. 왕은 그들에게 교회와 거주지를 세울 토지를 하사하고 또 일정한 사회적 특권도 허락했다. 그 후 200여 년 동안 성도마 기독교인들은 예배 방법과 교회 조직에 있어 바빌론의 모교회 수장의 권위를 인정하고 그가 임명하는 감독을 받아들이는 등 바빌론 모교회에 의존했다. 주후 431년의 에베소 공회 이후 원래의 그리스도 교회의 본체가 둘로 나누어진 이래 바빌론 교회는 아시리아 동방교회로 불리게 되었으며 후에 갈대아 시리아 교회가 되었다.

813년 동방교회의 주교 2명을 포함한 기독교인들이 대규모로 말라바 남쪽 지방에 왔다. 거기서 그들도 지방 왕의 환영을 받고 마을과 교회를 세울 토지를 하사받았다. 이들은 말라바의 그리스도 공동체에 동화되었고 교회를 풍성하게 했으며 바빌론 교회와 교분을 강화했다.

이후 포르투갈인들이 16세기에 들어올 때까지 700년간 성도마 기독교인들은 아시리아 동방교회와 친밀한 관계를 유지했다. 나의 특별한 관심을 끈 것은 그들의 그리스도에 대한 헌신이 완벽하고 예배 의식도 시리아 예배 의식을 따랐지만, 말라바 기독교인들은 힌두 문화와 밀접한 관계를 유지하면서 심지어 교회당까지 힌두 사원을 모방하고 있었다는 점이었다.

포르투갈 사람들이 말라바에 와서 그들의 종교생활을 체험하고 기록한 내용을 보면, 교회당에는 십자가만 걸려 있고 다른 이미지는 전무했다. 사제들(대개 기혼)은 미사 강론, 혼례 및 장례보조, 기타 기본 행정 사무를 관장했다. 신구약에 정통한 특수 성직자들이 학교에서 선지서를 가르치고 예배 시에 강론을 했다고 알려져 있다.

말라바 기독교인들은 보통 2~3시간 동안 계속되는 설교 듣기를 좋아했다고 한다. 설교의 방법은 순서 혹은 주제와 상관없이 이야기를 한 편씩 읽어 주는 식이었다. 한 포르투갈 성직자가 1523년에 말라바를 방문하고 직접 보고 쓴 기록이 하도 인상적이어서 여기에 다시 기술한다.

> 사랑하는 형제들이여, 나는 성도마가 이 지역에 있었다고 전해지는 때부터, 하나님의 선하심으로 우리들 사이에서 보존되고 있는 설교나 성례전 등도 없이 우리 주 예수 그리스도를 믿는 신앙을 지켜온 이 기독인들과 만나고 대화를 나누며 주 안에서 받은 큰 위로에 대하여 말씀드리지 않을 수 없습니다. 무수히 많은 이교도 가운데 살면서 이방인들에게서 능욕을 당하고 이슬람교도와 유대인들에게 박해를 받으면서도 이들은 항상 전全그리스도 교회Catholic 신앙의 신비를 기억하고 거기에 존경과 순종을 나타

내 왔습니다. 그리고 매일 해가 지기 전 그들은 교회당에 모여 시편과 갈대아의 교훈을 낭송합니다. 그리고 아침에도 같은 식으로 진행합니다. 카사나르가 제단에서 조과를 낭독하면 사람들은 영의 감동을 받아 알렐루야와 다른 어떤 구절로 화답합니다. 내가 그들의 언어는 이해할 수 없지만 내 안에서는 믿음이 일어납니다.[37]

16세기 초 포르투갈인들이 인도의 서부해안을 정치적으로 지배하면서, 그들은 말라바 기독교인들의 의식, 전례, 교리를 로마 가톨릭식으로 바꾸려고 부단히 노력했다. 그 과정에서 인도 내 시리아 교회의 옛 전례와 기록들이 파괴되었다. 인도 내 시리아 교회 지도자들이 지속적으로 로마 가톨릭 교리의 시행에 반대했으나 1599년 로마 성직자들이 많은 수의 시리아 기독교인들을 자기편으로 끌어들이자 시리아 교회 지도자들이 굴복하고 말았다. 그러나 1653년, 바빌론의 분봉왕이 보낸 주교가 체포되어 고아Goa의 종교재판소에 회부되고 급기야 기둥에 묶여 화형을 당하자 시리아 기독교인들이 크게 분노한 나머지 로마교회에 대한 불복종을 선언하기에 이르렀다.

1663년, 화란이 포르투갈로부터 말라바의 통치권을 인수하고 교회에 대한 불간섭 정책을 채택하면서 말라바 기독교인들은 자주적인 선택을 할 수 있게 되었다. 로마 가톨릭으로 복귀하는 사람이 많았으나 전체 교회가 가톨릭에 충성하지 않아도 됐다.

이후, 성도마 기독교인들은 여러 개의 상이한 집단으로 분열했다. 어떤 그룹은 다른 그룹과 합병되기도 했다. 오늘날 케랄라(말라바) 지역 인구의 약 30퍼센트가 기독교인인데[38] 반해 인도 전체로 보면 모든 교단을 다 합해도 3퍼센트에 불과하다.[39] 1941년 현재 케랄라 기독교인들은 다음과 같이 분포되어 있다.[40]

로마 가톨릭	(로모-시리안)	35%
	(라틴 라이츠)	26%
시리아 정교회	(재코바이츠)	20%
마르 토마		8%
갈대아		–
앵글리칸		4%
남인도 연합		5%
구세군		2%

나에게 가장 중요한 사실은 이 1956년 기록이 증거하듯, 성도마 기독인들의 신앙과 헌신이 과거 어느 때보다 생동하고 있다는 것이다.[41]

우리는 금요일 해가 뜬 후 쿠라비랑가드[코타얌 부근]에 도착했다. 아직 이른 아침인데도 예배자들이 교회당으로 가는 넓고 웅장한 계단을 오르고 있었다. 맨 꼭대기의 넓은 층계참에 오르자마자 많은 사람들은 거기 세워진 십자가를 향해 기도를 드렸다. 몇 사람이 봉납등에 불을 밝혔다. 봉납등은 그들의 헌신을 상징하며 계속 불이 타도록 되어 있다. 예배가 끝나자 찬란하고 다채로운 색을 한 바로크 제단이 있는 퍽 작은 교회당을 큰 무리가 조용히 떠나고 있었다. 마침 아침의 첫 햇살이 종려나무 잎 사이로 새어 나오고 있었다. 말라바 사람들이 즐겨입는 흰 옷이 밝은 아침빛을 반사하며 눈부시게 빛났다. 이른 아침 예배를 드린 후 남녀들이 조용한 걸음으로 마을로 내려가 각기 일터로 흩어졌다. 밤이 되면 어머니가 식구를 불러 모으고 도마 기독교인들이 오랫동안 충실하게 지켜온 전통에 따라 저녁 기도회를 갖는다.

이것은 성도마가 남긴 유산이며, 생동하는 믿음의 능력에 관한 장엄한 표본이다.

제17장. 결핵퇴치를 위한 인도의 신무기

우리 크리스마스 씰 위원회는 한국에서와 같이 인도 전역에서 광범위한 활동을 하고 있었다. 인도국민과 여러 교단에 속한 선교사들이 모두 참여하고 있었으며 피켓 감독이 회장을 맡고 있었다. 카스트나 종교, 인종에 따라 차별함 없이 결핵환자를 수용하는 의료선교기관이라면 누구나 소정의 검증을 거쳐 씰 캠페인의 혜택을 받을 수 있었다.

씰 디자인을 개발하는 과정에서 아티스트들에게 상상력을 발휘하도록 격려를 아끼지 않았고, 이러한 방침 덕분에 독창적이고 매력적이며 색채가 풍부한 디자인들이 나오게 되었다. 씰의 디자인과 유사하게 디자인한 인사카드가 인기를 얻었고 씰 자체의 판매에 도움이 되었다. 처음 나온 카드는 수제 인디언종이로 만들어졌다. 그런데 인쇄공들이 종이표면이 너무 거칠어서 잉크가 골고루 묻지 않는다고 불평하기 시작했다. 이미 인쇄해 놓은 인디언종이를 사용한 씰이 많이 팔리고 있음에도 불구하고 우리는 결국 인디언종이 사용을 포기해야만 했다.

나는 한국의 크리스마스 씰 캠페인에서 많은 교훈을 얻었기에 이것을 인도가 얻을 혜택과 연계시킬 수 있었다. 씰 판매를 시작하기 전에 철저히 사전준비를 했다. 사람들에게 폐결핵과 싸우는 최선의 방법을 가르치는 건강 교육이 특별히 중요했다. 씰 캠페인이 진정 중요한 이유는 사실 여기 있었다. 그럼에도 불구하고 모금액의 규모는 건강 교육과 폐결핵 예방에 관한 교육활동의 성공을 가늠하는 유용한 지표가 되었다. 이것은 기록으로도 입증되었다. 예를 들어, 씰 캠페인 초년도인 1941년, 씰을 배포하기 전에 광범위한 건강교육 캠페인까지 할 시간은 많지 않았다. 그 결과, 판매액은 고작 1,241루피(당시 376달러, 현재가치 약 1만 달러)였다. 반면, 3차 년도까지 판매액 총액은 108,700루피(당시 32,990달러, 현재가치 약 75만 달러)로 늘어났고, 약 3,000달러의 순수익이 발생했다. 씰 프로그램과 그 목적이 결핵예방에 있다는 사실이 더 많은 사람에게 알려지게 되면서 판매액은 해마다 증가를 거듭했다.

씰 영수증 수가 증가하는 것으로 보아 병원에 입원할 능력이 없는 결핵환자가 늘어난 것을 알 수 있었다. 초기 10년간에 약 500여 명의 환자가 씰 자금의 도움을 받았다. 공중보건의 관점에서 볼 때, 이것은 결핵에 감염된 500명의 개인을 격리함으로써, 격리되지 않은 환자 한 사람이 최소 10명에게 병을 옮긴다고 감안할 때 5,000명의 추가 감염을 막은 셈이 된다.

씰 캠페인으로 모금된 돈은 환자 병동과 주택 건축 등 영구성을 지닌 일에도 들어간다. 자금은 홍보활동이나 결핵통제 요원의 훈련을 위한 지원금으로도 사용된다. 힌디와 로마자로 인쇄한 우르두, 영어 결핵퇴치 전단이 널리 배포되었다. 폐결핵퇴치 운동을 소개하는 자료를 신문이나 여타 출판물의 기사자료로 보냈고, 결핵예방 강연을 하거나 학교나 대학에서 관련 영화를 상영했다. 몇 년 후에는 버마와 파키스탄에도 결핵 씰 아이디어를 채택할 것을 권유했고, 우리의 씰 캠페인 경험을 나누어 주는 등 자문도 해주었다.

구미 제국이 인도 크리스마스 씰 운동에 관심을 보이기 시작했으며 재정적 지원도 해주었다. 서양에서 특히 호소력이 강한 디자인 중 하나는 《타임즈 오브 인디아》의 전속 아티스트인 시루르가 디자인한 1946년도 씰이었다. 그 씰은 배경에 아그라에 있는 아름다운 타지마할을 보여주면서 전경에 연꽃연못에 비친 자기 모습을 응시하고 있는 인도처녀의 사진을 넣은 디자인이었다.

타지마할

이듬해, 인도는 영국으로부터의 독립과 인도와 파키스탄의 분리에 따른 사회적 격동기를 지나가고 있었다. 페니실린과 설파제 같은 신약의 출현으로 결핵치료 분야도 큰 변화를 겪고 있었다. 이 신약은 결핵 뇌막염과 속립粟粒결핵(military TB, 결핵균이 혈액 속으로 들어가 온몸에 퍼져 그곳에 무수한 좁쌀만한 결핵 결절結節을 만드는 질환—편집자) 치료에서 효과가 입증된 약품이었다. 신약에 무릎을 꿇은 다른 질환은 결핵 복막염과 후두염, 정맥두염이었다. 그러나 결핵의 주된 질환인 폐결핵은, 특히 영양실조로 결핵에 대한 저항력이 약화된 사람들이 사는 나라들에서 아직도 큰 피해를 주고 있었다.

1947년의 인도는 질병에 특별히 취약했다. 분쟁과 혼란 중에 발생한 이 만성질환의 상태를 굶주림이 더욱 악화시켰기 때문이다. 앞서 언급했던 1947년 소요사태로 인해 1947-48년도 씰은 1942-43년도 씰의 디자인을 그대로 원용하여 재발행했다. 디자인에는 낙타 한

양을 품에 안은 목동

마리와 그것을 탄 사람이 홍예문으로 들어가는 모습을 표현했다.

다시금 우리는 크리스마스 씰이 이 두 가지 새로운 조건과 싸우는 데 있어서 가공할 무기가 될 수 있음을 깨닫게 되었다. 크리스마스 씰 판매 이익금 할당 계획이 이미 수립되어 있었기 때문에 별도의 지원금 분배체계를 만들 필요가 없었으며, 이 지원금 외에도 타격을 많이 입은 결핵환자 피해자들에게만 지원되는 구제금이 추가로 확보되었다. 씰을 구매하는 것만으로도 모든 사람이 굶주림과 사회불안으로 악화된 문제들의 해결을 돕는 일에 중요한 역할을 할 수 있었다.

이 격동의 시기 동안 우리는 휴가 중이었다. 그러나 고국에 있는 후원자들에게 선교현장의 관심사를 전달해 줄 수 있는 입장에 있게 된 것이 오히려 감사했다. 1948년, 우리는 전국결핵협회와 협의하여 당해 인도 씰 디자인을 접시로 제작하기로 했다. 신생독립국의 혼란의 와중에서 씰을 이런 식으로 제작하는 곳을 찾을 수 없었기 때문이다. 접시는 캐나다연합교회 휴 어원 목사의 수상 사진작품을 소재로 만들어졌다. 양팔로 어린 양을 안고 있는 카시미르 출신 인도인 목동을 찍은 이 사진은 《주간인도》 표지에 처음 보도되었던 작품이었다. 사진 배경에는 히말라야 산맥의 눈부신 모습이 어렴풋이 드러나 있다. 어원 목사의 디자인이 큰 인기를 얻었고, 이듬해 그의 또 다른 수상 사진이 크리스마스 씰에 사용되었다. 이번 사진은 남부 인도 정글이 배경인데, 화려하게 성장을 하고 크리스마스 인사를 하는 듯 코를 들어 올린 코끼리 등에 앉아 있는 마호우트(코끼리 몰이꾼)를 묘사한 작품이다. 전경에는 인도 정글에서 키가 작은 나무

만큼 자라나는 야생 포인세챠 즉 크리스마스 꽃이 있다.

결핵 크리스마스 씰 10주년 기념일은 인도에서 여러 가지로 중대한 의미가 있었다. 이정표가 되는 이 해에 씰 선교위원회가 재능 있고 젊은 그리스도인 아티스트이며, 살아있는 듯한 마하트마 간디 초상화를 그려 유명해진 갓프리를 발견한 것은 커다란 행운이었다.

10년 동안 크리스마스 씰 프로그램은 천천히 그러나 착실하게 성장했다. 서비스를 제공하는 자원봉사자들이 늘어났을 뿐 아니라 다른 단체들도 프로그램에 참여하기 시작했다. 한 자원봉사자는 혼자서 최소 5,000매의 씰을 책임지겠다고 나섰지만 아무도 놀라지 않았다. 처음 9년 동안 실적이 낮은 최초 년도를 제외하고 이익이 매년 평균 3,000달러를 상회했으며, 10주년에는 목표를 과거 10년간 누적 수익이 44,000달러에 이르도록 목표를 정했다.

이번 10주년에서 특히 괄목할 사항은 인도정부가 인도결핵협회를 통하여 크리스마스 씰 개념 자체를 받아들이겠다고 결정한 것이었다. 우리 결핵퇴치 프로그램과 크리스마스 씰에 대한 이런 관심과 인정은 한 사람, 즉 인도 보건부장관 암릿 카우르 공주의 영향력에 힘입은 바가 컸다. 몇 년 동안 그녀는 우리 사역의 든든한 친구가 되었다.

펀잡 카푸르달라 주 지배 가문의 딸인 암릿 카우르 공주와 그녀의 남자 형제들은 시크교에서 로마 가톨릭으로 개종한 부친 하르남 싱 왕에 의해 그리스도인으로 양육되었다. 하르남 싱 왕의 자녀들은 영국에서 교육을 받았는데, 외동딸 암릿 카우르는 영국 도셋 소재 셔본스쿨과 옥스퍼드 대학교를 다녔다. 1918년 귀국한 후 마하트마 간디를 동경하면서도 부친의 희망에 따라 부친이 타계할 때까지 카푸르달라 궁에 머물렀다.

그 후 얼마 지나지 않은 1930년, 그녀는 봄베이 근처 간디의 '아쉬람'(은거처)으로 갔다. 그녀가 간디의 비서로 있을 때인 1947년, 자와하랄 네루 수상으로부터 초대 내각에 보건부장관으로 입각 제의를 받았다. 그녀는 마지못해 간디를 떠났는데 간디의 간곡한 권유가 있었기 때문이었다. 그녀는 새 정부에서 막강한 힘을 발휘했으며 인도의 여권 운동 지도자 중 한 사람이 되었다.

공주는 무수한 전국 및 국제 보건기구의 대표를 지냈는데, 예를 들어 인도아동복지위원회, 인도한센씨병협회, 인도결핵협회, 세계보건기구 등이 있었다. 그녀는 또한 국제적십자회의 부총재로 재직하기도 했다. 그녀가 주도한 인도 내 말라리아 퇴치 운동은 말라리아로 사망하는 사람의 수를 줄이는 데 크게 기여했다. 1956년, 미국 프린스턴 대학교에서 명예 법학박사 학위를 받았다. 다음은 수여식에서 읽은 그녀의 공적 사항 중 일부분이다.

> 그녀는 공주라는 신분으로 가난하고 약한 자들, 어머니와 아이들, 병들고 굶는 자들 속으로 희망과 믿음의 메시지뿐 아니라 실질적이고 고도로 효과적인 실천프로그램을 가지고 들어갔다.
>
> 18년 동안 마하트마 간디의 제자와 비서로서 인도를 정치적으로 자유로운 나라로 만들려는 간디의 노력에 동참했다. 현재 그녀는 조국 동포의 보건 복지 수준의 향상이라는 중요한 과제를 수행하고 있다. 그녀는 믿음, 소망, 사랑—사도 바울처럼 그 중 제일은 사랑이라 믿으며—의 살아있는 표

상으로 우뚝 서 있다.[42]

내 사적 견해로도 이런 찬사는 응당한 것이다. 다양한 집단과 업무를 다루면서 그녀는 늘 형평성을 중시했으며 공주가 1964년 2월 6일 타계할 때까지 나는 그녀가 로마 가톨릭 신자라는 것을 알지 못했다.

1949년 3월, 암릿 카우르 공주와 함께 바레일리 소재 클라라 스웨인 병원 창립 75주년 기념식에 참석한 일을 나는 매우 자랑스럽게 생각한다. 이듬해 델리의 한 신축 건물 준공식에 초대된 적이 있는데 보건부장관이 나를 반갑게 맞아 주어 기뻐한 일이 있다. 우리의 결핵 씰 사업에 대해 평소 관심이 많았고 언젠가 나를 만나게 되면 그것에 대해 얘기를 나누고 싶었다고 했다. 진행자가 다가와 장관께서 오셔야겠다며 우리 대화를 중단시키자 그녀가 내게 유감을 표하고 여기는 무엇을 논의하기에 적절한 장소와 때가 아니므로 나를 조만간 중요한 보건관계 회의에 초대하겠다고 했다. 나도 우리가 거기서 만나 서로 품었던 화제를 가지고 논의하는 게 더 나을 거라고 생각했다.

얼마 있지 않아 델리의 보건부가 발송한 인상적인 봉투에 든 초대장을 받았는데, 나를 1950년 9월 19일 개최되는 어느 보건 관계회의에 특별초청강사로 초빙한다는 내용이었다. 초청장에는 인도의 결핵 크리스마스 씰에 관해 얘기해 달라는 내용의 암릿 카우르 공주의 사신私信이 첨부되어 있었다.

나는 매우 기뻤다. 보건 전문가들이 모이는 그런 엄숙한 자리에서 강연을 할 기회가 생겼다고 기뻤던 게 아니라, 그것이 인도정부가 크리스마스 씰을 인도의 보건 전쟁을 위한 효과적인 무기로 공식 인정하는 최초의 움직임이기 때문이었다.

회의는 화려한 의사당 건물의 대회의실에서 열렸다. 내 발표에 대한 반응은 좋았다. 내가 강조한 점은 우리의 씰 캠페인의 주된 목적이 보건 교육과 질병 예방, 특히 결핵통제에 있다는 것이었다. 결핵과의 전쟁에서 모금 운동이 결정적 역할을 했다고는 하지만, 씰을 구매하는 사람에게 그만한 가치가 있다는 사실을 확신시키지 못한다면 고유의 가치가 없는 작은 종잇조각 따위는 한 장도 팔지 말아야 했다. 나는 씰을 사는 사람들에게 그 액수가 아무리 적은 것일지라도 결핵과의 대전에서 큰 몫을 감당한다는 사실을 깨닫게 해야 한다고 강조했다.

회의가 끝난 후 가진 다과회 자리에서 많은 참석자들이 씰이라는 착상에 깊은 관심을 내비쳤지만, 암릿 카우르 공주만큼 열성을 보인 사람은 없었다. 공주는 나를 옆에 앉히고 결핵퇴치 씰을 인도결핵협회를 통해 인도정부가 주관할 용의가 있다는 말을 했다. 뿐만 아니라 우리 결핵 씰 위원회가 최초 씰의 디자인까지 맡아달라고 했다.

"그 일을 영광으로 알고 쾌히 승낙하겠습니다." 내가 대답했다.

짧지만 핵심을 찌르는 논의였다. 나는 인도하시고 도우시는 하나님을 찬양하며 회의장을 나섰다. 지체하지 않고 그 좋은 소식을 델리에 거주하는 우리 위원회 대표 피켓 감독에게 전했다. 우리 앞에 난관이 아직 많이 남아 있지만, 행복한 반전 소식에 감독도 나와 함께 기쁨을 나누었다. 인도결핵협회는 과거 크리스마스 씰에 대해 호의를 보인 적이 없었다. 우리의 개척사역이 10여 년에 걸쳐 성공을 거두자 인도정부도 씰 운동이 결핵퇴치에 효과적인 무기가 될 수 있으며, 정부가 이 운동에 관여해야겠다고 최종결론을 내린 것이다. 크리스마스 씰 프로그램을 정부가 인정했다는 사실은 결코 작은 승리가 아니었다.

다행히 10주년 기념 씰 창안자로 선발된 아티스트 갓프리 브랜던이 제출한 시안 가운데 적당한 작품이 하나 있었다. 우리 씰에 사용하려 했던 작품이었다. 그러나 정부 당국의 마음이 변하기 전에 일을 시작해야 한다는 생각에 나는 이 디자인을 즉시 제출하여 다른 사람이 끼어들기 전에 공주의 결심을 얻어내기로 했다.

나는 아름다운 정자를 배경으로 한 화려한 공작 스케치를 가지고 아지메르에서 뉴델리로 급히 되돌아 왔다. 공주가 공작 스케치를 보고 매우 기뻐하면서, 특히 공작을 신성한 새로 여기는 힌두인들에게 호소력이 있을 것이며 색채가 화려한 디자인도 모두 좋아할 것 같다고 했다. 그녀가 내게 깊은 감사를 표했고, 정부가 연내에 준비를 완료해야 했었기 때문에 나의 신속한 대응에 특별히 사의를 표했다. 그러나 공작 디자인 원본에 나타난 화려한 색상이 인쇄비를 증가시킬 것이라는 이유로 밝은 색조로 재조정되었다. 사실 맞는 말이었다. 그러나 밝은 색조로 조정된 디자인은 그만큼 매력을 잃어버릴 것이다(예상했던 대로 색조가 달라진 씰은 인기가 기대에 미치지 못했다. 게다가 인도결핵협회 임원이나 회원이나 모두 씰 판매에 경험이 없었다).

이 민감한 사안에 관련하여, 만약 이 문제를 공주에게 가져가면 색조를 진하게 하라고 지시할 것이 분명했지만 나는 공주에게 호소하지 않기로 했다. 나는 이 프로젝트가 이렇게 신속하게 시작된 것만으로 충분히 만족했다. 프로젝트 중단의 빌미를 제공할 수 있는 행동을 하기 싫었다. 그래서 나는 내 생각을 털어놓지 않았다.

인도결핵협회로부터 중요한 회의에 참석해 달라는 요청을 받았을 때 나는 뭔가 잘못되고 있다는 느낌이 왔다. 나는 피켓 감독과 접촉을 했다. 감독은 결핵협회 임원들과 만나는 회의를 델리에서 가질 수 있도록 주선해주었다.

닥터 P. V. 벤자민과 그의 참모들이 우리를 정중하게 맞았다. 그러나 그들의 엄숙한 표정을 보고 나쁜 소식이 있음을 직감했다. 하지만 어려운 문제를 해결하는 능력이 뛰어난 피켓 감독과 같이 있다는 사실이 너무나 반가웠다. 또 그에겐 인도에 관해 오래고도 풍부한 경험이 있었다.

회의가 시작되자마자 의장이 다음과 같은 요지의 폭탄선언을 했다.

"인도결핵협회가 결핵 씰 사업을 인수 중에 있으므로 선교 결핵기관은 다음 두 가지 이유로 기금으로부터 나오는 지원금을 받지 못합니다. 첫째, 선교기관은 본국으로부터 독립적 지원을 받고 있습니다. 그리고 둘째, 과도한 정부의 간섭을 피하기 위해 정부기관의 지원금을 거부하는 선교기관이 있습니다." 그가 최종 입장이라는 투로 선언했다. "그리고 당신들은 더 이상 씰을 발행하지 못하게 될 것입니다."

우리 두 사람을 아연실색케 하는 일격이었다. 나는 말문이 막혔다. 그러나 피켓 감독은 곧 정신을 차리고 다음과 같은 요지의 말로 대응했다. "솔직한 말씀에 감사합니다만 처음 두 가지 사항은 이해를 한다 하더라도 모든 것이 정말 매우 유감스럽습니다. 그러나 3번째 사항에 관하여는 강력한 항의를 제기하는 바입니다. 우리가 자신의 씰을 발행할 특권을 부인당하고, 또 동시에 우리들 선교기관이 정부 씰 판매로부터 나오는 지원금을 받지 못하도록 한다면, 우리가 결핵퇴치 사업을 적절하게 수행할 수입이 부족하게 될 것입니다. 당신도 이런 사태가 오기를 바라지 않을 것이라고 생각합니다."

피켓 감독의 강력한 항의를 받고 닥터 벤자민이 마음에 큰 감동을 받은 것같이 보였다. 필요한 심의를 끝낸 후 그가 다음과 같은 요지로 대답했다. "그렇습니다. 우리도 선교 결핵기관이 수행하는 결핵퇴치 사업의 가치를 인정합니다. 그리고 필요한 지원금을 박탈하고 싶지 않습니다. 당신들 씰은 인도 내 선교기관만을 대상으로 배포될 수 있습니다. 단, 국가 결핵 상징인 세로줄 십자가는 빼야 합니다. 그렇게 해야만 자칫 선교기관의 씰이 정부 씰로 오인 될 위험을 방지할 수 있기 때문이지요."

"그럴 경우 우리는 해외로부터 더 많은 지원을 요청해야 할 입장에 처하게 될 것입니다. 인도정부가 자체 씰을 타국에서 사용하지 않을 것이기 때문에, 나의 주장하는 바는 우리가 세로줄 십자가를 모든 해외용 씰에 사용하게 하셔야 한다는 것입니다."

해마다 내가 선교 씰을 정부 사무실에 제출하고 검사를 받는다는 조건으로 그는 마침내 이 특권을 우리에게 부여했다. 그는 인도 내 배포에 관한 제한 규정을 준수하고 있다는 증거로 씰에 세로줄 십자가를 사용하지 말아야 한다고 했다.

나는 이 제안에 동의했다. 선의의 표시로 우리 씰 위원회가 기꺼이 정부 씰도 취급할 용의를 시사했다(후일, 우리 위원회도 이에 동의했다). 나는 또 협회가 씰 캠페인의 필수 단계인 씰 배포에서 적절한 경험을 쌓을 때까지 우리가 씰 배포를 도와주겠다고 제의했다. 이 협력체계 구축에 따른 흥미로운 결과 중 하나는 내가 라자스탄 주의 정부 결핵 씰 위원회의 회장으로 선출되었다는 것이다. 내가 회장으로 선출된 이유는 라자스탄 내에서 내가 어느 누구보다 결핵 씰에 대한 경험이 많았기 때문이다. 비록 내가 많은 시간 공을 들여야 하는 결정이지만, 관련된 모든 당사자들이 이 결정을 만족스럽게 받아들였다. 각각의 업무에서 가장 절정을 이루는 때가 분산되어 있다는 점이 그나마 다행이었다. 선교 씰은 크리스마스 전에, 정부 씰은 신년 직전이 가장 바빴기 때문이다.

일이 새 국면에 접어들면서 우리는 씰의 동시 제작이라는 특수한 상황에 처하게 되었다. 이 상황은 우리에게 제약요소가 되기도 했지만 다른 한 편으로 새로운 자유를 얻는 기회가 되었다. 10주년 기념 씰을 발행하기 전까지 우리는 모든 종교집단이 받아들일 수 있고 각각의 종교 절기에 맞는 씰을 제작해야 할 입장이었다. 다른 한편, 결핵퇴치운동에서 일반국민을 상대로 가입을 권유하는 수단으로 국가가 씰 아이디어를 수용한 상태에서, 우리는 기독교 모티브로 선교 크리스마스 씰을 내놓을 자유를 갖게 되었다.

우리 씰의 판매는 인도 내에서는 다른 선교집단에 한정되었고, 해외에서는 이미 크리스마스 축하의식을 아기예수의 탄생으로 받아들이는 나라에서 판매되었다. 따라서 우리 아티스트들이 목자와 현자, 구유에 누이신 아기예수, 성모와 아이, 이집트 이주 등의 주제로 예수탄생을 묘사할 수 있게 되었다.

10주년 기념 씰에서 갓프리 브랜던은 인도인들이 성경 이야기에 감응하기 쉽도록 예수 탄생을 묘사했다. 터번을 쓴 목자 세 명이 도티와 셔츠를 입고, 두 손을 모은 채 전통 인도 인사 "나마스테!"로 아기예수와 마리아에게 경배를 한다. 초가지붕 마구간, 브라미니 곱사등 암소, 종려나무 등이 하늘에서 빛을 발하는 별과 어우러져 인도 분위기를 연출했다.

씰 시트 한 장 전체 면을 사용하는 새로운 아이디어의 효시는 1953년 존드헤어가 "소망의 별"을 씰 시트 맨 위에 위치시킨 것이었다. 씰마다 나오는 3인의 동방박사가 우리를 쳐다보며 별을 따라 베들레헴으로 가고 있고, 각개 씰이 시트 상 위치에 따라 별에서 쏘는 다른 각도의 광선을 보는 구도였다.

1953년부터 1963년까지의 디자인은 씰 시트 맨 위에 "소망의 별"을 위치시켰다. 각개 씰에서 빛살을 뺀 1962년 판을 제외하고는, 별에서 나오는 빛살이 시트 전면으로 뻗어나가면서 각개 씰을 서로 다른 모양으로 보이게 했다. 존드헤어의 '목자의 시각 컨셉'은 1953년의 씰 디자인에 독특함을 부여했다. 10주년 기념 씰에서 시작된 기독교 테마가 1965-66년 크리스마스 시즌을 위해 발행된 마지막 씰까지 계속 사용되었다. 마지막 씰이 발행된 것은 인도 크리스마스 씰 25주년이었다. 그때가 선교 씰의 발행을 중단하기로 한 때였다.

지난 15년 간 씰을 만든 아티스트 중 8명이 결핵환자였고, 그 중 다수가 요양원 직업치료과에서 미술 교습을 받은 사람들이란 사실은 흥미로운 일이다. 그들은 자기들이 만든 씰 디자인을 헌납하는 행위를 통해 크리스마스 씰 기금으로부터 받은 혜택에 대해 감사를 표시했던 것이다. 그들의 미술적 표현은 자기들이 요양원에 있을 때 어느 간호직원의 간증을 듣고 생긴 영적 감응을 반영한 것이었다.

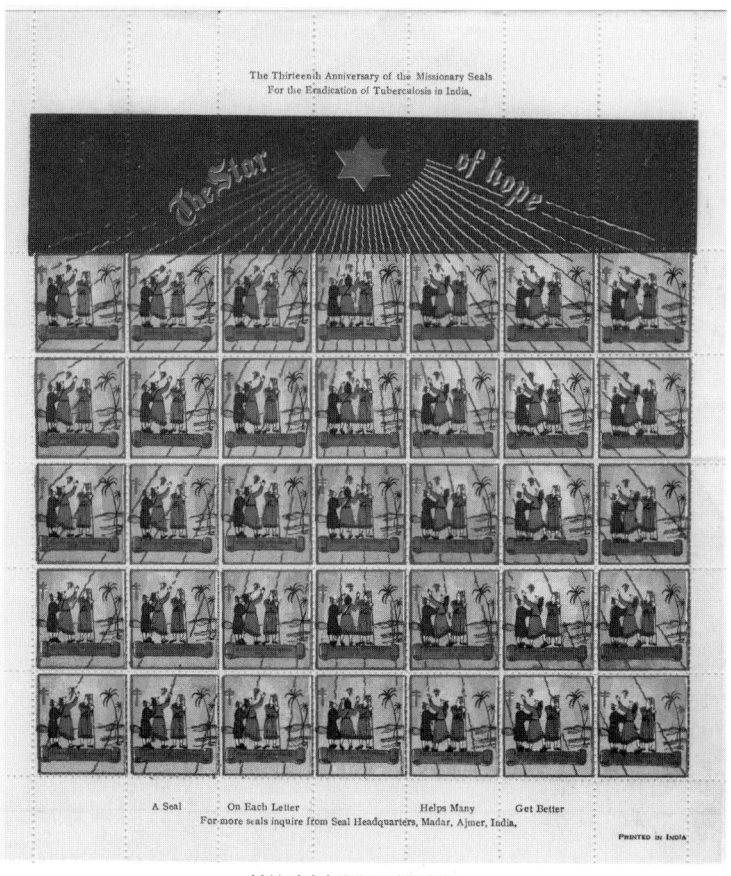

M. V. 디자인 1953-54년 플레이트

갓프리 브랜던(역사적인 인도정부 최초 씰 외에 우리 선교 씰 3개를 디자인했다), 델리 아티스트 아샤 람 슈클라, 아지메르 소재 메요대학 미술학과의 구에, 기타 우리 운동을 도운 미술가들이 정부의 방해에도 불구하고 그 어느 때보다 우리 씰이 잘 팔리도록 하는 데 공헌을 했다. 구에는 1955, 1956, 1958년도 씰을 디자인 했는데 모두 좋은 반응을 얻었다.

1963년 11월 10일, 감리교 선교사 강제 은퇴연령인 70세가 되어 나는 공식 은퇴를 하고 씰 캠페인의 주도권을 23년간 나를 보좌한 H. C. 대니얼에게 넘겼다. 다른 이들은 크리스마스 씰 위원회의 위원 자리를 누렸지만, 대니얼은 막후에서 섬기던 이름 없는 용사였다.

성공적인 기업마다 사업 목표에 충성하면서, 봉투에 내용물을 넣는 일이나 모금편지 받아쓰기, 우체국이나 인쇄소로 심부름 가기 등 실제적인 일을 불평하지 않고 맡아서 하는 사람이 있게 마련이다. 대니얼은 종종 자신의 질녀이며 학교 교사인 사라를 불러다가 교육 자료를 자국어로 번역하는 일을 시켰다. 우리의 선교 씰 제작을 1966년까지 지속할 수 있었던 것은 대니얼의 헌신 덕분이었다. 그가 은퇴하자 그 자리를 메울 헌신적인 사람을 구할 수 없었고 따라서 선교 씰도 없어지고 말았다.

되돌아봐도 후회는 없다. 결핵 크리스마스 씰을 3개국(한국, 인도, 그리고 파키스탄)에 도입했고 네 번째 국가 버마에서 씰을 시작하도록 도움을 주었다(버마는 고유의 디자인을 채택해 썼으나 나에게 자문역을 맡겨 지도하게 했다)는 사실이 만족스럽다. 인도결핵협회가 결핵과 같은 국가적 대적과 맞아 싸우는 데 있어 내가 그들에게 씰 아이디어의 장점을 굳게 신뢰하도록 할 수 있었던 점이 특히 감사한 일이다. 나는 소장한 한국·인도 결핵 크리스마스 씰 원본 모음집을 1972년 12월 15일, 워싱턴 D. C. 소재 스미소니언 연구소 우표 연구과에 기증했다.

대니얼, 셔우드 홀과 우편발송 도우미들

1946-47
P. G. 시룰

1947-48
주아니타 오웬

1948-49
휴 어윈

1949-50
휴 어윈

1950-51
갓프리 브랜던

1951-52
갓프리 브랜던

1952-53
아사 람 슈클라

1953-54
M. V. 존드헤어

1954-55
J. A. 헐버트

1955-56
구에

1946~56년 인도의 성탄씰들

1956-57
구에

1957-58
갓프리 브랜던

1958-59
구에

1959-60
마단 랄 베르마

1960-61
P. E. 파와르

1961-62
비조이 탈루크다르

1962-63
케샹(티벳 난민출신)

1963-64
케샹(티벳 난민출신)

1964-65
비조이 탈루크다르

1965-66
케샹(티벳 난민출신)

1957~66년 인도의 성탄씰들

인도정부 발행 첫 씰(1950-1951) : 갓프리 브랜던

제18장. 히말라야 트라이앵글

　필리스가 우드스탁 학교 3학년 때였다. 녀석이 기숙사로 들어가고 싶은데 허락해 달라고 간청했다. 자기 급우들 대부분이 학년 중 많은 기간을 기숙사에서 생활한다는 것이다. 그러나 매리언은 자녀들과 함께 지내야겠다는 결심을 굳히고 필리스의 간청을 받아들이지 않았다. 4월 중순, 매리언이 고원마을로 가는 도중 델리와 데라둔에 잠시 머물러 환자 몇 사람을 진료해야 하는 일이 생겼다. 그래서 매리언도 란도우르로 떠나기 전, 필리스에게 한 달간 기숙사 생활을 경험하도록 허락했다.

　8월 24일 매리언이 예상치 못한 응급 케이스로 미국 행 비행기에 올랐다. 필리스도 또 한 번의 기숙사 생활을 시작했다. 선교단에서 매리언에게 3주 전 둘째 아이 출산 후 산후 정신병을 앓고 있는 환자의 호송원으로 일할 용의가 있느냐고 문의해왔다. 그 환자는 미국에 가서 적절한 치료를 받아야 할 환자였는데, 매리언의 왕복 여비는 지불해주는 조건이었다. 우리 부부는 이 건을 서로 상의한 끝에 그렇게 하기로 했다. 그리고 그 산모의 사정이 급박하다는 결론을 내렸다.

나는 급히 매리언의 여권과 긴급여행 필수품을 구했다. 경찰서장이 발행하는 증명서도 발부 받았다. 이 증명서는 패스포트 비자에 대하여 미국 대사관이 요청하는 증명서로서 나의 아내가 "선량한 성품"을 가졌다는 사실을 확인하는 증명서였다. 경찰서장이 유쾌한 모습으로 증명서를 건네주면서, 웃음을 머금고 내게 물었다. "왜 미국사람들은 자기들이 파송한 선교사의 성품을 의심하는 건가요?"

매리언이 고원 마을을 떠나 환자와 환자의 남편, 그들 자녀 2명(생후 3주 된 아기와 6살 난 남자 아이)과 연결이 됐다. 매리언과 환자 가족은 차를 두 번 갈아타고 델리로 질주했다. 나는 다음 기차 편으로 델리로 가서 매리언과 만났다. 여권 사진, 비자, 출국허가, 면역주사 필증, 항공권 등을 모두 단 하루만에 처리하느라 난리법석을 떨었다. 사람들은 모두 불가능한 일이라 했다. 더구나 처음 찍은 여권 사진을 망쳐서 막판에 다시 찍어야 할 상황에 처했을 때 사람들 예측이 틀림없구나 생각했다. 두 번째 찍은 사진은 축축한 채로 근무마감 시간 5분 전에 간신히 미국대사관에 접수시켰다.

환자와 환자 가족의 출국허가증을 얻는 일도 막판에 당면한 어려움이었다. 출국허가증은 환자 가족이 사는 시 당국이 발행하는 문서였기 때문이다. 그러나 시간이 없었다. 그래서 우리는 마지막 수단으로 구급의료 행위 차원에서 델리 당국에 동정심을 호소하여 증명서를 발급 받기로 했다. 이 케이스가 얼마나 긴급한 상황인가를 의사로서 그들에게 인식시켰고, 또 설득 전조과정에 걸쳐 하나님의 도우심과 인도가 계셔서 결국 불가능이 가능하게 되었다.

새벽 4시 비행기를 잡기 위해 우리는 자정이 지난 조용한 시장 거리를 뚫고 공항까지 24킬로미터를 달렸다. 아내와 작별 인사를 하고 비행기가 이륙해서 밤하늘 속으로 사라지자 나는 갑자기 멍해졌다. 그도 그럴 것이 우리가 결혼한 이래 서로가 이렇게 먼 거리를 떨어져 지내기는 그때가 처음이었던 것이다. 흥분이 지나간 자리에 그 반작용이 밀려들었다. 떠나는 사람보다 뒤에 남아 있는 사람이 항상 더 힘든 법이다.

내 자신을 두고 연민에 사로잡힐 여유도 없었다. 나는 서둘러 고원마을로 가서 필리스를 기숙사로 다시 들여보낼 채비를 해야 했다. 흔히 '대학'이라고 하는(예전에 이 건물에 사범대학이 있었기 때문에 이렇게 불렀다) 여고생 기숙사에 임시로 거처를 정해주었다. 고원마을 별장을 폐쇄하고 반쪽 샴 혈통의 흑색 고양이 '씬더'를 돔지붕집으로 데려왔다. 우리는 매리언이 11월 22일 있을 예정인 필리스의 고등학교 졸업식에 맞춰 돌아오기를 기대했다.

그 환자는 8월 29일 뉴욕 소재 어느 정신병원에 무난히 입원했고, 선교본부는 매리언에게 7일 동안 고생이 많았으니 좀 휴식할 시간을 가지라고 했다. 매리언이 뉴욕에서 친 전보를 받고 아이들과 매리언의 누이 엠마, 엠마의 남편 노리스가 캐나다 찰스턴 레이크에 모였다. 그들의 반응을 묘사하기에 '놀라움'이란 단어로는 너무도 부족했다. 매리언은 조와 윌리엄, 그리고 많은 친지들로부터 근사한 환영을 받았다. 매리언은 미국에 데리고 온 환자에게 적절한 조치를 해놓은 다음, 노동절에 맞춰 호수로 가서 윌리엄과 숙부 노리스와 함께 여행을 했다. 노리스는 윌리엄을 태우고 140킬로미터를 달려 자신이 고등학교 2학년을 가르치고 있는 온타리오 주 디저론토까지 데려다 주었다. 윌리엄은 두 주를 호수에서 보냈다. 조가 9월 12일 대학으로 돌아갔고, 매리언은 캠프를 끝내고 뉴욕으로 돌아왔다.

매리언은 자기의 몹시 바쁜 일정에 대해 다음과 같이 써서 지인과 후원자들에게 보냈다.

캐나다를 떠난 후 제가 무엇을 했냐고요? 저는 곧바로 미국식의 빠른 리듬 속으로 들어갔습니다. 그래서 선교본부의 조력을 얻어 센터 모리서스, 필라델피아, 피츠버그, 이스트 리버풀, 루츠타운, 클리블랜드를 돌며 순회강연을 했습니다. 거기서 필라델피아로 날아갔고, 그리고 기차 편으로 뉴욕에 왔습니다. 뉴욕에서 의료와 관계된 만남들을 갖고, 인도에 있는 많은 사람들에게 줄 선물을 구입했고, 돌아갈 항공권을 예약한 후 워싱턴으로 갔습니다. 거기서 하루를 묵고 감리교 분기회의에서 강연을 했습니다. 이 회의에서 인도 간호사 주택마련 기금 조로 금일봉을 선물로 받았습니다. … 다음, 볼티모어로 갔습니다.

언니의 집을 거점 삼아 하루 한두 차례 볼티모어 지구의 여러 교회에서 강연을 하면서 마다르 요양원에 대한 후원을 호소했습니다. 내가 항상 염두에 두고 있던 것은 마다르 요양원에 인도 간호사들 숙소를 새로 지어야겠다는 것이었습니다. 지금 있는 숙소만 생각하면 부끄러운 마음이 앞섭니다. 1941년 우리가 부임했을 때 45명이던 환자가 지금은 거의 2백 명으로 늘어났는데도 숙소는 그대로입니다. 비행기에 오를 때면 이 비행기로 곧장 마다르로 날아가 새 숙소를 짓게 되었음을 전해주고 싶은 마음이 들곤 했지만, 마지막 주가 되었는데도 겨우 우리가 필요한 5,000달러 중 1,300달러밖에 없었습니다. 바로 그때 남편으로부터 편지가 왔는데, 내 기도가 응답되었다는 것입니다. 클리블랜드 방문을 마치고 필라델피아에 들렸을 때 친구에게 전화를 해서 간호사 숙소 신축 건으로 1,000달러 얘기와 내 희망을 알려준 일이 있는데, 이 친구가 즉각 수표를 떼어 나도 모르게 남편에게 부쳤던 것입니다. 5,000달러 중 4,000달러는 간호사 숙소 신축용이고 나머지 1,000달러를 남편이 부탁한 특별한 용처에 써 달라는 것이었습니다. 이 좋은 소식을 비행기를 타기 전날에야 알게 되었던 것입니다. 제 기쁨이 얼마나 컸겠는가 생각해 보세요. 제 말을 듣는 여러분도 저와 마찬가지로 행복하고 감사하다는 생각이 드실 겁니다.

제가 고향에 다시 가면, 요양원 옆 농토 일부를 사기 위해 11,000달러 모금 캠페인을 하겠습니다. 거기엔 물맛이 좋은 우물이 하나 있지요. 가끔 세를 내서 그 우물을 쓰는데 세를 내고도 쓰지 못하는 일이 생기면 우리 사역이 낭패를 당하게 될 것입니다. 10,000달러만 요청했었는데 환율이 작년보다 떨어져서 1,000불을 추가했습니다. 여기서 내가 어떤 분에게 전화를 드려서 1,000달러가 들어 있는 답장을 받는다면 얼마나 좋을까요? 그렇지 않으면 이 편지를 읽고 나서 능력이 닿는 대로 액수에 상관없이 모금에 동참하실 분이 생긴다면 얼마나 좋겠습니까?

10월 15일부터 18일까지 에모리 앤드 헨리 대학에서 조와 함께 지냈습니다. 캠퍼스는 여기서 볼 수 없는 붉게 물든 가을 잎의 영광으로 가득했습니다. 지방 라디오 방송을 통해 학생들에게 연설을 했으며, 기독감리교 여선교부WDCS 모임과 인근 마을 로터리클럽에서도 강연을 했습니다. 그런데 제게 가장 즐거웠던 건 조와 함께 지낸 시간이었습니다. 대화도 많이 나누었죠. 조가 차를 빌려서 멋진 스모키 산이 보이는 명승지로 데리고 갔습니다. 총장 내외가 테네시 산간에 있는 작은 오두막으로 안내했습니다. 오두막은 자기들 손으로 직접 지은 집이었습니다. 그곳은 지역 전체가 아름다운 전원이었습니다. 조와 아쉬운 작별을 하고 뉴욕으로 돌아와 인도 행 비행기를 탈 준비를 했습니다.

매리언이 뉴욕에서 기뻐서 어쩔 줄 모르며 나에게 알려오기를, 브라이언 모어 대학 동문이며, 필라델피아 소재 여자의과대학 재학 시절부터 매리언의 오랜 친구인 닥터 새딘 바론의 소개로 필리스에게 놀라운 기회가 왔다고 했다. 닥터 새딘 바론이 매리언을 태우고 펜실베니아에 있는 브라이언 모어로 데려가 인터뷰 기회를 마련했다. 그 결과, 필리스에게 1953년 브라이언 모어 대학 중간학기 입학허가와 장학금을 지급하겠다는 제의를 받았다.

매리언이 미국에서 여러 단체와 교회를 방문해서 인도에서 우리가 한 일, 장차 더 큰 일을 해야 할 필요와 꿈 등에 대해 설명하고 돌아오자, 우리 요양소에 다시 축복의 느낌이 번지기 시작했다. 그녀는 우리의 일을 위한 기부금 약속뿐만 아니라 새로 나온 "기적의 약품" 두 종류, 스트렙토마이신과 파라아미노살리실산(항생제인 스트렙토마이신과 함께 투여하여 결핵을 치료하는 화학요법제―편집자)에 대한 공급을 약속 받고 돌아왔다. 비싼 수입 약품이긴 해도 다른 치료에 반응을 보이지 않는 많은 환자들의 생명을 구하는 수단이 될 것이 분명했다.

매리언은 아지메르에 잠시 머무른 후 1952년 11월 5일 란도르에서 딸과 재회할 수 있었다. 11월 22일 필리스가 졸업을 했다. 며칠 후 우리는 필리스를 데리고 봄베이로 가서 마띠야 프라데쉬의 자발뿌르에 있는 레오나드 신학대학에서 사역을 하면서 휴가 차 미국 본가로 귀향 중이던 감리교 동역선교사들인 스탠리 토번 목사 가족과 합류시켰다. 토번 목사의 둘째 아들 라일과 딸 리비는 여행이 더 즐거워지겠다는 기대감에 들떠 리비의 학급 친구인 엠마와 필리스의 합류를 반겼다.

SS 오세아니아 출항

필리스가 11월 29일 'SS 오세아니아' 편으로 출항한 후 지금 우리 아이들 셋이 모두 지구 반대쪽에 있다는 현실에 마음이 시렸다. 그러나 우리들의 개인적 희생이 곧 주님의 나라를 확장하기 위한 것이라는 깨달음으로 위로를 받을 수 있었다. 우리는 주인 되시는 그

18. 히말라야 트라이앵글

분의 목적을 향해 헌신할 것을 다시 한 번 다짐했다.

우리들이 딸을 전송하면서 봄베이에 머무르고 있던 때에 제3차 국제부모계획회의가 11월 24일부터 12월 1일까지 봄베이에서 열리고 있었다. 우리들도 그 회의에 참석하여 옛 친구들을 만나고 새 친구들과도 사귀었는데, 이 모든 친구들은 매리언에게 인도가 필요로 하는 이 중요한 분야에 매리언이 가진 의술을 활용하라고 권유했다.

라마 라우 여사

우리는 남편이 인도재무부장관인 부모계획협회 회장 라마 라우 여사와 인사를 나누었고 또 인도가족계획협회 아바바이 와디아 등 인도의 인구 문제에 관심을 갖고 있는 인도의 지명인사들과도 만났다. 우리가 만난 사람들 중에 매리언의 적극적인 참여를 권유한 인사는 사회활동가 재닛 랭킨이었다. 그녀는 1916년 미국의회 최초의 여성 의원으로 굉장히 재미있는 분이기도 했다. 그녀의 자매인 시카고 부모계획협회의 에드너 버싸 랭킨 맥키넌이 즉석에서 매리언을 프록터 앤드 갬블링의 닥터 클레어런스 갬블에게 소개했다. 닥터 갬블링은 인도의 빈곤층도 사서 쓸 수 있는 여러 가지 산아제한 방법에 관한 조사에 열의를 보였다. 매리언이 조력할 의사를 표시하자 그는 필요한 자료를 제공하겠다고 했다. 아이들이 다 자라 제 갈 길을 찾아 독립했기에 이제는 선교 현장에서 인생의 새로운 단계를 개척하려고 생각하던 차에 이 제의는 매리언의 평소 생각과 완전하게 일치하는 것이었다. 매리언은 마다르의 공중보건 사역 중에서 가족계획 분야에 더욱 깊이 관여하고 싶어 했다. 1952년 2월 우리가 바라던 대로 로라 배틴이 공중보건 간호사로 우리와 합류하게 된 점도 고려하고 있었다. 회의에 참석한 가까운 친구 레이몬드(마리온) 잉거솔도 참 좋은 생각이라며 격려했다. 우리는 새로운 열정을 가지고 사역에 복귀했다.

축복의 크리스마스 계절이 되었다. 우리는 수주일 동안 환자들에게 아기 예수가 인간으로 오신 후 처음으로 맞이한 아침에 어떤 일이 일어났을까를 들려주었다. 이 친근하고 귀한 이야기는 반복할수록 더욱 새로워졌다. 이 기쁜 계절에 나는 250명의 환자들 모두의 병실을 찾았다. 신자, 불신자를 막론하고 얼굴 마다 행복으로 가득 차있는 것을 보았다. 몸이 쑤신다거나 통증이 있다거나, 앞으로 받을 수술이 무섭다거나, 자기들이 폐절제 수술을 받을 때 필요한 혈액을 과연 기증받을 수 있을까, 수술비용은 어떻게 마련할까 등등의 걱정스런 하소연을 한마디도 듣지 못했다. 대신, 그들은 성탄절 계획을 논의했다. 연례 성탄절 드라마에 참가할 수 있는 건강이 될까,

자기들 숙소나 병실에 어떤 장식을 해야 최고로 멋질까에만 관심이 있었다. 크리스마스 전기 장식을 해도 되는지, 무슨 성경말씀이, 또 어떤 장면이 가장 잘 맞을지를 미리 알아야 자기들 중에서 뽑힌 아티스트들이 실제 표현 작업에 들어갈 수 있기 때문이다.

성탄절 주간에는 매일 특별 프로그램이 계획되어 있었다. 병동과 숙소는 온통 행복과 분주함으로 윙윙거렸다. 각자가 모두 프로그램의 일부를 맡아 열심을 보였다. 바로 여기가 최고형태의, 가장 행복한 상태의 자발적 치료의 현장이리라. 그리스도인이 아닌 환자들도 크리스마스의 진정한 의미를 빠른 시간 내에 파악한 것을 보니 기분이 좋았다.

아이들 하나 없이 매리언과 나 단둘이서 크리스마스를 보내기는 이번이 처음이다. 크리스마스 양말을 채워둘 일도, 크리스마스 장식을 도와달라고 할 필요도 없었다. 이 장식들은 우리가 인도로 발령을 받아 가면서 선상에서 크리스마스를 보낸 다음에 바닷물 속으로

과잉 장식한 크리스마스 트리

크리스마스 선물

버리지 않고 보관해 둔 것들이었다. 그 재고품들로 요양원을 장식하고, 매년 크리스마스 트리로 쓰던 정원에서 가져온 키가 작은 분재 상록수에 과잉장식을 하고도 남았었다.

크리스마스 날 필리스는 미국으로 가는 도중이어서 남자 형제들과 크리스마스를 즐기지도 못했다. 크리스마스 때 가족이 서로 떨어져 있기란 그렇게 쉬운 일이 아니지만 선교사의 가족이면 흔히 겪는 일이었다. 우리 부부는 다른 사람들에게 기쁨과 행복을 가져다주는 쪽으로 관심을 돌리면서 외로움을 달랠 수 있었다. 산타크로스 복장을 하고(나의 넉넉한 몸통이 넓은 산타복을 자연스럽게 채웠다) 환자, 직원, 그들의 가족 등 600명이 넘는 대가족에게 선물을 나누어주면서 산타크로스 역할을 즐겼다. 이 선물들은 후원자들이 마련해준 것들이었다. 산타를 보고 겁을 먹는 어린이들이 몇몇 있었지만 대개는 선물을 받으며 즐거워하고 고마워하는 모습이었다. 그들에게 나누어 준 선물을 통해, 첫 번째 크리스마스에 세상에 주어진 "놀라운 사랑의 선물"이라는 메시지를 상징적으로 전할 수 있었다.

마다르에서 크리스마스 다음으로 큰 행사는 지나간 해의 실적을 검토하고 오는 해의 계획을 수립하는 연례 운영위원회 회의였다. 많은 서류를 준비하게 되는데, 통계자료 등 메마른 분위기를 부드럽게 하기 위해 우리는 항상 가장 재미있는 환자 몇 사람을 운영위원들에게 소개하곤 했다. 운영위원들 목전에서 우리의 기적 같은 사례들을 전시하는 효과도 있기 때문이었다.

한 예를 들면, 어떤 환자는 식이요법과 신약을 혼합한 치료 프로그램 덕으로 체중이 30킬로그램 이상 늘어났다. 또 다른 환자 한 명은 탁구공들을 가슴에 삽입하는 기발한 조처로 현저한 회복세를 보였다. 커다란 구멍을 틀어막는 것으로 폐의 환부를 효과적으로 고정시킬 수 있었던 것이다. 이 기법은 단 한 번의 수술로 끝났는데 그에 따른 가슴의 변형도 일으키지 않았다. 통상적으로는, 장기간에 걸친 최소 3단계의 힘든 흉곽성형수술 과정을 거쳐야 하는 것은 물론 지지 늑골의 제거로 인한 가슴의 변형이 있게 마련이었다. 이렇게 되자 환자들이 탁구공 시술을 강력하게 요구하기 시작했다. 물론 이 공은 수술 목적으로 특수하게 제작된 공이기 때문에 스포츠용구 가게들이 갑작스런 매출증대로 공급이 딸릴 것을 염려할 필요는 없었다.

척추 결핵을 수년간 앓았던 환자를 운영위원들에게 보여주면서, 내 의견을 개진했다.

한 가지 고무적인 말씀을 드리고 끝내고자 합니다. 여러분 중 대부분은 적어도 빅토르 위고의 유명한 소설 「노틀담의 꼽추」를 잘 알고 계실 것입니다. 그런데 외과의술이 발달한 오늘날에는 이런 제목을 달 일이 거의 없게 되었습니다. '꼽추'는 지금 빠르게 사라지고 있기 때문입니다. '꼽추'는 대개 무너진 척추에 결핵균이 감염되어 생기며, 이 병은 통증과 변형을 유발합니다. 요즈음에는 많은 선교 요양원에 뼈 은행이 있어서 흉곽 성형수술 시에 제거한 늑골을 이식하여 '척추 유합술'이란 수술로 변형된 척추를 바로잡고 있습니다.

적어도 척추 부분에 있어선 창조 과정을 역행했다고 말할 수 있는 남성 환자가 우리 요양소에 몇 명 있습니다. 지금 보시는 이 사람처럼 말입니다. 이 환자는 한 여성환자의 늑골을 이식받음으로써 '재창조' 되었습니다!

운영위원들은 이와 같이 여러 환자들을 직접 보고 난 후 우리가 제시한 통계자료와 보고서를 더 잘 이해하게 되었다. 이렇게 해서, 결핵 치료 부문에서 놀라운 진전이 이루어졌고 이에 따라 요양소 환자들의 사망률도 크게 감소했다는 확실한 증거를 보여주게 된 것이다.

이 회의에서 우리는 새 직원을 환영했으며, 또한 닥터 존 웰즈가 얼른 복귀해서 외과 팀의 공석을 채워주기를 바랐다. 우리는 닥터 웰즈가 미국에서의 고급 연구 과정을 통해서, 또한 남부 인도의 벨로어 의과대학에서 흉곽외과 전문 닥터 리브 베츠의 지도를 받아 더 많은 능력을 쌓았으며, 그의 실력이 더 좋아졌다는 좋은 소식을 접하고 있었다.

1953년도 직원 휴가계획을 세우면서 나와 매리언은 4월 29일부터 6월 30일까지 휴가배당을 받았다. 우리는 동부 히말라야로 가기로 결정했다. 지도를 보니 이 지역에는 기슭에 있는 칼림퐁과 다르질링, 그리고 정상에 있는 시킴의 강톡으로 이루어진, 독특한 트라이앵글이 있었다. 센터에서는 모양이 각각 다른 만년설의 장관을 볼 수 있었는데 센터마다 특유의 매력을 가지고 있었다.

가장 오래 머무른 곳이 해발 1,200미터의 칼림퐁 힐스테이션(구릉에 있는 별장지대)이었는데 우리는 "아하바"로 불리는 선교사 휴양관에 묵었다. 2층에 있는 더블 룸에다 시킴과 부탄의 산꼭대기들이 한 눈에 들어오는 작은 베란다가 있는 방이었다. 침실 창문으로 보이는 8,598미터의 칸첸중가 가운데 봉우리가 마치 틀에 넣은 그림 같았다.

이웃하는 거산들은 심부(6,818미터), 시니올추(6,888미터), 라마 암덴(5,867미터), 그리고 블랙 럭(5,334미터)이었다. 산들의 이름은 안내책자에 의하면 "티벳어 혹은 렙츄어Lepchu 어원에서 나온 이름으로 산 자체만큼이나 신비했다." 음식이 풍부하고 맛도 좋았는데 하루에 2불을 다 쓰지 않아도 이 음식을 사먹을 수 있었다.

칸첸중가 산

근처에 선교사였던 고 닥터 J. A. 그래엄이 창설한 그래엄 스쿨이 있었다. 닥터 그래엄이 그 지역 내의 차나무 밭을 돌아보러 나갔다가 대부분의 경우 버림받거나 무시당하고 있는 영국계 인도인 사생아들이 많다는 사실과 그들의 곤궁한 처지를 알게 되었다. 닥터 그래엄은 그들을 돕기로 하고 조그만 학교를 세웠다. 후에 이 학교가 멋진 기독교 학교로 성장한다. 이 학교에서 양육과 교육을 받은 소년소녀들이 훌륭한 직장인으로 성장하여 인도 전역으로 진출했다.

이 학교는 능선 위에 아름답게 앉아 있었다. 잇달아 늘어선 눈 덮인 히말라야 산맥이 보이는 곳이었다. 일요일 아침, 다양한 파스텔 색조의 교복을 입은 학생들이 다채로운 모습으로 기숙사에서 나와 일렬로 줄을 서서 조용히 교회당으로 들어가고 있었는데 모두가 맨발이었다(어려운 경제적 여건으로 신발을 신지 못했다). 우리는 그들의 작은 산장에서 열린 중보기도회에 참석하여 그들의 문제를 놓고 기도하면서 마다르 요양원이 당면하고 있는 문제들과 공통점이 많다는 것을 발견했다. 이번에는, 요양원에 대한 나의 설명을 듣고 나서 그들이 우리들의 사역을 마음에 담아 기도해주었다. 선교사 휴양관의 분위기는 그리스도를 중심으로 살아가는 모습이었다. 매일 아침 식전에 기도회를 가졌고 저녁에도 식사 후에 다시 한 번 기도회를 열었다. 방마다 틀에 넣은 방 이름이 걸려 있었는데 방 호수를 숫자로 표시하지 않고 이름을 붙여 놓았다. 우리 방은 "구원받은 자" 그리고 다른 방들은 "기쁨", "능력", "지식" 등으로 방마다 이름이 있었다. 각자가 바라는 덕목에 따라 방 배정이 된 것 같다는 생각이 들기도 했다!

다른 손님들도 흥미를 불러일으키는 분들이었다. 매리언과 나만 빼고 모두가 독신 선교사들이었다. 우리 중 3명이 의사, 4명이 간호사, 1명이 순회전도자였다. 히사르 지구에서 온 침례교인 킷선은 관상동맥혈전을 치료하기 위해 그곳에 3개월 째 머물고 있었다. 닥터 왓슨과 라돈은 네팔어를 공부하기 위해 왔다. 이 두 사람은 네팔에서 그곳으로 와서 의료선교사역을 시작한 영국 여성의사 두 명과 함께 사역을 하고 있었다. 우리 부부는 그들이야말로 진짜 개척 선교사역을 하고 있으며 어려운 일도 많을 것이라고 생각했다. 그들은 초가에 살면서 물품도 부족한 상태에서 절단수술을 포함한 모든 수술을 해냈다고 말했다. 이전에는 수년간 네팔 국경 맞은편에서 사역을 했었는데 그전 해 11월 네팔 국경 내의 포카라까지 들어갈 수 있는 허가를 받았다. 설교는 허락되지 않았지만 자기 구역 내에서 집회를 하거나 질문에 답변하는 행위는 용납되었다. 그들은 항상 언행을 조심해야 되었는데 그 이유는 네팔 정부가 공산주의가 들어오는 것을 원치 않았고 네팔 그리스도인 가운데 일부는 공산주의자들일지 모른다는 판단을 하고 있었기 때문이었다.

우리는 영향력이 큰 친구이며 아지메르 경찰국장인 판딧의 중재로 특별 패스를 얻어 사실상 봉쇄 상태인 경계선을 넘어 강톡을 수도로 둔 시킴 주로 들어갈 수 있었다. 1950년에 체결된 조약에 의거하여 시킴이 인도의 보호령으로 존속될 것이지만 국내 문제에 관하여는 자치권을 인정하고 있었다. 지배자 마하라자와 그의 가족은 모두 티벳인이었다. 인도와 티벳을 연결하는 무역로 중 2개 도로가 작은 왕국 시킴의 영토를 가로지르고 있었다.

5월 7일 아침 우리는 스테이션 웨건으로 칼림퐁을 출발한 지 3시간 반 만에 강톡에 도착했다. 여기서 우리는 마하라자의 영빈관으로 사용되는 최신 빌딩의 하나인 닥 방갈로에 묵었다. 깨끗하지는 않았지만 쾌적한 숙소였다. 식당 겸용 거실, 거실과 비슷한 크기의 침실, 그리고 "불가피한 불편함"을 가진 작은 화장실이 있었다.

디완은 우리가 사람을 시켜 보낸 판딧 경찰청장의 소개장을 읽고서 친절한 답장을 보내왔다. 총리의 부인 랄이 우리를 이튿날 "민톡강"이라 하는 총리 부부 자택으로 점심식사 초대를 한다는 내용이었다. 랄은 아름다운 산으로 둘러싸인 잔디 정원에 큰 우산을 펴고 그 아래에서 커리 닭고기로 우리를 대접했다. 우리는 호젓하게 앉아 강톡 마을의 예스러운 풍경을 감상했다. 눈 덮인 산봉우리들이 손을 뻗으면 닿을 듯 가까워 보였다.

점심을 들고 나자 랄 부인이 마하라자가 자기 부부에게 준 저택을 둘러보자고 했다. 매우 수수했고 가구들도 요란하지 않았다. 황, 청, 녹 원색의 티벳 용이 장식된 키 큰 독서등과 여성화가 데바야니가 그린 꽃 그림이 특히 눈에 띄었다. 랄 부인이 이 화가가 각각 2,500루피에 팔아달라고 맡기고 간 대형 작품 셋을 더 보여줬다.

우리는 부인과 작별하고, 스코틀랜드 미션스쿨을 방문해 뉴질랜드인인 미스 패터슨 교장을 만났다. 학교의 건축주와 소유주는 주정부지만, 운영은 선교단체가 맡고 있었다. 패터슨은 매우 수다스럽지만 굉장히 친절한 사람이었다. 다른 손님 두 사람과 함께 차 대접을 받았다. 그 두 사람은 노먼과 쿠퍼로, 모든 지원을 하나님께만 의지하는 믿음 선교사들이었다. 티벳어를 공부하고 있었으며 하나님께서 자기들을 이곳으로 부르셨다고 믿고 있었다. 무슨 특별한 선교사 훈련은 받지 않은 듯했는데, 옷을 잘 차려 입은 것으로 보아 자력으로 재정을 감당할 수 있는 사람들인 것 같았다.

그날 일찍 우리는 곰빠를 관광했다. 곰빠는 궁성 안에 세워진 화려한 불교 사찰인데 마하라자가 사비를 들여 지었다. 우리는 시킴에는 오직 불교 사찰만 세울 수 있는 것으로 알고 있었다. 그러나 들은 바와 다르게, 단 한 사람이지만, 패터슨이 거기서 허가를 받아 선교사로 일하고 있었다. 언뜻 보기에도 기독교 사역이 당면한 제한과 어려움이 큰 것 같았다. 패터슨은 자기가 체험한 이곳 관리와 정부에 대해 설명했다. 디완 랄은 독재자라 했다. 랄은 마하라자가 불러들인 사람으로서 만일 일이 잘못될 경우 마하라자는 책임을 디완에게 물어 해임하고 자기는 자리를 보존할 수 있기 때문에 마하자라가 이런 식의 통치 방식을 선호한다는 것이었다.

일요일이 되자 종교와 상관없이 모든 이들이 시장으로 쏟아져 나왔다. 마을 사람들이 자기들이 만든 제품을 가지고 시장에 나올 기회는 이때밖에 없기 때문에 기독교인들도 한 주 동안 쓸 일용품을 사기 위해 일요예배 시간을 12시 30분으로 정했다. 경이롭고도 다채로운 광경이었다. 시장거리가 각양각색의 사람들과 의상으로 가득 차 있었다.

그 다음 우리는 티벳 건물 양식을 본떠 지은 기묘한 선교 교회로 들어갔다. 내부도 티벳 식이었다. 십자가 위에 드리워져 있는 것도 인도 화관이 아니라 티벳에서 사용하는 의식용 스카프였다. 예배가 네팔어와 힌디를 조합한 것처럼 생각되는 네팔어로 드려졌기 때문에 우리가 알아들을 수 있는 말도 더러 있었다.

우리 방갈로에 어떤 사람들이 이사 왔는데, 이후 이틀 간 우리는 집 안에서 짙은 말 냄새 같은 걸 맡으며 살았다. 그들은 티벳 라사에서 온 탕마이 부부였다. 탕마이 부인은 왕세자의 누나인데 칼리퐁에 6개월 째 체류하고 있었다. 다음 날 믿을 만한 하인들, 노새 열 마리, 조랑말 두 마리를 데리고 혼자서 티벳으로 돌아갈 참이었다.

매리언과 탕마이(가운데), 미스 덴사파

왕실과의 연관 때문에 왕궁 관리들이 빈번히 드나들었다. 덴사파를 만났는데 그녀의 아버지는 탕마이의 누이와 결혼한 사람이다. 우리는 덴사파와도 만났다. 그는 마하라자의 비서로 13년 째 근무 중이었다. 다음날 아침 선도 조랑말의 쨍그랑거리는 방울 소리가 나서 밖으로 나가보니 조랑말 두 마리와 노새 열 마리가 짐을 실을 준비를 마친 후 기다리고 있었다. 탕마이는 일부 산길이 매우 좁아 굽은 길이나 모서리를 지날 때 짐승 등에 짐을 지운 채 두 행렬이 동시에 지나가는 게 불가능하다고 했다. 그래서 앞쪽에서 달구지가 오는 소리를 듣게 되면 길 옆 마땅한 장소에 달구지를 세우고 기다려야 한다고 했다.

매리언이 선도 조랑말과 함께 강인하고 억세게 보이는 티벳 노새 몰이꾼들의 모습을 사진에 담았다. 몰이꾼들은 쾌활하게 포즈를 취했다. 그들은 장차 18일 간의 행군을 감당할 만큼의 강한 체력이 필요했다. 그녀가 사용할 노새는 라사까지 먼 여행에 견딜 수 있게 3개월간 특식을 먹였다. 탕마이는 조랑말보다 더 보조가 부드러운 노새를 타기로 했다.

내가 결핵 전문가란 사실이 알려지자 정부 공의가 어느 결핵환자에 관해 자문을 구할 일이 있다면서 나를 병원으로 불렀다. 그 외과 의사는 영어가 유창했다. 한국인처럼 생긴 얼굴 때문에 나도 모르게 한국말로 말을 걸었다. 나는 곧 그 사람이 왜 어리둥절한 표정을 지었는지 알게 되었다. 환자는 결핵, 말라리아, 심장 합병증, 흑열병[43]을 앓고 있었는데, 시킴에 사는 대가를 톡톡히 치르고 있는 것으로 보였다. 나는 환자가 살 날이 얼마 남지 않았다는 슬픈 진단을 그 의사에게 해주었다.

우리는 곧 칼림퐁으로 돌아가 거기서 다시 다르질링으로 가야 했다. 티벳으로 가는 대상로에서 노새와 조랑말, 남녀들이 낀 긴 행렬과 마주쳤다. 모두 짐을 잔뜩 싣거나 이고 있었는데, 심지어 여자들도 무거운 짐을 지고 있었다. 선도 조랑말과 노새들이 험한 소로로 다니는 법을 잘 익힌 데 대한 상훈으로 붉게 염색한 말총 장식을 하고 있었다. 그 모습을 보니 오늘 아침 길을 떠난 탕마이가 한 말이 생각났다. 그 예쁜 티벳 부인은 노새가 보조가 더 안정되고 타고 다니기 쉬워서 자기는 조랑말보다 노새를 선호한다고 했다. 우리가 출발한 날은 새벽부터 회색 안개로 시야가 가려지고 비가 지붕을 두드리는 음울한 날씨였다. 이 매혹적인 땅에서 9일간 아름다운 풍경을 즐기고 흥미로운 경험을 하게 된 것이 너무나 감사했다.

칼림퐁에 돌아오니 우리를 기다리고 있는 수많은 편지들이 있었다. 이런 편지들은 우리가 요양원과 지속적으로 연락을 유지하고 있어야 한다는 사실을 깨닫게 했다. 휴가기간이건 아니건 간에 자기 업무에 충실한 선교사라면 한 순간이라도 방심해선 안 된다. 중요한 결정을 내릴 수 있게 항상 연락이 닿아야 하는 것이다.

트라이앵글의 마지막 여정은 흔히 "고원마을의 으뜸"이라고들 하는 다르질링이었다. YWCA에 6월 24일부터 30일까지 예약을 해놨었다. 거기서 휴가를 보낸 직원들이 보내온 편지를 보면 다르질링은

에베레스트 산(가운데)과 마칼루(오른쪽)

세계에서 가장 아름다운 산이라고 일컫는 높이 8,579미터인 미답의 칸첸중가를 비롯해 장려한 경관이 많은 곳이라 했다. 칼림퐁과 마찬가지로 다르질링은 또 하나의 히말라야 산을 정복하고려는 등산가들의 치열한 욕망이 넘실대는 곳이기도 했다. 얼마 전인 1953년 5월 29일에 뉴질랜드인 에드문드 힐러리와 그의 셀파 텐징 노르게이가 세계 최고봉 8,848미터[44]의 에베레스트를 정복했다.

《라이프》지에 실린 텐징의 집

 전 세계가 원정대를 열광적으로 환영하고 원정대원에 대한 경외심에 가득 차 있을 때 셀파 텐징 노르게이가 다르질링 주민이라는 이유로 다르질링은 원정대의 개선에 특별한 친밀감을 느끼고 있었다. 매리언이 텐징의 초라한 집을 사진에 담아 잡지 《라이프》에 기고했다. 그해 여름 《라이프》지 8월호 3판에 그 사진이 실리자 매리언은 기쁨을 감추지 못했다. 매리언이 사진을 보내면서 아래와 같은 설명을 첨가했다.

제가 남편과 다르질링에서 휴가를 보내고 있을 때, 텐징이 월세 20루피를 내고 사는 방 하나와 부엌이 딸린 단층 가옥을 촬영했습니다. 개를 데리고 있는 남자는 텐징의 친척인데, 개 이름은 '텐징의 아들'입니다. 이 남자 역시 노련한 에베레스트 등반가이며 작년 스위스 원정대에 마스코트로 참가하기도 했습니다.

매리언이 찍은 사진 밑에 《라이프》지가 다음과 같은 편집자 주를 달았다.

텐징은 곧 집을 옮길 것이다. 사람들이 모금해준 12,000루피(당시 2,520달러)로 방이 여섯 개인 새 집을 지을 계획이다. 항상 숯불로 음식을 하고 얼음도 없이 지내던 텐징의 부인은 이제 새 전기냉장고와 기름 난로를 갖게 되었다. 텐징은 서벵갈 주정부가 에베레스트 정복을 기념해 창설하는 산악학교의 교장을 맡을 예정이다.

나는 어린 소년시절부터 다르질링에 대해 남다른 관심을 갖고 있었기 때문에 다르질링을 다니면서 때로는 깊은 순례자적 감상에 젖었다. 우리는 귀로에 캘커타로 와서 월터 그리피스 목사 부부가 관리하는 리 추모관에 들려 그곳에서 이루어지는 놀라운 사역을 봤다. 그리피스 부부가 마다르 요양원으로 보내 치료를 받고 돌아온 환자들도 만났다. 그들이 모두 학교에서 또 일터에서 건강하게 활동하는 것을 본 것은 큰 기쁨이었다.

요양원으로 돌아왔다. 우리가 자리를 비운 사이 모든 일이 잘 돌아가고 있는 것을 보고 크게 만족했다. 건축 프로그램이 진척을 보이고 있었다. 대니얼의 전문적인 감독과 헌신으로 간호사 숙소가 아름답게 올라가고 있었다. 수술 블록 기초공사도 완료된 상태였고 건축자재가 쌓여 있었다. 우리가 간절히 기도하고 있는 건축비만 마련되면 다음 단계 공사로 들어갈 수 있었다. 치료를 끝낸 환자들에게 그들의 체력이 감당할 만한 적절한 직업을 마련해주려면 우선 회복기 환자들을 대상으로 직업훈련을 시작해야 하므로 재활센터가 필요하다는 판단 아래 우리가 제안해 놓은 재활센터의 신축 기금으로 이미 18,500달러(현재가치 약 22만 달러)의 기부금을 약속 받아놓은 상태였다. 그 동안 우리 의사와 간호사들이 경주한 노력과 환자 치료를 위해 쏟아 부은 비용이 헛되지 않도록, 불필요한 좌절이나 퇴보를 미연에 방지하기 위해서도 재활센터를 신축할 필요가 있었다.

매리언이 1953년 아지메르 돔지붕집에서 지인들에게 편지를 보내 요양원에서 일어나고 있는 일들과 사역 범위를 가족계획 사역으로 넓히는 일에 대한 자신의 흥분된 심정을 아래와 같이 토로했다.

친우들에게,

1년 전 제가 '기적의 여행' 차 미국에 머물면서 마다르 요양원에 간호사 숙소를 신축할 필요에 대해 많은 분들에게 말씀드린 적이 있습니다. 지난주 요양원에 가서 컬러니 씨가 완공을 앞둔 아름다운 간호사 숙소 신축 건물 입구에서 현판 제막식을 거행하는 것을 보았습니다. [현판에는 이 간호사 숙소가 미국 감리교 여선교회의 기부금으로 지은 것이라고 새겨져 있습니다.] 금년 3월에 준공될 예정인데, 간호사들은 어서 이 신축 숙소로 옮겨올 날을 학수고대하고 있습니다.

감리교 기독봉사회 여성부가 건물 신축을 위해 25,000달러를 지원해 준데 대해 감사를 표하는 행사였기 때문에 여성부의 인도 담당인 루실 컬러니가 행사를 집행하는 것은 당연한 일이었습니다. 미국에 갔을 때 같은 목적으로 제게 주신 기부금은 방에 가구들을 설비할 때 사용될 것입니다. 그러나 아까 말씀드렸던 5,000달러는 기증자 이사벨 웨스트 부인의 희망에 따라 이미 기초공사가 완료된 외과 블록을 신축하는 비용에 들어갔습니다. 웨스트 부인은 고맙게도 방들의 크기를 늘리는 비용도 추가로 기부해주었습니다.

신축 중인 간호사 숙소

여러분도 신축된 간호사 숙소를 보실 기회가 있었으면 좋겠습니다. 우리는 실제로 사용하게 될 인도 간호사들의 필요와 풍습에 맞도록 기숙사를 설계했습니다. 간호사들이 비번일 때 개인 생활을 누릴 수 있게 기숙사에 안뜰을 만들었습니다. 이 점에 대해 인도 사람들, 특히 남성들이 와서 보고 칭찬을 아끼지 않았습니다. 이 사실은 새롭게 보장된 프라이버시에 대해 간호사 본인들보다 그 부모들이 더 만족스럽게 여길 것이라는 의미입니다. 이제 이 새로운 시설은 그들 고유의 공동체 생활을 가능하게 할 것입니다. 침실 외에도 식당, 강의실, 거실, 자기 손님들을 만날 수 있게 작은 응접실을 구비했기 때문입니다. 컬러니 씨도 시설을 둘러보고 매우 기뻐했습니다.

현재 저는 인도가 가장 필요로 하는 것, 즉 가족계획을 통한 인구 억제 문제에 집중하고 있습니다. 이것은 인도의 경제회복을 위해 시급히 취해야 할 조치 중 하나입니다. 물론 결코 쉬운 일이 아닙니다. 심화된 무지와 가난, 종교에서 비롯한 운명론적 삶의 태도 등 좌절할 수밖에 없는 요소들이 너무 많습니다. 저는 휴가를 마치고 돌아와 매주 세 종류의 아침 클리닉에 참여하고 있습니다. 그 중 하나가 제가 주도하여 마다르 요양원에서 실시하는 출산 전 계획과 가족계획 두 영역에 관한 클리닉이고, 또 하나는 서부 철도 산과産科센터에 있는 클리닉이며, 마지막 하나는 정부·민간 병원인 빅토리아 병원에서 실시하는 클리닉입니다. 철도 클리닉에서는 피임약이 무료로 제공되는 것으로 문제 하나가 해결됐습니다. 다만 부족한 게 하나 있다면 여성 의사가 없다는 점입니다. 그래서 경찰서장 부인인 닥터 리라 판딧이 7월에 봉사를 시작했습니다. 그녀가 한 달 동안 자리를 비운 동안 제가 그 일을 맡아 하고 있습니다. 시가 운영하는 클리닉은 제가 지난 4월 떠나기 전에 부인과 저 둘이 함께 시작한 사역의 연속입니다.

제가 7월 중 아지메르에 있을 때 닥터 판딧이 계획 피임에 관심이 있는 아지메르 의사들과 시민을 공관에 소집해서 가족계획협회를 결성했습니다. 이 일로 인해 이 사역에 대한 관심이 커졌습니다. 그 결과 지금은 상담해 주는 곳이 네 곳이 되었습니다. 저도 돔지붕집에서 11월 중 제가 주관하는 클리닉을 시작할 계획입니다. 뉴욕에 거주하는 제 친구 매리언 잉거솔이 보낸 100달러로 프로젝트를 시작하는 만큼 잉거솔 클리닉이라 부르려고 합니다. 잉거솔은 또 뉴욕 소재 코로멕스 사에 부탁해서 이곳에 직접 약품을 보내오도록 했습니다. 그녀가 보내준 그 약품들 덕분에 제가 지난 목요일 오전 빅토리아 병원에서 눈물을 거두고 웃을 수 있었습니다.

두세라 축제가 있을 때였습니다. 센 부인(자원봉사를 하는 인도인 여성이며 환자의 병력을 기록하고 현지 방언으로 설명해주는 일을 합니다)이 지금은 여자들이 모두 집안 일로 바쁜 때인데 우리가 헛수고를 하고 있는 게 아닌가 걱정했습니다. 그런데 기우였어요. 여자가 두 명 왔습니다. 한 여자는 아이를 열세 명 키우고 있었고, 다른 한 여자는 열 명의 아이를 낳았지만 다 죽고 셋만 키우고 있었습니다. 셋 중 가장 어린 한 살짜리를 품에 안고 왔습니다. 이 여자는 아기에게 먹일 우유가 걱정이 되서 임신을 두려워하고 있었습니다. 품에 안은 이 아이도 다른 아이들처럼 죽을까봐 두려운 거였죠. 빅토리아 클리닉에서 여성용 피임구인 페서리와 젤리를 사려면 가족계획용 특가인 5.5루피(현재가치 약 1.5만 원)만 주면 되었지만, 이 여자에겐 그만한 돈도 없었습니다. 여자의 두 눈에 눈물이 고였습니다. 그녀가 원한 것은 가장 확실한 처방이었습니다. 마침 제 가방 속에 넣어 둔 선물용 장치가 몇 개 있어 그 중 하나를 여자에게 그냥 주었습니다. 여자의 안색이 금방 바뀌었어요. 그리고 행복한 얼굴로 아기를 안고 나갔습니다. 이제 자기의 건강과 어린 아들의 건강을 모두 지킬 수 있겠다는 믿음을 갖게 된 것입니다.

열 아이를 낳아서 세 명만 생존해 있다니! 그건 여자의 에너지와 감성을 둘 다 소진시키는 것입니다. 아이를 열 명 낳아 '피와 땀과 눈물'의 보답도 없이 일곱을 죽게 하는 것보다 셋만 낳아 잘 키우는 편이 훨씬 나은 것 아니겠어요? 가족계획이란 것은 짐을 기쁨으로 바꾸는 기회입니다. 임신부터 잘 성장하기까지 모든 세월을 감당할 기회를 갖는 것이죠. 이런 게 진정한 모성애입니다!

저는 클리닉에서 귀가할 때 머리가 깨지는 듯한 두통을 느낄 때가 많아요. 뜨거운 기온(아지메르는 낮 기온이 지금도 35도예요)이 원인일 수도 있지만, 대개 무거운 짐을 지고 살아가는 이곳 부인들에게서 들은 울적한 이야기에 제 감성이 상처를 입었기 때문입니다. 한 주일 전 일입니다. 그날 아침 검진을 한 여덟 명의 여성 중에 두 사람은 불법으로 낙태 수술을 받은 적이 있었습니다. 한 여자는 나이가 스물둘이고, 세 아이를 키우고 있었습니다. 남편 월급이 100루피, 약 20달러였습니다. 그런데 낙태 비용이 50루피였답니다! 아이를 하나 낳는 것보다 더 저렴한 비용이지요. 그러나 이것은 출산을 제한하는 온당한 방식이 아닙니다. 이 여인을 두고 비난을 하기 전에, 이 여인과 같은 처지를 당해본 적이 있는지 생각해야 합니다. 우리가 이런 상황이라면 어떻게 해야 할까요? 이 여자 역시 무료 장치를 받고 나서 근심을 어느 정도 덜고 갔습니다. 이 여자도 자기 자식들을 끔찍이 사랑합니다. 아이를 갖는 것 자체가 경제적인 사치로 여겨지는 세상에 살면서 자녀들 장래를 위험에 빠뜨리고 싶어하지 않습니다. 자기가 낳은 세 명의 자식들에게 교육을 받을 기회와 필요한 시민이 될 기회를 주고 싶은 것입니다.

할 일이 많았다. 회복을 위한 휴식을 통해 우리는 앞에 놓인 도전들에 정면으로 맞설 준비를 할 수 있었다. 매리언에겐 새 분야 사역으로의 진출이 곧 도전을 의미했다. 다음 장에서 매리언이 자신의 언어로 자기의 도전에 대해 묘사할 것이다.

제19장. 새 차원의 사역

[19장은 아내 매리언 홀이 기록한 글이다.] 1953년으로 30년이 되는 선교사 생활을 하는 동안 내가 늘 염두에 둔 생각은 시골 마을을 찾아다니며 '진짜' 선교사역을 해보겠다는 것이었다. 한국에 있을 때 수술실 스태프와 함께 수술도구를 가지고 시골에 가서 응급수술을 몇 번 집도해 본 것 말고는, 병원과 집에서 언제나 다른 일을 먼저 해야 했기 때문에 외곽에 있는 마을로 나가 의료사역을 할 만큼 시간적 여유가 없었다.

1953년 1월 17일, 우리 막내 필리스가 뉴욕에 가서 브라이언 모어 대학에 신입생으로 등록하고 2학기부터 공부를 시작하기로 되어 있었다. 이제 선교 현장에는 우리 곁에 남아 있는 아이가 아무도 없었다! 그리고 이것은 내 인생의 새로운 단계가 시작된다는 뜻이었다. 시내 여러 곳에 있는 시市운영 클리닉에서 가족계획 의료클리닉 사역을 할 수 있는 기회가 왔기에 닥터 릴라 판딧(아지메르 경찰서장 부인, 의사, 기독교인)과 함께 그 일을 하기로 했다. 그뿐 아니라 시골 마을사역도 계획에 추가하기로 했다.

닥터 판딧과 나는 약사, 남성 간호사, 관용 호스피탈 밴 운전기사와 함께 마을 두 곳을 향해 출발했다. 한 마을은 아지메르에서 20킬로미터 떨어진 곳에, 다른 한 마을은 8킬로미터 떨어진 곳에 있었다. 우리는 둘 중 더 멀리 떨어진 마을로 먼저 갔다. 마을 근처에 이르자 포장도로가 끝나고, 비라도 오면 도저히 통과할 수 없을 것 같은 흙바닥 길로 바뀌었다. 1킬로미터쯤 더 가자 인적이라곤 찾아볼 수 없는 그림 같은 폐허가 나왔다. 그런데 자동차 양측에 선명한 적십자 표시를 한 백색 밴을 보고 어디서 나왔는지 남녀와 아이들이 모여들었다.

마을 우두머리와 학교 선생이 나왔다. 인사를 나누고 나서 그들의 안내를 받아 집들을 둘러보았다. 맨 처음 본 폐허는 학교 건물이었다. 닥터 판딧이 항상 주장하던 대로 이번에도 하수구와 길 청소가 잘 되어 있는지 알아보기로 했다. 상태가 그렇게 좋지는 않았다. 우리는 집들과 금방이라도 넘어질 듯한 건물들 사이로 꼬불꼬불 휘

전형적인 시골마을 길

어진 좁은 골목길을 따라 걸었다. 전에 내가 한 번도 인도의 시골마을 집에 들어가 본 적이 없기 때문에 닥터 판딧이 한 번 집 안으로 들어가 봐도 괜찮겠느냐고 내게 양해를 구했다.

아치형 대문을 지나 안뜰로 들어섰다. 그 자체가 하나의 작은 방인 안뜰 양 옆에 땔감으로 쓸 얇고 납작한 마른 쇠똥이 쌓여 있었다. 뜰 안에서 염소들이 이리저리 움직이고 있었다. 그 중 한 마리는 마르고, 비틀거리며, 애원하는 듯한 모양을 한 태어난 지 일주일도 채 안된 꼬마였다. 이것들이 아마 아이들이 갖고 노는 유일한 애완동물인 것 같았다. 물론 서양인이 알고 있는 의미의 애완동물은 아니었다. 조금 나은 방도 하나 있었는데, 넓이가 가로 3미터, 세로 4.5미터이고, 작은 창이 뚫린 매우 두꺼운 진흙 벽으로 되어 있었다. 방 한쪽 구석에 '짤빠이'라는 새끼줄을 엮어 만든 그물(대개 그물 침대처럼 늘어져 내린다)이 달린 간단한 목재 침대틀이 있었다. 짧은 진흙 기둥 위에 올려놓은 침대 다리가 침대를 진흙 바닥에 닿지 않도록 지탱하고 있었다.

방 다른 쪽 구석에 희게 회칠을 한 구조물이 있었는데, 닥터 판딧이 웃으면서 냉장고라 했다. 원추형 기둥 위에 놓여 있고 앞쪽에 문이 달렸다. 알고 보니 그 물건은 짐승이 입을 못 대도록 우유를 안에 보관하는 용도였다.

훨씬 더 좁고 연기로 그슬린 다른 방에서 청결과는 거리가 먼 한 여자가 주식인 납작한 팬케익처럼 생긴 무교병 '짜빠띠'를 만들고 있었다. 화덕이 내뿜는 생연기가 빠져나갈 연통 하나 없었다. 거기서 더 어정거릴 이유가 없었다. 안쪽에 또 다른 방이 하나 있는데 창문도 안 달린 어둡고 좁아터진 소굴 같은 곳이었다. 이 방에서 늙은 할머니가 나왔다.

우리는 학교 앞으로 돌아왔다. 남학생만 다니는 학교였다. 우리는 곧 일을 시작했다. 조수들이 벌써 테이블을 가져다가 그 위에 기록부와 살균제를 담은 세숫대야를 얹어 놓았다. 우리는 진찰을 하고 경우에 따라 치료도 했다. 우리가 진찰을 하고 나서 환자에게 처방전을 써주면 처방전을 받은 환자가 병원차로 가서 조제사가 주는 약을 타게 되어 있었다. 병원차가 좁은 골목으로 들어올 수 없었기 때문에 우리도 이곳까지 걸어 들어와야 했다. 이런 절차는 혼잡을 피하는 데도 도움이 됐다. 환자들이 빙 둘러서 떼를 지어 몰려 있었기 때문이다. 고개를 돌리니 한 작은 소녀가 나를 응시하며 서 있었다. 아이는 남루한 면 옷을 걸치고 있었다. 날이 몹시 추웠는데 모직 옷을 입은 사람이 아무도 없었다. 그 아이는 마치 천 살은 먹은 사람의 눈빛을 하고 있었다. 짧은 인생 동안 한 번도 입술을 구부려 미소를 지을 이유가 없었던 아이, 슬픔과 체념 그 자체였다. 그 모습이 나의 가슴을 도려냈다.

일하는 중에 갑자기 소동이 일었다. 개 네 마리가 시끄럽게 짖어대며 먼지를 풀풀 일으키며 맹렬히 싸우고 있었고, 아이들이 그것을 피해 이리저리 뛰어 다니고 있었다. 개들이 큰 나무 둥지 밑에서 빙빙 도는 동안 도망칠 데가 없는 원숭이 한 마리가 나무 가지 위에 앉아 꽥꽥대고 있었다. 그 싸움은 약간의 먼지 폭풍을 발생시켰고, 개들이 서로 으르렁대고 물어뜯으며 날뛰는 장면이 아이들을 상당히 흥분시켰다.

닥터 판딧이 두 마을에서 나를 소개했을 때 사람들은 내 이름을 이미 알고 있었다. 마다르 요양원에 대해 어느 정도 사전 지식을 갖고 있는 것 같았다. 사람들이 저마다 앓고 있는 병을 모두 내 앞으로 가지고 온 걸 보면 내 남편의 명성이 꽤 높은 것 같기도 했다. 첫 번째 방문한 마을에서 학교 선생이 두 번째 마을에 사는 자기 어머니를 진찰해 달라고 부탁하며 나를 그곳까지 안내했다. 딱한 노인은 층계에서 몇 계단을 굴러 떨어져 어깨에 상처를 입었지만 뼈는 다치지 않았다. 몸에 맞추어 봉합을 해버린 내의를 입고 있었는데 검사를 하려면 내의를 벗겨야 했다. 내가 거들어 주려 했지만 때에 쩐 옷이 너무 낡아 옷이 찢어지기 시작했다. 그래서 나는 이 일을 노인의 친척들에게 맡겼다. 그러나 노인의 해골 같은 얼굴, 거의 큰 눈과 주름으로 덮인 얼굴만은 잊을 수 없다.

마을에는 세 명의 선생이 근무하는 학교가 있었다. 마당에서 좀 들어가니 교실이 나왔다. 아! 공정한 비교를 하기에는 내가 너무 최근에 미국의 신식 교실을 봐 버린 것 같다. 거기 걸상이 어떻게 생겼냐 하면 벤치는 높이가 일정하고 아이들은 신장이 다 다르다. 그래서 아이들이 바닥에 앉아 벤치를 책상 대용으로 썼다.

이틀 후, 삼천 명이 사는 세 번째 마을로 갔다. 의사가 한 명도 없는 마을이었다. 나는 만일을 대비해서 검이경檢耳鏡을 가지고 갔다. 예순다섯 명을 진찰했는데 그 중 열 명이 귓병을 앓고 있었다. 어떤 아이는 귀에 고름이 흘렀는데, 더 깊은 데를 들여다보기 위해 6주째 고름을 흘리는 아이의 귀를 닦아냈다. 시간이 꽤 걸렸다. 귀 속을 들여다보니 중이 근처에 뭔가 팔딱팔딱 움직이는 게 있는데, 보는 도중 그게 귓구멍 안으로 쏙 들어가 버렸다. 닥터 판딧을 불렀으나 그녀도 이런 건 본 적이 없다고 했다. 우리는 그것이 벌레라는 결론을 내리고 아이를 시내 병원으로 데리고 가 벌레를 빼내기로 했다. 그런데 아이 아버지(둘째 아이도 중이가 부풀어 오르는 병을 앓고 있었다)가 교통비와 진료비를 둘 다 무료로 해주겠다고 했는데도 아이의 입원을 거부했다. 이 일로 나는 마음이 많이 상했다.

이튿날, 이번엔 나 혼자서 마을 두 곳을 다녀야 한다. 닥터 판딧이 자기 아이들을 델리에 데려다 주어야 했기 때문이다. 언어 문제가 걱정이 됐다. 닥터 판딧이 내게 중요한 말 몇 마디를 가르쳐 주고 떠났으면 좋았을 텐데. 난 아직 언어가 미숙했다. 일주일 전 사람들이 내게 데려왔던 그 정신병 환자를 이번에 또 데려올까 궁금했다. 이번엔 내가 도움이 됐으면 좋겠는데. 일주일 전 그 일은 성경에 나오는 얘기와 비슷했다. 두 사람이 허공에 시선이 고정된 한 사람을 단단히 붙잡고 왔다. 나는 최선을 다해 그를 검사했다. 그가 갑자기 발작을 일으켰다. 난폭해지는 그를 제압하고 나도 보호하기 위해 몇 사람이 달려들어 그를 꽉 껴안았다. 누군가가 그가 마귀가 들렸다고 귀띔을 했다. 내가 무엇을 할 수 있겠는가? 진정제를 주려고 했지만 삼키려 하지 않았다. 그렇다고 당장 주사를 놓을 준비도 되어 있지 않았다. 환자와 동일한 언어를 구사하는 정신과 의사가 필요했다. 이런 환자들은 적합한 시설에 들여보내 일정 기간 치료를 받게 하는 것이 바람직했다. 그럼 어디로 보내야 하는가? 란치? (이곳에 정신과 시설이 있었다.) 그러나 너무 멀고 비싸다. 나는 그의 친구들에게 환자를 맡기고 떠나는 수밖에 없었다. 전에 이 환자가 발작 중에 우물

닥터 판딧과 그의 딸

속으로 뛰어든 전력이 있기 때문에 이번에 그러지 못하도록 친구들이 환자를 제지하고 있었다. 지금 여기서 전기 충격기를 가동시킬 여건도 아니니 반드시 그래야 했다!

나는 사람들의 심각한 무지와 가난 그리고 잡다한 질병에 걸린 모습에 충격을 받고 의기소침한 상태로 돌아왔다. 만약 적절한 교육과 함께 이 나라의 경제를 나아지게 할 진보된 농법農法이 있었다면 이런 문제들은 사전에 예방이 가능했을 것이다. 내가 바랐던 것은 계속 노력해서 한 마을만이라도 깨끗하게 치유하여 하나의 표본을 만들어 놓는다는 것이었다. 일주일에 한 번 이들 마을을 방문하는 것 정도로는 선의의 제스처에 불과하다는 생각이 들기 시작했다. 정성을 다해 귀를 소독하고 약을 지어준다 해도 매일 돌봐주지 않는다면 언제라도 재발할 수 있는 것이다. 피부병도 목욕을 자주 하지 않으면 아무 때라도 재발할 수 있다. 그런데 추운 겨울에 온수와 목욕통도 없는데 목욕을 하고 싶은 사람이 과연 있겠는가?

19. 새 차원의 사역 433

닥터 판딧은 여름이 되면 조건이 더욱 열악해진다고 했다. 그래서 아이와 사람들의 상태가 정말로 비참하다는 것이다. 그래서 나는 가령 마을 사람들의 모든 필요를 충족시킬 수 있다 하더라도 그리스도 중심의 프로그램이 없으면 우리가 하고 있는 일, 즉 클리닉을 주간 단위로 여는 일은 아무 의미가 없으며 결코 '진정한' 의미의 선교사역이 되지 못한다는 결론을 얻었다. 우리가 매일 진행하는 요양소 사역은 그들의 필요 이상을 충족시키는 것이 사실이었다. 나는 언어에 숙달되고 지식이 있으며 그리스도의 사랑을 심비에 새긴 일꾼들이 마을로 들어가 삶의 방법을 가르치고, 안으로부터 청결을 추구하도록 격려해줬으면 하고 마음속으로 바랐다. 나는 마을 세 곳을 방문했다. 적게는 오백 명, 많게는 삼천 명이 사는 마을들이었다. 거기에다 1,000을 곱하고, 지역을 전인도로 확대한다고 할 때, 나는 그 과업이 얼마나 방대한 일인지 보면서 가슴이 철썩하고 내려앉았다.

닥터 판딧은 자기 지위와 영향력을 활용하여 가족계획클리닉을 몇 군데 세웠다. 나도 판딧의 권유로 내 몫을 감당했다. 공공 클리닉이나 철도병원 클리닉은(나 자신도 그곳에서 간호사와 의사들의 가족계획 부문 훈련을 돕고 있었다) 운영 자금의 압박을 받지 않기 때문에 우리는 거기에서 최선의 방법들을 사용할 수 있었다.

닥터 판딧은 가능한 한 나와 함께 사역했다. 또 그녀는 정부 병원 업무를 담당하는 수석의무담당관 닥터 완추의 관심을 이끌어내 아지메르에 가족계획협회를 결성했다. 내가 명예 사무장으로 임명되었다. 나는 이 직책을 은퇴할 때까지 유지했다. 판딧과 나는 힘을 합쳐 회의, 클리닉, 행진, 기타 홍보 활동을 통해 성인 남녀를 교육했다. 라마 라우 여사와 전인도가족계획협회의의 아바바이 와디아 같은 분들의 지도력과 헌신에 힘입어 정부 지원금도 받을 수 있었다. 닥터 완추의 능력과 지위를 통해 좀 더 큰 규모의 마을들을 센터로 운용하기로 하고 정관절제수술 일정을 잡았다. 이 수술은 전적으로 자원하는 사람에게 한해, 그리고 이 주제에 관해 교육을 받은 후에야 받을 수 있도록 했다. 최근, 수술 대상자에게 뇌물을 주고 대상자가 내용을 잘 알지도 못한 채 수술을 받는다는 소문이 많지만, 내가 거기 근무할 적에는 이런 일이 없었고 가족 수를 줄일 필요가 있다고 느끼는 사람만 왔다.

남성들은 대개 자기 말고 아내가 불임 수술을 받기 원했다. 한 번은 내가 인도 공군 삼백여 명 앞에서 강연할 기회가 있었다. 그 자리에서 나는 두 가지 방법을 놓고 토론했다. "물론 여러분은 모두 '바하두르'(힌디로 '용감하다'는 의미) 용사이므로 여러분 자신이 훨씬 더 간단한 방법으로 할 수 있음에도 불구하고 아내에게 수술을 받게 하고픈 생각은 추호도 없으리라 봅니다!" 하고 내가 말했을 때 폭소가 터져 나왔다. 각처 여러 교파에 속한 선교 기관들이 무지, 빈곤, 질병과의 전쟁에 필요한 교육, 지도, 의료 지원을 제공하기 위해 열심히 노력하고 있었다. 미국의 '4개항 농업 프로그램'이 부문 몇 개를 담당하고, 인도정부가 마을의 문제 해결에 노력을 경주하고 있었다. 모든 현안이 해결된다 해도 그건 단지 필요의 바다에 투입된 극소량의 노력에 불과했다. 하지만 결코 좌절하지 말아야 함을 우리는 알고 있었다. 나는 빵 전체를 부풀리는 것은 소량의 효소이며, 동이 텄음을 알리는 것은 한 줄기 빛이라는 사실을 상기했다.

우리 병원에서 하는 사역을 보면, 마다르 요양원의 정규 결핵사역 외에, 요양원 의사들이 직원(대다수는 청소부였다)과 직원 가족을 위해 공중보건 간호사 로라 배턴이 만든 클리닉이 있었다. 그 중 하나가 영유아 보건 클리닉이었다. 우리 부부가 우리 아이들을 사랑하는 것만큼 청소부 엄마들도 자기 자녀들을 사랑한다. 클리닉 과정을 통해 직원들은 무언가를 배웠고, 일부 아기들은 전보다 깨끗한 상태가 되어 돌아왔다. 체중이 늘어서 오는 아기도 있었고, 병이 심각하게 진행되기 전에 발견한 경우도 있었다. 고무적인 현상이었다. 모든 직원과 그들의 가족을 대상으로 건강 검진을 실시하는 클리닉도 있었다. 산전産前 클리닉과 가족계획클리닉도 시작했다. 내가 보기에 가족계획이야말로 인도에서 가장 필요한 프로그램이었다. 이것은 자녀를 적당한 터울로 낳는 것이다.

작은 체구를 가진 34세의 인도인 여자 환자가 있었다. 열네 살에 결혼해서 열 명의 자녀를 두고 있었다. 수입이 원래 적어서 생후 한 달된 아기를 돌봐야 할 처지에 있었지만, 할 수 없이 밖으로 돈을 벌러 다녀야 했다. 나는 가장 안전하다고 알려진 피임기구를 그 여자에게 주었다. 내가 20루피(당시 4달러, 현재가치 약 50달러)를 지불했다. 가난한 여성 모두에게 기구를 무료로 줄 능력은 없었다. 다산의 노예라고밖에 할 수 없는 가난한 여성들을 도와야 한다는 압박감에 내가 아무리 시달리고 있어도 더 싸고 효과가 적은 방법을 채택하는 수밖에 없었다.

나이가 많은 영국인 환자 집에 방문하여 그 집 하인들과 하인들 가족을 검사한 적이 있다. 자녀가 다섯이고 한 살짜리 막내를 키우는 왜소한 여인이 고열, 호흡 곤란, 복부 통증 등의 증상을 호소했다. 복부에서 종양을 발견했다. 그런데 그것이 발길질을 하고 태아의 심장을 갖고 있었다! 3개월 쯤 지나면 세상 밖으로 나올 참이었다. 여자에게 설명을 해주자 그녀가 내 어깨에 머리를 얹고 울었다. 여자를 내 무릎에 앉히고 어머니처럼 격려해주고픈 마음이 들었다. 아이 같은 엄마였다. 여자의 적혈구 수치가 겨우 30퍼센트 밖에 되지 않았고 심장도 확장된 상태였다. 후일 그 여자를 다시 보았는데, 자식들을 곁에 둔 채 물통 옆에 쭈그리고 앉아서 아이들 빨래를 하며 숨을 가쁘게 내쉬고 있었다. 내 영국인 환자가 여자의 가슴 엑스레이 비용과 약값을 지불해주었다. 정작 여자에게 필요한 것은 아이들을 다른 사람에게 맡기고 병원에 입원하여 일정 기간 치료를 받는 것이었다. 그러나 누가 이런 도움을 줄 수 있겠는가? 전국적으로 이 여인과 비슷하거나 더 못한 처지에 있는 사람들은 또 어떻게 해야 한단 말인가?

내가 수년 간 후원자들에게 쓴 편지들은 1953년 내가 마을사역을 처음 시작한 이후 새로운 차원의 사역이 어떻게 발전해 왔는가를 잘 보여줄 것이다.

1955년 7월.

친구들에게,

공중에 떠서 창문을 지나가는 한 줄기 노랑색을 따라 위를 쳐다보니 밝은 색 리본 하나가 하늘로 올라가고 있었습니다. 리본을 움직이는 것은 한 마리 커다란 노랑 메뚜기입니다. 그 놈은 몇 시간 전 요양원에 날아와 앉은 수백만의 메뚜기 떼 중 하나입니다. 꼬마 자스완트 싱이 통통한 두 손을 뻗어 리본을 잡으려 했습니다. 그러나 아이의 장난감은 자유를 찾아 날아가 버렸습니다.

여담이지만, 요새 이곳 신문에 메뚜기 피해 기사가 자주 실립니다. 《스테이츠먼》의 보도에 따르면, 폭 5킬로미터, 길이 4킬로미터 크기의 메뚜기 구름(제가 어제 요양원에서 촬영한 것과 같은 종류)이 델리 주에 날아와 앉았다고 합니다. 자스완트가 이렇게 자연 속에서 장난감을 찾을 수밖에 없게 만든 인도의 장난감 부족 상황도 화제가 될 수 있겠네요.

아지메르 주 정부의 의뢰로 제가 "공동체구역 개발계획"이 마을 정착지에서 시행되는 모습을 촬영할 예정입니다. 사업 진행 모습을 16미리 컬러 필름에 담는 프로젝트를 아지메르 주 당국으로부터 위임받았어요. 인도에서는 한 남자가 가족 전체를 먹여 살릴 수 없고, 여자도 가족을 만족스럽게 돌볼 수 없는 형편이기 때문에 여러분이 대하는 인도에 관한 사진은 항상 굶주림, 무지, 결핍이 그 주제가 됩니다. 여자가 할 수 있는 일은 아

인도에는 '가족계획'이란 게 없다

이를 낳는 것 밖에 없습니다. 아이를 돌볼 시간도 힘도 없습니다. 가족이 먹을 식량도 자신이 끼니를 때울 음식도 없습니다. 생존을 위해 투쟁하는 일 외에는 아는 것이 별로 없습니다.

인도정부도 이런 가정들을 돕는 데 있어 가장 현실적인 방법은 가족계획이라는 사실에 대해 강한 인식을 갖게 된 것 같습니다. 작년에만도 보건소 수가 현저히 증가했으며, 1953년 7월에 결성된 우리 아지메르 가족계획협회도 중앙정부의 지원을 받는 단체 중 한 곳이 되었습니다. 여기에 더해 우리가 아지메르 주 정부가 주는 장학금도 받게 됨에 따라 지난 주 돔지붕집에서 열린 이사회에서 간호사 한 사람을 이 사역의 시찰원으로 양성하기로 결정했습니다.

지금까지 모든 일은 많은 나라에서 이 분야의 사역을 하고 있는 닥터 클레어런스 갬블이 희사한 기금으로 내가 채용한 라즈 부인이 도맡아 해왔습니다. 현재 우리는 아지메르 가족계획협회가 지원하는 클리닉 5개소, 미국, 캐나다, 현지에서 조달되는 기부금으로 운영하는 클리닉 2개소를 운영하고 있습니다. 이들 중 1개 클리닉이 마다르 요양원에서 열리고, 잉거솔 클리닉은 여기 돔지붕집에서 열리고 있습니다. 고국에서 수표나 기구 등으로 이들 두 곳의 클리닉을 후원해주고 있는 친구 여러분에게 깊은 감사를 드립니다.

8월, 델리에 머무르고 있을 때 닥터 판딧(남편이 델리 경찰서장으로 전임했습니다)의 안내를 받아 '에드위나 마운트바텐 밴'을 구경했습니다. 마을사역에 쓰일 냉방 설비가 잘된 근사한 이동 클리닉이었습니다. 탐을 내는 것은 아니지만, 우리가 휴가를 마치고 돌아올 때쯤 해서 나도 이 차보다는 작은 차 한 대가 생겼으면 좋겠다는 꿈을 꾸어 봅니다. 도움이 절박하지만 클리닉이 있는 시내까지 올 수 없는 시골 부인들에게 우리가 마을로 직접 찾아가서 산부인과 계통의 의료봉사와 가족계획의 혜택을 베풀어주고 싶습니다.

어제, 마을 100개 이상이 속해 있는 공동체개발구역 담당 드완 씨가 긴급 사진촬영 계획이 있다면서 나를 불러냈습니다! 23킬로미터 떨어진 마을에서 '멜라'(시장)가 열리고 있는 것을 뒤늦게 알게 되었다면서 아지메르 주에 관한 영화에 첨가했으면 좋겠다는 생각이 들었다는 것입니다. 토요일 오전마다 이 프로젝트를 해왔는데, 이 촬영까지 하려면 세 번째 출장이 되는 셈입니다. 그곳에 가려면 도로가 없는 곳이 몇 군데 있기 때문에 지프를 타고 가야 합니다. 앞으로 6개월 내에 모든 마을이 큰 도로에 연결되도록 길을 낼 계획이 있답니다. 처음 두 번 출장은 도로 공사, 학교 건축, '판차얏'(마을회관) 건축, 우물 파기, 주택 산업의 현황을 기록하는 목적을 가지고 있었습니다.

우리는 한 번 출장에 여러 마을을 방문합니다. 첫 번째 출장지에서는 가톨릭 선교관이 장난감 제조, 체육 교실, 성인 문맹퇴치 등의 용도로 사용되고 있었습니다. 바로 지난 번 출장지는 도자기를 만드는 마을이었습니다. 도자기 만드는 물레가 돌아가고 있는 장면을 촬영하는 게 저의 오랜 숙원이었습니다. 그런데 여기에는 물레 셋이 나란히 동시에 돌아가고 있었습니다. 게다가 촬영하기에 적당한 조도까지 갖추어져 있었습니다. 제 개인용 촬영을 위해 필름을 조금 더 써도 좋다는 승낙을 받았습니다.

인도 주민들의 땅을 개선하는 방법과 시간을 잊고 일하는 리더들의 열심에 감동을 받았습니다. 정부가 기금의 반을 대고 나머지 반은 마을이 현금이나 노동으로 맡는 방법입니다. 성적이 제일 좋은 마을은 3,000루피(당시

그릇 만드는 모습

630달러)를 상금으로 받아 추가 개량사업에 쓸 수 있습니다. 대개 우물을 만드는 데 상금을 사용하겠지요. 위생적인 식수가 없는 마을이 많으니까요.

랄 크헤리에서는 제가 멋진 흰 황소를 촬영했습니다. 이 황소는 사업 대가로 받은 것입니다. 나는 요청을 받아 소변기, 변소 등 그다지 아름답다고 할 수 없는 기구들도 기록했는데, 위생 설비가 없는 이런 마을의 형편을 보신다면 이 장면이 전체 프로그램에서 차지하는 중요성을 아시게 될 것입니다.

이 모든 게 제 눈에 매우 멋지게 보이는 한 가지 이유가 있다면 이런 일들이야말로 선교사역 중 진전을 보이는 부분이기 때문입니다. 우리도 결핵 환자의 재생을 위한 사역, 그리고 어머니와 자녀들을 돕는 사역에서 진전을 이루어 내고 있습니다. 그러나 재정적 부담이 매우 무겁게 여겨지는 때도 있습니다. 우리가 하는 사역은 육체적으로, 물질적으로 이들을 돕는 것뿐 아니라 영적으로도 돕는 것입니다. 그 중에서도 영적 필요가 우리 모두의 가장 큰 필요인 것입니다.

도공의 물레를 보고 있으려니 다음과 같은 생각이 들었습니다. 위대한 토기장이이신 주님께서 사용하시기에 아름답고 유용한 도자기로 빚어지기 위해서 진흙이 쉬지 않고 돌듯이, 우리도 계속 돌면서 주님 손에 맡겨드려야겠다는 생각입니다. 물레 위에 놓인 진흙 덩어리는 처음에는 결코 아름답지도 유용하지도 못합니다. 하지만 숙련된 도공이 물레를 돌리고 진흙을 빚기 시작할 때 나타나는 그 변화란! 우리가 원하기만 한다면 가장 노련하신 토기장이의 손에서 빚어질 수 있는 것입니다. 하나님께서 우리 각자에게 하나님을 위한 도구로 빚어지기를 원하는 마음을 주시기를 소망합니다.

1955년 휴가 차 인도를 떠나기 직전, 우리는 긴 세월을 두고 사귄 친구 파인 부부를 손님으로 초청했다. 우리는 샘 파인을 러시아에서 처음 만났는데, 1931년 휴가를 마치고 한국으로 돌아가는 도중이었다. 그는 러시아에서 미국으로 이민을 가서 유능한 토목기사가 되어 뉴욕에서 직장을 다니고 있었다. 우리가 기차 안에서 만났을 때 그는 방문차 러시아로 가는 길이었다. 얘기를 나누면서 그가 매우 친절한 사람이라는 사실을 알았다. 그가 러시아어를 쓰면서 우리를 데리고 다녔기 때문에 우리는 러시아에 대해 아무것도 모르는 순진한 관광객 취급을 당하지 않았다.

그 일이 있은 후 샘 파인 및 그의 가족과 계속 연락을 유지하며 지냈다. 그래서 샘 내외가 관광차 인도에 왔을 때는 무척 반가웠다. 그가 베풀어 준 친절에 보답할 기회였다! 우리는 함께 아지메르 유적지 등을 관광했다. 나중에 샘 부부는 지프를 타고 다닌 인도마을 여행이 제일 재미있었다고 했다. 샘 부부는 내 촬영 현장도 둘러보았다.

아지메르 주의 마을 개량 사업을 컬러 필름에 담는 작업은 놀라운 후속편으로 이어졌다. 주 정부에서 기록영화의 주요 부분을 복사하여 1955-56년 휴가를 떠나는 우리에게 휴가 선물로 주었던 것이다. 시의 관대하고 적절한 호의였다. 휴가 중에 우리가 대표단 업무를 수행하면서 이 기록영화를 보여줄 때마다 영화에 대한 반응이 퍽 좋았다. 또 영화를 통해 후원자들에게 우리의 마을사역도 생생하게 전할 수 있었다. 더 나아가, 내 소원을 들어주고 싶어하는 기부자들의 후한 지원을 통해 내 "마을사역용 이동차량을 탐내는 마음"이 선한 응답을 받게 되기까지 했다. 우리는 휴가를 마치고 1956년 8월 주문 생산된 '피커 인터내셔널 코퍼레이션 모바일 유닛' 다목적 밴을 몰고 인도로 복귀했다. 1957년 2월 12일 열린 마다르 요양원 이사회에서 나는 "가족계획과 부녀자를 위한 마을 클리닉"에 관한 보고를 했다.

우리가 도착하기 전에 이미 인도에 이동설비차가 들어와 있었습니다. 그리고 다행히 수에즈 위기가 발생하기 전에 여기 도착할 수 있었습니다. 이동설비차량을 마련하기 위해 저는 열심히 노력했습니다. 저는 지금도 열심히 노력하면서 그 차량을 최대한 활용하려고 합니다. 구역개발계획의 부단장을 통해 우리는 주 5회 30개 마을을 방문한다는 내용의 운행 계획을 수립했습니다. 운행 계획이 잡힌 지역은 벽지인데다가, 지프나 닷지 트럭 같은 차나 겨우 드나들 수 있을 정도로 도로 사정이 아주 나빴습니다다. 사실 이런 곳일수록 의료적 지원이 꼭 필요할 텐데 가서 도우려는 사람이 아무도 없었습니다.

1956년 11월 15일, 우리는 운전사 한 명, 운전조수 한 명(텐트 설치, 테이블을 올리고 내려놓기, 길이 험한 데서 차량 돕기), 인도인 여성 의사 한 명, 수습 간호사 한 명과 함께 진지하게 사역을 시작했습니다. 지금까지 360개 이상의 마을에서 피임 상담, 피임기구 공급 등의 사역을 해왔으며, 이것보다 몇 곱절 넘는 수의 각종 질병을 치료했습니다. 우리 사역을 "모자母子 건강 이동클리닉"으로 의식적으로 제한하려 했으나, 말라리아로 몸을 떠는 어느 불쌍한 노인처럼 긴급을 요하는 환자들 앞에서 이 규칙을 어기게 되는 때도 더러 있었습니다. 우리의 봉사 활동에 대한 소문을 듣고 자기 동네도 방문해 달라는 요청을 받고 방문 목록에 마을 몇 곳을 추가하기도 했습니다. 우리는 마을사역 외에 마다르 요양원과 돔지붕집에 클리닉을 운영하고 있으며 아지메르 클리닉 일도 돕고 있습니다.

나는 후원자들에게 1957년 성탄절 편지에서, 날마다 경험하는 일을 일기 형식으로 적어 마을사역 확대와 이동차량의 유용성에 대해 자세히 설명했다.

7월 15일. 무수리에 고원 마을에서 휴가를 보내고, 아지메르에서 찌는 듯한 더위 아래 3주를 보내는 동안, 나는 자이푸르로 "트렁크 콜"을 걸어 코끼리 한 마리를 주문했다. '트렁크'라고 해서 그것이 꼭 '코끼리의 긴 코'만을 의미하는 건 아니다('trunk'엔 '코끼리 코'란 의미가 있다—옮긴이). 여기 인도에서 장거리 전화를 걸고 싶으면 "트렁크"를 요청한다. 만약 당신

이동 보건차량

이 운이 꽤 좋고 참을성 있게 기다릴 줄 아는 사람이라면, 몇 시간 후 당신에게 전화가 올 것이고 비로소 통화할 수 있게 된다. 상대방이 하는 말도 들린다. 그러나 대체로 매우 불편한 시스템이라 할 수 있다. 어쩔 수 없이 '트렁크 콜'을 이용해야 할 때면 나는 늘 지난 해 일어난 '놀라운 사건'이 생각났다. 작년에 내가 미국에 가 보스턴 친구 집에 머물고 있을 때 필라델피아에 있는 남편에게 다이얼을 돌렸더니, 글쎄 남편 목소리가 그 먼 거리를 건너와 금방 내 귀에 닿는 게 아닌가!

코끼리를 주문하는 일은 일상적인 일이 아니다. 나도 전화로 그런 걸 주문한 건 처음이었다. 이런 일이 생긴 것은 브라이언 모어 대학에 다니는 딸 필리스의 학급 친구가 내방하기로 했기 때문이다. 이 젊은 아가씨 헬렌 루이스 심프슨과 그녀의 어머니 심프슨이 일본의 친지를 방문하고 귀국하는 길에 인도에 열흘 간 체류하기로 했다. 물론 "분홍 도시"(자이푸르)를 구경하고 앰버 왕궁을 근사하게 코끼리를 타고 방문하기로 했다. 두 모녀가 아지메르까지 올 시간이 없었기 때문에 내가 차로 132킬로미터를 달려 자이푸르까지 가서 만나야 했다. 불과 몇 달 전까지 내 딸과 함께 있

19. 새 차원의 사역   445

었던 아이와 얘기할 수 있어 좋았다. 마치 고양이가 아이스크림을 핥아먹듯이 우리는 딸에 관한 소식을 핥아먹었다.

트렁크 콜 : 앰버 궁전 관광

7월 22일. 사르사리 마을에 가서 사역을 했다. 이 마을에서 매우 신성시하는 공작이 가시 많은 산울타리 옆 구석진 곳에서 현란한 짝짓기 춤을 추고 있었다. 우리는 이곳을 떠나 칼레스라로 이동했다. 도착하기 무섭게 마을 사람이 한 명 오더니 나이 어린 자기 부인이 첫 아이를 낳으려고 진통을 하고 있으니 자기 집에 함께 가자고 했다. 그때 나는 산과産科 가방도 빼놓고 작은 차에 최소한의 약품만 가지고 있던 터였다. 우리 운전기사가 감기로 누웠는데 시간이 없어 대체할 운전기사를 구하지 못했을 뿐더러 이런 요청은 거의 받아 본 일이 없었다. 그래도 뱃속에 있는 아이에게는 우리가 온 것이 천만다행이었다. 임산부는 나흘째 진통을 겪고 있었고 친척 여자가 임산부 복부를 계속 아래쪽으로 밀어만 대고 있었다. 임산부는 제발 그냥 죽게 내버려두라고 애원하고 있었다. 진찰해 보니 둔위출산이 확실했다. 그녀가 무사히 출산할 때까지 곁에서 도왔다. 만약 우리가 없었다면 그 아이는 죽고 말았을 것이다. 자칫 잘못하면 마을 여자들의 '압박 기법' 때문에 임산부의 자궁이 파열될 뻔 했다. 어린 임산부가 감사를 표했다. 한 달 후 우리 간호사가 다시 가봤더니 임산부와 아기가 둘 다 건강하게 있다고 했다. 쇠똥을 바른 바닥에서 산부의 치마를 거적 삼아 출산하는 걸 본 나로서는 그게 참으로 기적이라고밖에 보이지 않았다.

민간에서 해산 준비물 같은 건 아예 없는 게 보통이다. 그게 악운을 불러 온다고 믿기 때문이다. 당시도 산모의 어머니가 어딘가에서 네모난 천 조각을 주워 오더니 먼지를 툭툭 털어내고 그걸로 아기를 받으라고 우리에게 건넸었다. 우리가 늘 준비물을 지참해야 하는 까닭이 여기에 있다. 심지어 생활수준이 꽤 높은 집에서도 해산 용품을 준비하는 것은 산모가 아니라, 가족 외 산모 친구들이다.

7월 30일. 이동 차량을 끌고 단트라에 가야 한다. 그런데 비가 쏟아져 길이 망가졌다. 그래서 대신 제타나로 가기로 했다. 도시에서 시골 마을로 번진 독감 때문에 약을 나누어 주느라 오전을 분주하게 보냈다. 어디를 가나 독감 환자가 넘쳐났다.

나는 바리 자낙을 데리고 갔다. 자낙은 인도 여성으로, 이 날 이후 우리 아지메르 가족계획협회의 회장을 맡았다. 그녀는 이런 경험이 처음이었다. 도시에 사는 인도 여자들은 시골 마을의 모습을 전혀 모른다. 자낙과 함께 여자들이 일하고 있는 밭에 나갔다. 그 여성들 근처에서 어린 소녀 셋이 자기들보다 더 어린 아이들을 돌보고 있었다. 그런데 세 소녀 모두 이마까지 내려오는 싸구려 은장식을 머리에 하고 있었다. 그건 기혼 여성이란 표시였다. 자낙은 어떻게 저런 어린 소녀들이 결혼을 하느냐며 놀라움을 금치 못했다. 소녀들 아버지가 아이들을 결혼식 한 번으로 한꺼번에 출가시키는 게 훨씬 경제적이기 때문에 그렇게 했다고 했다. 장녀는 이미 시댁에 가 있고, 이 소녀들은 14살이 될 때까지 친정에서 자라야 한다는 것이다.

8월 13일. 두무라 마을이다. 파리와 오물이 보통 이상으로 많다. 독감 감염률도 평균 이상이다. 며칠 후 나도 독감에 걸린 것으로 보아 분명히 이곳에서 감염된 것 같다. 이 병에 걸리면 가장 곤란한 점은 잘 낫지 않는다는 것이다. 한 달은 족히 지나야 겨우 한 번에 한 시간 남짓 일할 기분이 난다. 이 병이 구미에 전파될 것을 생각하니 마음이 언짢다. 치사율은 낮아도 질병 발생률은 높다. 돈만 아는 부도덕한 의사들이 폐렴이 함께 일어나지 않고는 독감에 써 봐야 별 효과가 없는 항생제를 환자들에게 마구 써대는 바람에 마다르 요양원이 환자에게 쓸 스트렙토마이신을 충분히 확보하기 어려워졌다.

9월 2-4일. 이 기간 동안 이동 차량과 직원들이 케크리 멜라에서 중요한 역할을 했다. '멜라'는 박람회란 뜻이다. 농부들과 그 가족들이 수백 명씩 사방에서 몰려왔다. 보건에 관한 홍보를 하기에 딱 좋은 조건이다. 마을회관에 마련된 전시회장에 넓은 부스를 얻어 가족계획과 아동 건강에 관한 대형 차트를 설치했다. 이 주제에 관한 영화도 상영했다. 개막식 날에 아지메르 가족계획협회 부회장인 보건의사 닥터 완추를 비롯해 우리 실행위원회 위원들이 차로 80킬로미터를 달려와 우리를 도왔다. 농부들 수백 명이 연설을 듣고 상도 타기 위해 큰 천막 밑에 형형색색의 차림으로 모였다. 원래 내가 가족계획에 대해 연설하기로 되어 있었지만, 닥터 완추에게 대신 해달라고 부탁했다. 아무래도 여자인 나보다는 닥터 완추가 남자로서 농부들에게 호소하는 게 더 석설할 것 같았기 때문이다. 그런데 농부들이 행사장 내에 설치한 이동 의료차량으로 몰려와 닥터 올넛과 간호사인 나스와 마시에게 문의를 했다. 우리가 다녀간 후 많은 여성들이 와서 도움을 요청하고 있다고 그곳에 있는 공영 병원의 닥터 라지쿠마리가 전했다. 닥터 라지쿠마리는 박람회가 열리기 전에 내게 와서 일주일간 훈련을 받고 갔다.

9월 14일. 내일 나는 교도소에 간다. 묵타 밧지가 지난 월요일 내게 전화를 했기 때문이다. 밧지는 이곳 사비트리 데비 여자대학 학장이며, 나 역시 회원으로 있는 인도 여성단체 '마힐라 만달'의 활동가다. 마수다의 '라니'(공주)가 회장으로 있고, 이 단체에 속한 많은 여성들은 여러 가지 사회사업에 관심이 많다. 라자스탄의 모든 장기복역 여수인女囚人들이 아지메르 교도소에서 복역한다는 결정이 나왔다. 전체 서른일곱 명 중 스무 명이 시가 식구나 남편, 혼외 자녀를 살해한 죄였다. 그러나 이 여자들이 왜 그런 범죄를 저질렀는지 듣고 나면 분노가 조금은 누그러질 수 있을 것이다. 혹시 이 여자들이 교육 받지 못한 대다수 인도 여성들의 노예적 처지에 저항한 선구자들이 아닌가 하는 생각마저 든다. 그들에겐 자유가 전혀 없다. 남편이나 시부모의 허락 없이는 심지어 피임 기구도 사용하지 못한다. 범죄가 발생한 상황적 요인 같은 건 이런 편지에서 구구히 설명하기 곤란하다. 어쨌든 이 여자는 5년 후면 석방된다. 도움이 필요하다.

회의를 하면서 교육 받은 여성들이 매주 3회 교도소에 가서 여자 수인들에게 읽기, 쓰기, 수공, 심지어 노래 부르기 등을 가르치겠다고 자원하는 모습을 보며 매우 흥미로웠다. 야세프와 나는 교도소에 가서 위생을 가르칠 것이다. 그러나 이 프로그램은 우선 교도소 당국의 승인이 나야 한다. 내일 나는 지난 6개월간 매주 1회 교도소를 방문해 온 한 여성과 함께 교도소에 간다. 그녀는 자기가 처음에 직면한 수인들의 적대감, 수인들로부터 들은 힘겨운 삶 이야기, 그들이 극단적 대응을 해야 했던 당시 상황을 얘기해 준다.

진취적인 인도 여성들이 하고 있는 이런 일로 나를 희망을 갖게 된다. 그리고 비록 내가 라자스탄 사람들이 사용하는 마르와리어는 못하지만, 그들의 프로그램에서 한 역할을 감당할 수 있다는 것이 행복하다. 사회사업 정신이 투철한 무슬림 여인 야세프가 통역을 할 것이다. 힌두교인들, 회교인들, 그리고 적어도 한 사람의 기독교인이 힘을 합치고 있다.

밧지는 내년 쯤 미국에 건너가 공부를 하고 싶어 한다. 인도의 중대한 문제들을 끌어안고 그 해결책을 모색하는 밧지 같은 여성들이 있는 것이다. 계몽된 이성과 가슴으로 이런 무거운 짐을 자임하려는 여성들이 있기에 무지하고 가난한 사람들의 짐이 조금이라도 가벼워진다. 인구의 83퍼센트가 아직 시골 마을에 산다는 사실을 감안할 때 이것이 얼마나 중요한 과제인가! 물론 우리는 그리스도가 인간 마음의 최고 교육자이며, 그리스도를 알고 그의 가르침을 따르는 자들이 자기 이웃에게 가장 큰 공헌을 할 수 있다는 사실을 믿고 있다. 그리스도를 좇기로 신앙을 고백한 우리가 걸림돌 노릇을 그치고 맑은 '수정 창문' 같았으면 좋겠다.

9월 17일. "두크나 해! 두크나 해!" 오늘 아침, 아이들과 남녀 어른들이 이동진료 차량의 좁은 텐트 안에 몰려드는 와중에 자기 손자를 먼저 봐 달라고 한 할머니가 내 옷깃을 잡고 매달렸다. '두크나'는 라자스탄 신어新語로 오늘 처음 배웠다. '종기'(혹은 아프다)라는 의미다. 어떤 아이들은 종기가 많이 나있고 또 다른 아이들은 전염성 농가진을 앓고 있다. 나중에 이 아이들 중 왕처럼 위대한 인물이 나올지 안 나올지 알순 없지만, 적어도 오늘 당장은 녀석들 얼굴이 용담속 제비꽃의 위엄 있는 자줏빛으로 눈부시게 빛나고 있다. 구그라 마을에서 우리 네 명이 일하고 있지만, 지금 집에 있는 많은 선량한 이웃들이 모성애를 발휘하여 목욕통, 비누, 수건을 많이 가지고 나와 이 아이들을 씻기고, 가위도 가지고 나와 아이들 머리카락을 잘라주면, 우리가 아이들 두피에 난 상처를 치료하는 데 더 집중할 수 있을 텐데. 여기 마을 사람들이 약으로 쓰는 까만 고약이 있는데, 글쎄 그걸 아무 상처에나 다 붙인다. 이 아이들에게 진짜로 필요한 건 폐용량과 계몽된 부모, 그리고 깨끗한 환경이다.

마을 보건진료

푹푹 찌는 더위, 파리, 종기, 눈병, 더 많은 파리, 고름이 흐르는 귀, 파리, 콧물이 흐르는 코, 파리, 파리, 파리! 소음, 소음, 소음! 인간 성대의 불협화음! 사람들이 먼저 진찰을 해달라고 간청하며 밀려들었다. 한 할머니는 통증을 느끼는 부위를 알려주려고 내 배를 세게 치기도 했다.

한 남자가 내 앞에서 포대기를 들추고 몹시 수척한 아기를 보여줬다. 1년

반 된 아기란다. 병이 너무 깊어서 어디서부터 치료를 해야 할지 모르겠다. 내가 말했다. "아기를 병원으로 데리고 가세요. 여기서 잠깐 봐서는 별 도움이 안 되겠어요."

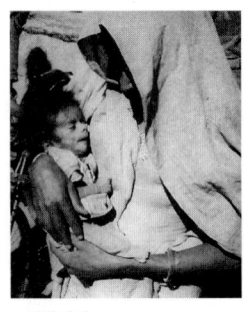
여윈 아기

"선생님, 병원에 이미 데리고 갔었어요. 근데 그냥 되돌려 보내던데요." 남자가 대답했다. 이 사람이 진실을 말하고 있는 걸까? 그들이 정말 되돌려 보냈을까? 아니면 이 부모가 입원을 시키지 않은 것일까? 혹시 그 관영 병원 의사가 약간만 치료하면 건강을 회복할 수 있는 다른 환자를 돌보느라 너무 바빠 이 조그만 아기를 보고 아예 치료를 포기해버린 걸까? 아기는 제 머리를 들지도 못하고 아빠의 셔츠에 안긴 채 침만 흘리고 있었다. 팔과 다리는 성냥개비 같이 여위었는데, 살고 싶다는 기미조차 보이지 않았다.

나는 마다르 요양원에서 함께 근무했던 간호 선교사들이 생각났다(지금은 요양원을 다 떠났다). 회심을 목표로 하는 간호 선교사라면 이런 일은 하나의 도전으로 삼을 만한 것이리라. 그러나 이 아기의 꺼져가는 생명의 촛불을 지키려고 안간힘을 쓰는 동안 다른 열 명의 아기들이 생명을 잃어갈 것이다. 그러면 실제적으로 소생의 희망이 전무한 환자에 쏟는 에너지를 다른 아기들이 같은 처지에 빠지지 않도록 예방하는 데 사용할 수도 있지 않을까? 당신이라면 어떤 결정을 내리겠는가? 부모의 눈을 들여다보고 나서야 결정할 수 있을 것이다.

제20장. 마다르가 기록한 이정표

1954년 감리교가 인도에서 100주년을 맞아 기념예배를 드렸다. 하나님께서 마다르의 사역 위에 풍성한 축복을 지속적으로 내리셨다. 감리교가 100년이 되던 해에는 마다르 역사상 과거 어느 해보다 풍성한 기적이 일어났다. 우리들이 큰 기쁨과 감사로 100주년을 맞이한 것은 이 해에 그 동안 우리가 가장 바라던 일들이 부분적으로 성취되었을 뿐만 아니라 환자와 스태프를 위한 시설도 개선할 수 있었기 때문이었다.

무엇보다도 그 어느 때보다 선교적으로 더욱 힘을 낼 수 있었던 한 해였다. 상임 원목 두 사람(존 램 목사와 잘랄 웃딘 목사)이 부임했다. 차투르 베디 목사는 아지메르 인근에서 감리교 교구감독으로 섬기고 있었다. 1954년 3월 10일의 헌당 예배프로그램을 만들 당시 우리 마다르 요양원교회는 40명의 교인을 새로 맞이했다(신입교인 28명, 전입교인 12명). 그 프로그램의 개요를 보면 마다르가 기록한 이정표가 잘 나와 있다.

〈마다르 통합요양원〉

- 입교식
- 내과 블록, 이사벨 웨스트 외과 블록, 로버트 맥대니얼 주간탁아소, 간호사 숙소
- 재활센터
  (a) 농업 분야
  (b) 워크숍 분야 : 7개
  (c) 레크리에이션 홀 및 도서관 분야

비숍 와스컴 피켓

1954년 3월 10일

[예배에의 부름]

감독(와스컴 피켓) : 집례합니다.
찬송가 (다같이 일어서서) : "주 예수 이름 높이어…"

감독: 기쁨으로 여호와를 섬기며,
회중: 감사로 그의 문으로 들어가며 찬송함으로 그의 궁정에 들어갈 지어다.
감독: 올지어다. 경배하며 절하며, 우리를 만드신 이 앞에 무릎을 꿇을지어다.
회중: 그는 우리의 하나님, 우리는 그의 목장의 백성이며 그의 목장의 기르시는 양이라. 아멘.

[기도]

감독: 다 같이 기도하겠습니다. 거룩한 교회에 모인 당신의 백성들을 인하여 기뻐하시는, 영원하시며 복의 근원되시는 하나님. 당신의 집에 온 저희들을 은혜로 받아주시고, 교회 안에 평화와 번영이 있게 하시며, 하나님이 교회의 빛이 되시며, 저희들이 당신 집의 선하심에 만족하게 하시기를 간절히 기원합니다. 우리 주 예수 그리스도의 이름으로 기도합니다. 아멘.

[준공일 특별기도] 성도들이 기도 안에서 감독과 하나 되게 하소서. 오 하나님, 저희들의 행하는 모든 일에서 당신의 가장 지극한 사랑으로 저희들을 인도하여 주시고, 당신 안에서 시작과 진행과 끝맺음을 이룬 이 모든 공사들을 통하여 당신의 거룩한 이름을 거룩하게 하시며, 당신의 긍휼하심으로 결국에는 우리 주 예수 그리스도를 통하여 영생을 얻게 하시옵소서. 아멘.

[성경말씀]

차투르 베디 목사(교구 감독)
기도 : 존 램 목사
특별찬양 : 마다르교회 찬양대
설교 : 와스컴 피켓 감독
선물 증정 및 공로표창 : 닥터 셔우드 홀 (마다르 의료부장)

[헌당]

권한을 부여 받은 사람이 집례 감독을 향하여 말한다.

"나는 이사벨 웨스트 외과 블록을 하나님의 영광과 사람들을 섬기기 위해 헌당할 것을 제안합니다." (닥터 매리언 홀)

"나는 내과 블록을 하나님의 영광과 사람들을 섬기기 위해 헌당할 것을 제안합니다." (닥터 톰슨 웰즈)

"나는 간호사 숙소를 하나님의 영광과 사람들을 섬기기 위해 헌당할 것을 제안합니다." (수실라 랜스 부인)

"나는 주간 탁아소를 하나님의 영광과 사람들을 섬기기 위해 헌당할 것을 제안합니다." (미스 로라 배틴)

"나는 재활센터의 제반 시설의 헌당을 제안할 미스 마가렛 존스턴, 미스 터 싱, 미스 램을 여러분께 소개합니다." (미스 마가렛 존스턴)

"나는 농업 분야를 하나님의 영광과 사람들을 섬기기 위해 헌당할 것을 제안합니다." (미스터 싱)

"나는 워크숍 7개 분야를 하나님의 영광과 사람들을 섬기기 위해 헌당할 것을 제안합니다." (미스 훼베 램)

"나는 레크리에이션과 도서관 분야를 하나님의 영광과 사람들의 섬김을 위해 헌당할 것을 제안합니다." (미스터 H. C. 대니얼)

"주님의 사랑하는 자녀 된 우리들은 하나님께서 그의 백성들 마음속에 하나님의 이름을 거룩하게 하기 위한 목적으로 이 건물들을 심어주신 데 대하여 즐거워합니다. 이제 나는 이 긴물들의 명칭을 다음과 같이 정하는 것을 수락합니다."

이 건물들을 하나님의 영광과 사람들의 섬김을 위해 헌당합니다.

그의 은혜로 우리를 부르신 하나님 아버지의 영광을 위하여,

우리를 사랑하사 우리를 위해 자신을 내어주신 그 아들을 영화롭게 하기 위하여

우리를 조명하시고 성별하시는 성령님을 찬양하기 위하여,

이 건물을 헌당합니다.

그러므로 여기 모인 우리들은 이 건물들을 적절하고 거룩한 용도로 사용해야 합니다.

집례 감독과 성도가 다 같이 :

우리들, 이 요양원 직원들과 성도들은 지금 큰 구름떼 같이 허다한 증인들에 둘러싸여, 우리의 유산에 감사하며, 믿음 안에서 행한 선조들의 희생을 생각하며, 우리들이 없이는 그들의 역사를 완성하지 못했을 것임을 고백하며 우리를 전능하신 하나님을 찬양하며 섬기는 일에 다시 한 번 헌신합니다. 우리 주 예수 그리스도의 이름으로 기도합니다. 아멘.

[기도]

J. 로기 목사

폐회송 : "저물어 날 이미 어두니"(찬송가 481장)

축도 : A. C. 앤드류 목사

신축 건물 시찰

그날 헌당한 이 아름다운 건물들은 '잿더미에서 일어난 불사조' 처럼 하루아침에 올라간 것이 아니다. 오히려 긴 시간, 힘든 노동, 땀, 그리고 기도를 거치면서 비로소 이루어진 꿈이었다. 인도라는 나라에서 무슨 일을 완수하려 할 때마다 적용되는 슬로건이 있다면, "어둔 밤 쉬 되리니"보다는 "높은 사람이 볼 때만 일하자"가 맞다. 여기에다 덧붙인다면, 마치 한국이 일제하에서 그랬듯이 인도도 '허가 국가'로 변하고 있었다. 예를 들면, 허가가 없으면 아무 건축도 할 수 없었다. 지붕으로 쓸 돌판을 건축현장으로 가져오는 데 허가가 필요했고, 시멘트나 철재 거더를 들여오는 데도 허가가 필요했다. 이런 일들로 한없이 긴 시간이 소요되곤 했다. 아마 욥의 인내로도 분통이 터졌을 것이다. 이 아름다운 건물들은 방해, 지연, 실망스런 공사 중단을 이겨내고 기록적으로 짧은 공기로 완공되었다. 항상 심각한 결핍에 시달리고 있는 인도와 같은 나라에서, 국가를 세우는 과업의 긴박성을 고려할 때 돈을 제때 사용하지 않고 조금이라도 더 놀려두는 것은 심술궂은 처사라고 느껴졌다.

그 액수가 많건 적건 간에, 많은 사람들이 쾌척한 기부금으로 이와 같은 위업을 성취할 수 있었다. 나는 그 전에 요양소 교회 건축을 감독한 내 비서 대니얼과 그의 조카에게 매우 큰 감사의 빚을 지고 있다고 느꼈다. 이번에도 이 두 사람이 재능과 시간을 아낌없이 퍼부어 저 아름다운 빌딩의 건축공사를 무료로 감독해주었다. 덕분에 기부금 전액을 실제 공사비에만 사용할 수 있게 되었던 것이다.

이 신축건물 가구와 비품을 마련하는 데 필요한 재원이 해외뿐 아니라 인도에서도 들어왔다. 자선음악회와 유명한 인도 극작가이

스팍스 기념 병동, 1950년 준공

공사중인 신축 병동: 건축허가 획득

신축 외과 블록

레크리에이션 홀과 도서관

며 시인인 라빈드라나스 타고르가 쓴 드라마가 신축 레크리에이션 홀에서 공연됐는데 좋은 반응을 얻었다. 여기서 들어온 재원으로 레크리에이션 홀의 내부공사를 잘 마칠 수 있었다. 우연이지만, 이 공연을 통해 드라마와 관련된 많은 재능이 우리 환자와 스태프들 중에서 발견되기도 했다.

인도에서의 요양원의 뿌리를 거슬러 올라가보면, 1906년 당시 라지푸타나(지금은 아지메르 주로 불림)의 틸라우니아에 인도 최초의 요양원이 설립되었다. 이 요양원은 감리교 소속 여성해외선교협회 산하의 매리윌슨 요양원이었다. 1938년 매리윌슨 요양원과 마다르가 합병된 결과 "마다르 통합요양원"으로 알려지게 된 것이다. 합병 후, 이 두 요양원은 유능하고 존경받는 마다르 운영위원회 회장 피켓 감독의 지도 아래 조직을 개편했다. 1954년에 이르러, 피켓 감독의 현명한 지도력과 감리교의 지원, 그리고 인도 및 기타 국제기관의 도움으로 마다르 통합 결핵요양원은 정부가 승인한 걸출한 요양원으로 부상했다. 병상수도 약 250개에 이르렀다. 현대화된 외과치료, 작업치료 및 재활프로그램을 위한 특수시설도 구비할 수 있게 되었다.

남아시아감리교가 마다르 통합결핵요양원을 '인도 전국기관'으로 지정하자 명실상부한 전국기관이 되었다. 환자들이 감리교 네 지역—북인도, 인더스 강, 중앙인도, 하이데라바드—에서 모두 몰려왔다. 어떤 환자들은 심지어 버마와 파키스탄에서 오기도 했다. 감리교임시위원회는 '감리교 해외구조위원회' MCOR를 통해 특별 결핵기금을 조성하여 4개 감리교회의 지역의 감리교 사역자들이 인도 국내에서 최고의 종합 치료를 받을 수 있도록 하는 결정을 내렸다. 유례없이 많은 환자들이 건조한 기후와 알맞은 표고標高로 결핵치료에 이상적인 마다르로 몰려들기 시작했다. 여기서 환자들은 현대적 외과 치료와 재활프로그램의 혜택을 모두 누렸다.

마다르가 양성했거나 초청한, 고도로 숙련되고 경험이 풍부한 인력들은 기관지경, 흉강경, 단층촬영기, 엑스선 형광경, 투열요법장치, 방사선 유닛, 산소 및 질소 장치, 현미경, 흉부 수술기구들, 연구실, 혈액은행기기 등등의 최신기기의 지원을 받을 수 있었다. 숙원사항이던 혈액은행이 수술 시에 필요한 혈액의 과반을 공급할 수 있었으며, 이는 진료기기의 개선, 훈련된 마취의사와 더불어 수술기록을 고무적인 수준으로 향상시킨 요인 중 하나였다.

마다르의 기록 중 '억제', '많이 호전', '완치'가 차지하는 비율이 큰 것은 인력의 숙련도, 현대적 기기, 그리고 건물이라는 세 요소가 가져온 결과임이 분명했다. 의료선교사 닥터 윌프렛 존스가 인도 전역에 있는 요양원들의 수술 기록을 면밀하게 조사한 후, 마다르의 수술 기록이 예외없는 전국 최고라는 사실에 주목해야 한다고 발표했다.

1954년 현재 마다르의 건물로는 9개 병동, 23개 단층 병동, 신축 외과 및 내과 블록, 레크리에이션 홀, 요양소 농장을 포함한 작업치료 및 재활 시설이 있다. 신축 건물들에는 또한 효율적으로 운영되는 공중보건 및 결핵예방 클리닉, 주간 유아원, 학교, 매력적인 간호사 숙소와 직원 방갈로가 있었다. 이 모든 건물 및 시설 중앙에 조명

십자가가 걸린 아름다운 성누가 요양원교회가 서있었다.

100주년을 맞이하며 우리가 하나님께 찬양을 드린 이유가 신축 건물 때문만은 아니었다. 우리들은 함께 일하는 사람들로 인해서도 하나님께 찬양을 드렸다. 1952년 2월 우리와 합류한 로라 배틴이 요양소에서 가장 효과적인 공중보건 프로그램을 시작하고 발전시켰다. 그녀가 제일 기뻐했던 것은 로버트 맥대니얼을 추모하여 신축한 주간 유아원에 직원들이 자기 아이들을 맡겨 놓으면 조금 더 자란 다른 자녀들이 학교에 다닐 수 있게 된다는 점이었다.

우리 스태프로 들어온 또 다른 인물은 미스 마가렛 존스턴으로, 작업치료와 재활센터라는 매우 중요한 업무를 맡을 사람이었다. 그녀는 젊은 열정과 헌신적인 근무태도로 모두에게 격려와 기쁨을 주었고 얼마 지나지 않아 환자와 스태프 모두가 그녀를 좋아하게 되었다.

존스턴이 가진 기술로 회복 중이거나 결핵을 앓았던 사람들 각각에게 맞는 일을 훈련시킬 수 있었다. 우리는 환자를 완치시키는 것

1954년의 마다르 전경.
사진 앞쪽에 농업과 워크숍 건물, 왼쪽 후면에 요양소 정원,
메인 콤플렉스 중앙에 교회, 오른쪽에 병동이 보인다.

으로는 부족하고 후에도 그들이 앞으로 살아가야 할 제한적인 삶에 적응할 수 있도록 도와주는 재활훈련이 필요하다는 사실을 잘 알고 있었다. 일할 기회를 거부당한 환자는 재발가능성이 높은 반면 적당한 취업의 기회를 얻은 환자는 재정적 자립의 길로 나선다. 따라서 마다르는 단순한 치료에 그치지 않고 재활의 길을 열어 주는 것까지를 치료의 완성으로 보고 있었다. '해외구제를 위한 감리교위원회' 기금으로 이 재활훈련을 실시했다.

다행하게도 닥터 톰슨 웰즈 부부가 3년간 자리를 비웠다가 돌아온 상황이었다. 닥터 웰즈는 감리교 "십자군 장학금"을 받아 타고난 적성을 보이는 흉부외과 부문에 특별 훈련을 받을 목적으로 미국으로 건너갔다가 나중에 벨로어로 향했다. 그는 마다르로 복귀한 후부터 흉부외과를 맡았다. 닥터 웰즈가 매우 어려운 흉부 수술에 계속 성공하면서 기술력을 보여주기 시작했다. 어느 여성환자의 경우, 심장 박동과 혈액 순환을 방해하는 유착을 제거했다. 그 환자는 사경을 헤매다가 건강을 되찾았다.

재미있는 수술도 있었는데, 환자의 몸에서 빈랑나무 열매를 제거하는 수술이었다. 떫은 맛이 나는 빈랑나무 열매를 잎에 싸서 씹으면 침이 많이 나오는데 둘 다 남는 침을 뱉어낸다는 점에서 씹는 담배와 비교되었다. 그런데 이 환자는 실수로 열매를 흡입하는 바람에 기관지 중간에 이 열매가 얹혀버린 것이었다. 또 다른 수술이 한 건 있었는데 완전히 성공한 수술은 아니었다. 헤르니아(장기臟器의 일부가 원래 있어야 할 장소에서 벗어난 상태—편집자)가 생겨 폐의 꼭짓점 가까이 온 창자를 제 위치에 오게 하는 수술이었다. 복위가 완전하지는 않았지만 환자의 고통이 크게 완화되었기 때문에 그 환자는 웬만큼 안정된 상태로 귀향할 수 있었다.

물론, 닥터 웰즈가 집도한 수술은 거의 모두가 절제수술(폐의 전부 혹은 일부를 제거하는 수술)이었다. 흉곽성형술에 비해 폐절제수술이 나은 점은 요양소 입원기간을 단축해서 환자가 가족의 품으로 돌아가서 일을 시작할 수 있다는 것이었다. 이는 가난한 사람들에게 큰 도움이 되었다. 일반 사람들의 눈에는 큰 수술을 받은 환자가 그렇게 빨리 회복된다는 사실이 놀라울 뿐이었다. 어떤 환자는 수술을 받은 바로 다음 날 병동 밖으로 나가서 복도를 걸어 다니고 있는 것이 발견되어 의사를 놀라게 하기도 하였다. 야단을 치자 그가 대답했다. "나머지 폐 한쪽이 제대로 뛰는지 알아보려고요!"

마다르가 성장과 진보를 하고 있다는 다른 증거는 우리 요양원을 방문하는 저명인사들의 수가 늘어나고 있었다는 점이다. 감리교 기독봉사여성회의 인도담당 사무총장 루실 콜로니가 간호사 숙소 현판식에 참석 차 마다르를 방문하여 우리들의 따뜻한 영접을 받았다. 현관에는 이 숙소가 미국 여성 감리교인들의 기부금으로 세워졌다는 글이 새겨져 있었다.

인도 보건부장관 라지쿠마리 암릿 카우르도 우리를 방문한 저명인사 중 한 명이었다. 그녀는 1954년 4월 3일 아지메르 주 경찰청장 키르팔라니의 주재로 열린 내과와 외과 병동, 주간 유아원, 간호사 숙소의 개관식에 참석하여 개관 연설을 했다. 500여명의 아지메르 상류사회 인사들이 참석한 가운데 그녀가 한 연설은 매우 훌륭했다.

의료선교 일반에 대한 경의를 표하고 특히 그녀가 느낀 마다르의 사역에 대하여 찬사를 아끼지 않았다. 자신의 말을 보증이라도 하듯 기부금도 전달했다. 그녀의 메시지는 다음과 같다.

인도 감리교회는 한 세기에 걸쳐 국가를 위하여 훌륭한 업적을 기록했습니다. 저는 보건부로 발령을 받아 근무를 시작한 이후 지금까지 특히 의료부문에서 이분들과 밀접하게 접촉해왔습니다. 수백만의 사람들이 선교 병원과 농촌 진료소에 가서 혜택을 받았고, 하나의 목적을 위해 자신의 생명을 바치는 사람들이 제공하는 인정 많은 서비스의 도움을 얻고 있습니다.

한센씨병 환자들의 정신적·육체적 고통을 경감시켜주기 위한 사역에서, 아무도 자원하지 않던 이 분야에 맨 처음 뛰어든 기독교 선교단체들에 대해 모든 인도인들은 감사를 표합니다. 지금은 인도인들이 그 분들의 사역을 이어받고 있습니다만, 세상이 배척하는 이런 부분에 대한 관심과 사랑의 노고를 계속 감당해주기를 희망하고 있습니다. 결핵 요양소들에 관하여 말씀드리면, 이 실제적 위협과 싸우는 데 있어 저희가 많은 도움을 받고 있음에 감사드립니다.

선교사들은 농촌지역 봉사에 있어 개척자들입니다. 농촌 문제는 방대하기 때문에 그것들을 해결하려면 초인적인 노력이 필요합니다. 이 분야에 있어서도 감리교회가 현재의 탁월한 사역을 한 순간이라도 늦추지 말아주시기를 부탁드립니다. 간호사 훈련 분야에 있어서도 역시, 선교병원들이 훌륭한 서비스를 지속해주시기를 희망합니다. 최근까지 인도의 간호사들 중 80퍼센트가 대부분 기독교 학교를 다닌 기독청년들이었습니다.

이 고귀한 직종에 대한 동경과 감사가 인도 소녀들의 가슴에 불을 붙이고 있습니다. 많은 소녀들이 개척자 언니들이 보인 모범을 뒤따르고 있는 것을 볼 때 기쁜 마음입니다.

의학은 카스트, 신조, 인종, 지역적인 장애를 훨씬 뛰어넘는 과학입니다. 따라서 기독교 선교사들이 의료 분야에서 제공하는 서비스는 인도에서 언제나 환영합니다. 바로 이러한 사역을 통해 그리스도의 메시지가 삶 속에서 실천되며 국제 선린의 복음이 전파되는 것이지요.

인도에서의 감리교 사역에 높은 곳으로부터의 모든 축복이 함께 하시기를 기원합니다.

암릿 카우르
인도연방 보건부장관

지금까지 마다르가 이렇게 대단한 평가를 받아 본 일이 없었다. 그 자리에 모인 내빈들이 이구동성으로 보건부장관의 극찬에 맞장구를 쳐주었기 때문이었다. 마다르에게는 정말로 결코 잊을 수 없는 축제였다.

이날 행사의 절정은 피켓 감독이 집례한 세례예식이었다. 세례 대상은 마다르에 입원하던 중 예수님께로 돌아온 환자들이었다. 세례예식은 아름다운 성누가 요양원교회에서 있었는데, 교회 첨탑 위에 조명을 밝힌 십자가는 마다르 사역의 영적인 의미를 세상에 선포하고 있는 듯했다. 마다르 요양원에서는 육신이 치유될 뿐 아니라 영혼이 구원 받고 거듭나 천국백성이 된 남녀노소가 있었으며, 그들

암릿 카우르의 방문

건물 개관 테이프를
끊고 있는 라지쿠마리
암릿 카우르

피켓 감독과 함께하는
개종자들

20. 마다르가 기록한 이정표　467

은 마음 깊은 곳으로부터 우러난 찬양과 감사로 주님이 주시는 기쁨 속으로 들어갔다. 이것은 가까운 곳, 먼 곳에 있는 모든 동역자들이 함께 나누는 사역의 열매라고 생각되었다.

나중에 온 내빈 중에 델리 주 보건부장관이며 마하트마 간디의 사랑하는 제자인 닥터 수실라 나야르가 있었다. 닥터 나야르는 마다르를 둘러보는 도중에 이런 질문을 자주 던졌다. "어떻게 해서 그렇게 경제적으로 건축할 수 있었습니까? 그렇게 적은 예산으로 이렇게 큰 기관을 경영하는 방법은 무엇인가요? 보잘것없는 의료기기로 이렇게 놀라운 수술 실적을 올릴 수 있었던 이유는 어디에 있나요?"

우리는 닥터 나야르가 방문한 후 두 사람의 주요 내빈을 맞았다. 델리 소재 실버 주빌리 결핵병원의 원장 닥터 R. 크리시나와 유엔이 흉부외과 훈련 요원으로 인도에 파견한 오슬로 출신 닥터 L. E. 볼로다스키였다. 이들은 수술현장, 임상회의, 환자면접, 우수성과 사례를 직접 보고 평가할 능력을 보유한 전문가들이었다. 그들은 델리 보건부장관의 현란한 치사에 의구심을 갖고 왔지만, 떠날 때는 마다르의 외과 및 의료 프로그램이 정말 훌륭하다는 믿음을 가졌다. 이 두 사람이 우리들의 사역에 감사하는 내용의 편지를 나에게 보냈는데 내가 항상 소중히 여겨야 할 편지였다.

내가 소중하게 보관하고 있는 편지가 또 하나 있다. 그것은 내 직속상관인 피켓 감독이 마다르에서 있었던 신축건물 헌당식과 42명의 신입교인 입교예배 후에 나에게 보낸 편지였다.

나는 지금 벌써 한 시간 동안 내 책상에 앉아 있습니다만, 어제 운영위원회 결의서에 기록된 귀하의 업적을 축하하는 편지 구술을 미루지 않으려고 합니다. 신축건물들을 보고, 또 내가 함께하게 된 놀라운 사람들을 보면서 큰 감동을 받았습니다. 또 환자들의 행복한 모습과 그들을 통해 결핵환자 치료 분야에서 최근에 이루어진 진전을 보게 된 것도 감동이었습니다. 귀하는 마다르에 훌륭한 지도력을 보여주셨습니다. 이 사역에 귀하가 참여할 수 있었다는 것에 대해 심심한 감사를 표합니다. 만일 귀하가 인도에 오시지 않았다면, 과연 마다르가 현재의 축복받은 위치에 이를 수 있었을지 의문입니다.

내가 마다르에 대하여 기술한 내용 모두가 자만심의 표출처럼 들릴 것을 잘 알고 있다. 만일 내가 영광을 나 자신에게 돌렸다면 아마 그럴지도 모른다. 그러나 나 같은 보잘 것 없는 인간의 힘만으로는 아무것도 할 수 없었다는 사실을 나만큼 잘 아는 사람도 아마 없을 것이다. 나와 나의 동역자들은 인도 땅에서 자신의 나라를 확장시키시려는 하나님의 높으신 뜻을 이루기 위하여 하나님의 손에 붙들린 도구에 불과하다는 사실도 나는 잘 알고 있다. 이 일을 수행하면서, 우리들은 다정하고 헌신된 수많은 사람들의 관심과 후원, 그리고 무엇보다도 그들의 기도에 힘입은 바 크다는 사실을 밝히고 싶다.

제21장. 네팔 연합선교단

1957년 신년은 우리가 달력에 써넣을 만큼 중요한 행사로 시작됐다. 나는 1월 7일 델리에서 열리는 제14차 국제결핵회의에 참석했다. 미국에 본사를 둔 《월드와이드 메디컬 뉴스 서비스》 편집장 욘 나르의 특별요청으로 내가 이 회의를 취재하기로 되어 있었기 때문이었다. 기자 역할을 해보기는 처음이었기 때문에 좀 겁을 먹었지만 나중에 내가 쓴 기사에 대한 편집자의 칭찬을 듣고 나자 새로운 경험을 맛보게 한 좋은 기회라고 여기게 되었다.

그 회의는 정말 보람 있었다. 인도는 64개 국가에서 온 8백여 명의 외국 대표들에게 최선을 다해 친절을 베풀고 있었다. 나는 이름만 듣던 많은 유명 전문가들을 개인적으로 만나 의견을 교환하는 기회들을 즐겼다. 그 중 하나가 "죽의 장막"으로부터 나온 훌륭한 연사였다. 그에게 크리스마스 씰 운동이 공산정권 하에서 어떤 평가를 받고 있느냐고 물었다. 크리스마스 씰은 자본주의 나라들에서 들어온 개념이기 때문에 이미 폐지됐으며 정부가 결핵퇴치를 위한 재원을 독점하고 있다고 했다. 사기업도 없다고 했다.

결핵회의에 대표를 보낸 나라들 중에 많은 나라들이 인도에서와 유사한 문제들과 싸우고 있었으며, 거의 모든 대표들이 비전문가에 의한 항생물질 남용을 반대하고 있다는 사실에 주목했다. 외국 대표들을 위한 통역 준비도 잘 돼 있었다. 어느 여성 통역관은 노트도 없이 동시통역을 하는 것 같았다. 이어폰이 준비되어 있어 자기가 원하는 언어를 선택하여 들을 수 있었다. 결핵협회의 요청으로 마다르 요양원의 작업치료를 소개하는 전시를 했다. 이 전시가 좋은 반응을 얻자 인도결핵협회가 델리 본부에 상설전시용으로 전시물을 기증해 달라는 요청을 해왔다.

자와하랄 네루 인도수상이 이 회의에 참석하여, 우리 의사들에게 연합된 세계로 나아가는 길을 보여달라고 강력하게 연설했다. 그는 민족주의의 해악에 대해서도 언급했다. 나는 그가 이와 같이 폭넓은 세계관을 표명하는 것을 처음 들었다. 참석한 의사 모두가 깊은 감명을 받았다. 전체적으로 볼 때 내가 참석한 회의 중에서 가장 유익한 회의 중 하나였다. 그런 회의가 인도와 같은 개발도상국에서 그와 같은 최신 시설을 갖추고 열릴 수 있다는 것이 놀라울 뿐이었다. 인도는 과연 자랑스러운 나라였다.

1957년 2월 12일, 마다르 요양원 연례 운영위원회가 열렸다. 피켓 감독은 1956년 10월 3일부터 7일까지 델리에서 개최된 65차 남아시아 감리교 연례총회에서 은퇴했고, 우리들은 새 회장, 새 감독을 모시고 참석했다. 그와 그의 부인 캐럴린 몬돌은 돔지붕집에서 우리 집 손님으로 묵고 있었는데, 그들을 알아가는 일이 참 즐거웠

숏 K. 몬돌 부부

다. 우리는 보이는 그대로를 좋아했다.

나는 의료부장으로 행한 보고에서 우리들이 1956년 9월 휴가를 마치고 업무에 복귀한 후 마다르가 부닥치게 된 재정적 어려움과 기타 문제들을 제기하면서도, 인도에서 결핵환자가 늘어나고 있는 점을 들어 외래환자 클리닉을 확충할 것을 건의했다. 새로 생긴 마다르의 헬스 밴으로 시골 마을 환자들을 계속 실어왔다. 조기진단이 가능하다는 점에서 클리닉에 대한 발상은 매우 타당성 있어 보였다.

흉부외과의 닥터 웰즈는 인도 중앙정부가 년간 20개 병상을 선불 조건으로 예약하기로 했다는 발전적인 내용을 보고했다. 그는 또 1956년에 마다르에서 치료받은 환자의 수가 2년 전에 비해 감소했다는 사실을 강조했다. 이러한 입원환자의 감소는 환자당 월별 비용을 1955년의 169루피(당시 36달러, 현재가치 약 390달러)에서 1956년의 206루피(당시 43달러, 현재가치 약 440달러)로 상승시켰으며 이에 대한 대책이 필요했다. 그리고 이전에 환자였으며, 마다르 원목으로 섬기다가 최근에 미국에서 신학원 훈련을 받고 돌아온 조세프 랜스 목사를 델리 소재 그리스도교회로 전보시킨다면, 마다르는 고도로 숙련된 간호사인 수실라 랜스를 잃게 된다고 웰즈가 지적했다. 랜스는 1948년 이래 마다르에서 중요한 직원이었다. 그녀가 델리로 간다면 마취 스태프에 중대한 결원이 생기는 것이었다. 웰즈는 만일 랜스가 남편을 따라 델리로 가기 전에 적당한 사람을 찾아 훈련시킬 시간이 부족할 경우를 대비해서 벤자민을 도울 마취사를 즉시 구해야 한다고 건의했다.

칼라일은 보고서에서 차석 마취사 랜스를 잃게 되는 것에 그치지 않고 간호부장 자리도 공석이 된다는 사실을 적시했다. 간호 선교사도 구해지지 않았을 뿐더러 인도인 간호사도 찾아볼 수 없었다. 간호직 직원들은 작년에 건강이 나아졌다. 요양원 공중건강과가 직원들에게 장티푸스 면역주사, 천연두 백신, 모기가 성한 계절에 말라리아 방역 처치 등 클리닉을 열었기 때문이었다.

매리언은 가족계획의 확대, 마을과 외래환자 클리닉 사역에 관한 보고를 했다(이전 장에서 기술했다). 이동진료차량(수에즈 운항 위기 직전에 인도에 도착) 서비스가 1956년 11월 15일에 개시되었으며, 이는 원거리 시골 마을에 대한 의료 지원을 현격하게 증진시키고 있다고 보고했다.

크리스마스 씰 위원회 보고는 대니얼이 했다. 인도 내에서의 판매량은 증가했다. 그러나 수에즈 운하 봉쇄로 인해 크리스마스 때에 맞추어 미국까지 보내는 데 큰 어려움을 겪고 있다고 보고했다.

씽 목사가 요양원의 회계가 정확하고 기장도 잘 되어 있다는 내용의 감사 보고서를 읽었다(선교부 감사 조지 테리가 보고서를 작성했다). 개인부담 환자가 거의 사라져 버린 상태에서, 요양원은 들어오는 수입의 대부분을 무료환자 계약에 의존하고 있었다. 이런 상황에서 10만 루피(당시 21,000달러, 현재가치 약 22만 달러) 상당의 회전대출 또는 예비자금을 마련하면 요양원 운영이 훨씬 순조로울 것이라는 제안이 나왔다. 그렇게 된다면 계약상의 지불금 수령이 지연될 때 이 자금으로 대체하여 사용할 수 있을 것이다. 특히 직원 급료를 제때 지불할 수 있게 되고 마다르의 채권자들을 안심시키면서, 대량 구입 기회가 올 때 의료품을 싸게 살 수도 있게 될 것이었다.

나는 마다르의 운영을 책임지고 있는 사람으로서 이러한 사안들과 기타 간과해서는 안 될 재정적 문제들을 운영위원들 앞에서 설명했다. 그러나 나는 밝은 전망과 미래에 대한 격려로 설명을 끝냈다. 프레드릭 뉴웰 뉴욕지방 감독이 이미 마다르의 급수 문제를 해결하기 위하여 15,000달러를 모금하기로 약속해 놓은 상태라는 사실을 운영위원들에게 전했다. 나는 뉴웰 감독을 만나본 피켓감독으로부터 모금이 잘 진행되고 있다는 소식을 이미 듣고 있던 참이었다.

오전 오후 회의를 모두 연기하고 운영위원들은 폐에서 절제된 표본 전시를 참관했다. 전시된 표본을 자기 폐에서 절제한 환자들 몇 명이 소개되었는데, 이는 마다르에서 행하고 있는 최신 치료법의 우수성을 보여주기 위한 순서였다. 다음, 운영위원들과 손님들을 간호사 숙소의 매력적인 응접실로 초대하여 차를 대접했다. 그런 다음 몬돌 감독 부부는 요양원 사택 정초식에 참석했다. 이 연례총회에서 보고된 내용들은 성장세를 지속하는 요양원이 1년 동안 행한 행정적 활동사항에 대한 간단한 스케치 같은 것이었다.

우리 직원들은 멀거나 가깝거나를 불문하고 환자의 집을 자주 방문해야 했다. 마다르에는 인도 전역에서, 심지어는 이웃나라들로부터도 환자들이 왔기 때문이었다. 재미나는 성품을 가진 네팔 출신 퇴원환자 한 명이 자기 나라를 보여주고 싶다면서 우리를 네팔로 초청했다. 그는 네팔 사람인 것에 대해 굉장한 자부심을 갖고 있었는데 자신의 환상적인 고국에 관해 우리에게 들려주곤 했다. 그의 열정적인 모국 소개를 들으면서 나는 네팔에 대한 호기심이 생겼다. 그러나 그때만 해도 네팔은 외부 세계와 대부분 단절되어 있었다. 1662년 가톨릭 선교사들이 카트만두에서 사역을 시작했으나 100년 후에는 추방되었다.

1793년 인도로 들어간 영국의 개척선교사 윌리엄 캐리[45]는 동양학자였다. 그와 동역자들이 1828년 네팔의 고르칼리 언어로 신약을 출판했다. 1900년까지 신구약이 모두 출판되었고, 네팔 서쪽 국경을 따라 사역을 하고 있던 초기 복음주의 선교사들에 의해 네팔에 전달되었다. 당시, 다른 영국 선교사들도 네팔 내 다른 지역에서 선교 활동을 하고 있었고, 1940년에는 네팔 선교를 조정할 목적으로 네팔국경모임이 발족되기도 했지만, 네팔은 공식적으로 기독교 선교에 대하여 닫힌 나라였다.

그러나 일련의 사태로 인해 결국 네팔은 의료선교에 그 문을 열었다. 우드스탁 학교에서 우리 아이들에게 생물학을 가르치던 닥터 로버트 플레밍 시니어가 휴가 중에 박사 학위를 따고 1947년 4월 우드스탁으로 돌아와 있었다. 조류학 전문가였던 플레밍이 시카고 자연사박물관 프로젝트로 네팔의 조류와 식물 연구 및 채집을 위한 3개월간의 탐사 허가를 네팔 정부로부터 받아냈다. 밥[로버트]의 내과의사 부인 베델이 매리언에게 11월에 끝나는 우드스탁 학교의사의 역할과 란도우르 커뮤니티병원 내과과장이라는 이중 직책을 맡아줄 수 있을지를 타진해왔다. 이렇게 하면 베델이 사자한푸르 근처의 파테가르, 우타르 프라데시에 있는 선교병원의 임무를 맡을 수 있게 되고, 그 임무를 수행하던 닥터 칼 테일러가 밥 플레밍과 함께 네팔 탐사를 떠날 수 있었다. 매리언은 승낙했다.

그 이듬해, 베델 플레밍은 남편을 따라 또 한 번의 네팔 탐사를 떠났다. 거기 있을 동안 그녀가 의료봉사를 매우 잘 한 결과 네팔 정부가 기독교 선교단체에게 수도 카트만두에 병원을 개설해 달라는 요청을 하기에 이르렀다.

나중에 네팔 연합선교단이라고 명명된 선교단체를 대표해서 플레밍이 그 요청을 수락했다. 연합선교단은 1954년 10개 국제 선교단체와 협회가 공동 운영을 합의하고 발족한 단체였다. 네팔 정부의 허가 및 협정상의 규정과 네팔의 법률을 준수한다는 조건으로 선교단이 설립되었는데 그 조건 중에는 종교 개종을 금지하는 조항이 들어 있었다. 카트만두의 새로운 의료사역은 범교파적이고 국제적 참여가 가능한 광범위한 형태로 시작되었다.

이러한 정부 정책은 라나의 강성 정권을 무너뜨린 1951년의 무혈 혁명으로 가능해진 변화였다. 1848년 정 바하다르가 초대 수상직을 맡은 후, 1951년까지는 라나 일문이 대대로 정권을 독차지해왔다. 왕과 왕족은 아무런 권위나 권력도 없이 왕궁에 거처했다. 다만, 왕은 힌두신 비시누의 환생으로 존경을 받았다. 고립주의 노선을 걷던

라나 정권은 현대화를 반대하고 사람들의 자유를 억압했으며 봉건적이었다. 정권 교체와 더불어 개방정책이 채택되자 기독교 선교단체들이 병원과 학교를 세우려 애를 썼다. 네팔 연합선교단이 출범하자 여러 나라의 많은 의료선교사들이 합류하기 시작했고 이에 따라 사역의 범위도 교육, 농업, 기술, 산업개발 등으로 확대되었다.

최근에는 우리들이 미국에서 휴가를 보내고 있을 때 매리언의 외과 지도교수였던 닥터 캐서린 맥퍼레인의 초청으로 펜실베니아 여자의과대학 만찬에 참석한 일이 있었다. 우리 테이블의 바로 옆 자리에 있던 인사가 닥터 에드가 밀러 부부였는데 닥터 엘리자베스 밀러는 매리언의 여자의과대학 동창생이었다. 그들은 성업 중인 개업의 생활을 접고 네팔연합선교단 산하 의료선교사로 플레밍 부부와 함께 사역하기로 했다고 말했다. 베델 플레밍도 역시 여자의과대학 출신이었으며 그녀와 남편은 밀러 부부의 절친한 친구였다. 플레밍 부부가 그들을 설득해서 각기 55세와 57세에 자신들의 생애를 바꿔 선교사로 헌신하도록 한 것이었다.

밀러 부부가 처음 수련과정을 수료할 당시 두 사람 모두가 마음속에 품었던 소망을 플레밍 부부가 다시 일깨워 준 셈이었다. 그들은 언제나 해외선교에 자기들을 드릴 것을 소망해왔다. 당시 이 꿈을 접은 이유는 이들이 학비로 빌려 사용한 빚을 모두 갚을 때까지 선교사로 나가는 것을 감리교 선교본부가 허락하지 않았기 때문이었다. 막상 빚을 다 갚을 때쯤 되니까 이번에는 개업의로 완전히 자리를 잡은 상태였다. 그들의 마음속에 꺼지지 않고 남아 있던 선교사 헌신의 불꽃을 플레밍 부부가 다시 타오르게 했고, 드디어 1956년 4월 선교사가 되어 네팔로 들어갔다.

그보다 몇 년 전 마다르에서는 한 네팔인 환자가 건강을 완전히 회복한 후 고향으로 돌아갔다. 1953년 그는 네발 결핵퇴치협회 설립에 관여하고 사무총장이 되었다. 그 후 나와 긴밀한 연락을 유지해왔다. 내가 결핵에 관한 문헌을 그에게 보내면, 그가 네팔어로 번역을 했다. 그는 나에게 네팔을 방문해서 결핵퇴치에 관한 자문을 해달라며 수차례에 걸쳐 초청장을 보내왔다. 그러나 그때만 해도 네팔에 들어가기가 쉽지 않았을 뿐만 아니라 나의 업무 일정이 허락하지 않았다.

밀러 부부로부터 자기들이 있는 카트만두에 와 달라는 진지하고 간절한 부탁을 받았을 때는 우리가 마지막 휴가 이후 인도에 머문 지 얼마 되지 않아서였다. 플레밍 부부도 우리 부부에게 와달라고 강권했다. 마침 우리 마다르에 입원해 있던 네팔인이 초청장을 재발급 받아 보내왔다. 1957년에는 네팔에 항공편이 개설되어 있었기 때문에 네팔 방문이 현실성 있게 다가왔다. 그 진심어린 초청을 받아들여 한여름 정기휴가를 거기서 보내기로 결정했다.

우리는 기차로 한때 인도의 옛 수도였던 푸트나까지 갔다. 거기서 비행기를 타고 히말라야를 넘어 카트만두에서 내렸다. 우리 아이들에게 보낸 편지에 매리언은 비행기를 타고 내려다 본 눈 덮인 거산들을 이렇게 묘사했다. "놀랍고 엄청나게 커다랗구나!" 우리는 이들 "백설 나라들" 위를 날아다니고, 또 300미터 상공에서 빙빙 돌면서 숨이 멎는 듯했다!

닥터 베델 프레밍이 백색 가운을 입은 채로 공항에서 우리를 영접했다. 부근 마을에서 통원환자 클리닉을 오전 중에 마치고 오는 길이었다. 공항에서 기묘한 시가 구역을 통과하여 6킬로미터 정도를 지프로 달리면서 우리는 완전히 다른 세상에 와 있는 것을 느꼈다. 분명히 인도는 아니었다. 언어와 함께 힌두교와 불교라는 종교적인 공통분모가 있음에도 불구하고 사람과 거리의 모습, 집들, 이 모든 것들이 완전히 달랐다.

우리는 곧 샨타 바완 선교병원에 도착했다. 플레밍 부부가 처음 그들 사역을 시작하며 콜레라 병원으로 쓰던 끔찍한 장소에 비하면 훨씬 좋은 곳이었는데, 1955년 하반기부터 50개의 병상을 갖추고 있었다. 닥터 에드가와 엘리자베스 밀러, 전에 우리 아이들이 우드스탁에 다닐 때 한동안 학교 간호사로 있었던 이슬라 나잇, 그리고 병원 스태프들이 우리를 반갑게 맞아주었다. 그 다음, 우리는 층계를 내려가서 영빈관—아름다운 뜰이 딸린 멋진 "인형의 집"—으로 안내

닥터 로버트 플레밍 시니어(조류학자)

닥터 베델 플레밍: 어린 환자와 함께

를 받았다.

우리는 병원건물을 빨리 둘러보고 싶었다. 호기심을 잔뜩 불러일으키는 외양을 한 건물이었다. 병원 건물 같지가 않았다. 차라리 왕궁처럼 생겼다. 알고 보니 진짜 왕궁이었다! 외부를 개조하지 않고 내부도 크게 바꾸지 않는다는 조건으로 연합선교단에게 제공된 건물이었다. 명목상의 임차료만 내고 있었다.

선교단은 이 왕궁을 효율적인 병원으로 탈바꿈시키는 데 위대한 천재성을 발휘했다. 병동에 수용된 환자들이 그토록 화려한 시카리(사냥) 벽화들과 머리 위에 달린 웅장한 샹들리에를 보며 지낼 수 있는 특권을 누리는 곳은 이곳이 유일하리라는 생각을 했다. 그러나 최근에 표범에게 상처를 입은 어느 환자에게는 유쾌하지 않은 기억을 불러일으킬 수도 있었을 것이다.

닥터 에드가 밀러가 몇 명의 결핵환자를 보여주며 나에게 자문을 구했다. 네팔에서도 결핵은 굉장히 심각한 문제를 야기하고 있다는 사실을 금방 알 수 있었다. 닥터 밀러는 결핵이 네팔에서 사망원인 1위의 질병인 동시에 지속적인 위협이 되고 있다고 알려줬다.

닥터 베델의 안내로 1934년 당시의 국무총리 주다 삼저 라나가 설립한 교외에 위치한 네팔 유일의 결핵요양원인 도카보건센터를 방문했다. 애처로운 상황이었다. 환자 일부는 수년간 입원해 있으면서도 수술 한 번 받지 못한 상태였다. 당연히 담당의사도 몹시 낙담한 모습이었다. 우리들은 네팔 보건부장관의 초청으로 네팔결핵퇴치협회 사무총장인 네팔 친구(전 환자)와 함께 장관을 면담할 계획이 있으며 대책을 문의할 예정이라고 알려주면서 위로해주었다. 면담 성과는 좋았다.

보건부장관 집무실은 "사무처"라고 부르는 굉장히 멋진 건물 안에 있었다. 1,000명의 처를 거느렸던 것으로 유명한 어느 라나의 궁전으로 쓰이던 곳이었다. 내가 어린 소년 시절 가봤던 러시아 "겨울 궁전"의 크기와 웅장함이 생각났다. 관광 명소가 되었어도 벌써 되었을 만한 궁전이었는데, 비교적 작고 고립된 카트만두에만 이런 궁전이 55개나 있다는 것이 아닌가! 카트만두에는 궁전뿐만 아니라 여러 모양의 사찰도 많았다. 중국에서 많이 본 탑들도 네팔에서 유래한 것이라고 주장하는 이들도 있었다. 불교와 힌두교가 대종을 이루었으며, 이 두 종교의 영향이 종교의식이나 사찰예술에서 혼합된 모습으로 나타나고 있었다.

우리들이 네팔 연합선교단의 마을 의료사역을 보고 싶다고 하자 베델이 바트가온에서 실시하는 주간클리닉으로 데려 갔다. 마다르가 인도에서 실시하는 마을사역과 공통점이 많았다. 부근을 자동차로 둘러보다가 1953년 '힐러리와 텐징의 에베레스트 등정'에 참여했던 사람들을 기념하는 역사적 집결지를 지나갔다. 그날은 운이 없어서인지 구름에 가려 에베레스트를 볼 수 없었지만 기후만 청명하면 멀리서도 에베레스트 산을 볼 수 있다고 했다.

네팔을 떠나기 전에, 초록색 옷을 입는다고 해서 "초록빛 여성"으로 알려진 자원봉사 단체에 우리를 소개했다. 유복한 가정에서 태어난 여성들이 네팔 공주 가운데 한 명을 리더로 삼아, 정해진 날짜에 선교병원에 와서 자기들이 가장 잘하는 분야, 가령 통역, 목욕시키기 등의 봉사를 하는 것이었다. 굳은 일을 마다하고 명랑한 태도와 기쁨으로 봉사하기 때문에 환자들에게 유익한 영향을 미치고 있었다. 이런 류의 봉사가 서양에서는 흔한 일이지만 동양에서는 아주 드문 일이었다. 매리언도 아지메르에서 비슷한 그룹의 도움을 받아 가족계획 사역을 감당해 오고 있었다. 푸르다*purdah*를 하고 나온 지 오래되지 않은 어느 공주와 상류계층 여인들이 매리언의 사역을 열심히 돕고 있었다.

네팔에서의 짧은 체류를 통해 우리는 많은 것을 배웠다. 우리가 경험한 것들로 인해 많은 생각에 잠겼다. 하나님의 메시지를 전하는 자들이 행하는 신성한 사역 속에서 그분께서 자신을 계시하는 방법들을 보면서 경탄을 금치 못했다. 연합선교단 소속 선교사들의 이웃을 돌보는 삶, 기술의 나눔, 병든 자들에 대한 헌신은 비록 개종을 금지한 네팔 정부의 제한에 그들이 순응했다 하더라도 그리스도를 증거하는 감동적인 삶의 모습으로 기억된다.

닥터 에드가 밀러가 들려준 이야기는 이런 모습을 잘 보여주는 사례이다. 그는 매주 실시하는 마을 클리닉을 기도로 시작했다. 어느 주간에는 환자들과 뒤엉켜 있다가 기도하는 일을 그만 깜박 잊었다. 힌두 성직자인 마을 두령이 밀러에게 기도를 빠뜨렸다는 사실을 지적했다. 그가 밀러에게 주의를 환기시켰던 것이다. 그러자 밀러는 즉시 하던 일을 중단하고 자기가 하는 사역을 축복해 달라고 하나님께 기도를 드린 일도 있었다는 것이다.

우리가 네팔에 머무는 동안 분에 넘치는 친절을 베푼 플레밍 부부, 마일즈 부부, 그리고 기타 병원 직원 여러분에게 깊은 감사를 표했다. 또한 실제적인 방법으로 결핵예방에 관한 교육을 자기 동족에

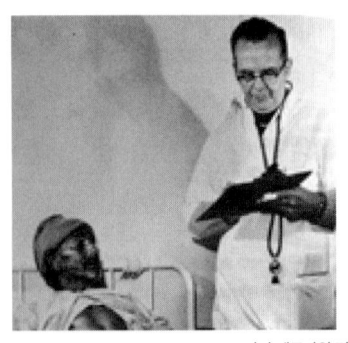
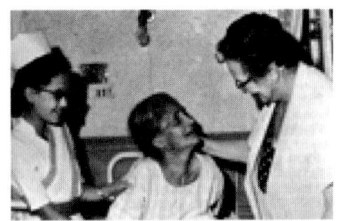

닥터 에드가와 닥터 엘리자베스 밀러

게 시키는 등의 역할을 감당하고 있는 마다르 요양원 '졸업생'의 활발하고 개척자적인 모습을 보게 된 것을 감사하게 생각했다.

6월이 되었다. 우리 부부의 피서 여행은 히말라야 산맥에 있는 무수리에 마을에서 끝을 맺게 되었다. 이 지역은 오래 전 우리 아이들이 학교를 다닌 곳이다. 환자 몇 명이 '그때 그 장소'에 다시 나타난 매리언을 보고 무척 반가워했다. 그들의 여름 집은 무수리에 있었다. 매리언이 베델 사역을 학교와 마을 담당 의사로 대체했기 때문에 이제 이곳 환자들은 매리언의 환자가 됐다. 우리가 거기 머문 한 달 동안 그들에게 도움이 될 수 있었다.

딸에게 줄 물건을 사러 근처 가게에 가는 것이 우리 부부의 행복한 일거리가 되었다. 필리스가 에드워드 G. 킹 주니어와 약혼을 했고 1958년 6월 14일에 결혼식을 올린다는 소식이 왔기 때문이다. 우리는 저번 휴가 때 필리스의 브라이언 모어 대학 졸업식에서 이 준수한 청년과 그의 가족을 만나 보았었다. 에드의 누이 페기가 학교 친구 필리스를 자기 오빠에게 소개한 것이다. 킹 시니어 내외도 졸업식에 참석했기 때문에 우리는 즐거운 마음으로 저녁을 함께 들었다. 후일, 우리가 인도로 돌아오기 직전 뉴저지에 있는 킹 내외의 아름다운 집으로 초대를 받아 간 적도 있었다. 그렇기 때문에 결혼 날짜가 정해졌다 해도 우리에게 별로 새삼스러운 소식은 못 되었다.

우리가 결혼식에 참석하지 못할 것 같아 매리언이 아이디어를 짜냈는데, 그것은 바라나시 비단으로 만든 사리 두 벌을 똑같은 것으로 사서 결혼식에 입을 신부복을 만들어 준다는 아이디어였다. 그런데 짝이 맞는 사리가 없었다. 가게 주인이 무늬만 정해주면 자기네가 하나로 짜주겠다고 하길래 그렇게 하기로 했다. 우리가 고원마을을 떠나기 직전에 맞춘 천이 도착했다. 친구들이 모두 구경을 하고 싶어 했다. 그 옷감이 딸의 결혼과 우리 부부 사이를 연결하는 접촉 수단이 된 셈이다.

그 해 여름 모친과 함께 인도 여행을 온 필리스의 학교 친구 헬렌 루이스 심슨에게 부탁하여 그 천을 필리스에게 전했다. 10미터짜리 바라나시 비단 한올한올에 따뜻한 부모의 마음을 담아 고이 싸서 보냈다. 그 천으로 결혼예복을 만들든지, 기성복을 만들든지 마음대로 하라고 했다. 필리스는 우리가 보낸 옷감을 필라델피아에 사는 우리 친구 비 그린에게 가지고 갔다. 비 그린은 필리스가 대학을 마칠 때까지 그 아이를 어머니처럼 돌봐준 친구다. 둘은 모든 종류의 결혼예복을 검토하고 그 중 하나를 골라 비 그린의 단골 양재사를 시켜 예복을 짓기로 했다. 내 사랑이 결혼예복이 만들어지는 전 과정에

스며들게 된 것이다.

 6월 21일, 우리 부부의 결혼기념일 축하연을 열었다. 결혼 35주년인 이 날, 특별한 하객들이 우리 부부의 기념일을 축하해주러 '데오다즈'(무수리에에서 우리가 묵고 있는 곳)에 모였다. 이 날은 사실 3중 기념일이었다. 매리언의 생일과 대학 졸업일이 결혼기념일과 같은 날짜인 6월 21일이기 때문이다. 매리언의 자매 엠마 라인위버가 믹스로 만든 생일 케이크를 이곳 인도까지 보내와서 잔치상 위에 특별한 음식이 하나 더 늘었다. 이 생일 파티는 비유적·문자적 의미 모두에서 실제 '황제 파티'라 할만 했다. 왜냐하면 하객 중에 인도의 나바 왕비와 두 왕녀, 왕녀들의 두 딸이 있었기 때문이다. 로버트 흄 경 내외의 딸 J. E. 쿼리도 참석했다. 쿼리와 나바 왕비는 둘 다 전에 매리언에게 치료를 받은 환자였고 이제 우리의 소중한 친구가 된 분들이다.

 시간이 되자 화려하게 차려 입은 어린 공주 둘이 아름다운 선물을 담은 접시를 들고 들어왔다. 그 선물 중엔 진짜 금줄로 장식한 스카프도 있었다. 연세가 여든 둘인 쿼리 씨가 1858년에 나온 인도에 관한 서적을 한 권 선물했다. 참석하신 분들 모두 옛 일을 회상하며 즐겁게 시간을 보냈다.

 우리는 새 힘을 얻고 업무에 복귀했다. 평지의 혹서를 피할 수 있었던 게 감사했다. 마다르 요양원 내에 새 건물이 세워져 개관식을 가졌다. 이 건물은 '수술 후 회복' 건물로서 인도 초대 대통령 라젠드라 프라사드의 선물이다. 라자스탄 수상인 구르무크 니할 싱이

1957년 9월 28일 공식적으로 개관했다. 이 선물은 인도정부가 우리의 결핵퇴치 노력에 대해 진정으로 감사하고 있음을 표시한 것이기 때문에 우리 요양원으로선 큰 영광이 아닐 수 없다.

전에는 수술을 받은 환자가 휠체어를 타고 수술실에서 멀리 떨어진 허름한 숙사로 이동해야 했다.

'수술 후 회복' 블록을 준공하는 싱 수상

이건 막 폐절제 수술을 받은 환자에겐 매우 힘든 일이다. 이제 새 건물이 준공됨에 따라 환자들이 수술실에서 바로 회복 병동으로 가서 산소 공급, 전기흡입 펌프, 기타 응급의료기의 혜택을 볼 수 있게 되었다.

1957년은 회의가 유난히 많은 한 해였다. 캘커타에서 가족계획 회의가 열려 매리언이 대표로 참석했다. 이어, 1957년 10월 7일부터 9일까지 열린 제66회 델리관할감리교회 연차총회에서 우리 요양원이 주최기관이 되는 영광을 누렸다. 델리 회의에 참석하는 대표가 약 200명이 되었다. 참석자 수가 너무 많아 회의를 아그라 회의와 마다르 회의로 나누기로 했다. 이런 종류의 회의가 요양원 같은 데서 개최되는 건 전례 없던 일이고, 당연히 우리 요양원 입장에서도 처음이었다.

이번 회의는 단일 행사로선 우리 요양원이 시도한 최대 규모였다. 맨 처음 이 이야기가 나왔을 때 사람들은 우리 요양원이 이런 행사를 하기에 역부족이고 회의가 매끄럽게 진행되지 못할 것이라 예상했다. 자칫 잘못하면 요양원의 명성에 금이 갈지도 모른다는 우려마저 있었다. 그러나 회의 전 가장 미심쩍어 하던 사람들이 회의 후엔 커다란 성공을 앞장서서 칭찬하는 사람들이 되었다. 회의 후 쇄도한 열렬한 감사 편지는 이번 회의의 성공을 확인해주는 증거였다. "마다르 정글"에서 자기 부인이 편안히 지낼 수 있을지 걱정되어 부인에게 오지 말 것을 권유한 회의 대표 중 한 사람은 도착 즉시 자기 생각이 틀렸음을 깨닫고 부인에게 어서 마다르 요양원으로 오라고 긴급 전보를 쳤다.

마다르에서 열린 연차총회

마다르 요양원이 이번 회의의 주최기관으로 선정된 것은 우리에게 큰 영광이었다. 신실한 후원자들 덕분에 우리 요양원이 이런 행사를 주관할 만한 시설을 갖추게 된 것이니 그분들에게 감사드린다. 임원진은 특별회의 장소로는 새로 지은 사택을 이용했다. 여성 대표들은 대개 간호사 숙소를 사용했고, 남성 대표들은 재활 병동을 이용했다. 레크리에이션 홀은 식당으로 쓰였다. 몬돌 감독 내외와 에드가 밀러 부부는 우리가 사는 돔지붕집에서 묵었다. 아이들을 데려온 가족이 몇몇 있었다. 우리는 어른 열세 명과 어린이 여덟 명을 돔지붕집에 묵게 하고 조식을 제공했다. 요양원에 식료품을 공급하는 타란 싱은 행사 간 음식 준비를 잘 해주었다.

우리 요양원 직원들은 초과 근무를 하며 열심히 회의를 도왔다. 세밀한 계획, 시간외 업무, 무엇보다 성의 있는 협조 정신을 발휘했다. 모든 일에 아낌없이 협력한 점이 가장 칭송 받을 일이었다. 회의에 온 사람 중 많은 이가 이번에 마다르 요양원을 처음 방문하는 사람들이었는데, 요양원이 제공한 서비스에 만족한 것 같았다. 우리가 받은 축복을 이렇게 다른 이들과 나눌 수 있었다는 게 너무 기뻤다.

제22장. 동서양의 축제

 어느 늦은 가을 저녁, 책상에 앉아 일을 하고 있는데 열어놓은 창문으로 합창 소리가 들려왔다. 인도 처녀들이 부르는 "람"의 용감한 업적을 기리는 노랫소리였다. 소년들이 폭죽을 터뜨리는 소리에 그 소리가 간간히 끊어졌다. 남자 아이들은 누이들의 아름다운 목소리보다 폭죽 터뜨리는 소리가 더 좋은 모양이었다. 인도라는 나라에서도 역시 소년들은 소년이었다! 이것은 다셰라 축제의 한 모습이다.

 힌두 다셰라 축제와 디왈리 축제 모두 람과 시타의 낭만적인 사랑 이야기로 묘사된 고대인도 신화에서 유래한 축제다. 다셰라 축제는 인도 전역에서 10일 동안 늦은 9월부터 10월 초까지의 가을에 열린다. 곧 이어 10월 하순에 인도에서 가장 아름다운 축제의 하나이며 흔히 "빛의 축제"라고 불리는 디왈리 축제가 열린다. 우리가 들은 대로 축제에 관련된 전설을 설명하면 다음과 같다.

 람은 인도 북부를 다스리던 아요댜 왕의 장남이었다. 람의 계모는 자기가 낳은 아들이 왕위를 물려받기를 바라며 왕에게 람을 내쫓으라고 했지만 왕은 이를 거부한다. 하지만 왕실의 평화를 위해서 람이 자진해서 정글로 숨어버렸다. 람은 미모로 소문난 그의 부인 시타를 데리고 갔다. 왕자의 형제 락스만도 자발적으로 이들과 동행했다.

실론(스리랑카) 왕 라반이 시타의 미모를 알고 나서 호시탐탐 그녀를 노리고 있었다. 그는 사두(거룩한 사람)로 가장하고 정글로 들어가, 시타를 열심히 찾아다니다가 그녀가 살고 있는 오두막을 알아냈다. 어느 날, 람과 그의 형제가 멀리 사냥을 나간 사이에 가짜 사두가 시타의 오두막을 찾아왔다. 람은 오두막 주위에 석회를 사용하여 오두막 주위에 "신성한 선"을 그려놓았는데, 이 선 안쪽에 머물러 있으면 안전이 보장되는 보호선이었다. 람은 아무리 위험해도 절대로 그 선을 넘지 말라고 시타에게 신신당부했다. 사두는 시타를 오두막 밖으로 유인하여 선을 넘어오도록 만들 방안을 찾아냈다. 사두는 탁발을 구했는데, 시타가 오두막에서 나오자 "신성한 선"을 넘어오지 않으면 시주를 받지 않겠다고 했다. 처음에는 그렇게 주저했지만 사두를 빈손으로 보내면 불운이 찾아온다는 생각이 나서 시주를 건네주기 위해 잠깐 그 선을 넘어 시주를 넘겨주었다. 아아, 치명적 순간이었다. 보호력을 잃어버린 시타를 사두가 잡아서 실론으로 납치해 간 것이다.

람이 오두막으로 돌아와 보니 사랑하는 아내가 사라진 것을 알았다. 슬픔에 젖은 람이 즉시 수색을 시작했으나 흔적조차 찾을 수 없었다. 정글에 사는 동안 람은 원숭이들과 특별한 친분을 맺고 있었다. 그래서 원숭이들의 왕인 하누만이 자기가 시타를 찾아보겠다고 제의를 했다. 그가 드디어 시타가 실론 왕의 정원에 갇혀 있다는 사실을 알아냈다.

하누만이 돌아와서 람에게 이 사실을 알렸고, 정글에 사는 원숭이들 모두가 시타의 구출에 힘쓰겠다고 나섰다. 람이 이 제의를 감사한 마음으로 받아들이고, 그들과 함께 실론으로 갔다. 실론에 도착한 후, 기름에 적신 헝겊을 모든 원숭이 꼬리에 감고 불을 붙였다. 실론 전체가 불시에 불바다가 됐다. 실론 섬이 람의 수중에 떨어질 수밖에 없었다. 그런데 그때 얼굴을 불에 덴 원숭이들이 많이 생기고 말았다. 힌두 이야기에 의하면, 이런 연유로 인도에 얼굴이 까만 원숭이들이 많다는 것이다. 하누만은 시타를 구출해 냈고, 람이 라반과 칼싸움을 해서 그를 죽였다. 시타를 납치한 대가를 호되게 치른 것이다. 이렇게 해서 람과 그의 원숭이 군대는 시타를 데리고 의기양양하게 귀국했는데, 정글이 아닌 수도로 들어갔다. 그 후, 람의 이복형제가 람의 편에 서서 자발적으로 자리를 내놓게 되고, 람과 그의 아름다운 아내가 인도 북부 왕국의 왕과 여왕으로 즉위하게 되었다.

시타의 구출과 람의 복위에 온 나라가 큰 기쁨을 맛보았다. 그때 이후 두 개의 축제가 열리고 있다. 실론 왕 정벌과 시타의 구출을 축하하는 다셰라 축제, 그리고 그 20일 후에 열리는 자매 축제인 디왈리 축제는 람의 왕권회복을 축하하는 축제이다.

인도의 마을과 시 등 전국에서 열리는 다셰라 행사는 '람 릴라'라고 불리는 공연을 주요 프로그램으로 삼는데, 이 공연은 람과 라반 간의 전투를 연극과 춤으로 묘사한 작품이다. 가면을 한 댄서들이 공들여 만든 무대차를 타고 행진하면서 스토리를 재연한다.

디왈리 축제가 람과 시타의 왕권 회복을 축하할 때면, 전 시가가 수천의 불꽃이 춤을 추는 매혹적인 동화의 나라로 변모한다. 불꽃이 집과 공공건물의 윤곽을 그리기도 한다. 온 나라가 큰 기쁨으로 가득하고, 상인들은 정교하게 다듬어진 과자와 사탕과자를 판다.

한번은, 아그라 북서쪽 우타르 프라데쉬의 마투라에서 개최된 감리교 연차총회에 참석하고 있었는데, 그때가 마침 디왈리 축제 기간이었다. 사람들의 추천도 있고 해서 우리들은 힌두교도들이 신성하게 여기는 야무나 강에서 보트를 탔다. 우리 앞에 환상적인 광경이 펼쳐졌다. 어두움이 물 위로 깔리자마자 수면이 조그만 불꽃들로 빛을 발하기 시작했다. 우리가 탄 배가 매혹에 찬 강을 따라 내려가자 그 작은 불꽃들이 우리 앞으로 다가왔다. 놀랍게도 이 작은 불꽃을 나르고 있는 것은 다름 아닌 팔팔하게 살아 있는 거대한 거북이들이 아닌가! 이 거북들 중 어느 하나라도 물밑으로 잠수하면 등위에 얹어놓은 불꽃도 꺼져버릴 것이었다.

우리들은 이 움직이는 뗏목을 물에 띄우는 광경을 보고 싶었다. 그래서 뱃사공에게 청해서 물가로 갔다. 우리는 비로소 무엇을 어떻게 하는지 알게 되었다. 먹이를 수면에 던져 유인하면 이들 "성스러운 거북들"이 수백 마리씩 몰려왔다. 사람들이 물속으로 조금 걸어나가 거북이 등에 기름과 불붙은 심지를 담은 작은 진흙 접시를 올려놓았다. 거북이들은 길이 잘 든 것 같았다. 사람들이 접시를 올려놓으면 곧바로 헤엄을 쳐서 사라졌다. 그것은 거북이가 물속으로 들어가기 전까지 누구 불꽃이 거북이 등에 더 오래 머물러 있는가를 놓고 경쟁하는 일종의 경기였다. 거북이가 물 위에 오래 머물면 머물수록, 그 거북을 진수시킨 사람에게 그만큼 행운이 더 온다고 믿었다.

마투라 부근에 사원 건물로 유명한 브린다반 시市가 있었다. 우리는 다음 날 저녁 일찍 그곳을 찾았다. "과부들의 사원"은 우리가 결코 잊을 수 없는 곳이다. 그 사원에는 과부 수백 명이 살고 있었는데, 그 중에서 많은 과부가 사원 사제들에게 매음을 하며 살고 있었다. 사원 부근에 있는 감리교선교회의 사라 크레이턴 기념병원 의사들은 과부들의 출산을 돕기 위해 그곳으로 불려가는 일이 잦았다.

우리들이 그 사원의 경내에 들어섰을 때, 마침 저녁기도 시간에 참석하려고 과부들이 모이고 있었다. 그 전날 저녁, 줌나 강에서 목도한 즐거움 가득한 디왈리 축제의 광경과는 대조적으로 우리는 여기서 가슴을 찢는 광경을 보게 되었다. 나는 이렇게 많은 사람들의 외롭고 비참하고 서글픈 얼굴을 본 적이 없다. 과부들의 자포자기와 절망이 짙게 묻어나는 광경이었다. 과부로 살아가는 힘난한 삶의 현실이 힘겨워 아내로서 순사殉死를 택한 많은 과부에 관한 소문을 들어 본적이 있었지만 이곳을 방문하기 전까지 나는 그 소문을 믿지 않았다. 이 얼굴들을 보면서 나는 비로소 그 주장의 타당성을 인정할 수 있었다. 사회적으로 '추방당한' 이 계급 사람들은 아마도 죽음보다 못한 이 운명에서 차라리 죽기를 갈망하고 있었을지도 모른다.

우리는 사원을 벗어나 과부들의 출산과 기타 의료적 필요를 돕고 있던 감리교선교회 병원을 찾았다. 병원에 들어서자마자 우리는 "과부들의 사원" 분위기와 대조되는 이 병원의 분위기에 놀랐다. 이 곳에서 우리는 그리스도의 이름으로 병든 자들과 고난 받는 자들에게 희망과 치유를 베푸는 사람들의 쾌활한 모습을 보았다. 아지메르로 돌아오는 귀로에 우리는 놀랍고도 거룩한 그리스도의 빛, 영육을 구원하는 이 복음의 빛에 비견되는 빛은 이 세상 어디에도 없다는 진리를 절실하게 느꼈다.

아지메르에 처음 왔을 때부터 우리는 도르가(무슬림 성지)에서 해마다 열리는 무슬림 축제 우르즈 멜라에 관해 익히 들어왔다. 이 행사 때에는 거대한 쇠 밥솥에서 쌀을 퍼 가난한 사람들에게 나누어주는데, 사람들이 서로 먼저 쌀을 타려고 전쟁을 벌이기 일쑤였다. 매리언과 함께 가족계획 사역을 하던 무슬림 여성 유수프 알리가 우리를 이 행사에 초청했다. 매리언이 부모를 위한 가족계획클리닉을 설립하는 일을 도와 준 닥터 갬블과 그의 25세 아들 리처드가 우르즈 멜라가 열릴 즈음에 매리언의 클리닉을 방문할 계획이 있었다. 아버지 일을 도우러 인도에 와 있던 리처드 갬블이 사진에 취미를 갖고 있다는 것을 알고 있던 매리언이 이 기회를 알렸다. 그로부터 멜라(축제)를 보기 위해 체류기간을 하루 연장했다는 연락이 왔다.

우리 아이들에게 보낸 편지에서 매리언은 그녀의 경험담을 이렇게 썼다.

> 우리가 알리의 남편을 오전 5시 30분에 만나면 그가 우리를 사원으로 데리고 가서 구경을 잘 할 수 있는 장소로 안내하도록 준비되어 있단다.

우리는 출발 전에 하인 궁가 램이 보온병에 넣어 준 뜨거운 코코아와 샌드위치와 과일을 가지고 각자 돔즈의 자기 방으로 가서 먹었지. 이른 아침이어서 도르가 정문까지 가는 도로는 매우 한산했어. 그래도 월터는 경찰의 도움을 받아 사람들을 비키게 하고서야 길 모퉁이에서 차를 돌릴 수 있었단다. 우리들은 구두를 벗었지. 나는 푸쉬카르에서 사 두었던 두꺼운 펠트 양말을 가지고 갔는데 쓸 데가 생겨서 반가웠단다. 아직 꽤 어두웠지만 사원의 밝은 불빛으로 그 장소만은 밝았어.

큰 문 안으로 들어가면 왼쪽에 있는 후미진 구석이 기억나니? 그곳은 잠을 자는 사람들의 모습으로 꽉 차 있었단다. 이 사람들 틈새로 빠져나가 가파른 계단을 올라가니까 길이 내려다보이는 베란다가 나오더라. 베란다 벽을 타고 올라가서 지붕 위에 난 좁은 통로를 따라 걸었지. (지금 생각해도 아찔해 지는 순간이었어…. 한쪽은 수직 낭떠러지, 다른 한쪽은 위로 치솟는 가파른 지붕….) 어둠침침한 불빛 아래 어느 짐꾼이 내 손을 잡아주었고, 유세프 알리가 낭떠러지 쪽에서 팔을 뻗어 나를 보호해주었지. 만일 내가 미끄러지기라도 했으면 그 사람들도 어쩔 수 없었을 거야.

지붕이 굴뚝과 이어지는 부분에서 안내원이 멈추어 서서 꺾어진 모서리에서 자고 있던 사람을 깨웠어. 통로를 따라 계속 걸어가니까 지붕이 끝나고 1미터 밑에 또 다른 베란다가 나왔지, 그래서 미끄러져 내려가다가 하인의 품에 안겼단다. 나는 그 사람들이 너희 아버지 체중을 견디지 못하고 균형을 잃을까 걱정을 좀 했는데 용케도 잘해냈지. 하지만, 앉아서 잠시 기다릴 때 돌아갈 일이 슬슬 걱정이 되었단다.

이제부터는 그렇게 위험할 것도 없었지만 하인이 내 손을 다시 잡아서 자기 팔 밑에 바싹 당겨 넣고 천천히 걸어서 잠을 자는 듯한 모습의 사람들

가운데를 지나 의자가 일렬로 배치된 장소에 도착했는데, 큰 덱(dig, 밥솥)이 아주 잘 보이는 자리였지. 태양도 사진을 찍기에 적당한 방향으로 떠오르는 자리란다. 우리가 너무 일찍 도착했기 때문에 오전 5시 30분까지 기다리느라 그곳에 모인 군중들을 구경할 시간은 충분했지.

큰 밥솥

심벌즈를 치는 소리가 나면 밥솥을 덮은 흰 가운이 벗겨지고 남자들이 뛰어 들어와 물통에 담을 수 있는 만큼 마음껏 밥을 담아간다고 들었어. 이 아지메르 출신 남자들은 이렇게 할 권리를 세습적으로 물려받는 것 같아. 안내자가 가리키는 쪽을 보니 밤새 타고 있는 불 위에 놓인 솥 주위로 녹색의 높은 방책이 세워져 있고 그 방책에 난 여러 개의 문 앞에서 머리부터 발끝까지 카키색 옷을 덮어쓴 남자들이 혼잡스럽게 대기하고 있었어. 한 시간을 더 기다려야 했는데, 어두움이 차차 걷히기 시작하자 우리 둘 모두 칼라 필름으로 촬영을 해야 했기 때문에 노출계를 부지런히 조절하고 있었어. 노출계 바늘이 올라갈수록 좋아했어. 나는 '2분의1' 속도로 줄였지만 리처드 갬블의 볼텍스는 1.4, 나는 1.9밖에 되지 않았으니까, 리처드가 나보다 유리했다고 말할 수 있었지. 갑자기 우리들 머리 위 어둠 속에서 타라가 언덕 중간 정도 되는 지점에서 그 큰 사원이 백색 빛을 띠고 어렴풋이 나타나는 것이었어. 사원의 밝기가 점점 밝아지면서 우리가 있는 거리에서는 더 높은 언덕이 보이지 않았기 때문에, 그 사원이 마치 언덕 꼭대기에 있는 것처럼 보였단다.

우리들이 기다리고 있을 때 알리가 설명하기를, 그 행사는 어떤 부자의 희사로 매년 개최되는데 밥솥에 들어가는 쌀의 양이 80마운드(1마운드=82.28파운드, 약 3톤)라고 하는구나. 함께 넣어 섞을 설탕, 과일에다가 연료까지 합하면 전부 3,000루피(약 1천만 원)가 들어간다는 것이야.

모인 군중은 조용히 기다리는 모습이었지. 그런데 갑자기 긴장이 느껴졌어. 심벌즈가 울리지 않았지만 문들이 열리기에 카메라의 초점을 대고 있으려니까 남자들마다 손에 물통을 들고 문마다 뛰어나오더니 퍼가기 난장판이 시작되더군. 밥솥으로 올라가는 계단에 그 혼합물을 엎질러 계단이 미끄러워졌어. 그렇지만, 나름대로 팀워크를 맞추고 있더군. 한 사람이 퍼서 다른 사람에게 주면 물통을 통에다 쏟아 넣고 나서 다시 돌려주고…. 밥솥이 거의 비워지니까 이제는 밥솥 안으로 껑충 뛰어 들어가더라.

통에 담은 쌀은 무상으로 배급되는 것이 아니고 세습 권한을 가진 사람이 품질에 등급을 매겨 파는 것 같더라. 맨 위 겹이 제일 비싼데 라드(돼지기름)가 많이 들어있기 때문이지. 모두 3등급으로 되어 있고, 맨 밑바닥 것이 좀 싼데 사람들 발에서 떨어진 오물이 섞여 있기 때문인가 봐. 예상했던 대로 말싸움이 벌어졌고, 우리는 남자들의 격렬한 주먹싸움 사진을 찍었단다. 나중에 어느 손님도 이런 말을 했지만 "그 싸움이 종교와 무슨 관련성이 있는지 모르겠더라."

이 모든 것들이 15분 내에 끝났지. 다행스럽게도 안내하는 사람의 의견을 따라 좀 멀긴 했지만 쉬운 길로 돌아 제자리로 왔어. 문이 열리기를 기다리고 있는데 옆에서 먼저 나가려고 서로 싸우는 사람들이 있었지.

구역질이 날 정도로 지저분한 골목(여기서 나는 펠트 재질 신발을 갖고 오길 잘했다고 생각했다)을 걸어 내려와 대문 밖으로 나올 수 있었단다. 그곳도 더럽고 혼잡하긴 마찬가지였어. 그래도 아침곡예는 피할 수 있어서 다행이었지. 만일 그때가 한낮이었거나 반대 방향이었다면 사람들에게 밀려 발도 땅에 붙이지 못하고 고생을 많이 했을 거야. 군중이 도로를 빽빽하게 메우고 있어서 월터가 따로 경찰의 안내를 받아가며 차를 가지고 갔기 때문에 우리들은 구두를 신고 걸었지만 나는 펠트 신발을 그대로 신고 걸었어.

숙소를 구하지 못한 사람들은 사원에서 잤다는군. 우리를 안내하는 사람이 축제를 즐기기 위해 110루피를 주고 방 2개가 있는 숙소를 빌렸단다. 사원에 있는 군중들의 수를 보고 판단할 때 다른 곳에서 묵은 사람이 거의 없었던 것 같아.

반드시 축제가 아니더라도 요양원의 일상에도 나름대로 흥분을 자아내는 일이 가끔 일어난다. 하루는 정기 회진 중이었는데 간호사가 헐레벌떡 뛰어왔다. "선생님! 빨리 오세요!" 그녀가 헐떡였다. "환자 한 사람이 운동화 한 짝을 삼켰어요. 어떻게 해야 되나요?"

나는 내 귀를 의심했다. 뭔가 잘못 알고 있는 것 같았다. 그래도 간호사가 하도 흥분돼 있었기 때문에 빨리 가서 그녀의 걱정이나 진정시켜 주기로 했다. 가서 보니까 간호사 말이 정말 맞는 것 아닌가! 사건의 자초지종은 이랬다. 어린 환자 한 사람이 구두 한 켤레를 사와서 다른 환자에게 내보이며 자랑하면서 새로 산 구두의 장점을 떠

벌였다. 그러자 이를 듣고 있던 다른 환자는 그 구두의 질이 형편없으며 흥정도 잘 못했다고 반박했다. 그의 반박에 분개한 첫 번째 환자가 자신의 정당함을 증명이라도 하듯이 말했다. "이 구두가 얼마나 질기다구. 씹어 먹을 수도 없어!" 그 두 번째 환자가 다시 나섰다. "5루피(약 1달러, 15,000원)만 주면 그 운동화가 얼마나 형편없는지 증명하겠어. 구두 두 짝을 다 씹어 먹을 수도 있어."

구두 임자가 그 도전을 받아들이기로 했다. "구두 여기 있다. 어디 한 번 먹어 보지 그래." 그가 자신 있게 말했다. 두 번째 환자가 주머니칼을 꺼내서 구두 두 짝을 잘게 썰고 커리와 밥을 섞어 그 구두 한 벌을 천천히 모두 삼켜버렸다. 그는 실색한 어린 환자로부터 의기양양하게 5루피를 받아냈다.

이번에는 구두를 삼킨 소년이 공포에 사로잡혔다. 구두가 위장 안에서 무슨 일을 낼지 두려웠던 것이다. 그 소년의 어리석음을 심하게 꾸짖고 보니 근심이 가득한 모습이었다. 나는 "어머니 자연"이 해결해 줄 것이며, 만일 그래도 부족한 것이 있다면 우리가 필요한 조치를 해주겠다고 하면서 그를 안심시켰다. 그 다음은 새로 산 구두뿐만 아니라 5루피도 잃고 울고 있는 다른 환자를 달래야 했다. 위로할 방법이 마땅치 않았지만 이번 경험을 통해서 젊었을 때 일찍감치 좋은 교훈을 얻게 되었으니 잘된 일이라고 타일러 주었다. 소년은 그래도 안타까워했다. 나는 그가 이번 경험을 통해 더욱 현명하고 훌륭한 사람이 되었으면 바랐다.

인도에서 결핵은 가끔 대수롭지 않은 질병으로 취급되기도 한다.

그러나 질병 자체와는 별개로, 결핵은 외부 세계가 짐작도 못하는 심리적 외상과 비극의 원인이 되는 경우가 빈번하다. 예를 들어 결핵환자의 남편이 부인을 방기하는 경우나 반대로 결핵환자의 부인이 남편을 버리는 사례가 빈번하다. 그래서 결핵 자체보다 파괴된 가정과 마음의 상처를 치유하기가 더 힘든 경우가 많았다. 한때 결핵을 앓았다는 이유로, 남편의 사랑을 받고 있음에도 불구하고 시부모에 의해 이혼소송절차를 밟고 쫓겨날 처지에 놓인 어느 여인을 구해야 할 때도 있었다. 그 시부모는 며느리의 결핵이 5년 동안 비활동성이었는데도 자기 아들이 며느리와 부부의 관계를 유지하는 것을 원치 않았다. 나는 소위 인도의 인기 실내경기—소송—에 끼어드는 것이 싫었다. 소송은 시간도 많이 걸리고 좌절감만 남는 경우가 많다는 사실을 잘 알기 때문이었다. 그러나 나는 한 가정이 파괴되는 비극을 막는 데 도움이 된다면 나의 개인적인 망설임 정도는 제쳐놓아야겠다고 생각했다.

나의 부탁으로, 어떤 그리스도인 변호사는 내가 그 젊은 부인을 어떻게 변호할 수 있는지를 조언해주었다. 법정에서 해야 할 말, 해서는 안 될 말, 그리고 판사에게 의견을 개진하는 올바른 방법에 관한 지도를 해주었다. 나는 변호사와 함께 병력, 방사선 투시도, 차트, 치료성과 기록, 퇴원허가서 등 해당 사건과 직접적으로 관련되는 기타 문서들을 정리해서 사건 내용을 철저하게 파악했다. 그 다음, 변호사가 상대방 변호사 역할을 하면서 반대 시문試問을 했다. 우리가 상대할 반대편 변호사는 속사포같이 말을 빨리 쏟아내고 심문을 받는 사람이 백을 흑이라고 말하게 만들 수 있을 만큼 상대를 혼란에 빠뜨리는 능력이 뛰어나다고 전해졌기 때문에, 우리 변호사도 나를 혼란스럽게 만들어서 내가 말이 안 되는 말을 하도록 최대한 노력했다.

우리는 이런 연습을 몇 차례 반복했다. 공식 소환도 수차례 있었다. 그러나 매번 여러 이유로 사건의 심리가 연기됐다. 그녀의 시부모가 하루 종일 걸리는 심리에 출석하는 나에게 식권을 사줄 의무를 지키지 못했다는 이유 때문에 취소된 경우도 한 번 있었다. 나는 소송사건의 심리가 열릴 가능성 자체를 절망적으로 생각했다.

오래 기다린 끝에 공식 소환장이 왔다. 이번에야말로 실제로 공판이 열렸다. 방청객으로 혼잡한 공판정으로 안내되어 들어섰다. 사람들은 이 사건에 대한 관심이 높았으며, 또한 그 처리방식에 대해서도 많은 호기심을 갖고 있었다. 공판정에 들어서자마자 내가 스타가 되어 있다는 사실을 깨닫게 되었으나 청중을 어떻게 대해야 좋을지 몰라 당황스럽기만 했다.

나는 가장 근처에 있는 새장 혹은 박스같이 생긴 곳으로 걸어갔다. 그런데 그곳은 형사 사건용이어서 다른 박스로 갔다. 거기 들어가 선서를 마치고 난 후, 판사보가 나의 자격 및 학위에 관한 질문을 하는 것으로 시작됐다. 학위에 관한 몇 가지 사실들이 그들을 곤혹스럽게 한 것 같았는데 'FCCP'란 문자가 무슨 의미인지를 물었다. 그래서 나는 "Fellow of the American College of Chest Physicians" (미 흉부의학회 특별회원)에서 첫 글자를 딴 약자라고 설명했다.

"얼마나 오랫동안 결핵치료에 종사했습니까?" 판사보가 물었다.

"35년입니다." 내가 대답했다.

"그러면 마다르의 의료부장직으로 재직한 지는 얼마나 됩니까?" 그가 계속해서 질문했다.

"17년입니다."

그 다음, 판사보는 나에게 퇴원허가서를 보여주면서 내 서명이 맞는지 확인해달라고 했다. 즉시 그렇게 했다. 질병의 진행이 억제되었다는 뜻으로 기재한 "arrested"란 영어 단어가 그들을 곤혹스럽게 했다. 그녀가 혹시 경찰에 '체포된' arrested 적이 있냐고 질문하는 것이었다. 나는 "아니오"라고 답한 후 그 말은 의학용어인데 법적인 용어로 쓰일 때와는 그 의미가 아주 다른 말이라고 설명했다.

이제 본격적으로 재판이 시작됐다. 나는 그녀가 더 이상 남편이나 다른 사람에게 병을 감염시키지 못 하는 상태였다는 점을 지적하면서 여인에 대한 변론을 했다. 시부모 측 변호사가 나를 상대로 증인 반대심문을 했다. 그 변호사는 영리해 보였을 뿐만 아니라 결핵에 관한 문헌도 꽤 많이 섭렵한 것 같았다. 그가 여러 가지 술책으로 내 다리를 걸어 넘어뜨리려고 안간힘을 썼다. 나를 도와준 변호사로부터 받은 사전 훈련이 새삼 고맙게 생각되었다.

드디어 법정을 만족시킨 것 같았다. 본 건을 기각시키기 전에, 선교사들을 조롱하기 일쑤이던 당시 세태에 비추어 볼 때 담당 판사는 예상을 뒤엎는 행동을 했다. 그가 많은 방청객들을 향해 용기에 찬 웅변을 토해내며 그리스도인 선교사들을 옹호하는 발언을 했기 때문이었다.

"여기 여러분 앞에 결핵, 한센씨병, 기타 무서운 질병을 두려워하지 않은 한 사람이 서 있습니다." 그가 담대하게 계속했다. "이 의료

선교사는 개인적 이익이나 위신을 차치하고 이 여인과 같이 도움과 보호를 필요로 하지만 사회가 배척하는 사람들을 위해 항상 도움을 아끼지 않아 왔습니다."

판사는 계속해서 선교사역 일반을, 특히 의료선교를 높이 평가했다. 이와 같은 그의 발언은 방청객으로부터 매우 좋은 반응을 얻었으며, 나는 박수를 받고 쑥스러운 마음으로 법정을 나왔다. 나는 따뜻한 인사를 받으며 그곳을 떠났다. 시부모의 변호사조차도 나를 축하해주었다. 축하를 받으실 분은 바로 내가 섬기는 그분, 나를 당신의 소유로 삼으신 그분이 받으셔야 했음을 겸손한 마음으로 마음에 되새겼다. 이 여인의 결혼을 파국으로부터 구했다는 사실은 정말이지 나의 혼을 만족시키는 일이었다.

매리언의 1957년 성탄절 편지는 우리 아이들 둘이 약혼을 했다는 소식을 알리며 끝을 맺었다. 우리의 관심사는 자연스럽게 동양의 축제로부터 우리 가족의 혼사로 옮겨지고 있었다. 우리 아들 조세프가 무스코카 레이크 캠프의 상담원으로 있을 때 만난 젊은 간호사 캐럴 바비레키와 약혼을 했다. 그 해 가을 조는 토론토 소재 캐나다 연합교회 소속 임마누엘 신학원으로 자리를 옮겼다. 두 사람은 1957년 12월 21일을 결혼식 날짜로 잡았다. 그날은 캐럴의 생일이기도 했다. 미국에 남은 다른 식구가 우리를 대신해서 결혼식에 참석할 수밖에 없다는 사실을 우리는 잘 알고 있었다. 선교사의 삶은 이처럼 결혼식과 같은 중요한 행사에서조차 사랑하는 사람들이 서로 떨어져 있기를 요구했다.

윌리엄과 필리스는 뉴욕에서 두 사람 다 대학원 공부 중이었다. 따라서 필리스는 약혼자 에드워드 킹 주니어와 함께 토론토에서 열린, 조와 캐럴의 결혼식에 참석할 수 있었다. 나중에 우리가 받아본 신문 스크랩에 의하면, 캐럴라인 바비레키와 조세프 케이틀리 홀의 결혼식이 라벨 스미스 목사의 주례로 1957년 12월 21일 토요일 7시에 토론토 퀸 스트리트 캐나다 연합교회에서 있었다.

캐럴과 조의 결혼사진

기다리던 결혼사진이 도착했다. 내 아들이 예쁜 신부같이 나왔다. 캐럴은 유능한 간호사였는데, 그녀가 동봉한 편지를 읽고 내 아들의 헌신된 부인이 될 것이라는 믿음이 생겼다. 그녀는 조가 신학 공부를 마칠 때까지 학비를 조달할 예정이었다.

매리언은 조의 결혼식에 참석하지 못한 데다 필리스의 결혼식마저 가지 못할 것 같아 매우 상심했다. 그런데 상황이 예상 외로 변했다. 이에 관해 1958년 9월 23일 회람편지에 매리언이 다음과 같이 기술했다.

> 봄베이에서 열리는 인도 부모 가족계획협회 전국대회에 참석차 4월 19일 아지메르를 출발할 일정이 잡혀 있었습니다. 그런데 4월 16일 뉴욕에서 전보가 한 장 왔지 뭡니까. 랑군에 있는 골절 환자 한 사람을 뉴욕으로 데리고 갈 의사가 필요한데 나에게 연락을 해보라고 했다는 것이었습니다. 그날 저녁 랑군으로부터 연락이 왔고, 그 결과 내가 봄베이 회의를 마친 후 캘커타로 가서 버마 비자를 발급받고, 거기서 쉐 드래곤 시로 가는 비행기에 오르게 되었습니다.

매리언이 4월 25일 랑군에 도착해서 환자를 데리고 5월 3일 홍콩으로 갔다. 거기서 마닐라, 괌, 웨이크 아일랜드, 호놀룰루, 샌프란시스코를 경유하여 5월 9일 뉴욕에 도착했다. 매리언은 환자를 성누가 병원에 입원시켰다. 1958년 6월 14일 딸의 결혼식에 참석하게 해달라는 기도제목에 대한 놀라운 응답이었다.

필리스와 에드의 결혼식이 뉴저지의 스톡홀름 소재 작은 감리교 교회에서 있었다. 필리스와 에드 두 사람은 에드의 집에서 20킬로미터 거리에 있는 이 교회에 출석하고 있었다. 장남 윌리엄이 나를 대신해서 신부를 신랑에게 인도했다. 주례는 내 동서 노리스 라인위버 은퇴 목사가 섰고 스톡홀름 감리교회의 밀턴 체스터 목사가 주례를 도왔다.

매리언과 내가 30년 전 오하이오 주 이스트 리버풀에서 결혼식을 올렸을 때도 노리스가 주례를 섰다. 스톡홀름 예식에 참석한 사람은 필리스 크루크였는데, 그녀는 매리언의 들러리였으며 유일한 결혼식 하객이었다. 그녀는 나중에 내 딸의 대모가 되었고 나의 딸도 그녀의 이름을 따르게 되었다.

신부의 들러리이며 유일한 하객은 필리스의 인도인 친우이며 우드스탁 학교 급우인 랄리(레일라) 싱이었다. 그녀는 자신의 반대에도 불구하고 필리스가 고른 붉은색의 아름다운 바라나시 사리를 입었다(인도에서는 신부만 붉은색 사라를 입는다). 에드의 형제인 테드가 에드의 들러리였다.

에드워드와 필리스의 결혼사진.
(왼쪽부터 오른쪽으로) 미스 필리스 크루크, 윌리엄, 매리언, 에드와 필리스, 레일라 싱, 테드 킹,
세실리아와 에드워드 킹 Sr.

가족의 대사에는 보통 친지들을 많이 초청한다. 많은 사람들이 우리 집 결혼식과 저녁 연회장에 참석해주어 매우 기뻤다. 매리언은 더 많은 딸의 친정 식구들을 만날 수 있었다. 에드의 누이 페기가 결혼식에서 잘 짜인 순서에 따라 신랑과 신부를 소개했는데 서양식의 결혼식을 동양의 솜씨로 훌륭하게 진행했다는 찬사를 들었다.

뉴욕을 떠나기 전 매리언은 코네티컷 뉴헤이븐 채플 가에 위치한 아파트 3층의 작은 방으로 신랑과 신부를 찾아갔다. 필리스는 뉴헤이븐 가족봉사회에서 사회복지사로 근무하고 있었으며 에드는 예일대학교에서 삼림학 박사학위 과정을 밟고 있었다.

매리언은 또한 우리 집 차남 조와 며느리 캐럴도 찾아볼 기회가 있었다. 조는 3학점짜리 설교목사직을 여름까지 5개월간 담당하는 중이었다. 지난 학기 학비를 갚는 방법으로 임마누엘 신학원이 주선해 준 자리였다. 캐럴은 병원의 간호사로 근무하고 있었다. 그러나 가을에 출산 예정이었기 때문에 조는 결국 신학원을 중단하고 토론토로 돌아와 취직을 해서 가족을 부양해야 했다.

아이들의 인생을 결정하는 중대사로부터 비록 몸은 멀리 떨어져 있었지만, 매리언이 이처럼 두 아이와 함께 있었다는 것만으로 위안이 되었다. 매리언은 필리스의 결혼식에 참석했을 뿐만 아니라 조의 아내와 만나 즐거운 시간을 가졌다. 매리언이 인도로 돌아오는 여정에서, 이 시공간을 초월한 연대감은 새로운 차원을 더했다. 회람편지에서 매리언은 다음과 같이 회상하고 있다.

요한 웨슬리와 나의 출생지는 동일하다. 지난 몇 년간 나는 어린 시절에 살던 곳을 가보고 싶은 생각이 부쩍 들었다. 인도로 돌아가는 중에 나는 런던에 내려 엡워스로 갔다. 거기서 레카토 에드워드 목사 부부를 웨슬리 생가에서 만났다. 그곳은 영미 감리교인회가 구입하고 복원한 감리교 성지가 되어 있었다. 내가 어렸을 때 어머니 손을 잡고 교구목사의 두 번째 부인을 방문한 일이 생각났다. 그 부인은 내 어머니의 절친한 친구였으며 웨슬리기념교회에 출석하고 있었다. 그때 우리는 차를 대접 받았는데, 지루해서 혼이 난 기억이 났지만 이번에는 절대로 그렇지 않았다!

1958년 《투게더》지 7월호의 '다시 찾아 본 요한 웨슬리' 제하에 따르면, "요한 웨슬리가 태어난 엡워스 목사관은 시골 습지 가운데 있다. 돈캐스터까지 기차를 타고 내려, 거기서부터 버스를 타고 엡워스로 향한다"라는 설명이 있다.

하지만 나는 버스를 타지 않았다! 에드워드가 손수 "꼬마" 오스틴을 몰고 마중을 나왔다. 목사관에 도착해서 부인과 인사를 나누었다. 알고 보니 서로 초면이 아니었다. 3년 전 스트라스네이버에서 만난 적이 있었다. 그때 우리들 모두 인도를 떠나 귀국 중이었는데 에드워드 부부는 하이데라바드에서 영국감리교 선교사로 사역 후 귀국 중이었다.

우리는 그날 저녁 따뜻한 가스난로 앞에서 그들의 딸과 남편, 그리고 그곳에서 방학을 보내고 있던 아이들과 함께 과거를 회상하며 보냈다. 다음 날 아침, 지겨운 비가 내리고 있었다. 옛 친구 해리 스팟포스 부인이 나를 안내하러 왔기에, 우리는 다시 꼬마 오스틴을 타고 평신도 설교자였던 아버지가 묻혀 있는 묘지를 방문했다. 아버지와 어머니는 웨슬리 기념교회에서 결혼식을 올린 첫 번째 부부였다. 이 기억에 남는 건물로 에드워드 부부가 안내한 것이다. 이 아름다운 교회 안에 서 있으려니 수많은 추억들이 밀려들었다. 내가 선교사로 헌신하기로 결심했던 곳도, 선교현장에서 일어나는 일에 관해 배운 곳도 모두 이 교회 부설 주일학교에서였다.

영국의 엡워스를 떠난 지도 47년이 지났지만 그 교회 관리자가 나와 내 가족을 기억하고 있어서 마음이 흐뭇했다. 스팟포스 부인과 나는 교회를 나와 도보로 내가 출생한 집으로 갔다. 벽으로 둘러싸인 정원 안에 있던, 맛있는 포도가 자라던 그린하우스는 없어졌지만 그 집에 살고 있는 매우 아름다운 부인이 현대식 부엌에서 빵을 굽고 있었다. 그녀는 내가 태어난 방으로 안내했다. 그리고 우리들이 티타임에 왔더라면 오븐에 있는 향기로운 빵을 대접할 수 있었을 것이라며 아쉬워했다.

여기를 떠나 우리들은 천천히 걸어서 밖은 이끼로 덮이고 안은 차고 습한 성공회교회로 갔다. 우리보다 큰 아이들이 교회 주위를 열두 번 뛰어서 돌고 나면 창문에 천사들이 나타난다고 하는 말을 믿었던 천진난만한 어린 시절을 회상했다. 그때 우리는 아마도 틀린 방향으로 뛰었던 모양인지 천사들은 보지 못하고 지붕에서 괴물 꼴을 한 홈통주둥이만 본 기억이 났다.

길이든 난간에 올라타고 미끄럼 놀이를 하던 교회 뜰 뒤쪽 계단으로 가봤다. 아아, 옛날식으로 미끄러져 내리다간 호저를 거꾸로 타고 내려가는 것과 흡사할 것 같았다. 나무가 썩어서 삐죽삐죽 솟아 있었기 때문이다. 아마 비 때문이겠지만 모든 게 살풍경해서 수리를 해야 될 것 같았다. 어릴 적 아버지가 나를 데리고 산책을 하시며 여기가 웨슬리 목사가 많은 청중 앞에서 설교하던 곳이라며 웨슬리 목사 부친의 묘석을 손으로 가리키셨다. 이제 그 시절 풍경은 남아 있지 않았다. 옛날에 우리가 행복하게 걷던 밀밭 길도 없어졌고, 농부들이 싫어하는 붉은 양귀비가 그나마 그 자리를 밝게 꾸며주고 있었다.

내가 다니던 초등학교를 방문했다. 그때에는 공부시간에 말을 했다고 회초리를 맞은 적이 몇 번 있었다. 회초리가 내 버릇을 고치지는 못했다. 세월이 지난 후 나는 그 여교장과 흥미로운 서신을 주고받았는데, 그분은 내가 걸어야 할 길을 최선을 다해 인도해주었다. 나는 그녀가 내게 한 매질을 용서했다. 그녀가 좀 더 적극적으로 나를 지도해주기를 바랐던 이런 내 마음을 아는 사람이 있으리라 믿는다.

돌아오는 길에, 아버지가 1909년 11월 11일 돌아가신 후 개척정신이 강한 어머니가 1911년 최선의 방법으로 택한 캐나다 이민을 결행하시기 전까지 우리가 이사해 살던 집을 지나가게 되었다. 한 가지 슬픈 기억이 있다. 그날은 토요일이었는데, 어머니가 밀린 청구서를 모두 지불하고 나니 토요일과 일요일 먹을 양식을 살 돈마저 없었다. 어머니는 우리를 먹일 돈은 없었지만 믿음을 갖고 계셨다. 우리를 침대에 누이시기 전에 어머니가 하늘에 계신 아버지께 일용할 양식을 구하는 기도를 드렸다. 자정이 조금 못 되었을 때 현관문을 두드리는 소리가 났다. 바로 문을 열었으나 놀랍게도 밖에는 아무도 없었다. 거리를 이리저리 둘러보아도 인적이 없었다. 문을 막 닫으려는데 발밑에 큰 시장바구니가 놓여 있는 것을 발견했다. 어머니가 그것을 가지고 안으로 들어오셔서 층계 꼭대기에서 무슨 일인가 내려다보고 있는 우리를 불렀다. 바구니 안에는 싱싱한 채소과 과일, 그리고 신선한 돼지고기가 들어 있었다.

몇 주 동안 우리는 그 일을 기도에 대한 기적적인 응답으로 알고 있었다. 그런데 어느 날 저녁 우리가 교회 문을 나서고 있는데, 한 농부의 부인이 어머니에게 다가와 말을 건넸다. "아! 언니, 문 앞에 둔 바구니 보셨어요? 너무 늦은 시간이라 뵙지 않는 것이 좋을 것 같아 문을 두드리고 안에서 불이 켜지는 걸 보고 그냥 집으로 왔지요."

어머니의 눈에 감사의 눈물이 고이는 것을 봤다. 어머니가 부인을 옆으로 데리고 가서 몇 주 전 저녁에 자기가 기도한 일과 하나님이 그 기도에 응답해주신 얘기를 했다. 어머니보다 나이가 아래인 그 부인이 말했다. "저도 해드릴 얘기가 있어요. 오래 전 제가 아주 어린 아이였고, 언니가 교회 오르간 반주자였을 때를 기억하세요? 언니가 급히 교회로 가다가 언니가 신으려고 새로 산 구두가 너무 작아 신을 수 없게 되자 그 구두를 우리 집에 주고 간 일이 있어요. 언니는 모르고 있었을 테지만, 나는 '교회창립주일'인데 교회에 신고 갈 구두가 없어 집에서 울고 있을 때였어요. 내가 구두가 꼭 필요한 때에 언니가 구두를 가져다주신 거였죠.'

어머니는 자신이 아주 오래 전 우리에게 해주신 일을 다 잊으셨겠지만,

매리 버텀리와 두 딸, 매리언(13)과 엠마(19)

우리는 하나님께서 놀라운 방법으로 우리 삶 속에 역사하신 것을 똑똑히 기억한다. 어머니는 우리를 낳으시기 전, 만일 자식이 아들이면 커서 목사가 되게 해 달라고 기도하셨다. 우리는 둘 다 딸로 태어났다. 내 언니는 감리교 목사에게 시집갔고, 나는 감리교 선교사와 결혼했다. 어머니의 기도제목이 응답된 것이다. 우리 부부가 우리 아이들을 위해 드리는 기도도 응답될 것으로 믿는다. 우리 아이 한 명 한 명이 모두 하나님을 섬기며 이 고통 받는 세상을 좀 더 나은 곳으로 만드는 사람이 될 것으로 믿는다.

제23장. 눈물의 티벳 트레일

매리언이 예정에 없던 미국 출장을 떠난 후 혹서의 계절이 닥쳤다. 나는 "산으로 도망하라"와 "잠시 쉬라"는 성경의 명령이 생각났다. 나는 이 말씀이 주시는 충고에 따르기로 하고 미리 계획했던 히말라야 휴가를 진행하기로 했다.

히마찰 프라데쉬 주의 깊은 산간 휴양지 마쇼브라가 목적지였다. 또 다른 구릉 휴양지 심라가 거기서 13킬로미터만 가면 되는 가까운 거리에 있었으나, 지금은 펀잡 주에 속해 있었다. 두 휴양지 모두 히말라야 기슭에 위치했다. 나는 요리사 쿠샬을 데리고 아지메르에서 델리까지, 그리고 거기서 찬디가르 북쪽 칼카 본선 종착역까지 기차를 타고 갔다. 심라까지 오르막길을 오르기 위해 소형철도로 갈아탔다.

영국인들이 만든 이 산간 철도는 공학의 걸작품이다. 해발 1,800미터 높이를 오르면서 우리 아이들이 어렸을 때라면 꽤나 즐거워했을 100여 개의 굴을 통과했다. 언젠가 지진이 났을 때, 당시 신문에서는 철도가 지나가는 산중턱이 100미터 아래 골짜기로 무너져 내릴 위험이 있다고 보도한 적이 있다. 이러한 위험을 예방하기 위해 영국 기술자들이 두 부분 사이에 깊은 구멍을 뚫고 그 안에 철근으로 보강된 콘크리트를 메우는 방법으로 금이 간 산허리를 본체가 되는 산에 묶어 놓는 공사를 했다. 이 보강공사가 잘 되어 지금까지 흙이 무너져 내리는 사고는 없었다.

매리언의 급작스런 미국 출장으로 계획이 수정되기 전까지 매리언과 내가 원래 묵기로 했던 심라의 호츠 호텔의 파시교도(Parsi, 회교도의 박해로 8세기에 인도로 피신한 조로아스터 교도의 자손—편집자) 지배인이 기차역으로 나를 마중 나왔다. 그는 매리언이 내게 보낸 편지를 가지고 나오는 이례적인 친절을 베풀었다. 지배인과 나는 아직도 600미터를 더 올라가야 하는 최종 목적지 마쇼브라로 가는 데 있어 여러 가지 방안을 숙의했다.

가장 저렴한 방법은 버스를 이용하는 것이었으나 자리가 없었다. 택시는 돈이 많이 드는 것 외에도 다른 주로 들어가야 하기 때문에 택시가 주 경계선 통과 허가를 받는 데만 만 하루가 걸린다고 했다. 그래서 우리는 결국 8루피를 내고 인력거를 타기로 했다.

언덕과 골짜기를 오르내리는 느리고 힘든 과정을 거쳐 3시간 가까이 걸렸다. 가장 가파른 곳에서는 걸었다. 오후 6시경 잠자는 듯 적막한 마을 위쪽에 아름답게 자리를 틀고 있는 캠프에 도착했다. 사방에 인적이 끊긴 마쇼브라에서 눈을 들면 저 멀리 눈 덮인 히말라야 산맥의 웅장한 봉우리들이 보였다. 특별관람석 같은 이상적인 산간 휴양지였다. 숲으로 울창한 경사지는 저 아래 시냇물로 레이스를 단 초록색의 계단식 골짜기들로 이어져 내려가고 있었다. 변화무

쌍한 구름 지붕이 웅장함과 아름다움을 더해주고 있었다. 마쇼브라는 수목이 우거진 즐거운 오솔길이 달린 바퀴의 중심부와 같았다. 거기에서 빛살이 발산되는 모습이었으며 매일 새로운 탐험 길이 그로부터 열렸다.

내가 의사라는 소문이 퍼졌다. 내가 비록 휴식을 취하러 이곳에 왔다 하더라도, 부근에 의사라고는 찾아볼 수 없었을 뿐더러 나도 힘닿는 대로 최선을 다해 이들을 돕는 것이 내 의무요 책무라는 생각이 들었다. 이런 형편은 간혹 유쾌한 만남을 만들어 내기도 했다. 전에 내 치료를 받았던 환자들이 다른 입원희망 환자들을 데리고 오면 내가 그들을 위해 마다르 요양원에 입원 추천을 해주기도 했다.

한 번은 병든 아이를 왕진했다. 그 가정에는 4명의 생기발랄한 소년들이 있었다. 의술을 베푸는 일을 넘어서 내가 그들을 도울 수 있는 방법이 생각났는데, 그것은 아이들을 엄마 손에서 떼어내서 마음이 흐트러진 엄마에게 마음의 안정을 얻게 하는 것이었다. 그래서 나는 그 아이들을 데리고 매일 탐험 길을 나서기로 했다.

하루는 그 지역 특산품인 자두를 사러 마을의 시장거리로 나갔다. 어느 젊은 티벳 여성이 나에게 영어로 인사를 건네면서 티벳 골동품을 팔려고 했다. 그녀는 약간 나이가 든 티벳 여성(이 여성은 영어를 못했다)과 어린 티벳 어린이와 같이 있었다. 나는 티벳 사람들을 대할 때마다 언제나 관심이 갔는데, 그것은 내가 함께 자랐던 한국인들이 생각났기 때문이었다. 우리 부부가 이전에 다른 곳에서 만나 본 티벳 사람들은 재미있고 친절한 사람들이었다. 티벳 여성들은 푸르다 관습을 지키지 않으며 개방적이고 자의식을 내세우지 않았다.

내가 골동품에 관심을 보이지 않자 이 젊은 티벳 여성이 말했다. "우리나라 사람들의 수난에 대하여 당신에게 말씀드리고 싶습니다." 그러고 나서 산속에 난 길을 가리키면서 그 길로 160킬로미터 정도 가면 티벳이 나온다는 것을 알고 있느냐고 물었다.

내가 그녀에게 "네"라고 대답하고 내가 걷기를 좋아하는 길이라고 말해주었다. 나는 그들 세 사람을 내가 묵고 있는 캠프 밖에 있는 천막으로 데리고 와서 그녀의 얘기를 듣고 싶어졌다. 어린 아이와 나이 든 여인이 가족이냐고 물었다.

"아니요." 그녀가 대답했다. "그렇지만 이 지역에서는 젊은 여자가 혼자 다니는 것이 위험하기 때문에 그 두 사람을 빌려왔어요."

천막에 도착해서 편안하게 자리를 잡자마자 그 여자가 티벳 사람들에게 들이닥친 공포와 수난의 이야기를 쏟아내기 시작했다. 중국인들이 티벳의 '인민해방'과 티벳인들을 '인민공화국'이란 대가족에 참여시켜주겠다는 명분을 내걸고 티벳을 침공했다. 조직적 선전, 침투, 그리고 마지막으로는 무력이라는 수단을 사용해서라도 티벳형 불교인 라마교를 말살하겠다는 것이 중국의 목표였다. 전국에 있는 3천 개의 사찰도 가만 놔두지 않겠다고 티벳인들에게 엄포했다. 붉은 볼 위로 흘러내리는 눈물을 닦을 생각도 하지 않고 그 젊은 티벳 여성은 자기 나라에서 일어나고 있는 일에 대하여 얘기를 계속했다.

티벳에서는 현재 돌로 쳐 죽이기, 강간, 산 채로 십자가에 매달아 죽이기가 보통이에요. 많은 여인들이 긴 기둥 꼭대기에 발가벗겨진 채 묶여서 햇볕과 비바람을 맞으며 죽어가고 있어요.

처음에는 인도가 과연 이들 티벳 난민의 망명을 받아들일 것인가를 의심했어요. 그래서 대부분이 여인과 아이들인 피난민들이 처음 인도로 넘어와 붙잡혔을 때, 국경수비대에게 티벳으로 송환하지 말고 그 자리에서 자기들을 총살시켜 달라고 간청을 한 거예요. 티벳 사람들은 죽음이 임박했을 때 암송하라고 라마가 준 기도문을 지니고 다닙니다.

피난민 몇 사람이 제게 탈출한 이야기를 해주었는데요, 자기들이 탈출에 성공할 수 있었던 건 목걸이에 매단 조그만 은상자 속에 모셔놓은 주문, 부적, 즉 보호신 덕분이라고 했어요. 어느 피난민 한 사람은 자기 모자에 난 총탄 구멍을 제게 보여줬어요. 쓸려 내려가지 않으려고 서로 서로 손을 꽉 잡고 위험한 산골짜기 시내를 물살을 헤치며 건넜다고 하는 사람들도 있어요. 어떤 남자는 제게 찢어져 나간 자신의 볼과 더러운 헝겊으로 싼 턱 부스러기와 치아를 보여주었어요.

옷도 제대로 걸치지 못한 아이들이 해발 5킬로미터의 고산 추위를 기적적으로 견디고 살아남은 경우가 없지는 않지만 그보다 더 많은 아이들은 견디지 못하고 죽었어요. 어떤 부모들은 자기 아이들을 팔아치우기도 했는데, 그건 더 이상 팔 것이 없어서가 아니라 그렇게라도 하면 혹시 아이들에게 생존의 기회라도 생기기를 바라는 마음에섭니다.

제가 이 이야기를 들려드리는 것은 선교사님들은 동정심이 많고 이해심이 많다고 들었기 때문이거든요. 당신들과 당신의 나라가 우리 민족을 도와주시리라고 믿고 있습니다. 피난민들이 국경선에 도착해서 도피처를 구할 때쯤이면 대개 부상을 당했거나 병들어 있기 마련입니다. 피난민 수용소 옆을 지나칠 때면 기침소리가 끊이지 않습니다. 당신은 의사이고 요술 기계를 귀에 끼면 당신이 그 환자를 고칠 수 있는지 없는지를 그 기계가 당신에게 말로 가르쳐 준다는 얘기를 들었어요. 저와 함께 피난민 수용소로 가서 사람들의 가슴에서 나는 소리를 들어주시지 않겠어요?

여자의 말을 듣고 나는 마음이 크게 움직였다. 그래서 집으로 가서 청진기를 가지고 올테니 기다렸다가 나를 피난민 수용소로 안내해 달라고 했다. 그녀를 따라 수용소에 가보니 내가 예상했던 대로였다. 내게 진찰을 받은 사람들 중 많은 수가 결핵요양원에서 즉시 치료를 받아야 될 만큼 중증이었다.

마다르 요양원은 이미 수용능력 초과 상태였다. 대안이 없어 환자들을 베란다에까지 수용하는 실정이었다. 게다가 파키스탄 난민환자 50명에 대한 처리 문제로 골치를 앓는 중이었다. 이런 사정을 머리로는 뻔히 알면서도 나는 할 수 없이 인도 전국기독교회의에 편지를 써서 결핵을 앓는 티벳 피난민도 받아들이도록 하자고 제의했다.

나는 휴가의 잔여기간을 다소 불안한 가운데 보냈다. 요양소 일과 관련된 편지쓰기와 행정업무에 오전의 일과 시간을 모두 써 버렸다. '원격'으로 요양원을 운영하기는 쉽지 않았다. 고통 받는 고국과 용감한 국민을 위해 열심히 탄원하던 티벳 여자와의 대화가 내 머리에서 떠나지 않았다. 그 여자가 직접 미국으로 가서 의회를 감동시키고 행동을 취하도록 했으면 좋겠다는 생각도 했다. 계절풍이 불기 시작했다는 소식을 듣고 반가운 마음이 들었다. 평원 지대에 있는 마다르 요양원으로 돌아가더라도 참을 수 있을 정도로 기온이 내려가 있을 것이기 때문이다.

요양원으로 복귀하자마자 환자와 직원에 대한 평상적인 업무를 넘어서는 한 가지 도전이 나를 기다리고 있었다. 익명의 이상한 전화가 은근한 협박조로 사무실에 걸려오기 시작했다. 매리언이 이런 상황과 무관하게 멀리 떨어져 안전하게 지내고 있다는 사실이 다행처럼 여겨졌다.

어느 날 밤 전화벨이 여느 때보다 집요하게 울렸다. 내가 급히 수화기를 들었더니 나를 깜짝 놀라게 하는 메시지가 들려왔다. "마다르 요양원 농장 '초우키다르'(경비원)가 잔인하게 습격을 받고, 요양원 직원 자녀들이 다니는 학교 건물 밖에 그냥 방치되어 있습니다. 빨리 와 주시겠습니까?"

내 귀를 의심하면서 급히 현장으로 달려갔다. 그 불쌍한 초우키다르는 그때까지도 의식 불명이었다. 머리에 상처를 입고 입, 양팔, 한쪽 다리에 피를 흘리며 피바다 속에 누워 있었다. 심장은 아직 뛰고 있어 응급치료를 하고 나서 병원으로 초고속으로 옮겼다. 진찰을 해보니 양쪽 팔뼈가 부러졌고 한쪽 슬개골도 박살이 났다. 이도 네 개나 나갔다. 그는 며칠 동안 삶과 죽음을 오갔다.

시간이 지나면서 그는 회복되고, 없어진 치아는 의치로 대체되었다. 그러나 이 습격의 전모를 파악할 수가 없었다. 피해자의 진술로는 단서를 잡을 수 없었다. 도난당한 것이 아무것도 없는 것으로 보아 분명 절도는 아니었다. 경찰도 우리와 마찬가지로 어안이 벙벙할 뿐 사건 조사에 진전을 보지 못하고 있었기 때문에 '셜록 홈즈'가 나타나기를 기다릴 수밖에 없는 처지였다.

범죄는 학교 건물 옆 탑 부근에서 발생했다. 이 탑은 옛날에 강도를 만난 사람들의 도피처와 방어 진지용으로 사용된 곳이다. 밖으로 난 구멍들이 지금도 탑에 남아 있는데, 구멍을 통해 강도를 발견하고 또 총을 발사하는 이중 목적을 가지고 있다. 그러나 이 사건의 경우, 그 경비원이 탑으로 들어가 자신을 방어할 사이도 없이 강도들이 더 빠른 속도로 접근했거나, 그렇지 않으면 눈치 챌 수도 없을 만큼 은밀하게 접근했거나 둘 중 하나였다.

그럴듯한 가능성들이 검토되었으나 아무 결과도 나오지 못했다. 그러던 중 첫 번째 단서가 나왔다. 어느 목동이 인접한 들에서 피 묻은 부러진 몽둥이 하나를 우연히 발견하고 그것을 우리에게 가져왔다. 몽둥이에 두 개의 사람 치아가 박혀 있었는데 그 치아가 피해자의 것과 일치했다. 경비원을 잔인하게 후려치는 데 사용한 몽둥이가 틀림없었다. 작은 힌두 글자로 이름이 새겨져 있었으나 근처에는 그런 이름을 가진 사람이 없었기 때문에 수사에 도움이 되지 못했다.

요양원 농장 근처에 헌혈자들이 사는 작은 집단 주거지가 있었다. 이 사람들은 우리가 수술을 하거나 수혈을 필요로 할 때 환자들에게 혈액을 제공(물론 혈액 검사를 전제로 한다)하기 위해 밤낮으로 대기 상태에 있는 사람들이다. 이 사건이 있은 후 그 사람들이 우리 구내를 지켜주겠다고 제의를 해왔다. 우리는 그들의 서비스를 받을 필요까지는 없다고 판단했지만 괴한들이 다시 돌아올 경우를 대비해 며칠 밤만 그들에게 감시를 맡기기로 했다.

어느 날 밤, 몽둥이가 발견된 들에서 누군가가 은밀하게 움직이고 있는 것이 감시원의 눈에 포착됐다. 그러나 감시원이 경보를 울리기 전에 이 침입자가 달아났다. 근처에 난 풀이 밟힌 자국으로 판단할 때 그 침입자는 자기가 잃어버린 몽둥이를 찾고 있었던 게 분명했다.

우리는 기록을 뒤져 우리 야간 경비원이 거주하는 마을의 이름을 찾아내어 경찰에게 넘겨주었다. 부러진 몽둥이는 이미 경찰에 넘겨준 상태였다. 마을 이름이 확실한 단서가 되었고 결국 괴한들을 체포했다. 이 마을에 토지 분쟁이 있었고, 괴한들은 해묵은 원한을 풀려고 온 것이었다. 괴한들 입장에서도 다행스럽게 우리 경비원은 목숨을 건졌다. 사건이 우리 요양원과 직접적인 관련이 없다는 사실에 우리는 안도했다. 그 이상한 전화도 기습 사건과 연관이 없었다. 전화를 건 사람은 요양원에 불만을 품은 해직 직원으로 밝혀졌다.

전화벨이 또 울렸다. 그러나 이번에는 내 조수로부터 걸려온 전화였다. 세 사람이 와서 한사코 요양원에 입원하기를 원한다는 내용의 전화였다. 그가 말했다. "병상이 만원이기 때문에 내줄 병상이 없다고 그들을 계속 설득했습니다. 병상 셋은 고사하고 병상 하나도 없다고 설명을 했는데도 가지 않고 버티고 있습니다. 여기로 좀 오셔서 그들에게 가라고 지시해주세요."

나는 이 문제가 말을 하기는 쉬워도 행하기는 어려운 문제임을 잘 알고 있었다. 왜냐하면 나는 이제껏 입원이 필요한 환자에게 '아니오'라고 한 적이 없기 때문이다. 한편, 이 사람들이 처한 곤경과 필사적 요청을 알게 된 한 입원환자가 다른 환자들을 설득해서 병상을 옮기고 그들을 수용할 공간을 만들어냈다. 이렇게 해서 문제는 곧 해결되었다. 환자와 직원 모두가 기독정신으로 만들어 낸 결과였다.

이 일을 겪고 나서 나는 이 문제를 시급하게 해결해야겠다는 생각이 들었다. 나는 몇 시간이고 책상에 앉아 미국에 있는 친구와 후원자들에게 환자들, 특히 내가 초청한 티벳 난민환자의 유입에 대비한 공간과 시설의 확충이 필요함을 호소하는 편지를 썼다. 나는 이게 기적이 일어나야 이루어질 일인 것을 잘 알고 있기 때문에 요양원 기도그룹과 함께 기도를 시작했다.

우리의 기도가 놀라운 방법으로 응답을 받아 후원자들의 마음을 움직였다. 처음 들어온 후원금으로 티벳인 병동으로 쓰일 오두막을 지었다.

호소 편지를 쓰면서…

우리 감리교 선교단 사무총장 닥터 롤랜드 스콧이 마침 방문 중이어서 그가 최초의 병동 오두막을 봉헌하고 축복해 준 것은 우리에게 큰 격려가 되었다. 요양원 최초의 티벳인 병동 이름은 그의 첫 번째 부인 제럴딘 레이시 스콧을 기념하여 지었다.

닥터 스콧은 어린이 환자들에게 깊은 관심을 보였는데 한 여자아이가 애정 어린 모습으로 그에게 작은 선물을 증정했다. 우리는 나중에 이 소녀가 폐절제 수술을 받고 좋은 결과를 본 환자라는 사실을 닥터 스콧에게 알려주었다.

최초의 티벳인 병동을 준공하는 닥터 롤랜드 스콧

닥터 스콧에게 선물을 증정하는 소녀

공산주의자들이 박해를 강화함에 따라 티벳 상황이 점차 악화되고 있었다. 1959년 3월 1일 달라이 라마에게 최후통첩이 통보되고, 고문관의 건의에 따라 달라이 라마가 인도로 도피하여 인도정부로부터 망명허가를 받았다. 달라이 라마가 탈주에 성공하자 분노한 중국 침략자들이 남아 있는 티벳인들에 대한 박해를 강화했다.

1959년 11월에 티벳 난민 결핵환자 제1진이, 그들을 위해 20개 병상이 마련되어 있는 마다르 요양원에 도착했다. 일행 중엔 "환생 라마"인 전 라사 시장을 비롯한 저명인사들이 포함되어 있었음에도 그들의 행색은 한 떼의 거지들이나 마찬가지였다. 닳아서 올이 나간 벌레투성이 옷을 벗기고 요양원이 제공하는 깨끗한 파자마로 갈아 입혔다.

가죽과 뼈만 남은 환자도 많았다. 한 환자는 결핵수막염을, 다른 환자들은 다양한 합병증을 앓고 있었다. 이 티벳 사람들이 인도로의 위험한 탈출에 성공해서 드디어 안전한 피난처로 왔다고 안도할 틈도 없이 그들의 육안으로는 볼 수 없는 한층 더 교활하고 위험한 대적을 만나게 되었다는 사실은 잔인한 역설처럼 보였다.

해발 3,600미터 높이의 히말라야 북쪽 산맥보다 더 높은 티벳 고원에는 이 무서운 질병이 발생하는 일이 거의 없었다. 세계에서 가장 고지대에 위치한 티벳의 공기는 가장 깨끗한 축에 속한다. 이런 정도의 고도에서는 결핵균이 생존할 수 없기 때문에 인도에서만큼 결핵이 만연해 있지 않았다. 결핵이 널리 퍼진 인도에서는 사람들이 결핵에 대한 면역성이 생겼기 때문에 일단 결핵에 감염된다 하더라도 점진적이고 만성적인 진행 양태를 보이는 반면, 티벳 사람들에겐 결핵에 대한 면역력이 전혀 없었다.

탈출 전후의 고생으로 몸이 쇠약해진 티벳 난민들은 '분마성奔馬性, galloping consumption 폐렴'이라는 극도로 치명적이며 신속하게

마다르 요양원에 도착한 티벳 환자들

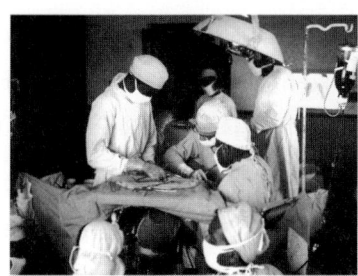
폐절제수술을 집도하는 닥터 웰즈

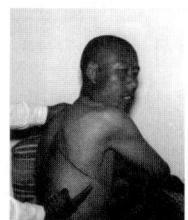
수술 자국

닥터 웰즈와 폐절제 수술 환자들

23. 눈물의 티벳 트레일

진행되는 결핵에 특별히 취약했다. 새로운 기후와 고도에 적응하는 문제도 취약성을 증가시켰다. '분마성 폐렴'이 발견되자 인도 의약 당국이 신통하게도 신속한 조치를 취했다. 그들은 인도 내에서 이 질병을 다룰 수 있는 몇 안 되는 요양원들로 보내졌다. 당국이 세심하고 선택적인 방법으로 선별을 했기 때문에 환자와 의료기관 모두에게 큰 도움이 되었다. 흉부수술로 효과를 가장 많이 볼 수 있는 환자들은 마다르 요양원으로 보내졌다. 마다르 요양원이 후일 탁월한 회복율을 보고할 수 있게 된 요인으로는 기본단위 캠프에서 세심하게 선별하고, '기적의 약품'을 얻을 가능성이 높으며, 현대적인 수술을 시행하는 것 등을 꼽을 수 있다. 전국기독연합회와 기타 자선단체들이 여러 의료기관에 입원한 티벳 결핵환자들을 돕는 일에 나서면서 환자 치료에 크게 기여했다. 또한 병동 추가건축에 대한 호소에 신실하게 응해준 충성된 후원자들의 지원을 얻는 축복도 누렸다. 감리교 해외구조 위원회가 기존 인도 환자 30명에 대한 지원 외에 추가적 지원을 결정함으로써 더 견고한 건물을 건축할 수 있게 되고, 12명의 티벳 난민환자를 더 받을 수 있게 됐다. 1962년 11월 15일, 감리교 해외구조 위원회의 프랜시스 브로크만이 티벳 환자용 건물 3동의 정초식을 주재했다.

브로크만은 자신의 저서 『인도 여정』*Journey to India* 초본에서 다음과 같이 썼다.

> 감리교 해외구조 위원회의 목적은 건물을 짓는 데 있는 게 아니라 사람들을 돕는 데 있다. 지난 수 년 간 위원회는 많은 환자들을 돌보는 데 필요한

비용을 감당해 왔다. … 이 사람들에게 있는 감사하는 마음은 참으로 감동적이다. 내가 요양원에 도착했을 때 보행 가능한 환자가 모두 정문까지 나와서 나를 환영하고 화환을 어깨에 걸어 주며, 얼굴 앞에 손을 모아 나에 대한 존경을 표시하면서 힌디나 티벳어, 영어로 감사하다는 말을 중얼거렸다. 요양원에 온 후 체중이 갑절로 늘었다는 한 환자가 말했다. "전 평생 동안 '샹그릴라'를 찾았습니다. 여기가 바로 그곳입니다. 저는 이곳에 머물고 싶습니다." 티벳 난민 대다수가 라마나 수도사였다. 그 사람들은 자기들의 예복을 나에게 입히고 단체 사진을 찍으며 즐거워했다.

내게 가장 인상 깊었던 것은 요양원에서 일하는 여덟 명의 의사들이었다. 의사들은 닥터 홀 부부와 영국계 인도인 닥터 웰즈를 빼고는 모두 인도인들이었다. 하루는 일일 의사회의에 초청을 받았다. 폐와 척추의 엑스레이 사진을 보여주고, 진단이 이루어지고, 스태프가 치료법을 제시했다. 닥터 웰즈가 전날 수술로 제거하여 꺼내놓은 폐를 절개하고, 결핵으로 생긴 커

감리교 해외구조 위원회의
프랜시스 브로크만을 위해
포즈를 취하는 티벳 환자들

다란 공동을 보여줬다. 우리 회원 교회들이 내는 기부금으로 이 질병의 통제를 지원해야 할 필요성을 절감하는 순간이었다. 나는 위원회를 통해 제공되는 기부금이 없었다면 생명을 잃었을지 모를 사람들을 직접 만나 보았다.[46]

마다르 요양원은 티벳 환자들에게 휴식과 건조한 공기, 해발 600미터의 적정 고도를 제공하여 탈진한 육체를 회복시켰다. 그러나 결핵환자에게 필요한 장기간에 걸친 치료과정에 잘 적응하는 일이 쉽지만은 않았다. 환자들은 새로운 음식과 언어, 사람, 종교, 풍습, 요양원 규정에 익숙해져야 했다. 요양원을 방문했던 마리 러스는 후일 《월드 아웃룩》 잡지에 티벳 환자에 관한 기사를 이렇게 썼다.

일부 환자들은 인도로 들어올 때 사용하던 무기를 병상에 들여놓기도 했지만, 결국 이제 쓸모가 없어진 단검을 요양원에 넘겨주어야 했다. 병마 외에는 싸울 상대가 없어졌기 때문이다. 모든 힘을 질병과의 싸움에 동원해야 할 입장이었다.
제약을 받지 않고 살던 사람들에게 엄격한 규정을 지키며 지낸다는 것은 퍽 어려운 일이었다. 그래서 그들의 통역 롭상은 그들에게 의사와 간호사는 무엇을 하는 사람들이며, 규정이 왜 중요한가에 대해 설명해줘야 했다. 롭상 자신이 티벳 난민이었기 때문에 티벳어로 설명을 해줄 수 있었다. '롭상'은 재미있게도 '기도'와 '태양'이라는 뜻을 담은 이름이다. 달라이 라마의 비서였던 롭상은 자기가 모시는 분이 탈출을 감행할 때 함께 인도에 왔다. 의사와 간호사들은 배지로 환자들을 구분했는데, 환자들도 이 사실을 눈치채고 있었다. 절대안정은 '진홍', 그 다음은 '빨강', '노랑', '파랑', '녹색'의 순으로 표시했다. '녹색' 배지는 비감염, 억제, 가벼운 활동이 가능함을 의미했다. 그러나 실제로는 환자의 체중변화를 적고 침대에 걸어놓은 차트가 그들의 상태를 가장 잘 알려주었다. 피골이 상접한 환자의 체중이 한 달 사이에 십여 킬로그램이 늘거나, 말라깽이 환자의 체중 증가가 2년 안에 30킬로그램을 초과한다면 의미 있는 호전의 징후였다.

티벳 사람들은 식욕이 왕성하다. 그리고 대개들 밝고 명랑한 분위기 속에서 잘 회복하는 것 같았다. 늘 인상을 쓰며 다른 이를 불편하게 하는 사람이 있는가 하면, 반대로 크게 만족하며 지내는 사람도 있었다. 예순다섯 살 먹은 한 환자는 병에서 회복되면 요양원에 남아 일하고 싶다고 했다. 풍모가 범상치 않은 한 청년 환자는 표정이나 다리를 꼬고 앉는 모습까지 영락없이 부처를 닮았다. 모종의 큰 사명을 품은 사람인 듯했다.

하기야 사명을 가진 사람이 그 청년뿐이겠는가. 여기 있는 티벳 환자 모두에게는 사명이 있다. 비록 무기는 넘겨주었을지언정 그들은 티벳 경전만은 소중하게 간직하고 있었다. 비록 푸른 줄무늬의 요양원 파자마를 입고 있지만, 그들은 영적으로 여전히 사프란 색의 예복을 걸친 라마들이다. 다리를 꼬고 앉아 묵주를 손에 들고 공부와 기도를 하며 지낸다. 그들은 라마가 축복한 붉은 줄을 목에 걸고 그것을 아주 소중히 여긴다.[47]

하루는 내가 새로 지은 티벳인 병동을 회진하고 있는데, 건너편한 환자의 머리 위로 천장에서 매달린 이상한 물건이 눈에 띄었다. 가까이 가서 보니 그것은 줄에 매단 고급 슬리퍼였다. 통역의 말을 들어보니 이 환자에게 특별한 관심을 갖고 있는 달라이 라마가 이 환자를 축복하려고 자기가 신던 신을 보냈다는 것이다. 달라이 라마가 보낸 붉은 화환을 목에 걸고 있는 환자들은 자주 보았지만, 그가 이렇게 슬리퍼까지 축복의 도구로 사용한 건 처음 보았다.

내가 병동을 회진할 때면 환자들이 티벳을 도망쳐 나올 때 겪은 경험담을 내게 들려주곤 했다. 티벳의 창Chang 지역 출신인 로센 샤라프라는 청년은 학교에서 수업을 받고 있던 중에 공산주의자들이 교실로 난입해 교사들을 칼로 살해했다. 그들은 학생들에게 만일 공산주의를 받아들이지 않으면 교사들이 당한 것과 같은 벌을 받을 것이라고 위협했다. 정세가 혼란한 가운데 탈출에 성공한 로센은 달라이 라마가 주도하는 정당에 가입했다. 공산주의자들은 이 청년이 속한 단체를 수시로 공격했으며 탈출 과정에서 많은 동료들이 살해됐으나 이 청년만은 무사히 인도에 도착할 수 있었다. 청년은 기독교 요양원에서 치료를 받게 된 것을 특별한 행운으로 여기고 있었다.

1962년 중국 군대가 인도를 침략했다. 나는 1962년 성탄절 기간에 후원자들에게 보낸 편지에서 다음과 같이 썼다.

> 지금은 "빛의 제전"이라고 흔히 알려진 '디왈리'의 계절입니다. 인도 축제 중에서 가장 아름답고 즐거운 축제로서 이 기간, 공공건물과 집집마다 밝힌 조명이 인도의 전 시가를 황홀한 동화의 나라로 만듭니다. 그러나 중국 공산주의자들의 침공으로 델리 정부가 디왈리 조명의 밝기를 낮추라는 지시를 내렸습니다. 지금은 러시아의 미국에 대한 위협으로 인해 지구의 양 반구에서 국가적 비상사태가 벌어지고 있습니다. 인도와 미국이

공동의 위협에 직면하고 있는 이 시간, 전에 없던 우정과 이해의 결속이 바다를 건너 이루어지고 있습니다. 영국, 캐나다, 그리고 미국이 인도 방위를 위해 장비와 보급품을 보내오고 있습니다. 비공산세계가 미국과 인도를 지원하고 있는 것입니다.

나는 요양원에서 비상회의를 소집하고, 주정부 보건부 차관에게 요양원 직원들을 상대로 연설을 해달라고 요청했다. 직원 전원이 이번 비상시기 동안 월급의 하루치 임금에 해당하는 방위성금을 내고 혈액은행에 혈액을 기증하기로 결정했다. 매리언도 아지메르의 여성 지도자들을 집으로 초청하여 히말라야 산맥에서 추위에 떨고 있는 인도 군인들에게 줄 옷을 지었다. 여성들은 붕대와 기타 필요한 군수품도 만들었다.

중국 공산주의자들의 인도 침공 소식은 탈출 전 모국에서 중국 공산주의자들의 잔인성을 이미 체험한 마다르 요양원의 티벳 환자들에게 큰 충격을 주었다. 국경 근처에 위치한 피난민 수용소가 어떤 위험에 처할지에 대해서도 깊이 우려했다. 젊은 티벳 환자 두 명은 우리가 안심을 시키려 했지만 이틀 동안 울음을 그치지 못했다. 나이가 지긋한 티벳 환자들은 침공 뉴스를 비교적 냉정하게 받아들이면서 기도와 염주 알을 세며 지냈다. 통원 환자들까지도 병동 근처에 머무르면서 방위를 위해 자기들이 할 수 있는 역할이 무엇이겠느냐고 문의해왔다.

이렇게 자기 역할을 해내려고 애쓴 사람들 중 '도르지'란 젊은 청년이 있었다. 성품이 매우 쾌활하고 명랑한 이 청년은 1962-63년 크리스마스 씰을 도안한 사람이다. 마다르 요양원의 작업치료에서 도르지의 작품이 활용되기도 했다. 그가 자연풍경을 소재로 한 그림에 대한 영감을 받은 것은 요양원 직원들이 공연한 크리스마스 드라마를 보고난 후였다. 그 그림은 당해 크리스마스 씰 디자인으로 채택되었다.

도르지는 중국 공산당의 침공 후 티벳에서 비참한 삶을 경험했으며 그 고난의 탈출에 성공해 생존한 사람이었다. 티벳의 수도 라사 근교 한 농사꾼의 아들로 출생했으며 케상(은빛 달을 의미)이란 이름을 얻었다. '도르지'는 가족이 부르는 아명이다. 성장한 후에는 양친, 누이 한 명, 형제 세 명과 함께 밀밭에서 일을 했다. 도르지가 라사에 있는 한 수도원의 '라마' 과정에 들어갈 사람으로 선택된 것은 이 평범한 가족에게 매우 큰 경사였다. 도르지가 4년간의 힘든 공부와 엄격한 훈련을 마치고 완전한 라마가 되려는 때에 중국의 티벳 침공이 시작됐다.

도르지는 중국 공산당이 티벳의 성스러운 사원을 더럽히고 설법사와 라마들을 추려내서 박해와 조롱을 일삼는 실태를 익히 들어 알고 있었다. 어떤 사원에서는 중국 공산주의자들이 세 명의 지도급 라마를 뽑아 조롱거리로 삼았다. 티벳 여자들에게 라마들을 구타하라고 강요했으며 여자들이 이를 거부하자 음란하고 잔인한 방법으로 여자들을 때려서 죽였다. 그리고 세 명의 라마들을 구덩이에 던져 넣고 동료 설법사들을 시켜 그 위에 오줌을 누게 했다. 그러고 나서 사형에 처하기 앞서 세 명의 라마들에게 인분을 지고 시가를 걸어 다니게 했다.

이런 무서운 사건들로 도르지는 티벳을 탈출하려는 결심을 굳히게 됐다. 그의 탈출이 뒤에 남아 있는 식구들을 위험 속으로 몰아넣을 것을 알면서도 도르지는 가족에게조차 탈출계획을 알리지 않았다. 그는 탈출하는 라마 일행에 합류했다. 여장은 가능한 한 간편하게 꾸렸다. 작은 부적통과 신성한 양피지 문서 몇 쪽 외에는 가방도 제외했다. 조금이라도 더 가지고 가려고 했던 사람들은 낙오되어 살아남지 못했다. 낮에는 숨어 있다가 밤에만 걸었다. 음식과 물이 떨어지는 경우도 많았다. 변변한 옷도 걸치지 못한 채 헤어진 신발을 신고 눈과 얼음을 밟으며 높은 산을 오르내리는 일은 실로 감내하기 어려운 고통이었다. 도르지가 겪은 이런 고난으로 그는 틀림없이 분마성 폐렴환자가 되었을 것이며, 이런 연유로 마다르 요양원에까지 오게 되었다. 중국의 인도 침공 소식을 들은 도르지는 자기가 티벳에서 목도한 잔혹 행위가 고향집에까지 미치지 않을까 두려워했다.

도르지가 작업치료 과정에서 만난 친구가 전 해의 크리스마스 씰을 디자인했다. 이 도르지의 친구는 이름이 '비조이 탈루크다르'이고, 아쌈에서 온 젊은 학생이다. 아지메르 부근 마요 대학에 다니다가 결핵에 걸려 이곳에 왔다. 비조이는 성경에서 양떼가 갖는 의미와 상징을 깨닫고 크리스마스 씰 도안을 위해 양떼에 둘러싸인 마리아와 예수의 모습을 그렸다. 그는 요양원 티벳 환자들에게 관심이 많아 그들에게서 티벳어를 배우는 한편, 그들에게 힌디를 가르쳐 주었다. 덕분에 그는 환자들에게서 티벳에서 벌어지는 학살과 잔혹 행위에 대해 많은 얘기를 들을 수 있었다. 비조이는 도르지에게 들은 얘기를 내게 전했다.

의료선교사의 삶은 때로 고단하지만, 늘 지루하고 따분하기만 한 것은 아니다. 하루는 마을 사람 하나가 요양원으로 달려와 외쳤다. "지금 내 밭에 티벳 환자 한 명이 드러누워 있는데 죽은 것 같아요!" 낡을 대로 낡은 우리 구급차가 현장으로 달려갔다. 진짜로 티벳 환자 한 사람이 누워 있었다. 죽은 건 아니고 의식불명 상태였다. 뇌진탕이었다. 그가 의식을 찾자 비로소 사건의 전말이 드러났다. 그와 그의 티벳인 동료 환자 사이에 말다툼이 있었다. 그가 동료 환자를 보고 '중국놈' 이라 했다. '중국놈' 은 티벳인 사이에서 제일 모욕적인 칭호였다. 그래서 모욕을 당한 환자가 그를 때려눕힌 거였다!

내가 병동을 회진하고 있을 때 다른 티벳 환자들은 존경의 표시로 나를 향해 혀를 내밀며 인사를 하는데 유독 한 환자만이 인사를 하지 않는 것이었다. 내가 티벳어 통역에게 왜 저 환자는 인사를 안 하느냐고 물었다. 혀가 흑색인 것이 부끄러워 그런다는 것이다. 그가 앓고 있는 병은 '애디슨씨 병' 이라는 희귀병이었는데, 이 병의 독특한 증세가 바로 혀가 흑색으로 변하는 것이다.

이때 나는 처음으로 이 티벳 인사법의 기원에 대해 알게 되었다. 기원 후 1세기의 티벳은 '다르마' 라는 폭군의 지배하에 있었다. 다르마가 티벳 불교를 억누르는 데 거의 성공했을 무렵, 자격을 박탈당한 한 승려가 그를 암살하여 폭정이 끝이 났다. 이때부터 다르마를 소재로 한 민간전승이 생겨났다. 다르마는 작은 뿔이 두 개 나 있고 혀가 흑색이었다고 한다. 다르마의 뿔은 그의 개인 이발사만 아는 비밀이었고 이발사는 다르마에게 변발을 해주어 뿔을 가리게 했다. 그런데 다르마가 워낙 말하기를 좋아하는 사람이어서 그의 흑색

혀만은 숨길 수 없었다. 이로부터 티벳인 사이에 인사를 할 때는 혀를 내밀어 자기 혀가 까만색이 아니라는 것을 상대에게 보여주는 풍습이 생겼다!

그런데 어떤 티벳 환자들은 또 다른 방법으로 인사를 했다. 영어를 조금 배운 환자들은 "굿모린"이라고 인사를 했고, 힌디를 공부한 환자들은 "네마스타"라 했다. 얼굴에 미소를 띠우는 건 어느 쪽이나 같았다.

한 환자가 혀를 아주 길게 내밀길래 그 혀를 손으로 움켜쥐고 싶은 마음이 생겼다. 그런데 혀를 내민 그의 표정이 하도 행복하고 자랑스러워 보여 그만 두었다. 약물 처치를 받은 그가 이날 아침 아주 긴 촌충을 배설한 모양이었다. 그가 내게 자랑스레 말했다. "이제부터는 제가 먹는 것들이 그놈의 끔찍한 촌충을 먹여 살리는 게 아니라 제 몸을 살찌우는 데 쓰이겠네요. 하하."

티벳인 환자 가운데 어린이도 몇 명 있었다. 이 아이들은 곧 요양원의 귀염둥이가 됐다. 어느 몹시 더운 날 아침, 아이들이 대단히 기분 좋게 내게 인사를 했다. 그런데 혀를 내미는 게 아니라 두 팔을 내밀었다. 그리고 손에 벙어리장갑을 끼고 있었다. 이런 찌는 무더위 속에 장갑을? 아마 아이들 손에 감염이

벙어리장갑

생겼는데 아물기 전에 아이들이 자꾸 긁어 덧내는 모양이었다. 그래서 이 더위에 장갑을 끼게 한 것이리라.

우리 요양원의 티벳 환자들은 시찰 오는 사람들에게 늘 경탄과 놀라움의 대상이었다. 나는 내방자들로부터 달라이 라마의 측근이며 라사 시장을 지낸 환자를 지목해달라는 부탁을 자주 받았다. 라사 전 시장은 자기가 손가락질 받는 것이 자기 위엄을 깎아내리는 행위라며 거부감을 나타냈다. 그래서 그는 자기를 매리언의 스승인 펜실베니아 여자의과대학의 닥터 캐서린 맥퍼레인이 기부한 아주 멋진 휠체어들 중 하나에 태우고 내가 직접 밀고 다니면 좋겠다고 제안했다.

그가 통원 환자이고 휠체어를 계속 타야 하는 환자가 아닌 점을 고려하여 우리는 그의 제안을 쉽게 받아들였다. 그런데 한 번은 그가 눈을 반짝이며 이런 제안을 했다. 이제는 그가 나를 내방자들에게 보여줄 차례가 왔다면서 나를 보고 휠체어에 앉으라는 것이다. 우리는 모두 시장의 유머 감각에 즐거워했다. 매리언이 후손을 위한 자료로 쓰기 위해 그 장면을 영화 필름에 담았다.

당연한 얘기지만, 요양원에 입원한 환자는 언젠가는 퇴원을 한다. 엑스선 검사 회의 후 우리는 섹션 닥터와 통역을 데리고 티벳 환자 숙소로 가서 퇴원이 결정된 환자에게 퇴원통보를 했다. 그런데 그들의 반응이 자못 흥미로웠다. 입원할 때 무기를 지니고 왔던 환자들은 티벳을 탈출할 당시의 혈흔이 그대로 남아 있는 대검과 단검을 되돌려 받을 수 있냐고 물었다. 그 물건들은 마다르 요양원 임시 무기고에 보관해 두고 있었다. 환자들은 대개 퇴원통보를 반갑게 여졌다. 가족과 친지를 베이스캠프에서 다시 만날 수 있기 때문이다.

인도정부는 서부 벵갈의 북사와 달하우지에 있는 베이스캠프를 중심으로 자원단체와 협력하여 그룹별 난민정착촌 조성을 위해 열심히 노력하고 있었다. 그룹별 난민정착촌은 연대감을 함양함으로써 그들이 처음 인도문화 속으로 뛰어들 때 필요한 적응력을 높인다는 목적이 있었다. 티벳 환자가 퇴원하면 고국 티벳으로 돌아갈 가능성이 전무한 상태에서 대개는 이들 정착촌으로 가게 마련이었다. 어떤 농업단지는 고도 1,000미터인 '마이소르'에 위치하고 있었는데 티벳 사람들에게는 뜨거운 평지보다 적응하기가 유리한 곳이었다.

퇴원이 결정된 환자라 해서 모두가 퇴원을 반기는 것은 아니었다. 일부 환자들은 퇴원을 철학적으로 해석하여 자기의 운명으로 받아들였다. 다른 일부는 처음에 크게 반발하지만 잔류 요구가 받아들여지지 않으면 난데없이 아픔과 통증을 호소했다. 그러나 의사들을 속일 수는 없었다.

잔류시켜 달라고 애원을 하며 여생을 요양원에서 일하게 해달라고 비는 환자도 있었다. 처음 입원했을 때 이 환자의 병세는 매우 심각했다. 나중에 이 환자는 몸무게가 30킬로그램이나 늘었다. 입원 당시 그는 아주 더럽고 지저분한 상태였고 몸에 난 상처에서 역겨운 냄새가 진동했는데 마다르 요양원에서 사랑과 돌봄을 듬뿍 받았다. 그는 이와 같은 경험이 난생 처음이었다고 고백했다.

마다르 요양원 환자 중 많은 이가 요양원에서 받은 고품질의 내 · 외과, 간호에 깊은 인상을 받은 나머지 결핵 간호학을 가르치는 특수학교를 세워달라고 요청했다. 그들은 자기 딸을 마다르 요양원에 보내 이런 분야의 훈련을 받은 후 더 많은 환자들을 돕게 되기를 희망했다.

결국 우리는 이 일을 해낼 수 있었다. 티벳 여성들이 간호사가 되기에 적절한 자질을 갖고 있다는 사실을 알게 되었다. 한 가지 예로, 티벳 여성들은 다른 간호사들이 역겨워 피하는 일까지 마다하지 않고 감당해냈다. 환자들도 이를 곧 알아차리고 티벳 훈련생들의 전문성과 친절한 돌봄에 매우 만족해했다.

마다르 요양원이 파키스탄이나 티벳의 난민 결핵환자들을 받아들여 치료한 것에 대해 많은 이들이 존경과 감사를 표했다. 그러나 우리의 사역에 대해 상반된 평가를 하는 이도 있었다. 이것은 우리 사역에 큰 도전이 되었다. 일부 사람들은 마다르 요양원이 특권적인 지위를 누리고 있다고 보았고, 여기서 비롯한 투기심은 장차 마다르 요양원에 닥쳐올 큰 위기의 근저가 되었다. 그러나 과거에도 늘 그러했듯, 우리는 어떤 인간보다 더 강력한 힘이 우리를 지탱시켜 주고 있음을 깨닫게 된다. 그 이야기는 이 책의 뒷부분에서 소개하려 한다.

제24장. 생명의 동역자들

빵은 흔히 생명의 양식이라고 불린다. 마찬가지로, 모든 조직에 있어 '빵'은 물건이나 건물이 아니라 그 단체를 구성하는 직원이다. 이 은유는 마다르 통합요양원 같은 곳이나 결핵환자의 치료에도 아주 잘 적용된다.

결핵요양원에 근무할 직원을 채우는 일은 어디서나 늘 어려운 문제에 속하지만, 인도와 같은 나라에서는 특별히 더 난제라는 것은 이미 잘 알려진 사실이다. 인도에는 카스트 제도가 뿌리를 깊이 내리고 있을 뿐 아니라 미신과 공포심 때문에 이 무서운 질병에 대해 사람들은 극도의 혐오감을 갖고 있다. 많은 이들은 결핵에 걸린 사람들을 신의 저주를 받은 자로 간주했으며 심지어 소위 '불가촉'의 부류로 취급하기도 했다.

나는 직원을 선발하는 일이 결코 쉬운 일이 아니라는 것을 초년 의사 시절부터 익히 알고 있었지만, 동역하는 선교사들과의 관계에서도 이런 난제에 봉착하리라고는 전혀 예상하지 못했다. 그들도 기독교라는 공통의 신앙 안에서 소명을 발견한 사람들이고 게다가 선교단체가 심혈을 기울여 소정의 선발과정을 밟아 선택한 사람들이었을 테니까.

내 자신이 경험을 쌓으며 성숙해감에 따라 이 땅에 사람으로 태어난 이상 인간적인 약점도 공유하고 있다는 사실을 알게 되었다. 우리는 모두 하나님의 구원하시는 은혜가 필요하다. 예수님도 십자가상에서 "아버지 저들을 사하여 주옵소서. 자기들이 하는 것을 알지 못함이니이다"라고 기도하심으로 이 점을 말씀하신 것이다.

동료 선교사들에 의해 야기됐던 스태프 구성상의 도전들에 관하여는 이미 앞에서 언급한 바 있다. 의료선교사역이 처하는 다문화적 환경 아래에서 가치관과 기대가 서로 부딪힐 때 발생하는 여러 가지 도전들은 나의 영적 성숙성을 끊임없이 시험대 위에 올려놓곤 했다. 스태프 구성의 순조로운 진행으로 마음에 기쁨이 있고 사역의 축복을 누리기도 했지만, 나의 신앙과 분별력을 윤택하게 해준 요소들은 이와 같은 행복한 결과로만 아니라 나에게 번민과 슬픔, 그리고 때로는 공포심까지 가져온 일들에서부터 온 것도 많았다.

쿠스완 싱은 고아였다. 어린 소녀 시절 틸라우니아에 있는 매리 윌슨 요양원에 환자로 입원한 적이 있고, 후에는 그곳에 있는 학교에서 교편을 잡기도 하였다. 나중에는 라호르에 있는 루시 해리슨 학교에서 수학한 후 그곳에서 교사와 보모로 근무하게 되었다. 고아로 지낼 동안 겪은 고생 때문이었는지 건강을 잃고 쇠약해지기 시작하더니 급기야는 잠시 주춤했던 결핵 증상이 재발하고 말았다. 쿠스완은 마다르 통합요양원으로 보내져 요양원 최초로 흉곽수술인 흉곽성형술로 수술을 받게 되었다. 그녀는 생과 사의 경계선을 헤맸다. 직원들 몇몇은 그녀가 곧 사망할 것이라고 믿었기 때문에 장지까지 준비했다. 인도에서는 기온이 매우 높아서 매장을 조금도 지체할 수 없었기 때문이었다.

그러나 미스 싱은 기도의 용사였다. 하나님의 도우심을 확신하면서 결코 포기하지 않았다. 하나님은 미스 싱의 믿음에 응답하셨다. 그녀는 다시 건강을 회복하게 되었고 마침내는 요양원에서 보모의 임무를 수행할 수 있게 되었다.

미스 싱은 자신의 회복을 위해 기도하였을 뿐만 아니라 자기가 담당하는 병동에 있는 환자들 한 사람 한 사람을 놓고 기도하면서 성경 말씀이 주는 약속들을 날마다 환자들에게 전했는데, 그 결과 환자들은 영적인 격려를 받고 도움을 입었다. 미스 싱의 병동에 있는 모든 환자들이 놀라운 회복을 경험했다. 그녀가 담당한 환자 중 세 명은 요양원 스태프로 주님을 섬기기도 하였다. 미스 싱은 환자들을 사려깊은 사랑으로 섬기는 일에 항상 힘썼고 우리 아이들까지도 돌보아주었다. 우리 아이들이 나를 따라 요양원에 오고 싶어할 때면 미스 싱이 아이들을 품고 왔다. 아이들은 미스 싱이 환자 급식 조리를 감독하러 갈 때 따라다니기를 좋아했다. 아이들은 주방에서 짜빠띠(무교병)와 매운 커리를 만드는 것을 구경하다가 미스 싱에게 음식 맛을 볼 기회도 얻곤 했다. 미스 싱은 모든 사람들을 친절하게 대했고 그 때문에 모든 이들의 사랑을 받았다.

미스 싱은 수년을 마다르에서 충성스럽게 섬기다가 1950년 하나님의 부르심의 상을 받으러 우리를 떠났다. 그녀가 소천한 해 3월, 닥터 고쉬 내외, 미스 센투, 미스 싱, 그리고 나는 틸라우니아로 피크닉을 갔다. 틸라우니아는 그곳에 있던 선교회 재산을 관리하고 있던 사람과의 사이에 일어났던 문제를 해결할 목적으로 전에 한 번 들린 곳이기도 했는데 그때 미스 싱이 어릴 때 입원해 있던 자기 입원실의 위치를 정확하게 기억해내는 것을 보며 놀랐었다. 그녀의 생애와 관련된 기억들은 많은 사람에게 내내 힘과 축복이 되었다.

기독봉사여성회는 1941년 간호 선교사 모드 넬슨을 마다르로 파송하기로 결정했다. 그녀가 탄 배가 인도의 마다르로 가는 도중 진주만에 잠시 기항하고 있을 때인 12월 7일, 일본의 진주만 공격이 개시됐다. 넬슨 선교사는 육지로 올라와 가까스로 위험을 피할 수 있었다. 그 후 그녀는 몇 번의 어려운 고비를 넘기면서 예정대로 마다르에 도착하게 되었고 심장병으로 간호부장직을 사임하는 미스 뷸라 비숍과 임무를 교대했다.

모드 넬슨과 닥터 리타 타워가 1943년 한 해 동안 마다르에서 함께 근무하고 있었는데 두 사람 모두 자기들이 의료부장보다 행정 능력이 우월하다고 생각하는 듯했다. 그래서 종종 나의 권위와 인내심을 시험하곤 했다. 넬슨은 결국 1944년 1월 버레일리에 있는 감리교 영아원으로 전출되었다. 그와 나 두 사람 모두를 위해 잘된 조치였다. 그녀가 나의 지시에 계속 불복하는 모습은 결국 혼란을 초래하고 환자와 직원 모두의 사기를 엉망으로 만들었기 때문이다. 리타 타워는 1943년 12월 말 휴직을 내고 떠났다가 1945년 마다르로 복귀했다. 그녀는 요양원 운영에 관해 내가 내리는 결정에 있어 공공연히 비난을 계속했을 뿐 아니라 자기가 싫어하는 직원에 대하여는 나쁜 소문을 만들어 냈다. 마침내 피켓 감독이 요양원의 원만한 운영을 저해하는 문제들을 터놓고 토론할 목적으로 닥터 타워, 매리언, 나 세 사람을 1945년 5월 15일 델리로 불러들였다.

결국 우리는 닥터 타워가 마다르 요양원을 떠나는 것이 최선의 방법이라는 데에 합의를 봤다. 기독봉사여성회는 그녀를 1944년 5월 초에 닥터 카즌스 원장이 갑자기 사망하여 문을 닫게 될 처지에 놓인 알모라 소재 결핵요양원으로 전임하는 것이 좋겠다는 피켓 감독의 제안을 받아들였다. 닥터 타워에게는 그 요양원을 다시 가동시키고 해임될 때까지, 즉 1946년 10월 15일까지 그곳에 머물러 있으라는 조치가 내려졌다.

닥터 타워의 자리는 외과의사인 닥터 폴이 물려받았다. 닥터 폴은 외과전문의가 아닌 인턴 두 사람(닥터 H. 잡과 닥터 C. B. 파탁)의 도움만으로는 흉곽성형을 시술하기에 안심이 되지 않는다고 느꼈다. 닥터 잡은 의과대학에서 닥터 파탁에게 해부학을 배운 사이여서 두 사람은 의좋게 지냈다. 닥터 파탁은 감리교 선교사인 닥터 스탠리 존스가 목회할 적에 기독교로 개종한 사람이다. 닥터 존스는 전에 1년 동안 파탁이 모르게 그의 마다르 사역을 위해 급여를 대주었다.

피켓 감독은 닥터 타워의 후임으로 북인도(현재의 파키스탄) 라호르 소재 킹 에드워드 의과대학에서 의학 학위를 취득하고 탁월한 능력을 소유한 젊은 영국계 인도인 외과의사 닥터 존 톰슨 웰즈를 생각하고 있었다. 피켓 감독은 닥터 웰즈가 완레스 와디 요양원에서 닥터 윌프렛의 지도 아래 처음부터 전문적인 흉곽 수술 훈련을 받았더라면 그 자리에 꼭 맞는 적임자가 됐을 것이라는 생각을 갖고 있었다.

닥터 웰즈는 일반외과에 정통해 있었기 때문에 닥터 존스의 지도를 받으며 흉곽성형 수술의 실제를 빠른 속도로 습득했다. 흉곽성형 수술은 병든 폐의 늑막내강 안으로 공기를 계속해서 주입함으로써 시간이 오래 걸리면서도 그 효과가 의심스러웠던 기흉처치법을 대체한 의술이었다. 흉곽성형술은 좀 더 빠른 시술이 가능했고, 그 결과도 더 믿을 만했다. 이 수술은 병든 폐를 덮고 있는 늑골을 제거하여 폐를 안정시킴으로써 손상된 조직과 연결된 조직이 치유될 수 있게 하는 의술이다. 이 수술기법의 한 가지 결함은 수술 받은 쪽의 가슴을 변형시킨다는 것이었다.

우리가 행하는 수술에 관한 조언자이며 장로교인인 닥터 존스는 우리가 보낸 긴급 조력 요청에 신속하게 응답을 보내왔다. 그는 우리에게 보낸 편지에서 훌륭한 의사이며 장로교인인 닥터 N. A. 새트랄커를 보내겠다고 하면서 새해에 접어들면 곧 부임할 수 있을 것이라고 했다. 닥터 새트랄커는 닥터 존스에게 훈련을 받은 사람인데 만일 우리 마음에 들면 우리 직원으로 쓰라고 했다. 닥터 새트랄커가 부인과 다섯 자녀와 함께 1946년 1월 18일 마다르 요양원에 도착했다.

이때쯤 해서 나는 마다르를 통합요양원으로 한 것이 참 잘 한 일이라는 사실을 깨닫게 되었다. 우리는 이미 아지메르에 있는 스코틀랜드 장로교선교회의 덕을 보고 있었다. 그 선교회는 우리가 어려울 때에 맞춰 숙련된 간호사들을 마다르에 보내주곤 했다. 그가 보내준 간호사들은 스코틀랜드 장로교선교회가 소속 병원과 협력하여 시행하고 있는 최고 수준의 훈련프로그램 과정을 수료한 간호사들이었다. 스코틀랜드 선교회는 결핵퇴치를 목적으로 마다르 요양원과 협력한 최초의 선교회이기도 했다. 그 후 얼마 되지 않아 미국 장로교선교회도 우리와 손을 잡게 되었다. 이 선교회는 우리에게 흉부수술 특별훈련을 받은 의사들로 구성된 수술팀을 보내주었을 뿐 아니라 그전에는 우리에게 보낼 환자들을 수용할 단층집을 마다르 요양원에 지어주기도 한 선교회였다. 닥터 새트랄커의 합류는 하나님의 섭리여서 요양원의 수술 프로그램을 오랫동안 중단시키지 않고 곧 재개할 수 있도록 하는 데 큰 도움이 되었다. 닥터 존스는 그가 속한 선교회가 마다르 통합요양원과 제휴관계에 있다는 사실에 힘입어 보통 복잡한 절차를 밟지 않고도 의사 한 사람의 전보를 간단하고 신속하게 시행할 수 있었다. 이런 모든 절차 생략에 관한 규정이 두 선교회 간의 협약에 이미 분명하게 들어 있었기 때문이다.

직원과 환자들 모두 닥터 새트랄커를 반갑게 맞아주었다. 닥터 새트랄커도 새로운 보직을 매우 흡족하게 생각하고 있는 것 같았다. 그는 전임자에 비해 그리 능률적이지도 빠르지도 못했지만 전체적으로 봐서 그 결과는 환자나 직원 모두에게 만족스러운 것이었다. 수술 시간이 오래 걸린다고 해서 환자들이 이유 없이 기다리는 일도 없었을 뿐 아니라 직원들도 그와 잘 협력했다.

닥터 새트랄커는 깊은 개인적 관심을 갖고 환자 개개인을 대함으로써 환자들에게 확신과 신뢰, 그리고 반드시 회복되리라는 기대를

닥터 N. A. 새트랄커

심어주었다. 내가 보기에 닥터 새트랄커의 환자 다루는 방법이 남들보다 특별히 뛰어났다거나 한 것은 아니었다. 그는 수술에 들어가기 전에 환자 개개인이 갖고 있는 어려움을 조심스럽게 어루만지고 환자 자신과 환자가 염려하는 가족 구성원을 위하여 기도해주면서 환자의 협조를 얻어내고 있었다. 닥터 새트랄커는 위대한 기도의 사람이었다. 모든 수술은 환자를 위한 기도와 그를 돕는 직원을 위한 기도로 시작되었다. 그 결과 뛰어난 팀워크를 만들어 낼 수 있었던 것이다.

조세프 랜스는 1925년 10월 15일 인도 연합주 메룻에서 출생했다. 부모와 조부모는 모두 기독교인이었다. 아버지 로크웰 랜스 라자스탄 목사는 구 델리 협의체 내의 감리교회에서 봉직하고 나중에 아그라 연회의 루르키 지방회 감독으로 은퇴한 분이었다. 조세프는 5남 3녀 중 하나였다. 감리교 학교들을 거쳐 러크나우 기독 대학을 졸업했다. 조세프는 원래 마띠야 프라데쉬의 자발뿌르 소재 레오나드 신학대학의 신학학사 과정에 입학하려는 생각을 갖고 있었다. 그는 출발 당일 늑막염(폐의 내층에 발생하는 매우 고통스러운 감염)에 걸려 고열이 났다. 그의 아버지가 원목으로 섬기고 있던 데라 둔 병원에서 잠시 진료를 받기도 했지만 결국 결핵 진단을 받고 피켓 감독의 도움으로 마다르 요양원에 입원하게 되었다.

조세프는 1944년 감리교회에서 집사직분을 받았다. 1948년 병이 낫자 피켓 감독은 그를 마다르요양원의 원목으로 임명했다. 이곳 마다르에서 조세프는 수간호사 미스 수실라 센투를 만나 사랑에 빠지게 되었다. 수실라도 역시 기독교 집안에서 태어났다. 할머니는 이미 기독교로 개종한 상태에 있었고, 어머니와 아버지도 결혼하기 전에 그리스도를 구주로 영접했다. 수실라의 아버지는 나중에 캐나다 연합교회가 된 캐나다 장로교회 소속 목회자로 43년간 시무하고 은퇴한 분이었다.

수실라는 인도르Indore에 있는 캐나다 미션스쿨을 마친 후 자신이 출생한 병원에서 4년간의 간호사 훈련 과정을 거쳤다. 그녀는 이 병원에서 조산원 훈련 과정도 밟았는데 이 과정을 마친 후 이 병원의 직원으로 채용되었다. 수실라에게는 남동생 하나와 여동생 하나가 있었다. 여동생이 병을 얻어 미라지로 보내졌는데 수실라도 따라갔다. 여동생이 회복된 후 두 자매는 바로다(바도드라)로 갔고, 수실라는 정부가 운영하는 병원에서 일하게 되었다. 여기서 나는 수실라 센투를 만나게 되었고 그녀에게 마다르 요양원으로 와서 수간호사로 일할 것을 제안했다. 센투는 고도로 숙련된 간호사였기 때문에 우리는 1950년 그녀를 벨로어 의과대학에 보내서 대학원 특수 훈련과정을 밟게 하였다.

조세프 감독과 수실라 부부

1953년 조세프와 수실라가 마다르 요양원에서 결혼

24. 생명의 동역자들　549

했다. 우리는 결혼 피로연을 요양원에서 베풀어 주었다. 두 사람 모두 재능이 출중한 사람들이어서 요양원에서 그리스도의 사역에 매우 귀중한 공헌을 했다. 1953년 조세프가 "십자군 장학생"으로 선발되어 일리노이 에반스톤에 있는 가렛 신학교로 파송됐지만 그의 부인은 인도에 머물렀다. 랜스 부인은 벨로어 의과대학으로 가서 그 대학이 주는 기독감리교 여선교부의 장학금으로 "간호사 교사과정"(인도에서는 간호사를 자매라고 불렀다)에 등록했다. 이 훈련을 통해 자질을 쌓은 그녀는 나중에 마다르 요양원에서 간호사 훈련프로그램을 시작하게 된다.

조세프가 1956년 10월 가렛에서 신학 학위과정을 마치고 마다르로 돌아와 그의 부인과 재회하고 교목의 직임을 받았다. 그해 열린 연회에서 숏 케이 몬돌 감독은 조세프 랜스 목사를 델리에 있는 그리스도 감리교회의 담임목사로 임명했다. 랜스 목사는 1957년부터 1966년까지 이 교회에서 시무했다. 그 후 그는 인도 감리교 전체를 관할하는 사회사업협의회의 사무총장에 임명되었고, 1960년에는 감리교 총회 대의원이 되기도 했다.

1968년 12월 30일 조세프는 43세의 나이에 감리교의 남아시아 담당 감독으로 선출되어 1981년 델리-아그라 감독 교구로 배속되기 전까지 러크나우 지방으로 파송되어 시무했다. 그의 아내 수실라는 간호 사역을 계속했는데 점차 무거워지는 감독 사모로서의 부가적 역할도 잘 감당했다. 닥터 존 웰즈가 우리 스태프에 합류한 지 얼마 지나 나는 새로운 의료기법인 폐조직 절제 수술이 미국에서 시술되고 있음을 알게 되었다. 이 주제를 다룬 신문 기사가 났는데 닥터 웰즈는 이 기사를 읽자마자 굉장한 관심을 나타냈다. 마다르 요양원이 이 기법을 도입하면 특히 여성환자들에게 큰 유익이 될 것으로 보였다. 이 수술은 갈비뼈를 제거하지 않아도 되기 때문에 가슴에 흉한 상처를 남기지 않았다.

닥터 웰즈는 이 폐조직 제거 수술 기법이 흉부외과 부문에서 마다르 요양원을 선두 반열에 올려놓을 수 있는 기법이라며 미국으로 건너가 이 기법을 연마하고 싶다는 열광적인 의욕을 보였다. 이 기법을 터득하고 싶어하는 닥터 웰즈의 의욕을 보고 나는 기뻤다. 그래서 선교회 본부와 함께 웰즈의 보충연수를 재정적으로 도울 후원자가 있을지 알아보기 시작했다.

1950년부터 1953년까지 3년 장학금을 주겠다는 제의를 담은 전보가 의외로 빠른 시일 내에 들어왔다. 닥터 웰즈는 전문분야를 하나 더 연마할 기회를 얻게 되어 매우 감격스런 마음으로 미국으로 떠났다. 그가 미국으로 떠난 것은 그가 이미 벨로어 소재 연합선교 의과대학에서 그곳을 방문 중이던 흉곽외과의사 닥터 리브 베츠를 통해 단기 코스를 마치고 1950년 돌아온 지 얼마 되지 않던 때였다. 존 웰즈와 그의 아름다운 영국계 인도인 부인 콜린 사이에서 태어난 첫째 아이가 있었고 세 식구는 벨로어에 같이 살고 있었지만 아내와 아이는 미국으로 같이 떠나지 않기로 했다.

결혼 초기에 그리고 부모가 되자마자 서로 떨어져 살아야 한다는 것은 존과 콜린 모두에게 가혹한 현실이었다. 닥터 웰즈는 새로운 수술 기법을 습득하고 싶은 열의에 불타고 있으면서도 한편으로 가족의 품으로 돌아가고픈 마음을 달랠 길 없어 자신을 가족 곁으로 보내달라는 내용의 청원서를 제출하기도 했다. 또 미국 땅에서는 인종적 편견에 시달렸다. 흑인으로 취급받아 식당과 호텔 출입을 금지당하기도 했고, 참을 수 없는 여러 모양의 냉대를 받는 수도 많았다.

그러던 중에 천우신조의 기회가 왔다. 나는 매사추세츠 보스턴 출신으로 흉곽외과의사로 명성을 날리고 있는 닥터 베츠가 감리교 선교사의 자격으로 벨로어에서 흉곽외과부장으로 계속 근무하기로 했다는 소식을 들었다. 그래서 나는 즉시 닥터 베츠를 만나 만일 그가 폐조직 절제 수술을 가르칠 계획이 있다면 닥터 웰즈가 미국에서 돌아오자마자 닥터 베츠 문하에서 연구를 계속할 수 있었으면 좋겠다는 의사를 개진했다.

닥터 베츠는 긍정적인 답변을 해왔다. 나는 다음 수순으로 선교부에 전말을 보고하고 존 웰즈가 받는 장학금의 나머지를 벨로어에서의 연구비로 전환하여 사용할 수 있도록 해 달라고 요청했다. 승낙이 떨어졌다. 나는 닥터 웰즈에게 빨리 미국에서 돌아와 닥터 베츠의 학과에 등록해도 좋다고 연락했다. 나는 억지로 가족과 떨어져 지내야 하는 현실을 웰즈가 얼마나 불행하게 느낄 것인가를 잘 알기 때문에 벨로어 당국과 상의하여 닥터 웰즈가 벨로어에서 연구과정을 밟고 있는 동안에도 웰즈 부인과 아이가 남편과 함께 지낼 수 있도록 주선해주었다. 결국 모든 일들이 각자가 원하는 대로 잘 풀려나가게 되었다.

닥터 웰즈가 연구 휴가를 떠났지만 우리는 닥터 새트랄커와 함께 외과 팀을 무난하게 꾸려나갈 수 있었다. 닥터 새트랄커가 집도한 수술은 모두 우수한 결과를 보였고 자연히 모든 사람은 존경과 신뢰를 보냈다. 뿐만 아니라 그는 영성 있는 설교자로서도 인정받았다. 그는 유창한 영어로 설교를 했는데 남인도 접경지역 출신이어서 힌디를 할 줄 몰랐다. 스코틀랜드 장로교회는 처음에는 철도청 건물에서 영어 예배를 드리다가 나중에는 아지메르에 있는 스코틀랜드 장로교회 예배당에서 드리게 되었다. 닥터 새트랄커는 빈번히 설교자로 초청받았다. 그는 또 요양원교회에서도 예배를 인도했는데 그의 영어 설교는 마다르 성도들이 알아들을 수 있도록 힌디로 통역을 했다.

하지만 그는 인기와 성공의 정점에서 예기치 못한 심장마비로 쓰러져 1950년 9월 7일 세상을 떠났다. 마다르와 아지메르에 살던 그의 친구들은 그의 요절에 큰 충격을 받고 슬픔을 이기지 못했다. 그는 수많은 사람들에게 생명의 물줄기를 대준 사람이었다. 그를 추모하는 헌사가 새겨져 있는 아름다운 분수대가 마다르 요양원에 있는 성누가 교회 앞에 세워졌다.

〈닥터 N. A. 새트랄커를 회상하며〉
마다르 통합요양원을
충성스런 모습으로
외과의사로, 선교사로, 친구로
5년을 섬기다가
1950년 9월 7일
소천하다.

—

그의 삶은 이 성경 말씀에 집약되어 있다.

"내가 그리스도의 복음을 부끄러워하지 아니하노니
이는 이 복음이 믿는 모든 자를 구원에 이르게 하시는
하나님의 권능이기 때문이라."
로마서 1:16

—

"나는 하나님을 만나 뵙기에
부끄러움이 없기 위하여
그의 목적을 지키고
십자가의 영광을 보존하고
그의 법도를 영화롭게 하리라."
아이작 왓츠

성누가교회 앞에 세워진 닥터 새트랄커 기념 분수대

슬픔 속에서도 사정은 사정인 만큼 나는 닥터 윌프레드 존스에게 부탁을 했다. 그는 우리의 긴급한 요청을 다시 한 번 받아 주었다. 이번에는 단신으로 와서 닥터 새트랄커가 9월 중에 예정했던 열 번의 수술 가운데 아홉 번의 수술을 감당해주었다. 열 번 모두를 감당할 수도 있었지만 환자가 마지막 순간에 말라리아로 앓아 누워버렸기 때문에 수술을 할 수가 없었다. 그는 몇 건의 기관지경 수술, 두세 건의 유착 절개 수술, 농흉(膿胸, 흉곽과 폐를 둘러싸는 늑막 사이의 공간인 늑막강에 고름이 괴는 것—편집자) 배농 수술 한 건을 해냈다. 닥터 존스는 마다르에 무한정 머무를 처지는 못 되었다. 하지만 완레스 와디에는 새트랄커가 남기고 간 빈자리를 메울 만한 의사가 없었다. 그래서 나는 마다르 간사회의 회장에게 협조를 호소했다. 한 달 후 우리는 닥터 S. K. 보우스를 우리 스태프로 영입할 수 있었다.

직원의 선발에는 개인의 자질뿐 아니라 그들이 당면한 문제들에 관해 정확하고 교감 있는 이해력을 갖고 있는가의 여부, 그리고 만일 가능하다면, 개인적인 필요를 하나하나 예상하고 거기에 대응하는 능력에 대한 신중한 검토가 필요했다. (나중에는 차츰 그 세력을 잃어가고 있었지만) 인도에서 꾸준히 지속되고 있던 카스트 제도는 이러한 일들을 더욱 어렵게 만들었다.

인도에서는 숙련된 간호사를 구하기가 매우 어려웠다. 특별히 결핵과 같은 두려운 질병을 전문으로 하는 기관은 더욱 그랬다. 한 번은 영국계 인도인 간호사가 훌륭한 추천서를 첨부하여 지원서를 제출했기에 나는 허겁지겁 그녀를 채용했다. 내가 보기에 그녀는 환자용 변기를 비우는 일까지 마다하지 않을 여자였기 때문이다.

그러나 입원환자의 수가 크게 늘어날 것을 예상해서 최근에 비품을 대량으로 구매했는데도 불구하고 그녀가 병동에서 일한 지 얼마 되지 않아 시트와 담요가 모자란다는 불평이 나온다는 보고를 받았다. 창고 문에 자물쇠를 채우고 열쇠 관리는 수간호사들에게만 맡겼는데 어떻게 해서 이런 물품들이 사라져버리는 건지 참 이상한 일이었다. 그래서 나는 S. D. 소안즈에게 이 문제를 조사하도록 했다. 그는 전에 입원환자였고 또 사설탐정 노릇도 한 사람이었다. 건장한 체격을 가진 사람이었는데 요양원 사무실의 비서로 채용되어 충직하고 믿음직스럽게 근무해 오고 있었다. 나는 그에게 소문내지 않고 조용하게 도둑을 잡아 달라고 부탁했다. 우리가 바라는 것은 문제를 가능하면 조용히 소동을 부리지 않고 해결하는 것이었다. 자칫하면 공연히 마다르에 대한 소문만 나쁘게 날 것이기 때문이었다.

소안즈가 간호사들의 근무시간을 틈타 간호사실로 들어가 보니 어떤 방구석에 대형 매트로 덮어 놓은 시트와 담요 더미가 있었다. 우리는 병동으로 가서 피의자를 찾아내어 그녀에게 우리와 같이 가자고 했다. 우리가 병동을 나서자마자 그녀가 내게 물었다. "무슨 일이세요?" "아시잖아요." 내가 응대했다. "조금 전에 당신 방에서 사라졌던 시트와 담요를 찾아냈잖습니까? 설명 좀 해 보세요."

그제야 그녀는 전말을 말해주었다. 나는 지금도 그녀의 설명이 정직한 설명이었던 것으로 믿고 있다. "제 환자 한 명이 자기 침대에 오물을 지려놔서 새 시트와 담요가 필요했어요. 그래서 그 여자를 씻기고 나서 수간호실로 갔더니 수간호사는 마침 그 방에 없고 열쇠만 책상 위에 놓여 있더라구요. 환자 일이 급한 나머지 저는 수간호사가 돌아오기를 기다리지 못하고 키를 움켜쥐고 필요한 비품이 있는 창고로 바로 갔어요. 열쇠를 꽂으니까 맞아서 곧바로 열고 들어가 필요한 것들을 꺼내다가 제 환자의 침대를 새로 꾸며줬어요.

"제가 열쇠를 돌려주러 수간호사로 가서 보니 그때까지도 방에 없더라구요. 그래서 저는 혼잣말을 했습니다. '시트 몇 장하고 담요 몇 장쯤 갔다가 쓰면 누가 뭐란담?'"

"결국 제가 일을 저질렀습니다. 열쇠는 수간호사 책상 위에 놔두고 나왔습니다. 이제 생각해 보니까 제가 잘못했습니다. 제발 용서해주세요. 물론, 훔친 물건은 돌려드리겠습니다."

"지금은 그러실 것까지는 없습니다." 내가 말했다. "잃어버린 비품에 대한 책임은 우리들이 이미 졌습니다. 그렇지만 이 상황에서 저는 당신을 용서할 입장이 못 됩니다. 당신은 중한 절도죄를 지었습니다. 매우 유감스럽게 생각합니다만 당신을 해고하는 수밖에 없습니다. 공개적으로 수치를 드려서는 안 될 것이기 때문에 제 운전기사를 시켜 오늘 저녁 9시 경에 당신을 댁으로 데려다 드리도록 조치하겠습니다. 그 동안 짐을 다 싸서서 제 운전기사가 집까지 태워다 드리러 올 때까지 채비를 하고 계십시오."

그녀는 울음을 터뜨렸다. 그리고 빌었지만 모두가 허사였다. 나에게도 고통스럽기는 마찬가지였다. 요양원의 명성이 걸려 있는 문제였고 나는 내 소임을 다해야 했다.

다른 하나의 경우는 좀 더 행복한 결말을 맺은 경우이다. 입원환자들 중에 유별나게 다루기 힘든 사람으로 정평이 난 환자가 있었다. 병동 간호사들은 그 환자를 어떻게 다루어야 할지 전전긍긍이었다. 그 환자는 체온이 아주 높을 때에도 산책을 나가겠다고 떼를 썼다. 간호부장은 이해심 많고 온정적인 숙녀였다. 그녀는 간호사들에게 말했다. "그 환자 염려는 안 해도 돼요. 시간이 좀 걸리더라도 내가 달래서 환자의 협력을 얻어낼게요. 그 환자의 체온 차트를 내게 맡기세요. 방법을 강구해 보겠습니다."

간호부장은 그 환자에게 결핵요양원은 일반 병원하고는 여러 가지로 다른 점이 많은 곳이라고 알려주었다. 또 그가 요양원을 퇴원한 후에도 자신을 잘 간수할 수 있는 방법을 알려주기 위해 그가 알아야 될 것들을 가르쳐 주었다. 그 첫 번째가 체온계 읽는 법과 자신의 체온을 차트에 기록하는 방법이었다.

그 환자는 이 일을 상당히 재미있어 했다. 체온계의 눈금이 올라가 있을 때에 산책을 하면 체온이 더 올라간다는 것을 배우게 되었다. 결국 그 환자는 매우 협조적으로 변했다.

닥터 웰즈는 닥터 베츠 문하에서 수술 기법 훈련과정을 마치고 1954년 봄에 부인과 함께 마다르 요양원으로 돌아왔다. 그는 우리가 대기시켜놓은 환자들을 열심히 수술했다. 가슴 변형을 가져오는 흉곽성형수술을 거부하던 여성환자들도 이 폐절제 수술은 크게 반겼고, 어떤 이들은 절제수술 후 가느다랗게 남아 있는 상처를 자랑스럽게 내보이기까지 하였다. 닥터 웰즈는 정말 일을 훌륭히 배운 것 같았다. 그가 새로 익힌 폐절제 수술은 큰 성공을 거두었다.

불과 수개월 후, 우리 요양원에서 폐절제 수술을 받은 환자들은 '억제'된 결핵환자가 아니라 '치료'된 결핵환자로 기록되었다. 감염된 충수(맹장)를 일단 절제하면 절대 재발하지 않는 것처럼, 이 새로운 수술기법도 결핵 병변을 완전하게 최종적으로 제거할 수 있는 길을 열었다. 이 형태의 수술은 항문수술에 있어서도 하나의 큰 승리로 꼽을 수 있는 것이어서 우리는 모두 이 새롭고 놀라운 방법을 통하여 치유의 길을 열어 주신 하나님을 찬양했다.

1957년 2월 12일에 열린 마다르 운영위원회에서 우리는 뉴델리 소재 기독교회의 감리교 목사로 전임하는 남편을 따라가는 수실라 랜스의 사임을 발표했다. 우리는 한꺼번에 간호부장과 수석 마취 전문의사를 잃게 된 것이다.

매리언이 농촌마을 사역의 분량을 늘렸다. 그래서 나는 여성 의사를 한 사람 충원하면 매리언의 사역도 돕고 요양원에서 여성환자의 필요에 맞춘 사역도 할 수 있겠다고 생각했다. 닥터 간디가 우리 요양원에 지원서를 냈다. 그녀의 자격증명서를 보면, 높은 평가를 받았을 뿐 아니라 그녀가 수료한 훈련과목은 우리 요양원이 꼭 필요로 하는 분야였다. 그녀는 미국에서 마취학 수련을 받았기 때문에 랜스의 델리 이직으로 생긴 공백을 메울 수 있었다. 그뿐 아니라 여성 의사 특유의 역할도 수행했다. 그녀의 희망 보수는 당초 우리가 책정한 액수를 상회하는 것이었지만 마을사역을 돕는 일과 여성환자 대상 업무를 추가로 담당한다는 조건으로 보수를 지급하기로 했다.

우리는 캐나다 선교부 연합교회를 통한 기부금으로 아름다운 단층짜리 작은 숙소 건물을 얼마 전에 완공했다. 이 건물은 결핵병동과 인접해 있고 최신식으로 지어진 건물이지만 그때까지 한 번도 사용해 본 적이 없었다. 건물 내부에는 간호사들이 정성들여 인테리어 장식을 해놓고 닥터 간디의 도착을 환영하는 커다란 포스터도 붙여

놓았다. 모두는 닥터 간디가 아주 기뻐하리라고 생각했다. 그런데 그 아담한 숙소에 발을 들여놓자마자 그녀가 불같이 성을 냈다. 전혀 뜻밖의 반응이었다. 그녀는 화가 난 얼굴로 나를 향하더니 의사인 자기를 근무처 근처에 있는 환자 숙소에 투숙시키는 이유를 대라고 했다.

그녀의 비난에 나는 놀랐다. 처음에는 하도 당황스러워서 무슨 대꾸를 해야 할지조차 생각나지 않았다. 마음을 안정시킨 후 나는 그 숙소가 새로 지은 건물이며, 여태껏 환자들이 한 번도 사용한 적이 없는 건물이기 때문에 당신이 기뻐할 줄 알았다고 조목조목 설명해주었다. 우리는 그녀가 불만이라면 전에 의사들이 사용하던 건물로 기꺼이 옮겨주겠다고 했다. 그 건물은 처음 숙소만큼 아름답지는 못했지만 병동으로부터 조금 더 떨어져 있었다.

그녀는 마지못해하며 나의 제안을 수락했다. 결과적으로 봤을 때, 차라리 즉석에서 그녀를 자기의 편안한 고향집으로 돌려보내는 편이 훨씬 나았을 것 같았다. 그녀의 성벽은 조금도 나아지지 않았기 때문이다. 그녀는 여성환자들에게는 조금 도움이 되었지만 매리언에게는 조금도 도움이 되지 못했다. 그녀가 마을사역을 하찮은 일로 여겼기 때문이었다. 내가 그녀를 내보내겠다는 생각을 알게 된 닥터 웰즈는 그녀가 자기의 능력과 관심을 보이는 유일한 분야가 마취의사로서의 역할 같은데, 그녀 없이는 자기가 집도를 계속할 수 없을 것이라고 하면서 그녀를 내보내지 말아달라고 간청을 하는 것이었다. 그러나 그녀의 요구사항은 점점 납득할 수 없을 정도로 심해졌고 우리는 도저히 그녀에게 들어가는 경비를 감당할 수 없게 되었다. 끝내 나는 그녀를 해고할 수밖에 없었다.

이 다투기 좋아하는 여인과의 접촉이 이것으로 끝난 것이 아니었다. 1960년 해고를 당한 직후 그녀는 말도 안 되는 주장을 내세워 마다르 요양원을 상대로 32,000루피 상당의 소송을 제기했다. 결국 그녀는 패소했다. 이 판결은 이 문제가 법정으로 비화될 당시에 일고 있던 반기독교 정서를 감안할 때 결코 작은 기적이 아니었다.

인도에서는 흉곽외과 전문의 숫자가 절대로 부족했다. 그래서 닥터 웰즈를 이 분야의 전문가로 키우기 위해 우리가 쏟았던 노력에 대해 우리는 큰 보람을 느끼고 있었다. 그런데 갑자기 난데없이 닥터 웰즈가 영국으로 가고 싶다고 했다. 영국의 고급 학위과정이며 인도 외과의들이 흠모하던 왕립외과대학 특별회원 과정에 꼭 등록하겠다는 것이었다. 닥터 베츠 밑에서 받은 우수한 훈련 덕분에 그는 요양원에서 훌륭한 실적을 보이는 중이었고, 우리도 그의 실적에 더할 나위 없이 만족하고 있던 참이었다. 내가 반론을 제기하며 설득했지만 열망에 가득 차 있는 닥터 웰즈에게 먹혀들 리 없었다. 나는 그 학위를 일단 받게 되면 흉곽외과 분야의 전문의들에 비해 훨씬 많은 숫자의 의사들이 이미 개업하고 있는 일반외과 분야로 진출하고 싶은 유혹을 받게 될지도 모르는 일이 아니냐며 그를 설득했다. 닥터 베츠도 그의 제자가 흉곽외과의로서 창창한 앞날을 약속받고 있다고 느끼고 있었다. 나도 그의 전문성의 혜택을 더 이상 보지 못하게 될 환자들이 매우 딱하게 여겨졌다.

닥터 웰즈는 자기가 그 학위를 따면 마다르 요양원 흉곽외과의 명성을 더욱 높일 것이라고 주장했다. 그가 주장을 계속했다. "인도에서는 외국 학위가 없는 의사는 '무명인'입니다. 예를 들어 보겠습니다. 제가 인도의료학회지에 폐절제 수술에 관해 기고를 했습니다만 단순히 제가 외국 학위가 없다는 이유로 게재를 거부당한 일이 있습니다. 왕립외과대학 학위는 사람들이 가장 탐내는 학위입니다. 그 학위를 받으면 인도 의료계에서 존경을 받게 되고 우리 요양원에도 유리한 영향을 미치게 됩니다. 마다르 요양원으로 꼭 복귀하겠습니다."

"네, 나도 당신 생각을 알고 있습니다." 내가 응수했다. "그리고 당신의 지위 향상에 대한 열망도 인정합니다. 그렇지만 내게는 이런 생각이 강하게 듭니다. 장기적 안목으로 볼 때 당신은 독특한 외과의로서의 명성을 더 많이 얻을 것입니다. 마다르 요양원에서 노련한 폐절제 수술 전문의로서, 그리고 인도가 결핵을 영원히 제거하는 데 도움을 준 선구자의 한 사람으로 말입니다. 지금 당신이 결핵 분야에서 고급 학위과정을 밟겠다면 나는 누구보다도 먼저 당신을 지원하겠습니다. 그러나 당신이 다른 분야에서 석사과정을 한다는 데 그것을 격려해 드린다는 것은 저로서는 적절하지 않은 일이라고 생각합니다. 왕립외과대학 학위과정은 길고도 비용이 많이 드는 과정입니다. 거기다가 당신의 부인과 아이들을 영국에서 부양한다면 그 비용은 더더욱 많이 들어갈 겁니다."

그렇지만 나는 언제나 마다르 의사들이 품는 칭찬할 만한 소망을 격려해주었다. 나는 마지못해 입장을 바꾸어 닥터 웰즈의 관점에서 이 문제를 바라보게 되었고 결국은 그의 요구에 승복하고 말았다.

나는 닥터 웰즈에게 그 대신 마다르의 전 운영위원장이며 애초에 그를 마다르에 적극적으로 추천해주었던 피켓 감독(이때는 이미 은퇴해 있었다)과 상의해 볼 것을 권유했다. 나는 덧붙여 말했다. "만일 피켓 감독이 승인한다면 당신에게 필요한 재원을 마련하는 일을 도와달라고 부탁드려 보세요."

피켓 감독이 닥터 웰즈의 영국 연장 훈련을 승인했다. 그리고 뉴욕 선교본부로부터 직접 비용을 받을 수 있도록 노력해보는 것이 좋겠다는 의견을 주었다. 나는 본부에 연장 훈련 계획에 포함된 비용과 웰즈와 부인, 그리고 두 자녀의 교통비 마련을 도와달라는 요청서를 선교본부에 보냈다. 부인과 두자녀의 교통비까지 요청한 것은 가족은 함께 있는 것이 좋을 것이라는 판단에서였다.

선교본부는 마다르 요양원과 비용을 분담한다는 매우 중요한 전제 하에 웰즈의 영국 유학을 위한 보조금 지급 결정을 통보해 왔다. 선교본부의 입장은 비용을 분담하는 방법만이 닥터 웰즈가 마다르로 복귀할 가능성을 높일 수 있다는 것이었다. 관계자 모두가 웰즈를 위해 투자를 했기 때문이다. 몬돌 감독의 지휘를 받는 마다르 요양원의 운영위원회는 비용 분담 계획을 승인하는 동시에 닥터 웰즈와 가족의 여행비용에 일조하기로 결정했다.

나는 닥터 웰즈에게 선교본부와 마다르 운영위원회의 결정을 통보하면서 우리의 희망사항을 분명히 말했다. "미구에 우리는 당신이 일반외과가 아닌 결핵치료에 전념하리라는 것을 믿고 당신의 복직을 환영하게 될 것입니다. 지금까지 마다르 요양원이 성공을 거둘 수 있었던 것도 결핵치료에 집중한 결과입니다."

나는 닥터 웰즈가 한 서약을 믿어 의심치 않았다. 하지만 나는 선교본부가 보낸 비용분담 규정이 비합리적이라는 사실을 알게 되었다. 마다르가 책임져야 할 재정적 부담이 만만치 않을 것이고 닥터 웰즈의 비용 말고도 웰즈의 빈자리를 메우게 될 사람의 급여도 물게 될 판이었다. 공석을 채울 사람을 찾는 일도 쉬운 일이 아니어서 마다르는 당분간 흉곽전문의가 없이 견뎌야 할지도 몰랐다. 만만치 않은 과제였다.

마침 내가 1959년 1월에 봄베이에서 열린 선교의료회의에 참석하고 있었을 때 한 젊은 흉곽외과의가 봄베이 병원에 근무하고 있는데 그곳의 습한 기후가 체질에 맞지 않아서 북인도로 근무지를 옮기려 한다는 얘기를 듣게 되었다. 내가 병원 당국과 만나서 닥터 바트에 관해서 알아봤더니 기술이 뛰어난 의사라는 것과 내가 이미 알고 있었던 바와 같이 봄베이의 열기와 높은 습도를 견디지 못해 봄베이보다는 습기가 덜 한 곳을 알아보고 있는 중이라는 사실을 확인할 수 있었다. 병원 당국은 내가 직접 그를 만나보라고 권했다.

그를 만나보니 반갑게도 그 역시 벨로어에서 닥터 베츠의 지도를 받고 대학원을 마친 사람이었다. 이 사실을 알게 되자 이 사람이 공석을 채울 수 있는 사람이겠다는 생각이 굳어졌다. 우리는 그에게 공석이 된 자리는 닥터 웰즈가 왕립외과대학 학위를 받고 복귀하게 되면 도로 내주어야 하는 임시직이라는 사실을 분명하게 설명했다. 그는 알았다고 했다. 그리고 빙그레 웃으면서 덧붙여 말했다. "생각하시는 것보다 오래 걸릴걸요. 그 학위를 단번에 따기가 그렇게 쉽지 않을 겁니다." 나는 닥터 바트에게 신원추천서와 이력서를 즉시 보내달라고 부탁했다. 운영위원회에 제출해서 승인을 얻을 계획이었다. 그는 신속하게 대응했고 운영위원회도 대만족이었다. 나는 그에게 당장 출발하라는 전보를 쳤다. 닥터 웰즈가 떠나기 전에 그가 마드라에 와서 이곳의 외과 현황에 관해 설명을 듣기를 바라서였다. 닥터 바트로부터 24시간 내에 도착하겠다는 회신이 왔다.

우리는 그의 신속성과 업무를 대하는 태도가 마음에 들었다. 그가 보내준 신원추천서는 우리가 그동안 받아 본 것들 중 으뜸이었다. 모두가 흉곽외과 분야에서의 그의 기술, 도덕적 성품, 금주금연, 자기 업무에 대한 자긍심 등에서 높은 평가를 해주었다.

그래서 우리는 운이 좋았다고 생각하고 그가 우리 직원으로 들어오는 날을 손꼽아 기다렸다. 우리는 역까지 화환을 들고 나가 그의 도착을 환영했다. 닥터 웰즈는 그와 단번에 친해져서 닥터 바트가 잘 정착할 수 있도록 최선을 다해줬다. 우리는 그에게 제일 좋은 방갈로를 제공했다. 이 방갈로는 전에 닥터 타워와 여자 선교사들이 사용하던 방갈로였다. 그곳엔 가구가 잘 갖추어져 있었고 여자 선교사들이 남겨놓고 간 책들을 꽂아 놓은 서가까지 있었다. 닥터 바트는 매우 만족해했고 자기의 가까운 친구들을 초대하면 딱 좋겠다고 했다. 한 사람이 농담조로 그럼 바트의 신부감을 초대하는 게 가장 좋지 않겠느냐고 했다.

기관에서 직원을 뽑는다는 것은 인생의 한 단면을 체험하는 것이다. 우리 요양원 직원 중에는 자꾸만 힘든 상황을 만드는 이도 있었지만, 찬사를 받기에 충분한 자격을 갖춘 직원이 더 많았다. 시간과 지면의 제약 때문에 일일이 거명할 수는 없지만 나는 그 직원들 한

명 한명이 정말 자랑스럽고 내가 이런 훌륭한 '왕국 건설자'들과 함께 일할 수 있다는 건 정말 큰 특권이라는 생각까지 들었다. 함께 일하면서, 함께 상의하면서, 함께 슬픔과 기쁨을 나누면서, 이런 멋진 협조자와 동료들을 내게 보내신 하나님께 감사하지 않을 수 없었다. 그들은 나의 삶을 풍성하게 했고 가능한 꿈을 현실로 바꿀 수 있게 했다. 그들의 훌륭한 협조에 대해 나는 감사하단 말 외에 다른 할 말이 없다. 하나님의 축복이 그들과 함께 하시기를 바랄 뿐이다.

제25장. 미지의 모험들

매리언이 쓴 1959년 회람편지는 그녀가 같은 해 4월 9일 미국에 갑자기 모습을 나타내 그녀의 아이들, 자매들, 가족을 놀라게 한 것 만큼이나 우리의 친구들과 후원자들을 놀래주기에 충분했다. 매리언은 이렇게 썼다.

아, 드디어 또 집에 돌아왔구나! 의료선교사의 삶에 대해 여러 의견이 있을 수 있지만, 적어도 단조롭고 따분할 것이라는 의견은 맞지 않는 것 같다. 그렇다. 내 삶도 단조롭지 않다! 견디기 어려운 '때이른' 우기에 피서 갈 장소를 의논하려고 손님들과 함께 차 한 잔을 놓고 자리에 앉았다. 얘기를 막 시작하려고 하는데 길고도 강렬한 전화 벨소리가 울리기 시작했다. 이곳 전화는 벨소리만 들어도 장거리 전화인 것을 금방 알 수 있다. 델리로부터 걸려온 전화였다. 환자 한 사람을 고향에 데려다 줄 채비를 화요일 아침까지 완료해 줄 수 있겠느냐는 내용이었다. 그때가 토요일(4월 4일) 오후 5시였다. 남편은 단호하게 "안 돼"였다. 내가 장에 탈이 나서 드러누

위 있다가 일어난 지 겨우 하루밖에 안 된 때였기 때문이다. 거기다가, 내가 환자 한 사람을 그의 고향으로 데려다 준 지가 일 년도 채 못 되었을 뿐더러, 그때는 그 일 때문에 부부 휴가까지 놓쳐버리지 않았던가. 나와 통화를 하고 있던 H. A. 타운슬리가 남편 목소리를 듣고 말했다. "다시 한 번 생각해 보세요. 그리고 한 시간 내에 전화 주세요!" 우리 부부는 생각을 해봤다. 환자의 필요도 떠오르고, 바다 건너 저편에서 마치 자석과 같이 우리를 끌어당기는 첫 손녀도 생각났다. 그 아이의 부모와 다른 아이들은 말할 것도 없고 말이다. 그리고 세 번째로, 개인적인 사정이긴 하지만 사실 우리 부부는 몇 주 전부터 내가 수술을 받아야 한다는 사실을 알고 있었고, 수술을 받는다면 고국에 가서 받는 편이 훨씬 나을 것이었다. 결론은 수락이었다.

29시간 후 나는 델리행 야간열차 안에 있었다. 이튿날 아침 델리에 도착했다. 거기서 나는 눈코 뜰 새 없이 밤낮을 보냈다. 그리고 화요일 아침 환자와 나는 뉴욕행 비행기에 올랐다. 그리고 다음날 저녁에 뉴욕에 도착했다. 내가 이틀날 먼저 뉴욕에 사는 윌리엄, 그 다음, 뉴헤이븐에 있는 필리스, 토론토의 조에게 한 사람씩 전화를 걸었을 때 아이들의 놀란 표정을 상상해보기 바란다. 그 아이들은 내가 올 줄은 꿈에도 몰랐다! 금요일 아침이 지난 후에야 나는 환자와 헤어질 수 있었다. 그리고서 나는 곧바로 친우 레이몬드 잉거솔이 사는 아파트로 갔다. 나는 뉴욕에 머무르는 동안 그 친구의 아파트를 내 집처럼 사용했다. 한 잠 푹 자고 나서 미뤄뒀던 파마를 했다. 마음과 몸이 다시 충전되면서 문명사회를 상대할 새 힘이 솟았다. 선교본부에 근무하는 친구들이 월요일 오전 나를 대하는 태도로 미루어, 내가 목요일 그곳에 갔을 때에는 잠이 부족하고 머리도 흐트러진 유령 같은 꼴을 하고 있었겠구나 하는 생각이 들었다.

그 다음 주, 필라델피아에 가서 수술을 받기 전에 선교단 의료부에 가서 절차를 밟고 코넬 의과대학의 폐세포학 2주 과정에 등록할 준비를 하고 저녁에는 윌리엄과 몇 번을 함께 보냈다. 윌리엄과 나는 필리스와 주말을 함께 보냈다. 필리스는 나에게 자기가 매일 병원에 와서 나를 만날 수 있도록 뉴헤이븐에서 수술 받기를 바랐다. 그렇지만 뉴헤이븐에는 내 전문 분야와 관련해서 아는 사람이 한 사람도 없었을 뿐 아니라 나는 내게 수술을 가르친 은사 닥터 캐서린 맥퍼레인을 가장 신뢰했기 때문에 그분의 집 도로 수술을 받고 싶었다. 이 예리하고 활동적인 82세의 탁월한 여의사가 내 수술을 맡아 주었다는 사실이 무척 자랑스럽다. 그녀는 외과의사일 뿐 아니라 내 친구이기도 하다. 나의 모교인 여자의과대학에 입원해 있었는데 나는 거기서 정말 행복한 경험을 했다. 내 방은 아름다운 꽃들로 가득했고 매일 사람들이 문안전화를 했으며 재미있는 편지들도 배달됐다. 많은 좋은 분들이 내게 일어난 일에 관심을 보여주는 것을 알면서 나는 붕하고 뜬 기분이 되었다.

필리스와 윌리엄이 일을 잠시 쉬면서 나와 함께 주말을 보냈다. 나는 화요일(5월 5일) 아침 수술을 받았다. 그날은 마침 어머니날과 주일이 겹치는 날이어서 나는 내 아이들 두 명과 함께 그날을 보낼 수 있었다. 나로서는 정말로 특별한 기쁨을 누린 하루였다.

1956년 아지메르로 우리를 방문한 적이 있고 지금은 필라델피아 근교 노리스타운에 살고 있는 구스타브 란트 부부가 나를 자기 집으로 초청했다. 내가 병원에서 자기들 집으로 거처를 옮겨서 수술 후 1단계 회복기간 동안 기거할 수 있게 해주겠다는 친절한 초대였다.

25. 미지의 모험들

닥터 란트가 나를 데리러 차를 몰고 왔다. 나는 그 집에서 분에 넘치는 후대를 받으며 닷새를 묵었다. 나는 기차로 여행을 하거나 층계를 오르는 일이 금지되어 있었기 때문에 조카 존 라이위버와 아들 윌리엄이 존이 교편을 잡고 있는 고등학교가 있는 뉴욕 레비타운까지 차를 몰고 내려와서 나를 존의 집으로 데려가 하룻밤을 지내고 '덕 아이랜드'(뉴욕)로 갔다. 덕 아이랜드에서 나는 매리언 잉거솔과 함께 그녀의 롱 아이랜드 여름별장에 묵으면서 일주일을 보냈다. 여기서도 나는 후한 대접을 받았고 그림을 그리는 여유도 즐겼다.

뉴욕으로 돌아왔다. 필리스가 나와 함께 하루를 보냈다. 필리스 부부가 워싱턴의 타코마로 이사를 가기 전에 나와 만나는 마지막 기회였다. 에드가 삼림학 박사학위를 받고 타코마에서 일자리를 구했던 것이다. 이틀 후 마침 윌리엄이 휴가 중이어서 우리는 함께 캐나다로 출발했다. 나의 차남 조, 그의 아내 캐럴, 7개월 된 카렌 엘리자베스를 만나러 가는 길이었다. 윌리엄의 도움이 참 고마웠다. 카렌은 나의 첫 손녀이다. 물론 조 부부에

우리의 첫 손녀

게도 첫 아이다. 나는 여느 할머니들처럼 꼬마 카렌에게 온통 마음을 빼앗기고 있었다.

윌리엄이 뉴욕으로 돌아간 후 나는 캐나다에서 7주간을 회복에 전념하면서 쉬었다. 실로 몇 년 만에 처음 가져보는 나만의 휴식 기간이었다. 건강이 나날이 좋아지는 것을 느꼈고, 8월 말이 되자 드디어 인도로 돌아갈 준비가 다 되었다.

매리언의 복귀는 다행스런 일이었다. 나와 직원들은 모두 그녀가 뜻밖의 여행을 선용해서 자신의 수술 문제까지 해결할 수 있었기에 한 걱정을 덜어낸 기분이었다. 또 한 번의 장기간에 걸친 별리였지만 매일 쓰는 편지가 큰 위로가 됐었다.

1959년 3월 3일 열린 마다르 요양원 운영위원회의에서 나는 다음과 같은 발표를 했다.

여러분, 기뻐해주시리라 믿습니다. 닥터 톰슨 웰즈가 감리교 선교본부가 지급하는 "십자군 장학금"으로 대학원 과정을 밟기 위해 영국으로 가게 되었습니다. 닥터 웰즈가 이 과정에 등록한 것은 영국 왕립외과대학 학위 시험을 준비하기 위해서입니다. 닥터 웰즈와 가족은 5월에 출발하기를 원하고 있습니다. 모든 일에 성공하고 안전하게 잘 다녀오시기 바랍니다. 대학원에서 닥터 리브의 지도 아래 수학했고 닥터 베츠와 닥터 플레처의 강력한 추천을 받은 닥터 바트가 흉곽외과의 책임자가 될 것입니다. 수술 분야의 이학석사 학위도 보유한 흉곽 외과의 훌륭한 적임자를 모시게 된 것은 마다르 요양원에 참으로 다행한 일입니다.

 운영위원회의 직후 우리는 닥터 바트를 요양원에 영입했다. 닥터 웰즈와 매리언은 닥터 바트와 함께 몇 건의 폐절제수술을 하면서 닥터 바트의 전문성이 발휘되는 수술 현장을 볼 수 있었다. 닥터 바트와 닥터 웰즈 모두 닥터 베츠 문하에서, 그리고 벨로어의 우수한 스태프와 함께 수술을 연구하는 특전을 누렸다. 매리언은 바트가 매우 영리한 외과의이며 쾌활한 인상을 주었다고 했다. 닥터 웰즈가 매리언에게 그 유명한 왕립외과대학 학위를 예상보다 더 일찍 취득할 수 있는 것처럼 얘기한 것으로 보아, 그가 영국에서 돌아와 복직하더라도 자신의 위치가 예전같이 확고하지는 못할 거라는 우려를 갖기 시작한 것으로 보였다.
 5월 10일, 나는 신임 의사 닥터 바트에게 차나 한 잔하며 그가 전에 했던 흥미로운 제안에 관해 얘기해 보자고 했다. 닥터 바트는 내게 코타에서 약 60킬로미터 떨어진 정부 관개 프로젝트에 관여하고 있는 자기 친구를 만나러 가자고 한 적이 있었다. 그 친구는 참발 강 유역, 댐 및 관개 프로젝트의 수석 엔지니어인데 닥터 바트를 보고 당장 그곳을 방문해 달라고 요청했던 것이다. 그 지역은 홍수가 나기 전인 지금이 방문하기에 좋은 때라는 것이었다. 나중에 가면 접근하기 더욱 어렵다고 했다.
 나는 원래 우리 요양원 농장과 관련해서 관개에 흥미가 있었기 때문에 평소라면 그 프로젝트를 보러가고 싶다고 말했을 것이다. 그러나 닥터 웰즈가 영국으로 출발하는 5월 17일과 너무 일자가 밭아서 가기가 어렵다고 대답했다. 닥터 바트는 이런 이유와 폭서에도 불구하고 곧 홍수가 날 것을 예상하면 지금이 최적기라며 주장을 굽히지 않았다. 결국 5월 17일 오후에 떠나 이튿날 오전에 돌아오면 된다는 그의 말을 듣고 그 프로젝트를 보러가기로 했다. 나는 닥터 웰즈 환송 준비를 위해 충분한 시간을 두고 돌아와야 한다고 못을 박았다.

떠나는 의사와 들어오는 의사 간에 자기가 더 돋보이고 싶은 일종의 경쟁심이 존재한다는 사실과 외과팀과 내과팀이 서로 협력하는 방법을 놓고 모종의 논쟁이 있다는 사실을 감지한 나는 이 두 부서의 책임자를 모두 관장하는 원장으로서 나의 방침을 분명하게 밝혀 둬야겠다는 생각이 들었다. 어느 날, 회진을 마치고 닥터 바트와 닥터 샤르마를 만나 진솔하고도 유익한 대화를 나누었다. 그리고 5월 14일 그 내용을 매리언에게 글로 정리하여 보냈다.

> 지금부터 우리는 마음에서 우러나오는 협력과 충성을 기대할 수 있다고 믿어요. 왜냐하면 양측 모두 그 필요성을 알고 있기 때문이오. 의사들이 이런 마음가짐을 가질 때 그것은 직원들에게까지 스며들게 되고 결과적으로 우리 모두는 연합된 전선을 보여 줄 수 있어요. 내가 보기에 닥터 바트는 나의 직위를 넘보거나 우두머리가 되려는 야심이 없는 것 같소. 모든 이들이 그에게 호감을 가지고 있어요.

닥터 웰즈의 출발일인 5월 17일이 다가오자 환송파티들이 열리기 시작했다. 첫 번째 파티는 4월 23일 아지메르 가족계획협회가 주

닥터 존 웰즈와 부인 콜린

최한 파티였다. 그들은 닥터 웰즈가 명예 재무담당자로 일한 공로를 치하했다. 마다르 입원환자들이 5월 11일 환송 파티를 열어주었다. 닥터 웰즈가 그의 답사에서 자신의 성공은 나의 지원 덕분이라고 강조했다. 그는 이어 부인의 공로를 치하했다. 웰즈 부인의 짧지만 유쾌한 답사가 있었고, 닥터 하쉬가 환송사를 했다. 나는 끝맺는 말씀을 하고 나서 닥터 바트를 위한 공식 환영사를 간단히 했다.

닥터 바트는 이 홀을 굉장히 좋아했고, 특별 파티를 이 홀에서 열고 아지메르의 주요 인사들과 지역 의사들이 요양원의 신임 흉곽외과의사로 부임한 자기와 인사를 나눌 기회를 주는 것이 어떠냐고 나에게 물었다. 나는 그런 파티는 수술 치료의 성공 사례를 몇 건이라도 만들어낸 후에 생각해 보는 편이 아무래도 나을 것이라고 되받아주었다. 그는 내 말을 마지못해 수긍했지만, 내가 받은 느낌은 그가 자신의 가치를 보여주기도 전에 각광을 받고 싶은 마음이 앞서 있는 것 같았다.

다음 날 오후, 닥터 바트와 나는 월터 싱이 운전하는 낡은 포드차를 타고 우리의 모험 길에 나섰다. 분디 마을에서 40킬로미터 가량 떨어진 코타를 향해 달리는 도중 라디에이터 호스가 새기 시작했다. 월터가 온갖 기량을 다해 땜질을 하고 나서 물을 찾아 나섰다. 월터가 물을 찾아내지 못하자 우리는 마시려고 끓여서 가지고 온 아까운 식수를 라디에이터에 사용하고 말았다. 우리는 별다른 사고 없이 코타에 도착할 수 있었다. 그런데 우리는 여기에 와서야 60킬로미터 정도만 가면 목적지가 있는 게 아니라 코타에서 거의 160킬로미터를 더 가야 한다는 사실을 알게 되었다. 이번 '짧은 여행'은 총거리가 실상 아이메르에서 델리까지의 거리보다 더 먼 5백 킬로미터 가까이 된다는 것을 알고도 나는 당황스러움을 나타내지 않으려고 애를 썼다.

도로도 곧 막혀버렸다. 과거에 형편없는 도로로 다녀 본 경험이 적지 않지만 이건 정말 지금까지 어디서도 겪어보지 못할 정도로 지독했다. 어찌나 덜컹거리는지 차의 스프링이 부러지지 않는 게 이상할 정도였다. 새벽 2시쯤 우리는 어느 마을에 도착했다. 여기부터 내가 들은 소문대로 길이 매우 좁아져서 야간에는 강둑을 벗어나 강물로 곤두박질 할 위험성이 많았다. 우리는 모두 녹초가 되었기 때문에 새벽이 될 때까지 잠시 쉬어 가자는 의견에 아무도 이의를 제기하지 않았다.

나는 엄청나게 딱딱한 벤치에 다리를 쭉 뻗고 누웠으나 너무 지쳐서 잠도 제대로 오지 않았다. 혹시 이 차가 고장이라도 날 경우 이곳을 빠져나갈 방법을 찾아내는 데 몰두했다. 잡다한 소음이 마을로부터 들려왔는데, 이 소음에 관해서라면 책 한 권을 별도로 쓸 수도 있을 정도였다! 나는 이 소리를 듣고 있다가 결국 잠이 들었다.

새벽 5시가 되자 다시 출발했다. 도로의 상태가 하도 나빠서 월터의 제안대로 도로를 따라 나 있는 말라버린 옛 하천바닥 위로 차를 몰아 4시간 후에 목적지에 도착했다. 상태가 괜찮을 만하면 곧 바위가 곳곳에 널린 곳들을 통과해야 했다. 험준한 지형을 조금씩 헤치고 가자니 낡았어도 힘센 포드차가 호된 벌을 받고 있는 것 같았다.

닥터 바트의 엔지니어 친구는 우리를 보고 놀랍기도 하고 반갑기도 한 모양이었다. 우리가 어떻게 그 형편없는 길을 달래가며 왔는지 자못 궁금해 했다. 랜드로바를 가지고도 고생을 막심하게 했던 그였다. 우리가 목욕을 하는 동안 그는 '간사마'(요리사)를 시켜 아침밥을 준비했다.

이 수석 엔지니어의 설명에 의하면, 참발 강 유역 댐 및 관개 프로젝트는 인도가 독립하기 전에 영국 사람들이 창안하고 기획한 프로젝트였다. 이 공사에 77.12크로아(1크로아는 천만 루피)가 투입됐고 8,500명의 인력이 1954년부터 밤낮으로 동원됐다. 인도에는 남에서 북으로 흐르는 강이 몇 개밖에 없는데, 그 중 하나인 참발 강이 이곳으로 흘러든다. 댐이 가동되면 5,600여 평방킬로미터(2008년 기준 서울 전체면적의 대략 9.4배에 해당되는 넓이—편집자)의 토지에 물을 댈 수 있게 되어 이 사막지대에서 생산되는 곡물이 연간 475,000톤에 이를 것이었다. 관개 방식과 건설된 수로는 모두 훌륭함에도 불구하고 당국이 그 효용성을 농부들에게 알리지 않아 농부들이 임차료 납부를 완강하게 거부하고 있었다. 그래서 신디케이트를 구성해서 완공된 관개 프로젝트를 인수하게 하는 방안을 검토하고 있었다.

그가 처한 상황을 듣고 나니, 이런 문제는 의사가 처방한 치료법을 환자에게 납득시키는 문제와도 흡사하다는 생각이 들었다. 엔지니어들도 고객(농민, 신디케이트)들과의 관계에서 비슷한 어려움에 당면하고 있었다. 농민에게 친숙하지 않은 사안으로 그들을 설득하기가 매우 어려운 것이다. 우리는 여러 건의 흥미로운 프로젝트를 시찰했다. 그러나 정작 한참 더 가서 있는 댐은 직접 보지 못했다. 내 식성에는 너무 매운 커리가 포함된 점심을 잔뜩 먹은 다음, 우리는 어리석게도 '미친개와 영국인만 한낮의 땡볕을 받으며 외출한다'라는 노랫말이 주는 경고를 무시하고 브레이크 없는 관광여행을 계속했다. 닥터 웰즈의 환송연에 시간을 대기에 턱없이 촉박했다. 나는 조수석 옆자리에 앉았다. 평소 같으면 제일 좋은 자리이지만 지금은 햇볕이 직접 내려쬐는 자리였다. 내 몸이 점점 뜨거워지고 괴로웠다. 전 같으면 이런 부탁을 하지 않았을 것이지만, 나는 할 수 없이 자리를 바꿔달라고 했다.

관광을 마치기도 전에 나는 지프에서 끌려나와 어느 현장 감독의 오두막으로 들어갔다. 거기서 사람들은 나를 시원한 물로 목욕시키고 차를 계속 들이키게 했다. 사람들이 차례를 바꿔가며 부채질을 해줬다. 저녁때 쯤 되니까 원기를 회복해서 코타를 향해 출발하여 자정이 되어서야 도착했다. 서킷하우스에 들어가 잠시 눈을 붙이고 새벽 4시 45분에 아지메르 역을 향해 광란의 질주를 감행했다.

내가 닥터 바트와 함께 이번 여행을 가게 된 동기 중 하나는 그에 대해 더욱 잘 알고 싶었던 것이었고, 또 다른 목적은 마다르 요양원의 외과를 최선의 방법으로 이끌어 나갈 아이디어를 나누고 싶어서 였다. 그런데 새로 부임한 이 외과의사는 예산 규모에 관한 논의 외에는 토의할 사항이 없다고 해서 처음부터 나를 놀라게 했다. 재정이 풍부한 봄베이 병원에서 갓 부임한 그였기에 아직도 사치스러운 관념에 젖어 있는 게 분명했다. 그래서 나는 그에게 우리 요양원은 선교 기관이기 때문에 우리 마음대로 쓸 재원이 제한적일 뿐 아니라 우리가 지출하는 단돈 '파이사'(센트)까지 신경써야 할 입장이라고 조심스럽게 설명을 해줬다. 그는 우리가 절약하여 마련한 얼마 안 되는 재원으로 그때그때 꾸려나가야 할 입장에 있었다. 그는 나를 아주 인색한 사람으로 인식하고 충격을 받은 것 같았다. 우리를 충성스럽게 후원하고 있는 사람들은 비교적 그렇게 풍족하지 않은 사람들인 경우가 많으며, 만일 그들이 어렵게 번 돈을 우리가 어리석게 사용했다는 것을 알게 되면 오히려 상심하게 될 것이라고 계속 설명을 해나갔다. 그 다음 나는 한 가지 단순한 실례를 들어 설명을 했다. "예를 들어 봅시다. 우리는 피하주사용 주사바늘을 한 번만 쓰지 않고 사용할 때마다 소독을 하고 끝을 갈아서 여러 번 사용합니다. 이렇게 하면 주사바늘의 생명이 연장되기 때문에 장기적으로 볼 때 요양원이 많은 현금을 절약할 수 있는 것입니다." 닥터 바트가 믿기지 않는다는 듯 냉소에 가까운 표정을 지으며 나를 쳐다봤다. 그가 피식 웃으면서 자기라면 그런 사소한 저축에는 신경을 안 쓰겠다고 했다.

멀리서 낙타 대상의 긴 행렬이 우리를 향해 오고 있었다. 우리는 낙타들이 자동차를 보고 어떤 반응을 보일지 몰랐다. 만일 낙타들이 우리가 탄 작은 차를 향해 우르르 몰려오기라도 한다면 우리는 당장에 박살이 날 판이었다. 월터가 차를 길가에 세우고 낙타들에게 넓은 공간을 비워주었다. 수많은 낙타들이 일정한 간격을 두고 계속 나타났기 때문에 우리는 줄곧 이와 같은 대기 전술을 반복해야 했다. 서다가다를 반복하며 주의를 기울이다보니 시간이 많이 지체되었다. 우리는 아지메르에 도착하자마자 기차역으로 직행했다.

우리가 역에 도착했을 때는 이미 기차가 떠나버렸을 시간이었다. 그러나 다행스럽게도 기차는 45분 연발이었다. 우리는 닥터 웰즈에게 화환을 씌워주고, 즐거운 여행이 되기를 빌면서 영국 외과 대학원에서 성공적인 연구를 하도록 축복해주기에 딱 맞는 시간에 도착하게 됐다. 역에서 닥터 웰즈와 가족에게 작별인사를 할 기회를 놓쳤다면 큰 실례를 할 뻔했다. 닥터 바트는 내가 닥터 웰즈에게 작별인사를 하기 위하여 고생을 감수하는 모습을 보고 놀랐다고 하면서 꼬리를 달았다. "제가 떠날 때도 똑같이 해주셔야 합니다."

닥터 바트를 불쾌하게 한 일이 생겼다. 바트는 자신의 대진代診의사를 탐탁해 하지 않았고 그와 잘 지내려 하지도 않았다. 닥터 웰즈는 그를 높이 평가했는데 말이다. 결국 그 의사가 사임을 결심했을 때 나는 놀라지도 않았다. 메라니라는 젊은 의사가 공석이 된 자리에 지원했다. 그는 훌륭한 내용의 이력서와 추천장을 가지고 왔다. 매우 열의가 있어 보였고 그 부인도 매우 매력적인 여성이었다. 나는 그를 1개월간 수습기간을 거친 후 심사를 해서 정식 채용한다는 조건으로 영입했다.

메라니 부인은 원예에 취미가 있었다. 전 대진의사가 비워두고 간 숙소에는 아름다운 정원이 딸려 있었다. 매리언이 미국에서 돌아와 메라니 부인을 만났을 때 메라니 부인이 원예를 좋아한다는 것을 알고 매우 기뻐했다. 그래서 우리는 곧 이 젊은 부부와 절친한 사이로 지내게 되었다. 닥터 바트도 아직 배울 것이 많은 의사이지만 신임 대진의사를 매우 만족하게 여겼다. 두 의사는 모두 유쾌한 성품이어서 닥터 메라니는 곧 닥터 바트의 변덕스러운 성격을 이해하고 협력을 잘 했다. 그뿐 아니라 다른 직원들과도 원만한 관계를 유지했다.

두 달 후인 1959년 7월 1일, 피서지에서 휴가를 보내고 있는 중에 요양원에서 온 전보를 받았다. "충격적인 소식입니다. 콜린 웰즈 부인이 6월 24일 오전 2시 30분에 영국에서 사망했다고 합니다." 나 역시 큰 충격을 받고 비탄에 젖어 닥터 웰즈에게 보내는 조전을 잉글랜드 버크셔 레딩에 있는 그의 집으로 보냈다. 나는 콜린이 목덜미로부터 시작되는 두통을 동반한 복통에 시달리고 있다는 사실을 그녀가 영국으로 떠나기 전부터 알고 있었고, 아라비아 해를 가로질러 지나간 싸이클론의 꼬리 부분을 뒤따라가는 거친 항해로 그녀가 심한 뱃멀미를 앓았다는 것도 알았다. 그러나 그녀가 나중에 검시로 밝혀진 대로 뇌종양을 앓고 있었다는 사실은 나를 포함해 아무도 몰랐다. 콜린은 모든 이의 사랑을 받았고 그녀의 가족 중에서도 빼어나다고 인정을 받은 사람이었다. 이런 비극을 맞아, 또 학업과 어린 두 딸을 양육하는 어려움 속에서도 닥터 웰즈는 그의 연구 프로그램을 계속하기로 결정했다.

매리언도 닥터 웰즈에게 위로 편지를 보내고 자신이 인도로 돌아오는 길에 런던에 들러 그와 점심을 하기로 했다. 닥터 웰즈가 매리언에게 콜린의 와병에서부터 죽음에 이르기까지를 자세하게 들려주었다. 후일 웰즈 부부의 딸 글로리아는 그녀의 어머니가 선상에서부터 이미 자신은 죽을 것을 말했다고 술회했다. 영국 땅에 기항한 후 바로 회복된 뱃멀미가 오히려 병의 심각성을 간과하는 결과를 낳았다고 했다. 닥터 웰즈는 아내 없는 세상을 홀로 살아가야 하는 현실에 적응하려고 노력했고, 수년에 걸쳐 배운 것보다 더 많은 것을 그 세 달 동안 배웠다고 했다.

닥터 바트는 직원과 환자 모두와 원만한 관계를 유지하고 있는 것 같았고 집도하는 수술에 있어서도 만족할 만한 성과를 거두고 있었다. 그는 자기의 외과적 관심사에 대단한 열심을 가지고 있어서 새 의료 기구를 끊임없이 사들였다. 나는 그의 협조적 태도에 내심 만족하고 있었지만, 그가 흉부외과의 책임자로 근무한 지 수개월도 되지 않아 그가 사용하는 경비를 억제하지 않으면 안 될 입장에 처하게 된 것을 알았다. 분명한 것은 그가 완벽주의자이고 따라서 돈이 얼마나 들든 말든 제일 좋은 것만 가지면 된다는 식의 사고방식을 지녔다는 사실이었다.

닥터 바트가 제일 비싼 약만 환자들에게 처방하고 주사바늘을 다시 갈고 소독해서 쓰기를 거부하고 있다는 사실도 곧 알게 되었다. 나는 닥터 바트에게 우리가 참발 댐 공사현장에 갔다가 오는 도중에 나누었던 대화 내용을 부드럽게 상기시켜주었다. 하지만 그가 그때

나 지금이나 내 뜻을 따를 의향이 없다고 딱 잘라 말했을 때 나는 너무나 놀랐다. 그는 결연한 태도로 자기의 환자들은 최고의 것만을 제공받아야 한다고 했다. 나 역시 그 부분은 동일하게 바라는 것이지만 반드시 제일 비싼 것만을 제공할 필요는 없다고 설득했다. 당시 인도에서 구할 수 있는 의약품들이라도 가격이 더 비싼 외국산들과 동일한 화학성분을 가지고 있었다. 그리고 의사들도 그 효능이 똑같다는 사실을 알고 있었다. 하지만 닥터 바트는 고집스러운 태도로 대답했다. "저는 환자들을 실험대상으로 삼고 싶지 않습니다."

이 문제가 그와의 대화를 통해서 해결되기는 어렵겠다는 결론을 내린 나는 의료진 회의에서 판정을 받아야겠다고 결심했다. 그리고 한편으로는 비교자료를 꼼꼼하게 기록해 가면서 닥터 바트의 방식으로 했을 때 얼마만큼의 비용이 더 들어가는가를 보여줄 자료를 준비해 나갔다. 닥터 바트는 내가 질이 나쁜 의약품을 환자들에게 투여하라는 지시를 자기에게 내렸다는 헛소문을 환자들 사이에 퍼뜨리면서 동료 의사들로 하여금 자기를 따르게 하려고 애를 썼다. 나는 사안의 심각성이 정점에 다다르고 있다는 것을 느꼈다. 그래서 나는 가격이 저렴한 의약품을 처방했던 이유를 새로 부임한 의사들에게 설명해주기로 했다. 내가 마다르 요양원에 부임한 지 얼마 되지 않아 남인도 보우링핏에 있는 닥터 휴지 린의 연구소를 방문한 사실과, 많은 결핵환자들을 도우려면 대다수의 환자들과 우리 선교 요양원이 구입하기에 너무 비싼 수입약품보다는 가격이 덜 비싼 의약품을 공급할 곳을 찾아야 한다고 생각했다는 것, 그리고 우리에게 꼭 맞는 약품들을 닥터 린의 '선교정제약품산업회사' Mission Tablet

Industry에서 찾을 수 있어서 매우 기뻤다는 사실도 설명해주었다.

닥터 린은 우리와 비슷한 류의 필요를 느끼고 있던 선교사였다. 그래서 자기가 선교기관이 운영하는 병원들의 필요를 충족시키기로 결심했다. 전에 약품 연구소에서 근무한 경험이 있는 이 선교사는 자기가 직접 제약회사를 차리기로 마음먹었다. 그는 후원자들로부터 들어온 후원금으로 값비싼 장비를 확보하고 사역지에 아름다운 연구소를 지었다. 그는 현저하게 인하된 비용으로 의약품을 대량으로 생산할 수 있게 되었고 그 약품들을 인도 전역의 선교 병원에 공급했다.

내가 보기에 그가 세운 연구소들은 아름답고 청결했으며, 엄격하게 통제된 위생 조건에서 약품을 생산하고 있었다. 그는 개인적 지도를 통하여 길러낸 훌륭한 기술과 헌신된 자세를 가진 직원들을 보유하고 있었다. 직원 중 많은 이가 성도마 크리스천 교단에 속해 있었는데 이들은 자신들이 하는 일에 큰 긍지를 가지고 있었고 인도 전역에서 매우 양심적인 노동자라는 명성이 자자했다. 나는 이후 선교정제약품산업회사로부터 약품을 구입해서 사용해 왔다. 약품들은 믿을 만했고 효능도 우수했다. 닥터 린이 공급할 수 없는 약품은 비록 가격이 높을지라도 수입 약품을 구입하여 사용했다. 환자들의 복지가 항상 우리의 제일 중요한 고려 기준이었기 때문이다. 새로 부임한 의사들은 이런 나의 설명에 만족해했다. 그들은 그 약품들을 더 이상 염려하지 않고 사용해서 훌륭한 결과를 가져왔다.

닥터 바트는 그가 시술하는 폐절개 수술에서 화려한 기록을 세워가고 있었다. 그리고 그때까지 단 한 사람의 환자도 목숨을 잃지 않았다. 나는 이러한 성과를 이룰 수 있었던 요인으로 그의 외과의로서의 탁월한 기술과 위험 부담이 없는 환자들만을 세심하게 골라 시술한 점을 꼽았다.

매리언이 수술을 받으러 미국에 가있을 때 닥터 바트는 그녀에게 특수 외과 의료기구와 기타 의료기구를 사서 아지메르로 돌아올 때 가지고 와 달라고 집요하게 요청했다. 매리언은 나에게 편지를 써서 닥터 바트와 마취의사 닥터 간디가 수없이 많은 편지를 자기에게 보내는 것에 대해 염려하고 있다고 했다. 매리언은 정기 휴가기간이라면 몰라도 당시처럼 활동에 제한이 있는 수술 후 회복기간 중엔 기금모금 연설이나 모금활동은 할 수 없다고 생각했다.

나는 그녀에게 답장을 썼다. "닥터 바트와 닥터 간디의 요청에 대해 너무 신경 쓰지 말아요. 그 사람들 요구가 너무 많군요. 당신 친구들이 모두 백만장자인 줄 아는 모양인가 보오!" 심장수술까지 해보고 싶어진 바트가 계속 고집을 부렸다. 마침내 매리언이 그에게 필요한 의료기구의 종류를 열거하고 어디에 가면 그 기구들을 살 수 있는지 알려달라고 하기에 이르렀다. 닥터 바트는 재빠르게 목록을 작성하고 심지어 매리언이 수술을 받고 있는 필라델피아에 있는 외과 의료기구 회사의 이름까지 적어 보냈다. 의사가 자신의 지식과 기술을 넓히는 일이라면 언제나 발 벗고 도와주기를 좋아하는 매리언은 그 고가의 기구를 파는 곳을 찾아내는 일뿐 아니라 기구를 사는 데 필요한 자금을 대줄 만한 후원자들에게 편지를 쓰느라고 상당한 시간을 투자해야 했다. 매리언은 처음으로 도착한 후원금을 받고 매우 기뻐했다. 뉴욕 웰즈빌 소재 어느 교회로부터 온 100달러 수표였는데 이 수표는 매리언의 아버지가 아직 생존해 있을 당시 매리언과 그녀의 가족이 잉글랜드 엡워스에서 처음 만난 한 여성이 보낸 것이었다.

매리언이 1959년 9월 7일 아지메르로 돌아와서 후원자들의 후한 도움으로 닥터 바트가 긴요한 기구라고 리스트에 적어 보낸 기구의 일부를 사왔다고 닥터 바트에게 알렸다. 매리언이 이 기구들을 직접 가지고 왔는데 그것 말고도 닥터 메라니가 부탁했던 방사선투과사진기 부품도 가지고 왔다. 폐쇄성심장수술 장비를 받게 된 바트는 매우 기뻐했다. 심장을 예리하게 베고 피를 우회시키는 개방성심장수술에 사용하는 기구 장비는 엄청나게 비싼 것들이었다. 매리언이 그것들을 모두 구입할 후원금을 모집하기에는 역부족이었다. 닥터 바트는 매리언이 외과 사진 촬영을 가능하게 하는 특수 장치가 딸린 카메라를 구하려고 노력해 준 데 대해 매우 감사하게 생각했다.

두 주가 지난 9월 15일 바트는 그가 최초로 집도할 심장수술 계획을 세우느라 여념이 없었다. 의사 3명을 시내에서 초청하여 두꺼워진 심막을 절제하기 위한 폐쇄성 심장 수술을 자기가 직접 집도하는 장면을 참관하도록 했다. 매리언이 수술실에 6시간이나 머무르면서 이 극적인 수술 장면을 90미터 분량의 필름에 담아냈다. 닥터 바트 자신에게도 매우 감동적인 수술이었지만 이 수술을 직접 참관한 모든 이들로부터 존경에 가득한 축하를 받는 것은 더욱 감동적인 일이었다. 이번 수술환자는 심장수술이 꼭 필요한 환자였다. 닥터 바트도 그 수술을 집도하고 싶어 했다. 나는 이런 종류의 수술에서 치사율이 높다는 것을 알고 있었다. 그렇지만 이 19세의 젊은 청년은 수술을 받지 않고는 생존할 가망이 없었다. 그래서 나는 바트에게 수술을 진행하라고 권면했다.

수술은 잘 되었지만 불행하게도 환자는 사망했다. 그 청년은 수술을 받은 다음 날 새벽 3시 30분에 숨을 거두었다. 우리 모두가, 특히 닥터 바트가 크게 낙심한 것은 이상스러운 일이 아니었다. 닥터 바트가 마다르 요양원에서 한 수술 기록에서 최초의 사망으로 기록되었기 때문이었다. 나는 그렇게 어려운 수술에 과감히 도전한 그의 용기를 치하했다. 그리고 그 환자는 수술을 받지 않았어도 사망할 수밖에 없는 환자였다는 점을 들어 닥터 바트를 위로하려고 애썼다.

나는 죽은 청년의 부모를 위로하면서 나도 사랑하는 아들 프랭크 셔우드를 잃은 경험이 있기 때문에 귀중한 아들과 일찍 영원한 이별을 해야만 하는 그들의 비통한 심정을 진정으로 이해할 수 있다고 말해주었다. 그들이 나의 이해심과 연민의 정에 고마움을 느끼는 듯했다. 그리고 "저희들의 운명이지요"라고 하면서 의연한 자세로 고난의 자리를 털고 일어섰다.

나는 그 사람들이 회교도인 것을 알고 있었지만 요양원의 장례시설을 쓰라고 제의했다. 그러나 그들은 이미 다르가가 관리하고 있는 회교도 매장지에 아들을 묻어주기로 하고 준비를 마친 상태였다. 다르가는 성별된 회교 사원으로 아지메르의 순례지였다. 그들이 말하기를 다르가 당국은 마다르가 소요사태 와중에 부상당한 사람들을 치료해준 일을 높이 평가하고 있으며 회교도를 돌보아 주는 일이 위험한 일이었음에도 불구하고 용감하게 나서준 것에 대해 칭찬을 아끼지 않았다고 했다.

인사 상 일어나는 문제들이 나에게 새로운 감흥을 불러 일으켜주는 경우도 몇 번 있었다. 문제가 생겼지만 결국 행복한 결말로 끝난 경우가 있었는데 그것은 우리 요양원 운전기사 조세프 랄과의 사이에 벌어진 임금 분쟁이었다. 언젠가 몹시 화가 난 조세프 랄이 나를 죽이겠다고 위협했다. 매리언이 우리 부부의 친구이며 매리언이 수술을 받은 후 함께 지냈던 닥터 구스타프 란트 부부가 조세프에게 선물로 보낸 셔츠를 가져왔다. 란트 부부가 1956년에 마다르로 우리를 방문했을 때 조세프가 운전을 해 준 것에 대해 감사히 여기고 있었으며 또 조세프가 하와이안 셔츠를 입고 싶다는 말을 그들에게 한 것을 기억하고 있었던 것이다. 조세프가 닥터 란트의 선물을 전해 준 데 대해 고맙다는 말을 하려고 매리언을 찾아왔다. 나중에 그는 내게 임금 투쟁을 끝내겠다고 했다. 사실 그는 다른 곳에서 더 나은 일자리를 구할 수도 있었지만 감리교 교구장인 M. M. P. 싱 목사가 임금 인상 투쟁을 하라고 그를 부추겨 왔다는 것이 아닌가!

재정을 책임진 사람으로서 나는 닥터 바트가 흉부외과 과장으로 부임한 이후 수개월간 요양원의 재정 상태를 점점 불안한 마음으로 지켜보고 있었다. 당시까지의 수술 실적은 성공적이라 부를 수 있다손 치더라도 닥터 바트가 우리 요양원이 맡아 놓고 혈액을 사오던 곳이 아닌 사적으로 아는 다른 곳으로부터 혈액을 사오다보니 비용이 엄청나게 늘어나고 있는 점에 나는 유의했다. 수술 건수가 늘어날수록 수입보다 지출이 더욱 증가했다. 내가 값비싼 의약품 사용을 자제해야겠다고 주의를 줄 때마다 그가 보이는 호전적인 응답이 나를 난처하게 만들었다. 전기료가 눈에 띄게 증가한 사실이 내 주의를 끌었다. 한 번은 매리언이 그녀의 환자와 관련해서 닥터 바트를 방문했다. 매리언은 요리 중이 아니었는데도 전기 열판이 벌겋게 달구어져 있는 것을 보게 되었다. 그녀는 수력자원과 연료의 부족으로 전기료가 매우 비싸다는 점에 주의를 환기시켰다. 닥터 바트가 웃는 얼굴로 어깨를 들썩하면서 밤의 한기를 잊으려고 그렇게 해놨다고 했다. 매리언이 벽난로를 가리키면서 그런 목적이라면 차라리 벽난로가 더 경제적일 것이라고 일러주었다. 이 문제를 해결하는 유일한 방도는 다른 기관들과 마찬가지로 전기 메타기를 설치하는 것이라고 결론을 내렸다. 의료 스태프들은 전열을 무료로 사용할 수 있는 할당량을 받되 특정 양 이상의 사용분에 대하여는 각자가 부담하기로 했다. 닥터 바트는 이런 제도의 필요성을 인정하지 않고 다른 의사들을 선동해서 반대하게 하면서 문제를 키웠다.

나는 처음에는 침묵을 지켰다. 그러나 나중에는 닥터 바트의 고급 취향 때문에라도 바트를 대체할 사람을 구해야겠다고 생각하기 시작했다. 게다가 마취의사인 닥터 간디를 해임하는 일까지 일어났다. 그녀가 자금을 착복한 사실이 드러나서 12월 8일, 한 달 후에 사임하라고 통고한 것이다. 그녀는 날조된 주장을 펴면서 요양원으로부터 수천 루피를 우려내려고 했다.

피켓 감독은 1956년 은퇴 후에도 교회, 특히 감리교 선교본부의 선교상담역으로 사역을 계속하고 있었다. 그는 6주간의 감리교 프로젝트 순회를 계획하고 그 일환으로 1959년 12월 초 마다르 요양원에 '순례'를 왔다. '순례'는 그가 직접 붙인 명칭이었다. 그는 자기가 4년 전 방문했을 때에 비해 신축 건물 네 채를 비롯한 마다르 요양원의 발전상이 매우 놀랍고 기쁘다고 소감을 말했다. 그는 특히 그해 11월에 선교회 상임 서기인 닥터 로날드 스콧에 의해 준공된 작은 티벳식 주택을 언급했다. 요양원 원목 조지 싱이 피켓 감독과 닥터 이슬람. 닥터 M. K. 드, 닥터 하샤, 그리고 나를 새로 지은 건물로 안내했다. 특별히 티벳 난민환자들을 보여주기도 했다.

나는 잠시 틈을 내어 닥터 웰즈와 그의 아내 콜린의 갑작스런 죽음에 대해 피켓 감독과 이야기를 나누었다. 나는 닥터 웰즈가 마다르 요양원으로 복귀하기 전에 영국에서 1년간 인턴과정을 하고 싶어 한다는 얘기를 듣고 있던 참이었다. 닥터 웰즈를 처음으로 요양원에 소개하고 우리 스태프로 채용하도록 이끈 사람이 바로 피켓 감독이었기 때문에 나는 그에게 닥터 웰즈가 복귀하기 전이라도 의사 한 사람을 충원할 필요가 생길 경우 폐절제 수술 분야에 훈련을 받은 의사를 어디에서 구하면 좋을지 조언을 부탁했다.

피켓 감독은 자신이 한 때 이사로 근무했던 펀잡 소재 루디아나 의과대학에서부터 찾아보는 것이 좋겠다는 의견을 주었다. 거기 의료부장을 만나서 우리가 원하는 외과의사의 타입에 대해, 특히 성품, 동기에 중점을 두어 설명하는 것이 좋겠다고 조언해주었다.

나는 그의 조언에 따라 즉시 의료부장에게 편지를 썼다. 곧 답장이 왔다. "귀하가 원하는 조건에 맞는 의사가 한 사람 있습니다. 닥터 레부 사하인데 최근 우리 의과대학 최우수 졸업생 중 한 사람인 글래디즈와 결혼했습니다. 글래디즈는 독실한 기독교인이기도 합니다. 한 사람을 구하시다가 인재 둘을 한꺼번에 얻는 셈이 되실 겁니다."

당시 우리는 새로 채용한 의사가 제대로 역할을 수행하지 못하고 있던 매리언의 부인과에도 다른 여자 의사가 필요한 실정이었고, 1960년 1월 30일자로 우리와 합류하기로 되어 있던 내과의사 닥터 번디를 기다리고 있는 중이기도 했다. 나는 즉시 그 젊은 의사 부부에게 연락을 취했다. 답신이 빨리 왔다. 우리가 제시한 자리가 바로 그 두 사람이 찾고 있던 자리라는 것이다. 선교 의사들이 받고 있는 수준의 급여를 받으며 선교 의료시설에서 사역하기를 바란다고 했다.

정말 고무적인 소식이었다. 그래서 나는 그들의 부임을 학수고대하고 있었다. 나는 그들이 준비를 마치고 부임 일자를 나에게 알려줄 때까지 공식적인 발표를 유보하는 것이 현명하다고 생각했다. 또 사하가 부임할 때까지는 어떤 급격한 조치를 취하는 것은 신중하지 못한 처사라는 점을 알고 있었다.

제26장. 실패한 음모

  1960년, 여느 때 같으면 밝기만 했을 마다르 요양원의 지평에 갑작스레 암운이 드리워졌다. 요양원은 눈부신 전진을 하고 있었다. 새로 건축한 병동들과 능률적으로 설계된 회복 병동이 들어선 외과 블록은 인도 각처로부터 치료를 받으러 들어오는 환자들에게 훨씬 좋은 시설을 제공하고 있었다. 질 높은 의료진을 확보하는 데도 문제가 없었다. 요양원교회는 우리가 환자와 직원의 영적 필요를 더욱 잘 충족시킬 수 있도록 사역을 잘 감당하고 있었다.

  마다르의 지지기반을 분석해 보니 요양원은 진작부터 재정 부분을 개선하기 위한 노력을 시작했어야만 했다. 마다르의 운영예산은 슬라이딩 스케일제(sliding scale, 경제상태에 따라 임금이나 물가 등이 조정되는 제도―편집자)에 의거하여 부과하는 입원비 말고도 기타 여러 수입원으로부터 충당되고 있었다. 이 수입원이란 감리교 해외구호기금위원회 등 교회헌금의 통로가 되는 감리교 선교본부, 그리고 우리의 개인적 친구들과 충성된 후원자들이었다. 환자 후원금은 또한 크리스마스 씰 수령액, 세금을 내지 못하는 선교사들을 돕는 마다르 협력 기독교선교회들, 마다르에 입원해 있는 자기네 소속 결핵환자들을 위해 철도회사들이 마련해주는 무료 병상, 공무원 결핵환자를 위한 두 가지 국가보조금, 마다르에서 결핵치료를 받고 있는 인도 및 티벳 난민을 돕기 위한 중앙정부의 구호갱생부 난민기금으로부터 나왔다.

마다르 요양원의 밝은 재정 전망과 재능 있는 외과의 닥터 바트가 기록한 성공사례들에 심취된 나머지 우리들은 목전에서 형성되고 있는 먹구름이 위협적인 폭풍을 몰아오고 있는 사실을 깨닫지 못하고 있었다. 아지메르 주가 공식적으로 라자스탄과 합병되고 정부 소재지가 자이푸르로 정해진 1956년 11월 1일이 지난 어느 날, 일의 발단이 되는 하나의 작은 사건이 벌어졌다.[48]

아지메르는 능률을 중시하는 영국인들이 도입한 공무원 임용제도를 채택하고 있었으며, 요양원은 이 제도의 덕을 많이 보고 있었다. 결핵에 걸린 주정부의 공무원들을 위해 주 정부는 요양원에 32개의 무료병상을 제공했다. 아지메르 당국과의 관계는 신실하고 우호적이었다. 따라서 지정 병상에 대한 지원금을 신속하게 수령하는 데에는 아무 문제도 없었다. 주 정부는 1957년 3월 31일까지 지급하기에 충분한 지원금을 쌍방의 계약에 따라 마다르 요양원에 일괄 지급했다. 이는 1956년 발효한 국가재조직령이 시행되는 과도기에 혹시 지불이 지연될 경우를 대비한 조치였던 것이다.

주 정부는 32개 무료 병상에 대한 지원을 계속했으며, 1957년에는 주정부 공무원 환자들을 위한 병상을 20개 늘려 달라는 요청과 함께 해당 병상에 대한 지원금을 승인해주었다. 그러나 그때까지도 자이푸르 당국의 눈에는 마다르가 하나의 미미한 존재였다는 사실을 우리는 알게 되었다. 나에 대한 개인적 신상도 전혀 알려져 있지 않았다. 아마 이런 이유로 지불이 늘 느렸던 것 같았다. 지불이 밀릴 때마다 나는 130킬로미터나 떨어져 있는 자이푸르로 달려가 무료환자를 위한 지원금을 받아 오느라 아까운 시간을 많이 소비해야 했다. 나중에 알게 된 일이지만 자이푸르 근교에 조그만 요양원이 하나 있었고 그 요양원이 우리 지원금뿐 아니라 직원 몇 사람도 노리고 있었다는 것을 알게 되었다. 그 요양원 간부들이 우리 의사들을 접촉해서 만일 자기 요양원으로 옮긴다면 우리들이 주는 급여의 두 배를 주겠다고 했다는 것이다. 그러나 우리 의사들은 마다르에 대한 충성심을 버리지 않았다.

1960년 새해를 맞았다. 우리는 새로운 문제들과 새로운 가능성들 모두에 대비하고 있었다. 1월이 되자 자이푸르 정부가 국가공무원을 위한 병상에 대한 두 개의 계약을 연장하지 않기로 했다는 통보가 왔다. 그리스도인인 신임 여의사 닥터 번디가 1월 30일에 도착했다. 그녀는 출근 전 며칠 동안 우리 집에서 묵었다. 이 기간 동안 번디는 순회진료팀과 함께 다니면서 가족계획 사역을 파트타임으로 수행했다. 매리언은 그녀가 환자를 대하는 태도가 훌륭했으며 처음 해보는 사역이지만 자진해서 열심히 배우려는 자세를 보였다고 전했다.

요양원이 받은 1월 말 전기료 청구서에는 전기계량기 설치의 효과가 잘 나타나 있었다. 1월 한 달 동안 닥터 바트가 사용한 전력이 계량기에 무려 248루피(현재가치 대략 80만 원—편집자)로 나왔다. 닥터 바트가 수술에 들어가는 비용을 과도하게 사용한다는 것은 곧 내가 급여 재원을 마련하기 위해 돈을 빌려와야 된다는 뜻이기 때문에 나는 이 문제를 그와 매우 진지하게 논의할 필요가 있다고 결론을 내렸다.

이미 매리언이 닥터 바트를 만나 구입해 사용한 고가의 사제 혈액에 관한 문제를 솔직하게 지적한 바가 있었으나, 닥터 바트는 자기가 닥터 베츠에게 훈련을 받았던 벨로어에서의 관행대로 한 것이라고 응수했다. 그에 대해 벨로어는 마다르보다 훨씬 많은 수술비를 받고 있으며 우리는 그 정도의 재정을 감당할 능력이 없다고 한마디로 설명했다. 감리교선교회 감사 G. L. 테리가 2월 10일 열리는 요양원 운영회의에 보고할 장부 준비 차 왔다. 그는 폐절제 수술 건수는 늘어났지만 그에 따라 당연히 증가했어야 할 수입은 정체 상태에 있다는 사실을 확인했다. 비용이 수입보다 많다는 사실도 지적했다.

닥터 바트의 급여는 다른 의사들이 받는 정규 급여보다 훨씬 높았다. 그러나 그가 받는 높은 급여는 우리 요양원의 의료적 필요를 고려할 때 어쩔 수 없는 일이었다. 만약 그가 없으면, 마다르 요양원의 의료적 명성이 심각하게 실추될 수도 있는 상황이었다. 마침 닥터 웰즈가 연구를 계속하기 위해서 영국으로 떠날 계획을 세우고 있는데다가, 자기가 영국으로 떠난 이후에는 마다르가 결핵수술을 중단하기로 결정했다는 요지의 발언을 자이푸르에서 열린 어느 결핵회의에서 자기 마음대로 한 일도 있었기 때문에 우리는 우리 요양원

능력으로는 감당할 수 없는 실정에도 불구하고 바트의 급여인상 요구를 들어줄 수밖에 없다는 판단을 내렸던 것이다.

2월 3일, 닥터 바트가 나를 찾아와 3주간의 '약식 휴가'를 떠나야겠다고 했다. '약식 휴가'는 그가 지어 낸 휴가 명칭이었다. 바로다에서 수술을 해달라는 요청을 받았는데 우리 요양원의 수술기구와 장선(腸線, 수술 봉합용 실—편집자) 얼마간을 가지고 갈 수 있도록 허락해 달라고 했다. 출발할 때까지 몇 시간밖에 남지 않은 상태였기 때문에 매우 망설여졌지만 그의 압력에 마지못해 허락했다. 그는 또 휴대용 구술녹음기를 가져가려고 담당 직원을 만났지만 그 직원이 나에게 전화를 걸어 알아보라는 바람에 계획이 좌절되었다. 내가 그의 요구를 거절했던 것이다. 실제로 그 수술이 행해졌는지의 여부는 알 수 없었으나 수술기구 사용료 건이나 닥터 바트의 파견 비용 조로 우리에게 입금된 돈은 한 푼도 없었다. 닥터 바트와의 고용계약서에는 바트가 사적인 의료 시술을 하면 안 된다고 구체적으로 명시되어 있었다.

닥터 바트가 연례 이사회에서 읽어주라면서 그의 수술보고서를 나에게 넘겨주고 갔다. 나를 가장 놀라게 한 것은 그가 보고서와 함께 공식 사직서를 운영위원회에 제출한 것이었다. 몬돌 감독이 주재하는 운영위원회에 참석했다. 내 보고 순서가 됐다. 나는 요양원장으로서의 보고를 먼저 하고, 영업부장 직책으로서 재정보고를 할 때 신속한 결정을 내려야 할 기타 안건 하나를 의제에 올리겠다고 했다.

나는 먼저 마다르 요양원이 50명이 넘는 파키스탄 난민 결핵환자에 추가로 티벳 환자들을 대규모로 받게 된 전말을 보고했다. 당시 요양원엔 티벳 난민환자 20명이 있었는데, 인도전국기독인협의회로부터 50명을 더 받아달라는 요청을 두 번에 걸쳐 받아 놓은 상태였다. 티벳 난민환자 한 사람을 포함한 기적적인 치유사례에 관한 보고회가 운영회의 오후 일정에 들어 있었다. 오후에는 또 북부철도회사가 건축한 우리 요양원에서 제일 좋은 병동을 여는 순서도 있었다. 아직 환자들을 입주시킬 단계는 아니었는데 대들보 4개만 더 들여오면 완공될 건물이었다. 작년 운영위원회에서 몬돌 감독은 강한 믿음을 가지고 이 새로운 건물 기공식의 첫 삽을 떴었다. 몬돌 감독은 대들보가 금방 도착하리라 예상하면서 이번 운영위원회가 끝나는 대로 그 병동을 공식적으로 열기로 결정했던 것이다. 단층집 두 동과 티벳식 결핵동은 1959년 마다르 운영위원회 이후 들어온 100명이 넘는 환자들로 꽉 차 있었다. 환자의 수는 마다르 역사상 최고 수준인 약 300명에 이르렀고 아직도 대기환자들이 줄을 서서 기다리고 있었다. 직원 수도 대폭 늘어났으나 초과근무의 부담조차 느끼고 있었다. 우리들은 막 합류한 닥터를 반갑게 맞이하기도 했다. 그리고 몇 주 후면 우리 수술팀에 합류할 그리스도인 부부 닥터 레부와 글래디즈 사라를 기다리고 있었다.

나는 계속된 인사말에서 감리교 해외구조위원회 디렉터인 닥터 게이더 워필드가 지난해 4월 마다르를 하루 종일 방문했던 사실을 특별히 언급했다. 그는 마다르의 작업요법 재활과에 특별히 깊은 인상을 받았으며, 해외구조위원회 지원금 덕분에 완전하게 회복된 환자들과 사진을 찍었다. 이들이 맨 처음 입원했을 때에는 많은 환자들의 건강이 절망적이었다. S. D. 소언이 생각났다. 그는 우리 말기

환자 병동에 잠시 입원했던 환자였다. 그는 우리 요양원에서 가장 활기찬 직원 중 하나가 되었고 평신도 지도자로 성장해 성누가 교회의 사역에도 열성적으로 참여하고 있었다.

뉴웰 감독이 마다르의 급수 사정에 대하여 뉴욕에 있는 그의 교구에서 설명회를 연 일이 있었다. 그 결과 놀라운 액수의 헌금이 걷혀 수효가 늘어난 마다르의 환자와 직원에게 충분한 양의 물을 공급할 수자원을 사들일 수 있게 되었다. 그뿐 아니라 2백 그루의 무성한 과목과 3백 그루의 화목이 자라는 7,000여 평 상당의 요양원 농원에 물을 댈 수 있게 되었다.

운영위원회에 제출한 의료보고에서 나는 다음과 같은 의견을 냈다.

요양원 수석 흉부외과의 닥터 바트가 지금 이 자리에 참석하지 않은 데 대해 미안스럽게 생각합니다만, 실은 닥터 바트는 지금 자신이 '약식 휴가'라는 명칭을 붙인 휴가를 3주간 가야겠다고 생각하고 있습니다. 자신이 작성한 보고서를 여러분에게 전해 드리라고 했습니다. 닥터 바트가 멋진 차트와 함께 작성한 보고서를 검토하시면 아시겠습니다만, 우리 요양원 높은 수준의 외과적 명성을 유지해 온 것은 물론 현재까지의 모든 자체 기록을 깨뜨렸습니다. 130회의 폐절제 수술 중 단 2건의 실패를 기록했을 뿐입니다. 이것이야말로 높이 평가되어야 할 기록입니다. 닥터 바트에게 우리는 아낌없는 축하의 마음을 보내는 바입니다. 나는 그의 놀라운 업적이 얼마나 중요한지 잘 알고 있기에 그 중요성을 평가절하 하고픈 생각은 추호도 없습니다. 이 점을 부디 명심해주시면서, 제 말씀을 들어주시기 바랍니다.

저는 본인의 지난 번 보고서에서, 결핵의료체계를 두 개의 수밀水密 구획실, 즉 내과와 외과에 각각 따로 보존하기는 불가능한 일이라는 점을 지적한 바 있습니다. 그것은 내과 케이스가 외과 케이스가 되고 외과 케이스가 내과 케이스로 되돌아가는 경우가 흔한 일이기 때문입니다. 꼭 명심해야 할 사실은 결핵은 일반시스템 질병이며 몸의 거의 모든 기관을 공격할 수 있는 질병이란 사실입니다. 그래서 폐 하나를 제거한다거나 폐의 일부를 제거한다는 것이 능사가 아닙니다. 만일 영구적이고 영속적인 결과를 성취하려면 결핵환자에 대한 총체적인 치료가 필요하며, 이는 일반적으로 느리고도 인내를 요구하는 과정입니다. 이 흉부외과의는 인내심을 결여하는 경우가 참으로 빈번하며, 결핵 진전과정에 대한 좀 더 깊은 이해마저 부족한 경우가 너무 많습니다. 이 의사는 결핵환자가 적절하게 준비되지도 않은 상태인데도 수술에 들어가거나 환자가 의료적으로 적응하기도 전에 퇴원시키는 경향을 보이기도 했습니다. 이런 이유로 인해 한때 수술이 성공한 환자들의 재입원 케이스가 늘어나고 있습니다. 이 흉부외과의의 역할이 매우 화려하고 매력적으로 보였기 때문에 내과 의사들을 외과로 유인하는 경향까지 생기게 되었으며, 이는 근본적으로 보다 중요한 의료분야를 본의 아니게 등한시하게 만들고 환자들만 홀로 고통당하게 하는 결과를 가져왔습니다. 우리는 이 본말이 전도된 경향을 시정하기가 매우 힘들다는 사실을 알게 되었으며, 운영위원회가 지구상의 여타 요양원 대부분이 가진 일반적 경향, 즉 외과 치료를 부속적인 영역으로 취급하면서 내과에 치중하는 경향에 맞추어 마다르 요양원의 정책을 바꾸는 급격한 변화를 승인하지 않는 한 우리로서는 지금의 경향을 시정하기가 불가능하게 되었습니다.

이렇게 말씀드린다고 해서, 수술을 택하는 편이 좋은 경우 또는 수술만이 유일한 대안이 될 수 있는 특별한 케이스에 있어서까지 흉곽 수술의 필요성을 인정하지 않는 것은 아닙니다. 이런 경우를 위하여 최고의 시설을 구비함으로써 우리 요양원의 외과적 명성을 유지해야 한다고 생각합니다. 지금까지 여기에서 흉부수술의 현실적, 재정적 측면에 대하여 다루지 않았습니다만, 이 문제는 재정보고에서 다루려고 합니다.

나는 곧 재정보고에 들어갔다. 우리 요양원의 적자를 초래한 여러 가지 비용에 대해 설명했다. 운영위원들 대부분이 닥터 바트가 행한 수술에 들어간 추가비용과 내가 제시했던 비용절약 방안들에 대한 그의 비협조적 태도를 지적했다. 더욱이, 그는 나에게 알리거나 내 승인도 받지 않고 렁지아(스코트랜드 선교회 아지마르 교회병원)에 있는 어느 환자를 위해 의약품 얼마간을 넘겨 준 것이 분명했으며, 이 의약품 값은 마다르에 지불되지도 않았다. 수술수입 증가분에 대해 '비용 증가'란에는 갑절로 계상되어 있었는데 이것이 당시 마다르가 당면하고 있던 위기의 원인이 되었다고 선교회 감사 테리가 지적했다.

닥터 바트는 마다르가 누릴 수 없는 '고가의 사치품'이라는 운영위원회의의 결론이 나왔다. 운영위원회는 바트가 제의한 사임원을 받아들이기로 결의하고 그가 '약식 휴가'를 보내고 있는 곳으로 공문을 보냈다. 닥터 바트의 자리를 채울 후임이 결정됐다. 그 의사는 닥터 바트보다 훨씬 적은 액수의 급여조건을 수락했다. 운영위원회가 보낸 서한을 받아 본 닥터 바트는 '약식 휴가'를 단축하고 달려

왔다. 그는 원래 2월 24일 이후에 요양원에 복귀하기로 되어 있었다. 내가 그에게 1개월 사전 통보를 주었으니 그 한 달 동안 유급휴가를 보내는 게 좋겠다는 제의를 했으나 그는 퉁명스럽게 거절했다. 그가 진정으로 사임할 의사를 가지고 사직원을 낸 것이 아닌 게 분명했다. 그가 심히 동요하고 있는 것을 볼 때 내 앞에서 많은 말로 인정하진 않아도 자신의 행동을 크게 후회하고 있는 게 분명했다. 얼마 후, 그는 나에게 와서 좋은 수술 후보가 있는데 이 사람을 무료환자 케이스로 수술하고 싶다고 했다. 나는 놀랐다. 그러나 내가 제시한 유급휴가를 일단 거부한 상태에서, 내가 몇 달 전 그에게 했던 요청을 들어줌으로써 내 비위를 맞추려는 것 같았다. 나는 그가 선택한 환자를 만나보고 나서 그가 내린 평가에 동의할 수 있는지 없는지를 결정하겠다고 대답했다.

1959년 수술사고를 낸 후 그가 잠시나마 태도를 바꾸고 죄를 깊이 뉘우치는 듯한 모습을 보인 적이 있었다. 그래서 내가 그를 찾아가 내가 심히 우려하고 있던 사안에 관하여 의논을 했다. 내가 느끼기에 그는 우리 요양원의 무료환자 수술 관행을 사실상 폐지해버린 것 같았다. 그는 수술하기 좋은 케이스를 조심스럽게 선별해 내곤 했는데 주로 개인병동에 있는 부유한 환자들 중에서만 수술 대상을 골라내고 있었다. '박시시'(팁)를 받아먹는지 의심할 만한 근거는 없었지만, 나는 무료환자들도 개인병동을 쓰는 환자들과 동일한 배려를 받아야 한다고 굳게 믿고 있었다.

나는 많은 무료환자들이 여러 가지 고초와 영양실조 등 애초부터 불이익을 당하고 있는 현실을 알고 있었다. 그러나 어떤 환자들은 세심한 식단관리와 치료에 좋은 반응을 보여 수술불가에서 수술가 능으로 등급이 격상되기도 했었다. 내가 이 문제를 그에게 제기했지만, 닥터 바트는 병세가 호전된 환자들의 수술에 대해 매우 부정적이었을 뿐 아니라 나를 멀리하기까지 했던 것이다.

그런데 지금은 그가 나를 체중이 현저히 늘어나고 내가 보기에도 임상적으로 흉부수술을 받을 수 있는 상태에 도달한 젊은 힌두 환자가 있는 곳으로 데리고 가는 것이었다. 환자 자신도 열성적으로 수술 받기를 원했다. 우리가 보기에 그 환자는 매우 협조적이었다. 나는 이번 케이스야말로 요양원 내에서 '사망 병동'(환자들이 자기들 병동을 지칭하던 말이었다)을 '생명 병동'으로 바꿀 수 있는 좋은 기회라고 생각했다.

무료병동 환자들은 드디어 그들 중 하나가 생명을 구하는 수술을 받게 된 데 대해 모두 감격하고 있었다. 그들은 얄팍한 주머니를 털어 화환을 샀다. 그리고 그 환자가 수술실로 들어갈 때 그 화환들을 숨을 틀어막을 만큼 수북하게 안겨주면서 축복해주었다.

나는 보통 수술 광경을 참관하지 않지만 이번같이 중대하고 행복한 기회를 놓치기 싫어 수술을 참관하기로 했다. 나의 참관에 수술팀은 기쁨을 감추지 못했다. 그러나 닥터 바트는 그의 어두운 표정과 다른 수술팀 의사들과는 달리 나에게 인사도 제대로 하지 않는 것으로 미루어 내 존재를 별로 달갑지 않게 여기고 있었다.

수술은 순조롭게 진행됐다. 때가 오자 마취사가 닥터 바트를 향해 고개를 끄덕이며 "준비완료"를 알렸다. 그러자 바트가 간호사로부터 피부 절개용 메스를 넘겨받아 솜씨 좋게 피부를 절개했다. 후속 절차가 빠르고 연속적으로 이루어졌다. 과도한 출혈로 인한 사고나 지체도 없었다. 나는 닥터 바트의 노련한 수술 장면을 기쁨과 경탄으로 지켜봤다. 그리고 이런 나의 느낌을 그에게 말해주기 시작했다. 그러나 수술 도중 닥터 바트가 갑자기 예고도 없이 수술용 고무장갑을 벗어서 마룻바닥에 내동댕이쳤을 때 내 말도 함께 중단됐다. 그는 내가 평생 잊지 못할 말을 분노에 떨며 내뱉어서 우리 모두를 경악하게 했다. "당신이 나를 마다르 통합요양원의 책임자로 임명하지 않으면 수술을 여기서 끝낼 거요!"

일순간 어안이 벙벙해졌으나 곧 정신을 가다듬고 닥터 바트에게 퉁명스럽게 말했다. "이러시면 안됩니다. 환자를 생각하세요. 저 환자를 가슴을 열어 놓은 채 수술대 위에 버려두어서는 안 됩니다. 환자를 위해서라도 우선 수술을 완료하세요. 그러고 나서 사무실로 물러가 조용히 당신 문제를 토의해서 무슨 결론이 나올지 알아봅시다."

그러나 닥터 바트는 완강한 태도를 보이며 의기양양하게 수술실을 걸어 나갔다. 환자의 박동과 호흡이 정상이라는 마취의사의 말을 듣고 나는 다른 외과 의사를 불러와서 닥터 메라니와 함께 수술을 마치도록 할테니 환자가 마취 상태에 있도록 세세히 모니터하라고 지시했다. 다른 모든 사람에게도 대기 상태에 있으라고 했다. 그 다음 일직근무자를 시켜 SOS 메시지를 닥터 레부와 글래디즈 사하에게 보내 만사를 제쳐놓고 당장 와서 수술에 참여해 달라고 요청했다. 당일 아침 부임해서 짐을 푸느라 정신이 없던 사하 부부는 닥터 바트가 무슨 사고를 당한 것이라고 생각할 정도였다.

한편, 나는 닥터 바트의 뒤를 쫓아 나가서 그가 막 수술 블록을 빠져나갈 즈음 그를 따라잡았다. 내가 드디어 항복했다고 생각한 그가 조롱 섞인 미소로 나를 맞이했다. 그가 걸음을 멈추더니 내게 돌아서며 말했다. "다른 선택의 여지가 없기 때문에 당신이 타협을 해 올 줄 알았습니다."

나는 그의 말을 무시하면서 말했다. "우리 사무실로 가서 이 문제를 조용히 심도 있게 논의하고 그 함축성도 모두 신중하게 검토해 봅시다." 그가 마지못해 나를 따라 사무실까지 왔다. 그를 설득한다거나 정신을 차리게 하더라도 다른 사람들 앞에서 체면을 잃도록 해서는 안 되겠다는 생각이 들었다.

그가 앉자 내가 솔직히 털어놨다. "이건 의사로서 할 일이 못 됩니다. 불쌍한 환자의 생명이 경각에 처해 있습니다. 그러니까 즉시 수술실로 돌아가서 당신이 시작한 수술을 끝까지 하세요. 그렇게 못 하시겠다면 그건 환자의 생명을 위태롭게 하는 행위입니다. 당신 자신과 우리들은 물론 당신의 미래 경력까지 손상을 입히는 결과가 될 것입니다. 여하튼 당신도 잘 알고 있겠지만 나는 설사 내가 그렇게 하고 싶더라도 당신의 협박에 굴복할 위치에 있지 않습니다. 그건 당신의 말도 안 되는 요구를 들어 줄 수 있는 권한이 내게 없기 때문이지요. 나는 마다르 요양원의 원장으로 임명된 사람입니다. 따라서 나에게는 내 직임을 타인에게 양도할 능력이나 권한이 없습니다. 그런 권한은 운영위원회 의장에게만 있습니다. 자, 이성을 되찾읍시다. 수술실로 돌아가세요. 내가 닥터 사하 부부에게 긴급사태는 잘 마무리 됐으며 당신이 수술을 계속할 것이라고 말해 놓겠습니다."

그의 미소가 경악과 분노의 표정으로 바뀐 것을 볼 수 있었다. 그가 일어서서 말했다. "당신이 나를 해고할 수는 있겠지만 나를 없애 버리지는 못할 겁니다. 당신은 더 이상 나의 원장이 아니며 다만 나의 집주인이며, 나는 당신의 세입자입니다. 따라서 우리 인도법에 의하면 당신은 나를 앞으로 3개월 내에 강제로 내 집에서 쫓아낼 수 없습니다. 그때까지는 형세가 내게 유리한 방향으로 반전될 것입니다."

나는 간단히 응수했다. "데코 자이가"(두고 봅시다). 그리고는 곧바로 수술실로 달려갔다.

그러는 동안 보조외과의 닥터 메라니는 닥터 사하 내외에게 가슴 엑스레이 분석 결과를 보여주고 수술을 완료할 때까지 해야 할 일들을 설명하느라 분주한 모습이었다. 그들이 상황을 정확하게 판단하고 있고 내가 더 이상 설명을 해줄 필요가 없다는 판단이 서자 안심이 되었다. 그들은 이미 손을 씻은 후 수술가운과 장갑을 착용한 채 수술을 계속할 채비를 마친 상태였다. 이 사건이 진행되는 동안 환자의 생명 외에도 여러 가지로 상황이 위태로웠기 때문에 나는 하나님의 도우심과 인도하심을 위해 마음속으로 계속 기도하고 있었다. 요양원 원목도 사정을 알게 되었다. 수술이 재개될 때 조지 싱 목사가 짧지만 뜨거운 기도를 드렸다. 그 기도는 우리의 영을 새롭게 했으며 방 안에 있는 모두에게 하나님을 위해 최선을 다하겠다는 결단을 갖게 하였다.

수술은 사하의 능숙한 솜씨로 잘 진행되었고 별 사고 없이 무사히 끝났다. 수술을 끝내기 조금 전에 사하가 내게 다가와 환자를 중환자실에 표준 시간보다 좀 더 오래 두어야겠다는 의견을 제시했다. 밤낮으로 그 환자를 위해로부터 보호할 수 있는 곳은 중환자실뿐이었기 때문이었다. 모든 일이 위태로운 상태였다. 이 환자가 마다르를 파괴하려는 공격의 표적이 될 가능성이 매우 높았다. 나는 그렇지 않아도 강력하고도 사악한 세력이 닥터 바트를 조종해서 나뿐 아니라 의료 윤리에 도전해 왔던 것은 물론, 바트 자신에게까지 의료인의 생애에 돌이킬 수 없는 손실을 입히려 한다는 것을 느끼던 참이었다. 나는 그에 대한 사적인 원한은 없었지만, 마다르 요양원을 파산시키고 그 기능을 인수하려고 작정한 사악한 배후 세력의 도구로 전락해 버린 것이 분명한 바트에게 참 안됐다는 느낌을 갖고 있었다.

닥터 샤르마의 경고에는 깊은 뜻이 있었다. 나는 그의 말이 마다르를 대적하기 위하여 전열을 갖춘 자들의 냉혹성을 직접 경험한 데서 나온 것이기 때문에 그의 말대로 모든 예방 조치를 취하는 것만이 최선의 방법이라는 사실을 깨닫게 되었다. 나는 우리의 귀중한 환자를 중환자실로 옮긴 후 승인을 받은 자들만 부근 출입을 허가하도록 했다. 더 나아가, 우리가 가장 믿을 만하고 건장한 '경비원'을 선발하여 중환자실 주변을 위기가 끝날 때까지 지키게 하였다.

당시로 봐서는 매우 극단적인 조치처럼 보였을지 모르지만, 나중에 생각해보니, 그 조치가 불의의 사고를 방지하고 환자의 생명을 보호하는 데 기여한 것이 확실했다. 환자는 회복이 잘 되어 수술 흔적을 자랑스럽게 내보였다.

그러나 위기의 종식은 요원해 보였다. 우리가 아는 적이나 심지어 모르는 적들로부터 진짜 도전이 우리를 기다리고 있다는 것을 알 수 있었다. 닥터 바트가 우리 의사들을 선동하여 파업을 일으키려고 발 빠르게 준동하고 있었다. 의사들이 이를 거부하자 이번에는 닥터 바트가 재빠르게 환자들, 특히 라자스탄 주가 우리에게 보낸 환자들을 상대로 금식 파업을 일으키도록 선동을 시작했다. 이것이야말로 우리들에게 가장 큰 타격을 주리라는 것을 그는 잘 알고 있었다. 만일 그들이 금식에 들어가게 되면 그동안 우리가 그들에게 베풀었던 훌륭한 업적의 대부분을 무위로 돌려놓게 될 뿐 아니라 건강이 약한 환자들이 생명을 잃을 수도 있게 될 것이었다. 그래서 나는 긴급히 경찰서장을 만나 닥터 바트가 우리 환자들을 해치는 행동을 중단시키는 조치를 강구할 수밖에 없게 되었다.

경철서장은 동정심과 이해심이 있는 사람이었다. 그가 사태 해결에 도움이 되는 제안을 했다. "닥터 바트는 법적으로 당신의 세입자입니다. 따라서 3개월 이내에 그를 숙소에서 퇴거시킬 수 없습니다. 그러나 당신은 요양원의 원장이기도 합니다. 당신은 원장으로서, 그가 환자병동에 출입하거나 환자들의 일에 개입하는 것을 금지시킬 수 있는 권한이 있습니다."

나는 닥터 바트가 분명 내 말을 듣지 않을 것을 알고 있었기 때문에 경찰서장에게 그가 말한 내용을 문서화해서 달라고 부탁했다. 처음에는 주저하는 듯했으나 나의 괴로워하는 모습을 보더니 부관을 시켜 그의 이름이 박힌 편지지를 가져오게 했다. 그리고 그러한 상황에서 내가 행사할 수 있는 권리를 글로 적어서 설명해주었다. 그가 공문서로 정리된 그 문서를 나에게 건네주었다. 나는 거듭거듭 사의를 표했다.

"바훗 슈크리아"(매우 감사합니다). 나는 힌디 실력을 최대한 발휘해서 말했다. 그가 친구라는 사실을 확인할 수 있었던 것이야말로 내가 진심으로 감사한 이유였다.

A. L. 데이빗은 나에게 어학을 가르친 연로한 선생님의 아들이다. 그는 변호사이며 기독교인이었다. 나는 다음 수순으로 그를 만났다. 그는 매우 염려하면서 마다르를 대적하는 이런 음모에는 더 깊은 배경이 있을 것이라고 했다. 강력한 지지자들이 없다면 바트가 혼자 그렇게 용감하게 나올 수가 없기 때문이다. 그가 나에게 아지메르에 살고 있는 힌두 최고의 변호사를 만나보라고 권유했다. 나는 즉시 그렇게 했다. 그는 단번에 음모를 간파했다. 또 그 음모가 마다르 요양원은 물론 요양원과 연관되어 있는 모든 사람들에게 얼마나 위험한 일인가에 대해서도 잘 알고 있었다. 그가 서가에서 책을 한 권 꺼내 작은 활자로 인쇄된 조문을 가리켰다. 조문의 내용을 요약하면 "모든 독립 기관은 재정적, 인사적 혹은 입원환자에 관한 문제를 해결하지 못하는 경우 폐쇄되거나 주정부에 의해 접수될 수 있다"는 뜻이었다.

"이 규정은 바로 마다르 요양원이 왜 그렇게 악질적으로 공격을 받고 있는지에 대한 단서를 제공하고 있는 것 같습니다." 변호사가 말했다. "지금은 공모자들이 뒤에 숨어서 비열한 짓을 저지르도록 심복들을 부리고 있는 단계이지만 마다르를 파산시키는 것이 그들의 목적입니다. 빨리 조치를 강구하셔야 합니다. 실상을 파헤쳐보면 이 사람들은 매우 강력한 힘을 가지고 있어서 마다르를 손아귀에 쥔 달걀을 부수듯이 파괴할 것입니다. 저들의 공작방법을 직접 목도한 적이 있는 제가 왜 그걸 모르겠습니까? 이곳 아지메르에서 명성이 높은 로마 가톨릭계 학교인 소피아여자대학 사건을 생각해 보세요. 내가 지금 의심하고 있는 자들이 바로 지금 마다르에서 문제를 일으키려고 하는 자들입니다. 이 자들은 소피아 대학을 파멸시켜서 폐쇄하거나 접수할 여건을 조성할 목적으로 소피아대학에 대한 헛소문을 퍼뜨렸거든요. 이 자들의 간계를 모면하기가 아주 힘들었답니다.

제가 알기로는 소피아여자대학이 힌두인 여학생 중에서 알짜만을 선발하여 강제적으로 수녀를 만들어서 이 여학생들이 결국 결혼을 포기하고 외로운 독신으로 살아가게 했다는 내용의 불평을 질투심 강한 힌두인 여인 몇 명이 퍼뜨리기 시작했어요. 자이푸르 당국은 좋은 구실이 생겨 잘됐다고 생각하며 이것을 기화로 소피아대학을 폐쇄시키려 했습니다. 이 자들은 아지메르 단체들을 향해 질투심에 불타고 있어요. 자이푸르가 아지메르로부터 정권을 인수한 이후로도 계속 치열한 경쟁이 계속됐거든요. 소피아여자대학을 아끼는 사람들이 큰 염려를 하게 되었고, 결국 강력한 예방적 조치의 일환으로 자이푸르의 왕비를 아지메르로 초빙해서 특별행사에서 공식 연설을 하도록 했습니다."

"네, 저도 그 자리에 있었습니다." 나도 그때를 기억해냈다. "그렇지만 그때는 무슨 배경이 있었는지 전혀 몰랐습니다."

그가 마다르 요양원을 현재의 곤경에서 구해내기 위한 제안을 또 하나 냈다. "건물을 계속해서 짓고 계시지 않습니까? 건물 준공식에 자이푸르의 왕비를 초빙해서 준공 연설을 하도록 하세요. 또 그 자리에 많은 유력인사들을 초대하세요. 왕비가 자기 연설에서 라자스탄 폐질환 환자를 위해 마다르 요양원이 행하고 있는 선한 사업에 대하여 칭송을 하면 자리에 초대받은 유력인사들도 왕비의 칭송에 큰 박수를 보내게 됩니다. 이렇게만 하시면 이 비열한 공작에 당장 종지부를 찍을 수 있을 것입니다."

나는 그의 건설적인 제안에 고마움을 표시하고 그의 제안을 잘 기억해 두겠다고 화답했다. 그러나 나는 이 제안에 대해 소신을 가질 수 없었다. 왜냐하면 마다르 요양원을 구하기 위한 더 확실하고 나은 길을 하나님께서 열어 주실 것 같다는 느낌이 왔기 때문이다. 나는 마다르를 빚진 자로 만드는 그 어느 것에도 관여하기 싫었고 협박에 굴복하는 낌새도 내비치기 싫었다.

경찰서장이 발행해준 문서 덕분에 바트가 우리 환자들을 더 이상 만나지 못하게 되었다. 그런데 닥터 바트의 방갈로에서 범상치 않은 움직임이 포착됐다고 야간경비가 알려왔다. 얼굴을 스카프로 가린 외부인들이 닥터 바트의 방갈로를 자주 드나든다는 것이었다. 밤중에 바트가 장거리 전화를 하는 소리도 들었다고 했다. 야간에는 사무실 출입문을 잠가 두기 때문에 야간에 전화를 사용하려면 전화선을 사무실에서 베란다까지 끌고 와야 했다. 환자들이 전화하는 소리에 잠을 설치기도 했지만 겁에 질려서 꼼짝 못했거나 그렇지 않으면 그 문제에 대해 아예 언급을 피하고 있는 실정이었다.

닥터 바트는 마다르에 대한 공작을 계속했다. 그리고 우리 소유의 전화기를 사용하여 우리에게 적대적인 내용의 장거리 통화를 자주 하고 있는 것이 확실했다. 특히 그가 벨로어로 통화를 할 때면 우리 전화를 사용하지 못하도록 금지령을 내리고 싶은 충동이 생겼지만 오히려 그의 결기에 연료를 부어버리는 결과가 되지나 않을까 싶어 그냥 참기로 했다.

아메다밧 출신인 바트의 변호사가 그들의 목표는 마다르를 파멸시키는 것이라고 선언했다는 말이 들렸다. 아지메르에 이웃 구자랏주 출신 공동체가 있었다. 바트는 이들을 선동해서 마다르 요양원에 대항하겠다고 위협한 적이 있었다. 닥터 바트와 닥터 간디 두 사람 모두 원래 구자랏 출신이었다. 지방신문에 마다르를 비난하는 기사가 실리기 시작했고 요양원과 직원에 대한 거짓 기사와 오보가 대량으로 나타나기 시작했다.

기도의 필요성을 느낀 소그룹들이 자발적으로 밀실에 모이기 시작했다. 매리언의 이동진료 사역을 돕고 있는 젊은 여의사 닥터 번디가 기도모임의 영적 인도자였다. 그녀가 기도그룹별로 중환자실 환자들의 확실한 회복, 사하를 위한 기도 등 기도제목을 정했다. 교회 종탑에서 모이는 기도그룹은 그녀가 직접 인도했다. 기도 그룹은 특히 바트를 놓고 기도했다. 그가 마음의 변화를 받도록, 그를 더 이상 마다르 요양원의 위협적인 존재가 되지 못하게 할 방법을 알게 해달라는 기도를 드렸다.

나도 기도 그룹들을 수시로 방문하여 축복과 격려를 해주고 또 함께 기도를 했다. 한 번은 기도회에 참석하고 나오는데 닥터 번디가 내가 자기 동창생을 만나면 좋겠다는 영감을 성령님을 통하여 받았다고 했다. 동창생의 남편이 경찰간부인데 자이푸르 경찰대학의 교수였다. 번디는 친구 남편이 문제해결의 돌파구를 발견하여 닥터 바트를 요양원에서 쫓아낼 수 있는 최선의 방안을 제시할 수 있을 거라고 믿고 있었다. 번디의 친구와 친구 남편은 적을 우리 중에 그대로 두는 것은, 그가 복구할 수 없을 정도의 위해를 요양원에 입힐 가능성을 그대로 남겨두는 것과 마찬가지라는 의견을 피력했다.

나는 닥터 번디가 나를 위해 세운 전략에 대해 설명을 듣고 매우 흥미를 느꼈다. 그녀는 이미 그 친구에게 편지를 써서 그 경찰대학 교수를 비밀리에 그의 집에서 바로 그날 저녁에 만날 수 있다는 대답을 받아놓고 있었다. 그 교수가 우리를 만나 문제를 조용히 논의하고 해결책을 강구해 볼 의향이 있다는 것이었다. 그가 희망적인 전망을 내놓았다는 데 대하여 나는 흥분했고 당연히 만나보기로 했다. 닥터 번디가 조심스럽게 그리고 기도하면서 세부계획을 세웠다. 그녀의 수간호사이며 기도그룹 회원인 F. A. 조세프 부인이 아지메르 교회에 집을 하나 가지고 있었다. 닥터 번디가 그 집에서 나와 만나서 특별히 마련된 차(나의 소유도 요양원 소유도 아닌)를 타고 자이푸르로 출발, 어둠이 깔린 후에야 도착하는 계획을 세웠다.

그날 저녁, 나는 닥터 번디와 조세프 부인을 만났다. 그들은 나를 데리고 자이푸르에 사는 번디의 친구 집으로 향했다. 집 주소를 찾아 무사히 도착했다. 번디의 친구가 우리를 경찰대학 교수인 자기 남편에게 소개했다. 그는 친절한 사람이었다. 우리는 지체하지 않고 상황을 자세하게 설명했다. 우리 설명을 모두 경청하고 난 그가 준법정신의 중요성에 관해 강의를 시작했다. 그때 내가 그의 말을 가로채고 그것은 우리의 관행이었다고 하면서 내 말을 계속하려 했지만 그가 내 말을 받았다. "네, 당신들 그리스도인의 입장에서는 맞는 말씀입니다만, 이 경우에 있어서 법을 준수하면서도 동시에 당신의 목적을 달성할 수 있습니다."

나는 정신이 번쩍 들어 "어떻게요?" 하고 큰 소리로 물었다.

"네, 말씀드리죠. 아주 간단합니다. 닥터 바트를 그 집에서 뿐만 아니라 우리 주에서 내쫓아 버림으로써 그가 당신 요양원에 더 이상 위해를 가할 수 없도록 만들 확실한 방법이 있습니다."

나는 열심히 귀를 기울였다.

"직원 중에서 성품이 신중한 사람 몇을 뽑아서 닥터 바트가 점유하고 있는 집에 드나드는 자가 누구인지 그리고 그 집에 가지고 들어간 것보다 더 많은 것을 가지고 나오는 자가 있는지를 은밀하게 알아보도록 시키세요. 이와 같은 짓을 하는 자를 발견하면 그를 따라가서 그가 가지고 나온 물건을 어느 집으로 가져가는지를 알아 두세요. 그런 다음 그 집을 표시해 두고 빨리 경찰에 신고하십시오. 경찰에서 필요한 수사를 시작할 겁니다. 만일 그 물건이 닥터 바트가 점유하고 있는 집에서 훔쳐낸 것으로 밝혀지면 경찰에서 필요한 조치를 취할 것입니다. 아지메르 경찰서장은 제 친구입니다. 그 친구가 당신과 요양원이 바라는 일들을 할 것으로 알고 있습니다. 다만, 경찰당국이 사안을 다루도록 해야 한다는 사실에 유념하십시오."

이 권고를 마지막으로 얘기가 끝났다는 것을 나는 알아챘다. 그래서 우리는 자리를 털고 일어났다. 그의 부인이 친절하게도 다과를 내왔지만 우리들은 시간이 늦었다고 양해를 구하고 출발을 서둘렀다.

미행에 대비해서 델리 쪽 도로로 달리다가 재빨리 옆길로 빠지고 다시 오던 길로 되돌아와 아지메르 방향으로 난 도로로 나오기로 했다. 사전에 위험을 예방하면서, 항상 바트나 그의 끄나풀들의 감시를 받고 있음을 가정해야 했기 때문이다. 우리는 경찰서장을 만난 후 어깨를 짓누르던 무거운 중압감에서 벗어날 수 있었다. 마침내 바트를 쫓아내고 더 이상 야비한 짓을 못하게 할 수 있는 길이 열렸던 것이다.

우리는 믿을 만하고 조심성 있는 감시자를 바트의 숙소 주위에 배치할 준비를 서둘렀다. 닥터 번디가 이 일을 돕겠다고 했다. 그녀가 인사를 하고 아지메르에 있는 조세프 집에서 내렸다. 다음날 그녀는 기차 편으로 마다르로 돌아왔다. 아지메르에서 오는 북행열차의 첫 역이 마다르였다. 그녀가 자이푸르까지 갔다왔다는 사실을 아는 사람은 아무도 없었다.

계획을 막 실행에 옮기려 할 즈음, 주님의 섭리로밖에 믿을 수 없는 사건이 일어나 우리에게 유리하도록 형세를 일변시켰다. 어느 중고서적 행상이 요양원 환자들에게 책을 팔려고 아지메르에서 손수레를 끌고 왔다. 요양원에서 책을 많이 판 다음 이 사람은 닥터 바트가 사는 집에 들렀다. 닥터 바트가 마다르를 떠난다는 소문을 알고 있던 이 행상이 팔고 싶은 책이라도 있는지 바트에게 물었다.

바트는 현금을 마련할 예기치 않은 기회가 왔다고 기쁨을 감추지 못했을 것이 분명했다. 팔 책이 많이 있으니 들어와서 골라보라고 하고 나서 거래 조건을 흥정했을 것이다. 책을 고르던 행상이 책의 질과 종류에 크게 놀랐을 것이다. 그는 가져갈 수 있는 만큼 재빠르게 골라 작은 손수레에 싣고 사라졌다.

우리들이 배치해 놓았던 감시자의 말에 의하면 닥터 바트가 만면에 흡족한 웃음을 머금고 있었다고 한다. 이것으로 미루어 볼 때 그가 장사를 꽤 잘했다고 생각한 게 분명했다. 감시자의 제보에 의하면 그 행상은 거의 빈 수레로 왔다가 수레를 가득 채운 채 바트 숙소를 떠났다.

바트가 쓰는 방갈로는 전에 기독봉사여성회 소속 여성 선교사들이 살던 곳인데, 선교사들이 인도를 떠날 때면 책들을 방갈로에 있는 요양원 도서실에 헌납하는 경우가 종종 있었다. 도서를 기증한 여성들의 이름이 대부분 책에 적혀 있었기 때문에 기증자의 신원을 밝히기도 매우 쉬웠다. 나도 한평생 좋은 책의 가치를 잘 알고 살아온 사람이지만, 그런 책들이 요양원을 구해내는 데 결정적인 역할을 할 수 있으리라고는 상상도 못했다.

감시자들은 중고서적 행상의 뒤를 밟아 가게까지 따라가서 즉시 장물행위를 나에게 알려줬으며, 나는 이를 즉시 경찰서장에게 알렸다. 경찰서장이 나에게 격려의 미소를 보내면서 이렇게 말했다. "당신이 이겼습니다. 즉시 그 가게로 경찰관을 보내겠습니다. 절도사실을 확인하는 대로 닥터 바트가 사용하던 방갈로 자물쇠의 제거를 승인할 것입니다. 이후 당신은 그곳을 자유롭게 출입할 수 있고 또 점유할 수도 있습니다. 만일 그 책들이 요양원에서 훔쳐낸 책들로 확인되면 닥터 바트를 고발하시겠습니까?"

나는 간결하게 대답했다. "아니, 아니요! 제가 원하는 건 그 사람이 이 지역을 떠나서 더 이상 문제를 일으키지 않는 것뿐입니다."

절도사실이 확인된 지 이틀이 지난 4월 19일 경찰관들이 닥터 바트의 건물 점유권에 끝장을 내려고 들이닥쳤다. 현관문이 자물쇠로 굳게 잠겨 있는 것을 보고 해머를 구해달라고 했다. 나는 얼른 요양원 목수에게서 해머를 빌려왔다. 벌써 꽤 많은 요양원 직원들이 자물쇠 파쇄 장면을 구경하러 와 있었다. 곧 문이 열렸고 내 비서와 내가 들어가 그 집을 마다르 요양원을 대신해서 회수했다. 내 비서가 식탁 위에 놓여 있는 편지 한 장을 발견했다. 빈 접시 옆에 개봉된 채로 놓여 있는 것으로 보아 닥터 바트가 아침을 먹을 때 배달된 편지가 분명했다. 바트가 힌디를 하지 못했기 때문인지 편지는 영어로 작성되어 있었다. 비서가 별안간 흥분된 목소리로 외쳤다. "의사 선생님, 이것 좀 보세요. 이 편지는 다른 사람도 아닌 우리 요양원에 늘 우호적인 것으로 보이던 닥터 메라니가 서명했군요."

편지의 일부분은 다음과 같이 적혀 있었다.

닥터 바트 귀하,

저는 귀하의 지시에 따라 단식투쟁을 통해 마다르와 자이푸르 당국과의 관계에 심대한 상처를 입힐 목적으로 라자스탄이 후원하는 서른두 병상을 사용하고 있는 환자들을 선동하여 단식투쟁에 들어가게 하려고 진력해 왔습니다. 그러나 이들 고집 센 환자들이 완강하게 거부했습니다. 요양원에서 우수한 치료를 받고 있는데 웬 금식투쟁이냐는 것입니다. 다음 행동 지침을 주시기 바랍니다.

정말로 충격적인 사실이었다. 닥터 바트가 수술 도중 수술 장갑을 벗어 던지며 환자를 방기하는 행동을 보인 그 숙명적인 날, 닥터 메라니가 수술실에서 긴급사태를 수습하는 데 협력한 이후부터 나는 그를 신임하고 있었다. 적어도 닥터 메라니만은 우리 편으로 알고 있었기 때문에 나는 그 편지를 보고 내 눈을 의심했다. 나는 편지를 움켜쥐고 메라니의 방갈로로 달려갔다. 닥터 메라니는 현관까지 나와 놀란 표정으로 나를 맞았다. 나는 그 자리에서 편지를 펴고 물었다. "이것이 당신 편지 맞습니까?"

그가 당황스런 모습으로 그렇다고 시인하면서 어떻게 그 편지가 내 손에 들어오게 되었느냐고 물었다. 나는 "경찰이 방금 닥터 바트의 방갈로 자물쇠를 부쉈습니다. 그리고 우리가 그의 방갈로를 회수했습니다"라고 대답했다.

닥터 메라니는 매우 혼란스럽고 부끄러워하는 태도로 집 안으로 들어가서 낭패한 기색이 역력한 아내에게 나쁜 소식을 전했다. 나중에 알게 된 일이지만, 그들은 곧바로 집을 비우고 몇 가지 물건만 챙겨서 서둘러 사라졌다. 그들이 자의로 그런 짓을 한 것이 아니었다는 사실을 나중에 알게 된 후, 그들에 대해 불쌍한 마음을 금할 수 없었다.

나는 이제 닥터 바트를 만나봐야만 했다. 먼저 아지메르에 있는 그의 친구 집으로 전화를 걸었다. 잠깐 외출 중인데 곧 돌아올 것이라고 친구가 대답했다. 두 번째 전화를 걸었을 때에야 바트와 직접 통화를 할 수 있었다.

처음에는 내 얘기를 믿으려 하지 않았다. 자물쇠를 부수고 나를 그 집안으로 들어가게 할 권한이 경찰에게는 없다는 말만 되풀이했다. 그는 흥분한 나머지 방갈로 도서실에서 책을 훔쳐낸 것은 절도죄에 해당한다는 나의 설명을 잘 알아듣지 못하는 게 분명했다. 그래서 나는 참을성을 갖고 절도에 대한 나의 설명을 되풀이했는데,

내 설명이 끝나기도 전에 그의 분노에 찬 신음소리를 들었다. 이어서 그가 수화기를 바닥에 내동댕이쳤기 때문에 그 소리에 내 고막은 찢어질 것 같았다. 이번에야말로 그가 말귀를 알아들었던 것이다.

닥터 바트가 전에 그가 살던 거처로 와서 그가 한 일을 시인한 후 메라니의 짐 보따리보다 더 간소한 짐을 챙겨 떠났다는 말을 나중에 들었다. 듣기로는 그가 아지메르에서 출발하는 다음 기차도 타지 않고 자동차로 전속력을 내어 미지의 곳으로 갔다고 한다. 이후 그로부터 아무 소식도 듣지 못했다.

평화에 도전하던 두 의사가 급작스럽게 퇴장한 후, 환자와 직원들은 모두 안도의 한숨을 내쉬었다. 환자들은 모두가 환한 미소를 머금었고 직원들은 요양원 상공을 떠돌던 재앙으로부터 우리를 구원해주신 하나님께 찬양을 올렸다.

요양원교회의 종이 기쁨의 종소리를 울렸다. 수많은 사람들이 나와서 주님께서 그들 중에 행하신 일을 노래와 간증으로 기념했다. 기도모임 회원들은 하나님의 신실하심을 나누었다. 닥터 글래디즈 사하가 인도하는 그룹은 그 숙명의 날, 수술 도중에 방기됐던 환자의 쾌유를 위한 기도에 집중했다. 사하가 말을 하는 동안 그 환자가 일어서서 가느다란 줄 하나밖에 남지 않은 수술 자국을 자랑스럽게 내보이며 절개했던 자리가 어디인가를 보여주었다. 그 자리에 모인 사람들은 기쁨의 환호와 하나님을 향한 감사로 호응했다.

닥터 번디의 기도 소그룹은 기도에 대한 응답으로 지독하게 골치 아픈 점유자가 나가게 된 경위와 일련의 사건들로 바트와 메라니가 마다르 요양원을 스스로 떠나게 만든 과정을 간증했다.

할렐루야의 외침이 잦아들자 나는 주님께서 십자가상에서 손수 드리신 기도, "아버지 저들을 사하여 주시옵소서 자기들이 하는 것을 알지 못함이니이다"(눅 23:34)를 기억하며 그날 모인 사람들을 대표해서 원목에게 닥터 바트와 메라니를 위해 용서의 기도를 드려달라고 부탁했다.

제27장. 음모와 대항책

우리는 요양원 초창기에 환자들에게 수술을 권하면서 상당히 많은 저항을 받았다. 결핵의 외과적 치료법이 널리 알려져 있지 않은 데다가, 알려져 있다 하더라도 수술은 매우 두려운 것이라는 시각이 많았다. 이런 이유로 우리들은 수술 대상으로 결정된 케이스의 성공률에 특별히 신경을 쓰고 있었다. 물론, 수술 대상을 아무리 신중하게 선택한다 하더라도 그 결과가 항상 좋을 수만은 없는 것이다.

타라가 처음 마다르 요양원에 치료 신청을 했을 당시 그녀의 상태는 절망적이었다. 모습은 살아 있는 해골이나 마찬가지였고 아무 약도 듣지 않는 고열까지 있었다. 우리 외과의들이 그녀의 예후를 별로 좋게 보지 않았기 때문에 그녀의 연로한 아버지에게 집으로 데리고 가는 것이 좋겠다고 소견을 전했다. 그녀가 슬픔에 찬 눈으로 "제발 저를 내보내지 말아주세요. 제겐 할 일이 있어요. 그래서 꼭 나아야 해요!"하며 나에게 간청한 것을 보면 그녀도 모든 걸 직감하고 있었던 것 같다.

그녀는 유창한 영어를 구사하는 영문학 석사였다. 그녀는 내가 자기 아버지에게 한 조언을 재고해달라고 나를 설득했다. 나는 우리가 그녀를 위해서 할 수 있는 일은 모두 하겠지만, 잘해야 길고도 힘든 시련의 기간이 될 것이기 때문에 그녀가 전적으로 우리에게 협조해야 한다는 것을 분명히 해두었다. 그녀는 이 모든 것을 진심으로 받아들였다. 타라는 연이어 위기를 통과했는데, 그때마다 우리는 이것이 마지막 위기가 되리라고 생각했지만 그녀는 절대로 포기하지 않았다. 시간이 지나면서 그녀는 서서히 기력을 회복했다.

벨로어 의과대학의 닥터 베츠가 우리를 방문했을 때 나는 타라의 수술 건을 그에게 상담했다. 그는 수술 외엔 다른 방도가 없으니만큼 그렇게 하라고 격려했다. 닥터 베츠가 정신적으로 지지해주었지만 수술은 이만저만한 근심이 따르는 일이 아니었다. 타라는 수술 중에도, 후에도 오랜 기간 삶과 죽음 사이를 왔다갔다했다. 그녀는 잇따라 발생하는 심각한 병발증을 앓으면서도 끈질긴 의지력을 발휘하여 희망의 끈을 놓지 않았다.

타라는 점점 건강이 좋아져서 '회복기 환자' 단계까지 도달했다. 다시 교편을 잡을 수 있을 정도의 건강을 회복하지는 못했지만 요양원 밖에 거처를 마련했다. 그녀는 당분간 가슴에 난 상처를 정기적으로 검사 받고 붕대 교체를 하기 위해 요양원을 다녔다. 나는 요양원 가는 길에 그녀를 태워다주곤 했는데 인생의 난제들과 하나님에 관해 이야기 나누기에 좋은 기회였다. 나는 또 그녀에게 성경책 한 권을 주었고 타라는 그 성경을 소중하게 다루었다. 내가 감리교 잡지 《투게더》도 몇 부 주었는데 타라는 그 잡지를 다른 사람들과 돌려가며 보았다고 했다.

장기간의 회복기를 거쳐 타라는 드디어 교직에 복귀할 수 있었다. 그녀는 매우 행복해 했고 딸을 위해 모든 것을 희생하고 신실하게 딸을 지켜준 연로한 아버지를 부양할 수 있게 되었다. 나는 학교에서 열리는 특별 행사에 오라는 타라의 초청장을 받고 매우 기뻤다. 그녀가 직접 손으로 쓴 초청장은 자신이 엄청난 일을 해냈다는 느낌을 주기에 충분했다.

1950년대부터 60년대 초까지는 인도에서 기독교인과 선교사들에 대한 사회적 반감이 고조되던 시기였다. 공개적으로 기독교에 적대적 태도를 보이는 극렬 힌두 단체인 '아리아 사마지'가 아지메르 시내에 본부를 차리고 있었다. 이 단체는 우리 요양원의 평판을 실추시키고 운영권을 빼앗아 힌두교로 넘기려는 공작에 활용할 정보를 획득할 기회를 노리고 있었다. 요양원에 이미 여러 번 협박 전화가 왔고 요양원에 적대적인 기사가 소위 '황색신문들'에 여러 번 실리기도 했다. 1960년 3월 28일자 《오가나이저》 신문은 전단 제목을 달아 다음과 같은 기사를 실었다.

결핵요양원 선교사의 수치스러운 이야기
(본지 특파원 발신)

3월 17일 아지메르. 아지메르 시 동북 8킬로미터 떨어진 곳인 마다르 촌에는 미국 감리교선교회가 운영하는 대규모 결핵요양원이 있다. 이 요양원은 인도 내에 있는 최대 결핵요양원 중 하나이자 대규모 기독교 개종센터 중 한 곳이기도 하다. 요양원 직원 대부분은 기독교인이거나 기독교를 받아들일 것을 설득당하는 사람들이다. 얼마 전, 불행하게도 수술대 위에서 한 환자가 힌두인 의사의 손에 의해 불의의 죽음을 당했는데 이 사고로 그는 자신의 종교를 잃었다. 요양원 원장이 그에게 사과문 작성을 강요했고, 또 기독교를 받아들이라고 강요했다. 그렇게 하지 않으면 무서운 결과를 각오해야 한다며 협박했는데 이 심약한 의사는 결국 요양원 원장의 요구에 굴복하고 말았다.

선교사가 주요인물 한 사람을 개종시킬 경우 3,000루피가 대가로 지불된다는 소문이 자주 들린다. 이에 따라 직원들이 포상을 받으려고 온갖 노력을 경주하고 있다. 불과 수년전에 닥터 K. L. 샤르마가 개종했으며 다른 의사 미스 간디는 개종을 거부하고 직장을 떠났다. 젊고 유능한 수술의 대가 닥터 바트는 조상 때부터 믿어온 종교를 버리라는 요구를 거부했다는 이유로 면직 당했다. 그의 짧은 재직 기간 동안 닥터 바트는 그가 집도한 수술을 모두 성공시켰다. 이러한 높은 수술 성공률 때문에 환자들은 그를 선호했고, 다른 의사에게 수술을 맡기는 환자가 한 명도 없는 지경에 이르렀다. 그는 유력한 차기 요양원 원장 후보였고 요양원은 그를 개종시키기 위해 진력해 왔다. 그는 여러 가지로 회유를 받았으나 이런 회유책들은 그를 힌두교에서 끌어내지 못했고 기독교로 개종시키지도 못했다. 그래서 요양원 당국은 그가 제출하지도 않은 '사임원'을 수리했다. 직원들만 기독교인으로 만든 것이 아니라 심신이 허약한 환자들까지 개종시키기 위해 애쓰고 있다. 모든 환자들에게는 아침저녁으로 기도를 통하여 기독신앙을 가르치고 있다. 반대하는 환자는 적절한 치료를 받지 못할 뿐 아니라 요양원을 떠나지 않으면 안 될 환경을 조성한다. 요양원의 타이피스트 새스, 병동직원 하리와 나부는 요양원에 환자로 입원했다가 개종하여 요양원 직원으로 채용된 사람들이다.

마다르 요양원의 치료비는 매우 비싸다. 2~3년 간 치료를 받으려면 월간 약 300루피가 들어간다. 개인 환자의 경우 이중 목적을 달성하기 위하여 치료를 지연시킨다. 즉 첫째로는 돈을 더 받으려는 목적과 둘째로는 가난한 환자의 경우 기독교로 개종시켜 선교부에서 예약한 병상 중 무료병상을 사용할 수 있게 하려는 목적에서다.

닥터 셔우드 홀은 요양원에서 절대적 존재이다. 모든 권한이 66세에 은퇴한 후 요양원 원장으로 재임명된 닥터 홀에게 속해 있다. 정부가 요양원의 비용 90퍼센트를 보조금과 예비 병상료의 형태로 부담하고 있지만 요양원 경영에는 참여할 수 없다. 정부가 매년 10만 루피를 요양원에 지급하고 있지만, 요양원은 회계장부가 없고 감사도 받지 않는다. 거액의 자금 유용 사실도 드러났다. 닥터 홀은 요양원 내에 우물 하나를 파는 데 4만 루피 이상을 사용했다.

요양원의 행정도 만족스럽지 못하다. 요양원이 시행하는 모든 구매 또는 공사에 대해 공개 입찰이 행하여진 적이 없다. 환자들에게 제대로 된 음식을 공급하는 업자도 없다. 수백 건의 불만투서가 휴지통에서 발견되기도 했다.

요컨대, 마다르 요양원의 상황은 심각하다. 즉시 공정한 조사를 통하여 공금 유용을 밝혀내야 함은 물론, 가난한 결핵환자들을 돕는다는 구실로 미국감리선교회가 수행하고 있는 반국가적 개종활동의 정체를 들추어내야 한다.

위 기사는 1959년 11월 10일 마다르에 입원한 환자들이 나의 생일에 즈음하여 행한 연설에서 나에 관해 언급하고 증정한 축사 내용과 일치하지 않는다. 거기에는 현저하게 상이한 정서가 반영되어 있다.

원장님,

다시 오지 않을 너무도 소중한 이 기회에, 귀하에게 저희들의 경의를 표하고자 합니다. 귀하는 인도 최고의 요양원을 일구어낸 공로를 크게 인정받아야 합니다. 귀하는 유능한 분입니다. 귀하의 빛나는 인격과 박애주의적인 성품은 귀하가 인도적 사업에서 남들이 부러워하는 성공을 거둔 두 가지 요인이라고 생각합니다. 귀하의 친절한 성품과 다정한 본성은 환자들은 물론 귀하를 만나는 모든 이들의 사랑을 받고 있습니다.

귀하는 한결같이 가난한 자들과 병든 자들을 불쌍히 여겼습니다. 귀하는 모든 종류의 지원(의료적, 경제적, 영적)을 그들에게 베풀고 혼란과 좌절, 두려움이 없는 새 생명을 소개해주었습니다.

전능하신 하나님께서 귀하에게 장수의 복을 허락하셔서 결핵과 싸우고 있는 사람들과 고통당하고 있는 인류를 격려하게 하소서.

1959년 11월 10일 마다르 요양원 결핵환자 일동

최근에 이처럼 '전도자'들을 향한 적극적인 적대행위는 선교단체의 근본을 뒤흔들려는 의도가 강했다. 이미 인접 주에서는 "전도자 엄벌"을 선포했다. 인도 개정헌법에는 '종교의 자유'가 보장되어 있음에도 불구하고 세력이 점점 커지고 있는 몇몇 힌두 종파들은 이 자유의 개념을 묘하게 기피해왔다. 아직 라자스탄은 그들의 슬로건을 채택하지 않았음에도 불구하고, 나는 치료사역을 수행하는 과정에서 이미 몇 건의 유쾌하지 않은 사례를 경험했다.

예를 들면, 우리가 아끼는 닥터 샤르마를 위협하려는 시도가 있었다. 그는 마다르 요양원에 온 후 자원하여 기독교인이 된 사람이었다. 1958년 그가 몬돌 감독의 집례로 열리는 그의 세례식에 나를 초청한 적이 있다. 세례식이 델리에서 열리는데 동행해 달라는 것이었다. 닥터 샤르마와 그의 가족은 소위 '밤의 배회자' 라는 사람들에게 시달림을 받고 있었다. 그들은 샤르마의 집 주변에 외설물들을 늘어놓았다. '밤의 배회자' 들은 기독신앙을 갖게 된 사람들에게는 그런 외설물이 불운을 가져오게 한다고 믿고 있었다. 이런 공격에도 불구하고 닥터 샤르마는 그의 기독신앙을 굳게 지켰다. 그리고 그를 단념시키기 위해 가해오는 위협을 물리쳤다.

닥터 샤르마와 그의 가족

이런 상황에서 매리언과 나에게 닥터 샤르마 집에서 경찰관과 만나라는 경찰 소환장이 날아온 것은 하나도 놀라운 일이 아니었다. 우리는 급히 기독교인 직원들에게 연락해서 소환장을 받았다는 사실을 알리고 이 중대한 시점에 요양원을 위해 기도해 달라고 부탁했다. 지정된 날짜와 시간에 고위 경찰관이 요양원 구내에 있는 샤르마의 집에 어김없이 나타났다. 우리는 그 경찰관을 만날 만반의 준비를 갖추었다.

우리는 하나님께 도우심과 인도하심을 간구했다. 새로 기독교인이 된 사람들뿐 아니라, 어떤 의미에서는, 우리들 자신과 요양원의 기독 경영인 전체가 시험에 들었다는 사실을 알게 되었다. 우리는 우리가 한 말이 기독교의 대의를 훼손하는 데 이용당하지 않도록 마음의 평정을 유지하고, 침착하고, 조심스럽고, 냉정하며, 방심하지 않는 태도를 유지해야 한다는 것을 알고 있었다.

그 경찰관은 몸집이 크고 건장했으며, 단정하게 왁스칠을 한 U자형 콧수염이 아래쪽을 향해 휜 상태였다. 매우 사나운 모습이었다. 그의 뚜렷한 영국 억양으로 보아 틀림없이 영국군에서 복무한 적이 있을 것이라고 추측할 수 있었다. 그와는 대조적으로 부관은 왜소하고 별 특징이 없는 남자였다. 그리고 조용히 뒤쪽에 서 있기만 했다. 경찰관이 오만한 손짓을 그리면서 놀랍게도 샤르마를 방에서 내보냈다. 그가 말했다. "전에 이 사람 문제는 이미 다뤘습니다. 이 사람처럼 예전에 브라만 계급에 속했던 사람들은 자기의 지적 능력에 대해 자부심이 매우 높지요. 이제 이 사람보다 신분이 더 낮은 사람들을 조사해보고 싶습니다. 내가 알기로 여기 직원 가운데 청소부가 있다고 들었습니다. 그 사람에게 기독교인이 되라고 설득하신 걸로 아는데요. 이런 행위가 독실한 힌두교인들의 원망을 사왔고 이게 자칫 폭동의 도화선이 될 가능성이 있습니다. 우리의 임무는 폭동의 잠재적 원인을 사전에 제거하는 것입니다. 이 사람을 여러분 앞에서 심문하려고 하는데 여기로 불러 주시기 바랍니다."

우리는 그 청소부가 요양원에서 한동안 근무해 왔지만 아직 초신자라는 점 때문에 경찰관에게 이의를 제기하려고도 했지만, 항의를 해도 소용이 없을 것이라는 것을 잘 알고 있었다. 우리 앞에 나온 청소부의 태도를 보고 우리조차 놀라움을 금할 수 없었다. 그는 미소를 지으며 조금도 위압되거나 두려워하는 기색이 없었다. 그는 턱을 쳐들고 대답했는데, 그의 답변은 솔직하고도 간명했다. 예를 들어, 그가 경찰관에 답변하는 태도는 이와 같았다.

경찰관이 우리를 가리키며 청소부에게 질문했다. "이 사람들이 당신이 힌두교를 버리고 기독교인이 되게 하려고 '짜왈'(쌀)이나 '박시시'(팁)를 가지고 모종의 유인책을 썼소?"

청소부의 유쾌한 미소가 갑자기 사라졌다. 그리고 심각한 표정과 아주 화가 난 태도로 응수했다. "우리 같은 하리잔('신의 아들'이란 뜻, 불가촉천민을 일컫는 말로 간디가 쓴 명칭)은 우리가 하는 일로 인해 힌두인 동포들의 학대를 받고 있습니다. 아시다시피 최근에 와서야 힌두 사원 내에서 '찬달라스(불가촉천민) 입장 금지'라는 표지판이 철거되었습니다. 지금도 우리가 힌두 사원에 들어가면 힌두교도들이 우리를 피해 갑니다. 그들은 우리를 냉대할 뿐 아니라 피해가면서, 우리가 마치 문둥이거나 끔찍한 병자인 것처럼 느끼게 하지요.

우리는 용납 받지 못하고 있습니다. 그러나 우리는 그들을 대신해 힘들고 더러운 일을 감당합니다. 보수는 거의 없다시피 합니다. 주거지는 초라합니다. 그렇습니다. 그런 게 아니라는 주장에도 불구하고 하리잔들은 여전히 수세기에 걸쳐 힌두사회에서 불가촉천민으로 취급 받고 있습니다."

순간, 부관이 말을 중단시키려는 듯 소리쳤다. "그만해! 입 다물어!" 경찰관이 손을 흔들어 부관을 옆으로 물러서게 하고 말했다. "하고 싶은 얘기를 계속하시오." 그러고 나서 부관에게 명령했다. "말하는 것을 기록하게."

"고맙습니다. 고맙습니다." 청소부가 대답했다.

"먼저, 전에 제가 유인책 따위는 없었다고 말씀드린 내용을 명확하게 하고 싶습니다. 내가 없었다고 한 유인책이란 건 경찰관님이 말씀한 의미의 유인책을 말한 것입니다. 그러나 제가 본 유인책은 그것과 다른 종류의 것입니다. 이분들과 같은 기독교인들은 모든 사람들, 특히 힌두교인, 시크교인, 회교인들을 공평하고 친절하게 대했습니다. 하리잔까지도 사랑으로 대했습니다. 한 가지 예를 들면, 제가 고열이 나는 독감에 걸렸을 때 원장님은 저를 병실에 입원시키려고 고집스레 애쓰셨습니다. 그리고 회복될 때까지 특별 간호를 받게 하셨지요. 또 다른 예를 들면, 제 '비비'(아내)가 난산으로 고생하고 있을 때 의사께서 한밤중인데도 나와서 순산을 도와주셨습니다. 이분은 또 눈병을 앓고 있던 제 아이들을 진찰하고 나서 저희들에게 말했습니다. '치료를 받지 않으면 아이들이 실명할 수도 있습니다. 아침이 되면 아이들을 진료실로 보내세요. 안약을 주겠습니다. 그리

고 각자 사용할 수건도 주겠습니다.'

또, 호기심 때문에 그들이 교회라고 부르는 사원으로 가서 그들이 방문하는 사람을 어떻게 영접하는지 살펴보니, 방문자로 하여금 자기가 인정받고 있다는 느낌을 갖게 해주더군요. 입구에는 항상 사람이 서 있다가 들어오는 사람을 반갑게 맞아서 좌석으로 안내합니다. 옆자리에 앉은 사람들은 문둥병자나 불결한 자에게 하듯이 피하거나 멀리 떨어져 앉으려고 하지도 않습니다.

하리잔들이 가장 바라는 것은 음식이나 돈이 아니고, 용납되고 받아들여지는 것입니다. 이런 일을 바로 기독교인들이 하고 있습니다. 하나님은 사랑이 많으신 하늘에 계신 아버지이며 그의 독생자를 이 험한 세상에 보내셔서 그 도를 보이신다고 가르치는 그들의 종교를 제가 받아들이려 한다고 해서 저를 비난하시겠습니까? 예수님은 모든 사람을 그분의 형제자매로 여기시며, 또 그분이 부당하게 십자가에 달리셨을 때까지도 '아버지, 나를, 당신의 아들을 십자가에 매다는 저들을 용서하소서. 저들은 저들이 하는 일이 무엇인지도 모르고 있습니다' 하시며 하늘에 계신 아버지께 부르짖으셨습니다.

이런 희생적 사랑을 마다할 사람이 세상에 있겠습니까? 저는 마다할 수 없습니다. 경찰관님도 그렇게 하지 않기를 기도합니다. 경찰관님도 거친 외모와 엄격한 태도와는 달리 경찰관님이 소유하신 선한 마음으로 종래에는 기독교 안에서 깊은 만족을 발견하실 것으로 믿습니다."

내가 보니 부관이 청소부의 발언 중 이 부분은 받아 적지 않고 있었다. 그렇게 했다가는 나중에 자기 상관이 난처해질 것 같다고 생각한 모양이다.

경찰간부가 우리에게 돌아서며 말했다. "두 분도 할 말이 있소?" 우리는 청소부가 그에게 말한 내용을 인정할 뿐이라고 대답했다. 청소부의 말을 듣고 우리는 그가 신실한 기독교인임을 인정하게 되었다. 경찰간부는 작별인사를 하면서 우리와 따뜻한 악수를 나누었다. 우리는 그가 영국군에서 복무했다는 소문이 사실일 거라고 생각했다. 이번 심문 진행과정을 통해서 우리는 그가 진실로 우리의 친구라는 사실을 감지했다. 이 사실은 반기독교 정서가 유별나게 강했던 시기에 우리에게 큰 용기를 주었다.

우리의 수술 사례 모두가 타라의 경우와 같이 행복한 결말로 끝난 것은 아니었다. 수술기법의 괄목할 진보가 환자들의 태도에 변화를 가져온 이후에도 마찬가지였다. 당시 시류로 인해 수술 위험을 감수하기는커녕 정상적안 수술마저 시행할 수 없게 되었다.

어느 벵갈 출신 환자의 수술 결과는 타라의 경우만큼 운이 좋지 않았다. 환자가 수술대 위에서 사망하고 말았던 것이다. 다음 날 아침 화장하기로 하고 시신을 하룻밤 동안 시신보관실에 안치했다. 어찌된 일인지 이 사망 소식이 외부로부터 들어온 음모가들 귀에 들어갔다. 이 자들이 시신을 훔쳐내어 아지메르 시가를 누비면서 '이것이 선교병원이 가난한 자를 취급하는 실상'이라고 외치는 항의 시위를 도모한다는 제보가 우리와 친하게 지내는 지인들로부터 들어왔다. 지역사회 정서에 불을 지르고 얼마 전 마하라쉬타의 나그푸르에서 일어났던 것과 유사한 난동을 일으키려는 책동이었다.

제보자 몇 사람이 자신들의 힘으로 이 음모를 좌절시키기로 결심했다. 우리에게 조언을 해주는 사람들 중에는 기독교인은 아니지만 우리 사역에 동조하는 남자가 한 명 있었다. 그는 힌두사람들이 우리 요양원에서 불과 16킬로미터밖에 떨어져 있지 않은 푸시카르 호수를 매우 성스럽게 여긴다는 점에 주목했다. 이 호수의 제방에서 시신을 화장하면 천국 입성 제1순위를 차지한다고 믿고 있기 때문에 이 호수의 호반에서 그 환자를 화장한다면 매우 경사로운 일로 여길 것이었다. 우리는 유족들에게 이 계획에 동의해주기를 신속하게 부탁했다. 그들은 사랑하는 가족이 이 아름답고 성스러운 호수 호반에서 화장되기를 간절히 바랐다.

어둠이 내리자 제보자들이 안치실에서 시신을 빼내어 차 위에 괴어 놓고 탑승자 중 한 명인 것처럼 위장했다. 그들은 우회도로를 이용하여 16킬로미터를 달려 푸시카르에 도착하였다. '순례자들'은 시신을 호수 기슭으로 옮겨 힌두의식에 따라 화장했다. 그것은 매우 용감하고 담대한 행동이었다. 만일 시신을 옮기고 있던 회복기 환자들과 직원들이 음모를 꾸미는 자들에게 시신을 빼앗기는 일이라도 발생했다면, 그들의 운명은 비참하기 그지없었을 것이다.

시신을 훔쳐내려는 자들이 새벽에 들어왔다가 자신들의 음모가 실패로 돌아갔다는 사실을 알고 아연실색하는 모습을 상상해보라. 사악한 음모를 사전에 좌절시키자 사태가 요양원에 유리한 방향으로 전환되었을 뿐 아니라 마다르 요양원의 명성도 오히려 드높아졌다. 사람들은 요양원이 가난한 환자에게 푸시카르 호수에서 영광스런 장례식을 치를 수 있게 해주고 또 비용까지 부담해 준 것을 보고

27. 음모와 대항책   631

깊은 인상을 받았다.

나는 최근에 마다르에서 일어난 일련의 사건들을 분석하면서 배후에는 훨씬 큰 세력이 있다는 사실을 알게 되었다. 닥터 바트와 닥터 메라니는 꼭두각시에 불과했고, 마다르를 괴롭히는 모든 사건들의 근원은 자이푸르에서 꼭두각시 의사들을 조종하는 자들이었다.

아니나 다를까, 진짜 교사자들이 표면으로 부상해서 요양원의 재정 형편을 어렵고 위태롭게 만드는 공작을 시작했다. 이것은 일을 본격적으로 벌이기 전에 여건을 조성하는 단계였다. 초기 책동은 매우 간단했다.

전에도 설명했듯이, 자이푸르 정부가 들어서기 전에 아지메르 정권이 정부병원에 있는 결핵환자 32명을 추가로 받아줄 것을 우리 요양원에 요청한 일이 있었다. 운영위원회는 이를 승인했다. 이들은 모두 무료환자였는데 우리는 정부가 이들을 치료하는 데 쓰는 비용과 동일한 수준의 의료비를 지원한다는 조건으로 그들을 받아들이기로 했다. 우리는 정부보다 낮은 비용으로 더 나은 음식과 치료를 환자들에게 제공할 수 있었고, 정부당국은 그렇게 해서 남긴 돈을 우리 요양원 자체의 무료환자를 돌보는 데 사용하는 것에 대해 아무런 반대가 없었다. 법률상으로도 정부가 마다르 요양원의 재정 사항에 관여할 의무가 없었다. 다만, 32개 병상에 들어간 비용에 대한 감사를 하면 그만이었다.

더욱이 환자의 요양원 입원 자격에 대한 심사는 요양원 원장이 임의로 할 수 있도록 되어 있었고, 퇴원 결정 권한도 원장에게 있었다(이는 적절치 못한 환자를 입원시키거나 비협조적인 환자를 계속 입원시키게 되는 상황을 피하기 위한 조치였다). 자이푸르가 아지메르 주의 업무를 인수한 이후, 아지메르 당국은 서른두 병상에 대한 보조금 지급은 계속하지만, 라자스탄 전역에서 오는 환자들에게 이 병상의 사용 자격을 부여하는 규정을 새로 만들었다. 자이푸르가 주정부 업무를 인수한 후부터 행정절차가 더욱 까다로워졌지만 우리는 서른두 병상에 대한 보조금을 계속해서 받았다. 자이푸르의 재무당국에는 이상한 규정이 있어서 마감일 내에 보조금을 받아가지 않으면 그 보조금을 주정부로 되돌려 보내도록 되어 있었다. 만일 이런 일이 실제로 일어난다면 기금을 회수하기란 거의 불가능했다. 이렇게 되면 1년간의 환자 지원금을 잃게 되고, 앞으로도 보조금을 받지 못하게 될 수도 있었다.

그래서 우리는 마감일 전까지 감사가 완료되고 모든 서류를 완비하는 데 갑절의 주의를 기울였다. 보조금을 빠른 시간 안에 지급받기 위해 매번 내가 직접 자이푸르에 가곤 했다. 이번 경우만 해도 만에 하나 일이 잘못되지 않도록 감사를 평소보다 일찍 완료하고 모든 서류를 구비하여 자이푸르로 갔다. 그러나 그들이 밀린 업무를 처리할 때까지 나는 사무실에서 계속 기다려야 했다. 시계 바늘이 운명의 업무 마감 시간을 향해 움직이고 있었다. 나는 슬슬 화가 치밀어 오르기 시작했다. 어떤 노신사가 내가 실내를 왔다갔다하는 모습을 보고 내 사정을 금방 알아챘다. 그가 입을 다문 채 몸짓으로 자기를 따라오라는 신호를 했다. 처음에는 모종의 계략이 숨어 있지는 않을까 해서 그가 시키는 대로 하지 않았다. 그런데 노인이 화급하다는 듯 나에게 따라오라는 신호를 계속 보냈다. 나는 결국 그가 하라는 대로 그를 따라갔다.

노신사는 대기실을 빠져 나오자 우리를 주시하고 있는 사람이 있는지 살피려는 듯 조심스럽게 주위를 살폈다. 그런 다음 조심스럽게 어느 주소가 적힌 종이 한 장을 나에게 건넸다. 그가 내 귀에 입을 대고 속삭이기를 자기 친척 중 하나가 마다르 요양원에서 치료를 받았기 때문에 자기는 마다르 요양원의 친구이며, 자기가 내부사정에 밝기 때문에 나를 돕는 방법을 잘 알고 있다고 했다. 그러고서 당장 종이에 적힌 주소로 찾아가라고 했다. 그곳이 재무부 지점 사무실인데 재무부 본부가 밀린 업무로 바쁜 연중 이맘때에는 그곳에서 긴급한 청구서의 지불을 승인해 준다고 했다.

나는 이것이 나를 유인해서 함정에 빠뜨리려는 계략인지 아닌지 확신이 서지 않았다. 그러나 그 사람의 얼굴을 보면 매우 친절하고 진정으로 나를 염려해주고 있는 것이 분명했다. 그래서 나는 그에게 깊이 감사하고 그의 지시를 따랐다. 목적지에 도착했을 즈음에는 내 무릎이 약간 흔들리기도 했지만 잠시 짧은 기도를 드리고 나서 작은 사무실로 걸어 들어가 미지의 친구에게서 건네받은 쪽지를 직원에게 제시했다. 직원이 고개를 끄덕이더니 더 안쪽에 있는 사무실로 나를 안내했다. 그곳에서 사무적인 태도를 가진 남자가 나를 맞아주었다. "의사 선생님, 마다르 요양원에서 오셨군요!"

나는 그 사람을 알아보지 못했지만, 그 사람은 나를 알고 있는 것이 분명했다. 내가 불쑥 대답을 했다. "네, 요양원 보조금을 받으러 왔습니다. 이 사무실에서 지급합니까?"

그가 짤막하게 대답했다. "지한(네, 그렇습니다). 준비가 되셨으면

서류를 주세요. 즉시 보조금을 지급하겠습니다. 빠르와 네히(염려하지 마십시오)."

나는 속으로 외쳤다. '하나님 감사합니다. 제 기도에 응답해주셨습니다!'

잠시 후 자기앞수표를 받았다. 그에게 진심으로 고맙다는 인사를 하고 자리에서 일어났다. 그 사람이 부드러운 미소를 머금고 말했다. "이 사무실을 다른 사람들에게 알리지 말아주십시오. 사람들이 몰려올까봐 걱정입니다."

내가 감행한 작은 모험은 진짜 범인들이 자이푸르에 있으며, 꼭두각시들은 다만 그들의 하수인이라는 내 변호사의 의심을 확인해주었다. 나는 자이푸르 당국이 마다르 요양원에 최종적인 일격을 가하려 한다는 사실을 비로소 깨닫게 되었다. 나는 조심스럽게 그리고 많은 기도를 하면서 이 음모를 저지할 대응책을 준비하기 시작했다.

막강한 라자스탄 주 정부가 구사할 수 있는 자산과 마다르 요양원의 실정을 비교해 볼 때 요양원이 생존할 가망성이 적어 보였다. 그렇지만 그때까지만 해도 우리 요양원은 주 내에서는 물론 전국적으로도 상당한 지위를 누리고 있었다. 인도 전국기독교협의회가 요양원에 단층 숙소를 지어주었고, 인도의 여타 지역들에 본부를 둔 선교부 지부 중 일부도 요양원에 단층 숙소를 제공했다. 따라서 마다르 요양원은 주 단위라기보다는 전국적 차원에서 이바지하고 있었다. 나의 활동은 전국적 차원의 활동이라고 하는 것이 맞는 말이었다.

내가 보기엔, 인도에서 이 어렵고 미묘한 상황을 해결할 수 있는 사람은 네루밖에 없었다. 그러나 네루 수상은 주정부의 내정이라고 생각되는 사안에 끼어들기를 싫어했다. 최근에만 해도 다른 여러 주에 있는 기독교 단체들이 전도를 했다는 이유로 공격을 당하고 있을 때 인도 신헌법이 종교의 자유를 보장하고 있음에도 불구하고 수상이 이를 도우려고 나서지 않았다. 내가 어떻게 해서든지 수상을 설득해서 마다르 요양원이 주 정부가 아니라 중앙 정부가 관할해야 할 중요한 기독교 기관 중 하나라는 사실을 깨닫게 해야겠다고 느꼈다.

마다르 요양원은 전국 차원의 직행철도들과 관계를 맺고 있었다. 예를 들면, 정부철도의 3개 지사(서부, 북부, 동부 섹션)가 요양원에 입원한 철도청 환자들을 지원하고 있었다. 철도 회사들은 여러 다른 나라와는 달리 고수익을 내고 있어서 경영층의 힘과 영향력이 대단했다. 서부철도와 북부철도가 자기들 환자를 수용하기 위한 병동을 한 채씩 헌납했는데 북부철도병동은 우리 요양원 내에서 최대·최신 병동이 되었다.

철도회사 병동에 입원한 환자들

중앙정부도 마다르 요양원의 병상을 지원했고, 파키스탄에서 온 힌두 환자들, 티벳 난민환자들(네루 수상은 이들에 대해 각별한 관심을 가지고 있었다), 그밖에 티벳 난민 소녀 훈련을 위한 소규모 간호학교 등이 정부지원을 받고 있었다.

분명한 것은 문제의 해결이 다른 사람이 아닌 바로 네루 수상에게 달려 있다는 사실이었다. 다만, 언제 어떻게 그를 접촉하느냐가 남은 문제였다. 어느 공식 연회장에서 그를 한 번 만난 적은 있지만 그가 나를 기억하고 있을지 의문이었고, 또 나의 호소가 과연 그에게 얼마나 먹혀들어갈지도 의문이었다. 내가 깊이 고민하는 것은 자이푸르 당국이 나를 제지하기 위해 안간힘을 다할 것이라는 사실과 수상을 만나려는 시도가 마다르 요양원을 더욱 어려운 곤경에 빠뜨릴 수도 있다는 점이었다.

내가 이런 고민에 빠져있을 때 인도 사람들의 사랑을 한 몸에 받고 있는 암릿 카우르 보건장관의 이름이 머릿속에 번개처럼 스치고 지나갔다. 장관은 몇몇 요양원 건물 준공식에 참석하기도 했고 우리집을 방문한 적도 있었다.

인도가 독립하기 전 네루 수상과 장관은 인도 해방투쟁을 하다가 체포되어 영어囹圄의 생활을 같이 한 적이 있고 이때 서로 친분과 존경을 쌓은 사이였다. 장관과 내가 이야기를 나눌 때면 장관은 자신이 네루 수상을 얼마나 존경하는지 언급하곤 했다. 나는 마다르 요양원을 대표해서 그녀를 만나 도움을 청해야겠다고 생각했다. 나는 그녀를 면담하면 되겠다는 생각을 갖게 된 것이 오직 하나님이 인도하신 결과라는 것을 진심으로 믿었다.

장관에게 편지를 보내는 것은 시간이 너무 오래 걸릴 것이고, 자칫하면 편지가 도중에 가로채일 수도 있었다. 그래서 나는 장거리 전화를 거는 것이 최선의 방법이라고 판단했다. 더 이상 지체하지 않고 델리에 있는 그녀의 사무실로 전화를 걸었다. 보건장관은 외출 중이었다. 용건이 급하고 중요하다고 하니까 비서가 내 메시지를 받아 놓았다가 장관이 돌아오자마자 보고를 한 후 결과를 전화로 알려 주겠다고 했다.

오래 기다릴 필요도 없었다. 바로 다음 날 보건장관의 전화가 왔다. 오전 10시부터 잠시 동안 만나자는 내용이었다. 내가 기뻐했던 것은 말할 나위도 없다. 나는 그녀에게 그때 만나 뵙자고 했다. "자프라시(전령)를 뉴델리에 있는 사무처 안내 데스크로 내보내겠어요." 그녀가 말했다. "그가 귀하를 내 사무실로 안내할 것입니다."

나는 아지메르발 델리행 야간열차에 올랐다. 도착역 구내 간이식당에서 아침을 때운 후 택시를 타고 보건장관 집무실이 있는 사무처로 향했다. 예상했던 대로 자프라시가 거기 있었다. 그는 미소를 머금은 얼굴로 안내 데스크에서 나를 맞았다. 그리고 보건장관의 명함과 간단한 메모를 내게 건넸다.

나는 곧 시작될 중요한 만남에서 성공을 거두게 해달라고 묵상기도를 드렸다. 작은 내빈실에 들어가 앉자 차가 나왔다. 나는 내 이름이 불릴 순간에 대비하느라 차를 삼키다시피 마셨다. 단정하게 차려입은 비서가 금방 나와서 "장관께서 지금 귀하를 만나시겠답니다"라고 해서 이번에도 나는 오래 기다릴 필요가 없었다. 양손을 가지런히 앞에 모으고 머리를 숙여 인사를 한 후 그가 나를 넓고 잘 꾸며진 보건장관실로 안내했다.

나는 장관을 여러 연회에서 만난 적이 있었고 어느 선교사 집에서 모였을 때는 다른 손님들과 피아노 주위에 둘러서서 장관과 열심히 노래를 부른 적도 있었지만, 아름답고 번쩍이는 집무책상 뒤에 앉아 있는 장관을 본 것은 그때가 처음이었다. 그녀는 일거수일투족이 완전히 사무적인 모습으로 보건장관의 공무를 수행하고 있었다.

그녀가 보좌관들에게 이분과 조용히 나눌 말씀이 있으니 나가 있으라고 했다. 비서가 적잖이 놀란 기색을 하고 기록할 사람이 없어도 되겠냐고 그녀에게 물었다. 그녀가 손을 저으며 필요없다고 말했다. 장관이 자기 책상을 떠나 가까이 오더니 좀 더 안락해 보이는 의자를 골라 내게 앉으라고 권했다. 내가 여기까지 오는 동안 겪은 일 등 몇 마디 의례적인 질문을 해서 내 마음을 편하게 만든 후 그녀가 말을 뗐다. "자, 이제 제가 귀하와 마다르 요양원을 어떤 방법으로 돕기를 원하시는지 말씀하시지요. 제가 보기에 오늘은 평소 즐거우신 모습 그대로가 아니시네요."

나는 그녀에게 최근의 슬픈 이야기와 우리가 매우 소중하게 여기고 있는 마다르 요양원이 어떤 모양으로 위협을 받고 있는지에 대해 솔직하게 설명하고 나의 고민거리를 간략하게나마 털어놨다. 장관은 내 설명을 주의 깊게 들어주었다. 그녀는 내 입장을 이해해주면서 안됐다는 표정을 지었다. 그녀는 내가 말을 마칠 때까지 인내심 있게 기다렸다.

내 말이 끝난 뒤 그녀가 설명을 시작했다.

"모든 사실들을 잘 정리하셔서 중앙정부의 개입이 필요한 이유를 조리 있게 설명하셨습니다. 마다르 요양원을 구해내는 일에 수상의 도움을 얻을 수 있을 것이라고 확신합니다. 귀하가 서구에서 구사하는 것과 같은 직접적인 방법은 안 됩니다. 우리의 방법은 좀 더 미묘합니다만 결국에는 더 큰 효과를 볼 수 있는 방법입니다.

우리 수상은 지방정치에 개입하는 것 같은 인상을 줄 만한 사안에 대해 항상 미온적 태도를 보이십니다. 중앙과 주정부의 업무를 구분하려고 노력하신다는 말씀입니다. 아시겠지만, 만일 적절하게 다루지 못할 경우 양쪽 모두에게 피해를 줄 수 있기 때문이지요. 그렇습니다. 마다르 요양원 문제가 널리 알려지지 않도록 유의하면서 또 다른 문제가 발생하기 전에 이 문제를 나와 상의하신 것은 아지메르나 귀측 모두가 참으로 잘 하신 처사입니다.

중앙정부와 지방정부는 서로의 업무영역을 침범하는 것을 몹시 싫어합니다. 그렇기 때문에 제가 양자 간에 존재하는 미묘한 입장에 대해 설명드려야 할 것 같군요. 자이푸르를 수도로 하는 여러 주에는, 라자스탄도 그 중 하나입니다만, 고급관리층과 하급관리층이 있습니다. 간혹 하급관리층이 상급관리층에게 알리지 않고 어떤 조치를 취하기도 합니다. 만일 상급관리층이 미리 알았더라면 그 조치를 지지하지 않았을 것도 있지요. 만일 수상이 주정부의 하급관리층이 범한 잘못을 질책하는 경우 자기 자신이 곧바로 '끓는 물속'에 빠지게 된다는 현실을 네루 수상도 고통스런 경험을 통해 배웠습니다. 이 경우 주정부의 상급관리층이 반드시 자기들의 하급관리층을 방어하려고 들고 일어날 것이고, 이렇게 되면 결국 수상 자신이 불쾌한 정치적 격랑에 휩쓸리게 되기 십상이기 때문이지요.

그러나 만일 수상이 주 정부의 하급관리층의 부정을 사전에 인지하고 사안에 대하여 고급관리층에 전화를 걸어 주의를 환기시킨다면, 부정행위를 중단시키는 동시에 모든 당사자의 체면도 살리게 되는 것입니다. 이렇게 하는 것이 정부를 원활하게 운용해 나아가는 데 도움이 되는 것입니다. 이런 이유 때문에 우리 수상이 이미 공개된 지방 정부의 문제에 뛰어들기를 기피하는 것입니다. 내가 영국에서 대학을 다닐 때 들어본 영국 속담이 하나 있어요. '기다란 장대로도 건드리지 않겠다(He wouldn't touch it with a ten-foot pole, 남의 일에 관여하기 싫을 때 쓰는 관용 표현—옮긴이).' 수상에게 있어, 마다르 요양원의 경우에 딱 들어맞는 표현이라고 생각합니다.

좀 더 쉽게 설명하겠어요. 귀하와 닥터 매리언이 3명의 자녀를 두었다고 합시다. 아이들 중 하나가 잘못을 했습니다. 그런데 제가 당신의 아이에게 직접 가서 야단을 치면 당신은 그 아이의 부모로서 내 행동을 원망하면서 그 아이 편을 들겠지요. 반면에, 만일 내가 당신 아이의 어떤 잘못을 발견하고 당신에게 가서 일러주면 당신은 틀림없이 나에게 감사하다고 하면서 당신만의 방법을 사용하여 아이가 잘못을 고치게 함으로써 관련된 모든 사람들을 만족시키시겠지요."

"네." 내가 대답했다. "수상께서 이런 상황을 처리하시는 방법에 대해 장관님이 설명하신 바가 확실히 이해되었습니다."

"그러시군요." 보건부장관이 말을 이었다. "수상께서는 아지메르에 거주하고 있는 믿을 만한 친구에게 전화를 걸어서 현재까지 나쁜 평판이 나지 않았다는 사실을 확인하실 것입니다."

내가 대답했다. "제가 말씀 드린 내용이 사실로 확인되리라고 확신합니다. 그 이유는 아지메르 의사들과 현지 신문들에게 편견을 불어넣으려는 시도들이 있었음에도 불구하고 그 사람들은 저를 신뢰했다는 것입니다. 사실, 몇몇 신문 사설이 자기들 입장을 버리고 마다르 요양원이 라자스탄 사람들에게 베풀고 있는 선한 사역들에 관해 사설을 쓴 일도 있습니다."

장관이 고개를 끄덕였다. 그리고 말을 이었다. "수상은 자기 자신이 먼저 납득을 한 후, 자이푸르 정부의 고급관리층에 속한 친구 중 하나에게 전화를 해서 마다르 요양원이 처한 문제에 관해 설명을 할 것입니다. 내가 자신 있게 말씀드릴 수 있는 것은 당신이 요양원에 도착하기도 전에 모든 문제가 이미 깨끗이 해결되어 있을 것이며, 앞으로도 자이푸르가 마다르 요양원을 괴롭힐 일이 없을 것입니다."

내가 진심으로 감사를 표하고 자리를 뜨려고 할 때 문득 외투 주머니에 넣어두었던 마다르에서 훈련받고 있는 티벳인 간호사들과 찍은 사진이 생각났다. 사진을 꺼내서 보건부장관에게 보여주었다. 그녀가 매우 즐거워하면서 그 사진을 네루 수상에게 전달하겠다고 했다. 티벳 난민 결핵환자와 파키스탄을 탈출해서 온 힌두 난민 결핵환자들을 위해 마다르 요양원이 하고 있는 일에 대하여 네루 수상이 깊은 관심을 갖고 있다는 것을 그녀는 잘 알고 있었다. 보건부장관은 또 라사 시장의 근황에 대하여 물었다. 그녀가 라사 시장을 알게 된 것은 그녀가 요양원을 마지막으로 방문했을 때 마침 라사 시장이 결핵으로 마다르에 입원해 있었고, 그녀는 라사 시장이 요양원에 대하여 매우 고마워하고 있는 것을 보고 깊은 인상을 받았기 때문이었다. 라사 시장의 건강이 많이 좋아졌다는 것과 그가 다른 환자들에게 모범이 되었던 사실을 그녀에게 얘기할 수 있었던 것은 참으로 다행스러운 일이었다.

보건부장관의 시간을 너무 많이 빼앗은 것 같아 미안했지만, 나는 요양원 난제들의 해결이 임박한 지금 그녀가 앞으로의 우리 부부의 계획에 관해 듣고 싶어할 것이라고 생각했다. 그래서 지난 몇 달 동안 극심한 긴장 속에서 지냈기 때문에 선교부 특별규정에 따라 짧은 휴가를 떠날 계획이라는 것도 알려주었다. 그녀는 휴가의 필요성을 금방 수긍하면서, 한 걸음 더 나아가 우리가 휴가를 마치고 돌아올 때쯤이면 마다르 요양원의 형편이 자이푸르 당국의 도움으로 훨씬 개선되고 확장되어 있을 것이란 점을 언급했다. 이 일들은 후일 실제로 이루어졌다.

"홀 박사님, 오늘 아침 제 사무실에 들어서실 때보다 지금은 훨씬 행복해 보이시네요."

"각하께서 요양원을 위협하는 검은 구름을 물리쳐 주셔서 이제 요양원 위에 태양이 찬란하게 비추이고 있는데 제가 행복할 수밖에 없잖습니까?"

내가 "하나님의 크신 축복이 각하와 각하께서 베풀어 주신 일에 함께 하시기를 바랍니다!"라고 인사하자 그녀는 내가 결코 잊지 못할 환하게 빛나는 얼굴로 미소 지었다.

제28장. 한국 재방문

우리는 1960년 초 '짧은 휴가'를 가기로 했었다. 그러나 그해 봄 우리 외과팀을 와해시켜버린 스태프 위기가 발생해서 휴가계획을 전부 취소해 버렸다. 상황이 마침내 종료되자 우리는 전에 세웠던 휴가계획을 그대로 진행할 수 있게 되었다. 지난 수개월간에 받은 꽤 많은 스트레스와 긴장을 감안할 때 이번의 짧은 휴가는 특별히 시의가 적절하고도 반가운 휴가였다.

우리가 휴가를 마치고 돌아온 후에 하마터면 우리가 소환을 당할 뻔했다는 사실도 알게 되었다. 그 전에 미국에 사는 식견 있는 한 친구가 우리에게 보낸 편지가 생각났다. 편지에서 친구는 그 가치를 인정받는 기관마다 계속하여 위기를 당하기 마련이라고 말했었다. 그런 위기 때마다 우리가 혼자 위기를 겪지 않고 하나님과 기도의 사람들의 도움을 받을 수 있었던 것은 얼마나 감사한 일인가!

우리 휴가가 '단기 휴가'로 예정되어 있었기 때문에 이사회는 우리에게 이코노미석 세계일주 항공권을 지급했다. 그 항공권은 보통 항공권보다 저렴하고 융통성이 많은 항공권이었다. 여러 다른 항공기를 이용할 수도 있고 우리가 원하는 노선을 골라서 이용할 수도 있었다. 우리는 4월 29일 출발해서 홍콩에 도착해서 우리를 초대한 중국인 친구 닥터 T. Y. 리 내외의 안내를 받았다.

닥터 리가 나를 그의 클럽으로 데리고 갔다. 거기서 나는 인도에서 내가 받은 인상과 우리의 인도사역에 관한 질문을 받았다. 나 자신이 파키스탄과 티벳 난민 결핵환자를 마다르 요양원에 수용하고 있기 때문에, 인구밀도가 높은 홍콩이 이 중대한 난민 문제에 대처하는 현장을 직접 돌아보고 싶었다. 눈에 거슬리는 판잣집을 허물어 낸 후, 중국 공산당의 테러를 피해 나온 난민들을 아담하고 위생적인 다층 콘크리트 건물에 정착시킨 것을 보고 놀라움을 금할 수 없었다. 빌딩 지붕 위의 평평한 공간을 사회단체나 선교단체들에게 교실이나 오락, 예배의 장소로 제공하고 있었다. 또 하나의 독특한 건물에는 "차고 교회"라는 이름이 붙었는데, 여러 개가 옆으로 붙어 있는 차고의 벽을 헐어내고 그럴듯한 난민 교회당으로 개조한 건물이었다.

이번 여행 일정의 일부는 자비를 들여 계획한 여행이었다. 우리는 혹시 기회가 되면 한국을 재방문할 생각으로 오랜 동안 푼푼이 경비를 모아왔다. 우리가 탄 중국 비행기가 활주로를 질주하여 막 이륙을 하려는 순간 나는 가방(내 여권과 여행관련 서류가 들어 있었다)을 대기실에 무심코 두고 온 것이 생각나서 깜짝 놀랐다. 내 곤란한 처지를 들은 승무원이 조종실로 달려갔다. 동양의 예절을 발휘하여 조종사가 비행기를 뒤로 돌려 공항으로 돌아왔다. 내 가방을 찾고 나서야 안도의 한숨을 내쉴 수 있었다.

기내에는 승객이 몇 명 없었고, 서양인은 우리밖에 없었다. 한국에서 '대살육'이 진행 중이었기 때문에 한국행을 감행하려는 사람이 거의 없을 때였다. 승객 중에 낯익은 얼굴이 있었다. 우리는 곧 서로를 알아보고 악수를 나누었다. 그는 다른 사람이 아닌 H. J. 리우 감독이었는데 젊은 시절 해주에 있던 우리 집에 자주 왔던 사람이었다. 그는 홍콩에서 회의에 참석하고 한국으로 돌아가는 길이었다. 우리는 재회의 기쁨을 나누었다. 그가 우리에게 최근의 비극적인 사건들까지 저간의 사정을 설명해주었다.

이승만 대통령과 그의 오지리 출신 부인 프란체스카 사이에는 자녀가 없었다. 조상을 섬기는 나라에서 후일 아버지를 추도할 아들이 없다는 것은 상상할 수도 없는 일이었다. 그래서 이승만은 그의 평생의 친구이며 인척이고, 또 성이 같은 이기붕 씨의 아들을 양자로 입양했다(Rhee, Yee, Lee는 모두 같은 성씨이다). 입양한 아들 강석은 한국군에 복무하고 있었다. 그의 친아버지는 대한민국 국회의장이었다.

1960년 4월에 대통령 선거가 있었다. 이승만 대통령이 경쟁상대가 없는 상태에서 재선에 성공한 것은 너무도 당연한 일이었다. 국회의장 이기붕은 야당후보 장면에 맞서 부통령에 출마했다. 부패한 이승만 지지자들이 이기붕의 당선을 담보할 목적으로 부통령 투표함을 부정 투표지로 채워 넣었다. 이 부정투표에 관한 뉴스가 터지자 학생들 사이에서 자발적인 소요사태가 발생했다. 학생들은 이승만 정부의 부정과 부정선거를 규탄하여 맹렬한 시위를 벌였다. 학생들은 합법적으로 재선된 대통령의 사임까지 요구했다. 무력으로 소요를 진압하려는 시도는 많은 사망자를 냈다. 이승만의 아들은 자기 가문에 닥친 불명예에 너무도 큰 굴욕감을 느낀 나머지 이기붕의 집으로 와서 가족 전부를 살해하고 자기도 자살해 버렸다.

우리가 탄 차가 소위 '반공회관' 앞을 지나갔다. 이 건물은 최근의 학생 데모 직후 전소되었다. 그 건물에 불을 지른 것은 반공 건물이어서가 아니라 그 단체의 회원들이 잔인하고 폭력적인 방법으로 데모를 진압했기 때문이라는 설명이었다. 그 비극적인 집단자살 사건이 발생했던 이기붕의 집도 지나가면서 봤다. 이 주택은 후일 부분적으로 훼손되었다.

서울의 모습은 약 20년 전 우리가 그곳을 떠나올 당시와는 완전히 달라져 있었다. 사람들, 특히 여자들의 의복이 좋아졌다. 넓고 포장이 잘된 도로가 새로 생겼고, 예전보다 크고 물건이 많은 가게들이 눈에 띄게 많아졌다. 우리가 전쟁 중에 떠날 당시에는 가게에 팔 물건이 거의 없다시피 했었다. 거리는 지프로 넘쳐나고 있었으나 세금이 높은 승용차는 거의 없었다. 공항까지 나와 우리를 맞아준 친구들의 따뜻한 환영 덕분에 내가 태어나고 좋은 추억이 깃든 땅으로 잠시 돌아와 있는 행복을 실감할 수 있었다.

서울을 내려다보는 언덕 위에 우뚝 솟아 있던 신사神社가 헐리고 그 자리에 이승만 대통령의 거대한 동상이 들어섰으며, 그 바로 아래쪽에는 국회의사당 건물 부지가 조성되고 있다는 얘기를 얼마 후에 들었다(나중에 우리는 이승만 대통령 동상이 헐렸다는 소식을 들었다).

우리는 마치 순례자들처럼 서울 외곽의 아름다운 한강 둑에 위치한 공동묘지에 갔다. 그곳에는 우리 아들 프랭크 셔우드(필리스의 쌍둥이 형제)와 나의 아버지, 어머니, 누이, 에디스가 모두 누워 있었다. 한국전쟁 중에 많은 비석이 훼손되었고 어떤 비석은 완전히 파괴된 것을 보고 우리는 마음이 아팠다. 우리 홀 가족 묘역에 있는 추모비는 비교적 가벼운 포격 피해만 입은 것을 보고 정말 감사하다는 생각이 들었다. 우리들의 마음에 깊은 감회가 서렸고, 이 광경과 그것이 우리 안에서 불러일으킨 소중한 기억들이 깊은 감동과 미묘한 느낌을 전하며 우리 마음을 흔들었다. 우리는 앞서 간 많은 선교사들의 충성스러운 생애를 오롯이 담은 그 풍성한 유산에 걸맞는 삶을 살아갈 수 있도록 기도했다.

다음 날은 일요일이었다. 얼마나 엄숙하고 영감 넘치는 하루였던가! 우리를 안내하는 찰스 소어 목사 내외가 공산당의 학살로 남편을 잃은 사모들이 모여 사는 집을 보여주었다. 서울 시가를 잘 내려다 볼 수 있는 높은 언덕에 올라 300개가 넘는 교회 뾰족탑들이 하늘로 치솟아 있는 모습도 구경했다. 비기독교 세계 그 어느 곳에서 이렇게 고무적인 광경을 볼 수 있겠는가? 5월 1일, 일요일, 우리는 이 교회들 중 한 곳을 방문했다. 교회는 경건한 교인들로 넘쳐나고 있었다. 우리가 영동감리교회를 나오는데, 4월 27일 하야를 하고 은신 중이던 이승만 전 대통령도 부인 프란체스카와 함께 예배를 마치고 밖으로 나오고 있었다. 매리언이 그의 사진을 찍으려 하자 그가 선 채로 포즈를 취해주었다.

이것을 마지막으로 그는 한국 대중 앞에 모습을 드러내지 않았

이승만 전 대통령이
영동감리교회에서 예배를 마치고 나오는 모습

다. 얼마 후 그는 고국을 떠났다. 한 때 '국부'로 불렸고 1948년에 초대 대통령으로 뽑히고 1952년, 1956년, 1960년에 대통령으로 당선됐던 사람으로서 정말로 슬픈 종말이 아닐 수 없었다.

또 다른 날에 우리는 경성여자의학전문학교로 안내를 받았다. 이 전문학교는 내 어머니 닥터 로제타 홀이 1928년 9월 4일 시작한 여자의학반을 모체로 세워진 학교였다. 경성여자의학전문학교는 재학생이 500명이 넘는 학교로 성장해 있었다. 학생과 교수들이 모두 기립박수로 나를 환영해주었다. 나의 어머니가 당신의 학생들을 그렇게도 자랑스럽게 여기시던 모습이 떠올랐다. 어머니가 살아계셨다면 더더욱 자랑스럽게 여기셨을 것 같았다. 학교가 재정적으로 자립할 수 있을 때까지 무보수로 근무해 달라고 초기 교수진을 설득하던 어머니의 모습이 아직도 사람들의 입에 회자되고 있는 것을 보면서 어머니에 대한 기억이 그들 중에 생생하게 살아 있다는 것을 알게 되었다. 1933년 10월 어머니가 한국을 아주 떠나시면서 이 학원 설립 초기부터 함께 한 의사 부부 닥터 길정희와 닥터 김택원의 손에 여자의학반의 운영을 맡기셨다. 어머니는 다음과 같이 기록하셨다.

> 한국 여성 의료인의 훈련을 젊은이들에게 맡기고 떠나면서 여자의학반을 병원 위층으로 옮긴 6월부터 내가 살았던 연못골에서 지난 5년 간 줄곧 부원장의 자리를 지켰던 닥터 길은 다음 임기부터 내 제의를 받아들여 내 자리를 맡겠다는 용단을 내렸다. 남편 김은 회계를 맡아 원장을 돕기로 했다. 주님은 나의 순례의 길모퉁이에서 내게 필요한 은혜와 인도하심을 허락하셨다. 주님을 찬양한다. 나는 주님이 한국여성의 의학교육을 위한 노력에 더욱 풍성한 축복을 내리실 것으로 믿는다!

주님은 충성스러운 사람들을 사용하시어 시작은 미약했으나 참으로 놀라운 성취를 이루어내셨고, 우리는 이 일에 증인이 되었다.49) 원대한 포부가 거대한 장애를 극복하고 결실을 맺게 된 과정을 목도한 것은 우리에게 큰 영감을 주었다.

어느 날 저녁 해주 노튼기념병원(구세병원), 결핵환자위생학교, 해주결핵요양원, 해주소년학교 출신으로서 공산당을 피해 38선을 넘어 온 오십여 명의 사람들이 우리를 위해 서울 시내 고급호텔에서 재회의 만찬을 베풀었다. 흐르는 세월과 전쟁의 상흔에도 불구하고 사랑과 사모의 정으로 환하게 빛나는 친근한 얼굴들을 다시 만나게 된 기쁨으로 우리의 가슴은 뜨거워졌다. 우리가 사랑하는 해주에서 마지막 모임을 갖고 헤어진 이후 그들이 겪었던 이야기를 듣고 우리는 숙연해졌다. 해주는 더 이상 '우리 것'이 아니었다. 한반도를 북(조선인민공화국)과 남(대한민국)으로 분단하고 있는 38선 이북에 위치한 해주는 공산당의 잔혹한 멍에를 메고 있었다.

이 충성스런 친구들이 우리를 보고 한국으로 돌아와 하나님 나라를 새로운 한국에 건설하자고 강권했다. 우리는 한국을 떠날 때까지 그와 같은 호소를 많이 들었다. 가장 끈질기게 요구한 사람들은 전에 같이 일했던 의사들과 해주요양원 원목 김영순 목사였다. 김영순 목사는 내가 한국 최초의 요양원을 세웠을 때와 크리스마스 씰을 한국에 처음 소개하고 크리스마스 씰의 개념을 일반에 이해시킬 때 나에게 큰 도움을 준 사람이었다.

1953년 11월 6일 설립된 한국결핵협회를 방문한 것은 영광스런 일이었다. 나는 골드회원 라펠핀과 공로패를 수여받았다. 그리고 1928년 10월 27일 한국 최초의 결핵요양원을 세운 일과 1932년 크리스마스 씰을 한국에 소개한 일에 대하여 많은 감사의 표현을 들었다. 앞으로도 계속해서 한국 결핵 씰을 해마다 발행하겠다는 말과 전후 최초의 결핵 씰 캠페인이 1949년에 재개된 이후 계속해서 성공했다는 말을 듣고 나는 참으로 반가웠다. 한국에서 크리스마스 씰은 2차대전 중 일본군의 갑작스러운 제지로 1940-41년 크리스마스 씰을 끝으로 제작이 중단된 바 있었다.

한국결핵협회 회원들과 함께

 선교사 모임이 열려 우리는 당시 한국에서 사역하던 외국 선교사들 중 몇 분을 만나게 되었다. 인도사역을 다룬 영상을 보여주고 짧은 대화도 나눴다. 우리가 소개한 사진을 보고 모두들 좋아했다. 매리언은 칼라사진 솜씨가 좋다는 칭찬을 들었다. 우리가 1926년 4월 10일부터 1940년 12월 9일까지 한국에서 사역할 때 알고 지냈던, 당시 연세가 많았던 분들의 얼굴을 거의 볼 수 없어 크게 놀랐다.

 또 우리는 한국에서 개척선교를 하던 분들이 세웠고, 당시 성장을 거듭하고 있던 기독교 대학 두 곳으로 안내를 받았다. 이화여자대학교는 등록학생이 8천 명으로 세계에서 가장 큰 여자대학교라 했다. 이 대학교는 1886년 감리교 선교사 메리 스크랜턴이 창립했다.

 훌륭한 미국장로교 개척 선교사인 호레이스 그랜트 언더우드가

1885년에 한국에 왔다. 그는 형 존 토마스 언더우드로부터 선교비를 지원받는 상황이었다. 존 토마스 언더우드는 언더우드 타자기 회사50)를 설립하고 항상 한국에 깊은 관심이 있었다. 1915년 호레이스 그랜트 언더우드는 조선기독대학을 설립하고 초대 학장에 취임했다. 우리가 한국에서 사역할 당시, 누구나 들으면 알만한 대학이었다. 닥터 호레이스 그랜트 언더우드의 아들 닥터 호레이스 호튼 언더우드51)가 1933년부터 1940년까지 다음 학장을 지냈다. 이 대학은 나중에 연세대학교로 개칭되었고 닥터 조지 백이 책임을 맡고 있을 당시인 1946년에 대학교로 승격되었다.

장로교 선교사 닥터 호레이스 알렌이 1884년 12월에 왕실을 상대로 일어난 쿠데타에서 부상을 입은 왕자 민영익의 생명을 구했다. 이런 연고로 조선 국왕과 왕비가 보은의 표시로 닥터 알렌을 한 왕립병원의 책임자로 임명했다. 이 병원은 국왕이 광혜원(廣惠院, 넓게 시혜를 베푸는 집)이라는 이름을 붙여서 1885년 4월 10일에 개원했다.

초창기를 지나 나중에는 클리블랜드의 철강 자선가 루이스 세브란스와 그의 가족이 낸 기부금으로 1900년에 세브란스의과대학이 설립되었다. 여러 교파의 선교부가 참여한 이후 세브란스 연합의과대학 병원으로 명칭이 변경되었고, 1912년에 대학교로 승격되었다. 1957년 세브란스는 연희대학교와 합병되어 연세대학교가 되었다. '연세대학교'란 명칭은 두 학교 명칭의 첫 음절을 조합한 것이다.

닥터 호레이스 그랜트 언더우드 2세는 설립자의 손자로서 1960년 우리가 방문했을 당시 잠시 동안 총장서리로 재직하고 있었다. 그는 교육학과 교수로 재직하면서 연세대학교와 함께했다. 그와 부인 조안 데이비드슨 언더우드는 가족과 함께 소실됐던 언더우드가 집터에서 신축한 집에서 살고 있었다. 저녁 만찬에 초대를 받은 우리는 우리 아이들이 호레이스의 형제자매들과 어울려 놀던 추억으로 이야기꽃을 피우며 즐거운 하루 저녁을 보냈다. 호레이스에게는 서울에서 고등학교에 다니는 쌍둥이 형제 제임스와 존, 11세의 딕, 그리고 6세의 그레이스가 있었다. 장남 호레이스는 당시 미국에서 대학을 다니던 중이라 아마 우리 아이들은 못 보았을 것이다.

우리 아들 윌리엄이 그 집 개의 한배 새끼 중에서 콜리 종 강아지 한 마리를 선물로 받고 기뻐서 어쩔 줄을 몰라 했던 이야기도 나누었다. 윌리엄은 그 강아지에게 '맥'이란 이름을 지어주었다. 그런데 윌리엄이 콜리를 해주로 갔을 때, 거기서 '맥'이 그만 광견병에 걸린 개에게 물린 슬픈 사건이 일어났다. 큰 위기가 우리 가족에게 연달아 일어났다. '맥'이 매리언과 아이들과 접촉을 했을 때 나만 집에 없었다. 우선, 구하기 어려운 광견병 백신을 제때에 찾아내야 했고, 주사 맞은 자리에 주사액이 염증을 일으키는 일이 생겨서 매일 주사 맞는 일을 관리해야 하는 등, 악몽과 같은 며칠을 보내야 했다. 그렇다. 그 며칠 동안은 잊지 못할 기억으로 가득한 기간이었다. 가족이 함께 압박을 받고, 함께 기뻐하며, 함께 노력한 기간이었다.

우리는 한국에 와서 받은 환대에 깊은 감명을 받았다. 선교사들과 한국인들 모두는 일본으로 단거리 여정을 떠나는 우리를 배웅했다. 그들은 한국으로 돌아오는 문제를 심사숙고해 보라고 권유했다. 우리는 그들의 진지함에 마음이 움직였지만, 우리가 은퇴를 목전에 둔 상태이고, 인도에서 해결해야 할 문제가 아직 남아 있었다. 그래서 우리는 현재의 직무를 계속하는 것이 하나님의 뜻일 거라는 결론을 내렸다.

다음 체류지는 동경이었다. 나와 친한 일본 친구들이 공항에 나왔다. 우리는 한국에 있을 때 해주에 있는 공립고등학교에서 교편을 잡고 있던 부이츠 나가타 가족과 알고 지냈었다. 이 가족이 장거리를 운전해 우리를 영접하려고 공항까지 나왔던 것이다. 나가타의 아들이 새로 구입한 차를 몰고 나와 매우 뻐기는 모습이었다. 얼마를 주고 샀느냐고 물어봤더니 그가 대답했다. "백만 엔쯤 줬을 걸요!"

그래서 내가 대답해주었다. "그럼, 자네는 백만장자네?" 그 청년이 껄껄 웃었다. 왜냐하면 엔화가 큰 폭으로 평가절하 되어서 백만 엔은 그리 큰 돈이 아니었기 때문이다.

다음 날 우리는 나가타 가족과 함께 하루 종일 드라이브를 했다. 일본의 명소인 호수 지방을 여행했다. 호수의 수면에 투영된 후지산을 보고 싶었으나 그녀(산)가 너무도 겸손해서 구름 밖으로 얼굴을 내밀지 않았다. 그러나 시골 경치가 퍽 아름다웠기 때문에 너무 실망하진 않았다. 마침 '소년 축제'가 열리고 있는 중이어서 여행의 매 순간을 온전히 즐길 수 있었다. 이 축제 기간에는 장대 끝에 달아맨 거대하고 화려한 종이 물고기들이 바람을 타고 올라가서 지붕 저 너머에 떠 있다. 지붕 위에 떠 있는 고기의 숫자로 그 집에 몇 명의 남자 아이가 있는지 알 수 있다는 속설이 존재한다.

그 다음 날, 동경의 관광 명소를 돌아보았는데, 이 세계 최대의 도시가 전쟁 후에 이룩한 발전에 놀라움을 금할 수 없었다. 전설에 나오는 불사조가 문자 그대로 전쟁의 참화에서 고층빌딩의 모습으로 날아오른 것 같았다. 또, 시가 곳곳에 건축이 아주 활발했다.

비바람이 몰아치는 어느 날 밤 우리는 일본을 떠났다. 비가 오는데도 나가타 가족은 공항까지 나와서 우리를 환송했다. 호놀룰루에 내리자 화창한 날씨였다. 오랜 친구 월과 낸시 프레이저가 향기로운 '하와이언 레이'(화환)를 들고 우리를 반겼다. 우리가 프레이저 내외를 마지막으로 본 것은 1940년 12월 인도로 가는 길에 필리핀에 잠시 머무를 때였다. 프레이저 내외가 우리를 데리고 간 곳은 그들이 사는 집 뒤에 있는 높은 언덕의 꼭대기였다. 거기서 우리는 진주만을 내려다 볼 수 있었는데 언제 참담한 비극이 벌어졌었냐는 듯 너무도 평화로운 모습이었다.

현대적 설비를 모두 갖춘 결핵요양원으로 주목을 받고 있는 리하이 병원에서는 우리를 안내할 만반의 준비를 하고 있었다. 원장인 닥터 H. H. 워커가 우리를 정중하게 맞았다. 그는 이 최신 요양원의 내부 운용 체계와 이 요양원이 그토록 훌륭하고 효과적으로 돌아가는 이유에 대해 설명해주었다. 돈이 중요한 한 요소였다. 마다르 요양원에서는 6개월 내지 1년 동안 환자 한 사람당 평균 600달러를 쓰는 데 비해, 여기 리하이 요양원은 같은 조건에서 3,566달러를 투입하고 있었다. 즉 마다르가 쓰는 경비의 여섯 배를 사용하고 있었다. 물론 모종의 약품과 의료기구 비용이 여기보다 많은 경우가 있기는 했지만, 그것은 수입약품과 의료기구에 부과되는 높은 관세와 운송 비용 때문이다. 리하이가 제공하는 질 높은 치료와 충분히 경비를 사용하면 치료 결과도 좋다는 설명을 듣고 나는 영감과 자극을 얻었다. 우리는 리하이 요양원과 마다르 요양원 둘 모두에게 돈이 전부는 아니며, 가장 중요한 요소는 잘 훈련되고 능력 있고 헌신적인 직원들이라는 사실도 깨닫게 되었다.

프레이저 내외의 이웃인 닥터 H. L. 아놀드는 리하이 요양원의 운영위원장인데, 희귀 난초를 기르는 취미를 가지고 있었다. 그는 우리의 다음 목적지가 딸 필리스가 있는 워싱턴 타코마라는 것을 알고 딸에게 갖다 주라면서 아름다운 난초를 몇 그루 주었다. 타코마에서 우리는 두 번째 손녀 마르시아 세실라 킹을 만나볼 것이었다. 에드와 필리스 사이에서 1960년 1월 13일 출생한 손녀를 처음 만나게 되는 것이다. 1958년 매리언이 애기 엄마 환자를 뉴욕까지 비행기로 데리고 갔었을 때 공항까지 아기를 안고 갔던 것 외에는 아기를 다루고 달래본 지가 한참이나 됐다. 가족들은 내가 4개월짜리 손녀를 서투르게 다루는 것을 보고 우스워 죽겠다는 표정이었지만 마르시아는 나를 항상 상냥하게 받아주었다.

다음 여정으로 우리는 캐나다 토론토로 가서 첫 손녀 카렌 엘리자베스와 그 아이의 부모인 조와 캐럴 홀을 만났다. 매리언과는 달리 나는 카렌이나 조의 처 모두를 그전에 만날 기회가 없었다. 나는 조가 자기 딸과 아내를 좋아하는 이유를 곧 알게 되었다. 카렌은 한창 말썽을 피울 나이인 18세의 매우 귀여운 아이였는데, 누가 야단이라도 치려고 하면 재빠르게 상냥한 미소로 부모와 할아버지, 할머니를 녹여버리는 것이었다.

몇 건의 선교사역보고회, 선교사회의, 의료회의 등 미리 잡혀 있는 일정을 소화하다 보니 장남 윌리엄을 뒤늦게 만나게 되었다. 지난번에도 만나긴 했지만, 이번에는 대학원 시험공부를 짬짬이 해가면서 캐나다 찰스턴 레이크에 있는 우리 여름 별장에서 오랜 시간 함께 지내면서 뒤늦게 만난 아쉬움을 보상했다. 홀 집안의 '가문 친목피크닉'이 우리를 위해 열렸다. 엄마 품에 안긴 아기들로부터 90세 이상의 노인들까지 족히 50명이 넘는 집안사람들이 모였다. 이번 피크닉은 정말로 행복하고 가족의 역사를 되새겨 본 기억에 남을 만한 모임이었다.

또 하나의 역사적이고도 즐거웠던 때는 97세의 허버트 웰치 감독의 초대로 우리 셋과 그의 딸 엘리너가 뉴욕에서 저녁을 함께한 때였다. 우리가 한국에서 사역을 하고 있을 당시 웰치 감독은 우리가 매우 존경하는 분이었고 내 아들 윌리엄에게 세례를 베풀어주신 분이기도 했다. 우리가 기억하기로는 웰치 감독은 참 명철하고 재치가 있는 분이었는데, 그분이 벌써 생존해 있는 감독 중에서 최연장자가 되셨다는 게 믿기지 않았다.[52] 그는 지지난 주일 설교도 열정적으로 했다.

여러 친구들의 도움으로 우리의 짧은 휴가는 즐겁고 다사한 휴가가 되었다. 이 짧은 휴가도 이제 곧 끝나게 될 것이었다. 오랜 친구인 허버트 그린 내외는 산적한 업무에 다시 뛰어들기 전에는 반드시 특별 안식 기간이 필요하다고 우리에게 말했다. 그래서 백조가 늠름히 하늘을 날고 숲이 무성한 시냇가로 우리를 안내했다. 주위 나무들의 단풍진 모습이 잔잔한 수면에 비치고 있었다. 얼마나 즐거운 광경이며 얼마나 나의 혼을 상쾌하게 해 준 정경이었던지! 이 여행은 우리가 소중히 간직하고 싶은 감사하고 행복하고 축복으로 가득 찬 추억거리가 되었다.

10월 23일 오전 5시 우리가 탄 팬암 제트기가 델리의 팔람 공항에 착륙했다. 이로써 4월 29일 델리를 이륙하여 동쪽으로 날아올랐던 짧은 휴가여행의 시발점이며 종착역인 델리로 돌아오게 된 것이다.

매리언이 11월 중 가족에게 쓴 편지엔 주목할 만한 일이 몇 가지 기록되어 있다. 그중 하나가 우리가 받은 닥터 존 웰즈의 편지이다. 제인이라는 영국 간호사와 1960년 12월 10일에 결혼식을 올린다는 내용이었다. 닥터 웰즈와 제인은 웰즈의 복직을 위해 마다르 요양원으로 돌아가는 계획을 세웠으나 3월까지는 이용할 배편이 없었다. 그래서 두 사람과 그들의 두 자녀 글로리아와 러셀이 배편 대신 항공편을 이용할 경우 선교본부가 항공요금을 지불해줄 수 있는지를 타진하고 있었다. 그런데 선교본부가 웰즈 가족이 이용할 선박을 찾아냈다. 1월 말에 봄베이에 도착하는 배편이었다. 닥터 웰즈 가족에게 괜찮아 보이는 배편이었다.

나중에, 닥터 웰즈가 선상에서 쓰고 지브랄타에서 부친 편지를 받아 보았다. 자기를 제외한 가족 전원이 뱃멀미를 앓고 있고, 봄베이에 내려 기차를 타고 1961년 2월 5일에 아지메르에 도착할 예정이라고 했다. 닥터 웰즈 가족은 그의 재능을 꼭 필요로 하는 마다르 요양원에 따뜻한 영접을 받으며 복귀했다.

주목할 만한 또 다른 일은 우리가 돌아온 후 몇 주가 지나 배달된 전보였다. 그 전보는 우리의 세 번째 손녀 줄리아 루이스 홀의 출생에 관한 것이었다. 1960년 11월 26일 조와 캐럴 사이에서 손녀가 태어난 것이다. 산모와 아기가 모두 건강하다는 소식을 듣고 매우 기뻤다. 줄리아 루이스의 순산에 이어 우리에게 기쁜 소식이 또 하나 배달되었다. 그것은 막 도착한 캐나다 고등판무관 닥터 체스터 앨빈 로닝으로부터 온 특별 초청장이었다.

> 1961년 1월 25일, 인도주재 영연방 고등판무관들이 합동으로 주최하는 엘리자베스 2세 여왕 폐하와 에딘버러공 전하를 위한 리셉션이 정오부터 오후 1시까지 뉴델리 킹 조지 애비뉴 소재 영연방 고등판무관 관저에서 개최됩니다.
> 귀하를 정중히 초청하오니, 참석하시겠다면 최종내빈명단이 확정되는 1960년 12월 30일 이전에 참석여부통지를 해주시기 바랍니다.
> 복장: 남성은 신사복, 여성은 모자와 손장갑(긴 손장갑이 아니어도 좋음)

매리언이 아이들에게 편지를 썼다.

지금 나는 가슴이 두근거려 견딜 수가 없구나. 내가 바라는 것은 인도에 오실 아름다운 여왕의 사진을 찍어 너희에게 가지고 가는 것이란다. 나는 지금 1960년 10월 17일에 런던에서 찍은 여왕과 네팔 왕의 투명슬라이드를 보고 있었단다. 그때 우리는 여왕과 왕의 가족들이 네팔 왕 부처와 함께 빅토리아 역으로부터 돌아오는 행렬을 보러 존 세르비스 부인과 함께 디몰까지 갔었지. 행렬이 지나갈 때 우리는 꼼짝 않고 한 곳에 서서 구경을 했는데 다채롭고도 재미있는 행렬이었어. 신문에 보니까 여왕부처가 2월에 네팔을 방문하신다더라. 사진 찍기에 매우 좋은 기회가 될 것 같구나.

1월 25일로 예정된 고등판무관 리셉션 초청계획이 일부 수정되었다는 통보가 먼저 '트렁크 콜'로 오고 나중에 캐나다 고등판무관실로부터 왔다. 여왕과 고위 정부 관리들을 위한 저녁 만찬이 끝난 후에 우리가 여왕에게 소개될 것이고 장소가 하이데라바드 하우스로 변경되었다는 내용이었다. 매리언은 긴 이브닝드레스를 입으라는 요청과, 혹시 티아라가 있다면 쓰고 나오라는 요청도 받았다. 매리언은 보석이 달린 머리장식(티아라)이라곤 어린 시절 주일학교에서 찬양을 할 때 써본 것 밖에 없고 그마저 지금은 갖고 있지 않았다!

그건 정말로 흥미진진한 이벤트였다. 여왕을 알현할 또 한 사람이 있었는데, 그는 델리에 있는 레이디 하딘지 의과대학병원 부설 정부 간호대학원의 책임자로 있는 캐나다인 매리 에디스 맥케이 뷰캐넌 박사였다. 그녀는 중부 인도의 빌Bhils종족 대상 의료개척선교사였던 박사 부부 존과 매리 뷰캐넌의 두 딸(룻과 에디스) 중 하나였다.

그날 저녁 닥터 에디스 뷰캐넌이 자기 집으로 우리를 저녁 만찬에 초대했다. 닥터 뷰캐넌이 인도 간호사들로부터 선물로 받은 흑색 바탕에 은백색이 나는 파티용 숄인 스톨을 빌려줘서 매리언이 입었는데 번쩍이는 흑색 금속조각으로 장식한 이브닝 가운과 잘 어울렸다. 뷰캐넌이 우리 차에 동승하여 멋진 도심의 왕궁 하이데라바드 하우스로 갔다. 자동차 앞 유리창에 "H. H."라고 쓴 스티커를 붙이고 초소들을 지나 거대한 철제문을 여러 번 통과했다.

왕궁의 외벽은 조명을 받아 아름답게 빛을 내고 있었다. 울긋불

굿한 제복을 입은 부관이 우리를 맞았다. 우리는 부관의 안내를 받아 붉은 카펫을 깐 층계를 올라 분수가 춤을 추고 있는 연못과 꽃 숲을 지나서 대연회장으로 들어섰다.

여왕과 일행이 아직 저녁 식사를 마치지 않아 한 시간이 지나도 모습을 드러내지 않았다. 그 동안 우리는 다양한 그룹의 사람들과 어울렸다. 우리는 캐나다 사람이 여덟 명 정도 모여 있는 자리에 가서 어울렸다. 시간이 되자 우리는 일렬로 섰다. 남자가 먼저 소개되어야 한다는 이해하기 어려운 이유로 나는 매리언 앞에 서게 되었다. 소개를 받을 때 허리를 굽혀 인사하지 말고 고개만 숙이라는 지시(실은 내겐 참 다행스러운 일이었다)를 받았다. 매리언은 인사를 드릴 때 몸의 균형을 잃지 않으려고 몹시 조심을 했다. 각양각색의 고등판무관들이 그들과 같이 온 여러 부류의 그룹을 하나씩 알현시켰다. 그날 저녁 여왕을 알현할 사람은 70명이 넘었다.

매리언은 지시 받은 대로 긴 흑색 야회용 예복을 입고 모자와 장갑을 착용했다. 나는 '검은색 넥타이'(예복을 의미한다)를 맸다. 그 전날 파마를 한 매리언이 귀걸이와 목걸이, 팔찌를 찼다. 나는 그녀가 아찔할 정도로 아름답다고 생각했다. 매리언은 어린 여학생처럼 흥분에 휩싸여 있었는데, 사실 그 자리에 있던 사람들 모두 아이들같이 재잘거리고 있었다. 갑자기 조그만 핀이 떨어지는 소리까지 들릴 것 같은 정적이 닥쳤다. 여왕과 여왕의 뒤를 따르는 높은 분들이 왕궁의 대연회장으로 걸어 들어오고 있었다.

이어 여왕이 다가오고 있었다. 만면에 미소를 머금은 여왕은 광채가 나는 모습이었다. 이튿날 나온 신문은 다음과 같이 전했다. "여왕은 참제비고깔로 만든 푸른 명주 그물 드레스에다 꼭 맞는 조끼와 가로로 주름 잡힌 낙낙한 스커트를 입고 있었다. 그녀는 꽃줄 소용돌이 장식이 달린 다이아몬드 티아라와 보석받침 스파이크(여왕 매리의 선물)을 신고 있었다. 또 다이아몬드 목걸이, 다이아몬드 귓불 귀걸이, 다이아몬드 팔찌, 커다란 다이아몬드 브로치도 달고 있었다. 여왕은 감미로운 아름다움으로 눈부시게 빛났다."

내가 알현할 차례가 왔다. 나는 여왕폐하의 친절한 기품에 감탄을 금할 수 없었다. 공작이 다가왔는데 그는 좀 더 자유롭고 편안한 느낌이 드는 분이었다. 공작은 우리와 유쾌하게 이야기를 나누었다. 그는 또 나도 전에 축하를 표했던 그의 호랑이 사냥에 대한 조크도 했다. 매리언은 자이푸르 어느 마을에서 공작의 사진을 찍던 일, 그리고 매리언이 내려쬐는 뜨거운 태양 빛을 피하려고 남편의 펠트 모자를 쓰고 있었는데 이 우스꽝스러운 모습을 보고도 공작이 우스워하지 않고 오히려 호감을 표시해준 일 등을 공작 앞에서 회상했다.

여왕과 공작 내외 차례가 지나가고, 대통령 닥터 라젠드라 프라사드, 부통령 닥터 사르베팔리 라드하크리시난, 수상 자와하랄 네루, 네루의 딸, 간디 부인, 네루의 누이 비자얄라크시미 판딧 부인, 의전실장 베이그, 황실 수행원 일행이 차례로 지나갔다. 악수로 맞아 준 여왕 내외와 네루 수상만 빼고, 모두들 인도식으로 깍지 낀 손을 하고 인사를 했다.

사람들이 한 바퀴를 돌며 인사를 나눈 후, 여왕 내외가 우리 뒤쪽 소파에 앉을 수 있도록 우리들이 조금 옆으로 비켜서 달라는 진행자의 요청이 있었지만, 여왕 내외는 출입구 근처에 선 채로 손님들과 담소를 나누었다. 손님들 중에 매우 화려한 전통복장을 한 가나 사람들이 있어서 매리언과 나는 그 사람들과 재미있게 대화를 나눴다.

연회는 약 한 시간 후인 오후 11시에 파했다. 운전기사 멜빈이 여왕 내외가 떠나는 모습을 보고 여왕이 매우 아름다운 겉옷을 입고 있는데 아마 흰 담비 외투일 거라고 했다. 일렬로 도열한 여러 연방 고등 판무관들과 부인들에게 감사를 표시한 후, 내가 받아 두었던 카드와 차량번호를 제시하자 운전기사가 차를 몰고 와서 출발했다. 초소를 지나 하이데라바드 하우스의 인상적인 철문을 통과해 그곳을 빠져나왔다.

우리는 공화국 창건일인 1월 26일에 공화국 창건일 퍼레이드에 참석했다. 외무부 차관이 국방부와 협의해서 우리를 사진기자석에 앉혔다. 이 관망석에 앉아 매리언이 무비카메라로 촬영하고 나는 정사진 카메라로 행진하는 군인들과 풍선들을 찍었다. 여왕 내외가 우리가 있는 곳에 다다르기 전에 마차에서 내리는 바람에 우리는 크게 실망했다.

'귀영의 북소리'라는 또 다른 행사가 "엘리자베스 여왕 2세 폐하와 에딘버러공 왕세자 필립 전하를 위하여" 개최되었다. 이 행사는 1월 27일 해질 무렵에 열렸고 프로그램에 소개된 이 행사의 내용은 다음과 같았다.

'귀영의 북소리'는 군대가 일몰 또는 일몰 직후에 전투를 중단했던 것에서 유래한 오래된 군대 풍습이다. '후퇴' 나팔이 울리면 부대가 전투를 중지하고 무기를 거두어 전장에서 철수했다. 나팔소리가 울리면 움직이지 않고 서있는 풍습이 오늘날까지 전해 내려오고 있다. 국기와 군기를 접어서 넣고, 깃발을 게양대에서 내리는 의식을 행한다.

북을 치는 것은 시내에 배속되어 있는 부대가 저녁이 되면 지정된 시간에 숙소로 돌아오던 시절의 자취이다. 이러한 전통들이 모여서 오늘날 '귀영이 북소리' 라는 의식이 된 것이다.

의식의 일부로 인도군 여러 부대에서 파견된 군악대가 팡파르를 울리고 음악을 연주했다. 곡 대부분은 인도 군악대 소속 작곡가들이 작곡하고 편곡한 것이다. '귀영의 북소리' 는 북 굴리기로 열리고, 꼰칸 행진으로 끝을 맺는다. 북 굴리기가 진행될 때 사람들은 기립 자세로 서 있어야 했다. 퍽 인상적이고 잘 어울리는 순서여서 우리 기억에 선명하게 남았다.

제29장. 눈을 뜨게 하라

매리언이 농촌마을에 나가 사역을 하는 중에 트라코마라는 눈병이 마을마다 창궐하고 있는 것을 알게 되었다. 트라코마에 걸리면 반투명의 노르스름하고 가느다란 미립이 형성된다. 이것은 만성 감염성 바이러스 결막(안구의 앞쪽 표면과 눈꺼풀 안쪽을 덮고 있는 점막) 염증인데, 이 병의 높은 발병률이 매리언의 근심을 자아냈다. 매리언은 이 발견을 계기로 트라코마 확산 방지책을 강구하는 일을 자신의 주 관심분야로 삼았다.

이 병은 억제하지 않고 방치하면 결국 실명으로 이어질 수 있는 병이었다. 반면에 초기에 발견하여 항생제 연고로 6주 동안만 치료하면 대개 완치되는 질환이기도 하다. 매리언은 인도의 농촌 마을에서 트라코마를 퇴치하기 위해 의료계와 비의료계 모두가 이 문제에 관심을 갖도록 위대한 도전을 시작했다. 매리언은 고향에 부친 편지에서 자신의 생각을 이렇게 피력했다.

1961년 9월 28일.

뜨듯하고 거칠고 씨가 많은 뭔가가 내 손에 쥐어집니다. 옥수수 한 개입니다. 누가 이런 일을 했나 하고 뒤를 돌아보면, 회교도 마을 운트라의 달빛 아래 꾀죄죄한 작은 소녀가 내 얼굴을 올려다보며 서 있습니다. 그 아이는 자기가 가진 소중한 것을 나에게 주었습니다. 나는 깊은 감동을 받고, 아이의 이름과 나이를 묻습니다.

이름 뜻 그대로 '쵸뚜'(꼬마)입니다! 8살이라지만 나이보다 더 작아 보입니다. 여자아이가 먼저 것보다 조금 작은 군옥수수 한 개를 내밀면서 묻습니다. '또 올 거죠?'

내가 대답합니다. '응, 내일 모래.'

'그럼, 옥수수 몇 개를 더 가지고 올게요.' 여자아이가 대답합니다.

자기가 먹고 싶은 음식을 참고 참아 여러분 손에 쥐어준 그런 선물을 받아본 적이 있습니까?

그 선물을 받고 무슨 생각이 들었는지 아세요? 그렇습니다. 내게도 당신과 동일한 생각이 들었죠. 저는 적절한 방도를 찾아 그 선물에 대해 당장 갚아주고 싶었습니다. 그러나 바로 그날 아침 경건시간에 남편과 함께 유진 스미스의 『성령님의 대로』*Avenues of the Holy Spirit*를 읽는 중에 뭔가 깨달음이 왔습니다. "우리는 기꺼이 주어야 하지만 또한 받아야 할 필요도 있습니다." 쵸뚜에게도 우리에게 베풀 권리가 있었던 것입니다.

사람들이 마을 통치기구 판차얏의 책임자 사르판치와 대화를 나누는 동안 안과의사 닥터 N. C. 데사이, 신문기자 굽타와 저는 달빛을 받으며 서 있었습니다. 우리가 여기에 온 목적은 창궐하고 있는 트라코마를 방제하는 캠페인을 우리가 맡아 시행할 경우 그들이 어떻게 생각할지를 알아보기 위해서였습니다. 이 마을은 우리 이동진료팀이 매월 방문하는 마을 중 하나인데 저도 한동안 항상 마음에 두고 있던 곳입니다.

실명의 주된 원인인 트라코마를 대량으로 치료했다는 기사를 읽고 난 후 저는 여기저기 얘기를 해서 지방 로터리클럽 회원들의 협조를 얻어낼 수 있었습니다. 로터리클럽 회원들이 60달러를 지원하기로 약속했습니다. 나는 미국여성병원이 보내오는 후원금 중에서 100달러를 이동진료사역에 지출하고 있지만 앞으로 들어갈 돈이 너무 많습니다. 험한 도로를 달려 마을까지 가는 수송비뿐만 아니라 의약품이 정기적으로 사용되고 있는지를 확인하기 위해 마을에 체류하면서 그 일을 할 직원이 필요하기 때문입니다.

사르판치는 매우 협조적이었습니다. 우리가 달빛을 받으며 거기에 서 있는 동안(도로가 끊어진 곳이 있어서 우회도로로 오느라 해가 진후에야 도착했습니다) 우리는 수십 마리 소떼에 둘러싸이게 되었습니다. 활활 타는 모닥불 위에 둥글고 까만 냄비를 올려놓고 그 주위에 모여 있었습니다. 이곳에서 '눈을 돌보는 법'에 관한 영화를 보여주면 좋겠다는 의사를 전했더니 사르판치가 토요일 밤에 이곳을 깨끗이 치워놓겠다고 약속했습니다.

이틀 밤이 지난 후에 요양원 프로젝터와 발전기(운트라에는 전기가 들어오지 않았습니다), 그리고 미국공보원에서 보내온 필름 2개와 함께 그곳을 다시 찾았습니다. 미공보원 원장과는 그가 '미국 생활'이라는 전시회 업무로 아지메르에 왔을 때 우리와 같이 저녁을 먹은 적이 있었습니다. 그도 우리의 트라코마 계획에 관심을 보였습니다. 그가 필름을 신속하게 델리로 보내온 것도 이런 인연 때문이었던 것입니다.

우리는 이 기회에 가족계획 필름 '당신 손 안에' *In Your Hands*도 상영하기로 했습니다. 그 필름은 우리가 2주 전에 마을 일꾼들을 위해 실행했던 가족계획오리엔테이션 훈련 과정과 연계되어 우리가 이미 확보하고 있던 필름이었습니다. 토요일 밤의 행사장면을 그림 그리듯 묘사해본다면, 모래 위에 앉아서 스크린과 영화에 몰입하고 있는 600명 이상의 남자여자와 아이들, 그 배경에는 찬란한 달빛 아래 새김질하고 있는 소떼들이 보일 것입니다.

쵸뚜도 그 자리에 있었냐고요? 물론이지요. 이번에는 자기 몸집의 절반만 한 아기를 안고 왔습니다. 저는 그 아이에게 미리 준비해 온 조그만 꾸러미를 건넸습니다. 그런데 그 아이가 처음에는 그 선물을 사양했습니다. 그 선물은 럭스 비누덩어리 주위를 화려한 수건으로 두르고 핀으로 고정시킨 것이었는데 마치 인형같이 생겼습니다. (아직도 그게 잘한 일인지 잘 모르겠습니다.) 제가 모래 오후 일찍 영화를 상영하러 갔을 때 쵸뚜가 비누인형을 더 많이 가져오라고 수십 개의 옥수수를 가지고 나오는 일이 생기지 않기를 바랄 뿐입니다.

이 일을 시작하기 전에 우리는 인도 지역 트라코마 통제 실험작업의 책임자로 알리그라에서 근무하는 닥터 모한에게 편지를 써서 그의 자문과 도움을 청했습니다. 저는 또 의약품을 무료로 구할 수 있을 만한 곳으로 여러 통의 편지를 썼습니다. 불행하게도 유니세프는 선교기관에는 주지 않고 정부기관이라면 훨씬 규모가 작은 곳이라도 약품을 풍족하게 공급합니다. 굽타가 원하는 대로 이 프로젝트를 라자스탄의 서기장에게 맡기고 사회복지부 산하사업으로 지정 받아 대대적인 규모로 시작한다면 원활한 의약공급을 기대해도 좋을 것 같습니다. 이 아이들 중 몇 명을 실명의 위기로부터 구해낼 수 있다면 누가 그 공로를 인정받는가는 상관없는 일입니다. 닥터 모한은 그가 쓴 글에서 도울 일이 가장 많은 0-10세의 어린이들부터 시작해야 한다고 주장했습니다.

닥터 데사이는 이 일을 하기 위해서는 휴대용 슬릿램프가 있었으면 좋겠다고 하지만 그 가격이 우리가 엄두도 못낼 만큼 높습니다. 하지만 누군가가 하나를 기부할지도 모른다는 희망은 버리지 않고 있습니다. 우리가 만일 운트라에서 성공을 거둔다면 또 다른 마을로 진출하기를 원하고 있기 때문입니다. 모한 랄이 나에게 이렇게 편지를 썼습니다, "트라코마 혹은 트라코마 증후군은 유독 마을 하나의 문제가 아니라 라자스탄 농촌지역 전역에 걸쳐 발병률이 높은 질환입니다."

닥터 데사이는 어린이 한 명을 충분히 치료하는 데 1달러(현재가치 약 8달러, 1만 원)의 비용이 들어간다는 판단입니다. 우리는 어린이들을 실명 혹은 합병증으로부터 더욱 효과적으로 보호하고, 위생 상태를 개선할 계획을 세웠습니다. 토요일, 빅토리아 병원 보건과의 책임 의사가 우리들과 동행했는데 예방차원의 지원을 해주기로 약속했습니다.

1961년 10월 1일,

어제, 우리는 운트라에서 오후 내내 시간을 보냈습니다. 이번에는 사회보건청장 마수다의 왕비가 동행했습니다. 그녀가 지프를 빌려줬는데, 가는 길이 지프가 아니면 갈 수 없는 길인데다 우리에게는 지프가 없었기 때문입니다.

우리 스태프 중에서는 흉부외과의사 닥터 레부 사하와 그의 부인 닥터 글래디즈 사하가 동행했습니다. 글래디즈가 닥터 데사이의 진찰결과를 적는 동안, 그녀의 남편은 밖에서 진료를 했습니다. 그런데 37명 중 3명만

할아버지 품에 안겨 있는 실명한 농아(7세)를 마수다의 왕비가 보고 있다.

이 정상이고 나머지는 모두 트라코마를 앓고 있었습니다. 닥터 사하는 이 작은 마을에서 양쪽 실명 15명, 한쪽 실명 9명 등 총 24명의 실명 환자를 확인했습니다. 우리들이 떠나기 전에 그 마을을 돌아보았더니 위생상태가 말이 아니었습니다. 우리가 목표로 한 과제가 너무 크다는 것을 느꼈습니다. 그러나 우리들의 헌신과 협력에 교육과 성공사례, 치료, 믿음이 더해진다면 운트라에 큰 변화를 가져올 것이며, 다른 마을도 따라올 것이라는 희망이 있습니다.

문제는 무지와 가난입니다. 이 둘은 극복하기가 무척 힘듭니다. 사르판치는 한 가지 새로운 조치, 즉 아지메르의 트럭 한 대를 동원해서 그 마을의 우유를 수집하게 하고 현재 3쿼트(1쿼트는 대략 2.84리터)에 1루피를 지불하고 있는 것을 2쿼트에 1루피를 지불하도록 하기만 하면 마을의 경제를 진작시킬 수 있다는 것 정도는 아는 사람이었습니다. 하지만 그렇게 우유를 밖에 모두 팔아버리면 집에 먹을 우유가 모자라게 되어 어린이들이 고생을 하게 될 것입니다.

37명 중 34명의 어린이들이 트라코마를 앓고 있다.

우리가 방문했을 때 학교는 수업 중이었습니다. 학교 건물은 작았고 소년들은 먼지가 풀풀 나는 인도 멀구슬나무 그늘 아래에 자리를 깔고 앉아 있었습니다. 그야말로 원시적 풍경이었습니다. 우리들에게는 아주 귀중한 요소, 즉 섬김의 동기가 필요한데 일자리를 구하는 사람마다 그 일을 위해 자신이 어떤 자격을 구비했는가가 아니라 금전적 보수를 먼저 생각하는 것이 현실입니다. 현실이 이러할진대 진정한 섬김의 동기를 가진 일꾼들을 구하기란 매우 어렵습니다. 이러한 현상은 대부분 절실한 결핍에서 오는 현상입니다. 이와 같은 상황에서 아이가 7명이나 딸리고, 남편은 천식으로 일을 할 수 없는 처지이고, 내가 알기로는 빚더미에 앉아 있을 뿐 아니라 정직하지도 않은 그녀를 어떻게 간호원으로 채용한단 말입니까? 아이를 일곱이나 낳기 전에 왜 한

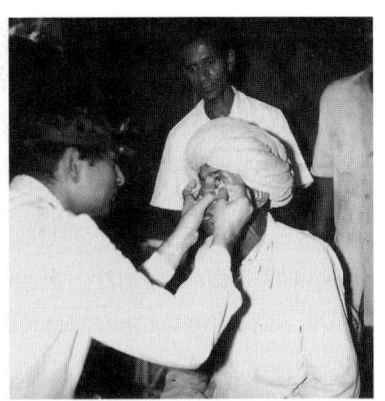
닥터 데사이가 마을 주민을 진찰하고 있다.

번쯤 더 생각해보지 않았을까요? 자신이 일터에 나가 있는 동안 아이를 길거리에 나오지 않도록 하는 일은 누가 해야 하나요? 예방이 치료보다 낫습니다. 그래서 어린 나이에 실명하고 희망이 없이 태어나는 아이들을 조금이라도 막기 위해 우리가 운트라에서 진력하고 있는 것이지요.

닥터 사하가 이러한 어려운 환경에 처해 있는 어린 소녀의 아버지에게 병원에 가는 길만이 최선이 방법이라고 조언을 하자, 그 아버지는 "아니요, 내 딸을 당신과 함께 보낼 수 없습니다. 그 아이가 죽어버리는 편이 낫지

29. 눈을 뜨게 하라 673

요"라고 했습니다. 100년 전에 일어난 일이 아니고 바로 어제 저녁의 일인 것입니다. 우리는 수술이 필요한 소녀 하나를 데려왔습니다.

1961년 10월 17일,

한편, 저는 인도사회봉사회의 참석 차 10월 6일부터 9일까지 델리에 머물고 있었습니다. 그 회의는 세계교회협의회가 개최될 예정인 위간 바완에서 열렸습니다. 마침 산업박람회가 같은 기간에 열리기로 되어 있었기 때문에 델리 소재 모든 호텔이 손님으로 가득 찼습니다. 몇 명의 유명한 연사의 발표를 들으러 '개방' 세션에 참가하러 간다 하더라도 과연 잘 자리를 구할 수 있을지조차 모르겠군요.

남편이 10일 저와 합류했습니다. 몬돌 감독이 초대를 해주셨어요. 지금 10월 11일에 개막된 델리 회의에 참가한 선교사들 중에서 나이가 든 선교사라고 우리들 이름이 참가자 명단의 윗자리를 차지하게 되었답니다. 도저히 믿어지지 않지만, 벌써 수년 전부터 그래왔었습니다. 회의에서 임명한 사역자 명단을 보니 우리 스태프에도 약간의 변화가 있었습니다. 작년도 지구 감독 겸 아지메르 감리교회의 담임 목회자 B. F. 딘 목사가 마다르의 원목으로 임명되었습니다. 지금까지 같이 지내온 기간 동안 딘 목사는 진정으로 헌신되고 섬김의 정신이 투철한 그리스도인으로서 우리에게 깊은 인상을 준 분이어서 우리는 그분이 마다르 통합요양원에 오게 된 것을 기쁘게 생각하고 있습니다.

몬돌의 손님 중에는 스위스에서 온 유니스 매튜가 있는데 그녀는 스탠리 존스의 딸이며, 짐 매튜의 부인이지요. 짐은 마다르 운영이사회 서기였고 지금은 보스턴 지구 감독입니다. 회의 참석자들 대부분이 인도와 선교사역의 현황을 파악할 목적으로 조금 일찍 도착하거나 체류를 연장하는 경우가 많기 때문에 우리는 세계교회협의회 이전이나 그 후에 손님 몇 명을 더 만나볼 예정입니다. 여기서 우리에게 필요로 하는 것들에 대해 더 많은 지원을 약속 받기를 기대하고 있습니다.

금년은 친한 친구 세 사람의 타계로 개인적으로 슬픔이 컸던 해이기도 합니다. 그 중 두 사람, 싸디 바론과 캐서린 반더빌트는 제 의과대학 동창생이지만 둘 다 저보다 나이가 적었습니다. 또 한 사람은 친구 겸 환자였던 [엘리] 쿼리 부인입니다. 제가 쓴 편지에 이름이 빈번하게 등장한 친구였는데 저도 그녀의 임종을 지켜볼 수 있었습니다. 이런 슬픈 일들을 겪으면서 사람들이 세월의 무상함을 깨닫게 되는 것인가 봐요. 아직까지 우리에게도 하고 싶은 사역이 많이 남아 있지만 그 일들을 완수할 시간이 그렇게 많이 남은 것 같지 같습니다. 우리 요양원 같은 기관을 이끌어 나가는 사람에게는 늘 기술적인 노하우가 부족하기 마련입니다. 이제 더 이상 우리가 여기 남을 필요가 없게 될 날이 왔으면 합니다. 이곳은 기독교적인 헌신과 이타적인 섬김이 귀중하게 필요한 사역이기 때문에 앞으로 수 년 내 우리가 이임하기 전에 적임자가 오기를 희망합니다. 인도에서는 아직도 선교사가 더 많이 필요합니다.

1962년 우리들은 혹서계절 휴가를 '구릉의 여왕'이라 불리는 다르질링으로 다시 한 번 가기로 했다. 거기서도 특히 새로 지은 등반연구소를 보고 싶었다. 그곳은 정말 환상적인 곳이었다. 그곳은 등반학교일 뿐 아니라 1953년 에베레스트 원정대의 박물관이었다. 에드문트 힐러리 경과 텐징이 에베레스트를 정복했을 당시 그들이 실제로 사용했던 등반장비는 물론 등반에 관련된 흥미로운 물건들이 많이 전시되어 있었다.

텐징의 귀여운 딸 니마와는 구면이었다. 니마는 미국으로 가서 의학을 전공할 수 있는 기회가 있을지 알고 싶어 했었다. 텐징의 질녀가 결혼식을 올리는 중이었다. 매리언이 화려한 결혼 행진을 무비 카메라로 촬영해주기로 되어 있었기 때문에 셸파 한 사람이 우리를 안으로 안내해서 결혼 축하연을 구경시켜줬다. 그 셸파는 우리가 곧 텐징을 만날 수 있을 것이라고 일러주었다.

조금 기다리자 텐징이 예복을 입은 채 모습을 나타냈다. 그리고 니마가 유명인사인 자기 아버지에게 우리를 소개했다. 매리언이 사진을 찍으려 하자 텐징과 니마가 매우 친절한 태도로 포즈를 취해주었다.

어느 정도 시간이 흐른 후, 니마와 텐징이 우리를 그들의 새 집으로 데리고 갔다. 다르질링의 혼잡한 셸파 지구에 있던 초라한 거처와는 비교도 안 될 만큼 훌륭한 집이었다. 그 집을 방문하는 사람은 개에 대해 알레르기가 없는 사람이어야 되겠다는 생각을 했다. 그 집에는 아주 작은 티벳산 애완용 개로부터 '아스포'라는 애칭을 가진 덩치 크고 사나운 매스티프에 이르기까지 개가 27마리

텐징과 딸 니마

나 있었기 때문이다. 우리는 매스티프가 줄에 안전하게 매어 있기를 바랐다. 텐징이 가지고 있는 또 다른 취미는 말이었다. 말들이 타온 여러 개의 컵과 우승패가 있었다. 니마도 자기 소유의 아름다운 말에 대해 신나서 설명을 했다. 그녀의 말도 챔피언이었다.

우리를 기쁘게 해준 것이 또 하나 있었는데 그것은 J. A. 헐버트의 다르질링 스튜디오를 방문할 기회가 생겼다는 것이다. 헐버트는 최고로 인기가 높았던 1954년에 14주년 기념 결핵 크리스마스 씰과 카드를 디자인한 예술가였다. 그는 성모 마리아가 초라한 시골 마을 여인의 옷을 입고 아기 예수를 무릎 위에 앉힌 모습, 또 목동 하나가 다른 목동들을 제치고 먼저 달려와서 이마에 손바닥을 대고 경배하는 모습 등으로 그리스도의 탄생을 묘사했다. 헐버트는 디자인의 배경에 곱사등을 한 소를 부연해 그려 넣음으로 매력적인 인도의 홍취를 돋우었다. 농촌을 묘사하는 인도의 그림에서 이런 표현이 없다면 인도의 취향과 감성을 나타낼 수 없는 것이다. 디자인 앞쪽에는 예수님의 순결하심과 죄 없으심을 암시하는 한 마리의 양이 그려져 있었다. 헐버트의 스케치가 더더욱 주목을 받는 것은 원래 오른손잡이인 그가 이 그림을 그리기 직전에 오른손을 다쳤기 때문에 그림을 왼손으로 완성했다는 것 때문이다. 그는 난관과 장애를 극복하면서 작업하는 데 익숙한 화가였다. 헐버트는 칼림퐁에 있는 그래함 스쿨 병원에 장기 환자로 입원해, 창문을 통해 아름답게 눈으로 덮인 히말라야 산맥의 전경을 내다보며 연습한 덕분에 스스로를 아티스트로 훈련시킬 수 있었다. 그는 티벳인들을 아름다운 파스텔로 표현한 최근의 작품들도 보여줬다. 그가 그린 산의 정경들, 특히 에베레스트 산을 그린 그림들은 유명하다. 우리는 화려하게 장식한 신부복을 입은 중국 신부를 그린 유화를 한 점 샀다. 그 그림에는 얼굴 표정을 표현하는 헐버트의 훌륭한 솜씨가 잘 나타나 있다. 그는 또 "안젤루스"라는 제목을 붙인 그림을 우리들에게 선물로 주어 얼마나 감사했는지 몰랐다. 이 작품은 저 멀리 설경을 시름에 젖어 바라보고 있는 네팔 소녀를 그린 작품이다.

J. A. 헐버트의 그림 "안젤루스"

다르질링을 방문할 때 지켜야 할 '준칙' 중 하나는 에베레스트 산을 보아야 한다는 것이다. 지난 번 여행 때에는 성공하지 못했다. 이번에야말로 기필코 산을 보기 위해 우리들은 '침울한 굼 Gloomy Goom'을 지나 몇 킬로미터 가면 나오는 '호랑이 언덕'을 잠깐 동안이라도 방문하기로 했다. '침울한 굼'은 그곳이 언제나 안개에 묻혀 있기 때문에 붙여진 명칭이다. 우리는 새벽 3시쯤 노르웨이인 일행과 함께 지프를 타고 출발했다. 다르질링의 희미한 불빛이 곧 우리 뒤로 사라졌다. 우리 일행은 안개와 비를 뚫고 달리면서도 교묘하게 피해 달아나는 에베레스트를 볼 가능성이 과연 얼마나 될지 궁금해졌다. 이윽고 몇 줄기 빛살이 동쪽 끝 수평선 위로 나타났다. 곧이어 찬란한 산 풍경이 파노라마로 눈앞에 펼쳐졌다. 그리고 곧 안개 속으로 숨었다나왔다 하기를 계속했다. 얼마간의 시간이 흐른 후, 고운 분홍색으로 색칠한 광대한 전경이 솟아오르면서 우리 앞에 펼쳐졌다. 문자 그대로 숨 막히는 광경이었다.

그런데 피해 달아나기만 하는, 몹시도 수줍음 타는 에베레스트는 어디에 있단 말인가? 그녀는 아직까지 '푸르다'를 지키느라 모습을 드러내고 시선 받기를 주저하고 있었다. 그때 누군가가 외쳤다. "그녀가 나왔다!"

과연 저쪽 서쪽 끝에 작은 봉우리 세 개가 보였다. 그 중 가운데 봉우리가 에베레스트였다. 이것이 정말 세계에서 가장 높은 산인지 믿을 수가 없었다. 가깝게 다가갈수록 그 산은 더욱 커지고 높아진다. 지금은 아주 작게 보이지만, 그것은 완전무결한 보석이었으며 우리에게 외경심을 불러일으키고 있었다. 실제로 에베레스트를 목도하는 특권을 허락하신 하나님께 쉬지 않고 감사드렸다. 우리 앞에 있는 이 놀랍고도 눈부신 눈 덮인 거봉들이 장려한 일출 속에서 색조와 색채를 끊임없이 바꾸고 있었다. 아, 이것이 바로 하나님의 세계로구나 하는 생각이 들었다.

우리가 업무에 복귀하자 피할 수 없는 문제들이 우리를 기다리고 있었다. 그러나 우리가 휴가 중에 얻은 시각을 유지할 수 있도록 도

외주는 일도 생겼다. 인도에 있을 때 우리를 끊임없이 괴롭힌 골칫거리는 거의 모든 것들을 하룻밤 새에 무차별적으로 먹어 치우는 흰개미였다. 그놈들은 종종 그림, 소장도서, 종이를 부수어버렸다. 우리 요양원교회 종탑 꼭대기에 있는 조명십자가의 나무틀까지 훼손한 것을 보고 크게 놀란 일도 있다. 즉시 수리작업을 해야 할 텐데 돈이 없었다. 그때 예수님을 믿지 않는 어느 신사가 나타나서 훼손된 십자가를 교체하는 비용을 대겠다고 했다! 그 사람이 말하기를, "내 가족과 나는 지금까지 조명십자가의 도움과 영감을 많이 받아왔는데 십자가의 불빛이 사라지니 인생의 등대를 잃은 것 같아 매우 섭섭합니다." 우리 인생에서 간혹 침묵하고 있는 물건들도 큰 역할을 하는 것 같다!

고원지대에서 즐긴 목가적인 휴가를 끝내고 인간의 현실적 필요가 넘치는 계곡, 즉 우리가 선택한 사역의 장으로 다시 돌아왔다. 늦여름, 우리들은 사별의 아픔도 겪어야 했다. 1962년 8월 도착한 전보로 매리언의 자매 엠마 버텀리 라인위버가 심장마비로 8월 24일 급사했다는 마음 아픈 소식을 알게 되었다. 그녀는 아들 존의 생일인 8월 25일을 축하하려고 아들 생일 전날 캐나다 온타리오 주 브럭빌에 있는 미장원에 가서 머리를 하고 있는 중에 갑자기 졸도를 해서 병원으로 실려갔다. 이에 가족들이 달려가 그녀가 잘 버티고 있는 것까지 확인했다고 전해졌다. 그녀가 심장마비로 쓰러졌다는 기별에 너무나 놀랐다. 엠마의 사려 깊은 성품과 소식거리가 많은 뉴스레터를 이제 못 보게 되었다는 사실이 몹시 아쉽다. 우리는 엠마와 그녀의 가족이 캐나다의 찰스턴 레이크에 땅을 매입했다는 소식을 듣고 우리가 은퇴하면 거기 가서 엠마 가족과 여러 번의 행복한 여름을 보낼 수 있겠다는 기대를 갖고 있었다. 그들은 그곳에 단층 별장을 짓고 감리교의 창시자인 존 웨슬리의 출생지 명칭과 버텀리 자매의 출생지이며 노리스가 엠마와 처음으로 사랑에 빠진 곳의 명칭을 따 별장 이름을 '엡워스'라고 붙였다. 노리스가 젊은 감리교 목사 시절 엡워스로 여행을 왔을 당시 노리스의 여행을 안내한 사람이 바로 엠마였다. 1911년에 엠마가 캐나다 온타리오의 아덴으로 이사를 갔는데 1915년에 엠마가 결혼을 승낙할 때까지 노리스는 엠마에게 구애를 계속했었다. 엠마와 노리스는 아덴 감리교회에서 결혼식을 올렸는데 장례식을 치른 곳도 아덴 감리교회였다. 우리 두 아들 윌리엄과 조가 우리 가정을 대표해서 운구를 맡게 된 것은 참으로 감사한 일이었다.

1962년 10월 10일부터 14일까지 개최되는 남아시아 감리교회 델리연차대회와 여성대회의 주관기관으로 마다르 통합요양원이 선정되었다. 감리교 선교부에 소속된 병원 또는 요양원 대부분은 계속 수효가 늘어나는 연차대회 대의원들을 수용할 시설을 갖추지 못하고 있었다. 그러나 마다르는 다시 한 번 불가능에 도전을 해보기로 했다.

우리는 결과에 매우 만족했다. 그 해에 환자 350명과 직원 100명이 북적거리는 상황이었지만, 외부에서 130명의 대의원들이 참가하는 연차대회를 주관할 수 있었다. 우리 집인 돔지붕집에는 몬돌 감독 내외를 포함한 23명이 묵었다. 요양원 직원들도 수용 면적을 넓히기 위해 모두 자기들 숙소를 비우면서까지 회의에 참석하는 손님들을 섬기는 일에 멋지게 조력했다. 심지어는 비기독교인 환자들까지 자신들이 쓰는 침대를 빌려주었다.

정규회의 일정 외에 두 편의 기독 드라마를 저녁 시간에 공연했다. 대의원들은 또한 요양원 전체를 둘러볼 수 있는 기회를 가졌다. 대의원들은 요양원의 치유사역 현장, 기독교인과 비기독교인 환자들을 대상으로 한 구체적 복음 증거, 그리고 환자들의 행복한 표정을 직접 보고 만족스러워 했다. 그들은 티벳 난민환자와 티벳 간호사 훈련프로그램에 특별한 관심을 보였다. 많은 간호사들이 이미 훈련을 마치고 인도 내 여러 지역에 세워진 난민 수용소와 재활센터에서 근무하고 있었다.

여러 명의 방문 대의원들이 감사의 글을 보내왔다. 교회가 속한 지역사회를 이런 방법으로 섬긴 모든 사람들이 큰 격려를 받았다. 이 회의가 끝난 이후, 매리언은 농촌마을사역에 관한 속보를 선교편지에 기록했다.

1962년 10월 20일,

저는 약 한 시간 전에 가그와나에서 돌아왔습니다. 빼놓아서는 절대로 안 되는 목욕부터 한 후, 옷을 갈아입고, 차를 한 잔 마시면서 기분도 전환했습니다. 오늘 아침에는 제가 인간의 비참함을 어느 정도 덜어주었다는 만족감도 느낍니다. 무슬림 여인들을 위한 진료시간에는 검진 의자를 먼저 차지하려는 경쟁이 치열합니다. 이 여인들이 자신이나 자녀들의 눈을 치료받는 데 열심인 만큼만 가족계획에도 열성을 보인다면, 여타 모든 문제들도 해결될 수 있을 것입니다.

그날 아침 저는 살균제에 손을 씻고 미스 뷸라 비숍이 기증한 눈 확대경을 조절하고 있었습니다(뷸라는 21년 전에 마다르에서 수간호사로 일한 적이 있었고, 지금은 관광차 인도에 왔다가 잠시 우리를 방문 중이었습니다). 다음 환자는 불타는 정지 신호등 같은 두 눈을 가진 부족 여인이었습니다. 그녀가 달고 있는 장신구와 의상을 볼 때 평범한 마을 주민은 아니었습니다. 알고 보니 대장장이였습니다. 대장장이들은 마을에서 마을로 다니면서 일을 합니다. 여자 대장장이가 무거운 모루채를 치고 남자는 주물이 되는 벌겋게 단 쇠를 잡아줍니다. 한번은 그 모습을 무비 카메라로 찍으면서 남편 되는 사람에게 당신만은 적어도 감히 부인을 때릴 생각을 못할 남편 같다고 우스갯소리를 한 적이 있습니다. 그런데 이 말은 틀린 말이었습니다. 부인 말이 남편이 자기를 때리지만 자주 때리지는 않는다고 했습니다. 이게 무슨 심리상태란 말입니까! 만일 제가 그 여인과 같이 모루채를 칠 능력만 있다면, 한 번 얻어맞은 것으로 충분하고 다음에 모루채를 내리칠 때는 그 목적지가 달라졌을 것입니다. 그러나 그녀 역시, 자신을 해고한 마님에게 "다른 사람을 구해 봤댔자 별 수 없어요. 저 같은 사람밖에 없을 걸요"라고 말한 한국인 요리사와 같이 얘기할 테지요.

다음 차례의 부인 환자도 역시 대장장이 여인이었는데 그 정도가 더 심했습니다. 그녀는 광선공포증 때문

광선공포증을 앓는 여자 대장장이

29. 눈을 뜨게 하라

에 아예 두 눈을 뜨지도 못했습니다. 한쪽 또는 양쪽 눈 모두에 심한 결막염을 앓고 있는 환자들도 많았는데 어린 소녀 하나는 결막염으로 한쪽 눈의 시력을 거의 잃어가고 있었습니다. 발병한 지 한 달가량 된 상태였습니다. 제가 2주일 전에 의약품이 떨어졌거나 힘이 달려 치료를 포기하고 내버려둔 많은 환자들 중 하나일지도 모른다는 생각이 들기까지 했습니다.

귀로에는 구그라를 통과하면서, 조금 전 가그와나에서 목도한 일들이 생각나면서 여기 구그라에서도 치료하지 못하고 돌려보낼 환자가 많을텐데 사람들을 불러모을 필요가 있겠는가 하는 회의에 빠졌습니다. 제가 미국, 영국, 캐나다나 다른 나라에 기대하는 것은 다른 것이 아닙니다. 이같이 필수적인 사역을 감당할 수 있도록 섬김의 정신이 투철하고 전문기술을 갖춘 젊은 안과의사 한 사람을 성별에 관계없이 보내 달라는 것이지요. 이동진료팀이 갔다 온 모든 마을의 실태가 똑같았습니다. 우리가 한 번에 한 곳밖에 갈 수 없다는 현실 때문에 얼마나 많은 사람들이 실명을 당해야 하는지 모릅니다. 먼지가 많은 라자스탄에서는 트라코마가 광범위하게 퍼져 있었기 때문에 우리는 검사나 검진도 하지 않고 일괄적으로 오레오마이신을 투여하고 있는 실정입니다.

제가 마을 의사 한 사람에게 트라코마(그가 담당하는 학교에는 환자가 한 사람도 없다고 했다) 초기 증상을 식별하는 방법을 가르치고 있었는데 모든 어린이들이 양성반응을 보이니까 이 의사가 소리쳤습니다. "그럼 정상적인 눈을 하나라도 보여주세요!" 영국인 안과의사 닥터 데사이도 수많은 어린이들을 검사한 후에야 정상적인 눈을 가진 아이 하나를 겨우 만났을 정도라는 사실을 알았습니다.

저는 "내 눈을 보면 됩니다"라고 했습니다. 그가 제 눈을 들여다보고 나서 외쳤습니다. "차이가 굉장하군요!" 이처럼 현지인 의사들은 트라코마에 걸린 눈에 익숙해져 있기 때문에 정상적인 눈이 어떤 것인지조차 모를 정도입니다. 정상적인 눈과 비교해 보기 전까지는 그저 자기들이 많이 보는 눈이 정상적인 눈이라고 생각하는 것 같았습니다.

한 여인의 두 모습. 1962년 7월 11일과 1962년 10월 20일

아마 믿기 어려우실 것입니다만, 앞의 두 사진은 동일 인물입니다. 금년 6월 11일 이 여자, 남편, 그리고 세 아들이 돔지붕집 정문으로 저를 만나러 왔습니다. 여인과 여인의 무릎 위에 있는 아기 모두 결핵에 걸려 있었는데 시내 다른 병원에서는 살아날 희망이 전무하다고 입원을 거절당한 상태였습니다. 누군가가 저를 찾아가보라고 일러 주었다는 것입니다. 다행스럽게도 우리 요양원에는 환자의 치료비용을 부담할 후원자들이 있어 그 여인을 받아 줄 수 있었습니다. 놀라울 정도로 회복이 빨랐습니다. 그러나 아기는 이틀 후 소아병동에서 숨졌습니다. 인간 이하의 대접을 받으며 살아가던 작은 아기는 그렇게 해방을 누렸습니다. 수일이 지나자 아기 엄마의 얼굴 표정에

놀라운 변화가 일어났습니다. 절망이 희망으로 바뀐 것입니다. 보살펴 주시는 분이 계셨습니다!

《월드 아웃룩》 최근호에 실린 자신의 기사에서 미스터 엥겔스는 어느 변호사로부터 그에게 온 편지 얘기를 했습니다. 그 변호사는 선교사들이 죽을 수밖에 없었던 많은 사람들의 생명을 구했으나, 이것은 인구폭발과 인간의 곤궁한 문제들만 복잡하게 만들었을 뿐, 출생률 억제에는 기여하지 못했다고 주장했습니다.

나는 그 변호사를 우리 요양원으로 초청해서 우리가 시행하고 있는 균형 잡힌 프로그램, 즉 가족계획에 최선을 다하는 한편 '준비되지 않은 어머니'를 예방하는 일에도 진력하고 있는 현장을 두 눈으로 보게 하고 싶습니다. 만일 그가 저의 집 베란다에서 기거하고 있는 5인 가족의 애처로운 모습을 보고도 비기독교 병원이 하는 방식대로 그 가족을 외면할 수 있을까 궁금했습니다. 그 변호사는 (초티의) 아기는 이미 너무 멀리 떠나갔으니 남편과 두 아들을 위해서라도 그 여인을 구해내야 한다는 쪽으로 결론을 내리겠지요. 초티 바이의 놀라운 회복은 모든 스태프에게 격려가 되었습니다. 3개월 전에 우리 집에 왔던 뼈와 가죽만 남은 사람과는 전혀 다른 모습이었습니다. 이 여자의 남편은 시청에 청소부로 다니고 있었습니다. 우리는 옷은 물론 음식과 약품까지 공급해 줬답니다. 제가 사진을 찍겠다고 하자 그녀가 자기 오빠가 가져다 준 새 사리로 모양을 내고 나타나는 거예요. 몸을 움직일 수 있는 같은 병동 환자들이 모두 나와 이 여자가 사진 찍는 모습을 구경했습니다.

이 편지를 쓰고 있는 중에 갑자기 제가 지난 번 편지에서 언급했던 무슬림 가그와나 주민 모하멧 벅스에 관해 쓰고 싶어졌습니다. 그와 아내가 모두 결핵을 앓고 있었고 자녀가 5명이라는 것도 기억하실 겁니다. 요양원에서 남편은 6개월, 부인은 3개월간(아이들 걱정 때문에 3개월 만에 요양원을 떠났습니다) 치료를 받았지요. 자녀들도 모두 검사를 받고 음성판정을 받았지만 옷과 음식이 필요했습니다. 일부분은 마을의 사르판치가, 다른 일부분은 여러분의 기부금으로 충당을 했습니다. 하루는, 부모가 모두 요양원에 있을 때, 우리는 이 부부의 자녀들을 찾아가 걸치고 있던 누더기를 벗기고 새 옷으로 갈아입혔습니다. 맛있는 인도 음식도 먹여서 요양원으로 데려와 부모들을 만나게 해주었습니다. 부모들도 안심이 되어 기뻐했습니다.

토요일 오전 저는 가그와나에 가있었습니다. 모하멧에게 오늘 들어와서 검사를 받으라고 미리 연락해놨더니 그가 검사를 받으러 왔습니다. 가족에게 줄 분유를 받을 목적도 있었고요.

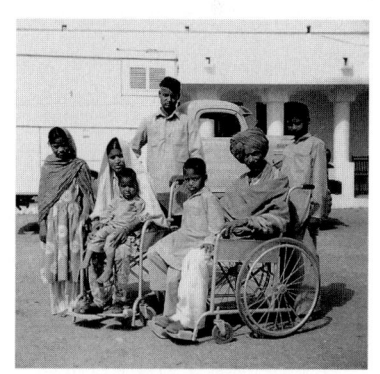

모하멧 벅스와 가족

가그와나 주민 하르 수키가 지난 달 부인과 3자녀를 두고 숨졌습니다. 혈액 테스트를 받기가 무서워서 우리 요양원에 입원한 지 3일 만에 도망을 쳤는데 여러 가지로 설명과 설득을 해도 돌아오지 않고 버티더니 그예 죽은 것입니다. 죽기 며칠 전에 그의 어머니가 와서 재입원을 시켜달라고 간청했지만 이미 때가 늦었지요. 그렇지만 두 사례는 마을 주민들에게 실물교육이 되었고 병원 치료를 지연시키는 것은 바보짓이라는 사실을 깨닫게 했습니다. 사람들은 하르 수키의 어리석음을 탓합니다. 정부기관을 통해 무료환자 명단에 오르는 데 보통 수개월이 걸리는 실정인데, 하르 수키는 저의 결정만으로 그렇게 될 지름길이 주어졌으나 어리석게도 이를 거절했던 것입니다!

모하멧 벅스의 경우는 최악의 사례입니다. 그러나 이제 제자리를 찾아 아버지의 역할을 감당하려고 아직 생존해 있습니다.

지금까지 구조를 받은 세 사람의 경우를 말씀 드렸습니다만, 이들 마을에는 요양원에 입원시켜야 할 환자들이 많지만 재원 부족으로 그렇게 못하는 실정입니다. 우리는 후원자들의 후원금을 통해 가능해진 것만을 할 수 있습니다. 우리들은 후원자들의 대리인으로 섬기고 있습니다. 우리 같은 대리인들을 통해서 후원자들의 도움이 세계에서 가장 도움이 필요한 지역으로 흘러 들어가게 됩니다.

우리 부부의 사역 기간이 만료되어 가고 있습니다. 1963년 11월 10일 제 남편이 70세가 될 것인데, 우리 선교본부의 방침은 남편의 생일 전후 며칠 사이에 사역지를 떠나야 한다는 것입니다. 사역기간 연장은 불가합니다. 이러한 본부의 결정은 현명한 것이라고 생각합니다. 그러나 누가 우리 부부의 사역을 이어 받을까요? 이 문제는 선교사들에 의한 사역이 아직도 많이 필요한 실정임을 아는 우리 직원들의 고민이기도 합니다. 누가 이곳으로 파송 받을 것인가에 대해 스태프들은 매우 궁금해 하고 있습니다. 우리 자신도 알 길이 없습니다.

인도에서의 마지막 크리스마스가 될 것 같습니다. 그리고 모든 일이 예정대로 진행 된다면 장남 윌리엄이 크리스마스 이전에 우리와 합류할 것입니다. 윌리엄의 뉴욕 출발일자가 10월 26일로 잡혔어요. 화물선으로 올 것 같습니다. 1년간 격무에 시달린 윌리엄에게는 마음이 쉬어가는 여행이 될 것 같기도 하고요. 윌리엄의 이번 방문은 자신이나 우리 부부 모두에게 큰 도움이 될 것은 물론, 수년 전 저희 아이들이 봄베이로부터 배를 타고 온 이래 내가 지금까지 품어왔던 꿈이 부분적으로나마 실현되는 것입니다. 나는 우리가 한국으로부터 이곳 인도에 온 이후 줄곧 자녀와 함께 살았던 여기 돔지붕집에 모여 함께 성탄절을 보내는 것을 꿈꿔왔습니다. 1963년의 성탄절은 워싱턴 타코마에서 나의 딸과 그 가족과도 함께 보내고 싶습니다.

안과질환과 열심히 싸우다 보니까 저는 "트라코마"라는 제목으로 어지간한 책 한 권은 쓸 만한 전문가가 되었습니다. 10월 10일부터 14일까지 델리 연례총회가 마다르 요양원에서 열렸는데, 저는 트라코마에 관한 보고 시간에 누구든지 눈에 물이 괴거나 눈이 따끔거리는 사람이 있으면 트라코마 여부를 검사해주겠다는 말을 했습니다. 마흔네 분의 설교자가 저를 찾아오셨습니다. 그런데 43명 '모두'가 트라코마에 걸려 있어서 오레오마이신을 나누어 드렸습니다. 이것이 가능했던 것은 J. J. 퍼킨즈 부인과 미국여성병원, 그리고 실명예방프로젝트를 돕고 있는 여러 친구들의 기부가 있었기 때문입니다. 제가 이분들에게 검사만 하고 약을 드리지 못 드렸다면 제 마음이 얼마나 아팠을까요! 물품이 부족해서, 숙련된 기술이 없어서 또는 그들의 무지 때문에 어떻게 할 수 없는 상황으로 인해 우리는 좌절하고 때로는 근심하게 됩니다.

지금 가그와나에서, 적어도 눈에 관하여는 그들의 무지를 서서히 제거하고 있는 중입니다. 토요일 아침 사례에서와 같이요. 몇 주 전 닥터 데사이의 도움을 받아 남학생 전체를 검사했는데, 두 명이 여자 진료소에 나타나서 제가 놀랐습니다. 그 소년들은 새로 온 아이들인 것 같았는데 트라코마 증상을 느끼고 있다가 다른 아이들로부터 소식을 듣고, 검사받고 치료도 받을 겸 자진해서 온 것이 분명했습니다. 이것은 나에게 정말로 격려가 되는 일입니다. 그들의 인식이 변화되기 시작한 것입니다. 이 부류의 청소년들은 더 이상 주위의 비위생적 환경을 용납하지 않을 것입니다. 그들은 행동에 옮길 것입니다. 그리고 이것은 좋은 징조입니다. 아마도 제가 인도를 떠나기 전에라도 가그와나를 트라코마 없는 마을로 만들 수 있을지도 모릅니다. 지금까지 3천 명 중 1,400명을 검사해서 치료했고, 정부의 보건담당 공무원도 눈에서 눈으로 병원체를 옮기는 수십 억 마리의 파리들을 마을에서 없애는 일에 협력하고 있습니다.

1월 하순에 가족계획에 관한 회의에 두 번 참석했습니다. 하나는 봄베이에서 있었던 소독에 관한 회의였고 다른 하나는 다카에서 열렸던 지역회의였는데 이 회의에서 우리는 미국과 영국에서 온 전문가들과 만나면서 새로운 영감을 얻고 격려가 되었습니다. 기대한 결과가 통계적으로 나타나고 있습니다. 즉 출산율이 감소하는 추세입니다. 그렇다고 해서 그래프상으로 보이는 것만으로 그 가치를 단정할 수는 없습니다. 많은 사실과 수치를 집계해야 할 일이 남아 있습니다.

인도에서의 우리의 임기가 끝나감에 따라 매리언은 가그와나 마을의 사르판치와의 대화록을 후원자에게 보내는 회람편지에 게재했다.

사르판치: 왜 인도를 떠나시나요?

매리언: 11월 10일이면 제 남편이 70세가 됩니다. 우리 선교회의 규칙이 매우 엄격해서 70세가 되면 떠나야 합니다.

사르판치: 당신들이 없으면 누가 이 일을 합니까? 실명할뻔한 사람들 수백 명이 지금도 시력을 유지하고 있지 않습니까? 우리들은 당신이 필요합니다. 가지 마십시오.

매리언: 그렇군요. 하지만 저도 아이들과 손자 손녀들이 보고 싶습니다.

(저는 이 정도면 됐겠지 생각했으나 사르판치가 계속 말했습니다.)

사르판치: 우리들이 당신의 자녀입니다. 당신은 우리들의 어머니입니다. 자녀들을 보신다고 이곳을 떠날 필요까지는 없지 않습니까? 당신의 자녀들은 여기 있습니다.

그 다음 '자녀들'이 모이기 시작했습니다. 지팡이를 짚은 노인들, 쇠잔한 나이 든 여성들, 그리고 아기를 안고 나온 어머니들이 약품이 떨어지기 전에 서로 먼저 타가려고 난리였습니다. 한 해 동안 우리를 도와준 인도인 안과의사는 제가 호통을 치지 않으면 한 번 방문에 30명만 진료하곤 했습니다. 그러나 나는 그날 하루에만 76명을 검사하고 치료했습니다. 그 중 단 한 사람만이 타코마에 걸리지 않은 사람이었습니다. '4급' 대상이 몇 사람 있었는데, 그 사람들은 병이 치유됐기 때문에 치료는 불필요하더라도 합병증과 실명을 유발하는 깊은 상흔이 있어서 수술을 해야 할 사람들이었습니다. 그들을 그냥 돌려보낼 순 없기 때문에 눈에다 안약을 몇 방울 떨어뜨려 주고, 수술이 필요한 경우 수술을 권유하고, 또 모든 사람에게 필요한 비타민 정제를 주었습니다.

어린 아이 두 명이 딸린 어머니가 한 아이는 안고, 다른 아이에게 자기 다리를 꼭 붙잡힌 채 와서 도움을 간청했습니다. 사르판치와 마을 사람 하나가 천막 문 앞에 서서 사람들을 줄세웠습니다. 그러나 아무리 막아서도 밖에서 소음이나 더위가 쳐들어오는 것을 막지는 못했습니다. 어머니들과 아기들이 모두들 땀을 뚝뚝 흘리고 있었습니다.

가그와나에 결핵이 많다고는 하지만, 아이들 폐는 그다지 허약하지 않다는 생각이 들었습니다. 검사 받는 동안 계속 큰 소리를 질러댔으니까요. 제가 흘리는 땀으로 루페가 미끄러져 내리고 뿌옇게 흐려지기를 반복했습니다. 직원 중 한 사람은 부탁도 안했는데 부채를 가져와서 맹렬하게 부쳐주기도 했습니다. 이런 상태로 몇 시간이 흘렀습니다. 우리는 힘이 빠져 일을 효과적으로 진행하지 못하겠기에 진료를 중단했습니다.

차로 돌아오는 도중, 만일 제 자리를 채울 사람이 없다면 이 엄청난 사역

루페를 조절하고 있는 매리언

이 심각한 도전을 받게 될 것이라는 생각에 잠겼습니다. 내가 젊은 날로 돌아갈 수만 있다면, 그리고 내게 완벽한 언어능력이 있고 인도가 발전하는 과정에서 당면한 과제들을 도울 수 있는 기술을 많이 가지고 있다면 얼마나 좋을까를 수없이 생각했습니다. 인도 전체 인구의 80퍼센트 이상이

살고 있는 시골 마을들을 위하여 일할 수 있는 헌신된 일꾼들이 특별히 필요한 실정입니다. 그러나 여기서 훈련 받은 젊은 사람들은 시골 마을을 가장 가기 싫어합니다.

최근의 일입니다만, 교육 수준이 비교적 높은 한 인도인이 나를 찾아왔습니다. 그 사람의 꿈은 인도를 떠나 미국으로 가는 것이었습니다. "거기에 가면 안락함을 누릴 수 있기 때문"입니다. 나는 그 여자에게 교육을 받은 인도 여성이라면 자기 나라에 머물면서 자기의 능력을 말로만이 아니라, 진정한 민족주의를 발현하는 데 사용하는 것이 옳지 않은가 라고 다소 직설적으로 질책해주었습니다.

비단 여기뿐 아니라 다른 모든 나라에서도, 이와 같이 이름도 없이 희생적으로 봉사하는 사람들이 필요합니다. 우리가 따라야 할 지도자가 있다면 우리에게 세계로 나아가 복음을 전파하고 모든 민족을 가르치라고 명하신 분, 또한 아픈 자를 치료하는 모범을 손수 보이신 분, 바로 그분밖에 없다는 사실을 나는 잘 알고 있습니다. 사회사업이란 그 자체만으로는 온전하지 않습니다. 그것은 그리스도의 사랑이 흐르는 통로, 그리스도께서 손수 보이신 삶의 모범이 구현되는 통로가 되어야 가치가 있습니다. 스스로 그리스도인이라 부르는 우리들이 진정으로 그리스도가 행하신 대로 행한다면, 그리스도인이라는 이름에 대해 우리에게 많은 것을 기대하는 사람들에게 크게 변화된 모습을 보여주어야 할 것입니다.

이 글을 쓰면서 두 장의 사진이 떠오릅니다. 하나는 매우 최근의 생생한 사진입니다. 우리는 어제 이동진료팀과 함께 가그와나 무슬림 마을에 있었습니다. 어느 고급관리의 부인을 탑승시켰는데 그 부인을 일찍 데려다주기 위해 우리가 탄 작은 차를 몰고 멀리까지 갔습니다. 이동진료팀은 거기서 다시 다른 먼 동네까지 차를 몰고 가야 했습니다. 우리는 차를 다른 길로 몰아서 갔습니다. 몇 명의 여자 환자(한 사람은 골반암 말기로 다리를 움직일 힘도 없었습니다)의 진료를 마치고 X부인과 내가 막 출발하려고 할 때 한 남자가 나를 향해 뛰어왔습니다. 나를 보고 자기 집으로 돌아가서 환자를 봐 달라는 것입니다.

우리가 그 집으로 갔습니다. 가서 보니 내가 3년 전에 닥터 팬딧과 함께 와 본 집이었습니다. 그때 노파에게 걸쳐 있는 옷이 너무 낡아서 검사를 하려고 손을 대니 찢어져 버린 적이 있었습니다. 대낮인데도 빛이 하나도 들어오지 않아 아무 것도 보이지 않고 거친 숨소리만 들리는 작은 방 안에 한 남자가 드러누워 있었습니다. 사람들이 연기 나는 등유랜턴을 가지고 와서야 겨우 그 사람을 볼 수 있었습니다. 그 사람은 결핵환자였습니다.

내 머리에 스치는 또 한 장의 사진이 있었습니다. 한 남자가 랜턴을 들고 안에서만 열리는 포도덩굴로 덮인 문을 두드리는 그림, 홀만 헌트의 '세상의 빛'이었습니다. 누가 그런 비극적인 흑암을 제거할 수 있겠습니까? 마음과 몸을 가득 감싸고 있는 흑암 말입니다. 그런데, 잘 입고 잘 먹고 좋은 집에 사는 사람들은 나에게 이렇게 말하곤 합니다. "종교는 다 마찬가지죠. 당신은 왜 다른 사람의 종교를 바꾸려고 합니까?"

아마도, 만약 그들이 가그와나에 와서 나와 같이 지내본다면, 그런 질문은 다시는 하지 않을 것입니다. 아마도 그리스도께서 주신 그 가르침만이, 그리스도께서 보여주신 그 사랑만이 등유랜턴으로는 끌 수 없는 나락의 암흑을 깨끗이 치울 수 있다는 진리를 깨닫게 될 것입니다.

X부인은 사회사업에 관심을 갖고 있습니다. 이번 마을 여행이 그녀를 향한 계시가 되었습니다. 그녀가 방이 너무 어두워서 등유랜턴을 키고 나서

야 겨우 환자를 볼 수 있었던 일에 관해 계속 얘기하는 것이었습니다. 우리는 관개수로 옆에 있는 나무 그늘 아래 앉아 얘기를 나누었습니다. X부인은 제게 인도에서의 여자의 지위, 그리고 상류층 여자의 지위에 관해 많은 이야기를 해주었습니다.

그 여자가 말했습니다. "당신은 모르십니다. 사회 집단 내의 밝은 면만 보고 계신 겁니다. 그 뒤에서 무슨 일이 벌어지고 있는지 당신은 모릅니다!" 그리고 나서 그 여인은 교육을 받은 상류층에서 일어나고 있는 일에 대해 얘기를 계속했습니다. "그러나 판딧 네루가 지금 여성의 지위에 변화를 가져오기 위한 준비를 하고 있습니다. 법을 개정하려고 하는 것입니다."

네루가 이런 어두운 데를 비추는 한 줄기 빛이 될 수 있을 겁니다. 그러나 세상 구석구석 어두운 데를 모두 비추는 빛은 오직 예수 그리스도뿐입니다.

제30장. 인도여, 안녕

1963년은 내가 70번째 생일을 맞이하는 해였다. 우리 감독 숏 몬돌 목사가 자기로서는 우리들의 은퇴가 연기되기를 바랬지만, 70세가 되는 선교사들에게도 필드 사역을 계속해서 맡기던 감리교 선교본부의 정책이 이미 폐지됐다는 것을 우리들에게 설명해주었다. 몬돌 감독과 델리 남아시아 감리교 연차총회는 우리들을 축하해 줄 수 있는 사역 현장인 마다르 요양원에서 두 해째 잇따라 연례총회를 개최하고 우리를 위해 뭔가 특별한 일을 하기 원했다. 이렇게 되면 마다르 요양원 환자, 직원, 그리고 친지들도 모두 연례총회에 참가할 수 있었다.

만약 우리가 다음과 같은 예수님의 말씀을 최우선으로 삼지 않았다면, 우리는 마지막 여러 주 동안 요양원 달력을 채웠던 그 많은 송별행사들로만 생각이 가득 찰 뻔했다.

> 이같이 너희 빛을 사람 앞에 비치게 하여 그들로 너희 착한 행실을 보고 하늘에 계신 너희 아버지께 영광을 돌리게 하라. (마태복음 5:16)

우리가 한국과 인도 두 나라에서 펼친 다년간의 치유사역으로 인한 영예와 사랑, 존경의 표현은 그것이 무엇이든 결국은 우리를 위한 것이 아니라 하늘에 계신 우리 아버지의 영광을 위한 것이었다. 이 일에 깊은 관심을 갖고 기도하고 은사를 나누며 충성스럽게 동참한 수많은 사람들의 지원을 받으며 하나님께서 우리에게 하라고 주신 일에 동참하게 된 것은 크나큰 특권이었다. 이점을 염두에 두면서, 나는 우리들의 해외 선교사역의 한 단계가 끝나는 시점에 우리들에게 쏟아져 내린 감사와 애정의 표현들을 나누고자 한다.

델리 연차총회가 1963년 10월 9일 마다르 통합요양원에서 소집됐다. 델리 연합주와 인도 북부 2개 주(펀잡과 라자스탄) 대표 150명이 참석한 가운데 몬돌 감독이 의장을 맡았다. 특별송별프로그램에서 몬돌 감독이 멋지고 유려한 말솜씨로 우리가 마다르 요양원과 총회, 그리고 인도에 기여한 봉사에 관해 소개했다. 인도에서 가장 큰 감리교 교회인 델리 소재 그리스도교회 담임으로 시무하고 있는 목사 조세프 랜스 목사(전에 마다르 요양원의 환자였으며 당시 마다르 요양원 원목을 지냈다)는 자신의 개인적인 경험에 비춘 우리의 치유사역과 인도 내에서의 하나님 나라를 위해 우리가 남긴 업적에 대해 말했다. 우리는 그 자리에서 델리 총회로부터 사랑과 존경의 정표로 이름을 새겨넣은 은쟁반을 받았다. 총회대의원 중에는 우리 부부에게 치료를 받았던 환자도 많이 있었다.

기독교인이나 비기독교인, 여러 기관들이 주최하는 일련의 송별 파티가 빠른 속도로 이어졌다. 마다르 운영위원회가 송별기념 초상

델리 연차총회에서 사회를 보고 있는 몬돌 감독

화를 주문 제작해서 우리에게 기념품으로 선물했다. 매리언이 설립을 도왔고, 또 설립 과정에서 인도정부의 고위관리들이 참여했던 아지메르 가족계획협회가 아지메르 클럽에서 특별 만찬을 베풀었다. 여기서 매리언은 자이푸르의 구리로 만든 아름다운 상감 구리의자를 받았다. 요양원의 의료부장 후임자로 지명된 닥터 웰즈가 아지메르 가족계획협회의 명예 사무총장으로 선출되어 매리언의 자리도 물려받게 되었다. 수년 전 매리언이 휴가를 떠났을 때 웰즈가 잠시 그 자리를 맡은 적이 있었다. 닥터 웰즈는 또한 정부 가족계획 분과위원회의 매리언 자리도 인수받는 중이었다.

매리언이 트라코마 안과질환 문제에 집중하던 마을 가그와나의 몇 가정이 감사의 표시로 자기들 집으로 저녁초대를 했다. 여기서 먹은 커리는 그들의 진정한 사랑과 애정만큼이나 뜨거웠다.

마다르 운영위원들의 송별기념 사진.
· 앞줄 왼쪽부터 닥터 에스더 슈메이커, 닥터 매리 버카드, 매리언, 몬돌 주교, 셔우드, B. F. 딘 목사, 미스 매리 V. 고든
· 뒷줄 왼쪽부터 미스터 H. C. 대니얼, 닥터 K. L. 샤르마, F. A. 조세프 부인, 미스터 V. P. 싱, 닥터 J. A. 톰슨 웰즈, E. W. 폴 목사

    우리를 위한 송별연을 준비할 터이니 10월에는 날짜를 비워두라는 부탁이 여기저기에서 들어왔다. 우리가 무언가를 하기 위해 날짜를 잡으려 할 때마다 그날은 이미 계획이 잡혀 있었다. 무엇 때문에 그 날짜가 잡혀 있는지조차 모르는 때가 생겨났다. 하지만 우리는 이 모든 것에 감사했고, 참석하는 모임마다 우리가 떠나는 것을 안타까워하는 말들을 했는데 이런 인사들을 모두 감사한 마음으로 받았다.

    인도에서의 사역을 마감하는 마지막 주간에는 송별연, 짐 싸는 일, 기타 출발 전에 마무리해야 할 일을 동시에 진행하느라 힘이 들었다. 여권 준비, 소득세 납부, 인계 감사 등 신경 쓸 일이 많았다. 정부 감사팀장인 힌두 신사는 감사를 마친 후 우리 '귀빈록'에 마다르 요양원에 대해 다음과 같은 찬사를 기록했다. 그가 우리와 다른 종교를 갖고 있다는 점을 감안할 때 주목할 만한 글이라고 생각한다.

> 그림 같은 주위 환경을 갖고 있는 마다르 통합요양원은 아름다운 건물, 넓은 잔디정원, 최신 외과기재와 고통 받는 사람들의 수난을 경감하려는 우호적인 선교 열망을 가지고 결핵퇴치를 위해 커다란 공헌을 하고 있다. 어느 곳에 있는 의료인이든지 이 기관의 충만한 자기희생 정신을 본받기 바란다.

우리가 발기인으로, 적극적인 회원으로 참여하고 있는 인도의료협회 아지메르 지회가 빅토리아 병원 휴게실에서 우리를 위해 특별 티타임을 마련하고 우리에게 화환을 걸어주었다. 우리가 기여한 '빈민 환자 구조회'에서 우리를 위한 송별연에 귀빈 몇 사람을 초대했다. 기념사진도 찍었다. 전국인도여성사회복지회의 지회인 마힐 몬달(매리언도 회원이었다)이 푸르다를 한 여성들이 남자들 눈에 띄지 않고 연회에 참석할 수 있도록 여성 전용으로 사용하던 건물 마당에서 화려한 파티를 베풀었다. 오랫동안 요양원 음식을 공급했고, 또 그의 딸이 마다르에서 기적적인 치유를 경험한 타란 싱은 그가 소유한 식당 중 한 곳인 '꿀 이슬'에서 우리를 위해 거창한 파티를 열어주었다. 아지메르의 저명한 신사계급 사람들이 초대되었다. 악단이 인도 음악을 연주하는 가운데 도안이 새겨진 아름다운 찻주전자를 선물로 받았는데 그것은 우리를 위해 특별히 손으로 제작한 은

주전자였다.

우리가 23년 전 이주한 이래 우리의 좋은 이웃이 돼 주었던 돔지붕집 사람들이 감동적인 송별연을 베풀어 주었다. 이 자리에서 사람들은 그들이 병들었을 때 우리가 그들을 섬겼던 일, 혼사나 출생 시에 함께 기뻐했던 일, 사랑하는 이가 떠날 때 그들과 함께 슬퍼했던 일을 회고했다.

요양원교회 성도들도 예배 시간에 우리의 마음을 감동시켰다. 이 성스러운 예배당을 건축할 당시의 우리의 고투와 기도, 그리고 기독교인과 비기독교인에 대한 사역을 통하여 많은 영혼이 구원 받고 축복 받았던 일을 회상했다. 나의 교회 사랑을 잘 아는 무슬림 재단사는 자기의 훌륭한 재주와 인내로 수주일에 걸쳐 만든 자수 작품을 선물했다. 성누가교회 전경을 비단에다 수를 놓아 만든 기념품이었다.

1963년 11월 9일 아지메르 감리교회는 우리에게 존경을 표하기 위해 아지메르에 사는 교인들을 초청해 라자스탄 마을 여인 옷을 입힌 아름다운 수제 인형을 선물로 주었다. 참으로 귀중한 선물이었다. 그들은 송별사를 읽은 후 비단에 송별사를 새겨 넣은 사진틀을 기념품으로 주었다.

그 많은 호의와 행사 초대를 모두 소화해 내려니 하도 힘이 들어서 매리언이 한 행사에 가면 나는 다른 행사에 참석하는 식으로 역할을 분담하기로 했다. 바람직한 일은 아니더라도 최소한 안타까운 마음은 달랠 수 있었다.

요양원을 여기저기 둘러 볼 때면 환자들이 우리에게 주려고 사랑의 선물을 만들고 있다가 얼른 감추는 모습을 볼 수 있었는데 우리 부부는 짐짓 못 본 체하고 지나갈 때도 많았다. 그들은 직원, 환자, 그리고 전에 환자였던 사람들이었는데 우리를 위한 대규모 송별 이벤트에서 사용하려고 깜짝 선물을 만들고 있었던 것이다. 요양원의 티벳 결핵환자들과 훈련 중인 티벳 간호사들은 큰 행사가 있을 대망의 그날까지 기다리지 못하고, 그림 같고 흥미진진한 사자춤을 무대에 올렸는데, 인상적인 파피어마쉐(종이붙이기) 마스크를 쓰고 특별히 만든 의상을 입고 있었다.

신임 티벳 간호사들   사자춤

이런 모든 행사들이 서서히 고조되어 정점에 다다랐다. 우리 부부를 위한 송별식과 함께 나의 70회 생일을 축하하려는 행사가 그 정점이었다. 침대에 누워 있는 환자들도 함께 보거나 확성기 소리를 들을 수 있도록 우리 임기 중에 건축한 병동들에 둘러싸인 넓은 안뜰에서 개최된 이 행사는 마다르통합요양원의 모든 스태프, 환자, 전에 입원했던 사람들이 아낌없이 베푸는 동방의 화려함으로 넘쳐 흘렀다.

표창 받은 사람들과 순서 담당자들.
· 앞줄 왼쪽부터, 윌리암, 제인 웰즈 부인, 셔우드, 닥터 웰즈, 매리언, 피켓 감독, 딘 목사
· 뒷줄 왼쪽부터, 마벨 스트랄커 부인, 조세프 부인, 닥터 레부 사하, 샤르마 부인, 닥터 샤르마, 닥터 글래디즈 사하, 불명

내빈들, 환자들, 스태프.

많은 당사자들과 귀빈들을 초대했다. 은퇴한 피켓 감독도 그 중 한 사람이었다. 우리가 한국을 떠나 인도에 도착했을 때 우리를 봄베이부터 마다르까지 안내했고, 후일 우리의 인도 사역기간의 반 이상을 요양원 운영위원회 의장으로 봉직한 분이다. 라자스탄 보건부 차관 프라브하 미스라 부인도 착석하여 자리를 빛내 주었다. 아지메르에서 온 현지인 친구들도 참석했다. 몇 명의 전 환자들도 행사에 참가하려고 먼 거리를 달려 왔다. 미처 참석하지 못한 사람들은 편지를 보내왔다.

우리의 숙련된 영국계 인도인 흉부외과 닥터 웰즈가 마다르 요양원 의료부장으로 임명되어 내 직무를 인계 받게 되었다. 나의 또 다른 직책인 경영부장 후임은 아직 결정되지 않았다. 특별 프로그램에서 닥터 웰즈 내외가 직원들과 환자들로부터 화환을 받았고, 수간호사인 F. A. 조세프가 환영사를 했다.

V. P. 싱이 이임하는 선교사들에 대한 기념품을 증정했다. 직원과 환자 대표들이 각각 선물을 전달했다. 전에 입원환자였던 S. K. 어거스틴 부인이 쉐리 문나 랄, 제이나 아쌈이 보내 온 런지(허리에서 종아리 중간까지 내려오는 손으로 짠 면직물)를 전해주었다. 그녀는 장남 윌리엄에게 새 손목시계를 하나 사서 주라고 촌지를 전달했다. 고 닥터 N. A. 새트랄커의 미망인 마벨 새트랄커 부인은 쉐리 브라부 다얄이 보내 온 힌디 구두 한 족을 전달했다. N. K. 데이가 서부 벵갈 하자라 출신 푸란 찬드라가 보낸 푸라의 작품인 진흙으로 빚은 예수 그리스도 마네킹 두 점을 전달했다. M. B. 세이스는 모라다밧의 미스터 바로스 마시가 보낸 단장을 선물했다. 소안즈가 칼카타의

미스 돌란 챠테르지가 보내 온 그림 한 점을 가져왔고, 티벳어 통역 치베가 로상 쉐라가 보낸 티벳 그림들을 우리 앞에 진열했다.

그 다음, V. P. 싱이 발표를 했다.

약 3개월 전 직원 몇 사람이 회의를 갖고 홀 내외에게 줄 송별선물로 무엇이 좋을까를 의논했습니다. 실용적인 선물, 인도에서만 구할 수 있는 것, 아지메르를 추억할 수 있는 것 등의 의견이 나왔습니다. 토의를 하다가 닥터 매리언 홀이 얼마 전에 어떤 문의를 하신 것을 저희들이 알게 되었고 회의에 참석한 모든 사람들은 이 아이디어에 찬성했습니다. 그래서 위에서 열거한 조건들을 충족한다는 기대를 갖고 자이푸르 중앙감호소에 부탁해서 돔지붕집 문양이 들어가 있는 카펫을 제작하게 되었습니다.

이 카펫은 가로 2.4미터, 세로 1.7미터에 최상급 방적사를 사용하여, 평방인치당 200매듭으로, 7주 만에 완성되었습니다. 이만한 카펫을 완성하려면 보통 최소 4개월이 소요됩니다.

돔지붕집 카펫, 23년간의 보금자리

우리 부부가 무엇을 바라고 좋아하는지에 대해 평소 얼마나 세심하게 관심을 가져주었으면 우리 직원과 환자들이 이런 굉장한 선물을 할 생각을 할 수 있었을까를 생각하니 가슴에 감동이 차올랐다(우리는 은퇴 생활 중에 우리 집을 방문하는 사람들에게 인도에 있는 집과 이 카펫을 기부한 분들의 사랑과 사려 깊음을 회상하며 이 카펫을 자랑스럽게 보여주곤 한다).

프로그램 중 한 부분으로 피켓 감독이 티벳 간호사들에게 자격증을 나누어 주는 순서가 있었다. 입원환자들, 전 환자들, 직원들 모두는 우리에 대해 각자 감사를 표현할 기회를 가졌다. 그 다음 우리 두 사람을 향한 공식 송별사가 이어졌다(이 송별사는 나중에 인쇄본으로도 전달받았다). L. 샤르마가 첫 번째로 송별사를 했다. 이는 마다르 통합요양원 직원과 환자를 대표하여 우리 부부를 향해 한 연설이었다.

> 은퇴와 인도 출발을 앞두고 계신 닥터 홀 부인과 선생님께 송별을 고하기 위해 우리가 이 저녁 이 자리에 깊은 석별의 정을 간직한 채 모였습니다. 인생에 있어 이별은 항상 고통스러운 것이며, 특히 사랑과 애정이 있는 곳에서 더욱 고통스러운 것입니다.
>
> 닥터 홀, 우리는 마음 깊은 곳으로부터 우러나는 애정으로 당신을 "홀 아빠"라는 별칭으로 불렀습니다. 당신의 인정 많은 성품과, 온화한 개성에서 우러나는 그리스도인다운 자발적 사랑에 대해 지극히 존경하며 그렇게 한 것입니다. 당신은 앞으로 저희들과 수천 마일 떨어진 먼 곳에 계실 것이지만, 저희들의 "홀 아빠"로 당신의 추억을 소중히 간직하겠습니다.
>
> 닥터 홀, 당신은 한국에서 그리스도인 사역에 귀하게 쓰임 받으시고, 일

본 제국주의의 유린과 파괴가 한창이던 절망의 시절에 그곳 사람들이 당한 시련과 고난을 목도하신 후 인도에 오셨습니다.

당신은 지난 사반세기에 걸쳐 인도에서 기독교 사역을 감당하면서 지치지 않는 열성과 헌신을 통해 무수한 사람들을 가난과 질병의 고통에서 구했습니다. 우리나라는 당신에 대한 감사를 영원히 잊지 않을 것입니다.

선생님, 당신은 사랑이 넘치는 마음과 겸손한 영혼을 갖고 계신 '뛰어난 건축가'입니다. 당신은 여러 난관을 극복하고 이 독특한 기관 마다르 통합요양원을 인도에 설립했으며, 마다르가 인도적인 활동을 수행하는 많은 영역에서 전반적으로 개선을 이루어내셨습니다. 이 모든 일에 들어가는 재원을 마련하느라 두 대륙을 배회하시기도 하셨습니다. 오직 당신의 지칠 줄 모르는 노력 하나로 마다르 요양원은 초라하게 시작했지만, 여러 해에 걸친 점진적 성장을 계속한 결과 현재는 남아시아 굴지의 결핵요양원이 되었습니다. 마다르 요양원은 당신의 인도적 사업의 살아 있는 기념비이며, 앞으로도 계속해서 박애주의자들에게 인류복지라는 대의에 자신의 삶을 바치도록 고취하게 될 것입니다.

그날 저녁 두 번째 연설은 가족계획클리닉의 직원들을 대표해서 닥터 글래디즈 사하가 했는데 이번 연설은 매리언을 향한 것이었다.

우리들의 지극히 경애하는 매리언 홀,
여러 해 동안 자신을 버리고 저희들을 섬기시다 내일이면 저희들을 떠나시는 이 저녁, 사랑하는 매리언 홀에게 송별의 인사를 드리려고 여기 모인 저희들은 슬픔으로 가슴이 메어집니다.

닥터 매리언 홀, 아지메르 지구의 주민들과 마다르 통합요양원의 직원들은 당신이 여기 아지메르에 계신 동안 그들에게 베푸신 깊은 관심과 그들의 복지를 위해 행한 일들에 대하여 아무리 감사를 드려도 모자랄 것 같습니다.

당신이 아지메르에 처음 오셨을 때에는 단 한 곳의 가족계획클리닉도 없었습니다. 그러나 라자스탄의 여성과 그 가족에 대한 각별한 관심 때문에 당신은 태평하게 지낼 수 없었습니다. 마침내 당신은 이곳 아지메르와 마다르 통합요양원 내에서 본격적인 가족계획클리닉을 시작하셨지요.

닥터 매리언, 당신의 사역분야는 가족계획에만 머물지 않고, 각 사람을 전인적으로 대하는 데까지 이르렀습니다. 라자스탄의 이글이글 타는 태양 아래, 비가 오나 눈이 오나 병든 자들을 진찰하고 그들에게 무료로 약품을 나누어 주며, 가까운 병원으로 보낼 준비를 하면서 당신은 여러 마을을 순회했습니다. 당신은 모할라스(마을 병동) 안에 사는 여인들에게도, 또한 집 밖으로 나와 가까운 클리닉에서 필요한 치료를 받기 싫어하는 여인들에게도 간호사를 보냈습니다.

또한 잦은 임신으로 얼굴이 창백하고 건강을 잃었으나 회복할 약이 없는 여인들, 병든 자녀들이 있지만 자식들을 병원으로 데려갈 능력이 없는 농촌 여인들의 처지를 당신은 잘 이해하셨습니다. 당신은 이 여인들을 위해 열심히 노력하여 이동진료 차량처럼 생긴 근사한 차량을 헌납받기도 하셨지요. 그건 당신의 꿈 일부가 실현된 것이었습니다. 밴이 생겼다는 것만으로 마을에 사는 가난한 자들의 문제가 모두 풀린 것은 아니었습니다. 그 차량을 굴릴 경비가 필요했고 결국 당신은 미국에 있는 친구들에게 편지를 쓰는 등 책상 앞에 앉아 날마다 열심히 애쓴 사실을 다 압니다.

2년 전 어느 마을에 갔을 때 사람들의 눈에 진물이 흐르고, 눈꺼풀이 부풀어오르며, 갑자기 맹인의 숫자가 늘어난 것을 보며 당황한 적이 있었습니다. 당신은 그 원인을 알고 싶어했고 결국 눈을 망치는 원인이 트라코마라는 사실을 알아냈습니다. 그때 당신은 수백 명의 눈을 검사해 본 결과 그 마을 전체 인구의 거의 99퍼센트가 트라코마에 감염되어 있으며 그것도 초기 단계가 아니라 굉장히 많이 진전된 상태라는 사실을 알아내고 적어도 이 한 마을 안에서는 트라코마를 완전히 뿌리 뽑겠다는 결심을 했습니다. 당신은 다시 한 번 팔을 걷어붙이고 편지쓰기와 강연에 열을 올리셨지요. 그 결과 아지메르 로터리클럽으로부터 최초의 기부금이 왔고, 이것은 우리에게 큰 자극과 격려가 되었다는 사실을 지금도 행복한 마음으로 자랑스럽게 말씀드릴 수 있습니다. 닥터 매리언, 당신께서는 두 번째 대규모 프로젝트를 아지메르에서 시작하셨습니다. 적어도 마을 하나에서 트라코마를 완전히 소멸시키는 그 프로젝트 말입니다.

이제, 당신은 저희들을 떠나려 합니다. 저희들은 당신이 시작하신 사역을 최선을 다해 완수하겠다는 약속을 드립니다.

당신의 행복한 앞날을 기원하며 즐거운 여행이 되시기를 바랍니다. 부디 인도에 다시 오셔서 저희들을 찾아주십시오. 초라한 거처이지만 당신을 위해 항상 문을 열어 놓겠습니다. 경애하는 의사님, 안녕히 가십시오.

마다르 통합요양원

마다르, 아지메르, 인도

1963년 11월 11일

당신의 신실한 친구, 닥터 G. R. 사하 타하빌다르, 가족계획클리닉 직원 일동 피켓 감독의 끝맺는 말씀과 기도로 이 행사를 마쳤다. 우리는 레크리에이션 홀로 자리를 옮겨 직원들이 영어로 공연하는 드라마 '마르첼로'를 관람했다. 이 공연은 귀빈들과 일반을 포함한 많은 관람객들의 찬사를 받았다. 드라마 공연이 끝난 후 아름답고 널찍한 '샤미아나'(텐트) 아래에서 만찬이 열렸다.

《인디언 위트니스》가 1964년 1월 2일자 신문에 기사를 실었는데, 이 기사는 여러 이벤트와 환송사를 다음과 같이 간결하게 요약했다. 기사는 다음과 같은 내용으로 끝맺고 있다.

> 홀 부부는 또 마다르 교회에도 커다란 공헌을 했다. 11월 18일 마다르 교회가 환송연을 베풀었다. 평신도 지도자 V. P. 싱이 송별사를 읽었고 노래는 니잠즈가 불렀다. 기타 순서들을 통해 마다르에서 23년이라는 장기간 동안 마다르 교회에 헌신한 홀 박사 내외에 대한 감사의 마음이 전달되었다. 14년 전만 해도 마다르 요양원에는 교회당이 없어 아침기도와 주일예배를 요양원의 베란다에서 드렸으며, 성탄절, 부활절, 신년예배, 그리고 결혼예식은 구내에 있는 나무 밑에서 이루어졌다. 그러나 닥터 홀 내외 덕분에 지금은 탑 위에 조명 십자가가 달려 있고 한쪽에 목사관이 딸려 있는 아름다운 교회 건물이 서 있다.
>
> 교회당은 성도들과 친구들로 가득 찼고 많은 사람들이 바깥에 서서 송별예식에 참여했다. 교회 성도들이 감사의 표시로 닥터 홀 내외에게 선물을 증정했다. 어느 무슬림 직원은 명주 천에 수놓은 교회당 그림을 전달했다. 닥터 홀 부부는 선물과 자기들에 대한 감사의 말과 글에 심심한 감사를 표하면서 교회를 위해 계속 기도하겠다고 했다.

이 행사에서 G. V. 디타가 닥터 웰즈 내외에 대한 환영사를 발표했다. 닥터 웰즈는 요양원과 교회를 위해 최선을 다하겠다고 말했다. 마다르 교회 성도들이 행사를 마무리하는 환송만찬을 베풀었고 홀 내외의 안전한 귀국을 위한 기도 순서가 있었다. B. F. 딘 목사는 아름다운 환송예배를 준비했다.

11월 20일 홀 부부는 감동적인 배웅을 받았다. 날씨가 쌀쌀한 저녁 무렵이었지만, 아지메르 역에 직원과 환자, 그리고 아지메르 시의 저명한 인사들을 포함해 수많은 시민들이 나와 플랫폼을 가득 채웠다. 닥터 홀 내외와 아들 윌리엄이 화환에 묻혔고, 그들이 탈 기차 칸도 특별히 화환으로 장식되었다. 닥터 홀 내외는 플랫폼에 있는 거의 모든 사람과 짧은 대화를 나누었다. 기차가 움직이기 시작하자 직원과 환자들이 시편 23장을 불렀다. 닥터 홀 부부는 12월 8일 캘커타 항에서 배에 올랐다.

요양원 스태프들, 1963.

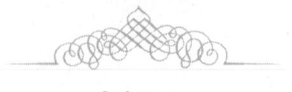

에필로그

우리가 인도를 떠나 온 이후 요양원은 얼마 동안 결핵환자만 치료하는 기관으로 지속되었다. 그러나 내가 걱정했던 대로, 다른 의료 분야에서 탁월한 기량을 보인 닥터 웰즈의 수술 기술 때문에 그를 찾는 경우가 늘어났고 이에 따라 요양원의 전문분야가 서서히 바뀌기 시작했다. 이 변화는 그 기관의 변경된 명칭에 잘 나타나 있다. 지금은 그 기관의 간판이 '마다르 요양원 병원'Madar Sanatorium and Hospital으로 되어 있다. 결국, 결핵 부문이 1개 병동으로 축소된 것이다.

1976년 여름, 7월 1일부로 마다르 원목 겸 담임목사로 부임한 P. R. 차런 목사가 우리에게 보낸 편지에 충격적인 소식이 있었다. 차런 목사는 편지에 이같이 썼다.

의사님들께,

우리들의 마음은 지금 비탄으로 가득 차 있습니다. 닥터 톰슨 웰즈가 1976년 8월 27일 오전 1시 45분 격렬한 심장마비로 타계했다는 슬픈 소식을 전해드립니다. 이 발작은 오후 4시에 발생했습니다. 빅토리아 병원의 닥터 R. N. 마사르, 마다르 요양원의 닥터 데이빗 박, 그리고 요양원의 간호사 및 약사 전원이 그의 생명을 구하려고 최선을 다했습니다. 그러나 하나님께서 그를 천국의 집으로 부르셨습니다. 에릭 미첼 감독이 멀리 델리에서 마다르까지 오셨습니다. 그분이 장례를 집례했고 아지메르 교구감독과 요양원 원목이 집례를 도왔습니다. 1976년 8월 29일 성누가교회에서 드린 추도예배에서 각계각층의 인사들이 헌사를 했습니다. 그의 사망으로 남겨진 공석을 채우는 데 많은 어려움이 있습니다. 1976년 9월 2일 이사회를 개최할 예정입니다.

충격에 따른 혼란이 이어졌다. 의사들의 이직으로 스태프 구성은 이미 문제였다. 닥터 샤르마가 북부에 있는 사립 폐결핵요양원으로 옮겼다. 장악력을 발휘하여 의료부분 리더십을 발휘해 줄 것으로 기대했던 후계 외과의마저 선교사는 자기 적성이 아니라는 판단을 내리고 미국으로 돌아가 버렸다.

1981년 2월, 수간호사로 우리와 함께 근무한 일이 있는 조세프 랜스 부인(수실라)으로부터 편지가 왔다. 그녀의 남편은 당시 감리교 감독으로서 마다르의 업무를 관장하고 있었다. 그녀가 보낸 편지에는 마다르의 최근 상황에 관한 내용이 들어 있었다.

저희들이 델리로 갈 준비를 하고 있으려니 두 분에 대한 생각이 간절해집니다. 조세프가 이미 여러 곳으로 편지를 보내 그리스도인으로서 경험이 많은 의사 한 명과 유능한 행정가(사업부장) 한 명을 구하고 있습니다. 현재 마다르에 두 자리의 공석이 생겼기 때문이지요. 마땅한 사람이 구해지기를 하나님께 기도하고 있습니다. 지금까지 기도와 재정으로 후원하고 있는 성실한 친구들도 함께 기도하고 있습니다. 심하다 할 정도로 업무가 방치되고 있습니다. 두 분과 저희들 모두를 통해 하나님께서 무슨 역사를 이루실지 궁금합니다. 조세프가 상황을 알아보기 위해서 3월에 직접 가겠답니다. 닥터 칼로스 내외가 넓은 단독주택을 쓰고 있지만 마다르 요양원과는 상관도 없는 상담센터를 두고 있습니다. 두 분께서 그곳에서 헌신적으로 또한 열성적으로 일했던 흔적들이 그리스도의 능력과 축복으로 다시금 좋은 열매를 맺게 될 것을 바라고 믿어 의심치 않습니다.

지속적으로 연락드리겠습니다. 저희에게 주시는 무슨 소식이라도 모두가 저희의 행복과 격려가 될 것입니다. 변화하는 세상에서 우리의 삶과 관계를 새롭게 하시는 예수그리스도를 통하여 하나님의 은혜가 귀하와 함께 하시기를 기원합니다.

마다르에 관한 나의 질문에 연합감리교의 지구촌사역본부 남아시아 지역사무총장 지로 미즈노가 1981년 4월 다음과 같은 답신을 보내왔다.

마다르 통합요양원에 대한 인도 감리교회의 관여도가 매우 높습니다. 닥터 톰슨 웰즈가 수년 전 타계한 이후 요양원과 병원은 생존을 위한 투쟁을 계속해 왔습니다. 그 기관에 활력을 불어넣으려는 시도가 몇 차례 있었으나 지금까지는 성공하지 못하고 있습니다. 이번 달 내가 조세프 랜스 감독과 함께 델리에 머물면서 이 문제를 논의했습니다. 랜스 감독이 유능한 외과의사 몇 명을 데려와서 그 병원을 살리겠다고는 하지만 이 계획이 어떻게 진행될지는 두고봐야 될 것 같습니다.

1985년 10월 25일자 편지에서 조세프 랜스 부인이 친절하게도 마다르에 대한 최근 소식을 보내주었다.

> 간호사로 은퇴하는 동서를 만나보기 위해 마다르를 잠시 방문했습니다. 실은, 남동생이 와 달라고 해서 간 것입니다. 그 병원은 잘되고 있었습니다. 의사와 마침 저희가 갔을 때 거기 있던 간부 몇 사람을 만날 수 있어서 힘이 났습니다(저는 대형 방갈로에 머물렀습니다). 그분들 모두 저를 반겨주었습니다. 8월에 제 남편이 병원 이사회 참석 차 갔었습니다. 지금은 행정실장이 있어 의사가 수술을 하거나 진료를 할 때 큰 도움이 됩니다. 선교본부의 인도와 파키스탄 담당 사무총장 미스 마지 마이어가 총회 일로 마침 여기 와 있다가 마다르에 들렀습니다. 일들이 진척된 것을 보고 만족해했습니다. 뉴욕 본부에 있는 의사대표 혹은 서기가 여러 방면으로 도움을 주고 있습니다. 얼마 동안은 방치 상태에 있었으나 우리의 중보자 되시는 하나님께서 귀하와 많은 친구들을 통해서 기도하시며 돕고 계십니다. 부속 건물 하나는 폐결핵환자용이고, 다른 하나가 일반 환자용입니다. 신임 교구감독이 거기에 그곳에 상주하면서 교회를 잘 관리하고 있습니다.

우리 부부의 필생의 사역을 돌아보아도, 나아가 그리스도께서 십자가에서 완성하신 사역으로 인해 가능해진 더욱 거대한 전망을 통해 보더라도 고린도전서 15장 58절 말씀이 이 책의 적절한 결론일 것 같다.

> 그러므로 내 사랑하는 형제들아 견실하며 흔들리지 말며 항상 주의 일에 더욱 힘쓰는 자들이 되라. 이는 너희 수고가 주 안에서 헛되지 않은 줄을 앎이라.

나는 에베소서 3장 20-21절로 여러분을 축복하고 싶다.

우리 가운데서 역사하시는 능력대로 우리가 구하거나 생각하는 모든 것에 더 넘치도록 능히 하실 이에게 교회 안에서와 그리스도 예수 안에서 영광이 대대로 영원무궁하기를 원하노라 아멘.

감사의 글

그의 생애 전반을 기록하려는 셔우드 홀의 은퇴 프로젝트에 대하여 많은 기부자들로부터 호의적인 반응을 얻었다. 그래서 후원자들을 직접 만나거나, 편지를 써서 그들에게 감사의 뜻을 전했다. 그의 직계 또는 먼 친척, 그리고 많은 친지들이 그 후원자들이었다. 독자는 그들 중 몇 사람을 이 책에서 만나봤을 것이다.

마다르의 간호사 불라 비숍이 찍은 매리 윌슨 요양원과 마다르통합요양원Madar Union Sanatorium의 역사적인 사진 덕택에 두 기관을 시각적으로 보여줄 수 있었다. 더글러스 피켓은 전에 풀지 못했던 의문점에 대한 대답과 함께 자신의 부모 와스컴 피켓 감독 내외의 사진을 추가로 보내주었다. 닥터 제임스 커르는 닥터 홀의 한국과 인도의 폐결핵 크리스마스 씰 모음집 원본을 1973년 워싱톤 D. C. 소재 스미소니언 인스티튜션에 기증하는 일을 도와주었다.

기타 많은 사람들이 책의 배경에 관한 데이터, 사진, 조사 및 자료뿐만 아니라 진정한 관심과 격려를 보내오면서 이 책은 더욱 풍성해졌다. 이 모든 친절한 협조가 저자로 하여금 더 넓은 조망을 지니고 집필할 수 있게 했다.

저자가 타계한 후 뉴저지 매디슨 소재 연합감리교회의 기록보관위원회의 트레이시 델 듀카와 드류대학교 신학교 학생 브릿 니콜슨

이 부족한 자료의 수집을 도왔다. 또한 우드스탁 학교 여자동창생들이 불명 사진의 주인공들을 밝혀내는 데 도움을 주었다. 닥터 김찬규는 제2차 세계대전 후의 한국 실정을 학자적인 통찰력을 가지고 해석해주었다.

  도움을 주신 모든 분들을 인하여 하나님께 감사드린다.

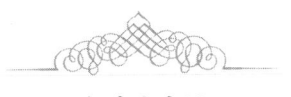

옮긴이의 글

2003년에 출간된 『닥터 홀의 조선회상』에는 "이 땅에서 태어나 이곳 사람들의 몸과 영혼을 지극히 사랑하다 이 땅에 묻힌 닥터 셔우드 홀 일가의 조선 사랑 이야기"가 소개되어 있다. 닥터 홀은 일제의 탄압으로 범죄자의 누명을 쓰고 1940년 8월, 3년의 징역형 또는 5천 엔의 벌금을 선고받고 강제출국을 당한 후 선교본부에 의해 인도로 재파송되었다. 그의 파란만장한 인도사역도 조선사역에 비견될 만큼 위대한 열매를 맺었다. 홀 박사 내외는 1941년 1월부터 1963년 은퇴할 때까지 23년 간 인도에서 사역했다. 닥터 홀이 인도에서 사역했던 기록은 도마의 인도 사역만큼이나 현대를 사는 우리들의 호기심을 자아낸다.

이 책에서는 평생을 아시아인들의 영혼과 몸을 치유하기 위해 섬기며 살다가 한국 땅에 묻힌 한 의료선교사의 사역과 그 가정에 임한 하나님의 은혜와 섭리, 능력, 그리고 도우심이 세밀하게 드러난다. 셔우드 홀의 비전, 이민족과 박해받는 영혼 그리고 병든 자를 향한 사랑, 병원 경영상의 난관, 사탄의 세력과의 싸움, 믿음, 헌신, 열정, 하나님의 위로, 기쁨, 감격뿐 아니라 선교사라면 누구나 겪어야 하는 사랑하는 이들과의 별리와 고독, 낯선 선교지에의 적응, 선교 현장에서의 영적 투쟁과 승리 등이 섬세하고 생생하게 기록되었다.

안식년 때마다 누리는 잠깐의 휴식과 후원자들과의 만남을 통해 어린아이처럼 즐거워하고 감격하는 순수한 모습도 눈물겹다.

닥터 셔우드 홀이 인도에서 수행한 사역은 의료선교사역 중에서 특히 결핵퇴치 사역이었다. 그는 23년 동안 마다르 통합 결핵요양원을 거점으로 삼아 북부인도인과 "무서운 사람들"로 알려진 비마 족, 티벳 난민 등에게 인술을 베풀고 그리스도의 사랑을 전했다. 또한 닥터 셔우드 홀은 환자들에게 의료 봉사 못지않게 중요한 것은 그들의 영적 필요를 채워주는 일이라는 신념에서 요양원 구내에 교회당을 건축한다. 그리고 외국에서 요양원을 경영하는 한 사람으로서 요양원 운영권을 둘러싸고 벌어지는 내·외부의 음모에 맞서는 과정, 요양원 의사들의 개인적 야망과 기관의 공익 사이에 벌어지는 갈등, 경영상의 난관을 극복하는 과정 등을 서술한 부분은 한편의 스릴러를 방불케 한다. 요양원의 의료 수준을 제고하기 위한 기도와 노력, 그 비용 충당을 위한 크리스마스 씰 발행, 1947년 인도의 독립과 분단에 따른 종교적 유혈사태 속에서 "선한 사마리아인"으로서 변화하는 환경에 적응해가는 과정 등은 이방인 선교사가 당면하는 여러 어려움을 실감나게 표현하고 있다. 닥터 홀의 부인인 동시에 가장 의지할 만한 동역자인 닥터 매리언의 사역도 소개된다. 가족계획이 전무한 상태에서 비극적 상황에 처한 인도 여성들과 트라코마로 시력을 잃어가는 사람들을 위해 계몽과 치료 봉사에 헌신하는 닥터 매리언의 모습은 정말 아름답고 사랑스럽다.

나는 이 책이 '현대의 누가'가 눈물과 기도로 기록한 '사도행전 속편'이라는 인상을 강하게 받았다. 셔우드 홀은 일상의 경험들을 그냥 흘려보내지 않고 평소에 그것들을 잘 기록해두었다가 하나님의 일하심에 대한 확신과 지혜를 가지고 이 책을 써내려갔으며, 눈물과 기도로 마치 오늘 일어난 사건에 대한 일기를 기록하듯 놀랍도록 치밀하고 구체적으로 내용을 적었다. 이 책은 살아계신 하나님이 친히 운행하시는 선교 현장의 생생한 기록이자, 그분이 사람을 사용하여 성취해 가시는 구원 역사에 관한 생동감 어린 간증이라고 생각한다.

마다르 결핵요양원 환자들이 닥터 홀 부부에게 보낸 편지 한 장은 이 의료선교사 부부의 의료선교사역에 대하여 인도인들이 가진 사랑과 흠모의 정을 여과 없이 보여준다.

> 닥터 홀 선생님,
> 박사님이 미국에서 돌아오시기 전부터 당신의 아름다운 이름은 암흑을 몰아내는 마법처럼 여겨졌습니다. 박사님의 이름은 폭우가 내리는 가운데 높이 솟아 있는 탑 위에서 울리는 종소리와 같습니다. 좋은 이웃을 불러 모으는 종소리처럼 당신의 이름은 우리들의 마음, 힘, 기쁨과 희망을 한곳으로 응집하는 힘이 있습니다. 마침내 당신은 우리와 함께, 우리 중에 계시면서 우리들의 필요, 우리들의 평안, 우리들의 걱정에 귀를 기울여 주십니다. 이 아름다운 마다르의 계곡에 더 큰 행복, 그리스도의 사랑과 평강을 이룩하시는 데 필요한 건강과 힘을 박사님에게 허락하시기를 하나님께 기도합니다.

또한 본서의 저자 셔우드 홀은 예수님의 제자 도마에 대해 특별한 관심과 애정을 가지고 있다. 도마는 다른 어떤 제자보다 더욱 "죽은 자 가운데서 다시 사시고 항상 인도해주시는 살아계신 하나님"만 의지하여 복음을 전하면서 20여 년간 선교활동을 한 뒤 순교했다. 홀 박사는 자신이 도마에 대해 특별한 관심과 애정을 갖게 된 계기를 "조선에서 자랄 때 평양외국인학교 학생들 앞에서 복음을 전한 호주 출신 선교사 조지 데이비스로부터 사도 도마에 관한 이야기를 들은 때"라고 했다. 닥터 홀이 손수 확인한 도마의 발자취가 그에게 큰 보람과 기쁨이 되었다면, 이 책을 통하여 우리가 확인하는 그의 인도사역은 그를 사랑하며 흠모하는 이 땅의 우리들에게 그지없는 기쁨과 보람이 될 것이다.

흥미와 도전에 압도당하여 계절의 변화를 느끼지 못한 채 번역에 몰두했다. 나는 이 책을 번역하면서 사랑하는 "우리 조선 의료선교사 셔우드 홀 박사"가 멀리 인도에 가서 선한 싸움을 잘 싸우고 승리했다는 생각이 들어 어깨가 으쓱해지는 기분을 느꼈다. 나는 본서를 선교사, 의료선교사는 물론 이 사역을 꿈꾸는 모든 사람들과 주님의 도를 가르치는 교사들에게 특히 권하고 싶다. 본서가 하나님의 선교와 선교현장에 대한 실천적인 이해를 가져다주고 "위대한 위임"으로 부르시는 주님의 음성을 분별하는 데 큰 도움을 줄 수 있으리라 생각한다. 전폭적인 신뢰와 격려를 베푼 《좋은씨앗》의 채대광 대리와 남편이 번역에 전념할 수 있도록 사랑으로 배려해 준 아내 한정숙 권사, 그리고 번역을 도운 장남 김학천 군에게 특별한 감사와 사랑을 드린다.

사실 그를 알고 사랑하는 많은 사람들에게 있어 그의 인도사역에 관한 회고록 출판은 큰 인내를 요구하는 매우 긴 기간이었다. 의료선교사 닥터 셔우드 홀을 사랑하고 흠모하는 우리나라 독자들은 이 책 『닥터 홀의 인도회상』을 통해 그 오랜 기다림을 충분히 보상받을 것으로 믿는다.

역자 김원경*

***옮긴이 소개**

김원경은 연세대학교 정치외교학과를 졸업했으며, 서울대학교 신문대학원(현 서울대학교 대학원 언론정보학과)에서 매스커뮤니케이션을 전공했다. 《코리아타임즈》기자, 《코리아헤럴드》편집부 차장, KBS 국제방송 영어시사해설 작가를 거쳐, ㈜제일기획 국제본부장, 일본 덴츠(DENTSU)의 한국지역 고문을 역임했다. 현재, 한영신학대학교 통역대학원에서 영작문을 강의하고 있다. 부천 소재 참좋은교회의 장로로 시무하면서 해외선교동원과, 필리핀 일로일로 소재 국제선교사관학교(IMTC) 이사로 재임하며 서남아시아에 파송할 현지인 단기선교사 훈련에 동역하고 있다. 평생을 동행하시고 인도하신 하나님의 은혜에 감격하며, 하나님이 허락하신 경험과 은사를 쓰임 받아 하나님의 기쁨만을 위하여 여생을 헌신하겠다는 다짐으로 주님의 인도하심을 고대하는 Cross-Cultural Evangelist이다. 아내 한정숙 권사와 2남1녀(학천, 학준, 지예)와 함께 부천시에서 살고 있다.

저자 주

1) 내 부모님의 한국 사역에 대한 자세한 것은 내 자서전 첫 권에 나와 있다. 『닥터홀의 조선회상』(좋은씨앗, 2003). Sherwood Hall, *With Stethoscope in Asia: Korea*. McLean VA: MCL Associates, 1978.
2) 1937년 일본군이 중국군과의 치열한 전투 끝에 상해를 점령했다. William L. Langer, ed., *An Encyclopedia of World History* (Boston: Houghton Mifflin, 1948), 1121-1122.
3) 인도는 1947년 분리되기 전에는 영국이 직접 통치하는 지역("영국령 인도")과 준독립 지역("군주국")으로 나뉘어 있었다. 후자는 영토 넓이가 라지푸타나의 라와처럼 작은 것부터 히데라바드처럼 중간 정도, 그리고 이탈리처럼 큰 것까지 다양했고, 인구수도 수천에서 천사백만까지 편차가 있었다. 1942년 현재, 군주국들이 인도 전체 인구의 23%, 그리고 땅의 40%를 점유했다. Francis Low, ed., *The India Year Book & Who's Who 1942-43* (Bombay, India: Bennett, Coleman & Co. Ltd, The Times of India Press, 1942-43), 29:171.
4) 네 가지 주요 카스트 그룹은 높은 순서대로 브라만(사제), 크샤트리아(전사), 바이샤(상인), 슈드라(노동자)이다. 정통 힌두인이 카스트 제도에서 번외의 존재로 취급하는 다섯 번째 그룹은 "불가촉천민" 또는 "카스트외인"*Out caste*이다. Seymour Fersh, *India and South Asia* (New York: The Macmillan Company, 1965), 18.

5) 1939년 5월 캔사스 시티에서 감리교 세 교파가 하나로 합쳐 "감리 교회"라 했다. 이 세 교파란 감리감독교회와 남부 감리감독교회, 감리프로테스탄트 교회를 말한다. 행정 구조적으로 이름이 달라지기도 한다. 해외선교 분야는 "감리교회 선교·교회확장 위원회"(뉴욕에 본부)가 총괄하고, 해외선교부DEM가 기혼 선교사와 미혼 남성의 사역을, 그리고 기독감리교 여선교부WDCS가 미혼 여성선교사들을 감독한다. 고참들은 이 새로운 명명체계에 익숙해지는 데 시간이 걸린다. 이전의 친숙한 이름이나 약자가 그들의 편지나 대화에서 자주 나타난다.
6) 평균적으로 환자는 일곱이나 여덟 개의 늑골을 제거하여 감염된 폐를 허탈시킨다. 이것은 단계적으로 이루어지며 한 번에 두 개 내지 세 개의 늑골을 제거한다.
7) 리필 센터refill centers란 몸에 흡수된 공기를 대체하는 작업을 하는 의료 센터이다. 폐의 허탈을 유지시킬 만한 공기의 보충이 요구된다.
8) 요양원을 뜻하는 영어 sanatorium은 선교지에서 흔히 'san'으로 줄여 썼다.
9) "라지풋들의 땅"이란 의미를 가진 라지푸타나는 부족 권력의 역사적 지역을 가리키며, 대략 현재의 라자스탄 주와 강역이 일치한다. 영국 지배 하에서 라지푸타나에는 영국이 통치하는 아지메르–메르와라 지구뿐 아니라 비카네르, 자이푸르, 조드푸르, 우다이푸르 등 이십 개 이상의 군주국이 존재했다. "Rajputana," at *Columbia Encyclopedia*, 6th ed. (New York: Columbia University Press, 2004).

아지메르–메르와라 1941: 면적 6,200평방킬로미터(서울시 면적의 10배에 해당함—편집자), 인구 583,693명. Low, 180.
10) 1857년 세포이의 난은 영국의 특권회사인 동인도회사에서 사병으로 근무하는 힌두·회교 병사들이 일으킨 폭동이다. 신형 소총이 군대에 지급되었는데, 그 총은 기름종이에 쌓인 화약카트리지를 사용했고 병사는 그 카트리지를 입으로 깨물어 뜯어 화약을 총구에 장전해야 했다. 병사들은 탄창(화약카트리지)에 사용된 기름이 소기름(힌두교인의 금기)이나 돼지기름(회교인의

금기)이란 사실을 알아냈다. 이것이 인도 북부와 중부에 주둔하고 있던 병사들의 폭동을 촉발시켰다. "The Indian Mutiny" in *The Encyclopedia Britannica*, 11th ed. (Cambridge Univ. Press, 1910), 14:446-51.

11) 인도 종교 사상의 근원으로 기원전 1500년경(혹은 더 이른 시기에) 서북방에서 인도에 침입한 아리안족에 의해 소개되었다. 따라서 인도 침입 시부터 기원전 500년경까지 아리안족에 의해 발전된 그 종교가 찬송과 예식서, 철학 논문으로 체현된 것이 바로 베다이다. 아리안 시대부터 현대까지 힌두인들은 베다를 영원하고 계시된 성경 그 자체라고 여기고 있다. 베다의 최종적 권위는 모든 힌두인들 사이에 힌두이즘의 근원적 진실을 체현한 것으로 널리 인정된다. 베다의 초기 경전은 '삼히타'라는 네 개의 운문송, 즉 리그 베다와 야주르 베다, 사마 베다, 아타르바 베다로 구성된다. 이들 텍스트 중 가장 시기가 이른 것이 리그 베다이다. 리그 베다는 찬송가 모음집이며 아리안 종교와 관련한 가장 이른 시기의 자료이다. 가장 근래의 경전은 아타르바 베다인데, 이것은 본질적으로 제문에 가까운 다른 베다들에 비해 베다 시대의 대중적 종교를 더 많이 반영하고 있다. 이들 텍스트의 운문송과 노래로 인해 '브라마나'라는 정교한 의례문 해석법이 생겼다. 여러 철학 학파들이 논문을 통해 사색법과 해석법을 정식화했다. 이런 논문들을 한꺼번에 일컬어 '우파니샤드'라 한다. 따라서 베다 문학은 네 개의 베다와 삼히타, 각 베다에 붙은 '브라마나'라 하는 의례 해설서, 베다 의식과 그것의 인간과 우주에의 관련에 대한 신비주의적 해석을 주로 다룬 사색 논문(또는 우파니샤드)으로 구성된다. R. Weiler, "Brahmanism," *Introduction of Oriental Civilizations: Sources of Indian Tradition*, ed. Wm. Theodore De Bary. *2 vols.* (New York: Columbia Univ. Press, 1958), 1:2-3.

12) "영국의 지배 하에서 인도는 두 종류의 정치 단위로 나뉘었다. 1. 직할주 또는 영국령 인도. 이 지역은 영국의 직접 지배를 받는다. 2. 인도(군주 또는 토후)국. 이 지역은 세습 군주의 지배를 받는다. 조약이나 다른 형태의 협정을 통해 영국에 속박되고 영국 왕을 인도의 황제로 인정하여 충성 서약을 한다. 군주

국들은 영국과 맺은 협정 조건에 따라 자치의 정도에서 서로 편차가 크지만 인도정부가 인도에서 최고 권력을 가진다는 사실은 모두 인정한다." W. Norman Brown, *The United States and India, Pakistan, Bangladesh*, 3d ed. (Cambridge MA: Harvard Univ. Press, 1972), 43-44.
13) 미국의 유머작가 젤렛 버지스(1866-1951)가 이렇게 썼다. "난 보라색 소를 본 적이 없어. 볼 수 있을 것 같지도 않아."
14) 회람편지란 적어도 1년에 한 번씩 친구나 우리 선교활동을 지원하는 사람들에게 보내는 보고서이다. 여기서 '지원'이란 건 금전적인 것과 기도를 둘 다 포함한다.
15) 1936년 2월 26일, 마코토 사이토 수상은 군부 독재를 꾀한 소장파 장교들이 동경에서 일으킨 반란으로 암살되었다. Langer, 1126.
16) 미국은 1940년 8월 15일 부로 영국을 제외한 서반구 밖 나라들에 고철 수출을 금지하는 무역제재를 단행했다. Langer, 1136.
17) 미화에 대한 인도 루피화 환율은 시기별로 다음과 같다.
    3.30루피/1달러(1939-1948), 3.67(1949), 4.76(1950-1965).
    [15,200달러는 현재가치로 약 38만 달러, 환율 1300원 기준으로 한화 약 5억 원이다—편집자]
18) 홀, 419-420.
19) 홀, 418.
20) 벤 메타, 『다디지』(NY: Farrar, Straus and Giroux, 1972), 156-158.
21) 셔우드 홀, "인도 의료사역 현황 일부에 대한 첫 인상,"《인디언 위트니스》, 1941년 5월 22일: 4. (재판에서 인용: 6 p.)
22) "Woodstock school. Distribution of Enrolment, 1949." 통계면 등사본. 출처 미확인.
23) 주의. 노랑만병초와 혼동하지 말 것. 노랑만병초의 꽃잎엔 강한 독이 있다.
24) "샨티"의 이야기는 16미리 컬러 필름으로 영화화 되었다. 1950년, 그녀의 일생을 사실적으로 그린 자전적 실화가 십자군 장학회의 닥터 톰슨 웰즈에 의해 미국으로 건너가게 되고, 감리교 선교 본부의 그룹을 대상으로 한 교육

프로그램 교재로 채택되었다.
25) 우리가 의과대학에서 공부할 때 장학금 혜택을 주기도 한 펜실베니아 의료 선교사협회가 우리들에게 휴가 별장 한 채를 내주었다. 펜실베니아 선교사 협회는 휴가 중인 선교사들을 위해 뉴저지 베트노에 이 휴가 별장을 보유하고 있다.
26) Edna B. Chant, *Beautiful Charleston* (Belleville, Ont, Canada: Mika Publishing Company, 1975), 93.
27) 그 당시 또는 그 이전부터, 어부들과 찰스턴 호수에 오래 전부터 살아오던 사람들은 그 물고기(나중에 "호수에 사는 송어"로 밝혀졌다)를 내륙연어로 믿었다. 지금까지도 많은 사람들이 이 호수에 사는 송어를 "연어"로 부른다. 그러나 그 호수에 내륙연어는 살고 있지 않다는 것이 정설이다. 가끔, 연어 색을 한 송어가 잡히는데 이를 가지고 그곳에 살던 사람들이 연어가 틀림없다고 믿고 있다.
28) 하트웰 목사는 제임스와 함께 퀸즈 대학교를 다녔으며 1891년 중국 서부로 갔다. 캐나다 감리교 선교사로서 중국 선교의 개척자 중의 한 사람이다. 1930년 캐나다로 귀국하기까지 사천 성과 기타 중국 지역에서 기독교 교회를 여럿 세웠다.
29) 한국에서 선교사로 사역하다가 한국을 떠났던 F. E. C. 윌리엄스 선교사 가족은 제2차 세계대전 종전 후 인도에서 한국으로 돌아왔다. 1947년 2월, 윌리엄의 보고에 의하면 내가 해주에 세운 결핵요양원을 일본 사람들이 계속 운영해 오던 중 정부가 병동을 신축할 비용을 대주기도 했다. 그러나 종전 후 러시아가 그 지역을 접수하고 요양원과 재활농장프로젝트의 일환인 착유장을 폐쇄했다. 우리가 살던 집은 러시아 사람들이 사용하고 있었다. 1947년 언더우드가 보낸 편지에 의하면, 38선 이북의 실정이 일본 식민지 시절보다 훨씬 못했으며 말을 듣지 않는 목사들은 시베리아로 보내졌다.
30) 4개월 후 아지메르는 영국제도 아래에서처럼, 중앙정부의 직할 주로 남아 있던 "아지메르 주"의 수도가 된다. 대大라자스탄 새연맹New Union of

Greater Rajasthan은 1949년 3월 30일 부수상 겸 국무/내무장관 사르다르 발랍브하이 파텔이 참석한 기념식과 함께 출범했다. 이는 기존의 라자스탄 연맹에 비카네르, 자이푸르, 조드푸르, 자이살메르의 4개의 "군주국"이 합병된 것이다.
31) 그는 인도가 주권을 가진 민주공화국임을 선포한 인도 자치령 새 헌법이 발효된 1950년 1월 26일에 사임했다.
32) 결핵치료에 있어서 결핵균의 억제를 돕거나 스트렙토마이신에 대한 박테리아 저항을 지연시키기 위하여 스트렙토마이신과 함께 투여하는 파라아미노살리시릭 산의 브랜드 중의 하나이다.
33) 나의 어머니가 선교사 자녀들의 교육을 목적으로 설립을 도왔던 한국에 있던 학교이다.
34) 어떤 근거로 인도에서의 도마의 사도직에 대해 다른 주장을 하는지 알아보려면 1~3번 자료를 참조하라. 나머지 2개는 참조한 원고, 기사, 보고서 등 방대한 참조 문헌 목록을 포함하고 있다.
  (1) F. E. Keay, 『인도에 있어서의 시리아 교회의 역사』*A History of The Syrian Church in India*, 3d ed. (Delhi, India: I. S. P. C. K., 1960)
  (2) A. C. Perumalil, 『인도 내의 사도들』*The Apostles in India*, 2d ed. (Patna, India: Xavier Teachers' Training Institute, 1971.)
  (3) A. M. Mundadan, 『16세기 성도마 교회 전승』*Sixteenth Century Traditions of St. Thomas Christians*, (Bangalore, India: Dharmaram College, 1970)
  (4) W. S. McBirnie, 『열두 사도 연구』*The Search for the Twelve Apostles*, (Wheaton, Illinois: Tyndale House Publishers: 1973)
  (5) F. A. Plattner, 『기독 인도』*Christian India*, (London: Thomas and Hudson, 1956)
35) Mundadan, 61-63.
36) Perumalil, 96.

37) Mundadan, 157.

38) Keay, 117.

39) Plattner, 12.

40) Keay, 117.

41) Plattner, 34.

42) 《뉴욕 타임즈》, 금요일, 2월 7일, 1964: 31.

43) [힌디: kala, 흑색,+ azar, 독] 내장 리슈마니아증은 치료하지 않으면 치사율이 높은 만성질환으로 기생충이 원인이며 모래파리에 의해 전염되며 비장이 확장된다.

44) "힐러리와 노르게이가 반세기 전에 에베레스트 산을 정복해서 유명해졌을 당시 에베레스트 산의 높이는 29,028피트(약 8,848미터)였다. 인공위성 영상이 지도제작에 도입된 후 2000년도에 수정된 공식 높이는 29,035피트(약 8,850미터)이다. Gregory AcNamee, May 29, 1953 *The Conquest of Mt. Everest, Harris' Farmer's Almanac for the year of our Lord* 2003(2002): 95.

45) 윌리엄 케리(1761-1834). "캘커타 교외의 세람포에 그가 교회, 학교, 그리고 성경을 찍어낼 인쇄소를 세웠다. … 이 인쇄소를 통해 그의 평생에 이십만 권 이상의 성경과 성경 일부를 40개 언어와 방언으로 발간하였으며, 케리 자신은 작품저술을 계속했다." 브리태니카 대백과사전(시카고: *Encyclopaedia Britannica*, Inc. 1953) 4:860.

46) Brockman, Francis L., Quoted from a two-page typescript extract: "Journey to India" (n.p.[Methodist Committee for Overseas Releif of the Methodist Church, N.Y.] n.d. {e. 1962-63}, 9-10.

47) 마리 러스Marie Russ, "마다르 요양원에서 안식을 취하다", *World Outlook*, 1962년 9월: 리프린트 인용.

48) 인도와 파키스탄은 지역주의에서 비롯하는 심각한 정치적 문제를 겪어왔으며, 종국에는 인도 내에 주 경계선이 다시 그어지고 파키스탄에서는 도 경계

선이 재구획되면서 정치구조가 변화되었다.
49) 1928년에 여성의학반으로 시작된 이후 후원자가 수차례 바뀌었고, 명칭도 다섯 번이나 변경되었다. 이런 과정 속에서 다음과 같은 성장이 이루어졌다. 4년 과정의 본격적 의과대학으로 발전, 남녀공학으로 확대, 1973년 고려대학교 의과대학으로 흡수, 후에 약학간호대학으로 발전. 출처: 김상덕, "고려대학교 의과대학 초기 약사," 비출판 연표.
50) 언더우드 타자기 회사는 1947년 5월 존 스타 킴이 완성한 수평 한글 자모를 가진 타자기 자판을 생산했다.
51) 1880년생인 닥터 호레이스 호튼 언더우드는 나의 어머니가 돌아가신 1951년에 소천했다. 그의 부인 1888년생 에델 반 와그너는 1949년 3월 17일 서울에 있던 자택에서 문을 두드리는 소리를 듣고 문을 열었다가 현관에서 젊은 공산당원이 쏜 총을 맞고 피살됐다. 총을 쏜 자들은 즉시 도망갔다. 호레이스는 이승만 정권 하에서는 한국 내에서 어느 누구도 안전하지 않다는 메시지를 알릴 목적으로 일어난 일이라고 생각했다. 범인 다섯 명 중 한 명이 체포되어 사형을 당했지만, 나머지 네 명은 1950년 북한이 남침했을 때 석방되었다.
52) 웰치 감독은 1969년 4월 4일, 106세에 소천할 때까지 활동을 계속했다. 그는 세계에서 최연장 감독으로 잘 알려져 있다. 웰치 감독은 오하이오 웨슬리안 대학교의 총장으로 1905년부터 1916년까지 재직했다. 1916년에 감독으로 선출되고, 1916년부터 1928년까지 주 일본 및 한국 감독으로 일했다. 1962년에 자서전 『지난 세기를 회고할 때』(Nashville, TN: Abingdon Press, 1962)를 출판했다.